Die rechtliche Behandlung holsteinischer Leibeigener um die Mitte des 18. Jahrhunderts

Rechtshistorische Reihe

Band 346

Peter Lang
Frankfurt am Main · Berlin · Bern · Bruxelles · New York · Oxford · Wien

Ingo Ullmann

Die rechtliche Behandlung holsteinischer Leibeigener um die Mitte des 18. Jahrhunderts

Dargestellt unter besonderer Berücksichtigung der Schmoeler Leibeigenschaftsprozesse von 1738 bis 1743 sowie von 1767 bis 1777

Peter Lang
Europäischer Verlag der Wissenschaften

Bibliografische Information der Deutschen Nationalbibliothek
Die Deutsche Nationalbibliothek verzeichnet diese Publikation in der Deutschen Nationalbibliografie; detaillierte bibliografische Daten sind im Internet über <http://www.d-nb.de> abrufbar.

Zugl.: Kiel, Univ., Diss., 2006

Diese Arbeit wurde von
Herrn Prof. Dr. Hans Hattenhauer
zur Aufnahme in diese Reihe empfohlen.

Umschlagabbildung:
Justitia – Sinnbild der Gerechtigkeit.
Dieser Bildausschnitt wurde einem Buch
aus dem 17. Jahrhundert entnommen.

D 8
ISSN 0344-290X
ISBN-10: 3-631-55736-1
ISBN-13: 978-3-631-55736-5

www.peterlang.de

Meinen Eltern

Herrn Prof. Dr. iur. Jörn Eckert
in memoriam

Vorwort

Die vorliegende Arbeit wurde von der Rechtswissenschaftlichen Fakultät der Christian-Albrechts-Universität zu Kiel im Sommersemester 2006 als Dissertation angenommen. Sie entstand ganz überwiegend während meiner Zeit als wissenschaftlicher Mitarbeiter am Lehrstuhl für Deutsche und Europäische Rechtsgeschichte, Bürgerliches Recht und Handelsrecht von Herrn Prof. Dr. Jörn Eckert, der zugleich mein Doktorvater war und dem mein von ganzem Herzen tief empfundener Dank für seine Betreuung und Förderung der vorliegenden Arbeit gilt. Von ihm ging nicht nur der Anstoß zur Bearbeitung des behandelten Themengebiets aus, sein Lehrstuhl bot überdies Arbeitsbedingungen und eine Arbeitsatmosphäre, wie sie sich jeder Doktorand nur wünschen kann.

Die Veröffentlichung der Arbeit hat Herr Prof. Dr. Eckert, der – nicht nur für mich noch immer kaum begreifbar – tragischerweise am 21. März 2006 nach schwerer Krankheit verstarb, nicht mehr erlebt. Die fertiggestellte Arbeit ist von ihm jedoch noch in der zweiten Hälfte des Jahres 2005 durchgesehen und ohne wesentliche Korrekturanmerkungen angenommen worden. Daher liegt sie auch in seitdem nur im Hinblick auf wenige einzelne Aspekte leicht geänderter und ergänzter Fassung dieser Druckversion zugrunde. Die Krankheit meines Doktorvaters verhinderte allerdings bereits die Erstellung des Erstgutachtens durch ihn.

Umso mehr ist es für mich deshalb eine Herzensangelegenheit, Herrn Prof. Dr. Eckert an dieser Stelle noch einmal den Dank und die Anerkennung zukommen zu lassen, die ihm gebühren. Vor allem aus diesem Grunde mag das Vorwort etwas umfangreicher und persönlicher ausfallen, als es gewöhnlicherweise der Fall ist. Denn unabhängig von seiner Betreuung und Förderung dieser Arbeit war die Zeit, die ich als wissenschaftlicher Mitarbeiter in den Jahren 2002 bis 2004 am Lehrstuhl meines Doktorvaters verbringen durfte, für mich außergewöhnlich und in jeder Hinsicht wertvoll.

Im angesprochenen Zeitraum habe ich Herrn Prof. Dr. Eckert nicht nur in fachlicher Hinsicht als hervorragenden Juristen und insbesondere als interessierten sowie in eindrucksvoller und faszinierender Weise umfassend gebildeten Rechtshistoriker kennengelernt. Vielmehr habe ich ihn gerade auch in menschlicher Hinsicht kennen- und schätzen gelernt, wozu vor allem die von ihm für die Studentenschaft angebotenen und bei dieser extrem beliebten Seminare im fakultätseigenen Reetdachgebäude in Sehlendorf an der Ostsee sowie die von ihm trotz permanenter hoher Arbeitsbelastung wöchentlich abgehaltenen und praktisch niemals abgesagten lehrstuhlinternen Kaffeerunden beigetragen haben.

Diese Kombination von ausgezeichneter fachlicher Kompetenz und steter Freundlichkeit und Offenheit habe ich sehr bewundert. Sie machten Herrn Prof. Dr. Eckert nicht nur für mich zu einem ganz besonderen Menschen, dessen Persönlichkeit prägende Spuren in mir hinterlassen hat. So bin ich zum einen froh und dankbar, dass ich ihn auf diese Weise kennenlernen durfte, und zum anderen noch immer bestürzt über sein viel zu frühes Ableben, weshalb ich ihm – neben meinen Eltern – diese Arbeit in memoriam widmen möchte. Mein besonderes Mitgefühl gilt seiner Familie.

Mein weiterer Dank gilt Herrn Prof. Dr. Rudolf Meyer-Pritzl als Erstgutachter meiner Arbeit. Dieser bot mir nach dem Tod meines Doktorvaters seine Hilfe in Form der Erstellung des Erstgutachtens an. Als ich dieses Angebot dankend annahm, war mir noch nicht klar, in welch umfassender und keinesfalls selbstverständlicher Weise Herr Prof. Dr. Meyer-Pritzl sich um meine Arbeit und meine Person – insbesondere um die zügige Vorantreibung des weiteren Promotionsverfahrens – kümmern würde. Für ihn schien sein überaus zuvorkommendes Verhalten allerdings selbstverständlich zu sein, wobei es jedoch weit über das Maß hinausging, das ich mir erhofft hatte und angesichts der Umstände erwarten konnte. Für seine große Freundlichkeit, sein starkes Engagement, seine Zügigkeit und Gründlichkeit bei der Erstellung des Erstgutachtens und seine jederzeitige Ansprechbarkeit in dieser schwierigen Situation möchte ich ihm von ganzem Herzen danken.

Ferner gebührt Herrn Prof. Dr. Hans Hattenhauer mein großer Dank. Er war sogleich bereit, das Zweitgutachten zu erstellen, mich mündlich zu prüfen und hatte für alle meine Fragen stets ein offenes Ohr. Von ihm stammt auch die Empfehlung, die Arbeit in diese Reihe aufzunehmen. Für die zügige Erstellung seines Gutachtens, seine Mitwirkung an meinem Rigorosum und all seine anderen Hilfestellungen sei ihm mein herzlicher Dank versichert.

Außerdem sei den Mitarbeitern des Bundesarchivs in Koblenz sowie Frau Klössel aus dem Archiv Hessische Hausstiftung gedankt. In diesem Zusammenhang gebührt mein Dank auch dem Landgrafen Moritz von Hessen für die freundliche Genehmigung der Benutzung dieses Archivs. Mein besonderer Dank gilt den Mitarbeitern des Landesarchivs in Schleswig, in dem ich unzählige Tage verbracht habe. Eine angenehme Arbeitsatmosphäre, perfekte Arbeitsbedingungen und jederzeitige Hilfestellungen aller möglichen Art erleichterten mir den arbeitsintensiven Aufenthalt dort sehr. Gedankt sei schließlich Herrn Prof. Dr. Wolfgang Prange für seine kritischen Anmerkungen und Hinweise, die er mir im Rahmen meines Archivaufenthalts in Schleswig gelegentlich gab.

Mein letzter, ganz besonderer und größter Dank geht an meine Eltern, von denen ich in jeder Phase meines Lebens jedwede Unterstützung erfahren habe und erfahre, die immer für mich da waren und sind und denen ich mehr zu verdanken habe, als ich es hier in angemessener Weise zum Ausdruck bringen kann. Aufgrund dessen sei ihnen diese Arbeit in Liebe und tiefer Verbundenheit zugedacht.

Inhaltsverzeichnis

1. Teil: Einführung

I. Gegenstand und Ziel der Arbeit

Die vorliegende Arbeit beschäftigt sich mit der rechtlichen Behandlung leibeigener Untertanen des holsteinischen Adels um die Mitte des 18. Jahrhunderts. Ursprünglicher Ausgangspunkt der Untersuchungen war die Frage nach der Beziehung zwischen holsteinischen Leibeigenen und dem Reichskammergericht im Allgemeinen und ihrer rechtlichen Behandlung durch diese Institution im Besonderen. Doch waren Bauern an den insgesamt 670 Prozessen, die in rund 300 Jahren aus Holstein bzw. Lauenburg beim Reichskammergericht anhängig gemacht wurden, nur in einem sehr geringen Umfang beteiligt. Lediglich in acht Fällen, was einer Quote von ungefähr einem Prozent entspricht, waren sie Partei vor dem höchsten Gericht des Reichs. Alle übrigen Prozesse waren solche zwischen Bürgern, Adligen und Landesherrschaft. Zudem handelte es sich bei fünf von den genannten acht Fällen mit bäuerlicher Beteiligung um Untertanen des Adels aus den Elbmarschen.[1] Die Bauern aus diesen altholsteinischen Marschgütern waren ihrem persönlich-rechtlichen Status nach Freie und unterschieden sich überwiegend auch im Hinblick auf ihr Besitzrecht am Land, das oftmals sogar Eigentum war, stark von den ostholsteinischen Leibeigenen.[2] Wie gefestigt ihre Position gegenüber dem Adel war, belegt die Tatsache, dass sie nicht nur Kläger vor dem Reichskammergericht waren, sondern sich teilweise sogar in der Rolle des Beklagten wiederfanden,[3] was bedeutet, dass die Gutsherrschaft in den Elbmarschen hinsichtlich ihrer Mittel und Möglichkeiten, Druck und Zwang auf die Untertanen auszuüben, recht beschränkt war.

Holsteinische Leibeigene waren in den rund 250 Jahren, in denen die Leibeigenschaft in Holstein und das Reichskammergericht zeitgleich existierten,[4] nur ein einziges Mal Prozesspartei vor dem höchsten Reichsgericht. In diesem von 1773 bis 1777 dauernden Prozess klagten die Untertanen der ostholsteinischen Güter Schmoel und Hohenfelde gegen ihre Gutsherrschaft.[5] Ein einzelner Rechtsstreit dieser Art auf Reichsebene ist vor dem Hintergrund der ursprünglichen Frage-

---

1 *Lorenzen-Schmidt*, Gutsherrschaft, S. 261 (272 (Fn. 25))); vgl. *Stein-Stegemann*, Findbuch.

2 Vgl. *Detlefsen*, Geschichte, 2. Band, S. 143 f.; *Prange*, Anfänge, S. 151 ff.

3 Vgl. beispielsweise LA Abt. 390 Nr. 9 (*Stein-Stegemann*, Findbuch, S. 7 f.).

4 Das Reichskammergericht war zwar von 1495 bis 1806 tätig, die Leibeigenschaft hingegen bestand in Holstein bis zu ihrer Aufhebung 1805 erst seit etwa der Mitte des 16. Jahrhunderts.

5 LA Abt. 390 Nr. 478 (*Stein-Stegemann*, Findbuch, S. 354 f.); der Einfachheit halber wird im Folgenden nur von Schmoel gesprochen, womit zugleich auch Hohenfelde gemeint ist (vgl. unten auf S. 233 bzw 233 (Fn. 1239)).

stellung jedoch als nicht ausreichend zu bewerten. Trotzdem sollten dieser Reichskammergerichtsprozess und seine rechtliche Würdigung, gerade weil er über einen derart langen Zeitraum der einzige seiner Art war, näher begutachtet werden und somit wesentlich in die Arbeit einfließen. Deshalb wurde der Untersuchungsgegenstand um zwei Momente erweitert.

Zum einen rückten die Vorgeschichte und das Gesamtgeschehen dieses einzigartigen Prozesses, den die Schmoeler Leibeigenen vor dem Reichskammergericht anstrengten, in den Mittelpunkt der Forschungen. So war dieses in der Mitte der zweiten Hälfte des 18. Jahrhunderts stattfindende Gerichtsverfahren auf Reichsebene notwendigerweise auf zwei rechtlich höchst relevante Ereignisse zurückzuführen, die bereits gegen Ende des 17. Jahrhunderts geschehen waren – die Aufhebung der Leibeigenschaft 1688 mittels eines Freibriefs und ihre 1695 beim Verkauf der Güter erfolgte Rückgängigmachung – und um die es, bevor sie an die Reichsgerichtsbarkeit gelangten, im 18. Jahrhundert schon auf holsteinischer Ebene heftige, auf zwei Hauptphasen – 1738 bis 1743 sowie 1767 bis 1772 – verteilte rechtliche und tatsächliche Auseinandersetzungen gab. Die Untersuchungen blieben demzufolge nicht mehr nur auf die Frage nach der rechtlichen Behandlung holsteinischer Leibeigener durch das Reichskammergericht beschränkt, sondern die Fragestellung wurde auf alle Personen und Einrichtungen, die während der beiden Hauptphasen am Geschehen beteiligt waren, ausgedehnt. Dabei wiederum standen die wesentlichen holsteinischen Obergerichte und -behörden im Mittelpunkt.

Da die Schmoeler Sache zum Thema wurde und ihre erste und grundlegende rechtliche Auseinandersetzung auf Landesebene in einer Zeit erlebte, in der sich nicht nur die Landesverfassung der adligen Güter, sondern ganz Holstein in einer wirtschaftlich schwierigen Situation befand, zudem noch die Besonderheit eines möglicherweise wirksamen, die Leibeigenschaft abschaffenden Freibriefs im Raum stand, waren früher oder später alle wichtigen oberen holsteinischen Landesbehörden und -gerichte – das adlige Land- und das Quartalgericht, die Regierungskanzleien zu Glückstadt und Kiel, die Deutsche Kanzlei zu Kopenhagen und der König – in die Abläufe einbezogen. Auf diese Weise ergibt sich nicht nur eine umfassende, auf die rechtliche Behandlung der holsteinischen Leibeigenen insbesondere durch die obrigkeitlichen und gerichtlichen Landesinstitutionen ausgerichtete Fallstudie, sondern auch die unerlässliche Grundlage für den Versuch der Einordnung und Bewertung einer Rechtsangelegenheit, die in der 250jährigen Ära der holsteinischen Leibeigenschaft einen außergewöhnlichen Status besitzt.

Doch ist die Aussagekraft eines einzelnen Rechtsstreits, der, vor allem weil er auch auf Reichsebene geführt wurde, stark aus dem üblichen Rahmen fiel, begrenzt. Es fehlt an zusätzlichen Orientierungspunkten, zu denen er in Beziehung gesetzt werden kann, und mithin an einem Maßstab für die Einordnung seiner

Bedeutung in größerem Umfang. Folglich mussten weitere, vom Ansatz her möglichst vergleichbare Verfahren herangezogen werden, um Gemeinsamkeiten, Ähnlichkeiten oder Unterschiede in der rechtlichen Behandlung der Untertanen erkennen und bestimmte Schlussfolgerungen ziehen zu können, was nur auf der Grundlage eines ausreichend ausgebildeten, mit verwertbaren Koordinaten versehenen Schemas möglich ist. In diesem Zusammenhang drängte sich eine Betrachtung jener anderen großen Rechtsstreitigkeiten auf, die ebenfalls in der einen oder anderen Weise die Leibeigenschaft zum Gegenstand hatten sowie auf Landesebene ausgefochten wurden und deren Ausgangspunkt in die für Holstein kritische Zeitspanne der 1730er und 1740er Jahre fiel.

Dabei handelte es sich um vier weitere rechtliche Streitfälle, die die adligen Güter Ahrensburg, Großenbrode, Nütschau/Sühlen und Kronshagen betrafen. In allen diesen Fällen setzte die Beschreitung des Rechtswegs zur Austragung der Gegensätze zwischen Untertanen und Herrschaft und damit auch die Einschaltung obergerichtlicher landesinterner Instanzen in der Zeit von 1732 bis 1742 ein. Wie in der Schmoeler Angelegenheit gingen nicht einzelne Untergebene, sondern ganze Verbände leibeigener Personen, zumeist sogar die verfasste Untertanenschaft des gesamten Guts, gegen ihre Herrschaft vor. In jeder der Auseinandersetzungen ging es in der Hauptsache um die Leibeigenschaft, wenn nicht sogar um den Bestand der Einrichtung an sich, so doch wenigstens um die konkrete Form ihrer Ausgestaltung. Zwar handelte es sich bei diesen vier Gütern nicht um typische ostholsteinische adlige Güter, da sie entweder eine andere geographische Lage, eine abweichende eigentumsrechtliche Vorgeschichte oder aber einen komplizierteren eigentumsrechtlichen Status besaßen. Doch waren alle ihre Eingesessenen zum Zeitpunkt des Beginns der obergerichtlichen Beschäftigung mit der Sache zumindest de facto Leibeigene, auch wenn die Rechtsstreitigkeiten überwiegend gerade um die Frage geführt wurden, ob diese Zustände nach rechtlicher Prüfung auch de iure Bestand hatten. Vor dem Hintergrund, dass alle diese Verfahren mehr oder weniger auf denselben Veränderungen der vor allem wirtschaftlichen Verhältnisse im Land in der Zeitspanne von 1730 bis 1740 zurückgehen, ist eine angemessene Vergleichbarkeit hinsichtlich der rechtlichen Behandlung der Leibeigenen durch holsteinische obrigkeitliche Behörden und Gerichte jedenfalls gegeben.

Das Ziel der Arbeit ist es daher einerseits und hauptsächlich, den einzigen Prozess, der jemals von holsteinischen Leibeigenen vor dem Reichskammergericht geführt wurde, unter Einbeziehung aller relevanten Geschehnisse seiner umfangreichen Vorgeschichte unter dem Gesichtspunkt der – vornehmlich obrigkeitlichen – rechtlichen Behandlung der Schmoeler so intensiv zu beleuchten, dass es nachvollziehbar wird, weshalb ausgerechnet er und nur er eine derart einzigartige Stellung in der Landesgeschichte zu erlangen vermochte. Andererseits versucht die Arbeit durch die Darstellung der vier weiteren großen Rechtsstreitigkeiten, die der Schmoeler Angelegenheit im Hinblick auf zahlreiche Aspekte sehr ähnlich waren und mit ihr in direktem zeitlichen und inhaltlichen Zusammenhang standen, herauszufinden, wie die rechtliche Behandlung der Leibeigenenverbände der verschiedenen Güter durch die hohen Landesbehörden und -gerichte Holsteins aussah und ob sie eher Gemeinsamkeiten oder doch Unterschiede aufwies. Schließlich wird die Schmoeler Sache neben die übrigen vier Prozesse gestellt und vergleichend zu ihnen in Beziehung gesetzt, um die aus der Einzelfallstudie gewonnenen Erkenntnisse zu überprüfen, sie also entweder zu relativieren oder zu unterstreichen.

II. Quellenlage

Die Quellenlage hinsichtlich der Schmoeler Angelegenheit ist gut. Da die Sache frühzeitig als ein besonderer und brisanter Fall erkannt wurde und infolge dessen die wichtigsten Regierungs- und Gerichtsinstitutionen des Landes über Jahre hinweg intensiv beschäftigt hatte, ist verhältnismäßig viel Aktenmaterial produziert und überliefert worden. Die umfangreichsten Bestände finden sich in den Akten der Deutschen Kanzlei zu Kopenhagen und der Glückstädter Regierungs- und Justizkanzlei als den beiden obersten Behörden für Holstein. Ebenfalls von einigem Umfang ist die von 1772 bis 1777 angelegte Prozessakte des Reichskammergerichts, wohingegen das auf heutige Zeiten überkommene Material des adligen Landgerichts als der entscheidenden mit der Sache befassten gerichtlichen Institution eher spärlich ausfällt. Alle diese Bestände werden im Landesarchiv Schleswig-Holstein in Schleswig verwahrt. Sie werden durch das korrespondierende Material, das die Gutsherrschaft zu Schmoel archivierte, ergänzt. Diese Akten, die ehemals als ein Teil des Gutsarchivs Panker beim damaligen Hauptsitz der Hessensteinschen Herrschaft auf Panker lagerten, konnten im Rahmen der Auflösung des dortigen Archivstandorts und seiner geplanten Verlegung um das Jahr 1985 nicht für das Landesarchiv zu Schleswig gewonnen werden. Vielmehr befinden sie sich seitdem als ein Teil der Geschichte des Hauses Hessen im Archiv der Hessischen Hausstiftung, Bestand: Herrschaft Hessenstein, auf Schloss Fasanerie in Eichenzell bei Fulda. Schließlich hält das Bundesarchiv, Dienstort Koblenz, die auf Reichsebene vorhandenen Ergänzungen zur Akte des Reichskammergerichtsprozesses in Form des Annahmebeschlusses, der Zwischensentenzen, des Endurteils und der Voten der Kammerrichter bereit.

Im Hinblick auf die Rechtsstreitigkeiten in Ahrensburg, Großenbrode, Nütschau/Sühlen und Kronshagen muss hervorgehoben werden, dass für diese Arbeit in der Hauptsache nur die abschließenden Entscheidungen bzw. Beurteilungen in den Sachen verwandt wurden. Die Quellenlage ist diesbezüglich insgesamt ähnlich zu bewerten. Zwar sind selbstverständlich keine Reichskammergerichtsakten vorhanden, doch halten sowohl die Akten der Regierungs- und Justizkanzleien zu Kiel, Glückstadt und Kopenhagen sowie die des Landgerichts als auch die einzelnen Gutsarchive einiges an Material zu den verschiedenen Vorgängen bereit.

III. Stand der Forschung

Ein Werk, das sich mit der rechtlichen Behandlung holsteinischer Leibeigener, speziell durch obergerichtliche und obrigkeitliche Einrichtungen, im Besonderen befasst, ist bislang nicht erschienen. Wohl gibt es Schriften, die die genannten, mit den fünf Gütern Schmoel/Hohenfelde, Ahrensburg, Großenbrode, Nütschau/Sühlen und Kronshagen verknüpften Rechtsstreitigkeiten in mehr oder weniger umfangreicher bzw. intensiver Bearbeitung zum Gegenstand haben, doch sind all diese Untersuchungen unter anderen wissenschaftlichen Aspekten angefertigt worden, so dass Bemerkungen zur rechtlichen Behandlung holsteinischer Leibeigener, wenn überhaupt, in einen anderen Zusammenhang eingebettet und lediglich ergänzend gemacht worden sind.

Die Schmoeler Leibeigenschaftsprozesse, die auch in dieser Arbeit im Mittelpunkt stehen, werden seit dem 18. Jahrhundert zwar regelmäßig, aber in sehr knapper Form in der einschlägigen Literatur erwähnt. In *Axel Staehlys* 1929 erschienenen „Untersuchungen über die Entwicklung der landwirtschaftlichen Bodenbesitz- und Betriebsverhältnisse Ostholsteins unter besonderer Berücksichtigung der Zeitpachtdörfer" ist ein immerhin fünf Seiten langer überblickartiger Exkurs enthalten.[6] Herausragend ist das 1965 erschienene Werk „Christoph Rantzau auf Schmoel und die Schmoeler Leibeigenschaftsprozesse" von *Wolfgang Prange*.[7] Seine gründlichen und grundlegenden Forschungen prägen auch die vorliegende Arbeit im entsprechenden Abschnitt. Doch hat *Pranges* Darstellung allgemeinen historisch-erzählenden Charakter und damit weniger die hier behandelten rechtshistorischen Gesichtspunkte im Auge. Einen weiteren wichtigen, für die vorliegende Arbeit aufgrund seiner abweichenden fachwissenschaftlichen Perspektive jedoch nur ergänzend heranzuziehenden Beitrag zu den Schmoeler Prozessen, aber auch zu denen bezüglich der Güter Ahrensburg, Großenbrode und Nütschau/Sühlen liefert *Silke Göttsch* in ihrem 1991 erschienenen Werk „"Alle für einen Mann...". Leibeigene und Widerständigkeit in Schleswig-Holstein im 18. Jahrhundert".[8] Denn als Volkskundlerin beschäftigt sich *Göttsch* im Hinblick auf die bäuerlichen „*Gesuche, Beschwerden und Prozesse*"[9] in der Hauptsache mit der Sicht- und Handlungsweise der Leibeigenen,

6 S. 50 – 55.
7 Vgl. insbesondere die S. 76 ff. sowie den zweiten Teil des Werks (S. 100 ff.).
8 Vgl. insbesondere die Seiten 187 – 199 sowie 222 – 238.
9 *Göttsch*, Leibeigene, S. 222.

also damit, „*wie die Untertanen sich das Recht nutzbar zu machen, wie sie die Strukturen zu handhaben versuchten*".[10]

Neben den regelmäßig in verschiedenen Werken zu findenden Anmerkungen zu dem einen oder anderen Geschehen tauchen weiterführende Informationen zu den unterschiedlichen Prozessen nur vereinzelt und recht knapp sowie zumeist in Werken mit lokal- bzw. regionalspezifischem, also nicht inhaltlich-thematischem Anspruch auf. So gibt es Angaben zu Ahrensburg bei *Martin Wulf*, „Die Leibeigenschaft in Stormarn",[11] zu Ahrensburg und Nütschau/Sühlen bei *Hans Johannsen*, „Bildung der Gutswirtschaften und die Entwicklung der Leibeigenschaft",[12] zu Großenbrode bei *Holger Bogs*, „Grossenbrode. Werdegang eines ostholsteinischen Dorfes",[13] und zu Kronshagen bei *Arthur Gloy*, „Das alte Amt Kronshagen, Geschichte der Dorfschaften Russee, Hassee, Ottendorf, Kronshagen mit Kopperpahl, Suchsdorf, Wik und des Gutes Schwartenbek".[14] Eine zusammenhängende, allerdings sehr kurze Erwähnung all dieser Prozesse findet sich in dem Aufsatz „Leibeigenschaft im frühneuzeitlichen Schleswig-Holstein: Rechtliche Entwicklung, öffentlicher Diskurs und bäuerliche Perspektive" von *Jan Klußmann*.[15]

Da eine rechtshistorische Untersuchung zu diesem Themenbereich, insbesondere zur rechtlichen Behandlung holsteinischer Leibeigener durch die Obrigkeit und die Obergerichte des Landes betrifft, bislang noch nicht vorliegt, aber schon 1965 entsprechende konkrete Forschungen von *Prange* angeregt worden sind,[16] versucht die Arbeit einen ersten Ansatz zu liefern, um diese Lücke zu schließen.

IV. Vorbemerkung

Schon Prange ist sich „immer bewußt gewesen, daß dazu nicht nur genaue Kenntnis des gutswirtschaftlichen Systems und der Landesverfassung im weitesten Sinne, sondern auch genaue Kenntnis des deutschen und römischen Rechts und seiner Anwendung sowie des Gerichtsverfahrens erfordert werde".[17] Diese Anforderungen, deren Umfang und Komplexität jeden Bearbeiter der Thematik schier erdrücken können, sowie die Schwierigkeit der Leibeigenschaft als Gegenstand der Wissenschaft generell geboten es zum einen, dem speziellen Untersuchungsgegenstand einen längeren „allgemeinen Teil" voranzustellen, zum

---

10 *Göttsch*, Leibeigene, S. 226.
11 S. 11 (15 – 34).
12 S. 305 (312 – 322).
13 S. 97 – 113.
14 S. 31 ff.
15 S. 213 (226, 229, 235 bzw. 235 (Fn. 99)).
16 Vgl. *Prange*, Bemerkungen, S. 237 (240).
17 *Prange*, Bemerkungen, S. 237 (240).

anderen die konkreten Forschungen räumlich, zeitlich und inhaltlich einzuschränken. Das Erfordernis eines umfangreichen „allgemeinen Teils" ergibt sich daraus, dass grundlegende Kenntnisse der historischen und rechtlichen Hintergründe unerlässlich sind. Die Gewichtung der Teile der Arbeit trägt dabei vor allem den unterschiedlichen und vielfältigen Schwierigkeiten und Besonderheiten Rechnung, die mit diesen Hintergründen in Verbindung stehen.

2. Teil: Wesen und Begriff der Leibeigenschaft im Allgemeinen

Der Begriff der Leibeigenschaft ist eine von unzähligen Bezeichnungen, die ein Abhängigkeitsverhältnis zwischen einem Untergebenen, regelmäßig einer bäuerlichen Person, und seinem Herrn beschreiben. Aufgrund seiner wörtlichen Aussagekraft ist dieser Begriff zwar schnell mit Leben gefüllt, doch eine präzise, allgemeingültige Definition begegnet erheblichen Schwierigkeiten. Großen Anteil daran haben die dem Begriff der Leibeigenschaft verwandten Begrifflichkeiten. Doch bleibt es nicht bei einer rein theoretisch-begrifflichen Problematik. Vielmehr setzt sie sich auf praktisch-realer Ebene fort, wenn es darum geht, ein bestimmtes Abhängigkeitsverhältnis ohne Rücksicht auf seine Benennung auf seinen Charakter als Leibeigenschaftsverhältnis hin zu überprüfen.

I. Einleitung

Einen Eindruck von der Bedeutung der Leibeigenschaft für die Betroffenen und von ihrem Stellenwert in der Literatur vermitteln bereits kurze Textpassagen aus Werken schleswig-holsteinischer Autoren. Diese stammen aus der Endphase der Ära der schleswig-holsteinischen Leibeigenschaft und bringen die Intensität der teils sachlich-juristisch, teils emotional geführten Debatte um das Rechtsinstitut zum Ausdruck:

„*Welches bürgerliche Verhältniß kann entscheidender, von allgemeinern Einflüssen auf alle rechtliche Beziehungen des Staats-Bürgers, und von tieferm Eindruck auf den ganzen Inbegriff seiner Rechte seyn, als die Lage der Freyheit oder Knechtschaft!*“.[18]

Mit diesen Worten beginnt Schraders „*Handbuch der vaterländischen Rechte in den Herzogthümern Schleswig und Holstein*“ von 1784 und führt damit in das erste Kapitel „*Freyheit und Leibeigenschaft*“ ein. Ebenso deutliche Formulierungen finden sich in Kamphöveners „*Beschreibung der bereits vollführten Niederlegungen Königlicher Domainen-Güter in den Herzogthümern Schleswig und Holstein*“ von 1787:

„*Die persönliche Freiheit ist ein so edles Gut, gegen dessen Einschränkung die Natur sich empört, daß sich kein Vortheil gedenken lässt, der den Verlust derselben ersezt. (...) Dieser Mißbrauch in Anmaasung des Eigenthums über Menschen, die ihre Freiheit weder verkauft noch sonst verscherzt haben, kann auch in keinem Staate durch Gesetze zu einer rechtmässigen Handlung werden: denn 1) Die persönliche Freiheit ist das höchste Gut des Menschen, dessen Verlust*

---

[18] *Schrader*, Handbuch, 1. Band, S. 1 f.

durch keine Wohlthat, welche das Leben im Staate mit sich bringt, ersezt wird.".[19]

Noch 1821, sechzehn Jahre nach der offiziellen Abschaffung der Leibeigenschaft in Schleswig und Holstein zum 1. Januar 1805,[20] stellte Hennings in seinem „*Huelfs-Buch der vaterlaendischen Rechte des Herzogthums Holstein*" Ausführungen zu diesem Rechtsverhältnis an den Anfang seiner Darstellung. Trotz nicht mehr vorhandener Aktualität betonte er im Personenrecht unter A. „*Die persoenliche Freyheit angehend*" im ersten Kapitel in § 1 „*Von der Leibeigenschaft*", dass es „*doch einen Zustand, der der Sclaverey aehndelte, und welchen man Leibeigenschaft nannte*", gab. Auf nähere Ausführungen zur Leibeigenschaft verzichtete er allerdings unter Hinweis darauf, dass „*es Zeitverderb seyn*" würde. Dennoch nannte Hennings auf den folgenden Seiten die wichtigsten Änderungen und Rechtsfolgen, die die Aufhebung der Leibeigenschaft mit sich brachte.[21]

Die ersten beiden Auszüge aus der zeitgenössischen gelehrten Literatur stehen stellvertretend für viele weitere Zitate, die sich nicht nur in Schleswig-Holstein insbesondere gegen Ende der Ära der Leibeigenschaft, also im ausgehenden 18. Jahrhundert, sondern auch in den übrigen von der Leibeigenschaft betroffenen Reichsgebieten unter dem Einfluss der Aufklärung finden lassen. Offensichtlicher kann man die existenzielle Bedeutung dieses Rechtsverhältnisses für die betroffenen Personen kaum betonen. An dem letzten Beispiel wird deutlich, dass die Leibeigenschaft sogar noch nach ihrer Abschaffung Spuren in der juristischen Literatur hinterließ. Ihr Einfluss endete also keinesfalls mit ihrer offiziellen Aufhebung. Vielmehr zeitigte sie aufgrund ihrer langen und intensiven Prägung des Landes viele und starke Nachwirkungen.

II. Wortgeschichte

Das Wort „leibeigen"[22] als Adjektiv ist eine Zusammenrückung aus den Wörtern der mittelhochdeutschen Formel „*mit dem lībe eigen*"[23] oder „*eigen vom lîp*".[24]

---

19 *Kamphövener*, Beschreibung, S. 5, 6 f.

20 Vgl. die Verordnung, wegen Aufhebung der Leibeigenschaft.

21 *Hennings*, Huelfs-Buch, 1. Band, S. 11.

22 Zwar ist der Geschichte der Worte „leibeigen" bzw. „Leibeigenschaft" hier ein eigenes Kapitel gewidmet, und sie wird der Einführung und Übersichtlichkeit halber in Kurzform separat dargestellt. Doch muss sie aufgrund ihrer vielfältigen inneren Verknüpfungen mit den in den folgenden Kapiteln III. bis V. behandelten Themenbereichen immer auch im Zusammenhang mit den dort gemachten Ausführungen zu Inhalt, Abgrenzung und Problematik des Wesens und Begriffs der Leibeigenschaft betrachtet werden.

23 *Köbler*, Rechtswörterbuch, S. 249; *Paul*, Wörterbuch, S. 603.

24 *Lexer*, Handwörterbuch, Sp. 1931.

Mittelhochdeutsch hieß es hiernach „*lîpeigen*".[25] Als Wort hat sich „leibeigen" anscheinend erst im 14. Jahrhundert ausgebildet, der früheste Beleg für es als zusammengeschriebenes Adjektiv „lîpeigen" stammt von 1388.[26] Zunächst trat es in Begleitung von Umschreibungen wie beispielsweise „*eigen vom lîp*"[27] oder „*mit dem Libe (...) aigen*"[28] auf.[29] Seit dem 15. Jahrhundert wurde „leibeigen" als Wort immer häufiger formelhaft gebraucht, so dass es namentlich seit dem 16. Jahrhundert das einfache Wort „eigen" mehr und mehr verdrängte.[30]

Seit Ende des 14. Jahrhunderts war das Wort „Leibeigener" somit die Bezeichnung des persönlich Unfreien, der in der Zeit davor u.a. lediglich als „Eigener", „Eigenknecht", „Eigenmann"[31] oder beispielsweise auch lateinisch als „servus", „mancipium" oder „homo proprii iuris" bezeichnet worden war. Als lateinisches Wort war „leibeigen" allerdings bereits Ende des 13. Jahrhunderts als „homo (proprius) de corpore" aufgetaucht.[32]

Die Benennung einer Person als „leibeigen", also als persönlich unfrei, sollte gerade den Unterschied zu einer Person aufzeigen, die nur als „hörig" benannt wurde. Da sich Hörige und Leibeigene personen-rechtlich in der Lebenswirklichkeit oft nicht deutlich voneinander unterschieden und die Leibeigenen im späteren Mittelalter größtenteils in den Hörigen aufgingen, wurde das Wort „Leibeigener" vielfach auch für „Höriger" gebraucht.[33] Mit der Verschlechterung der Lage der Bauern seit dem 15. Jahrhundert wurde das Wort „Leibeigenschaft" für die neue Abhängigkeit verwendet, die besonders in Bayern und Westfalen sehr hart war. In der Literatur wird das Wort „Leibeigenschaft" für die ähnlichen Verhältnisse in anderen Ländern verwendet, was besonders für Russland gilt.[34]

---

25 *Lexer*, Handwörterbuch, Sp. 1932.

26 DW, 6. Band, Sp. 592; *Lexer*, Handwörterbuch, Sp. 1932.

27 *Lexer*, Handwörterbuch, Sp. 1931.

28 *Haltaus*, Glossarivm, Sp. 1239.

29 DW, 6. Band, Sp. 592.

30 DW, 6. Band, Sp. 592; vgl. DRW, 8. Band, Sp. 1060 ff., 1065 ff.; *Köbler*, Zielwörterbuch, S. 379.

31 Vgl. im Hinblick auf den nicht eine Person, sondern den allgemeinen Zustand beschreibenden Begriff der „eigenschaft" als eine der in der Literatur frühesten Erwähnungen eines Wortes aus diesem Themenbereich insbesondere den Sachsenspiegel, Landrecht, 3. Buch, Art. 42, § 3, wo häufig und in mehreren der vielen Sätze dieses Paragraphen die „*eigenschaft*" (einmal auch die „*êgenschaft*") genannt wird (vgl. *Weiske*, S. 105 f.), welche später – obwohl die mittelhochdeutsche Vorlage nur diesen einen einzigen Begriff, die „*eigenschaft*", erwähnt – innerhalb ein- und derselben Übersetzung nicht auf einheitliche Weise, nämlich zwar überwiegend mit „*Unfreiheit*", mehrere Male allerdings auch mit „*Leibeigenschaft*", wiedergegeben wird (vgl. *Schott*, S. 189 ff.).

32 *Haberkern/Wallach*, Hilfswörterbuch, S. 391.

33 *Haberkern/Wallach*, Hilfswörterbuch, S. 391; vgl. unten auf S. 29 f., 35 f., 45 f.

34 *Haberkern/Wallach*, Hilfswörterbuch, S. 391.

Im ausgehenden 17. sowie im 18. Jahrhundert schließlich hatten die Worte „leibeigen" bzw. „Leibeigenschaft" ihre Blütezeit, als man – schon mit der Rezeption im 16. Jahrhundert beginnend – versuchte, die bäuerlichen Abhängigkeitsverhältnisse unter Verwendung römisch-rechtlicher Vorstellungen zu systematisieren. Fortan bezeichnete man jede persönliche Abhängigkeit, d.h. auch die von der Grundherrschaft abgeleitete und „Realleibeigenschaft" genannte persönliche Abhängigkeit (insbesondere in den Gebieten der ostdeutschen und osteuropäischen Gutsherrschaft), als Leibeigenschaft. Zusätzlich trat im 18. Jahrhundert neben diese mehr juristisch-kameralistische Betrachtungsweise die Anprangerung der bäuerlichen Abhängigkeit als Leibeigenschaft. Diese Bezeichnung war im Einzelfall bisher nicht üblich gewesen. Die hinter dieser Verwendungsweise stehende Absicht war es, die Stellung der Bauern aus humanitären oder aus politischen Gründen zu bessern, um so die Agrarreform vorwärts zu treiben.[35] Als der Begriff Leibeigenschaft später als moderner Ordnungsbegriff aufgefasst wurde, diente er – mit politisch-aufklärerischer Tendenz – zur Beschreibung der rechtlichen Lage der Bauern im Zuge der Bauernbefreiung um die Wende zum 19. Jahrhundert.[36]

III. Inhalt

Die Erfassung der Bedeutung der Leibeigenschaft in Gesellschaft und Literatur führt zwangsläufig zu einer Auseinandersetzung nicht nur mit dem Wort an sich, sondern mit ihrem Begriff. Da „Leibeigenschaft" ein plastischer Begriff ist, lässt er sich leicht mit Leben füllen. Er vermittelt sofort eine gewisse Vorstellung von diesem Rechtsinstitut, die regelmäßig so aussieht, dass es sich dabei um ein Verhältnis gehandelt hat, bei dem ein Herr Eigentum an seinem Untergebenen hatte und mit ihm mehr oder weniger nach Belieben verfahren konnte. Jedenfalls steht die Unterworfenheit eines „einfachen" Menschen unter seinen Herrn sowie dessen harte, eigennützige und willkürliche herrschaftliche Behandlung im Mittelpunkt. In diesem Zusammenhang taucht unweigerlich, wie es auch bei sämtlichen oben zitierten Autoren ersichtlich ist, der Begriff der Sklaverei auf. Dieser gegenüber der Leibeigenschaft wesentlich geläufigere Begriff markiert nach allgemeinem Empfinden den absoluten Tiefpunkt menschlichen Daseins: als Mensch einem anderen Menschen als Sklave, wie ein Gegenstand, zu gehören und ihm völlig rechtlos ausgeliefert zu sein. Dabei besteht die große Gefahr, die beiden Rechtsinstitute gleichzusetzen, zumindest aber ihre Grenzen zu verwischen, was infolge der Rezeption des römischen Rechts geschah und sich nicht nur als *„verhängnisvoll (...) für die Wissenschaft"*, sondern auch *„für das Le-*

35 HRG/*Henning*, 2. Band, Sp. 1762.

36 LMA/*Goetz*, 5. Band, Sp. 1845 f.; vgl. HRG/*Henning*, 2. Band, Sp. 1762.

ben" erwies.[37] Denn grundsätzlich waren beide Rechtsinstitute unterschiedlicher Natur.

Bei Sklaven handelte es sich dem Begriff nach regelmäßig um rechtlose Wesen, die rechtlich wie Sachen behandelt wurden. Sklave war der Begriff für die unfreien Menschen, die bar aller dem Status der Freiheit entsprechenden Rechte waren und im Eigentum von Freien oder Institutionen standen.[38] Auf deutschem Gebiet tauchte diese Bezeichnung in den lateinischen Quellen im Laufe des zehnten Jahrhunderts auf.[39] Die auf deutschem Boden stattfindende Sklaverei war ein Phänomen des Mittelalters. Das Wesen dieser mittelalterlichen Sklaverei unterschied sich jedoch sowohl nach ihrer rechtlichen Ausgestaltung als auch nach ihren Entstehungsformen von der spätmittelalterlichen und frühneuzeitlichen Leibeigenschaft. Ein Sklave war eine Sache und stand im Eigentum seines Herrn. Sklaverei resultierte zumeist aus Kriegsgefangenschaft, Raub, Handel, Verurteilung oder Vererbung, wobei dem Herrn das Recht zukam, mit dem Sklaven nach Belieben zu verfahren, häufig sogar das Recht, über Leben und Tod zu entscheiden.[40] Im Norden Europas und bei den Germanen waren Sklaven regelmäßig Kriegsgefangene anderer Abstammung oder anderer Staatswesen. Ausnahmsweise gingen Sklaven auch aus Schuldknechtschaft oder Selbstversklavung, entweder aufgrund freiwilliger Ergebung oder Würfelspiels um die eigene Person, hervor.[41]

Während des Frühmittelalters war im ländlich-agrarischen Bereich der Anteil der unfreien Landbevölkerung, also der bäuerlichen Sklaven, der weitaus größte. Die Gruppe dieser Unfreien verschmolz zusehends mit der Gruppe der zwar abhängigen, rechtlich jedoch freien bäuerlichen Bevölkerung. Diese Entwicklung weichte die ländliche Sklaverei auf und trug zu ihrem allmählichen Rückgang bei. Zudem kam es seit dem sechsten Jahrhundert immer häufiger zu kollektiven Freilassungen ländlicher Sklaven, die meistenteils karitativ begründet waren. Hauptsächlich diese beiden Faktoren führten zu einem allgemeinen Niedergang der Sklaverei im Frühmittelalter.[42] Die in späteren Zeiten aus der Sklaverei entlassenen Personen wurden durch die skizzierte Entwicklung zwar in ein weniger willkürliches System der Abhängigkeit überführt, wurden aber keineswegs vollständig frei. Vielmehr gelangten sie überall in das im Hoch- und Spätmittelalter vorherrschende Verhältnis der Hörigkeit.[43] Diese Hörigen bildeten die „materielle" Grundlage für die Einführung der Leibeigenschaft, die zeitlich und örtlich

---

37 *Knapp, T.*, Leibeigenschaft, S. 16 (46).

38 LMA/*Lebecq*, 7. Band, Sp. 1977; vgl. HRG/*Erler*, 4. Band, Sp. 1682.

39 LMA/*Lebecq*, 7. Band, Sp. 1977.

40 *Gloy*, Beiträge, S. 1; vgl. LMA/*Lebecq*, 7. Band, Sp. 1978.

41 *Gloy*, Beiträge, S.3.

42 Vgl. LMA/*Lebecq*, 7. Band, Sp. 1978 ff.

43 Vgl. unten auf S. 35 f.

höchst unterschiedlich einsetzte.[44] Im Gegensatz zur Sklaverei schloss die Abhängigkeit des Bauern von seinem Herrn im Rahmen der Hörigkeit die Anerkennung der Fähigkeit zu gewisser persönlicher Initiative und eigener Rechtspersönlichkeit nicht aus.[45] Die Leibeigenschaft lag ihrer Ausgestaltung nach regelmäßig zwischen der Sklaverei und der Hörigkeit. Die Abhängigkeit eines Leibeigenen von seinem Herrn ging somit zwar über die bloß wirtschaftliche und soziale Abhängigkeit eines Hörigen hinaus, erreichte jedoch nicht das Niveau der Rechtlosigkeit und Willkürunterworfenheit eines Sklaven.

Für das deutsche Gebiet unterscheidet man zwei Hauptzeiträume, in denen das Phänomen der Leibeigenschaft nennenswert auftrat. Seit Ende des 15. Jahrhunderts wurden grund- und leibherrliche Abhängigkeit oft verknüpft, was zu einer verschärften Form der Leibeigenschaft, der sog. Schollenpflichtigkeit, führte und als „zweite Leibeigenschaft" bezeichnet wird. In diesen Zusammenhang ist auch die in dieser Arbeit behandelte holsteinische Leibeigenschaft einzuordnen. Die „zweite Leibeigenschaft" war besonders in Ostdeutschland verbreitet und mit denjenigen Freizügigkeitsbeschränkungen vergleichbar, die bis ins zwölfte Jahrhundert in Westdeutschland bestanden. Darum gilt jener Zeitraum als „erste Leibeigenschaft".[46] Die deutsche, speziell die norddeutsche, Leibeigenschaft wurde nicht nur in volkstümlichen zeitgenössischen Dokumenten,[47] sondern auch in der gelehrten Literatur[48] der vorigen Jahrhunderte häufig als Fortsetzung der altgermanischen und mittelalterlichen Sklaverei betrachtet.

Es war somit vor allem die Wissenschaft, die bereits frühzeitig nach Aufkommen der Leibeigenschaft die Betroffenen als Sklaven im Sinne des römischen Rechts ansah. Denn die Rezeption des römischen Rechts bewirkte, dass sich das deutsche Recht und die deutschen Rechtsinstitute nun an den Maßstäben des römischen Rechts messen lassen und bewähren mussten. Nur das, was im römischen Recht eine Entsprechung fand, konnte die Rezeption überleben. Daher suchte man für jedes überkommene deutsche Institut eine römisch-rechtliche Entsprechung. Dies war für die Leibeigenschaft die Sklaverei. Sowie im Zuge der Rezeption *„also angenommen wurde, dass der ostdeutsche Bauer leibeigen*

---

44 Vgl. *Gloy*, Beiträge, S. 11 f.; LMA/*Lebecq*, 7. Band, Sp. 1979.

45 LMA/*Lebecq*, 7. Band, Sp. 1979.

46 Vgl. *Brunner*, Grundzüge, S. 256; *Kinder, Chr.*, Gründe, S. 10; HRG/*Henning*, 2. Band, Sp. 1761.

47 Vgl. z. B. das Gesuch eines Leibeigenen an die Deutsche Kanzlei von 1776: *„allein im Christenheit werden schwerlich Menschen/: es sei denn an enfernten Örtern derer Negers:/ weder verkauft noch gekauft werden können"* (*Klußmann*, Leibeigenschaft, S. 213 (233)).

48 Vgl. *Knapp, G. F.*, Bauern-Befreiung, 1. Theil, S. 25: *„Leibeigenschaft ist zunächst der deutsche Ausdruck für Sklaverei"*; *Schröder/Künssberg*, Rechtsgeschichte, S. 495: *„die Eigenen oder Eigenleute, auch servi oder Sklaven, (...) die ehemaligen mancipia"*.

sei, war die Folgerung, dass er Sklave sei, ohne weiteres gegeben".[49] In der Folge kam es zu einer derart verbreiteten Gleichsetzung von Sklaverei und Leibeigenschaft, dass sie sich im öffentlichen Diskurs des 18. Jahrhunderts zu einem Allgemeinplatz entwickelte, was auch für die schleswig-holsteinische Literatur, insbesondere die aufklärerischen Schriften vom Ende des Jahrhunderts, Geltung besaß.[50] Dabei wurde der Begriff der Leibeigenschaft häufig und in hohem Maß zu wörtlich gedeutet, was ihrer rechtlichen Ausgestaltung überwiegend nicht gerecht wurde. So liest man in Kindlingers „*Geschichte der deutschen Hörigkeit*" noch 1819, als die Leibeigenschaft im deutschen Raum bereits fast vollständig aufgehoben war,[51] über seine Vorstellung vom Rechtsinstitut:

„*Ich kann mir sonst unter dem Ausdrucke: Leibeigener oder leibeigener Mensch nichts anders denken, als einen Menschen, der mit seinem Leibe einem anderen eigen ist, eines andern Eigenthum ist, folglich mit dessen Körper und körperlichen Kräften ein Anderer nach Belieben schalten und walten, und sie benutzen oder unbenutzt lassen kann, wenn Staatsgesetze hierin keine Einschränkungen machen.*

Mit dem Leibe eines Menschen und dessen Kräften nach Belieben zu schalten, setzt jedoch einen lebenden Körper, einen lebenden Menschen voraus, gerade wie beim Eigenthum eines Stück Viehes. Wie der Eigenthümer dieses nach dessen Kräften benutzen, und auch wieder verkaufen kann, so auch der Eigenthümer eines Menschen: und wie jener dem Vieh hinreichende Nahrung geben muß, so auch dieser."[52]

Dieses Begriffsverständnis orientiert sich maßgeblich am Wortlaut und zeigt deutlich, zu welchen Auswüchsen eine rein auf den Wortbestandteilen basierende Deutung führen kann, erst recht, wenn sie emotional beeinflusst ist. So kommen diese Ausführungen der Sklaverei wesentlich näher als der Leibeigenschaft.[53] In der Realität war die Ausgestaltung der rechtlichen Verhältnisse der Leibeigenen gerade im Vergleich zu denen der Sklaven ungleich vielgestaltiger und komplizierter. Bemüht man sich darum, eine einheitliche Vorstellung von Leibeigenschaft zu bekommen, so zeigt sich bald, dass eine Vielzahl von persönlichen Abhängigkeitsverhältnissen, deren rechtliche Ausgestaltungen vielfäl-

---

49 *Knapp, T.*, Leibeigenschaft, S. 16 (43).

50 *Klußmann*, Lebenswelten, S. 181 f. bzw. 182 (Fn. 283).

51 Die vollständige Beseitigung dieses Rechtsinstituts auf deutschem Gebiet fand erst 1820 mit Aufhebung der Leibeigenschaft in Mecklenburg statt (HRG/*Henning*, 2. Band, Sp. 1771; *Köbler*, Zielwörterbuch, S. 379 f.).

52 *Kindlinger*, Geschichte, S. 2 f.

53 *Kindlinger* muss jedoch zugute gehalten werden, dass er das Verständnisproblem hinsichtlich des Begriffs durchaus erkannt hat, da er es immerhin in Betracht zieht, dass „*diese Auseinandersetzung dem Begriffe eines Leibeigenen nicht angemessen*" (S. 3) sein könnte, in diesem Fall aber darauf beharrt, dass der Begriff „Leibeigener" unschicklich sei.

tig und unterschiedlich sein konnten, als Leibeigenschaft aufzufassen waren.[54] Zwei maßgebliche Aspekte der Leibeigenschaft in Deutschland gilt es in diesem Zusammenhang hervorzuheben. Zum einen können die als Leibeigenschaft bezeichneten bzw. demgemäß ausgestalteten Rechtsverhältnisse im Hinblick auf ihre rechtliche Form keinesfalls vereinheitlicht werden. Ein unter dem Begriff Leibeigenschaft firmierendes einheitliches Rechtsinstitut hat es nicht gegeben. Es gab niemals *die* Leibeigenschaft, sondern stets nur ein buntes Bild unterschiedlicher Rechtsverhältnisse, die unter diesem Sammelbegriff zusammengefasst wurden. Zum anderen war die Leibeigenschaft nicht identisch mit ihrer wörtlichen Begriffsauslegung. Ein Eigentum des Herrn am Leib seines Untergebenen war regelmäßig nicht vorhanden.[55]

Zwar unterlagen Leibeigene jederzeit gewissen Freizügigkeitsbeschränkungen, doch lassen sich diese derart schwierig verallgemeinern, dass als gemeinsamer Nenner für die deutsche Leibeigenschaft – für die europäische Dimension dieses Phänomens hat dies erst recht zu gelten – nur eine sehr grobe Definition übrig bleibt. Danach ist Leibeigenschaft die Bezeichnung für den während der Zeit des Feudalwesens anzutreffenden Zustand eines Menschen (Leibeigener), der aufgrund dauernder persönlicher Abhängigkeit unter der Herrschaft eines anderen Menschen (Leibherr)[56] stand.[57] Als wesentliche Merkmale der Leibeigenschaft stellen sich somit die grundherrlich-dingliche sowie die persönliche Bindung des Untergebenen an seinen Herrn dar, also einerseits die im Feudalwesen typische Überlassung von Boden zur Nutzung und andererseits die erhebliche Abhängigkeit und Unterworfenheit der Betroffenen. Dass selbst diese grobe Definition Probleme bereitet, beweist die Tatsache, dass es Formen von Leibeigenschaft auch in Städten, also unabhängig von jeder Bodennutzung, gegeben hat. Daher erscheint die persönliche Bindung des Untergebenen an seinen Herrn als Kernkomponente des leibeigenschaftlichen Abhängigkeitsverhältnisses.[58]

---

54 Vgl. *Coing*, Privatrecht, 1. Band, S. 207, dessen Betrachtungen sich zwar auf verschiedene Regionen in ganz Europa beziehen, in ihren Aussagen aber auf die Verhältnisse, wie sie sich in Deutschland darstellten, übertragbar sind.

55 Vgl. HRG/*Henning*, 2. Band, Sp. 1771.

56 In der Literatur findet man auch oft den Begriff der Leibherrschaft, der weitgehend deckungsgleich mit dem Begriff der Leibeigenschaft verwandt wird (vgl. die Begriffserläuterungen in HRG/*Henning*, 2. Band, Sp. 1761 f., 1771 f.; LMA/*Henning*, 5. Band, Sp. 1845 f.).

57 Vgl. LMA/*Goetz*, 5. Band, Sp. 1845; HRG/*Henning*, 2. Band, Sp. 1761; DRW, 8. Band, Sp. 1065.

58 Vgl. HRG/*Henning*, 2. Band, Sp. 1761; DRW, 8. Band, Sp. 1065.

IV. Abgrenzung

Für das Verständnis des Begriffs der Leibeigenschaft ist es unerlässlich, ihn niemals isoliert zu betrachten, sondern ihn gegenüber den sonstigen Begriffskomplexen aus dem Bereich herrschaftlicher Abhängigkeitsverhältnisse abgrenzen oder zumindest in Beziehung setzen zu können.

1. Verwandte Begriffe

Neben der Leibeigenschaft und der Sklaverei gab es viele andere mehr oder weniger verwandte Institute und Begriffe, die ebenfalls ein rechtliches Abhängigkeitsverhältnis zwischen einem Herrn und seinem Untergebenen zum Ausdruck brachten. Solche Abhängigkeitsverhältnisse gab es in früheren Zeiten, von der Antike bis zum Ende der Frühen Neuzeit, in großer Zahl. Sie fanden in den Quellen und der Literatur regelmäßig auch im Zusammenhang mit der Leibeigenschaft Erwähnung.

a. Unfreie

Personen in herrschaftlichen Abhängigkeitsverhältnissen wurden häufig als Unfreie bezeichnet. Die Unfreiheit ist ein allgemeiner und weiter Begriff und besagt nur, dass Menschen unter der Herrschaft eines anderen Menschen standen und damit persönlich abhängig waren. Der Zustand der Unfreiheit war alles andere als klar umrissen. Innerhalb desselben gab es unzählige Abstufungen und die unterschiedlichsten Formen. Diese veränderten sich nicht nur im Laufe der mittelalterlichen Jahrhunderte, sondern die verschiedenen regionalen Gegebenheiten konnten zu beachtlichen Eigenheiten des Zustands der Unfreiheit führen.[59]

Die Bezeichnung des rechtlichen Status einer Person als Unfreier ist folglich unscharf und daher wenig aussagekräftig. Hinzu kommt, dass in den deutschen Quellen des Mittelalters der Begriff der Unfreiheit kaum verwandt wurde, so dass sich aufgrund dessen das terminologische Problem nur schwerlich lösen lässt. Die vielen unterschiedlichen Interpretationen des Begriffs des Unfreien wie beispielsweise Sklave, Leibeigener, Knecht, Eigenleute oder Höriger, die in der Literatur zu finden sind, verdeutlichen das.[60]

Zwar waren die Freiheit und die Unfreiheit zwei grundlegende Prinzipien in der mittelalterlichen Gesellschaft, die den ständischen Rechtsstatus und die soziale

---

59 Vgl. LMA/*Rösener*, 8. Band, Sp. 1219.
60 Vgl. HRG/*Nehlsen*, 5. Band, Sp. 464 f.

Schichtung der Menschen wesentlich bestimmten.[61] Doch ließ es die Quellenlage nicht zu, die Begriffe der Freiheit und der Unfreiheit als die das Mittelalter in diesem Bereich prägenden zentralen Termini anzusehen. Vielmehr hat die Unfreiheit als Ausdruck eines mittelalterlichen oder frühneuzeitlichen Rechtsstatus erst um die Wende des 19. Jahrhunderts Bedeutung erlangt.[62] Zwar wurden als Unfreie während des 9. Jahrhunderts hauptsächlich die servi bezeichnet, doch wurden im Verlauf der weiteren Jahrhunderte auch andere Gruppen von abhängigen, in der Landwirtschaft tätigen Personen mit dem Begriff Unfreie belegt. Darüber hinaus wurden auch die servi der späteren Jahrhunderte noch Unfreie genannt, obwohl sich ihre Lebensbedingungen und -verhältnisse im Vergleich zu früheren Zeiten schon stark gewandelt hatten.[63]

Dieser Umgang mit dem Begriff der Unfreiheit macht es unmöglich, ihn inhaltlich näher zu charakterisieren. Dort, wo er auftaucht, sind die genauen rechtlichen Verhältnisse der Betroffenen für eine präzisere Einordnung ihres gesellschaftlichen Status von Wichtigkeit. Der Ausdruck Unfreier ist somit ein weitläufiger Sammelbegriff für die vielen verschiedenen Arten persönlicher Abhängigkeit von einem Herrn.

b. Untertanen

Die Bezeichnung einer Person als Untertan entstammt der Rechtssprache des absolutistischen Staatswesens und ist Kennzeichen eines Systems der Über- und Unterordnung, von Befehl und Gehorsam.[64] Hinsichtlich des Ausdrucks Untertan ist zwischen einer Wortbedeutung im engeren und einer im weiteren Sinne zu unterscheiden. Untertanen im weiteren Sinne sind alle Landeseinwohner ohne Rücksicht auf ihre fortbestehende ständische und rechtliche Verschiedenheit. Untertanen im engeren Sinne hingegen sind die einem intermediären Gewaltträger, der also selbst zu den landesherrlichen Untertanen gehört, untergeordneten Bevölkerungsgruppen.[65]

Der Begriff des Untertans ist daher ein allgemeiner, der je nach örtlichen Gepflogenheiten in den verschiedenen deutschen Gebieten durch eigene Wörter wie Holde, Grundholde, Untersass, Hintersass, Erbleute, Unterhörige und viele andere mehr ersetzt bzw. ergänzt wurde.[66] Seit dem ausgehenden 15. Jahrhundert wurde die Benennung Untertan auch in der ländlichen Rechtsordnung gebräuchlich. Ihren Höhepunkt erreichte sie zwischen dem späten 16. und der

---

61 LMA/*Rösener*, 8. Band, Sp. 1219.
62 Vgl. HRG/*Nehlsen*, 5. Band, Sp. 465 f.
63 Vgl. LMA/*Rösener*, 8. Band, Sp. 1219 f.
64 HRG/*Reiling*, 5. Band, Sp. 536.
65 HRG/*Reiling*, 5. Band, Sp. 540.
66 Vgl. HRG/*Reiling*, 5. Band, Sp. 540.

Mitte des 18. Jahrhunderts. In demselben Maß, wie der Begriff an Bedeutung und Verwendung zunahm, verlor die seit Beginn der frühen Neuzeit vorherrschende Redeweise vom „gemeinen Mann" an Wichtigkeit. Diese Entwicklung geschah parallel zum allmählichen Verschwinden der traditionellen Rechtsformen, die zusehends von denen des Obrigkeitsstaats abgelöst wurden. Innerhalb eines Territoriums wurden die Untertanen begrifflich praktisch alleiniges Gegenstück zur Landeshoheit.[67]

Neben dem reinen Begriff des Untertanen gibt es noch andere Bezeichnungen, in denen das Untertänige direkt vorhanden ist wie z. B. Gutsuntertanen oder Erbuntertänige. Diese entstammen dem Bereich der ländlichen Rechtsordnung. Sie charakterisieren eine Person zwar nicht notwendigerweise als leibeigen, sind aber zumindest präziser im Vergleich zu dem, was die Benennung als Untertan darstellte. Der Begriff Gutsuntertan besagt jedenfalls, dass der Untertan in das Rechtssystem der Gutsherrschaft eingebunden war. Ob er zugleich Leibeigener war, hing von der Gutsherrschaft ab.[68] Der Begriff des Erbuntertänigen besagte zum einen, dass die Untertänigkeit von den Eltern ererbt bzw. auch an die Kinder weitervererbt wurde. Zum anderen war ein Erbuntertäniger im allgemeinen unfrei, d. h. häufig insbesondere gutspflichtig, schollengebunden, unbeschränkt dienstpflichtig und jederzeit absetzbar.[69]

c. Hörige

Weiterhin gibt es den Begriffskomplex der Hörigkeit. Diesbezüglich haben sich ebenfalls viele verschiedene Bezeichnungen gebildet. Dazu zählen insbesondere Begriffe wie Hörige, Grundhörige, Schutzhörige, Hofhörige, Untergehörige, Eigenbehörige oder zubehörige Leute. Der Begriff der Hörigkeit wird ebenso wie der der Leibeigenschaft in der Literatur in unterschiedlicher Bedeutung gebraucht und bezeichnet vielfältige rechtliche, soziale und wirtschaftliche Formen bäuerlicher Abhängigkeit. Dies führte stets zu Unklarheiten hinsichtlich seiner Definition.[70] Durch die wissenschaftliche Literatur wurde dieser Ausdruck, der nur einer von vielen für die Benennung eines herrschaftlichen Abhängigkeitsverhältnisses eines Bauern ist, zu einem Sammelbegriff,[71] mit dem Termini wie Leibeigenschaft, Knechtschaft oder Unfreiheit, die ebenfalls allgemein die herr-

---

[67] Vgl. HRG/*Reiling*, 5. Band, Sp. 538 f.

[68] Vgl. die Abstufung der bäuerlichen Abhängigkeit bei *Knapp, G. F.*, Bauern-Befreiung, 1. Theil, S. 28: Gutsuntertänigkeit, Leibeigenschaft im uneigentlichen Sinn, wirkliche Leibeigenschaft.

[69] HRG/*Erler*, 2. Band, Sp. 1627.

[70] LMA/*Rösener*, 5. Band, Sp. 125.

[71] HRG/*Kaufmann*, 2. Band, Sp. 241.

schaftliche Unterordnung der Bauern charakterisieren, konkurrieren.[72] Diese herrschaftliche Abhängigkeit der bäuerlichen Bevölkerung von ihren Leib-, Grund- und Gerichtsherren versteht man als Hörigkeit im weiteren Sinn, während Hörigkeit im engeren Sinn die dingliche Gebundenheit eines Bauern im Rahmen einer Grundherrschaft bezeichnet. Damit bildet die Hörigkeit im engeren Sinn grundsätzlich das Gegenstück zur Leibeigenschaft, die sich gerade durch die persönliche Bindung eines Bauern an seinen Herrn auszeichnet.[73]

d. Sassen

Auch gibt es die Begriffe der Hinter- und Untersassen[74], die wörtlich besagen, dass eine Person im Schutz einer anderen sitzt. Als Rechtsbegriffe meinen sie sowohl die Grundhörigen als auch die Untertanen schlechthin. Es handelt sich also um eine allgemein gehaltene Bezeichnung, die lediglich zum Inhalt hat, dass die Personen in einem Abhängigkeitsverhältnis zu einer Herrschaft stehen. Eine Aussage über den persönlichen Status der Freiheit oder Unfreiheit einer Person wird damit aber nicht getroffen.[75]

Zudem gibt es den Ausdruck Landsasse. Dieser ist von den übrigen beiden deutlich zu unterscheiden. In den Rechtsbüchern des Mittelalters wird als Landsassen die unterste Schicht der Freien bezeichnet,[76] genauer gesagt Freie ohne Grundeigentum.[77] Diese Schicht bildete sich höchstwahrscheinlich aus freigelassenen Leibeigenen und Dienstmannen.[78] Das bestimmende Wesensmerkmal des Landsassenstands in diesem Zeitabschnitt war im gesamten deutschen Reich die persönliche Freiheit, weswegen die Landsassen sich sowohl von den Leibeigenen bzw. Eigenleuten als auch von den Hinter- bzw. Untersassen unterschieden.[79] In der Frühen Neuzeit durchlief der Begriff einen Bedeutungswandel. Er wurde mehr und mehr im Rahmen des Wortpaars „Landsassen und Untertanen" verwandt, wodurch sich zudem schon strukturell der beginnende Ständestaat des Frühabsolutismus abzeichnete. Zwar war der Landsasse noch immer ein freier Mann, doch wurde seine Freiheit nun durch die Rechtsordnung des Territoriums,

---

72 LMA/*Rösener*, 5. Band, Sp. 125.
73 LMA/*Rösener*, 5. Band, Sp. 125.
74 Vgl. *Gloy*, Beiträge, S. 37, 39: „*ritterschaftliche Untersassen*" bzw. „*adeliger Untersasse*".
75 HRG/*Kaufmann*, 2. Band, Sp. 162.
76 HRG/*Willoweit*, 2. Band, Sp. 1547.
77 HRG/*Willoweit*, 2. Band, Sp. 1547; vgl. Sachsenspiegel, Landrecht, 1. Buch, Art. 2, § 1, Satz 2 und § 4, Satz 1; 3. Buch, Art. 45, § 6, Satz 1 (*Schott*, S. 35 f., 194).
78 HRG/*Willoweit*, 2. Band, Sp. 1547; Sachsenspiegel, Landrecht, 1. Buch, Art. 16, § 1, Satz 3; 3. Buch, Art. 80, § 2 (*Schott*, S. 49, 228).
79 Vgl. HRG/*Willoweit*, 2. Band, Sp. 1548.

in dem er lebte, begrenzt. Zum einen war er selbst Untertan, d. h. seiner Landesobrigkeit unterworfen, zum anderen stand er unterhalb derselben als Besitzer einer Grundherrschaft aber über dem schlichten Untertan, dem gemeinen Mann.[80] Während der Landsasse als Inhaber einer Grundherrschaft also nur Untertan des Landesherrn war, war der Hinter- bzw. Untersasse nicht nur Untertan des Landesherrn, sondern als Einwohner einer Grundherrschaft zumeist auch noch Untertan eines Landsassen. Die einzige Gemeinsamkeit der beiden Personengruppen war ihre Untertänigkeit der Landesherrschaft gegenüber.

e. Kolonen

Der Begriff der Kolonen, dessen inhaltlich quasi deckungsgleiches Pendant im Lateinischen die Bezeichnung coloni war, stand zuerst für die landwirtschaftlich tätigen Personen, die zur Zeit des römischen Reichs in die Rechtsinstitution des antiken Kolonats eingebunden waren.[81] Sie waren anfangs freie Bauern, wurden jedoch schon seit Beginn des zweiten Jahrhunderts faktisch an das von ihnen zu bearbeitende Stück Land gebunden (Schollenpflichtigkeit bzw. adscriptio glebae).[82]

Urkundliche Erwähnung fanden die Kolonen während des Mittelalters bis ins 13. Jahrhundert, in dem sie weiterhin als Zubehör desjenigen Grundstücks galten, das sie zu bebauen hatten. Personenstandsrechtlich waren sie auch im Mittelalter Freie, doch bildeten sie mit ihrem Grundstück eine ihrem Herrn zugeordnete Besitzeinheit, was dazu führte, dass sie als allgemeine Grundhörige den servi praktisch gleichgestellt waren. Durch die allmähliche Eingliederung anderer Freier in den Kolonat wurden die Kolonen rechtlich und sozial aufgewertet, wodurch sie bis ins zehnte Jahrhundert in der Rechtswirklichkeit eine Art Mittelstellung zwischen Freien und Unfreien einnahmen. Teilweise wurden sie den Unfreien sogar gegenübergestellt. Als Freier konnte ein Kolone im Mittelalter Grundbesitz erwerben und selbst über Unfreie verfügen. Von ihnen unterschied sich der Kolone demnach dadurch, dass er zwar ebenso wie die Unfreien Abgaben und Leistungen an seinen Herrn zu entrichten hatte, diese jedoch im Gegensatz zu denen der Unfreien fest bestimmt und nur mit seinem Grundstück verbunden waren.[83]

Im Laufe des zehnten und elften Jahrhunderts kam es durch Heirat immer mehr zu einer Vermischung von Kolonen und servi. Sie glichen sich im Verband der

---

80 Vgl. HRG/*Willoweit* bzw. *Reden-Dohna*, 2. Band, Sp. 1548, 1550.

81 LMA/*Hägermann/Hedwig*, 5. Band, Sp. 1271.

82 HRG/*Langhammer*, 2. Band, Sp. 945, 949; LMA/*Hägermann/Hedwig*, 5. Band, Sp. 1271.

83 HRG/*Langhammer*, 2. Band, Sp. 951.

Hörigen sozial und funktional soweit an, dass eine begriffliche Unterscheidung aus rechtlichen Gründen überflüssig wurde und dadurch ein weiterer Grundstein für die allgemeine Grundhörigkeit des Mittelalters gelegt worden war.[84] Während des Hoch- und Spätmittelalters waren Kolonen im Allgemeinen vorwiegend im agrarischen Bereich Neu- bzw. Ansiedler auf neu angelegten Bauernstellen und in Siedlungen. Vor allem durch das Wiederaufleben des römischen Rechts kam es in vielen Gegenden zu einer erneuten Einführung von Elementen des antiken Kolonats.[85] Durch diese regionalen Unterschiede wurde eine Vielzahl an verschiedenen Leiheformen geschaffen, die alle unter dem Oberbegriff Kolonen zusammengefasst wurden. Da insbesondere im Rahmen der großen Kolonisationsbewegungen, gerade auch der Ostkolonisation, Anreize für Neusiedler geschaffen werden mussten, lagen den neu zu vergebenden Stücken Land oftmals günstige Pachtbedingungen zugrunde, die für ihre Pächter häufig einen vergleichsweise hohen Grad an persönlicher Freiheit mit sich brachten und teilweise in Form von Zeitpachtverhältnissen mit der Tendenz zur Erblichkeit und niedrigem Pachtzins begründet wurden.[86]

f. Eigene (Leute)

Im Mittelpunkt eines weiteren Begriffskomplexes steht das Wort „eigen". Dieses taucht entweder als Wortbestandteil oder als selbständiges Wort in einer mehrere Wörter umfassenden Bezeichnung auf. Zu diesem Bereich zählen Ausdrücke wie Eigene, Eigenleute, eigene Leute oder Eigenbehörige. „Eigen" bedeutet in der Rechtssprache des Mittelalters „einem anderen gehörend", was nicht nur Sachen, sondern auch Menschen meinen konnte. Als Gegenbegriff bildete sich seit dem zwölften Jahrhundert „frei" heraus. Eigene Leute sind demnach unfreie Personen schlechthin.

Der – häufig vorkommende – lateinische Ausdruck für Eigenleute war proprii oder homines proprii. Dieser Begriff leitete sich von den wörtlichen lateinischen Formulierungen für die Leibeigenschaft wie beispielsweise homo proprius de corpore oder proprietas de corpore ab.[87] Die eigenen Leute begrifflich von den Hörigen zu unterscheiden, ist der Sache nach kaum möglich, wenn auch die Hörigen im Gegensatz zu den Eigenleuten die Grundhörigen, also die ursprünglich zumindest persönlich Unabhängigen, mitumfasste.[88]

---

84 LMA/*Hägermann*/*Hedwig*, 5. Band, Sp. 1272.

85 Vgl. oben auf S. 30 f.

86 Vgl. LMA/*Hägermann*/*Hedwig*, 5. Band, Sp. 1272.

87 Vgl. LMA/*Goetz*, 5. Band, Sp. 1846; HRG/*Henning*, 2. Band, Sp. 1762.

88 Vgl. HRG/*Kroeschell*, 1. Band, Sp. 881.

g. Servi

Der grundlegende lateinische Ausdruck zur Beschreibung der Abhängigkeit eines Menschen von einem anderen Menschen ist servus. Mit servus wurden grundsätzlich nur die männlichen Unterworfenen bezeichnet, während die weiblichen Personen ancilla genannt wurden. Servi und ancillae zusammen wurden in dem neutralen Begriff mancipia aufgefangen. Der Begriff servus lässt sich nicht angemessen und eindeutig ins Deutsche übersetzen, da er, seit der klassischen Antike existent und bis ins 19. Jahrhundert hinein gebräuchlich, von seinem Bedeutungsumfang her zu vielfältig ist. Er beschreibt eine große Bandbreite an rechtlichen, sozialen und wirtschaftlichen Gegebenheiten in den unteren Bevölkerungsschichten. Seine Bedeutungen reichen von schärfsten Unterwürfigkeitsverhältnissen wie der Sklaverei über Unfreiheit, Knechtschaft, Dienerschaft bis hin zu milden Abhängigkeitsverhältnissen wie gewöhnlicher Hörigkeit.[89] Im Mittellateinischen konnte servus sogar direkt für den deutschen Begriff des Leibeigenen stehen.

Zwar entsprach der servus des Frühmittelalters in seiner rechtlichen Stellung und Behandlung als Sache weitgehend dem antiken servus. Doch hat der mit der Völkerwanderung einsetzende wirtschaftliche und soziale Wandel die reale Lebenswirklichkeit des servus so geändert, dass es nicht einmal für die frühmittelalterliche Epoche angemessen wäre, den lateinischen Terminus im Deutschen einfach mit Sklave wiederzugeben. Diese Übersetzung träfe die vielschichtige tatsächliche – sich im Verlaufe des Hochmittelalters zusätzlich verkomplizierende – Ausgestaltung der Verhältnisse nicht und wäre daher unzureichend. Vielmehr waren der genaue Rechtsstatus und die soziale Stellung der verschiedenen Gruppen der servi auf engste mit den vielfältigen, sich im Wandel befindenden Wirtschaftsformen des Mittelalters verknüpft.[90]

Der Ausdruck servus findet sich oftmals im Zusammenhang mit verschiedenen Adjektiven, die den rechtlichen Status der Person genauer beschreiben. Besonders häufig sind die Zusätze casati oder non casati anzutreffen. Dieses Begriffspaar bildete sich mit fortschreitender Verbreitung der Grundherrschaft im Mittelalter heraus. Die bis dahin teilweise riesigen Gutshöfe wurden parzelliert, und auf die neu eingerichteten Bauernstellen wurden von den Herren zunehmend servi gesetzt, die sie wirtschaftlich selbständig, jedoch eng an den Hof des Herrn gebunden, führen sollten.[91] Dies wurde die neue Schicht der servi casati. Gegen Zins und Dienstpflicht wurden sie auf eigener Scholle mit einer eigenen Hütte

---

89 Vgl. LMA/*Hägermann*, 7. Band, Sp. 1798

90 Vgl. LMA/*Hägermann*, 7. Band, Sp. 1798.

91 LMA/*Hägermann*, 7. Band, Sp. 1799.

angesiedelt. Zu leisten hatten sie gemessene Frondienste, in der übrigen Zeit konnten sie eigenes Vermögen erwerben.[92]

Im Gegensatz zu diesen auf grundherrschaftlichem Boden angesiedelten Zinsbauern gab es noch die direkt der Hausherrschaft des Herrn unterstehenden Unfreien am Herrenhof selbst. Diese wurden servi non casati genannt. Sie waren stärker abhängig von ihrem Herrn als die servi casati und konnten darum eher als Leibeigene gelten. Doch gab es im Laufe der Zeit immer mehr Übergangsformen im Rechtsstatus zwischen den beiden ursprünglich unterschiedlichen Gruppen, so dass sich ihre Verschiedenheit weitgehend relativierte.[93] Diese Gruppe der servi verschmolz im 13. Jahrhundert mit der Gruppe der alten Hörigen.[94]

h. Mancipia

Mancipia, was eigentlich „handbare Sachen" bzw. Eigentumsrechte an solchen bedeutete, war neben servi der zentrale Begriff zur Bezeichnung der breiten Schicht der wesentlich rechtlosen Unfreien verschiedenen Ursprungs im frühmittelalterlichen Europa, der bis ins Hochmittelalter vorherrschend blieb.[95] Es war insbesondere der geschlechtsneutrale Sammelausdruck für die männlichen servi und die weiblichen ancillae, der in den Quellen insbesondere zur Bezeichnung der servi als Objekte im Rechtsverkehr verwandt wurde.[96] Während servi und ancillae dort als individuell handelnde Objekte oder Träger bestimmter Funktionen wie Knecht, Magd oder sogar servus casatus begegnen, tauchen mancipia als Zubehör oder sonstige Objekte im Zusammenhang mit Schenkungs-, Kauf- bzw. Tauschurkunden auf.[97]

Ein mancipium genannter Unfreier gehörte nicht immer notwendigerweise nebst Tieren und Geräten nur zur Ausstattung eines Herrenhofs. Vielmehr konnten damit auch Unfreie gemeint sein, die eine landwirtschaftliche Einheit eigenverantwortlich bewirtschafteten. Die Schicht der mancipia war in sich also nicht einheitlich, sondern wies die Besonderheit auf, dass es in ihr ein Rangverhältnis der Über- und Unterordnung gab. Die Angehörigen der höheren Stufe der mancipia, häufig auch mancipia casata genannt, hatten demnach eigene Behausungen und oftmals eigene Ackerstellen auf dem Herrenland, die sie zwar selbständig, aber in Abhängigkeit vom Herrenhof zu bearbeiten hatten. Sie lagen zumeist in unmittelbarer Nähe des Herrenhofs. Die mancipia casata hatten nur be-

---

92 Vgl. HRG/*Erler*, 4. Band, Sp. 1642.
93 Vgl. LMA/*Goetz*, 5. Band, Sp. 1846.
94 Vgl. HRG/*Erler*, 4. Band, Sp. 1642.
95 HRG/*Nehlsen*, 3. Band, Sp. 219; vgl. LMA/*Hägermann*, 6. Band, Sp. 185.
96 LMA/*Hägermann*, 7. Band, Sp. 1798.
97 LMA/*Hägermann*, 6. Band, Sp. 185.

grenzte Dienste und Abgaben zu leisten. Neben dieser privilegierten Schicht von Unfreien gab es diejenige Gruppe von mancipia, die diese Merkmale nicht aufwiesen. Sie waren nur Teil der Ausstattung, entweder des Herrenhofs selbst oder aber zumindest des Herrenlandes. In diesem Fall konnte es sogar sein, dass sie in der Hand von mancipia casata waren, denen sie auf ihren Grundstücken zu dienen hatten. Eine Reduzierung ihrer anfangs ungemessenen Dienste und damit eine Verschmelzung der beiden Schichten von mancipia setzte erst allmählich ein.[98]

Im Laufe des Mittelalters erfolgte in ständischer Hinsicht eine Angleichung der mancipia an die Schicht der homines proprii, wobei danach sowohl die eine als auch die andere Gruppe Unfreie aller Art und Herkunft umfasste. Beide Gruppen gingen schließlich im allgemeinen leistungspflichtigen bäuerlichen Verband der Hörigen auf.[99] Während der in römischen Quellen auftauchende Terminus mancipia ohne Zögern mit Sklave übersetzt wurde, wurde er dort, wo er in germanischen Quellen zutage trat, fast ausnahmslos mit dem deutschen Begriff Knecht wiedergegeben. Ob mancipia Sklaven waren oder nicht, wurde von der durch ihren Herrn bestimmten rechtlichen Ausgestaltung ihres Abhängigkeitsverhältnisses, speziell hinsichtlich der Freizügigkeit, festgelegt.[100]

i. Adscripti

Die Bezeichnung adscripti, oftmals auch glebae adscripti, erfasst den Teil der landwirtschaftlich tätigen Bevölkerung, der fest an den Grund und Boden, den er zu bebauen hatte, gebunden war. Für die an die Scholle Gebundenen gab es außer dem Begriff adscripti noch viele weitere Ausdrücke, die alle dasselbe meinten wie z. B. adscripticii, adscriptiati, glebae annexi oder glebarii.[101] Bei ihnen handelte es sich während der spätrömischen Kaiserzeit um Kolonen, die zwar dem Stand nach Freie, aufgrund ihrer persönlichen Beschränkungen aber dem Stand der Unfreien angenähert waren. Im Laufe des Mittelalters wurden in den Quellen die Hörigen, die der Bindung an die Scholle (Schollenpflichtigkeit) unterlagen, glebae adscripti genannt. Diese Schollenpflichtigkeit war einerseits ein Relikt der persönlichen Unfreiheit, das die Vorgänger der mittelalterlichen Hörigkeit zu erdulden hatten, andererseits wurde sie während der frühneuzeitlichen Gutsherrschaft häufig – vor allem in Ostdeutschland, teilweise sogar per Gesetz wie 1526 in Preußen, – wieder eingeführt.[102] Ein glebae adscriptus besaß, insbesondere in den großen Gutsherrschaften während des Zeitabschnitts der frühen

98 Vgl. HRG/*Nehlsen*, 3. Band, Sp. 227 f.; LMA/*Hägermann*, 6. Band, Sp. 185.
99 LMA/*Hägermann*, 6. Band, Sp. 185.
100 HRG/*Nehlsen*, 3. Band, Sp. 229.
101 Vgl. LMA/*Toubert*, 1. Band, Sp. 168 f., HRG/*Kobler*, 1. Band, Sp. 1696.
102 Vgl. HRG/*Kobler*, 1. Band, Sp. 1695 f.

Neuzeit, praktisch keine persönliche Freiheit. Der Schollenpflichtige glich einem Zubehörstück der Scholle und war zumeist der Willkür seines Gutsherrn ausgeliefert.

2. Verhältnis zur Leibeigenschaft

Alle diese mehr oder weniger allgemeinen Begriffe, die ein Abhängigkeitsverhältnis zwischen einem Herrn und seinem Untergebenen beschreiben, haben grundsätzlich nicht gleichzeitig ein Leibeigenschaftsverhältnis zum Inhalt. Es handelt sich größtenteils um übergeordnete Sammelbegriffe, deren Schwierigkeit allerdings darin besteht, dass sie zwar nicht zwingend besagen, dass zugleich auch ein Leibeigenschaftsverhältnis zwischen den Beteiligten vorhanden war; je nach dem Zusammenhang, in dem sie verwandt wurden, konnten sie jedoch aufgrund ihres allgemeinen Charakters durchaus auch Leibeigene bezeichnen. Somit gilt es beim Auftauchen eines übergeordneten Begriffs stets zu prüfen, ob die Person gleichzeitig auch Leibeigener war. Regelmäßig war dies nur dann der Fall, wenn zusätzlich zu den allgemeinen Abhängigkeitsbedingungen, die einen Untergebenen etwa als einen Unfreien, einen Hintersassen oder ein mancipium kennzeichneten, die wesentlich engeren Voraussetzungen der Leibeigenschaft vorlagen.

Insbesondere die Tatsache, dass jemand Untertan war oder so bezeichnet wurde, sagt daher nichts darüber aus, ob er zugleich auch Leibeigener war. Denn ein Untertan war jeder, der sich vom Rang her unterhalb der Landeshoheit befand, also z. B. auch Adlige niedrigeren Rangs. Befand sich eine Person hingegen in einem Erbuntertänigkeitsverhältnis, bestand oftmals zugleich ein Leibeigenschaftsverhältnis. Auch können Untertanen ausdrücklich als Leibeigene bezeichnet werden.[103] Wird jemand generell als Höriger benannt, musste er nicht zwangsläufig leibeigen sein,[104] wohingegen bei einem Leibeigenen die Beschränkung der tatsächlichen Freiheit dem Begriff implizit war.[105] Eine Person war also, je nachdem wie die Verhältnisse der Abhängigkeit gelagert waren, nicht nur hörig, sondern auch leibeigen.[106] Ebenso verhielt es sich trotz der ähnlichen Bezeichnung bei den eigenen Leuten, die wiederum in verschiedene Untergruppen zerfielen. Ob sie Leibeigene waren, hing allein davon ab, mit welchen für die Leibeigenschaft charakteristischen Merkmalen ihr Abhängigkeitsverhältnis ausgestattet war.[107] Wie bei den anderen Ausdrücken zuvor gilt auch für die inhaltliche Deckungsgleichheit der Begriffe Kolone und Leibeigener,

---

103 Vgl. Urtheile, No. 247, S. 281 (281 (Fn. (*))): „*leibeigenen Unterthan*".
104 *Runde*, Grundsätze, S. 402; vgl. HRG/*Kaufmann*, 2. Band, Sp. 241.
105 Vgl. *Runde*, Grundsätze, S. 402.
106 Vgl. Urtheile, Ad Part. IV. tit. 15. §. 3., S. 269: „*Leibeigene adeliche Untergehoerige*".
107 Vgl. HRG/*Kroeschell*, 1. Band, Sp. 881 f.

dass diese dann gegeben war, wenn das Kolonatsverhältnis eine leibeigenschaftsspezifische Ausgestaltung aufwies. Kolonen, die ein hohes Maß an Freizügigkeit genossen, oder solche, die in eigener Person über Unfreie als landwirtschaftliche Arbeitskräfte verfügten, werden selbst häufig keine Leibeigenen gewesen sein. Da aber der antike Kolonat durchaus Rechtsformen wie die glebae adscriptio aufwies, die mit der Wiederbelebung des römischen Rechts im Laufe des Hoch- und Spätmittelalters für viele Kolonatformen vorbildlich wurden, gab es unter den als Kolonen bezeichneten Untergebenen, die zwar regelmäßig unter eher günstigen persönlich-rechtlichen Bedingungen lebten, auch solche, die zugleich Leibeigene waren.[108]

V. Problematik

Beschäftigt man sich mit Institut und Begriff der Leibeigenschaft genauer, stößt man schnell an die Grenzen der oben genannten Begriffsdefinition, wonach derjenige ein Leibeigener war, der aufgrund dauernder persönlicher Abhängigkeit unter der Herrschaft eines anderen Menschen stand. Diese Form *„rechtlich fixierter persönlicher Abhängigkeit“*[109] – beruhend auf Grund- und Gerichtsherrschaft – kann zwar übergeordnet als Leibeigenschaft bezeichnet werden, ist als begriffliche Grundlage aber zu weit und zu allgemein, als dass sie das Phänomen der Leibeigenschaft insgesamt angemessen erfassen könnte. Die Probleme einer genaueren Definition der Leibeigenschaft beruhen vor allem auf zwei Tatsachen. Einerseits ist anzuführen, dass mehrere der im Laufe der Zeit und in verschiedenen Gegenden in Erscheinung getretene Formen von Abhängigkeit mit unterschiedlicher rechtlicher Ausgestaltung als Leibeigenschaft gelten können.[110]

Andererseits hat die Verwendung des Begriffs der Leibeigenschaft in Quellen und Literatur den Begriff zusätzlich verkompliziert und verwirrt.[111] Während sich im Früh- und Hochmittelalter die Ausgestaltung von Grund-, Leib- und Gerichtsherrschaft kaum voneinander trennen ließ, wurde im Spätmittelalter damit begonnen, die verschiedenen bis dahin unter dem Aspekt der Grundherrschaft zusammengeflossenen Herrschaftsrechte auch terminologisch zu unterscheiden. Dies brachte aber keine begriffliche Klarheit. Leibeigenschaft als Begriff tauchte zunächst nicht oft, dafür aber mit unterschiedlichen Bedeutungen seit dem 13. Jahrhundert, mancherorts sogar erst seit dem 15. Jahrhundert auf. Bezeichnungen wie „Eigenleute“ oder „proprii“, die begrifflich die vom Phänomen der Leibeigenschaft betroffenen Personen beschreiben konnten, begegnen

---

108 Vgl. LMA/*Hägermann*/*Hedwig*, 5. Band, Sp. 1272.
109 *Coing*, Privatrecht, 1. Band, S. 206.
110 *Coing*, Privatrecht, 1. Band, S. 207.
111 Vgl. HRG/*Henning*, 2. Band, Sp. 1761.

aber schon vorher und belegen damit das Bestehen dieser rechtlichen Erscheinungsform schon vor ihrer Benennung als Leibeigenschaft.[112]

Unüberschaubar häufig und vielfältig wird die Verwendung des Begriffs der Leibeigenschaft im ausgehenden 17. sowie im 18. Jahrhundert, als er seine Blütezeit in der Literatur hatte. Beginnend mit der Rezeption wurde mehr und mehr der Versuch unternommen, die bäuerlichen Abhängigkeitsverhältnisse unter Verwendung römisch-rechtlicher Vorstellungen zu systematisieren. Im Laufe der Zeit wurde infolge dessen jegliche Form persönlicher Abhängigkeit, insbesondere in den Gebieten der ostdeutschen und osteuropäischen Grundherrschaft, Leibeigenschaft genannt.[113]

In seiner Funktion als moderner Ordnungsbegriff diente der Begriff Leibeigenschaft – mit politisch-aufklärerischer Tendenz – zur Beschreibung der rechtlichen Lage der Bauern im Zuge der Bauernbefreiung um die Wende zum 19. Jahrhundert. Davon ausgehend wurde er in verschiedenen Bedeutungen auf frühere Zeiten übertragen und kennzeichnet seither vielfältige Abhängigkeitsverhältnisse, nämlich zum einen die im engen Sinn personenbezogene Abhängigkeit und zum anderen im weiten Sinn die Abhängigkeit von einem Herrn schlechthin.[114] Allerdings trugen diese oftmals politisch eingefärbten Verwendungen des Begriffs der Leibeigenschaft nicht zu einer besseren Orientierung hinsichtlich der insgesamt problematischen Begrifflichkeiten bei. Vielmehr verkomplizierten sie die ohnehin bereits kaum zu leistende Verobjektivierung einer möglichst übersichtlichen, allgemeingültigen Definition des Begriffs der Leibeigenschaft noch zusätzlich. Darüber hinaus finden sich in der Literatur des 18. bis 20. Jahrhunderts unterschiedliche Abhängigkeitsverhältnisse, die von den Zeitgenossen nicht als Leibeigenschaft bezeichnet wurden, nunmehr jedoch zu ihr gezählt werden.[115]

Die Auseinandersetzung mit den ausgewählten Begriffen und Instituten sowie ihren inhaltlichen Kriterien verdeutlicht das Dilemma in diesem Themenbereich nachhaltig. Weder die zeitgenössischen Quellen noch die nachfolgenden Darstellungen in der Literatur haben eine auch nur annähernd einheitliche Benennung bestimmter Rechtsinstitute und somit eine nachvollziehbare Verwendung von Begrifflichkeiten erreichen können. Ein überregionaler allgemeingültiger Maßstab, anhand dessen Rechtsformen herrschaftlicher Abhängigkeit, die gewisse gleichbleibende Merkmale aufwiesen, mit festen Bezeichnungen versehen wurden, existierte nicht und ist bis heute nicht existent. Die Begriffsdefinitionen waren sowohl isoliert betrachtet als auch im Vergleich untereinander von einem hohen Grad an Unschärfe und Ähnlichkeit geprägt, so dass gerade ihre Unter-

---

112 Vgl. LMA/*Goetz*, 5. Band, Sp. 1846.

113 HRG/*Henning*, 2. Band, Sp. 1762.

114 LMA/*Goetz*, 5. Band, Sp. 1845 f.; vgl. HRG/*Henning*, 2. Band, Sp. 1762.

115 HRG/*Henning*, 2. Band, Sp. 1761.

scheidung voneinander nahezu unmöglich ist. Ihre Verwendung erfolgte großteils untechnisch und unsystematisch und entzog sich somit jeglicher ordnenden Betrachtung. In diesem Spannungsfeld bewegte sich auch der Begriff der Leibeigenschaft, der aufgrund seiner gesellschaftlich-politisch-ideologischen Brisanz oftmals als politischer Kampfbegriff und damit vielfach noch unsystematischer eingesetzt wurde.

Hinzu kommt, dass diese generelle Unübersichtlichkeit durch die zeitliche und die örtliche Dimension verstärkt wurde. Das bedeutet, dass bestimmte Rechtsinstitute zur selben Zeit in verschiedenen Gegenden bei vergleichbarer rechtlicher Ausgestaltung unterschiedliche Namen haben konnten. Es kann aber auch heißen, dass bestimmte Rechtsinstitute zur selben Zeit in verschiedenen Gegenden bei unterschiedlicher rechtlicher Ausgestaltung denselben Namen tragen konnten. Zudem war es möglich, dass vergleichbare Rechtsformen zu unterschiedlichen Zeiten verschiedene Bezeichnungen hatten. Der Zustand, den man später Leibeigenschaft nannte, bestand wohl teilweise schon als persönliche Abhängigkeit von Sklaven und Kolonen in Gallien sowie von Unfreien und bestimmten Hörigengruppen bei den Germanenstämmen.[116] Jedenfalls war die Grenze zwischen Freiheit und Unfreiheit in der Antike bereits derart verwischt, dass es neben der Sklaverei und dem Kolonat etliche, vielfältig ausgestaltete Verhältnisse beschränkter Freiheit in dieser Grauzone gab.[117] Zudem war die Ausgestaltung der Rechtsverhältnisse innerhalb einer Herr-Untergebenen-Beziehung von vielen Faktoren abhängig, da der Herr oft nach Gutdünken und situationsgebundenen Anforderungen die Ausgestaltung vornahm. So kam es zur Ausformung unzähliger Variationen der Institute, die als Neben-, Unter- oder Sonderformen neben den selbst in stetem Wandel befindlichen Hauptformen existierten.

Waren die rechtlichen Verhältnisse der einzelnen Gruppen von Untergebenen auch bezüglich der Details teilweise unterschiedlich, standen viele dieser Gruppen sozial und gesellschaftlich doch auf einer Stufe. Unfreie Eigenleute wie z. B. die niederdeutschen Liten des Hoch- und Spätmittelalters waren von der sozialen Geltung her gleichrangig mit den übrigen leibherrlichen Hörigen wie den mancipia, servi, homines proprii oder coloni. Über alle konnte der Grundherr gleichermaßen wie über Erbgut verfügen.[118] Zwar unterfielen sie alle einer Grundherrschaft, dem dazugehörigen Hofrecht und als Verband seit dem Frühmittelalter dem Begriff der familia. Dieser Begriff für die Hörigen im Allgemeinen blieb über das Mittelalter hinaus erhalten. Im Verlauf der Frühen Neuzeit wurden die sich aus der Zugehörigkeit zur familia ergebenden Rechtsbeziehungen, die sich insbesondere während des elften und zwölften Jahrhunderts gelockert hatten, sogar wieder stärker betont. In einigen Gegenden des Deutschen

---

116 HRG/*Henning*, 2. Band, Sp. 1762.

117 *Kaser*, Privatrecht, 2. Abschnitt, S. 149.

118 Vgl. LMA/*Hägermann/Hedwig*, 5. Band, Sp. 2017.

Reichs behielt die familia mit ihren Rechtsfolgen Wirkung bis zum Beginn des 19. Jahrhunderts, als die tiefgreifenden landwirtschaftlichen Umstrukturierungen einsetzten.[119]

Doch trotz der Zusammenfassung der Untergebenen in den einem bestimmten Hofrecht unterstehenden familiae gab es innerhalb dieser generellen Abhängigkeit aller von ihrem Grundherrn zumeist Abstufungen bezüglich des Grads der Abhängigkeit. Beispielsweise lag bei der einfachen Untertänigkeit, der Erbuntertänigkeit sowie letztlich der Leibeigenschaft ein deutliches Stufenverhältnis hinsichtlich der Freizügigkeit der Betroffenen vor. Wurde die einfache Untertänigkeit nur durch Übernahme eines Hofs und Anerkennung der dazugehörigen Grund- und Gerichtsherrschaft für den Untertan begründet, bedeutete die Erbuntertänigkeit, dass die Unterworfenheit unter die Herrschaft automatisch auch auf die Kinder überging. Dabei bestand für diese allerdings oftmals die Möglichkeit, sich nach eigenem Wunsch freizukaufen. Auf der untersten Stufe mit der größten Einbuße an Freizügigkeit und persönlichen Rechten stand der Leibeigene. Er war häufig in seinen Besitz- und Nutzungsrechten stark beschnitten und hatte seinem Herrn ungemessene Dienste zu leisten. Auch ein Freikauf aus dieser Abhängigkeit konnte nur mit Zustimmung seines Herrn erfolgen.[120] Auch die Rangfolge Hörige, glebae adscripti, Leibeigene drückt eine abgestufte Unfreiheit aus, wobei wiederum das abnehmende Maß an Freizügigkeit und persönlichen Rechten als entscheidendes Kriterium bestimmend ist.[121]

Doch geht die Erstellung solcher Abstufungen entweder von regionalen Beispielen aus, oder sie wird von den heutzutage als weitgehend allgemeingültig anerkannten Definitionen der Begriffe geleitet. Eine Übertragung regionaler Abstufungen auf andere Gebiete sollte gerade vor dem Hintergrund der Unübersichtlichkeit zeitgenössischer und später verwandter Bezeichnungen für die verschiedenen Rechtsinstitute genau geprüft werden. Ebenso verhält es sich mit der Übertragung einer generellen Abstufung auf einzelne Regionen des deutschen Gebiets. Sogar innerhalb des Begriffs der Leibeigenschaft selbst wurden Unterscheidungen wie etwa in uneigentliche und wirkliche Leibeigenschaft vorgenommen, wobei die uneigentliche Leibeigenschaft eine verschärfte Form der Gutsuntertänigkeit darstellte und zwischen der einfachen Gutsuntertänigkeit und der wirklichen Leibeigenschaft anzusiedeln war.[122]

---

119 Vgl. HRG/*Kroeschell*, 1. Band, Sp. 1066 f., LMA/*Schimmelpfennig*, 4. Band, Sp. 254 ff.

120 Vgl. *Schmidt, C.*, Leibeigenschaft, S. 8 f., der dieses Beispiel für die Region Brandenburg darstellt und darauf hinweist, dass alle diese drei Formen vom 16. Jahrhundert bis zur Beseitigung der Leibeigenschaft sowohl nach- als auch nebeneinander bestanden.

121 HRG/*Erler*, 4. Band, Sp. 1683.

122 Vgl. *Knapp, G. F.*, Bauern-Befreiung, 1. Theil, S. 25 ff.

Für die Betrachtung der verschiedenen Rechtsformen bedeutet all dies, dass die Belegung von Instituten mit Begriffen nicht unkritisch aus den Quellen oder der Literatur übernommen werden sollte. Was als Leibeigenschaft bezeichnet wurde, musste kein solches Rechtsverhältnis darstellen, sondern konnte bloße Hörigkeit oder eine andere Form von Unfreiheit sein. Andersherum konnten Untergebene, die nur als Hörige, Untertanen, Hintersassen oder etwa Eigenleute benannt wurden, aufgrund ihrer Lebens- und Arbeitsverhältnisse Leibeigene sein. Folglich sind die rechtlichen Strukturen der Abhängigkeit zu begutachten, um ihr eine möglichst zutreffende Bezeichnung zu geben, zumindest aber um herauszufinden, ob man sie als Leibeigenschaft titulieren kann. Doch selbst für die Rechtsinstitute, die als Leibeigenschaft bezeichnet werden können, ist der Ausdruck Leibeigenschaft *„nicht mehr als ein vager Sammelbegriff“*.[123] Zwar gibt es Kriterien, die die Bezeichnung Leibeigenschaft rechtfertigen. Doch konnten die unterschiedlichen „Leibeigenschaften“ so verschiedenartig geregelt sein, dass eine generelle Vergleichbarkeit untereinander nur begrenzt möglich war.

Von dieser Problematik blieb auch die holsteinische Leibeigenschaft und ihr Erscheinungsbild in Quellen und Literatur nicht verschont. Das Rechtsinstitut erfuhr nicht einmal in dem räumlich eng begrenzten und – reichsdeutsch betrachtet – peripher gelegenen Holstein eine einheitliche Ausgestaltung, wenngleich zwei Hauptcharakteristika sowie weitere Grundzüge deutlich hervortraten. Hinsichtlich der frühneuzeitlichen holsteinischen Leibeigenschaft ist somit auf die Lebens- und Arbeitsverhältnisse der Eingesessenen abzustellen. Stimmten diese mit den allgemeinen rechtlichen Merkmalen der Leibeigenschaft in der Region überein, waren die Personen als Leibeigene anzusehen. Bezeichnungen aus dem Begriffskomplex finden sich schon in Gesetzestexten und offiziellen, höchstrangigen Schriftstücken seit der Frühen Neuzeit. In der schleswig-holsteinischen Landgerichtsordnung von 1573 taucht die Formulierung „eigene Leute“ im dritten Titel des ersten Teils auf.[124] Unabhängig davon, dass die Leibeigenschaft zu diesem Zeitpunkt zumindest in Holstein schon ziemlich allgemein verbreitet war,[125] wurde einerseits nur aufgrund dieses Ausdrucks auf die allgemeine Existenz der Leibeigenschaft auf den Gütern während des 16. Jahrhunderts geschlossen.[126] Andererseits wurde die Tatsache, dass in der Landgerichtsordnung von „eigenen Leuten“ des Adels die Rede ist, dafür als nicht ausreichend betrachtet. Vielmehr sei diese Bezeichnung nur auf die Zugehörigkeit des Bauern zur eigenen Gerichtsbarkeit des Adels zu beziehen. Im Hinblick auf die persönliche Freiheit des Bauern sage der Ausdruck wegen seiner inhaltlichen

---

123 *Schmidt, C.*, Leibeigenschaft, S. 8.

124 Vgl. LGO-SH (1573), S. 146 (156); LGO-SH (1636), 5. Aufl., 1. Teil, 3. Titel, § 11 (S. 9).

125 *Jessen*, Entstehung, S. 89 f.

126 *Hanssen*, Aufhebung, S. 12.

Farblosigkeit nichts aus.[127] Insbesondere die verschiedenen in Gesetzen und Verordnungen verwandten Bezeichnungen der adligen Untertanen waren *„eben bloß mit Ruecksicht auf die gewoehnlichen Faelle nicht in der Absicht gewaehlt, um einen erschoepfenden Begriff aufzustellen“*.[128]

Wie missverständlich die Verwendung der Begrifflichkeiten war und welches Chaos der Begriffe im Hinblick auf die holsteinische Leibeigenschaft herrschte, mögen zwei knappe Beispiele veranschaulichen. Einerseits wurden die Begriffe Leibeigener und adliger Untersasse im 18. Jahrhundert trotz landschaftlicher Verschiedenheiten überwiegend identisch verwandt,[129] wobei es festzuhalten gilt, dass es sowohl adlige Güter in Holstein ohne Leibeigenschaft gab als auch Leibeigenschaft in den Landesteilen, die außerhalb der Landesverfassung der adligen Güter lagen. Andererseits wurden im nördlichen Bereich des Landesteils Schleswig die bäuerlichen Untertanen eines Guts 1714/15 als Leibeigene tituliert, obwohl die Leibeigenschaft dorthin niemals vorgedrungen war, sondern die Bezeichnung wohl nur deshalb gewählt worden war, weil die Leibeigenschaft auf den schleswig-holsteinischen Gütern die Regel war.[130]

VI. Zusammenfassende Betrachtung: Wesen und Begriff der Leibeigenschaft im Allgemeinen

Eine zusammenfassende Betrachtung des Wesens und Begriffs der Leibeigenschaft im Allgemeinen, wie die vorstehende Überschrift es ankündigt, in der gängigen und regelmäßig zu erwartenden Form, dass die wichtigsten Aspekte eines Abschnitts in kurzer und prägnanter und damit übersichtlicher und inhaltlich befriedigender Weise dargestellt werden, ist schlichtweg unmöglich. Dies liegt jedoch in der Natur der Sache:

„Der Begriff Leibeigenschaft wird (und wurde) nicht immer in eindeutigem Sinne gebraucht. Wenn meistens auch eine rechtliche Kategorie angesprochen wird, so steht doch die Bezeichnung eines die Lebensumstände der von der Leibeigenschaft Betroffenen (negativ) prägenden Unterordnungsverhältnisses im Vordergrund. Die Unschärfe der Definition ist in der Vergangenheit und in der Literatur der letzten Jahrhunderte (...) weit verbreitet. (...)

Im Ergebnis zeigt sich, daß eine einheitliche Vorstellung von der Leibeigenschaft nicht existiert hat und auch heute noch nicht besteht. Entscheidend dürfte aber wohl sein, daß die Vielfalt der rechtlichen Ausgestaltung der als Leibeigenschaft bezeichneten persönlichen Abhängigkeitsverhältnisse nicht als ein ein-

127 *Sering*, Erbrecht, S. 223 (Fn. 5); *Jessen*, Entstehung, S. 89.
128 *Falck*, Handbuch, 3. Theil, 1. Abth, S. 145.
129 *Gloy*, Beiträge, S. 39.
130 *Jessen*, Enstehung, S. 98.

heitliches Rechtsinstitut angesehen werden kann und schon gar nicht mit dem Eigentum an einer Person identisch ist.“[131]

Dieses Zitat veranschaulicht und verdeutlicht noch einmal stellvertretend für viele andere ähnliche Textstellen in der einschlägigen Literatur die Unmöglichkeit einer regelmäßigen zusammenfassenden Betrachtung dieses Teils der Arbeit. Zugleich werden an dieser Stelle die soeben unter I. bis V. gemachten Ausführungen in Erinnerung gerufen, um die hier nicht zu überwindende Komplexität der Situation erneut hervorzuheben. Im Hinblick auf das Verständnis für die begrifflichen Grundlagen der Arbeit und ihre Problematik kann das aufgezeigte Dilemma nicht oft genug betont werden.

Auch die einen gewissen allgemeinen Grundkonsens darstellende, in den einschlägigen Werken zu findende wissenschaftliche „Definition“ der Leibeigenschaft[132] als Bezeichnung für den während der Zeit des Feudalwesens anzutreffenden Zustand eines Menschen, der aufgrund dauernder persönlicher Abhängigkeit unter der Herrschaft eines anderen Menschen stand, trägt diesen widrigen Umständen Rechnung. Zwar werden erläuternd zu dieser „Definition“ als wesentliche Merkmale der Leibeigenschaft die grundherrlich-dingliche sowie die persönliche Bindung des Untergebenen an seinen Herrn, also die Überlassung von Boden zur Nutzung sowie die erhebliche Abhängigkeit und Unterworfenheit der Betroffenen, genannt. Doch kann auch dieser Zusatz nicht darüber hinweg täuschen, dass diese „Definition“ der Leibeigenschaft den wissenschaftlichen Anspruch an die Aufgabe einer Definition, nämlich Klarheit hinsichtlich des Begriffs und Verständnis für sein Wesen herbeizuführen, nicht auf befriedigende Weise zu leisten vermag.

Vielmehr wird dieser Anspruch sogar nur rudimentär erfüllt. Beschäftigt man sich auch nur etwas eingehender mit persönlich-dinglichen Abhängigkeitsverhältnissen zwischen Herren und Untergebenen im Allgemeinen, ob sie nun Leibeigenschaft darstellen oder nicht oder ob sie als solche bezeichnet werden oder nicht, wird im Hinblick auf die angesprochene „Definition“ überdeutlich, dass diese lediglich eine vage Andeutung dessen ist, was Leibeigenschaft ausgemacht hat oder zumindest auch ausgemacht haben konnte. Jedenfalls verschafft die „Definition“ weder Klarheit hinsichtlich des Begriffs der Leibeigenschaft noch Verständnis für ihr Wesen, sondern muss lediglich als eine Art grobe „Einstiegshilfe“ in den entsprechenden Themenbereich betrachtet werden.

Aufgrund der Uneinheitlichkeit und unüberschaubaren Vielfalt der Ausgestaltung der Leibeigenschaft sowie der vielen übrigen ähnlichen persönlich-dinglichen Abhängigkeitsverhältnisse einerseits und des allgemeinen Begriffswirrwarrs innerhalb dieses Themenkomplexes andererseits kann diese wie auch jede andere nur ungenaue „Definition“ der Wissenschaft jedoch nicht einmal zum

---

131 HRG/*Henning*, 2. Band, Sp. 1761, 1771.

132 Vgl. oben auf S. 28 ff.

Vorwurf gemacht werden. Denn die Unlösbarkeit dieser Problematik ist eben keine äußere, sondern eine innere, liegt nämlich ganz einfach in der Natur der Sache. Ferner ist es im Gegenteil sogar eher so, dass jede inhaltlich engere Definition, wenn sie als eine allgemeine gedacht ist, infolge der immensen Unterschiedlichkeit der Erscheinungsformen der Leibeigenschaft fast zwangsläufig bestimmte von ihnen, die ihr eigentlich unterfallen müssten, begrifflich außen-vor lässt. Dies ist eine ebenso missliche Tatsache wie diejenige, dass eine sehr weite Definition die charakteristischen Wesensmerkmale des zu definierenden Wortes – gemessen an wissenschaftlichen Ansprüchen – nur unzureichend erfassen kann.

Die nicht behebbaren Defizite im Zusammenhang mit Begriff und Wesen der Leibeigenschaft im Allgemeinen betreffen nicht nur den Historiker generell, sondern auch und ganz besonders den *Rechts*historiker. Denn macht allein die Definitionsproblematik in rein historisch-wissenschaftlicher Hinsicht es schon schwierig genug, „Leibeigenschaft" überhaupt als einen einigermaßen fest umrissenen und damit auch handhabbaren Begriff anzuerkennen und zu verwenden, gilt dies umso mehr für das spezielle Feld der *Rechts*geschichte. Es ist nämlich neben der eigentlichen Rechts*wissenschaft* an sich und eo ipso gerade auch die Rechts*geschichte*, die auf klar definierte, fest umgrenzte Begrifflichkeiten als sicherer Grundlage für ihre Untersuchungen angewiesen ist.[133] Folglich ist die allgemein schon große Problematik von „Leibeigenschaft" als Begriff im Hinblick auf die Existenz dieses Wortes als *Rechts*begriff, welches in der einschlägigen Literatur teilweise auch ausdrücklich als ein solcher bezeichnet wird,[134] noch weitaus gewichtiger. Zusätzlich dazu ist aufgrund der gesellschaftlich-politisch-ideologischen Brisanz des Wortes sowie seiner ergebnisorientierten und deshalb häufig nicht an objektiven Kriterien ausgerichteten Verwendung seine „Ernennung" zum Rechtsbegriff theoretisch zumindest sehr bedenklich, praktisch hingegen sogar nahezu ausgeschlossen. Denn vor allem im 19. und 20. Jahrhundert, also erst nach Abschaffung des Instituts, aber auch schon im 17. und 18. Jahrhundert, also noch während seiner Existenz, wurde „Leibeigenschaft" oftmals als politischer Kampfbegriff und dadurch vielfach noch unsystematischer eingesetzt als es zuvor bereits ohnehin der Fall gewesen war.

---

133 Ob die Rechtswissenschaft eine Wissenschaft im Sinne des Wortes ist, ist sicherlich diskutabel, wird an dieser Stelle jedoch einfach unterstellt, um den hier maßgeblichen Unterschied zwischen Juristerei im engeren Sinne und der Rechtsgeschichte als deren „Hilfswissenschaft" und Grundlagenfach aufzuzeigen (auch wenn die Rechtsgeschichte als ein Teilbereich der als Wissenschaft im Sinne des Wortes anerkannten Historischen Wissenschaften wohl wesentlich eher und sehr viel mehr eine Wissenschaft ist als die sog. Rechtswissenschaft an sich).

134 Vgl. stellvertretend für viele beispielsweise das „Deutsche Wörterbuch"der Brüder *Jacob und Wilhelm Grimm*, in dem das Wort *„leibeigen"* als verstärkter *„rechtsausdruck"* des Wortes *„eigen"* beschrieben wird (DW, 6. Band, Sp. 592).

Demnach muss man sich schließlich als eine in diesem Themenkomplex forschende Person angesichts all dieser Missstände ernsthaft die Frage stellen, ob die allgemeine weite „Definition“ der Leibeigenschaft, ihr infolge dessen vermittelter Begriff sowie die gedanklich stets präsenten problematischen Gesamtbegleitumstände bei der Begutachtung konkreter bäuerlicher Abhängigkeitsverhältnisse aufgrund einer kaum zu vermeidenden Voreingenommenheit nicht sogar die eigene Perspektive verzerren und dadurch fälschlicherweise eine Täuschung bei der Wahrnehmung der Ausgestaltung der Verhältnisse bewirken. Deswegen hat man sich in diesem Zusammenhang immer bewusst zu sein, dass ein hinsichtlich der Kenntnisnahme der wirklichen Ausgestaltung eines persönlichen Abhängigkeitsverhältnisses zwischen einem Herrn und seinen Untergebenen verstellter Blick die möglichst objektive rechtliche Einordnung und Bewertung dieses Verhältnisses nicht erlaubt. Doch sollte gerade dieses Anliegen, welches insbesondere im Hinblick auf den Themenkomplex der Leibeigenschaft in der Literatur häufig missachtet worden ist und dadurch maßgeblich zur Verkomplizierung des Phänomens selbst sowie seiner Begutachtung beigetragen hat, stets das Ziel seriöser Forschung sein.

3. Teil: Die holsteinische Leibeigenschaft der Frühen Neuzeit

Betrachtet man die beiden Landesteile Schleswig und Holstein insgesamt, war die Leibeigenschaft ein Phänomen, das nur in etwa einem Viertel des Landes zu finden war. Hauptsächlich fand sie in Holstein statt und beschränkte sich fast ausschließlich auf die adligen sowie die Domanialgüter, also ungefähr zweihundert, die sich in ihrer Größe teilweise stark voneinander unterschieden. Diese Güter lagen überwiegend im Osten der Herzogtümer und wurden gegen Ende der Ära der Leibeigenschaft von ungefähr einem Sechstel der Landeseinwohner bewohnt.[135] Ein konkretes Datum für die Einführung der Leibeigenschaft in Holstein lässt sich nicht mit historischer Sicherheit nachweisen.[136] Offensichtlich entstanden ist sie um die Mitte des 16. Jahrhunderts.[137] Eine Einführung per Gesetz hat jedoch niemals stattgefunden.[138] Allgemein und dauerhaft abgeschafft worden ist sie zum 1. Januar 1805 durch die königliche Verordnung vom 19. Dezember 1804, also durch eine Gesetzesänderung.[139] Dass die Aufhebung der Leibeigenschaft eines solchen Rechtsakts bedurfte und dass sie bis Ende 1804 geltendes Recht war, ist nie bezweifelt worden.

I. Entstehung der Leibeigenschaft

Zur Entstehung der Leibeigenschaft haben unterschiedliche Ursachen beigetragen. Als ihr Ausgangspunkt ist die kriegerisch geprägte Zeitspanne von 1139 bis 1143 zu betrachten.[140] Einerseits wurde ab 1143 unter dem Namen Holstein ein vereinigtes Gebiet verstanden, das die bis dahin nebeneinander bestehenden Gebiete Holstein, Stormarn und Wagrien (Ostholstein) zusammenfasste.[141] Andererseits markierte der Zeitraum einen Wendepunkt hinsichtlich der ländlichen Struktur und schuf die entscheidende Grundlage für das Einsetzen einer Entwicklung, die in der Leibeigenschaft gipfelte.

1. Das zwölfte Jahrhundert

Die Grafschaft Holstein als ein wesentlicher Teil Sachsens war bis ins zwölfte Jahrhundert insbesondere aufgrund seiner Lage an der Peripherie des Deutschen

---

135 Vgl. *Prange*, Gut, S. 57 (61 f.); *Hanssen*, Aufhebung, S. 1.
136 *Hanssen*, Aufhebung, S. 3.
137 *Jessen*, Entstehung, S. 84.
138 *Christiani*, Leibeigenschaft, S. 134 (164 f.).
139 Vgl. die Verordnung, wegen Aufhebung der Leibeigenschaft.
140 Vgl. *Prange*, Entwicklung, S. 519 (519).
141 *Oldekop*, Topographie, 1. Band, Einleitung, S. 14.

Reichs ohne eigentliches Regiment, die innere Verwaltung des Landes nicht wirklich an das Kaiserreich angegliedert.[142] Eine stetige Entwicklung des Landes setzte erst mit der Belehnung der Grafen von Schauenburg mit der sächsischen Grafschaft Holstein-Stormarn 1110/11 ein.[143] Ab 1139 kämpfte die alteingesessene Bevölkerung der Holsten (Holsaten) unter Heinrich von Badewide und Adolf II. gegen die slavisch-stämmigen Wenden um das gesamte holsteinische Gebiet.[144] Dessen östlicher Teil wurde seit langem von den Wenden bewohnt und beherrscht. Als sie in das westliche Holstein, das sog. alte Volksland, vordrangen, konnten die dort heimischen Holsaten nicht nur ihr angestammtes Territorium verteidigen, sondern es gelang ihnen sogar, das wagrisch-wendische Gebiet zu erobern und mit ihrer Grafschaft Holstein zu verbinden.[145] Die Vorherrschaft des Wendentums in holsteinischem Gebiet war damit gebrochen, die slavischen Einflüsse für immer beseitigt. Die übrig gebliebenen unterworfenen Wenden wurden zwar nicht vollständig ausgelöscht oder verdrängt, doch es wurde systematisch auf die Vernichtung des Wendentums hingearbeitet.[146] Die Eroberungen des Landes durch die Holsaten dauerten bis 1143.[147]

Die folgende Friedensphase schuf die Voraussetzungen für die ostholsteinische Siedlungspolitik, die Adolf II. für seine Grafschaft plante und bereits ab 1142 in die Tat umsetzte. Diese Ostkolonisation war letztlich das Gebiet, in dem die Leibeigenschaft ihre stärkste Ausprägung erfahren[148] und dadurch eine ganz andere strukturelle Entwicklung als der westliche Teil Holsteins genommen hat.[149] Der Grund für die von Adolf II. betriebene Siedlungs- und Kolonisationspolitik war der Mangel an Menschen als ihm zinspflichtigen Untertanen in seinem neuen Herrschaftsbereich und das Streben nach einer vollständigen Verdrängung der slavischen Kultur. Seinem von Boten in viele Gegenden des Reichs getragenen Aufruf, sich in seiner Herrschaft anzusiedeln, folgten im Laufe der Jahre vor allem Holländer, Friesen und Westfalen. Aber auch Holsten und Stormarner aus den westlichen Landesteilen zogen in die weitgehend leeren, fruchtbaren Gegenden Wagriens.[150]

---

[142] *Hedemann*, Geschichte, 1. Teil, S. 130.

[143] *Leister*, Rittersitz, S. 52.; vgl. *Gloy*, Gang, S. 15 f.; *Bobé*, Ritterschaft, S. 19.

[144] *Sering*, Erbrecht, S. 196 bzw. S. 196 (Fn. 1)); *Schmidt, C.*, Leibeigenschaft, S. 20.

[145] Vgl. *Schröder/Biernatzki*, Topographie, 1. Band, S. 6; *Schmidt, C.*, Leibeigenschaft, S. 20; *Jessen*, Entstehung, S. 9.

[146] *Schröder/Biernatzki*, Topographie, 1. Band, S. 7; vgl. GSH (*Klose*), 4. Band, Teil 1, S. 302 ff.

[147] Vgl. *Prange*, Entwicklung, S. 519 (519); GSH (*Klose*), 4. Band, Teil 1, S. 295 ff.

[148] *Prange*, Entwicklung, S. 519 (519).

[149] Vgl. *Jessen*, Entstehung, S. 9.

[150] Vgl. *Schröder/Biernatzki*, Topographie, 1. Band, S. 8; *Schmidt, G. H.*, Agrargeschichte, S. 11 f.; *Oldekop*, Topographie, 1. Band, Einleitung, S. 14; *Schmidt, C.*, Leibeigenschaft, S. 20; *Gloy*, Gang, S. 17.

Während die Masseneinwanderung noch im zwölften Jahrhundert zum Erliegen kam, setzten sich der siedlungstechnische Ausbau einzelner Bezirke und die Gründungen von neuen Ortschaften noch bis zur Mitte des 13. Jahrhunderts fort.[151] Von Beginn dieser Kolonisationstätigkeit an kam es in Holstein erstmalig zur Entstehung von Grundherrschaft sowohl über Teile der alteingesessenen als auch über die hinzugezogene Bauernschaft. Wegen der angestrebten Besiedlung der weitgehend öden Bereiche erhielten die holsteinischen Grafen die Gelegenheit, durch die Vergabe von Lehen eine ihnen verpflichtete Ritterschaft zu begründen. Diese Lehen wurden mit der Verpflichtung übertragen, den Gang der Besiedlung sicherzustellen und voranzutreiben. Dieser Vorgang brachte einen den holsteinischen Grafen unterstehenden Dienstadel hervor, der sich zum kleineren Teil aus auswärtigen und zum Großteil aus einheimischen Geschlechtern zusammensetzte, wobei anfangs jedoch die auswärtigen Herrenritter die Stütze der Macht der Schauenburger Grafen bildeten, während das noch im Werden begriffene einheimische Rittertum ihnen untergeordnet war.[152] Der einheimische Anteil des Dienstadels rekrutierte sich vorwiegend aus Mitgliedern des Landesadels sowie der ansässigen Bauernschaft, insbesondere denjenigen, die sich während der kriegerischen Auseinandersetzungen mit den Wenden ausgezeichnet hatten.[153]

Im Unterschied zur Besiedlung des übrigen ostdeutschen Raumes verband die Kolonisation des holsteinischen Gebiets die Vergabe von Lehen und Lokation[154] auf eine eigentümliche Art. Von den Grafen wurden keine weiträumigen Flächen, sondern eher kleinere Distrikte als Lehen vergeben. Deshalb übertrug der belehnte Ritter die Besiedlung wohl nicht auf Unterlokatoren. Vielmehr vergab er einzelne Hufen direkt zur Bewirtschaftung. Als Lohn erhielten die Ritter vom Grafen also keinen umfangreichen Landbesitz sondern die Verwaltung gräflicher Hoheitsrechte gegenüber den Siedlern und eine Beteiligung daran.[155] Gegen Ende des zwölften Jahrhunderts waren somit die Anfänge einer Grundherrschaft vorhanden. Vom Landesherrn belehnt und in seinem Auftrag führten die Ritter die Kolonisation durch.[156] Sie vergaben ihrerseits Stücke des ihnen zugeteilten Landes an die Neusiedler, die dem Ritter gegenüber als ihrem Grundherrn abgabenpflichtig waren. Dieser in weiten Bereichen übliche sog. Zehnte wurde zu-

151 *Sering*, Erbrecht, S. 199.

152 *Rörig*, Agrargeschichte, S. 137 (141).

153 Vgl. *Schmidt, C.*, Leibeigenschaft, S. 20; *Oldekop*, Topographie, 1. Band, Einleitung, S. 14; *Sering*, Erbrecht, 199 f.

154 Lokation heißt Besiedlung, Lokatoren waren selbständige Unternehmer, die im Auftrag des Grundherrn die Ansiedlung organisierten (vgl. LMA/*Lübke*, 5. Band, Sp. 2090; *Leister*, Rittersitz, S. 16 (Fn. 7))).

155 Vgl. *Leister*, Rittersitz, S. 17 f.

156 Vgl. *Schmidt, C.*, Leibeigenschaft, S. 20 f.

meist zwischen dem ritterlichen Lehnsherrn, dem gräflichen Landesherrn und dem Bischof des Gebiets gedrittelt.[157]

Diese Grundherrschaft des zwölften Jahrhunderts wies noch keine direkten Voraussetzungen für die Leibeigenschaft auf. Die von den Grafen eingesetzten Lehnsleute waren fast überwiegend kaum begüterter als die Siedler, an die sie Land zur Bestellung vergaben. Die meisten Ritter hatten etwas größere Bauerngehöfte als Rittersitze zu eigen, wobei es vorkommen konnte, dass mehrere in demselben Dorf gelebt haben. Reiche ritterliche Lehnsmänner waren die Ausnahme. Allerdings verschwanden viele der kleineren Ritterfamilien im Verlauf des Jahrhunderts, indem sie entweder in den Stand eines normalen Bauern zurücktraten oder in die neu entstehenden Städte zogen. Diese frei werdenden Besitzungen erwarben die übrigen Ritter durch Kauf oder Belehnung zu ihrem Lehen hinzu. So gelangten viele in den Besitz immer größerer Landflächen, der jedoch zumeist in der Form von Streubesitz, also nicht zusammenhängender Gebiete, vorlag.

In keinem Teil Holsteins war während des zwölften Jahrhunderts eine standesmäßige Gliederung der Bevölkerung zu finden.[158] Vielmehr waren nur vereinzelte Spuren eines einheimischen Bauernrittertums vorhanden, die zudem von einer Standesbildung noch weit entfernt waren.[159] Es fehlte an der typischen Lehnsverfassung, wie sie im Kerngebiet des Deutschen Reichs vorhanden war. Der Adel war keine standesmäßig bevorrechtete und von dem Rest der Bevölkerung abgeschlossene Schicht, sondern überragte die übrigen lediglich aufgrund seiner Abstammung, seines Ansehens sowie seiner Einsatzbereitschaft bei der Besiedlung und anderer landesherrlich übertragener Aufgaben.[160] Aus den Reihen der Adligen wählte der Graf daher auch die Führer seiner bewaffneten Macht und seine Vertreter im Gerichtsbann.[161] Neben der großen landesherrlichen Grundherrschaft entwickelten sich bis auf die kirchliche Herrschaft keine weiteren größeren Grundherrschaften. Die Kirche besaß schon damals ausgedehnten Grundbesitz,[162] der aber nur Streubesitz war.[163] Aufgrund ihrer wesentlichen Rolle, die sie im Hinblick auf die Kolonisation des Landes spielte, wurde die Geistlichkeit bereits frühzeitig vom Landesherrn auch mit der zu ihrem Gebiet gehörenden Gerichtsbarkeit belehnt wie es schon 1158 beim Kloster Neumünster geschah.[164]

---

157 *Schmidt, C.*, Leibeigenschaft, S. 20.

158 *Jessen*, Entstehung, S. 9.

159 *Rörig*, Agrargeschichte, S. 137 (141).

160 *Jessen*, Entstehung, S. 10.

161 Vgl. *Hedemann-Heespen*, Grundzüge, S. 264 (267 f.); *Jessen*, Entstehung, S. 10.

162 *Jessen*, Entstehung, S. 11.

163 *Sering*, Erbrecht, S. 211.

164 *Jessen*, Entstehung, S. 12, *Sering*, Erbrecht, S. 203.

Zudem wurden bereits die grundlegenden Unterschiede zwischen den beiden holsteinischen Landesteilen offenbar. Während der größte Teil der Bauern im alten Volksland seinen Grundbesitz zu eigen besaß, hatten in Wagrien gerade die kleineren Grundbesitzer lediglich eine Rechtsstellung inne, die der eines Kolonen glich, also eine Form der Leihe. Diese Rechtsform eignete sich dazu, die Rechtsstellung ihrer Inhaber immer ungünstiger zu gestalten.[165] Trotz der Verpflichtung der Siedler zu geringen Abgaben und Leistungen gegenüber ihrem Herrn als Obereigentümer[166] des Grund und Bodens und unterschiedlich gestalteter Eigentumsverhältnisse war das maßgebliche Charakteristikum der anfänglichen Kolonisierung, dass es keine persönlich unfreien Bauern gab.[167] Vielmehr waren wohl selbst die im Land verbliebenen Slaven, für die das ius slavicum galt und die infolge dessen die ungünstigsten Bedingungen zur Bewirtschaftung von Land besaßen, persönlich freie Menschen.[168]

2. Das 13. Jahrhundert

Das 13. Jahrhundert war einerseits noch stark durch die fortschreitende Kolonisationstätigkeit geprägt, die erst gegen Ende des Jahrhunderts ihren Abschluss fand.[169] Andererseits begannen sich in weiten Bereichen Strukturen herauszubilden, die für die Leibeigenschaft von maßgeblicher Bedeutung waren. Eine wichtige Voraussetzung war, dass die Eigenschaft Holsteins als Grenzmark des Reichs mit zunehmender Kolonisation des Gebiets fortfiel.[170] Aufgrund seiner Nähe zu Niedersachsen fand das dortige System der Grundherrschaft, die Hufenverfassung, auch in Holstein Eingang.[171] Innerhalb dieser Verfassung war der allgemeine Zustand der niedersächsischen Bauern der der grundherrlichen Abhängigkeit.[172] Die Entwicklung der Grundherrschaft, hinsichtlich der sich keine flächendeckenden einheitlichen Verhältnisse ausformten, verlief jedoch spezifisch und vom niedersächsischen Kerngebiet abgekoppelt.

---

165 *Schröder/Biernatzki*, Topographie, 1. Band, S. 13; *Schmidt, G. H.*, Agrargeschichte, S. 17.

166 Der aus dem Mittelalter überkommene geteilte Eigentumsbegriff unterschied zwischen dem Obereigentum (dominium directum) und dem Untereigentum (dominium utile). Das Obereigentum war mit unserem heutigen Eigentumsbegriff vergleichbar, während das Untereigentum eine Art Nutzeigentum im Sinne eines Nießbrauchsrechts darstellte (HRG/*Hagemann*, 1. Band, Sp. 892 f.; *Hattenhauer*, Rechtsgeschichte, Rn. 875).

167 *Sering*, Erbrecht, S. 203; *Jessen*, Entstehung, S. 11; Geschichte (*Lange*), S. 94.

168 Vgl. *Gloy*, Beiträge, S. 17 f., 36.

169 Vgl. *Schmidt, C.*, Leibeigenschaft, S. 20; *Sering*, Erbrecht, S. 211.

170 *Jessen*, Entstehung, S. 10.

171 GSH (*Klose*), 4. Band, Teil 2, S. 92; *Hedemann*, Geschichte, 1. Teil, S. 131.

172 *Hedemann*, Geschichte, 1. Teil, S. 130.

Im Mittelpunkt der Hufenverfassung stand die Hufe. Sie war die Grundlage des bäuerlichen Wirtschaftsbetriebs und bezeichnete den für die bäuerliche Lebensordnung vorhandenen Landanteil, der in Größe, Umfang und Flurgestalt variierte. Die Hufe war nicht nur als grundlegende Leistungseinheit von herausragender Bedeutung, sondern im Rahmen der mittelalterlichen Grundherrschaft war sie funktionales Ordnungselement.[173] Insbesondere während des Landesausbaus und der Kolonisation im Hochmittelalter hatte die Hufe den Stellenwert des zentralen Ordnungsprinzips. Das System der Flureinteilung in Hufen war typisch für die mittelalterliche Ostkolonisation.[174] In ganz Holstein ruhte der landwirtschaftliche Betrieb zur damaligen Zeit in den Händen der bäuerlichen Hufenbesitzer. Der durchschnittliche Bauer besaß zwei oder drei Hufen zur Bewirtschaftung, die er von seinem Herrn verliehen bekam. Daneben existierten die curiae (Vorwerke), die zumeist nicht mehr als vier Hufen umfassten.[175] Bei ihnen handelte es sich um die ländlichen Hofanlagen der ritterlichen Grundherren, die von eigens dafür angestelltem Hofpersonal bewirtschaftet wurden. Die curia fungierte als Zentrum des Wirtschaftsbetriebs mehrerer ländlicher Besitzungen und war somit häufig das Verwaltungszentrum für die zu ihr gehörigen Hufen.[176] Der Umfang der Vorwerke war in der Regel nur geringfügig größer als der des durchschnittlichen bäuerlichen Hufenbesitzes.[177] Zudem lagen die Hufen der Bauern und ihrer ritterlichen Grundherren häufig in Gemengelage, so dass sie keine Einzelhöfe bildeten.[178] Die herrschaftlichen Wirtschaften der Vorwerke dienten zu dieser Zeit regelmäßig nur dem haushaltsmäßigen Betrieb.[179] Wenn sie noch nicht durch Geldabgaben ersetzt worden waren, hatten die Bauern zwar Kornabgaben an die Herrschaft zu leisten, von der dieses oftmals in den Handel gegeben wurde; doch stellte dies keinesfalls einen Großbetrieb mit dem Ziel des Warenabsatzes dar. Nirgendwo verband sich diese Abgabenpflicht mit persönlicher Unfreiheit der Kolonisten.[180]

Die Ausgestaltung dreier wesentlicher Lebensbereiche, die ländliche Besitzverteilung, der Heerbann sowie die Gerichtsbarkeit, rückte immer mehr in den Mittelpunkt und beeinflusste die Entwicklung der Grundherrschaft maßgeblich. Von grundlegender Bedeutung waren zunächst die ländlichen Besitzverhält-

---

[173] Vgl. HRG/*Kellenbenz/Philipp*, 2. Band, Sp. 249; LMA/*Hägermann/Hedwig*, 5. Band, Sp. 154.

[174] LMA/*Hägermann/Hedwig*, 5. Band, Sp. 156.

[175] *Sering*, Erbrecht, S. 202; *Jessen*, Entstehung, S. 14 f.; *Carstens*, Untersuchungen, S. 66 (69, 70 f.).

[176] Vgl. LMA/*Verhulst*, 3. Band, Sp. 386.

[177] Vgl. *Carstens*, Untersuchungen, S. 66 (69, 70 f.).

[178] Vgl. *Schmidt, G. H.*, Agrargeschichte, S. 42; *Rörig*, Agrargeschichte, S. 137 (142); *Sering*, Erbrecht, S. 202.

[179] Vgl. *Rörig*, Agrargeschichte, S. 137 (142).

[180] *Sering*, Erbrecht, S. 202 f.

nisse. Die ursprüngliche Verteilung des ländlichen Grundbesitzes hatte keineswegs abschließenden Charakter. Vielmehr änderte sich die Aufteilung der Bezirke und ihre Herrschaften wechselten. Diese Entwicklung setzte zu Beginn des Jahrhunderts ein, als es zur vollständigen standesmäßigen Ausbildung des ritterlichen Berufs in Deutschland kam, wovon auch Holstein erfasst wurde. Der Graf als Landesherr brauchte für die Verwaltung seines Gebiets zuverlässige, ihm verpflichtete Untergebene. Solche Dienstverpflichteten konnte er sich durch Belehnung schaffen. So wuchs eine neue Klasse von Rittern heran, die einen Dienstadel bildete. Diese Herrenritter waren die Vorläufer der späteren Gutsherren. Ebenso wie die Kirche verdrängten sie die kleineren Bauernritter, den alten Bauernadel, zusehends. An sie wurden zudem schwieriger zu besiedelnde ganze Feldmarken und weitläufige Gegenden in Wagrien vergeben. Diese beiden Entwicklungsstränge führten im Laufe der Zeit vor allem in Wagrien zur Entstehung großer geschlossener Grundherrschaften, die neben dem Streubesitz anderer Ämter Holsteins bestanden.[181] In diese Phase fallen die ersten urkundlichen Erwähnungen der bedeutsamsten holsteinischen Adelsgeschlechter wie etwa der Brockdorffs (1220)[182], Reventlows (1223)[183], Rantzaus (1226)[184], Buchwalds (1233)[185], Rumohrs (1245)[186] oder Krummendieks (1247)[187].[188]

Die Kolonisation hatte drei neue politische Gewalten zum Entstehen gebracht: die aus der gräflichen Würde hervorgegangene Landesherrschaft, die Großgrundherrschaften und die Städte.[189] Diese Gewalten teilten die Macht über Holstein untereinander auf, wobei sich ihre Trennung voneinander als Stände sowohl räumlich als auch rechtlich zunehmend verstärkte.[190] Durch die Kolonisation Ostholsteins wurde demnach kein „freies Volksland", sondern landesherrliche, großgrundherrliche sowie klösterliche Herrschaftsbereiche geschaffen.[191] Als die Kolonisation Wagriens gegen Ende des 13. Jahrhunderts abgeschlossen war,[192] hatten Adel und Geistlichkeit seinen größten Teil in Form von Grundherrschaften vereinnahmt. Beim Erscheinungsbild der holsteinischen Großgrundherrschaften war jedoch zu unterscheiden. Zum einen gab es die Entwick-

181 Vgl. *Sering*, Erbrecht, S. 201 f.; *Jessen*, Entstehung, S. 10 f.
182 Regesten (*Hasse*), 1. Band, Nr. 369, S. 164 (165): „*hildeuus de Brochthorp*".
183 Regesten (*Hasse*), 1. Band, Nr. 397, S. 175 (175): „*Godescalcus de reuetlo*".
184 Regesten (*Hasse*), 1. Band, Nr. 446, S. 203 (204): „*Johannes de Ranzov*".
185 Regesten (*Hasse*), 1. Band, Nr. 511, S. 236 (236): „*Sifridus de Bocwalde*".
186 Regesten (*Hasse*), 1. Band, Nr. 657, S. 294 (295): „*Scacco de rümmore*".
187 Regesten (*Hasse*), 1. Band, Nr. 691, S. 307 (307): „*volbrecht et Bolduin de crumendike*".
188 *Sering*, Erbrecht, S. 202; vgl. *Waitz*, Geschichte, 1. Band, S. 108 f.; GSH (*Klose*), 4. Band, Teil 2, S. 89.
189 *Sering*, Erbrecht, S. 211.
190 *Carstens*, Beiträge, S. 1 (17).
191 Vgl. *Hedemann*, Geschichte, 1. Teil, S. 131.
192 *Sering*, Erbrecht, S. 211.

lung im westlichen Holstein, das schon vor der Vertreibung der Wenden aus den übrigen Landesteilen deutsch besiedelt war. In diesem Bereich waren Großgrundherrschaften regelmäßig in Form von Streubesitz vorhanden. Hiervon wichen die Verhältnisse im eroberten und neu besiedelten Wagrien grundlegend ab. Hier lagen Großgrundherrschaften in der Regel als geschlossene Gebiete vor, während Streubesitz, der insbesondere an der Grenze zum Alten Volksland vorkam, selten war. Wo nicht von vornherein Großgrundherrschaften angelegt waren, bildeten sie sich zügig dadurch aus, dass die Grundherren untereinander mittels Tauschs und Kaufs von Gebieten auf eine geschlossene Fläche ihrer Herrschaft hinarbeiteten.[193]

Diese Entwicklung der ländlichen Besitzverhältnisse war für die Ausgestaltung der rechtlichen Verhältnisse der Landbevölkerung von großer Bedeutung. Sie muss allerdings im Zusammenhang mit der Entwicklung von Heerbann und Gerichtsherrschaft beurteilt werden. Unter dem Heerbann verstand man die allgemeine Heerpflicht, den Kriegsdienst, den die bäuerliche Bevölkerung einerseits dem Landesherrn, andererseits aber auch dem Kaiser schuldete.[194] Diesem unterlagen alle Bauern, die freie Besitzer ihrer Hufenstellen waren. Bedeutung erlangte der Heerbann in den Situationen, in denen ein Ruf vom Kaiser oder Landesherrn ausging. Der heerbannpflichtige Bauer hatte seine Hufe zu verlassen und entweder den Grafen bei der Landesverteidigung oder anderen militärischen Aktionen zu unterstützen oder aber für den Kaiser in Reichsangelegenheiten zu kämpfen. Aufgrund dessen waren die Bauern oftmals monatelang nicht in der Lage, ihr Land, dessen Erträge ihre Existenzgrundlage darstellten, bewirtschaften zu können, weshalb sie bei ihrer Rückkehr häufig vor dem Ruin standen.[195]

Zwar hat es den Heerbann schon zuvor gegeben, doch gewann er aufgrund der verhältnismäßig späten Kolonisation Holsteins erst jetzt Bedeutung. Grundsätzlich konnte sich ein Bauer als freier Eigentümer seines Landbesitzes ihm nicht entziehen, weil die Pflichten alle Eigentümer von Land betrafen, auch wenn sie einem Ritter als Grundherrn zugeordnet waren. Der einzige Ausweg aus dieser Situation war, sich in die munt[196] eines Grundherrn zu begeben. Unterstand der Bauer vollständig der Gewalt, dem Familienkreis, eines Grundherrn, verlor er zwar einerseits das bisherige Maß an Freiheit bezüglich seines Landes, doch entfiel andererseits auch der Heerbann. Dem holsteinischen Bauern blieb nur die Pflicht zur Landesverteidigung, die Landsturmpflichtigkeit, erhalten. Der ihm aufgrund seiner umfassenden grundherrlichen Unterordnung genommene Heer-

---

193 *Jessen*, Entstehung, S. 11; vgl. *Sering*, Erbrecht, S. 211.

194 Vgl. HRG/*Meier-Welcker*, 2. Band, Sp. 22 f.

195 *Hedemann*, Geschichte, 1. Teil, S. 134.

196 Munt bezeichnete die Schutz gewährende Herrschaft einer Person über eine andere (LMA/*Köbler*, 6. Band, Sp. 919) und war im System des deutschen Privatrechts der zentrale Begriff für die personenrechtliche Herrschaftsgewalt (HRG/*Ogris*, 3. Band, Sp. 752).

bann ging auf den Grundherrn über, der für das fehlende Aufgebot an Soldaten aufzukommen hatte. Dies geschah zumeist auf die Weise, dass der Grundherr aus der überzähligen, nicht für die Bewirtschaftung der Ländereien notwendigen Jugend ein Kontingent zusammenstellte.[197] Um der großen Belastung des Heerbanns zu entgehen, gaben die Bauern also mehr oder minder freiwillig einen entscheidenden Teil ihrer Freiheit auf, wodurch eine neue Qualität der bäuerlichen Abhängigkeit begründet wurde.

Von maßgeblichem Einfluss war außerdem die in hohe und niedere unterschiedene Gerichtsbarkeit.[198] Diese Unterscheidung bemaß sich nach der Höhe des möglichen Strafmaßes. Die niedere Gerichtsbarkeit wurde, wenn überhaupt, urkundlich nur im Zusammenhang mit der hohen Gerichtsbarkeit genannt. Wesentliche eigenständige Bedeutung schien ihr nicht beigemessen worden zu sein. Sie war wie selbstverständlich mit der Grundherrschaft verknüpft[199] und ging daher im Zuge der gräflichen Verlehnung durch Schenkung, Verkauf oder Verpfändung auf die privaten Grundherren mit über.[200] Für die einer Herrschaft zugeordneten Personen in ihrer Beziehung zum Grundherrn bildete sie sich im Laufe der Zeit gewohnheitsrechtlich zu einem besonderen Recht, dem Hofrecht, aus. Dadurch erlangte der Grundherr schon faktisch, also ohne die Grundlage eines ihm besonders übertragenen Titels, verschiedene gerichtsherrliche Befugnisse.[201]

Eine kaum zu überschätzende Rolle spielte die hohe Gerichtsbarkeit. Sie war ursprünglich in Verbindung mit der Militärhoheit die Grundlage gräflicher Herrschaft. Während die Grafen auf die Militärhoheit niemals verzichteten, trennten sie sich von der Hochgerichtsbarkeit frühzeitig und schon bald vollständig.[202] Hatte zunächst nur die Geistlichkeit die volle Gerichtsbarkeit erhalten, wurde sie von nun an, erst zögerlich und vereinzelt, immer häufiger auch an Adlige übertragen.[203] Durch diese Patrimonialisierung der Gerichtsbarkeit kam es zur Entstehung der adligen Gerichtsherrschaft, die sich parallel zur Grundherrschaft entwickelte und diese zugleich festigte.[204] Doch blieb die Hochgerichtsbarkeit noch Grafenrecht und behielt insoweit den Charakter eines hoheitlichen Regals. Auf dem Wege der Belehnung wurde sie stets nur an die Ritter persönlich und

---

197 *Hedemann*, Geschichte, 1. Teil, S. 135.

198 *Waitz*, Geschichte, 1. Band, S. 110.

199 *Leister*, Rittersitz, S. 44.

200 Vgl. *Wiederhold*, Untersuchungen, S. 60.

201 *Jessen*, Entstehung, S. 2.

202 *Leister*, Rittersitz, S. 44.

203 *Sering*, Erbrecht, S. 203 f.; *Jessen*, Entstehung, S. 12; *Schmidt, C.*, Leibeigenschaft, S. 21; GSH (*Klose*), 4. Band, Teil 2, S. 92.

204 Vgl. *Hedemann*, Geschichte, 1. Teil, S. 132.

niemals als Zubehör zu ihrem Boden übertragen.[205] Das Gericht wurde selbst dann wie ein Lehen behandelt, wenn es einem Grundherrn übertragen wurde, der sein Land als Eigentum besaß und nicht nur als Belehnter.[206] Die Gerichtsbarkeit zu eigen erhielten hingegen regelmäßig die geistlichen Stifte, Klöster und Bischöfe.[207] Ob zu eigen oder als Lehen war die Gerichtsherrschaft bei geistlichen und weltlichen Herren gleichsam begehrt, da den Inhabern immense herrschaftliche und wirtschaftliche Vorteile zuflossen. Mit der Hochgerichtsbarkeit verbanden sich verschiedene erhebliche Einkünfte, weshalb sie häufig zum Gegenstand von Verpfändungen und anderweitigem Handel wurde. So standen dem Gerichtsherrn die Gerichtskosten, die Sporteln,[208] sowie die von Verbrechern einbehaltenen Eigentumspositionen zu. Des Weiteren war er als Träger der Gerichtsbarkeit mit seinem Besitz nicht nur selbst von Abgaben befreit, sondern die Gerichtsuntertanen hatten diese Abgaben, die Beden, an ihn als Gerichtsherrn zu leisten. Hinzu kam, dass für die Untertanen an den Gerichtstagen die Pflicht bestand, umfangreiche persönliche Leistungen und Dienste für den Gerichtsherrn zu erbringen.

Die Verlehnungen der Gerichtsherrschaft, die für die Grundherren die Teilhabe an einem gräflichen Hoheitsrecht bedeuteten, fanden seitens der Grafen zunächst statt, um indirekten Einfluss auf die Ritter auszuüben. Die Inhaberschaft der Gerichtsbarkeit stellte zu diesem Zeitpunkt eher deren Verwaltung im Namen des Landesherrn dar. Erst spätere Belehnungen trugen den Charakter einer selbständigen Herrschaft.[209] Dies erklärt sich vor dem Hintergrund, dass sich die Landesherrschaft zu Beginn des Landesausbaus eine gesicherte Machtposition erst noch schaffen musste. Daher konnte sie sich ihrer Hoheitsrechte nicht sofort entblößen, sondern musste sie gezielt zur Kontrolle der Entwicklung im Land einsetzen. Die Ritter übten die landesherrlichen Gerichtsbarkeitsbefugnisse faktisch nur als Vertreter aus. Als der Graf seinen Herrschaftsrahmen abgesteckt und gesichert hatte, vernachlässigte er die Aufsicht über die mit der Gerichtsbarkeit belehnten Grundherren. Diese nahmen die sich dadurch bietende Chance zur Vergrößerung der eigenen Macht wahr, indem sie die Gerichtsbarkeit zu einem eigenständigen Herrschaftsinstrument gegenüber der ihnen untergebenen Bevölkerung ausbauten.

So kristallisierten sich die Gewalten, die Holstein jahrhundertelang prägten, zunehmend deutlicher heraus. Dabei war seine an der Peripherie des Deutschen

205 *Sering*, Erbrecht, S. 203; *Waitz*, Geschichte, 1. Band, S. 110; *Leister*, Rittersitz, S. 44; *Jessen*, Entstehung, S. 12; *Reuter, H.*, Bede, S. 151 (210).

206 *Jessen*, Entstehung, S. 12; *Waitz*, Geschichte, 1. Band, S. 110.

207 *Schmidt, C.*, Leibeigenschaft, S. 21; *Waitz*, Geschichte, 1. Band, S. 110.

208 Die Gerichtssporteln machten zumeist den geringsten Teil der vermögenswerten Vorteile aus, konnten jedoch einträglich sein, da fast sämtliche Verbrechen mit Geldleistungen gesühnt werden konnten (*Leister*, Rittersitz, S. 45; *Jessen*, Entstehung, S. 12).

209 *Leister*, Rittersitz, S. 44.

Reichs befindliche Lage ein maßgeblicher Faktor. Da sich der Kaiser und sein Lehnsherr, der Herzog von Sachsen, regelmäßig wesentlicheren politischen Problemen als dem der Ausgestaltung der inneren Verhältnisse Holsteins widmeten, fiel diese Aufgabe umso intensiver der Landesherrschaft und der Ritterschaft zu. So waren es nicht die Großen im Reich, sondern die im Land ansässigen Gewalten, die die Geschicke entscheidend bestimmten. Diese Entwicklung wurde in erheblichem Maße dadurch begünstigt, dass die Landesherrschaft schon zu Beginn des Jahrhunderts derart mächtig war, dass das Lehnsverhältnis der holsteinischen Grafen gegenüber dem sächsischen Herzog praktisch bedeutungslos wurde.[210] Doch was der Landesherrschaft auf dieser Ebene nützlich war, kostete sie auf unterer Ebene zunehmend die Kontrolle über ihre eigenen Lehnsleute. Die Angehörigen der Ritterschaft hatten erkannt, welche Macht sie gegenüber dem Lehnsherrn besaßen, wenn sie als Einheit auftraten.[211] Dabei nutzte der Adel zur Stärkung seiner Position vor allem eine vorübergehende Schwächung der Landesherrschaft aus, die sich aus mehreren Landesteilungen von 1272 und von 1294 bis 1297 ergab.[212] Dadurch schufen sie sich bereits eine verhältnismäßig unabhängige Stellung.[213]

Auf die persönliche Stellung der Bauern hatte dies zunächst keinen Einfluss. Die Grundwirtschaft blieb die herrschende Wirtschaftsverfassung. Das bedeutete, dass ein vorrangig wirtschaftliches Abhängigkeitsverhältnis zwischen den Parteien bestand. Der Ritter bezog in erster Linie Abgaben in Form von Naturalien und Geld dafür, dass er den Bauern Land zur eigenständigen Bewirtschaftung zur Verfügung stellte.[214] Ein Arbeitskräftemangel in den kleineren ritterschaftlichen Grundwirtschaften des 13. Jahrhunderts war nicht gegeben.[215] Aufgrund des Erwerbs der hohen Gerichtsbarkeit durch die Ritterschaft begann sich jedoch eine Art öffentlich-rechtliches Untertänigkeitsverhältnis zwischen Herrschaft und Bauern zu entwickeln.[216] Mit der Unterwerfung unter die munt eines Grundherrn beschränkten die Bauern ihre Freiheit zusätzlich. Obwohl also der Ursprung der zukünftigen extremen Beschränkung der persönlichen Freiheit der Bauern um 1300 bereits maßgeblich angelegt war,[217] blieben sie trotz dieser Änderungen in der ländlichen Verfassung noch persönlich frei und nur zu kleinen Diensten und geringen Abgaben verpflichtet.[218]

---

210 *Sering*, Erbrecht, S. 204.

211 *Sering*, Erbrecht, S. 212 (Fn. 5)); *Waitz*, Geschichte, 1. Band, S. 116.

212 HRG/*Hoffmann*, 4. Band, Sp. 1431.

213 *Sering*, Erbrecht, S. 212.

214 Vgl. *Leister*, Rittersitz, S. 52.

215 *Gloy*, Beiträge, S. 18; *Kinder, Chr.*, Gründe, S. 25; vgl. *Hedemann*, Geschichte, 1. Teil, S. 134.

216 *Leister*, Rittersitz, S. 44; vgl. GSH (*Klose*), 4. Band, Teil 2, S. 92.

217 Vgl. *Hedemann*, Geschichte, 1. Teil, S. 134 f.

218 *Jessen*, Entstehung, S. 11.

3. Das 14. Jahrhundert

Während des 14. Jahrhunderts verschärfte sich die begonnene Entwicklung. Dies betraf insbesondere die weitere Verschiebung der Machtverhältnisse auf den beiden Ebenen der Lehnsbeziehungen.[219] Eine nahezu vollständige Abkopplung der Landesherrschaft von der Lehnshoheit des Herzogs von Sachsen erfolgte bereits 1307. Das ohnehin nur noch pro forma existente Lehnsverhältnis wurde offiziell aufgehoben, indem der sächsische Herzog die Erblichkeit und Teilbarkeit des Lehnsbesitzes der holsteinischen bzw. schauenburgischen Grafen anerkannte.[220] Dadurch fiel ihnen erstmals die souveräne Herrschaft über Holstein zu. Von dieser neuen Stufe der Unabhängigkeit wollte auch der holsteinische Adel, der sich schon seit geraumer Zeit in Auseinandersetzungen mit der Landesherrschaft befand, profitieren. In den Jahren 1307 und 1310 rang die holsteinische Ritterschaft den Grafen mehrere entscheidende Zugeständnisse ab. Die Veräußerlichkeit der holsteinischen Lehne wurde, vorbehaltlich der üblichen Lehnsdienste, ausdrücklich anerkannt.[221] Zudem sollte über die Verpflichtungen der Ritterschaft zum Heeresdienst das Herkommen entscheiden.[222] Somit gab es durchweg nur noch Lehen, die nach Belieben vererbt oder verkauft werden konnten. Darüber hinaus ging das Lehnsverhältnis selbst für immer mehr Grundbesitz verloren.[223] Zudem waren die Rittergüter, für die im 13. Jahrhundert noch häufig Steuern an die Landesherrschaft zu entrichten waren, im 14. Jahrhundert regelmäßig steuerfrei.[224] Die Ritterschaft baute so ihre grundherrliche Machtposition aus, während der Einfluss der Landesherrschaft auf die adligen Gebiete im Gegenzug immer weiter zurückgedrängt wurde.

Zum maßgeblichen Faktor wurde dabei die Gerichtsbarkeit. Bereits mit Beginn des Jahrhunderts waren fast alle Ritter in ihrem Besitz,[225] obwohl ihre Übertragung noch nicht in vollem Umfang erfolgt war. Zwar waren dem Ritter die Organisation und Ausführung sämtlicher Belange wie beispielsweise die verschiedenen Dienste, nämlich Beherbergung, Unterhalt und Bedienung, die der Gerichtsherr an den Gerichtstagen für sich beanspruchen konnte, übertragen worden.[226] Doch stand ihm meist lediglich ein Drittel ihres Ertrags zu, während dem

---

219 Vgl. *Schmidt, C.*, Leibeigenschaft, S. 21.

220 *Sering*, Erbrecht, S. 204; vgl. Regesten (*Hasse*), 3. Band, Nr. 158, S. 85 (85).

221 *Christiani*, Geschichte, 3. Band, S. 80 f., 87 f.; *Falck*, Handbuch, 3. Band, 2. Abth., S. 344.

222 *Sering*, Erbrecht, S. 212 (Fn. 5)).

223 *Schmidt, C.*, Leibeigenschaft, S. 21; *Sering*, Erbrecht, S. 213.

224 *Reuter, H.*, Bede, S. 151 (195, 197 f.).

225 *Sering*, Erbrecht, S. 213.

226 *Jessen*, Entstehung, S. 11.

Grafen als Inhaber des Gerichtsregals zwei Drittel des Erlöses zukamen.[227] Zudem war die hohe Gerichtsbarkeit als landesherrliches Privileg noch Gegenstand separater Verlehnung, also nicht an Personen oder Grund und Boden gebunden.[228] Mit zunehmender Macht der Adligen ging diese Trennung jedoch verloren und ihre Kopplung an den adligen Landbesitz wurde der Regelfall.[229]

Von diesem Zeitpunkt an begannen die holsteinischen Edelleute die Bauern aus dem Ding herauszuhalten und dieses nur noch mit ihresgleichen zu besetzen. Dies gelang ihnen gegen Ende des 14. Jahrhunderts vollständig, so dass im Landding nur noch Adlige, Geistliche und Vertreter der Städte Sitz und Stimme besaßen. Damit verlor das Ding weitgehend seine ursprüngliche Bedeutung als Instrument der Rechtsfindung und diente fortan den teilnehmenden Parteien als Organ ständischer Interessenvertretung.[230] Zudem versuchten die Ritter die Vertreter der Landbevölkerung vollständig aus den althergebrachten Landtagen hinauszudrängen, so dass diese gegen Ende des Jahrhunderts lediglich noch mit Vertretern des Adels, der Geistlichkeit und der Städte besetzt waren.[231] Der Ausbau ihrer Machtposition war der Ritterschaft darüber hinaus deshalb möglich, weil die Landesherrschaft nicht mehr vollständig in einer Hand lag, sondern unter mehreren Linien der Schauenburger aufgeteilt war. Eine einheitliche Ausübung der Macht war nicht mehr gegeben, und nach dem Tode Gerhards III., des Großen, aus der Rendsburger Linie 1340 haben die Schauenburger keine überragende Persönlichkeit mehr gestellt.[232]

Die ländliche Bevölkerung geriet immer mehr unter die alleinige Kontrolle ihrer Herren. Dies wirkte sich verstärkt auf ihr tägliches Leben, insbesondere das Arbeitsleben, aus. Die allgemein herrschende Wirtschaftsverfassung der Grundwirtschaft wurde immer häufiger aufgeweicht. Vor dem Hintergrund unterschiedlicher, jedoch hauptsächlich ökonomischer Motive gingen viele Adlige dazu über, ihr Hofland intensiver als bisher zu bewirtschaften. Sie errichteten Eigenwirtschaften, bei denen sich bereits frühzeitig verschiedene eigenständige Wirtschaftszweige wie Ackerbau, Viehhaltung oder Teichwirtschaft voneinander abgrenzen ließen. Hierin sind die Wurzeln der neuzeitlichen Gutswirtschaft zu erblicken. Diese neue Wirtschaftsform erforderte ein neues Maß an menschlicher Arbeitskraft und persönlichen Dienstleistungen. Bislang waren die Dienstverpflichtungen der außerhalb des ritterlichen Hofes tätigen Bauern eher gering. Vielmehr hatten sie ihn überwiegend durch Geld- und Naturalienabgaben zu entlohnen. Dieses Verhältnis zwischen Dienstleistungen und Abgaben

227 *Schmidt, C.*, Leibeigenschaft, S. 21 bzw. S. 21 (Fn. 13); *Sering*, Erbrecht, S. 201 f. (Fn. 5)); vgl. Regesten (*Hasse*), 1. Band, Nr. 328, S. 150 (150).

228 *Jessen*, Entstehung, S. 12; *Waitz*, Geschichte, 1. Band, S. 110.

229 *Schmidt, C.*, Leibeigenschaft, S. 21.

230 *Schmidt, C.*, Leibeigenschaft, S. 21.

231 *Sering*, Erbrecht, S. 215; *Jessen*, Entstehung, S.20.

232 Leister, *Rittersitz*, S. 45.

begann sich aufgrund der Umstellung des landwirtschaftlichen Systems zu verschieben. Ein gewisses Kontingent an Diensten hatte die Landbevölkerung ihrem Herrn schon immer zu erbringen gehabt. Dass die Gutsherren die Dienste ihrer Untergebenen schrittweise steigern konnten, wurde dadurch erleichtert, dass ihnen als Inhaber der Gerichtsherrschaft gewichtige Vorteile und Einflussmöglichkeiten zustanden. Im Rahmen der beginnenden Eigenwirtschaft nutzten die Herrschaften das bestehende Maß an Abhängigkeit der Landbevölkerung aus und verstärkten es durch neue, höhere Dienstbelastungen.[233]

Die so entstehenden größeren Höfe, die Vorwerke, fanden sich jedoch nicht nur im Gebiet der Ritterschaft. Vielmehr waren es sogar die klösterlichen Wirtschaften, die zuerst ihren Betrieb umstellten und Vorwerke bereits in der ersten Hälfte des 14. Jahrhunderts bildeten. Die Arbeit ließen sie von den ihrer Gerichtsherrschaft untergebenen Bauern verrichten. Doch sämtliche Vorwerke waren praktisch ausnahmslos auf die Eigenproduktion ausgerichtet und wurden oftmals wieder niedergelegt und in kleinere Parzellen aufgeteilt, die den Eigentümern größere Pachteinnahmen bescherten.[234]

In diesen Anfangszeiten der Eigenwirtschaft waren die bäuerlichen Untertanen der Grundherren noch keine Leibeigenen. Weder waren ihre Verhältnisse derart ausgestaltet, noch war der Begriff im Land überhaupt bekannt. Vielmehr wurden sie entweder allgemein als homines oder incolae bezeichnet, oder aber sie wurden nach ihrem Status im landwirtschaftlichen System als coloni, villici, agricolae o.ä. benannt. Vermutlich lebten sie häufig in erb- oder zeitpachtähnlichen Verhältnissen und waren teilweise sogar Eigentümer ihrer Hufen.[235]

4. Das 15. Jahrhundert

Auch das 15. Jahrhundert war von dem Streben der holsteinischen Ritterschaft nach dem Ausbau ihrer Machtposition geprägt. Aufgrund ihrer gesellschaftlichen Mittelstellung kämpfte sie um günstigere Machtverhältnisse sowohl gegenüber der Landesherrschaft als auch gegenüber der Bauernschicht. Im Hinblick auf die adligen Territorien bedeutete dies den Versuch der Vervollkommnung der Macht über ihre Untertanen, indem sie diese vollständig dem landesherrlichen Einfluss zu entziehen trachteten. Diese Bestrebungen waren am Ende des Jahrhunderts, als mit der Einrichtung der Gutswirtschaft begonnen wurde, von umfassendem Erfolg gekrönt. Die Gutswirtschaft war die Hauptvoraussetzung für die holsteinische Leibeigenschaft, deren Grundlage nun Eingang in die Agrarverfassung weiter Teile des Landes fand, auch wenn sie sich erst während

---

233 Vgl. *Leister*, Rittersitz, S. 52.

234 *Sering*, Erbrecht, S. 221 f. bzw. S. 221 (Fn. 1)); *Jessen*, Entstehung, S. 54.

235 Vgl. *Gloy*, Beiträge, S. 20 f.

des 16. Jahrhunderts endgültig etabliert hat.[236] Eine Entwicklung dieser Größenordnung konnte nur durch den Eintritt einiger maßgeblicher Bedingungen stattfinden. Die Ritterschaft verstand es, den Grafen wichtige Privilegien abzutrotzen, die ihrem Stand in staatsrechtlicher Hinsicht zu einer außerordentlich privilegierten Stellung verhalfen. Seit 1422 mussten die Adligen keine Heerfolge mehr über die Landesgrenzen hinaus leisten.[237] Die vielfältig außerhalb Holsteins engagierte Landesherrschaft konnte somit nicht mehr auf die Angehörigen der Ritterschaft zurückgreifen und hatte fortan die Kosten der Heerfolge selbst zu tragen.[238]

Den stetig wachsenden Ausgaben der Landesherren für Kriege und Machterhaltung standen schon bald keine hinreichenden Finanzierungsquellen mehr gegenüber, so dass sie in Zugzwang gerieten. Die Abhängigkeit vom Geld zur Durchführung ihrer Vorhaben brachte es mit sich, dass die Grafen immer stärker auf das landeseigene Steueraufkommen angewiesen waren bzw. sich neue Geldquellen erschließen mussten. Dabei konnten sie den inzwischen zu erheblichem Wohlstand und Einfluss gelangten Adel des Landes nicht übergehen. Der Adel hatte bei der finanziellen Ausstattung der Landesherrschaft sogar in doppelter Hinsicht Bedeutung, was seine Position ihr gegenüber in nicht zu überschätzender Weise stärkte. Einerseits hatten die Stände das Steuerbewilligungsrecht inne, und insbesondere die politische Bedeutung der holsteinischen Ritterschaft wuchs noch immer. Angesichts der beständig steigenden finanziellen Abhängigkeit der Landesherrschaft, besaßen die Stände mit dem Steuerbewilligungsrecht ein höchst effektives Instrument, um Druck auf die Grafen auszuüben. Adlige Zugeständnisse konnten daher mit der gezielten Verfolgung eigener standesmäßiger Interessen verknüpft werden.[239]

Andererseits trat der Adel direkt als Geldgeber für die Landesherren auf, welche diese Leistungen jedoch teuer erkaufen mussten. Zur Sicherung des vorgestreckten Kapitals ließ sich die Ritterschaft weite Bereiche des landesherrlichen Grund und Bodens übertragen, was zumeist in der Form der Verpfändung geschah. So kamen Vogteien, Schlösser und Güter, teilweise ganze Städte und Ämter, unter die umfassende Kontrolle und Herrschaft des Adels. Obwohl sie de iure möglich war, unterblieb eine landesherrliche Wiedereinlösung des Grundbesitzes häufig, da es der Landesherrschaft an Mitteln fehlte, sie sich auf andere

236 *Sering*, Erbrecht, S. 222; *Jessen*, Entstehung, S. 56.

237 Vgl. *Gloy*, Beiträge, S. 20.

238 Privilegien (*Jensen/ Hegewisch*), No. 1, S. 1 (1 f.): „*Wir Heinrich, Adolph und Gerhard (...) Grafen zu Holstein (...) bekennen und bezeugen (...) daß unsere tapfere Mannen im Lande Holstein und alle Einwohner desselben Landes uns oder unsern Erben keinen Dienst oder Folge auf ihre eigne Kosten weiter als bis auf die Gränze zu den Bedürfnissen des Landes Holstein zu leisten verpflichtet sind*“; vgl. *Leister*, Rittersitz, S. 45 f.; *Jessen*, Entstehung, S. 21.

239 Vgl. *Leister*, Rittersitz, S. 46.

Unternehmungen konzentrierte und die Ritter sich bestmöglich in ihrem neuen Besitz zu erhalten suchten.[240]

Um die Mitte des Jahrhunderts erklomm die Ritterschaft eine Stufe der Herrschaftsgewalt, die trotz aller ihr zustehenden Vergünstigungen politische Machtbefugnisse bis dahin unbekannten Ausmaßes mit sich brachte. Seit Anbeginn der Landesteilungen, die von Erbstreitigkeiten und landesherrlichen Machtverlusten begleitet worden waren, hatten die Ritter von der Schwäche der Landesherrschaft zu profitieren gewusst. Auch 1460 ging es um die Nachfolge in die Landesherrschaft. Das politische Gewicht des Adels war inzwischen soweit gediehen, dass selbst die Wahl des Landesherrn nicht mehr ohne seine Zustimmung stattfinden konnte. Um der Einheit der Grafschaft Holstein und des Herzogtums Schleswig willen wählten sie Christian I., König von Dänemark, Norwegen und Schweden, zum Grafen von Holstein und Herzog von Schleswig. Die Ritter ließen sich ihre Stimmen gut bezahlen und erreichten eine immense Privilegierung ihres Standes. Aufgrund seines Mangels an umfangreichen Krongütern und allgemeiner Mittellosigkeit war die finanzielle Lage des neuen Herrschers prekär. Das Geld, das er der Ritterschaft in Form von Bestechungsgeldern schuldete, nahm er bei den Städten, insbesondere Lübeck, auf. Für diese enorme Summe verbürgte sich die Gesamtheit der schleswig-holsteinischen Ritterschaft. Die wichtigsten Geldgeber aus ihren Reihen wurden von Christian I. dafür mit weitreichenden Verpfändungen von Grund und Boden abgefunden.[241]

Dieses Ereignis zog zwei einschneidende Konsequenzen für die Ritterschaft nach sich. Zum einen war sie auf dem Höhepunkt ihrer politischen Macht, zum anderen erlebte ihre innere Struktur einen tiefgreifenden Wandel. Ihr enormer Einfluss war daran zu erkennen, dass ab diesem Zeitpunkt der Landesherr für einen langen Zeitraum von der „Wahl“ durch die Ritter abhängig war. Das ständische Wahlrecht ersetzte aber nur die fehlende genaue Ordnung der Thronnachfolge,[242] nicht jedoch vollständig das erbliche Recht der männlichen Nachkommen Christians I.[243] Inhaltlich bedeutete dieses Recht insbesondere, dass die Ritterschaft einem neuen Landesherrn erst dann huldigte, wenn er die vorhandenen Privilegien anerkannt hatte. Ab dem 17. Jahrhundert setzte sich hinsichtlich der Erbnachfolge die Primogenitur durch, deren Einführung nicht einmal die Ritterschaft verhindern konnte.[244] Der Adel suchte sich seinen Herrscher mehr oder weniger selbst aus, dessen Position ihm gegenüber von vornherein beschränkt war. Die Ritterschaft verstand es fortan, die Machterlangung jedes neuen Lan-

---

240 Vgl. *Schmidt, C.*, Leibeigenschaft, S. 21.

241 Vgl. *Leister*, Rittersitz, S. 46.

242 Privilegien (*Jensen/Hegewisch*), No. 9, S. 42 (45): *„dann eines von unsern Kindern zu einem Herrn zu wählen“*.

243 Privilegien (*Jensen/Hegewisch*), No. 9, S. 42 (45): *„oder wenn der keines wäre, welches Gott abwende, einen von unsern rechten Erben zu wählen“*.

244 *Leister*, Rittersitz, S. 47 (Fn. 71)).

desherrn für sich zu nutzen. Dabei hatte dieser wenigstens den status quo der ritterlichen Privilegien für seine Regierungszeit zu bestätigen. Je nach Situation und Charakter- bzw. Führungsstärke der Person gelang es häufiger, manchem neuen Herrscher weitere Zugeständnisse abzuringen. Dabei spielten die Ritter im Falle von Landesteilungen die über Schleswig und Holstein gemeinschaftlich regierenden Parteien oftmals geschickt gegeneinander aus. All dies trug zum fortlaufenden Ausbau der ritterschaftlichen Privilegien bei.[245]

Die Grundlage dieser Entwicklung bildeten die der schleswig-holsteinischen Ritterschaft 1460 im Vertrag von Ripen von Christian I. beurkundeten Vergünstigungen.[246] Die dort niedergelegten Punkte waren zwar allgemein gefasst und beinhalteten in letzter Konsequenz die vollständige Befreiung von jeder möglichen Lehnspflicht, deren Erfüllung die Landesherrschaft von den Rittern als Lehnsnehmern bislang grundsätzlich verlangen konnte.[247] Diese Regelungen betrafen jedoch nur das Verhältnis der Ritter zum Landesherrn und zum Gesamtstaat und hatten keine direkte Auswirkung auf die Beziehung zwischen den Grundherren und der Landbevölkerung.[248] Dennoch hatten diese Vereinbarungen mittelbar richtungsweisende Bedeutung für die Bauern und ihren persönlichen Status gegenüber der Herrschaft. Die Ritterschaft hatte erreicht, dass der landesherrliche Einfluss auf ihre Belange noch weiter zurückgedrängt worden war. Dadurch fiel die Landesherrschaft als eine Art Kontrollinstanz für das Verhalten der Grundherren gegenüber ihren Untergebenen nach und nach weg. Die Verbindung der ländlichen Schicht zu den übrigen potentiellen Einflussnehmern wurde praktisch abgeschnitten, so dass sie isoliert nur noch den Rittern unterstand. Aufgrund dieser souveränen politischen Position der Adligen errangen sie nahezu unumschränkte lokale Macht.

Insbesondere in der zweiten Hälfte des Jahrhunderts vollzog sich ein Wandel innerhalb der Struktur des schleswig-holsteinischen Adels selbst. Während die Zahl der Adelsgeschlechter immer weiter abnahm, gelang es den Adelshäusern, die übrig blieben, ihren Besitz und ihre Macht ständig auszudehnen.[249] Das herausragende Ereignis in diesem Zusammenhang war die Unfähigkeit Christians I., mangels eigener Reserven seinen verschiedenen Zahlungsverpflichtungen, die er für die Verleihung der Landesherrschaft eingegangen war, nachzukommen. Das bedeutete, dass die für diesen Fall bürgende Ritterschaft eine im-

---

245 Vgl. *Jessen*, Entstehung, S. 21 f.

246 Die Ripener Privilegien sind in zwei Urkunden aufgeteilt, die kurz nacheinander entstanden sind, die grundlegende „Confirmation der Privilegien" (Privilegien (*Jensen/Hegewisch*), No. 9, S. 42 ff.; vgl. *Amthor*, Bericht, S. 19 ff.) und die auf Drängen der Ritterschaft zustande gekommene nachfolgende „Verbesserung der Privilegien" (Privilegien (*Jensen/Hegewisch*), No. 10, S. 58 ff.; vgl. *Amthor*, Bericht, S. 21 f.).

247 *Falck*, Handbuch, 3. Band, 2. Abth., S. 344 f.

248 *Leister*, Rittersitz, S. 47.

249 *Hedemann-Heespen*, Herzogtümer, S. 102; *Leister*, Rittersitz, S. 46 f.

mense finanzielle Belastung zu tragen hatte. Diejenigen unter den Edelleuten, die umfangreicheren Grundbesitz und ertragreiche Pfandrechte besaßen, erlitten zwar schwerwiegende Einbußen, konnten diese aber aufgrund ihres Reichtums verhältnismäßig gut kompensieren. Die weniger wohlhabenden Ritter aus den kleineren Adelsgeschlechtern traf diese Zahlungsverpflichtung ungleich härter, oftmals vernichtete sie ihre ritterliche Existenz gänzlich, da sie zur Erfüllung der Verpflichtungen ihre gesamten Güter verkaufen mussten. Dieser Vorgang spiegelte eine Auslese der finanziell starken Adelsgeschlechter wider, während diejenigen, für die die Belastung zu groß war, praktisch von der Landkarte verschwanden.[250] Dies war auch der Zeitpunkt, zu dem sich Auswärtige, vor allem bürgerliche Gutsbesitzer, in holsteinisches Gebiet einkauften und Höfe vornehmlich als Pfandinhaber bezogen.[251]

Auch die Rolle des Ritters in der Gesellschaft, die in den vorigen Jahrhunderten von seiner Gefolgschaft und der Verrichtung der Heeresdienste für die Landesherrschaft geprägt war, wandelte sich. Diese Änderungen fanden sowohl auf privatrechtlicher als auch auf öffentlich-rechtlicher Ebene statt, vollzogen sich aber nicht unabhängig voneinander, sondern waren eng miteinander verwoben. Sie stellten die konkreten Rahmenbedingungen für die wesentlichen Neuerungen in der landwirtschaftlichen Verfassung dar, deren Abschluss das System der adligen Gutswirtschaft bildete, das die Lebens- und Arbeitsverhältnisse der Landbevölkerung mehrere Jahrhunderte lang bestimmte.

Auf öffentlich-rechtlicher Ebene blieb der Ritter nicht länger in erster Linie Heeresgefolgsmann, sondern wurde immer mehr zu einer Verwaltungsbehörde. Im Zuge der Beendigung des Einigungsprozesses der beiden Landesteile wurde die Verwaltung für das Gesamtterritorium organisiert und vereinheitlicht. Die geschlossenen Gerichtsbezirke der weltlichen und geistlichen Grundherren traten gleichberechtigt neben die Ämter, welche die alten landesherrlichen Vogteien ersetzt hatten.[252] Ohne die Einflussnahme eines Amtmanns war der private Gerichtsherr in seinem Bezirk die Ortsbehörde und erledigte neben der Pflege der Gerichtsbarkeit vor allem die allgemeinen Landesangelegenheiten. Er war im Besitz des Kirchen- und Schulpatronats sowie für die Erhebung der Steuern zuständig.[253] Dieser Wandel hinsichtlich seiner öffentlichen Aufgaben ermöglichte es ihm, sich verstärkt auf sein Gebiet zu konzentrieren. Er war häufiger und länger vor Ort und besaß somit eine effektivere Kontrolle.

Die Entwicklung auf privatrechtlicher Ebene betraf insbesondere den wirtschaftlichen Bereich. Dabei ging es um die nahezu vollständige Umstellung der

---

250 Vgl. *Leister*, Rittersitz, S. 46 f.; *Rüder*, Blicke, S. 59 ff.

251 *Rüder*, Blicke, S. 62; *Pauls*, Lokalverwaltung, 1. Teil, S. 1 (82).

252 Vgl. *Pauls*, Lokalverwaltung, 1. Teil, S. 1 (48 ff.); *Kochendörffer*, Landgericht, S. 325 (328 f.).

253 *Sering*, Erbrecht, S. 214.

Bedingungen, welche die Existenzgrundlage der ritterlichen Herren bildeten. Die im 14. Jahrhundert in Ansätzen entstandene Eigenwirtschaft wurde zur herrschenden Wirtschaftsform im landwirtschaftlichen Bereich. Die Lebensgrundlage der Adligen war nicht länger das Abgabenaufkommen der ihnen untergebenen Bauern, sondern der Eigenbetrieb ihrer Felder.[254] Der holsteinische adlige Ritter war regelmäßig, aber noch nicht durchweg[255] nicht mehr nur Großgrundbesitzer, sondern wurde darüber hinaus zum Gutsherrn bzw. Großkaufmann.[256] Diese drastischen Änderungen waren die Reaktion auf zeitgenössische Notwendigkeiten, ohne die es wohl nicht zur Ausbildung einer solch immensen persönlichen Abhängigkeit weiter Teile der bäuerlichen Bevölkerung gekommen wäre. Die sich entwickelnde Gutswirtschaft war der entscheidende Schritt zur Hervorbringung der holsteinischen Leibeigenschaft.

Dass diese Wirtschaftsform im Bereich der die adligen Güter betreffenden Landesverfassung derart umfassend und intensiv Fuß fasste, hatte verschiedene Ursachen. Zum einen unterlag die Ritterschaft aufgrund des Ripener Privilegs noch lange erheblichen finanziellen Belastungen. Insbesondere die einseitige, 1480 erfolgte Streichung eines Großteils der Forderungen des Adels an den König vermehrte die Geldprobleme auf ritterlicher Seite deutlich. Zum anderen führte eine schon länger anhaltende Entwicklung auf dem gesamteuropäischen Markt für Getreide dazu, dass dessen Preis stetig anstieg.[257] Grundsätzlich standen den holsteinischen Adligen zwei Möglichkeiten offen, ihre Notlage zu entschärfen. Sie konnten entweder die Abgaben der Bauern oder deren Dienstverpflichtungen zu Hofe erhöhen. Beide Wege brachten eine verstärkte Beanspruchung der betroffenen Bevölkerungsteile mit sich. Doch nur letzterer versprach auf Dauer erfolgreich zu sein. Für dauerhaft erhöhte bäuerliche Abgabenleistungen fehlte es den Betroffenen an einer ausreichenden eigenen landwirtschaftlichen Produktionsgrundlage. Insofern war es konsequent, dass die Herrschaften den Bauern Dienstleistungen auferlegten, mit deren Hilfe sie die Erträge ihrer eigenen Höfe steigerten. Deren Ertragsmöglichkeiten waren bislang nicht annähernd ausgeschöpft worden und stellten bei intensiverer Bewirtschaftung ein enormes Gewinnpotential dar. Finanzielle Not und hohe Marktpreise für Getreide sorgten bereits zu dieser Zeit für eine absolute Hinwendung zur Gutswirtschaft. Unterstützt wurde dieser Trend durch die zeitweise derart große Knappheit an Getreide, dass vor allem lübeckische Händler bis weit in das Gebiet Holsteins vordrangen, um sogar widerrechtlich jegliche Getreidemengen zu üppigen Preisen zu erwerben. Das musste selbst zögernde und zweifelnde ritterliche Grundherren

254 *Leister*, Rittersitz, S. 49; vgl. *Jessen*, Entstehung, S. 55; *Knapp, T.*, Leibeigenschaft, S. 16 (37).

255 *Koppe*, Lage, S. 153 (174).

256 *Hansen, Joh.*, Beiträge, S. 31; *Bertheau*, Wirtschaftsgeschichte, S. 91 (215 f.); *Leister*, Rittersitz, S. 50, 53.

257 Vgl. *Jessen*, Entstehung, S. 49 ff.

von der Lukrativität der neuen Wirtschaftsweise überzeugen.[258] Diese Entwicklung richtete den Erwerbssinn der Ritterschaft vornehmlich auf die Landwirtschaft. Die Erfahrung mancher holsteinischer Adliger in Kornhandel und Geldgeschäften ist bereits vor dem Jahrhundertwechsel deutlich ersichtlich.[259]

Ermöglicht wurde diese Entwicklung überhaupt nur durch den Wandel der bisherigen gesellschaftlichen Rolle der Adligen. Mit dem Ausgang des Mittelalters waren die ihnen obliegenden Lehnsdienste gänzlich verloren gegangen, ihre tragende Rolle in kriegerischen Auseinandersetzungen übernahmen fortan zumeist geworbene Truppen bzw. stehende Heere.[260] Seit 1537 schließlich wurden gar keine Ritterheere mehr von den Fürsten aufgeboten, insbesondere deswegen, weil sie sich den Söldnerheeren als permanent unterlegen erwiesen hatten.[261] Doch nahmen die Adligen oftmals weiterhin an Kriegen teil. Sie führten nun jedoch gut bezahlte Söldnerheere, was ihnen zusätzlichen, oftmals nicht unerheblichen,[262] Reichtum einbrachte und Reiterheere als wichtige und vornehmlich adlige Waffe erhielt.[263] Als förderlich erwies sich darüber hinaus, dass das Ansehen und die Stellung der Kirche seit der Reformation beständig im Sinken begriffen waren. Zudem waren die neuen Landesherren auswärtige Machtinhaber, die noch wichtigere Titel führten und daher selten im Land waren, so dass sie den mächtigen Landesadel kaum kontrollieren konnten.[264] Infolgedessen entfielen die beiden wichtigsten Instanzen, Kirche und Landesherrschaft, fast vollständig, um den Rittern ihre Grenzen aufzuzeigen.

Ungeachtet dieser speziell für die Ritterschaft geltenden Gegebenheiten wurde die Gutswirtschaft nicht nur auf den adligen Gütern, sondern auch auf denen der Bürgerlichen und Klöster eingeführt. Sie diente in erster Linie dem Gelderwerb mit der Zielsetzung einer höheren Rente aus dem eigenen Vermögen, war also kapitalistisch ausgerichtet. Daher waren die allgemeinen zeitgenössischen Wirtschaftsbedingungen, insbesondere die Preisentwicklung, einer der maßgeblichen Motoren dieses Prozesses.[265] Begünstigt wurde die Ausbildung der Gutswirtschaft durch eine lange Friedensphase, die von 1472 mit nur wenigen und kurzen Unterbrechungen bis 1627 dauerte.[266] Dadurch wurde der Adel der Möglichkeit von Kriegsdienstleistungen gegen Geld fast völlig beraubt. Die Friedens-

---

258 Vgl. *Leister*, Rittersitz, S. 49 f.

259 *Bertheau*, Wirtschaftsgeschichte, S. 215 f.; *Jessen*, Entstehung, S. 57.

260 *Hanssen*, Aufhebung, S. 8; *Leister*, Rittersitz, S. 49.

261 *Jarchov*, Leibeigenschaft, S. 42 (42).

262 Johann Rantzau konnte beispielsweise ohne jegliches väterliches Erbe ansehnlichen Grundbesitz erwerben und auf diese Weise zum Gutsherrn werden (*Leister*, Rittersitz, S. 49).

263 *Leister*, Rittersitz, S. 49.

264 Vgl. *Leister*, Rittersitz, S. 53.

265 Vgl. *Sering*, Erbrecht, S. 225 f.

266 *Jessen*, Entstehung, S. 55 f.; *Detlefsen*, Geschichte, 2. Band, S. 137.

zeiten brachten zudem einen neuen, feineren Lebenswandel an die adligen Höfe, der die Ansprüche größer werden ließ. Steigende Ansprüche und die Behauptung der gehobenen Stellung im gesellschaftlichen Gefüge verlangten eine gesicherte Finanzierung derselben. Dies konnte der effektive Betrieb einer Landwirtschaft in größerem Stile leisten.[267]

Der Ausbau und die Aufrechterhaltung der Gutswirtschaft in diesem Stadium gelang noch ohne den Einsatz leibeigener Arbeitskräfte. Doch seit dieser Zeit waren die konkreten Rahmenbedingungen für die Entstehung der Leibeigenschaft vorhanden. Die Dienstverpflichtungen der Bauern zur Bewirtschaftung des adligen Hoffeldes waren enorm gestiegen. Bereits damals verlangten die weltlichen im Vergleich zu den geistlichen Herren ihren Untergehörigen die größeren Dienste ab.[268] Dennoch waren noch immer einige Bauern Eigentümer des von ihnen bebauten Landes, zum weitaus größeren Teil waren die bäuerlichrechtlichen Verhältnisse aber so ausgestaltet, dass die Betroffenen ihre Hufenstellen nach Abtragung bestehender Verbindlichkeiten ohne weitere Verpflichtungen wie beispielsweise das Stellen eines Ersatzmannes kündigen und davonziehen konnten.[269] Doch verwirkte ein Untergebener Leib und Gut, wenn er heimlich und zu unrechter Zeit abzog, ohne diese Voraussetzungen erfüllt zu haben. Reklamationen ostholsteinischer Adliger hinsichtlich solch eines Entlaufens ihrer Bauern begannen um die Mitte des 15. Jahrhunderts.[270] Dieses Verhalten wurde von den Adligen in ihrem Sinne als Unrecht und Gewalt gegenüber der Herrschaft ausgelegt, wodurch sich der Entlaufene dem Zugriff seines Herrn in ganz Holstein aussetzte. Diese entscheidende Entwicklung, dass es dem Bauern immer schwerer gemacht wurde, sich von seiner Herrschaft zu lösen, setzte bereits im ausgehenden 15. Jahrhundert ein,[271] obwohl die durchschnittliche Lage des holsteinischen Bauern außerhalb des Hoffeldes noch nicht von großer Unterdrückung gekennzeichnet war[272] und er auch seine Grundsteuern regelmäßig noch selbst zahlte.[273] Um 1500 und sogar deutlich bis ins 16. Jahrhundert hinein hat es in Holstein trotz unterschiedlichen bäuerlichen Besitzrechts daher noch keine Leibeigenschaft gegeben,[274] was zumindest für die ehemals geistli-

---

267 *Detlefsen*, Geschichte, 2. Band, S. 137 f.

268 *Jessen*, Entstehung, S. 55; vgl. *Bertheau*, Wirtschaftsgeschichte, S. 197 f.

269 *Schmidt, G. H.*, Agrargeschichte, S. 28; *Gloy*, Beiträge, S. 22 f.; *Prange*, Entwicklung, S. 519 (552); *Klußmann*, Leibeigenschaft, S. 213 (217).

270 *Carstens*, Beiträge, S. 1 (56).

271 Vgl. *Prange*, Entwicklung, S. 519 (552); *Klußmann*, Leibeigenschaft, S. 213 (217 f.); *Deseniss*, Herrschaft, 114.

272 *Nitzsch*, Geschichte, S. 97 (109).

273 *Staehly*, Untersuchungen, S. 43.

274 *Gloy*, Beiträge, S. 19, 22; *Jessen*, Entstehung, S. 77.

chen Gebiete Ostholsteins, das Kloster Ahrensbök, das Stift Lübeck sowie die Lübecker Stadtdörfer, infolge urkundlicher Belege feststeht.[275]

5. Das 16. Jahrhundert

Zu Beginn des 16. Jahrhunderts wurde die Tendenz immer deutlicher: Das Kündigungsrecht des Untertanen bestand bald nur noch pro forma, das Schicksal des Lösungsbegehrens von der Herrschaft, die Annahme der Kündigung, hing ganz vom Willen des Herrn ab. Spätestens um die Mitte des Jahrhunderts war es vielerorts gesellschaftliche Realität, dass die bäuerlichen Untergebenen eines Herrn Leibeigene waren. Dies galt zudem automatisch für alle in seinem Hoheitsgebiet geborenen Kinder. Eigenmächtiges, diesem Rechtsverhältnis widersprechendes Verhalten konnte von der Herrschaft nach eigenem Dafürhalten mit Leibes- oder Lebensstrafen belegt werden.[276]

Diese Entwicklung wurde durch grundlegende Geschehnisse auf staatsrechtlicher Ebene während der ersten Jahrhunderthälfte maßgeblich gefördert. Ein wesentlicher Schritt waren die von Friedrich I. verliehenen Kieler Privilegien von 1524.[277] Dieses letzte bedeutende Landesprivileg wird wegen der Ausgestaltung seines maßgeblichen inhaltlichen Punktes auch als Patrimonialgerichtsprivileg bezeichnet. In dem Dokument wurde den adligen Urkundenempfängern neben der niederen Gerichtsbarkeit auch die Hoch- oder Blutgerichtsbarkeit über die von ihnen abhängigen Bauern zuerkannt:

„Die Prälaten und Ritterschaft in den vorbeschriebenen Fürstenthümern Schleswig und Holstein sollen haben Hals und Hand und das höchste Gericht über ihre Untersassen und Diener, unmittelbar und ohne der Fürsten Einmischung oder Verhinderung durch sie (selbst) oder ihre Amtleute oder Befehlshaber, mit Vorbehalt fürstlicher Obrigkeit und gemeiner Landfolge und auch fürstlicher Prärogativen. Prälaten und Adel in den vorbenannten Fürstenthümern sollen über Recht und Rechtsberufung auf die gemeine Mannschaft, Prälaten, Rathmänner und Städte durch die Fürsten oder ihre Befehlshaber nicht vergewaltigt, überfallen oder beeinträchtigt werden.“[278]

Da die Hochgerichtsbarkeit den holsteinischen Adligen regelmäßig bereits in den vorigen Jahrhunderten gewohnheitsrechtlich zugewachsen und das Privileg lediglich die landesherrliche Bestätigung eines seit dem 13. bzw. 14. Jahrhun-

---

[275] *Schmidt, G. H.*, Agrargeschichte, S. 124 ff.
[276] Vgl. *Prange*, Entwicklung, S. 519 (552).
[277] Vgl. Privilegien (*Jensen/Hegewisch*), No. 23, S. 140 ff.
[278] Privilegien (*Jensen/Hegewisch*), No. 23, S. 140 (142 ff.).

dert real existenten Zustands war,[279] hatte es vor allem für den schleswigschen Landesteil konstituierende Bedeutung. Allerdings erklomm damit auch die dem holsteinischen Adel unterstellte Hochgerichtsbarkeit eine neue Stufe, indem sie von ihrer gewohnheitsrechtlichen Basis in den gesetzlichen Status landesherrlicher Anerkennung erhoben wurde. Doch der Landesadel erhielt nicht nur die volle Gerichtsbarkeit über seine Untergehörigen, er wurde auch von den alten Landgerichten eximiert und der Gerichtsbarkeit von Landesfürstentum und Landtag unterstellt.[280]

Neben diesen begünstigenden Regelungen war ein weiterer Punkt des Privilegs von großer Wichtigkeit für die Ritterschaft, gerade auch im Hinblick auf die in ständiger Expansion begriffene Gutswirtschaft. Unterlag der Adel bisher noch vielen Zollabgaben, erhielt er durch das Privileg weitgehende Zollbefreiung.[281] Für viele Adlige war diese Bestimmung aufgrund der noch immer spürbaren Nachwirkungen der finanziellen Belastungen aus der zweiten Hälfte des 15. Jahrhunderts von erheblichem Wert. Die sich über einen langen Zeitraum hinziehende Preissteigerung bei landwirtschaftlichen Produkten erhöhte die Lukrativität der mittlerweile zur Haupteinnahmequelle ausgebauten Gutswirtschaft um ein Vielfaches, nachdem die Befreiung von den Zollabgaben erfolgt war. Dies hatte zur Folge, dass die Gutsherren sich nach Erlangung dieser neuen günstigeren Ausgangssituation umso intensiver der Optimierung der eigenen Gutswirtschaft widmeten.[282]

Die Kieler Privilegien von 1524 spielten eine besondere Rolle in der Entwicklung der ländlichen Strukturen, aus denen die Leibeigenschaft hervorging. Seit diesem Jahr wurde die Gerichtsbarkeit von den Rittern nicht mehr als Lehen, sondern aufgrund ihrer offiziellen Verleihung durch Privileg aus eigenem Recht ausgeübt. Sie wurde damit offensichtlich und endgültig zu einer schrankenlosen gerichtsherrlichen Gewalt.[283] Hatten die 1460 errungenen Privilegien fast vollständig staatsrechtlichen Charakter, so waren diejenigen von 1524 auf privatrechtlich-privatwirtschaftlicher Ebene angesiedelt. Dieser gravierende Unter-

---

279 *Prange*, Entwicklung, S. 519 (543); *Carstens*, Untersuchungen, S. 66 (100); vgl. *Pauls*, Lokalverwaltung, 2. Teil, S. 1 (46 f.).

280 Vgl. HRG/*Hoffmann*, 4. Band, Sp. 1434; *Amthor*, Bericht, S. 28; *Leister*, Rittersitz, S. 47 f.

281 Privilegien (*Jensen/Hegewisch*), No. 23, S. 140 (145): *„Man soll auch in den vorbenannten unsern Fürstenthümern keine Accise, Zoll oder Beschwerde, oder einige Unpflicht den Prälaten, Ritterschaft, Mannschaft oder Städten und allen Eingesessenen auflegen, ohne Zustimmung der gemeinen Mannschaft. Ein jeder Prälat oder Edelmann soll von demjenigen, was er zu seiner Küche bedarf, und von seiner fahrenden Habe und Bauhabe, auch andern seinen Korn-Einkünften nicht zollen.*".

282 Vgl. *Amthor*, Bericht, S. 28; *Leister*, Rittersitz, S. 50 f.; HRG/*Hoffmann*, 4. Band, Sp. 1434.

283 Vgl. *Johannsen*, Bildung, S. 302 (309); *Wulf*, Leibeigenschaft, S. 11 (11).

schied ist auf die zu den Zeitpunkten der Privilegienerteilung voneinander abweichenden Interessenlagen der Ritterschaft zurückzuführen. Ging es um die Mitte des 15. Jahrhunderts noch um Sicherung und Ausbau ihrer Machtposition gegenüber dem Landesherrn, standen in der ersten Hälfte des 16. Jahrhunderts die Anerkennung und Erweiterung der ritterlichen Herrschaftsgewalt über die Untertanen sowie die Erfüllung der betriebswirtschaftlichen Bedürfnisse und Wünsche im Vordergrund. Das Abreißen jeglichen engeren Kontakts des Adels zur Landesherrschaft und die naheliegende Lösung der finanziellen Notlage hatten diesen veränderten Standpunkt maßgeblich mitverursacht. Zugleich spiegeln die Privilegien die entscheidende Phase der Wandlung des kriegerisch orientierten Ritters zum landwirtschaftlich-unternehmerischen Gutsherrn wider. Das Patrimonialgerichtsprivileg zementierte die Stellung der Ritter als Inhaber der Hochgerichtsbarkeit, die durch Christian II. als Vorgänger Friedrichs I. mit seiner bauernfreundlichen Haltung untergraben zu werden drohte. Dies war der Hauptgrund für die erstmalige hoheitliche Bestätigung eines Zustands, der schon seit langer Zeit gewohnheitsrechtlich gefestigt war.[284]

Die wahre Bedeutung der Privilegien von 1524 ist folglich nicht, dass in ihnen der Ausgangspunkt einer neuen Entwicklung lag. Vielmehr verkörperten sie den Stand eines unaufhaltsam scheinenden Prozesses. Im Hinblick auf die Gerichtsherrschaft handelte es sich lediglich um die offizielle Anerkennung des holsteinischen status quo. Sie waren keine bahnbrechende Errungenschaft, sondern hatten rein *„deklaratorische Bedeutung“*.[285] Die Entstehung der Leibeigenschaft stand oder fiel somit keinesfalls mit dieser Privilegienerteilung. Doch hat sie die Ritterschaft auf ihrem Weg der stetigen Unterdrückung der Landbevölkerung bestätigt und unterstützt, hat als rechtliches Fundament, als Rechtfertigung für das weitere Vorantreiben ihrer Interessen auf Kosten der Bauern herhalten müssen. Das galt insbesondere für die Auferlegung von Diensten, deren Grundlage die Gerichtsherrschaft war. Insofern ging von dem Kieler Dokument eine große symbolische Wirkung aus, die ihren Teil zur Entstehung der Leibeigenschaft beigetragen hat. Sie verlieh dem Rechtsinstitut den Anschein rechtlicher, landesherrlich anerkannter Legitimation.

Durch weitere Ereignisse wurde es dem Adel möglich bzw. für ihn notwendig, sich immer stärker auf die Gutswirtschaft zu konzentrieren, da bislang angestammte Betätigungsfelder entfielen. So wurde die Ritterschaft seit 1537 gar nicht mehr zur Leistung des ohnehin bereits beschränkten Rossdienstes aufgeboten.[286] Zudem gingen durch die radikalen Umgestaltungen im kirchlichen Bereich im Zuge der Reformation sämtliche geistlichen Ämter als Lebensgrundlage für den weltlichen Adel verloren. Diese waren bis dahin häufig von Rittern

284 *Leister*, Rittersitz, S. 47 f., 51 f.
285 *Jessen*, Entstehung, S. 185.
286 *Jessen*, Entstehung, S. 56; vgl. *Knapp, T.*, Leibeigenschaft, S. 16 (37).

bekleidet worden und hatten gesicherte, angesehene Positionen mit einem erträglichen Auskommen dargestellt. Die fortan fehlenden geistlichen Pfründen und der Mangel an adäquaten Stellungen für die zahlreichen Adligen am landesherrlichen Hof trieben sie in den Betrieb einer intensiveren Gutswirtschaft, wenn sie ihrem Anspruch an ein standesgemäßes Leben gerecht werden wollten.[287] Von diesem Zeitpunkt an stellten sich auch erhebliche Veränderungen ein, was Behandlung und Status der Adels- und Klosterbauern betraf. War deren Entwicklung bis zur Reformation noch weitgehend parallel verlaufen, fand von nun an die Unterdrückung der Bauern auf den adligen Gütern wesentlich rascher und intensiver als auf den verbliebenen geistlichen Besitzungen statt.[288]

Schließlich wurden die beiden Herzogtümer aufgrund der erfolgten Erbteilungen endgültig ab 1544 von zwei Landesherren gemeinschaftlich regiert.[289] Diese Schwächung der Landesherrschaft konnte der als einheitlicher Stand auftretende Adel zu seinen Gunsten ausnutzen. Die Folge war die immer unumschränktere Machtposition innerhalb seiner Herrschaften. Dass es sich bei der Gerichtsherrschaft immer noch um ein an die Adligen delegiertes Recht des Grafen handelte, trat gänzlich in den Hintergrund. Vielmehr verstanden sie es mittlerweile als ein ihnen eigenes Recht, eine „iurisdictio propria“. Dadurch wurde die holsteinische ritterliche Grund- und Gerichtsherrschaft mit einer eigenen Territorialherrschaft vergleichbar.[290] Während es dem Königtum und den übrigen fürstlichen Regierungen in Deutschland an Durchschlagskraft mangelte, erreichte der Adel den Höhepunkt seiner politischen Macht.[291]

Diese öffentlich-rechtlichen Rahmenbedingungen erleichterten die Expansion der Gutswirtschaft und ermöglichten die adligen Maßnahmen, aufgrund derer der Betrieb der Gutswirtschaft großteils derart intensiv wurde, dass es zur Ausbildung der Leibeigenschaft kam. Denn nachdem die Umstellung auf landwirtschaftlicher Ebene weitestgehend erfolgt war, konzentrierte sich der Adel auf die Optimierung des neuen Systems. Die Basis der neuen Wirtschaftsweise war Landbesitz. Je größer die Landfläche war, desto höhere Erträge konnten erzielt werden. Zwar hatten die Ritter seit Anbeginn der Kolonisationstätigkeit in Wagrien größeren Grundbesitz als die durchschnittlichen Bauern, doch hatte es sich um bescheidenen Landbesitz gehandelt. Die ritterlichen Höfe hatten eine durchschnittliche Größe von vier Hufen, während die Bauern zwei bis drei Hufen besaßen.[292] Bis um 1500 hatte er sich im Schnitt lediglich auf sieben bis acht

---

287 Vgl. *Leister*, Rittersitz, S. 49; *Jessen*, Entstehung, S. 56.

288 *Schmidt, G. H.*, Agrargeschichte, S. 72.

289 Vgl. *Hedemann-Heespen*, Herzogtümer, S. 79 f.; GSH (*Klose*), 5. Band, S. 5 ff.

290 *Jessen*, Entstehung, S. 57.

291 *Cloy*, Beiträge, S. 23.

292 *Sering*, Erbrecht, S. 202 bzw. 202 (Fn. 3)).

Hufen gesteigert.[293] Von einem bedeutenden Hoffeld konnte keine Rede sein.[294] Der Landbesitz war nicht ansatzweise groß genug, um Gewinn abzuwerfen.

Zudem hatten die Adligen häufig das Problem, dass ihr Land zwar insgesamt weitläufig war, jedoch nicht unmittelbar zusammenhing, sondern als Streubesitz über weite Bereiche Holsteins verteilt war.[295] Streubesitz war im Gegensatz zu geschlossenen Großgrundherrschaften wesentlich weniger effektiv und lukrativ zu bewirtschaften, da er erheblich schlechtere Grundbedingungen bot, sich die Dienstbarkeiten der Untertanen im Rahmen der Wirtschaft zunutze zu machen, was aufgrund dessen auch häufig nur in verminderter Form geschah.[296] Nur dort, wo zu einer geschlossenen Grundherrschaft die das Recht auf die Dienstleistungen der Untertanen enthaltende Gerichtsherrschaft hinzukam – die Gebiete von Grund- und Gerichtsherrschaft deckten sich nicht notwendigerweise[297] –, hat sich das gutswirtschaftliche System in einer solch scharfen Ausprägung entwickelt, dass es nur mittels der Leibeigenschaft Bestand hatte.[298]

Gutswirtschaft im Rahmen von Großbetrieben, wie sie in späterer Zeit existierten, war zu diesem Zeitpunkt somit noch nicht denkbar.[299] Das gesamte Mittelalter hindurch war Landwirtschaft grundsätzlich die Sache von Kleinbetrieben gewesen, die die agrarische Macht einer Grund- und Gerichtsherrschaft ausmachten. Selbst die Einrichtung von größeren Betrieben hatte für den Grundherrn keine weitergehenden materiellen Vorteile als die Summe der Zinsen, die er von den Bauern für die an sie zur Bewirtschaftung ausgegebenen Grundstücke erhielt.[300] Daher war es für die Großgrundherren nicht nur von herausragender Wichtigkeit, ihr Hoffeld zu vergrößern, sondern vor allem es zunächst zu verbinden. In einem einzigen Dorf waren bis dahin häufig die kleinen Güter von zwei oder sogar drei Rittern zu finden, wobei sie in anderen Dörfern ebenfalls kleineren Landbesitz besaßen. Diese Strukturen änderten sich dahingehend, dass die Adligen sich auf den Ausbau eines Anwesens konzentrierten. Ihre übrigen Besitzungen wurden die Gegenstände von Tausch- und Kaufverträgen, die untereinander sowie mit der Landesherrschaft und der Geistlichkeit gerade in dieser Entstehungsphase der großen Gutswirtschaften, aber auch vielfach noch später geschlossen wurden.[301]

---

293 *Jessen*, Entstehung, S. 55; *Sering*, Erbrecht, S. 202 (Fn. 3)); *Schmidt, G. H.*, Agrargeschichte, S. 90 f.

294 *Schmidt, G. H.*, Agrargeschichte, S. 90.; *Knapp, T.*, Leibeigenschaft, S. 16 (37).

295 *Hanssen*, Aufhebung, S. 7.

296 Vgl. GSH (*Klose*), 5. Band, S. 179; *Sering*, Erbrecht, S. 223 f.

297 Vgl. *Leister*, Rittersitz, S. 44.

298 Vgl. *Sering*, Erbrecht, S. 223 f.

299 Vgl. *Hanssen*, Aufhebung, S. 8.

300 *Sering*, Erbrecht, S. 221.

301 GSH (*Klose*), 5. Band, S. 182; *Schmidt, G. H.*, Agrargeschichte, S. 72; *Jessen*, Entstehung, S. 31 ff.; *Hanssen*, Aufhebung, S. 8; *Gloy*, Beiträge, S. 37.

Nachdem sie ihre Besitzverhältnisse auf diese Weise abgerundet, also eine zusammenhängende Wirtschaftsfläche geschaffen hatten, gingen die Grundherren dazu über, ihr Hoffeld zu erweitern.[302] Dies erfolgte auf verschiedenen Wegen. Da die Adligen nach Abschluss der Kauf- und Tauschgeschäfte ihre Möglichkeiten hinsichtlich des ritterlichen Bodens ausgeschöpft hatten, gingen alle übrigen Möglichkeiten der Hoffeldgewinnung auf Kosten anderer, vornehmlich jedoch bäuerlicher Landbesitzer. Die unterschiedlichen Methoden hatten je nach Beschaffenheit des grundherrlichen Distrikts verschieden großen Anteil an der Gewinnung neuer Hoffläche.[303]

Die häufigste Methode war die Einziehung von Hufen. Eingezogen werden konnten entweder wüste oder niedergelegte Hufen. Besonders wichtig war die Einziehung wüster, also aus irgendeinem Grund für längere Zeit unbesetzt gebliebener, Hufenstellen. Die Entstehung wüster Hufen kam vor allem im 16. und 17. Jahrhundert vor und war zumeist die Folge von Seuchen- oder Kriegsjahren. Im 16. Jahrhundert waren es insbesondere die Pestepidemien und die sich anschließende Teuerung, die häufig sogar mehr als die Hälfte der Hufen einer Herrschaft vakant werden ließen. In diesen Zeiten war in vielen Gegenden wesentlich mehr zu bewirtschaftendes Land vorhanden als es Leute gab, die diese Aufgabe hätten übernehmen können. Diese wurden entweder selbst das Opfer von Seuchen oder gaben ihre Hufe rechtzeitig auf, um durch Flucht wenigstens ihr Leben zu retten. Auch die Neubesetzung wüster, zum Bauernland gehöriger Hufen war für die Grundherren nicht einfach. Oftmals hatten die Hofdienste, die an die Vergabe von Ackergrundstücken geknüpft waren, bereits ein großes Ausmaß. Es fanden sich nur wenige Bauern, die die Doppelbelastung von beachtlichen Hofdiensten und der Bewirtschaftung der eigenen Hufe übernehmen wollten. Insofern lag es nahe, die wüsten Hufen einzuziehen und der Hoffläche anzuschließen.[304]

Diese Variante der Erweiterung des Hoffeldes brachte jedoch das Problem mit sich, dass im Zeitpunkt seiner Vergrößerung oftmals nicht die notwendige Zahl an Arbeitskräften vorhanden war. Vorteilhafter war es für einen Grundherrn, wenn er nicht wüste, sondern niedergelegte Hufen einzog. Auf diese Weise wurde ihm die bäuerliche Bevölkerung gleichsam als „Zubehör" der Flurgrundstücke „mitgeliefert".[305] Aufgrund ihres Eigentums- und Besetzungsrechts ließen die Adligen sogar die Landleiheverträge der Bauern ganzer Dörfer auslaufen, um diese Gebiete niederlegen und einziehen zu können. So wandelten sie weite Hufenfeldmarken nach ihrem Belieben um und setzten die neuen oder al-

302 *Jessen*, Entstehung, S. 58.

303 *Jessen*, Entstehung, S. 69.

304 Vgl. *Staehly*, Untersuchungen, S. 29; GSH (*Klose*), 5. Band, S. 182; *Jessen*, Entstehung, S. 50 ff.

305 Vgl. *Knapp, T.*, Leibeigenschaft, S. 16 (37).

ten Wirte zu einseitig im Interesse der expandierenden Gutswirtschaft festgelegten Bedingungen wieder ein. Dies zog häufig ein verschlechtertes Besitzrecht am Grundstück, den Verlust des Eigentums an den Mobilien von Haus und Inventar, strenge wirtschaftliche, auf die Bedürfnisse des adligen Hofs ausgerichtete Vorgaben sowie erhöhte Dienstpflichten nach sich. Ehemalige Nutzer der Hufen wurden bei Schwierigkeiten oftmals vertrieben, andere Streitfälle konnte der Adel, da er in Landsachen die niedergerichtliche Kompetenz besaß, direkt vor dem eigenen gutsherrlichen Gericht zu seinen Gunsten entscheiden. Die Niederlegung von Hufen erfolgte intensiv erst in der zweiten Jahrhunderthälfte und hatte ihren Höhepunkt in Holstein um 1600.[306]

Neben der Einziehung von Hufen stand dem Adel als ergänzende Maßnahme der Hoflandgewinnung das Recht des Hofschlags zur Seite, das dem Obereigentümer seit jeher zustand und für Holstein bereits in Urkunden des 13. Jahrhunderts bezeugt ist.[307] Das bedeutete, dass der ritterliche Obereigentümer sein Land jederzeit neu vermessen durfte, insbesondere, wenn es zu Streitigkeiten bezüglich des Ausmaßes von Hufen gekommen war, gleichgültig, ob unter Bauern oder zwischen Bauer und Grundherr. Was bei den Neuvermessungen an Land übrig blieb, stand automatisch dem Grundherrn zu. Neuvermessungen fielen daher häufig stark zuungunsten der Bauern aus, insbesondere da sowohl der Gegenstand der Vermessung als auch das Maß des Messinstruments von der Willkür des Grundherrn abhingen. Den Bauern konnten dabei erhebliche Flächen an Land verloren gehen.[308]

Weiterhin gewannen die Grundherren Ackerland durch die Rodung von Walddistrikten im Allmendebesitz. Diese Art der Hofflächenerweiterung spielte insbesondere da eine Rolle, wo weite Bereiche des gutsherrlichen Besitzes mit Wald bedeckt waren. Dies war vor allem auf einigen Gütern im ehemaligen Kolonisationsgebiet der Fall, das bis ins 17. Jahrhundert hinein von teilweise großen Waldungen bedeckt war.[309] Schließlich konnten sich die Gutsbesitzer Land von den Bauern gegen Reduzierung der von diesen zu leistenden Dienste abtreten lassen. Diese Variante war allerdings äußerst selten und schon von den Voraussetzungen her nur dort durchführbar, wo es sich bei dem Anteil der Landbevölkerung um freie Eigentumsbauern handelte.[310]

Von erheblicher Bedeutung im Zusammenhang mit der Bildung der holsteinischen Gutswirtschaften war die kirchengeschichtliche Entwicklung des 16.

---

[306] Vgl. GSH (*Klose*), 5. Band, S. 182 f.; *Jessen*, Entstehung, S. 60 f.; *Leister*, Rittersitz, S. 70 ff.

[307] *Jessen*, Entstehung, S. 67.

[308] Vgl. *Jessen*, Entstehung, S. 67; *Leister*, Rittersitz, S. 43 f.; *Hedemann*, Geschichte, 1. Teil, S. 131; *Staehly*, Untersuchungen, S. 28.

[309] Vgl. *Leister*, Rittersitz, S. 72 f.; *Jessen*, Entstehung, S. 65 ff.; *Staehly*, Untersuchungen, S. 28 f.

[310] *Jessen*, Entstehung, S. 67 f.

Jahrhunderts. Der Zusammenbruch der alten Kirche führte dazu, dass der immense kirchliche Grundbesitz zeitweise faktisch herrenlos wurde. Insbesondere die im Bereich der adeligen Güter gelegenen Kirchenhufen wurden dadurch für die Gutsbesitzer, die mitten in ihren Expansionsbestrebungen steckten, interessant. Schon während, vor allem jedoch nach der Reformation, als sie als Patronatsherren über das Kirchengut walteten,[311] bereicherten sie sich an den benachbarten Kirchenhufen. Dabei heiligte der Zweck die Mittel. Einerseits forderten sie Landstriche unter Berufung auf frühere Schenkungen zurück, andererseits gelang es ihnen, den bedrohten kirchlichen Grundherren gewünschte Gebiete abzuhandeln. Es kam auch vor, dass Ritter auf bestimmte Hufen einfach zugriffen und sie sich mit Gewalt aneigneten. Wie groß der adlige Landgewinn auf Kosten ehemals geistlichen Besitzes war und wie unrechtmäßig er häufig erworben wurde, zeigten verspätete landesherrliche Bemühungen, für die neue Kirche die verlorengegangenen Kirchengüter zurückzugewinnen.[312]

Die Hofflächenerweiterung brachte vielerorts eine derart tiefgreifende Wandlung in der ländlichen Struktur hervor, dass es zur vollständigen Umgestaltung der althergebrachten Flurverfassung kam.[313] Oftmals wurde dieser Vorgang von den Gutsherren so intensiv betrieben, dass sie bis an die Grenze des betriebstechnisch Möglichen gingen.[314] Diese Grenze bildete die Erhaltung der Menge an spannfähigen Hufen, die zur Bewirtschaftung der Hoffelder erforderlich war.[315] Von diesem radikalen Umbruch war in erster Linie die in der Landwirtschaft tätige Bevölkerung betroffen. Anfangs konnten die eingezogenen oder neuen Hufenstellen noch von der verbliebenen Landbevölkerung einer Grundherrschaft im Rahmen ihrer höfischen Dienstverpflichtungen mitbearbeitet werden. Zu leistende Abgaben und zu verrichtende Dienste waren noch erbringbar. Aufgrund der ständigen Erweiterung der zu bewirtschaftenden Fläche stieg der Arbeitsumfang für die gutsherrlichen Bauern zunehmend. Der Gutsherr glich dies durch die permanente Erhöhung der Dienstverpflichtungen aus. Dadurch wurden die Bauern einem immer größeren Arbeitsdruck ausgesetzt. Dieser wurde insbesondere durch die Niederlegung von Hufen gesteigert, da infolge dieser Maßnahme nicht nur Ackerland dazukam, sondern gleichzeitig auch die Zahl der hofdienstpflichtigen Bevölkerung verringert wurde. Der gutsherrliche Druck auf die Übriggebliebenen wurde beizeiten so groß, dass viele Hufeninhaber ihm nicht mehr gewachsen waren und in ihrer bisherigen Tätigkeit keine ausreichende Lebensgrundlage mehr für sich und ihre Familie sahen. Was den Bauern als letztes Mittel blieb, war die Flucht. Sie verließen ihre Hufen und zogen großteils in die wachsenden und Arbeit und Verdienst bietenden Städte ab.

---

311 Vgl. *Jessen*, Entstehung, S. 65.

312 GSH (*Klose*), 5. Band, S. 182; *Jessen*, Entstehung, S. 65.

313 *Meitzen/Grossmann*, Boden, S. 212.

314 *Jessen*, Entstehung, S. 60.

315 GSH (*Klose*), 5. Band, S. 183.

In der Folge fielen wüste Hufen an, wodurch die Arbeitsbelastung des einzelnen bäuerlichen Untertanen einer Herrschaft wiederum zunahm. Die Abnahme der Zahl von Arbeitskräften zog die Umlegung der vakant gewordenen Dienstpflichten auf die übrigen Untergebenen nach sich.[316]

Die Erhöhung der Dienstpflichten der Untertanen und ihr Abzug von den Hufen bedingten sich gegenseitig. Je höher die Pflichten waren, desto größer wurde die Zahl der abziehenden Personen. Dieser Bedingungszusammenhang hatte gleichermaßen fatale Auswirkungen auf die Arbeits- und Lebensumstände der Landbevölkerung und die expandierenden Gutswirtschaften. Die rechtliche Ausgestaltung des Verhältnisses zwischen dem Gutsherrn und seinen Untergebenen befand sich in ständigem Wandel. Sie wurde vom Gutsherrn nach Belieben an die veränderten Wirtschaftserfordernisse angepasst, wobei sein Vorgehen praktisch ausschließlich auf eigenen Profit ausgerichtet und aufgrund seiner territorialherrschaftsähnlichen Machtstellung einseitig durchsetzbar war. Da der bäuerliche Abzug von der Hufe bislang niemals wirksam verhindert werden konnte und infolge dessen die Mindestzahl an benötigten Arbeitskräften auf den Gütern unterschritten zu werden drohte, gab es aus gutsherrlicher Perspektive keine andere Möglichkeit, als dem von ihnen eingeschlagenen Weg der Freiheitsbeschränkungen ihrer Untertanen die nächste Stufe hinzuzufügen. Die Herrschaften behaupteten gegenüber ihren Gutsuntergehörigen das Bestehen der Schollenbindung (glebae adscriptio) zwischen ihnen und dem zugehörigen herrschaftlichen Land. Die Schollenpflichtigkeit der Untergebenen hatte die Aufgabe, ihre Flucht wirksam zu unterbinden oder sie doch zumindest endgültig zu kriminalisieren. Damit ist die Leibeigenschaft nicht älter als die adligen Güter mit ihren Großwirtschaften, bei denen die persönliche Freiheit der auf ihnen arbeitenden Bauern zur Sicherung eines ordnungsgemäßen und lukrativen Betriebs drastisch eingeschränkt wurde.[317]

Diese wirtschaftliche Notwendigkeit ergab sich aus dem Druck auf die Untergehörigen einer Gutswirtschaft, der infolge der Bildung der großen holsteinischen Güter im 16. Jahrhundert entstand und beständig an Intensität gewann.[318] Die Leibeigenschaft trug also allein den Bedürfnissen der Herrengüter Rechnung. Dass sie letztlich entstand, war auf nur einen einzigen Umstand, ihren – ausschließlich wirtschaftlichen – Zweck, zurückzuführen: nämlich den der Sicherung der benötigten Anzahl an Arbeitskräften, da nur mittels ihrer Hofdienste der landwirtschaftliche Betrieb der Gutsherrschaft aufrechterhalten werden konnte.[319] Von der Herrschaft wurde die Leibeigenschaft als „Herkommen und

316 Vgl. GSH (*Klose*), 5. Band, S. 182; *Göttsch*, Widerständigkeit, S. 367 (370).

317 *Hanssen*, Aufhebung, S. 4; *Kinder, Chr.*, Gründe, S. 13.

318 *Hedemann*, Geschichte, 1. Teil, S. 133.

319 Vgl. *Klußmann*, Flucht, S. 119; *Hänel/ Seelig*, Frage, S. 199; *Hedemann*, Geschichte, 1. Teil, S. 142; *Hanssen*, Aufhebung, S. 16; Geschichte (*Lange*), S. 201; *Prange*, Gut, S. 65; *Rawitscher*, Erb- und Zeitpächter, S. 1 (12 f.).

Gewohnheit" betrachtet, doch bedeutete der Anspruch auf sie einen tiefgreifenden Bruch mit den Gewohnheitsrechten der ländlichen Gesellschaft.[320]

Die glebae adscriptio bildete im Hinblick auf die Entstehung der Leibeigenschaft den inhaltlichen Abschluss der Beschränkungen, die die persönliche Freiheit der bäuerlichen Bevölkerung betrafen. Jeglicher Abzug eines Eingesessenen aus dem Gutsbezirk ohne das Einverständnis der Herrschaft war widerrechtlich und wurde massiv geahndet. Mit ihrer Einführung war der letzte Schritt getan. Sie begründete die holsteinische Leibeigenschaft in ihrer typischen Form. Neben der Verpflichtung der Untertanen zur Leistung umfangreicher Dienste hat die Freiheitsbeschränkung der Schollengebundenheit als das maßgebliche und charakteristischste Merkmal dieses Rechtsinstituts zu gelten, so dass es sich in erster Linie als „*die unlösliche Verbindung von Gut und Einwohnern*" darstellte.[321] Anhand ihrer ließ sich das Gebiet mit dem scharf ausgeprägten System der Gutswirtschaft noch weiter unterscheiden, nämlich einerseits in den Teil, in dem die Leibeigenschaft herrschte, und andererseits in den Teil, in dem die Bauern rechtlich zwar stark belastet, aber nicht leibeigen waren. Dass die Bauern auch dort in erheblichen Abhängigkeitsverhältnissen zu ihrer Herrschaft standen, zeigt ein bis vor das Reichskammergericht getragener Rechtsstreit aus dieser Zeit. Aus den Akten dieses von 1555 bis 1574 dauernden Prozesses geht hervor, dass nach althergebrachtem holsteinischen Recht selbst freie Meier, die rechtlich gesehen Zeitpächter waren, teilweise nur unter schwierigsten Bedingungen ihr Land aufgeben und ihren Herrschaftsbezirk verlassen konnten. Zwar konnten sie kündigen, allerdings durfte dies nicht zur Unzeit geschehen, und sie hatten die Schulden gegenüber ihrem Gutsherrn zu begleichen. Bauern, die diesen privatrechtlichen Verbindlichkeiten nicht ordnungsgemäß nachkamen, verwirkten Leib und Gut, wobei ihnen die Möglichkeit, ihren Leib gegen Zahlung einer gewissen Summe Geldes abzulösen, aufgrund fehlender Liquidität kaum jemals eröffnet gewesen sein dürfte.[322]

Wie eng die Leibeigenschaft mit ihrem anderen Wesensmerkmal, den Dienstverpflichtungen, inhaltlich und sprachlich verbunden war, zeigen schon Formulierungen aus der Anfangszeit des Rechtsinstituts wie „*dienstbarlich leibeigenschaft*" oder „*angeborene leibeigene Dienstbarkeit*".[323] Die Begriffe „Leibeigenschaft" und „Dienstbarkeit" unterlagen also nicht nur einer gewissen Austauschbarkeit, sondern gehörten fast zwangsläufig zusammen und bildeten damit eine inhaltliche und sprachliche Einheit.

---

320 *Klußmann*, Leibeigenschaft, S. 213 (215).

321 *Hedemann-Heespen*, Slaven, S. 313 (334).

322 Vgl. *Stein-Stegemann*, Findbuch, Abt. 390, Nr. 221, S. 181 f.; *Brinkmann*, Rechtsleben, Nr. V, S. 92 (98 f.); Nr. VI, S. 105 (109); *Deseniss*, Herrschaft, S. 113 f.; *Klußmann*, Leibeigenschaft, S. 213 (217 f.)).

323 *Klußmann*, Leibeigenschaft, S. 213 (217 bzw. 217 (Fn. 16)))

Eine einheitliche und ausdrückliche Einführung der Leibeigenschaft hat es in Holstein nicht gegeben. Dafür waren die Verhältnisse der adligen Güter zu vielfältig. Auch auf einen gesetzlichen Rechtsgrund, eine positivrechtliche Konstituierung hat sie sich niemals stützen können, vielmehr erlangte sie lediglich gewohnheitsrechtlichen Status.[324] In der Literatur werden unterschiedliche Beispiele für die erste urkundliche Bestätigung der Leibeigenschaft in Holstein angeführt. Sie stammen aus der Mitte des Jahrhunderts und bergen allerlei Probleme. Dazu trugen in dieser Anfangszeit des Rechtsverhältnisses sprachliche Ungenauigkeiten bzw. die untechnische Verwendung von Begrifflichkeiten, insbesondere der noch nicht auftauchende, noch nicht einmal annähernd geläufige Begriff der Leibeigenschaft, erheblich bei. Der erste Anhaltspunkt stammt von 1551. Damals lieh sich das Kloster Ahrensbök von Henneke Rantzau 2000 Mark. Mit Vertrag vom 30. November 1551 verpflichtete sich das Kloster neben der Rückzahlung der geliehenen Summe zur Zahlung von 100 Mark Zinsen sowie zur Verpfändung des Dorfs Swynekulen an Henneke Rantzau mit allem, was wirtschaftlich dazugehörte, „*sampt den viff inwanenden kerlen*“[325].[326] Ob es sich bei diesen Kerlen bereits um Leibeigene handelte, kann nicht mit Sicherheit geklärt werden. Zwar wurden Leibeigene in der Folge in den Urkunden durchweg als Kerle bezeichnet, doch hatten nicht alle urkundlich als Kerle benannten Personen regelmäßig den Leibeigenschaftsstatus inne.[327]

Hingegen liefert einen ersten deutlichen Hinweis auf die Existenz der Leibeigenschaft in Holstein eine Angelegenheit aus den Jahren 1558 bis 1589. Zu diesem Zeitpunkt war beim Reichskammergericht ein Prozess anhängig, in dem der Rat der Stadt Hamburg und der holsteinische Adlige Jasper von Buchwaldt zu Borstel und Sierhagen um die Rechtsstellung eines Hamburger Bürgers stritten.[328] Zwar wussten die Zeugen beider Seiten nichts von bestehender Leibeigenschaft im Hoheitsgebiet des Jasper von Buchwaldt,[329] doch gaben die Zeugen der Gutsherrschaft an, dass ein Untergehöriger eines Guts nicht ohne den Willen seines Herrn davonziehen durfte.[330] Der Rat der Stadt Hamburg hingegen trug vor, dass sich der Mann beim Vater des Jasper von Buchwaldt von der Leibeigenschaft freigekauft habe und überdies bereits seit mindestens zwölf Jahren in Hamburg lebe.[331]

---

324 Vgl. *Leister*, Rittersitz, S. 98.

325 Urkundensammlung (*Jessien*), 3. Band, 1. Abth., Dipl., Nr. CXIX, S. 154 (155).

326 *Gloy*, Beiträge, S. 21 f.

327 Vgl. *Hedemann*, Geschichte, 1. Teil, S. 127; *Gloy*, Beiträge, S. 21 f.

328 Vgl. *Stein-Stegemann*, Findbuch, Abt. 390, Nr. 145, S. 123 f.; *Jessen*, Entstehung, S. 84; *Brinkmann*, Rechtsleben, S. 105 ff.; *Klußmann*, Leibeigenschaft, S. 213 (215).

329 Vgl. *Stein-Stegemann*, Findbuch, Abt. 390, Nr. 145, S. 123 (124).

330 *Brinkmann*, Rechtsleben, Nr. VI, S. 105 (109).

331 *Stein-Stegemann*, Findbuch, Abt. 390, Nr. 145, S. 123 (124).

Der Zeitpunkt der Erhebung der Klage beim Reichskammergericht 1558,[332] die mit dem Geschehen in Zusammenhang stehenden Daten sowie die Zeugenaussagen lassen kaum einen anderen Schluss zu, als dass dieser Herrschaftsbereich schon um die Mitte des 16. Jahrhunderts herum alle Charakteristika der holsteinischen Leibeigenschaft aufgewiesen hat und diese dort zumindest ihrem Inhalt nach als Form der gutsherrlichen Abhängigkeit und als rechtlicher Status eines Ackerbauern bekannt war. Die Gutseingesessenen hatten nicht nur ihren Dienstverpflichtungen nachzukommen, sondern sie unterlagen auch der Schollenpflichtigkeit. Damit waren sie Leibeigene, auch wenn sie von dieser Bezeichnung nichts wussten. In Befragungen seitens des Reichskammergerichts von 1571 bis 1574 war vielen Zeugen der Begriff Leibeigenschaft entweder gänzlich unbekannt oder aber zumindest in Bezug auf Holstein ungeläufig. Selbst der Rechtsbeistand Buchwaldts, der den Begriff aus den süddeutschen Gegenden übernommen hatte, räumte ein, dass er selten anzutreffen sei. Wie wenig geläufig er während der gesamten zweiten Hälfte des 16. Jahrhunderts war, beweist die Tatsache, dass er in zwei wesentlichen schleswig-holsteinischen Quellen des späten 16. Jahrhunderts, der Landgerichtsordnung von 1573 sowie der Landesbeschreibung Heinrich Rantzaus von 1597, in der nur zwei Arten von Bauern – solche, die freien und erblichen Besitz haben, und solche, die abhängig und dienstpflichtig sind – genannt werden,[333] noch keine Verwendung fand.[334]

II. Entwicklung der Leibeigenschaft

Ab der Mitte des 16. Jahrhunderts prägte die Leibeigenschaft weite Bereiche Holsteins, in erster Linie aber den Teil der Landesverfassung, der die adligen Güter betraf. Die Entwicklung des Rechtsinstituts, das für die nächsten rund 250 Jahre Bestand hatte, kann nicht für sich genommen betrachtet werden. Vielmehr war sie durchgehend an die Entwicklung der scharf ausgeprägten Gutswirtschaft gekoppelt, deren festen, unselbständigen und vor allem unerlässlichen Bestandteil sie darstellte. Diese „Starre“ der Leibeigenschaft galt jedoch nur im Hinblick auf ihre Funktion als unabdingbares Standbein des wirtschaftlichen Gesamtsystems, bezog sich somit auf das Wesensmerkmal der Schollenpflichtigkeit. Hinsichtlich des anderen Charakteristikums, der Verpflichtung der Untertanen zur Leistung umfangreicher Dienste, war sie keineswegs starr, sondern ihre konkrete Ausgestaltung durch die Gutsherrschaft war im Gegenteil höchst flexibel und wurde an die äußeren Faktoren angepasst. Die Geschichte der holsteini-

---

332 Gerichtliche Vorinstanzen wurden nicht durchlaufen (vgl. *Stein-Stegemann*, Findbuch, Abt. 390, Nr. 145, S. 123 (124) unter (6)).

333 *Rantzau*, descriptio, S. 101 bzw. 206.

334 Vgl. *Klußmann*, Leibeigenschaft, S. 213 (215 f.).

schen Leibeigenschaft ist im Großen und Ganzen die Geschichte der holsteinischen Gutswirtschaft in ihrer scharfen Ausprägung.

1. Das 16. Jahrhundert (zweite Hälfte)

Die zweite Hälfte des 16. Jahrhunderts war auf den adligen Gütern im landwirtschaftlichen Segment noch vom Abschluss der ersten Entwicklungsphase der holsteinischen Gutswirtschaft geprägt. Dabei handelte es sich um ihre Entstehungs- und Aufbauphase, die das 15. und 16. Jahrhundert umfasste.[335] Mit dem Abschluss der Ausbildung der Gutswirtschaften um 1600 hatte sich der landwirtschaftliche Großbetrieb mit einer kapitalistischen Wirtschaftsweise als dominierende Erscheinungsform einer neuen volkswirtschaftlichen Verfassung etabliert.[336] In Verbindung mit teilweise erheblichen kaufmännischen Fähigkeiten der Adligen war damit bereits zu diesem Zeitpunkt der Grundstein ihres Reichtums im 17. und 18. Jahrhundert gelegt.[337] Bis zu diesem Zeitpunkt war seit der Mitte des Jahrhunderts das Areal des adligen Hoflands im Verhältnis zum grundherrlich-bäuerlichen Hufenland großteils auf dessen Kosten noch einmal drastisch erweitert worden. Aus der Sicht der Ritterschaft war diesem Umverteilungsprozess von Grund und Boden nur eine Art natürliche Grenze gesetzt: Die Anzahl der zu erhaltenden spannfähigen Hufen hatte so groß zu bleiben, wie es eine angemessene Bewirtschaftung des Hoflands erforderte.[338]

Dass eine immer geringer werdende Anzahl an bäuerlichen Arbeitern eine stets größer werdende Fläche an Hofland zu bearbeiten hatte, zog weitreichende Konsequenzen für die Ausgestaltung des Leibeigenschaftsverhältnisses nach sich. Aufgrund der Maßnahmen verlagerten sich die Belastungen der Bauern immer mehr weg von Abgaben aller Art hin zu umfangreichen Dienstleistungen. Die Geld- und Naturalabgaben an die Gutsherrschaft stagnierten oder fielen, die von den Untertanen an die Landesherrschaft zu entrichtenden Abgaben, die Grundsteuern oder Kontributionen, wurden seit dieser Zeit ohne finanzielle Gegenleistung von der Gutsherrschaft übernommen. Die Inanspruchnahme der Leibeigenen infolge der Dienste auf dem Hofland machte es ihnen unmöglich, zugleich die landesherrlichen Lasten zu erwirtschaften.[339]

Für wie selbstverständlich die adligen holsteinischen Herren die Leibeigenschaft bereits um die Mitte der zweiten Jahrhunderthälfte hielten, beweist ein Doku-

---

335 Vgl. *North*, Gutswirtschaft, S. 223 (241).

336 Vgl. *Sering*, Erbrecht, S. 222, 225; *Leister*, Rittersitz, S. 70; *Rachfahl*, Schleswig-Holstein, S. 433 (462).

337 *Hansen, Joh.*, Beiträge, S. 33.

338 Vgl. GSH (*Klose*), 5. Band, S. 183.

339 Vgl. *Klußmann*, Leibeigenschaft, S. 213 (223); *Jessen*, Entstehung, S. 81; *Hedemann*, Geschichte, 1. Teil, S. 119; *Johannsen*, Bildung, S. 305 (314); *Gloy*, Beiträge, S. 33.

ment von 1576. Dieses spricht von dem „*liebeigen mahn, Heinrich Bonhoff*“ und stellt ganz allgemein fest, dass „*im landthe Holstein die jungkern sambtlich solchen eigenthum uber ire undersathen und guther haben*“ sowie „*das unsere undersaten alhie im landt zu Holstein unsere liebeigen seindt mitt alle iren guttern*“. Die Schollenbindung der Untertanen kommt deutlich zum Ausdruck, wenn es heißt, dass „*keines vom adell undersathe muß under im wegk zehenn, ehr habe sich dann zuvorn von seiner ubrigkeitt durch genugsame geldt frei gekaufft*“.[340] Die Verbreitung der Leibeigenschaft auf den adligen Gütern Wagriens schritt in einem solchen Maß voran, dass sie um die Wende vom 16. zum 17. Jahrhundert als ihr generelles Merkmal galt.[341] Dass die bäuerliche Bevölkerung in dieser Phase der Etablierung und Verschärfung der Leibeigenschaft erwähnenswerte Gegenanstrengungen unternommen hat, ist nicht ersichtlich. Es erscheint schon fraglich, ob und inwieweit in dieser Phase überhaupt ein allgemeiner bäuerlicher Widerstandswille in nennenswertem Umfang vorhanden war.[342] Zu Konflikten kam es jedoch in verschiedenen Herrschaften der übrigen Landesteile, in denen während dieser Zeit häufig der – zumeist scheiternde – Versuch unternommen wurde, das gutsherrschaftliche System mit seiner typischen Wirtschaft zu etablieren und die Untertanen zu Leibeigenen herabzudrücken.[343]

Grundsätzlich gab es für die Untergehörigen zwar die Möglichkeit, sich auf dem Rechtsweg gegen die Gutsherrschaft zur Wehr zu setzen. Potentielle Streitigkeiten waren als Landsachen solche niedergerichtlicher Kompetenz, die die Adligen innehatten. Dies hatte zur Folge, dass für Klagen von Leibeigenen erstinstanzlich das Gutsgericht, das sich unter der Aufsicht der Gutsherrschaft befand, die Zuständigkeit besaß. Dieses diente der gerichtlichen Absicherung ihrer wirtschaftlichen und herrschaftlichen Interessen.[344] Darüber hinaus konnten die Leibeigenen im ausgehenden 16. Jahrhundert keinen Rechtsschutz von landesherrlicher Seite erwarten. Die Macht des Adels gegenüber der Landesherrschaft war noch viel zu stark, als dass diese eine Hilfe im Kampf gegen die ritterlichen Herren hätte sein können. Insbesondere von 1586 bis 1593 war der Adel infolge von Vormundschaftsregierungen quasi die herrschende Macht im Land, was sich während dieser Selbstregierungsperiode in teilweise willkürlichen Handlungen und Maßnahmen bemerkbar machte. Das Gerichtswesen wies eine desolate Verfassung auf, Landgerichtstage fanden nicht statt.[345] Auf diesem

---

340 Vgl. *Rörig*, Agrargeschichte (Beilage), S. 137 (148 ff.).

341 Geschichte (*Lange*), S. 201; *Jessen*, Entstehung, S. 89 f.; *Bobé*, Ritterschaft, S. 69.

342 Vgl. *Klußmann*, Leibeigenschaft, S. 213 (223).

343 Vgl. Geschichte (*Lange*), S. 211 f.

344 GSH (*Klose*), 5. Band, S. 182 f.

345 Vgl. *Klußmann*, Leibeigenschaft, S. 213 (222); *Lange*, Privilegien, S. 41; Geschichte (*Lange*), S. 225 f.

letzten Höhepunkt ständischen Einflusses auf Landesangelegenheiten[346] verfuhr die Ritterschaft mit ihren Untergehörigen in teilweise rücksichtsloser und egoistischer Manier. Klagen seitens leibeigener Untertanen kamen kaum vor, die von der Landesherrschaft gegenüber dem Adel ergriffenen Maßnahmen erschöpften sich bestenfalls in Drohungen.[347]

Diese Situation im Land war der Grund für ein Phänomen, das die Leibeigenschaft während ihres gesamten Bestehens in mehr oder minder intensiver Form begleitete und prägte: das Entweichen leibeigener Untertanen aus dem Gutsbezirk. Sobald die Leibeigenschaft von der Herrschaft durchgesetzt war, konnte es einen einvernehmlichen Abzug des Untergehörigen von seiner Hufe regelmäßig nicht mehr geben. Unter Brechung seines Eids blieb ihm lediglich die Flucht. Der erste offizielle Hinweis auf *„denen vom Adell Pauren, so von ihren Gütern entlauffen"*, findet sich bereits in den Landtagsakten von 1597, die allerdings auf ständische Gravamina Bezug nahmen, die schon 1590 vorgebracht worden waren.[348] Auf diesem ersten Höhepunkt des gutswirtschaftlichen Systems am Ende seiner Entstehungs- und Aufbauphase war es für die Gutsherren eine wirtschaftliche Notwendigkeit, die Beachtung der Schollenpflichtigkeit streng zu kontrollieren. Einerseits konnte die benötigte Zahl an Arbeitskräften auf anderem Wege häufig nicht mehr gehalten werden. Andererseits half sie zusammen mit den Heiratsbeschränkungen dem Gutsherrn dabei, die ihm im Gegenzug in immer größerem Umfang zufallende Versorgung einer zu zahlreichen Gutsbevölkerung in Grenzen zu halten.[349]

Die Zahl der Flüchtlinge stieg trotzdem. Diese Wechselwirkung zwischen der Höhe der Hofdienste der Gutsuntertanen und deren Abzug aus dem Gutsbezirk bestand bereits, bevor es die Leibeigenschaft gab. Als sich diese Spirale immer schneller zu drehen begann, hatten die Gutsherren das Rechtsinstitut aus wirtschaftlichen Aspekten eingeführt, da sie aus ihrer Perspektive ein notwendiges und effektives Mittel darstellte, um diesen Teufelskreis zu durchbrechen. Dass selbst diese strenge Form der bäuerlichen Abhängigkeit von der Herrschaft die in sie gesetzten Erwartungen nicht erfüllen konnte, wurde bereits während der ersten Jahrzehnte ihres Bestehens offensichtlich. Die Wechselwirkung zwischen der konkreten Ausgestaltung der Leibeigenschaft und dem Ausmaß der Flucht bzw. Fluchtversuche begleitete das Rechtsinstitut bis zu seiner Abschaffung.

---

[346] *Lange*, Privilegien, S. 41.

[347] Vgl. *Jessen*, Entstehung, S. 92 ff.; *Amthor*, Bericht, S. 40.

[348] Vgl. *Ratjen*, Bemerkungen, S. 348 (352 f.).

[349] *Hedemann*, Geschichte, 1. Teil, S. 137.

2. Das 17. Jahrhundert

An dieser Situation änderte sich auch zu Beginn des 17. Jahrhunderts nichts, was an den „Nachwehen“ der überstandenen tiefen Krise im Land und der Macht des Adels lag. Deren Grundlage waren ihre ländlichen Besitztümer. Diese waren um 1600 nur noch in 28 Fällen als Lehen ausgetan, während der übrige Großteil bereits als adliger Allodial-, also Nichtlehnsbesitz vorlag. Die noch vorhandenen Lehnsbesitztümer existierten lediglich pro forma, die Verpflichtung zu den üblichen Lehnsdiensten wurde von ihren Inhabern bestritten.[350] Zwar hatte die ritterschaftliche Machtposition insgesamt ihren Höhepunkt inzwischen überschritten, doch sind dabei zwei Ebenen unbedingt voneinander zu trennen: zum einen das Verhältnis der Ritterschaft zur Landesherrschaft, zum anderen die Beziehung zu ihren Untergehörigen. Zwischen diesen beiden Ebenen vollzog sich eine disproportionale Entwicklung, die größten Einfluss auf die Leibeigenschaft hatte. Der holsteinische Adel verlor nach und nach seine politischen Rechte gegenüber der Landesherrschaft: Wahlrecht, Indigenat, Steuerbewilligungsrecht. Waren sie ehemals die Säulen ihrer Macht, trug die Zurückdrängung dieser ständischen Mitspracherechte nun dazu bei, dass die wieder erstarkende Landesherrschaft die Macht der Stände zusehends brach.[351] Zudem war eine zunehmende Schwächung des ritterschaftlichen Besitzes durch vielfältige und verwirrende Transaktionen zu verzeichnen. Gerade in den Kriegs- und Krisenjahren gelangten immer mehr Güter an auswärtige Adlige und sogar Bürgerliche.[352]

Demgegenüber konnten die Adligen ihren Einfluss in den ihnen verbliebenen Territorien weiter ausbauen und erreichten dort die Stufe quasi-souveräner Herrschaften.[353] Da sich ihr Stand als politischer Akteur langsam von der Bühne der großen Politik verabschiedete, konnten sich seine Angehörigen intensiver um ihre Gebiete und ihr Auskommen kümmern. Die Folge war eine nochmalige Konzentration auf die Erhöhung der Erträge der adligen Gutswirtschaften, was einerseits ihren Ausbau und andererseits eine Verschärfung der Situation der Untergehörigen mit sich brachte.[354] Diesen zeitlichen Abschnitt kann man als *„zweite Ausbauphase der Gutswirtschaft“* bezeichnen,[355] die mehr und mehr in der Form der sich im 17. Jahrhundert entwickelnden Koppelwirtschaft durchgeführt wurde.[356] Nimmt man die Kriegskonjunktur der Jahrzehnte von 1620 bis 1640/50[357] einmal aus, handelte es sich bei diesem Abschnitt der holsteinischen

---

350 Vgl. *Sering*, Erbrecht, S. 213; *Rachfahl*, Schleswig-Holstein, S. 433 (451).

351 Vgl. *Klußmann*, Leibeigenschaft, S. 213 (235).

352 Vgl. *Hedemann-Heespen*, Kultur, S. 27 (28).

353 *Rörig*, Agrargeschichte, S. 137 (143); vgl. *Kinder*, *Chr.*, Gründe, S. 54.

354 Vgl. GSH (*Klose*), 5. Band, S. 179.

355 *Klußmann*, Leibeigenschaft, S. 213 (236).

356 Vgl. *Klußmann*, Leibeigenschaft, S. 213 (225); *Leister*, Rittersitz, S. 88 ff.

357 Vgl. *Jessen*, Entstehung, S. 177 f.

Gutswirtschaft zugleich um eine Depressions- bzw. Krisenphase. Das Land erlebte Depressionen im Agrarsektor von 1600 bis 1620 und in der zweiten Hälfte des Jahrhunderts,[358] die Krisenphasen standen in unmittelbarem Zusammenhang mit den verheerenden Auswirkungen des 30jährigen Kriegs (1618 bis 1648) sowie des Schwedenkriegs (1657 bis 1660).[359] Die Reaktion der Güter auf diese wirtschaftliche Lage war die Steigerung der Produktion, mit der der Ausbau der Dienstverpflichtungen einherging.[360]

Die Begleiterscheinungen und Folgen der Notzeiten der Kriegs- und Seuchenjahre forcierten die Entwicklung in zeitweise extremem Maß. Der Ausbau der Wirtschaft und die Steigerung der Produktion waren die wesentlichen Mittel des Adels, sein Einkommensniveau in diesen schwierigen Zeiten zu erhalten.[361] Infolge des immensen Verlusts an Bevölkerung und des Wüstliegens weiter Landesteile hatten die Gutsherrschaften die Gelegenheit, diese Flächen einzuziehen. Dadurch vergrößerte sich der Anteil des Hoflands gegenüber dem Anteil des bäuerlichen Huflands mit stetig steigender Tendenz.[362] Auch die übrigen Möglichkeiten der Hoflandgewinnung wie die Niederlegung besetzten Bauernlands, Rodung, Neuvermessung oder der Entzug bäuerlicher Übermaße wurden weiterhin genutzt und wirkten unterstützend.[363]

Die Folge war, dass sich die Situation der Leibeigenen zunehmend verschärfte. Ihre Dienstverpflichtungen wurden immer umfangreicher, die rentable Bewirtschaftung des eigenen Landes dadurch immer seltener möglich, wodurch ihre Abhängigkeit von der Herrschaft vollkommen wurde. Das zum Aufbau und Erhalt der Wirtschaft und der Lebensumstände notwendige Kapital war nur noch auf Seiten der Gutsherren vorhanden. Ihnen gehörte das Land der Bauern sowie deren Häuser und alles Inventar. Als Gegenleistung hatten die Bauern für den Hofdienst jetzt oftmals zwei Gespanne und mehrere Personen Gesinde täglich abzustellen. Dadurch litt die eigene bäuerliche Wirtschaft an Personal- und Arbeitsgerätemangel, das zum Leben Notwendige konnte häufig nicht mehr erwirtschaftet werden. Abhilfe konnten die Bauern nur durch Anstellung besonderen Dienstvolks und Anschaffung besonderen Inventars erreichen. Der damit für die leibeigenen Hufner verbundene Mehraufwand führte dazu, dass die Gutsherrschaften die Zahlung ihrer Kontributionen an die Landesherrschaft nun flä-

358 *Klußmann*, Leibeigenschaft, S. 213 (223 (Fn.41)); *North*, Gutswirtschaft, S. 223 (236).

359 *Jessen*, Entstehung, S. 59 f., 176 f.; *Hanssen*, Aufhebung, S. 8.

360 *North*, Gutswirtschaft, S. 223 (241).

361 Vgl. *North*, Gutswirtschaft, S. 223 (235).

362 Vgl. *Prange*, Gut, S. 57 (62); *Prange*, Anfänge, S. 593; *North*, Gutswirtschaft, S. 223 (229); *Arnim*, Krisen, S. 104.

363 Vgl. *North*, Gutswirtschaft, S. 223 (229); *Jessen*, Entstehung, S. 58 ff.; *Prange*, Anfänge, S. 593; *Prange*, Gut, S. 57 (62); *Leister*, Rittersitz, S. 70 ff.

chendeckend übernahmen, um ihre Untergehörigen zumindest so weit zu entlasten, dass sie ihren Verpflichtungen zu Hofe nachzukommen vermochten.[364]

Die Arbeitsbedingungen der Leibeigenen während dieser Zeit waren derart belastend, dass vielen die Flucht aus dem Gut als einziger Ausweg erschien. Das 17. Jahrhundert erlebte den bereits aus dem vorigen Jahrhundert bekannten Teufelskreis in noch krasseren Auswüchsen: Je höher die Zahl der Flüchtenden wurde, desto größer wurde die Gefahr für das Funktionieren der Gutswirtschaft. Deshalb erhöhte die Gutsherrschaft den Umfang der Hofdienste und achtete streng auf die Einhaltung der Schollenbindung, was erneute, noch intensivere Flucht provozierte. Welch herausragende Bedeutung diese Problematik hatte, zeigt sich daran, dass die Ritterschaft auf den Landtagen unaufhörlich die landesherrliche Anerkennung der Schollenbindung und jederzeitigen Rückholung der Geflohenen erstrebte. Dies gelang ihr 1614 zu Hadersleben zwar erstmals formell,[365] doch wie wenig dadurch zur Lösung des Problems beigetragen wurde, wird an den sich noch verstärkenden Beschwerden des Adels in den Gravamina der folgenden Jahrzehnte ersichtlich.[366] Danach ist offenbar und unbestritten: *„Flucht gehörte zur Wirklichkeit der Leibeigenschaft.“*[367]

Neben der Flucht wegen untragbarer Arbeitsbelastung verließen Leibeigene auch aufgrund des Fehlens einer ausreichenden Lebensgrundlage das Gut. Im Fall des Verbleibs der erforderlichen Mindestzahl an Arbeitskräften geschah dies in wirtschaftlich schwierigen Zeiten nicht selten im Einvernehmen mit der Herrschaft. Auf diesem Weg sparte diese die Kosten der Konservation von „überschüssigen“ Untertanen. In besonders angespannten Zeiten wurden Teile der Gutsbevölkerung von ihrer Herrschaft aus Kostengründen sogar regelrecht davongejagt. Dies hinderte die Gutsherren jedoch nicht daran, sie im Fall des nachherigen Bedarfs weiterer Arbeitskräfte wieder zurückzuholen.[368] Diese Entwicklung machte das grundlegende Dilemma der Leibeigenschaft deutlich: Auf der einen Seite konnte und wollte man im Rahmen der Gutswirtschaft nicht auf sie verzichten. Auf der anderen Seite war sie ein permanenter Unsicherheitsfaktor, der systemimmanente Schwachpunkt, von dessen Funktionieren das gesamte System abhing. Die mangelnde Anpassungsfähigkeit dieses Systems, seine Schwerfälligkeit, beruhte augenscheinlich zum Großteil auf der Leibeigenschaft. Neben den verheerenden Viehseuchen war sie, insbesondere aufgrund der Hofdienste, die sich als großes strukturelles und organisatorisches Problem

---

364 Vgl. *Prange*, Anfänge, S. 594; *Prange*, Gut, S. 57 (62); *Leister*, Rittersitz, S. 74.

365 Vgl. *Klußmann*, Leibeigenschaft, S. 213 (220); *Bobé*, Ritterschaft, S. 69; *Sering*, Erbrecht, S. 223; GSH (*Klose*), 5. Band, S. 190

366 Vgl. *Ratjen*, Bemerkungen, S. 348 (352 ff.); *Gloy*, Beiträge, S. 28 ff.; *Ipsen*, Landtage, S. 47 ff.

367 *Prange*, Gut, S. 57 (72).

368 Vgl. *Klußmann*, Leibeigenschaft, S. 213 (222 f. bzw. 223 (Fn. 41)); *Ulbricht*, Supplikationen, S. 11 (24 ff., 31 f.).

erwiesen, das maßgebliche Hemmnis im Hinblick auf eine effizientere und rentablere Wirtschaftsform.[369] Der Ertrag der Gutswirtschaft stand regelmäßig in keinem Verhältnis zu den Kosten der Inanspruchnahme und Unterhaltung der Leibeigenen.[370]

Auch in den engeren Blickwinkel der Landesherrschaft geriet die Leibeigenschaft erst unter finanziellen Aspekten. Die stetig voranschreitende Überführung von bäuerlichem Hufenland in adliges Hofland schnitt die Untertanen nicht nur von ihrer Landesherrschaft ab.[371] Vielmehr machte sie sich auch für die Landesherrschaft nachteilig bemerkbar, da aus bislang steuerpflichtigem Bauernland adliges Hofland wurde, das aufgrund von Privilegien steuerfrei war. Daher wurde von landesherrlicher Seite auf die Registrierung der Ländereien hingewirkt, um eine feste Berechnungsgrundlage für die Abgaben zu haben.[372] Als Ergebnis wurde 1652 die Renovierte Landesmatrikel präsentiert,[373] die alle adligen Güter mit der Anzahl ihrer Bauernstellen aufführte. Damit wurden die Privilegien, die zunächst an die Person des Gutsbesitzers geknüpft waren, zu Realrechten des Guts selbst.[374] Anzahl und Größe der Güter waren fortan mit der Funktion eines Steuerschlüssels festgelegt, tatsächliche Änderungen ihrer Verhältnisse blieben künftig grundsätzlich unbeachtlich. Adlige Neuerwerbungen erlangten regelmäßig keinen Gutsstatus mehr, demgegenüber behielten diejenigen Güter ihren Gutsstatus, die in nichtadlige Hände abgegeben worden waren.[375] Erst als die Landesherrschaft diese für sie vorrangige wirtschaftliche Problematik zu ihrer Zufriedenheit gelöst, ihre eigenen gutswirtschaftlichen Unternehmungen aufgegeben hatte und ihre Abhängigkeit von den Ständen immer geringer wurde, trat sie ab dem Jahrhundertende auch für die Interessen der leibeigenen Bevölkerung selbst ein.[376]

Die Gutsherren stimmten der Leibeigenschaft seit der Jahrhundertmitte keineswegs mehr uneingeschränkt zu. Vielmehr beherrschten gegensätzliche Bestrebungen, die sich zwischen Abschaffung und Expansion des Rechtsinstituts bewegten, das Bild. War Fundamentalkritik an der Leibeigenschaft von Seiten der Leibeigenen in Holstein so alt wie das Institut selbst – die Leibeigenschaft sei Gott, der Natur und aller Welt zuwider[377] – so geriet sie aus gutsherrlicher Sicht vornehmlich aus monetären Aspekten erstmals unter dem Eindruck der Auswirkungen der Schwedenkriege in der Mitte des Jahrhunderts grundsätzlich in die

369 *Cord*, Strukturwandel, S. 281 f.
370 *Jessen*, Entstehung, S. 166.
371 *Prange*, Anfänge, S. 596.
372 Vgl. GSH (*Klose*), 5. Band, S. 183; *Ulbricht*, Supplikationen, S. 29 f.
373 Sammlung (SHV) (*Michelsen/Johannsen*), Num. CXXXIV, S. 643 ff.
374 *Trendelenburg*, Vorrechte, S. 11 ff.
375 Vgl. *Prange*, Gut, S. 57 (58 f.); *Jessen*, Entstehung, S. 172 ff.
376 Vgl. *Jessen*, Entstehung, S. 96 f.
377 Vgl. *Prange*, Gut, S. 57 (73); *Klußmann*, Leibeigenschaft, S. 213 (231 f.).

Kritik. Der Gutsherr Kai Bartram von Brockdorff hinterfragte 1659 die Leibeigenschaft kritisch:

“So wird auch gar schädlich gehalten, daß die adelichen Unterthanen werden vor Leibeigene gehalten, da sie doch libertatem gar leicht auf unterschiedliche manieren bekommen können, und in effect ist es das äußerste Verderben und die ruin der Bauern, weil sie nicht begehren wie der Bauerstand mit sich bringet im Schweiß ihres Angesichts ihr Brod zu essen, sondern sprechen wohl express: „Was haben wir mehr davon? wir haben doch nichts eigenes, es gehöret doch unsern Edelleuten alles zu; wollen sie Dienste von uns haben und ihrer Güter genießen, müssen sie uns wohl erhalten und ernähren!“ (...) Hingegen siehet man, daß in den Marschländern und sonsten wo die Leute frei sind und ihnen Häuser und Aecker zugehören, viel besser stehen und sich viel saurer werden lassen, auch das ihrige nicht leicht verlaufen werden. Wie nun dieses zu remediren und denen Leuten die eingebildete Sclaverei aus dem Sinn zu bringen sei, auch dahin zu bringen, daß die Häuser und Aecker ihr eigen werden, müssen alle vernünftige oeconomi selber in particulier nach Gelegenheit sich zu befleißigen und zu practisiren wissen.“[378]

Brockdorffs Überlegungen hinsichtlich der Abschaffung der Leibeigenschaft erfolgten jedoch nicht einmal teilweise um ihrer selbst willen, sondern besaßen als Orientierungsmaßstab ausschließlich politische und wirtschaftliche Aspekte. Die grundsätzlich mit der Leibeigenschaft verbundenen Probleme wurden von ihm zwar kurz und prägnant formuliert, ihre Aufhebung war aber lediglich als Mittel zum Zweck gedacht. Im Rahmen einer grundlegenden Änderung der Landwirtschaftsverfassung sollte sie ihren Teil dazu beitragen, die Position des Adels in Wirtschaft und Politik zu konsolidieren. Allgemeine Bestrebungen, die Lebens- und Arbeitsbedingungen der Untergehörigen zu verbessern, waren in Brockdorffs Äußerungen nicht zu erkennen. Doch selbst diese erste, rein ritterschaftlich-egoistisch motivierte Kritik an der Leibeigenschaft war der Zeit noch zu weit voraus. Zu diesem Zeitpunkt bestand im Hinblick auf die ins Auge gefassten Reformen keine Aussicht auf eine Mehrheitsfähigkeit unter den Gutsherrschaften.[379] Auch der 1688 stattfindende Versuch Christoph Rantzaus, die Leibeigenschaft auf seinen Gütern dauerhaft abzuschaffen, scheiterte. Zwar war die Motivation des Rantzaus zumindest auch altruistischer Natur, doch sein Vorgehen war ebenfalls nicht zeitgemäß. Da er das System der scharf ausgeprägten Gutswirtschaft bestehen ließ, das auf der Leibeigenschaft fußte, und der Wert eines adligen Guts als Handelsobjekt entscheidend von seiner Wirtschaftsform abhing, wurde das Rechtsinstitut nach wenigen Jahren wieder etabliert, wozu Rantzau selbst tatkräftige Unterstützung leistete.

---

378 *Handelmann*, Anzeige, S. 336 (350 (Fn. *), beginnend auf S. 349)).

379 Vgl. *Prange*, Leibeigenschaftsprozesse, S. 101 f.; *Prange*, Anfänge, S. 606; *Bobé*, Ritterschaft, S. 95; *Jessen*, Entstehung, S. 166 f., 179.

Die Leibeigenschaft schien großteils sogar beliebter und unentbehrlicher als jemals zuvor zu werden. Denn obwohl die gravierenden, mit ihr verbundenen Probleme den Herrschaften offenkundig waren, gab es während des gesamten Jahrhunderts etliche Versuche, das Institut auch außerhalb Ostholsteins zu etablieren. Solche mehr oder weniger erfolgreichen Unternehmungen gab es in fast allen Landesteilen, sogar auf verschiedenen Gütern in Altholstein, wo sie sich jedoch neben dem Gut Kaden nur auf Bramstedt in nennenswerter Weise behaupten konnte. Zu diesen außerwagrischen Etablierungsversuchen kam es in erster Linie infolge des Austauschs von Besitzungen zwischen den verschiedenen Herrschaften, zuvorderst zwischen Adel und Landesherrschaft. Ähnliche Anstrengungen waren auf die gleichzeitige Inhaberschaft eines Amtmannpostens durch einen adligen Gutsherrn zurückzuführen, da die Amtmänner ihre Amtsuntertanen häufig wie eigene Gutsuntertanen zu behandeln pflegten, wobei sich die gottorfischen Amtmänner, wie die Beispiele der Ämter Cismar, Oldenburg und Kiel zeigen, besonders hervortaten. Auch die Landesherrschaft selbst baute ihre Eigenwirtschaften weiterhin beständig in diesem Sinn aus, obwohl sie auf den Landtagen gegenüber den adligen Gravamina hinsichtlich der Leibeigenschaft eine offenbar reservierte Haltung einnahm. Allerdings waren die Gottorfer Herzöge und die abgeteilten Herren dabei wesentlich aktiver als die Landesherrschaft des königlichen Anteils. Vor allem die Herzöge Schleswig-Holstein-Plöns setzten die Leibeigenschaft im größten Teil ihres Territoriums durch.[380]

Sogar in einigen Gebieten Lauenburgs gab es Versuche, die zinspflichtigen und nutzungsberechtigten bäuerlichen Untertanen zu Leibeigenen herabzudrücken, doch diese Bemühungen scheiterten am Widerstand der gesamten Land- und Ritterschaft sowie der königlichen Regierung. Vielmehr wurde mehrfach von Seiten des Königs bestätigt, dass die Lauenburger Bauern der Leibeigenschaft nicht unterworfen seien und auch zukünftig nicht dergleichen geschehen solle.[381]

Auch wenn sich die Leibeigenschaft nicht überall vollständig durchsetzen konnte, war die Stellung der bäuerlichen Untergehörigen außerhalb des Gebiets dieser Einrichtung in weiten Bereichen des Landes mit der Ausnahme, dass sie persönlich frei waren, zwar vielfältig, regelmäßig aber doch ähnlich drückend. Einschränkungen hinsichtlich der Freizügigkeit und des Besitzrechts waren an der Tagesordnung, es gab vergleichbare Abgaben, und auch die grundsätzliche Gemessenheit der Hofdienste konnte nicht über die häufig starke Arbeitsbelastung der Bauern hinwegtäuschen.[382] Demgegenüber gab es auch innerhalb des

---

[380] Vgl. *Klußmann*, Leibeigenschaft, S. 213 (220 f. bzw. 220 f. (Fn. 32 ff.)); *Hanssen*, Aufhebung, S. 9; *Jessen*, Entstehung, S. 95 f.; *Johannsen*, Bildung, S. 305 (310); *Prange*, Anfänge, S. 156 ff., 173, 186, 271 f.; *Prange*, Freikauf, S. 16 (20).

[381] *Hagemann/Spangenberg*, Eroerterungen, S. 160; vgl. *Leister*, Rittersitz, S. 99; *Prange*, Entwicklung, S. 519 (552).

[382] *Jessen*, Entstehung, S. 121 f.; *Leister*, Rittersitz, S. 99 f.; *Cord*, Hufner, S. 429 (432).

Bereichs der Leibeigenschaft einige Gutsbezirke und -herrschaften, in denen der Begriff der Leibeigenschaft nicht viel bedeutete, es ein wohlmeinendes patriarchalisches Verhältnis zwischen der Herrschaft und ihren Untergebenen gab, sich sogar freie Leute auf dem Gut ansässig machten und freiwillig in die Leibeigenschaft begaben sowie Leibeigene es in Einzelfällen sogar zu bescheidenem Wohlstand brachten. Doch handelte es sich bei diesen Beispielen um seltene Ausnahmen.[383]

3. Das 18. Jahrhundert

Im 18. Jahrhundert war die Leibeigenschaft von enormen Gegensätzen gekennzeichnet. Gleich zu Beginn des Jahrhunderts, 1704, erfolgte die erste umfassende und dauerhafte Aufhebung der Leibeigenschaft auf einem holsteinischen Gut. Bei dem Gut Kaden handelte es sich jedoch nicht um ein ost-, sondern ein altholsteinisches Gut.[384] Demgegenüber fanden die maßgeblichen Verhandlungen hinsichtlich einer allgemeinen Abschaffung des Rechtsinstituts erst in der Mitte der 1790er Jahre statt.[385] Zwischen diesen Rahmendaten erlebte das scharf ausgeprägte gutswirtschaftliche System in der Zeit von 1730 bis 1750 seinen Höhepunkt. Die Prägung dieses ganzen Systems durch die Leibeigenschaft war derart gewaltig, dass die Gesamtheit der von dieser Form der Landesverfassung betroffenen Gebiete im 18. Jahrhundert mit dem Begriff der Holsteinischen Leibeigenschaft belegt wurde.[386]

Doch zunächst begann das neue Jahrhundert, wie das alte geendet hatte: Die Stände, die bereits während des 17. Jahrhunderts an Macht verloren hatten, versanken im 18. Jahrhundert in der politischen Bedeutungslosigkeit. Die Adligen konnten sich vollends darauf konzentrieren, in ihren Gutsherrschaften ein patriarchalisches Regiment zu führen.[387] Die Möglichkeit zu dieser extremen Ausbildung von Gutswirtschaft und Leibeigenschaft besaß der Adel aufgrund seiner immer noch bedeutenden öffentlichen Macht.[388] Da auch die Depressions- und Krisenphase des 17. Jahrhunderts sich im beginnenden 18. Jahrhundert fortsetzte,[389] erhielten die Gutsherrschaften die von ihnen schon seit längerem getroffenen Maßnahmen nicht nur aufrecht, sondern führten sie zum Großteil in

---

383 *Bobé*, Ritterschaft, S. 69; *Prange*, Gut, S. 57 (72).

384 Vgl. *Sugenheim*, Geschichte, S. 516; *Falck*, Handbuch, 4. Band, S. 214; *Hanssen*, Aufhebung, S. 33.

385 Vgl. *Sugenheim*, Geschichte, S. 523 f.; *Hanssen*, Aufhebung, S. 42 ff.; *Falck*, Handbuch, 4. Band, S. 222 f.

386 Vgl. *Prange*, Gut, S. 57 (65).

387 GSH (*Klose*), 6. Band, S. 90.

388 *Wulf*, Leibeigenschaft, S. 11 (25).

389 *North*, Gutswirtschaft, S. 223 (241).

noch drastischerer Form durch. Dadurch verschob sich einerseits das Gesamtverhältnis von adligem Hofland zu bäuerlichem Hufenland in Holstein in immer beträchtlicherem Maß. Ging aus der Landesmatrikel von 1652 noch ein ausgeglichenes Verhältnis hervor, war um 1700 bereits der Hoflandanteil im Übergewicht. Es wurde flächendeckend so stark auf Kosten des Bauernlands erweitert, dass seine Ausdehnung bald überall die absolute Grenze, die durch die notwendige und äußerste Arbeitsfähigkeit des Hufners markiert wurde, erreicht hatte.[390] Andererseits wurden die Hofdienste der Untergehörigen nochmals deutlich erhöht und schärfer kontrolliert.[391] Infolge dessen gelangten das gutswirtschaftliche System und mit ihm die Leibeigenschaft um 1730 auf ihren Höhepunkt.[392] Diese praktisch allerorts erfolgte vollumfängliche Ausbildung des Systems erhielt sich bis um die Mitte des 18. Jahrhunderts.[393]

Diese übergebührliche Zuspitzung der Zustände war aufgrund der Machtverhältnisse und der Funktionsweise des Systems fast zwangsläufig. Seine Unflexibilität musste es an seine natürliche Grenze bringen, seine strukturellen Defizite und damit seine Unbeholfenheit in Krisensituationen offenbaren. Denn als dieser extreme Grad der Ausgestaltung der Gutswirtschaft erreicht worden war, nahmen zwei seiner Begleiterscheinungen und insbesondere ihre Wechselwirkungen Formen an, die eine Aufrechterhaltung dieses Wirtschaftssystems für die Leibeigenen subjektiv unzumutbar und für die Gutsherren objektiv unmöglich machten. Der Ausgangspunkt war der immense Umfang der Hofdienste. Zum einen waren sie inzwischen so gewaltig, dass der bäuerliche Widerstand immer stärker zunahm und es gerade zwischen 1730 und 1750 zu verschiedenen Fällen offener Auflehnung der Leibeigenen gegenüber ihrer Herrschaft kam.[394] Vor allem während der Agrardepression der 1730er Jahre standen beide Seiten unter enormem Druck. Die Leibeigenen mussten ihr extrem hohes Arbeitspensum unter verschärfter Beaufsichtigung ableisten, die Gutsherren hatten ihre bereits entstandenen und die in Aussicht stehenden wirtschaftlichen Einbußen aufzufangen. Immer häufiger wurde der Kampf um die Dienste auch außerhalb der Güter ausgetragen. Beide Seiten wandten sich sowohl an die Obergerichte des Landes als auch an die Landesherrschaft direkt, um ihre Interessen geltend zu machen.[395] So wurden von 1732 bis 1742 insbesondere vor dem Landgericht verschiedene große Leibeigenschaftsprozesse anhängig gemacht, in denen ganze Personenverbände von Leibeigenen mit ihren Herrschaften stritten.[396]

---

390 Vgl. *North*, Gutswirtschaft, S. 223 (229); *Jessen*, Entstehung, S. 69 f.; *Leister*, Rittersitz, S. 73.

391 *Klußmann*, Leibeigenschaft, S. 213 (225, 235).

392 *Prange*, Anfänge, S. 595; *Klußmann*, Leibeigenschaft, S. 213 (225).

393 *Klußmann*, Leibeigenschaft, S. 213 (225); *Prange*, Gut, S. 57 (62).

394 *Kramer/Wilkens*, Gutsbezirk, S. 58.

395 Vgl. *Klußmann*, Leibeigenschaft, S. 213 (235 f.).

396 Vgl. *Wulf*, Leibeigenschaft, S. 11 (25 ff.); *Klußmann*, Leibeigenschaft, S. 213 (235).

Zum anderen fehlte der Gutsbevölkerung zum Bearbeiten ihres eigenen Landes, also zur Erhaltung ihrer persönlichen Lebensgrundlage, die Zeit und die Kraft. Infolge dessen rückte das Pendant ihrer Dienstverpflichtungen, die gutsherrlichen Konservationsleistungen, in den Vordergrund. Da die Leibeigenen praktisch nur noch zu Hofe dienten, hatte ihre Konservation vollumfänglich zu sein, was enorme Kosten verursachte, die in der Bilanz der Güter einen stetig steigenden Posten ausmachten.[397] Wie charakteristisch die gutsherrlichen Ausgaben für die Leibeigenen für das Gesamtsystem waren und wie untrennbar sie mit ihm in Verbindung standen, zeigt die Tatsache, dass die im 18. Jahrhundert regelmäßige Übernahme der bäuerlichen Kontributionszahlungen durch die Herrschaft als ein rechtliches Indiz für den persönlichen Status der Untertanen galt.[398] Als persönlich frei wurde nur derjenige angesehen, der diese Zahlungen an die Landesherrschaft selbst leistete.[399] Das war dem leibeigenen Bauernstand der adligen Güter, der sich nicht einmal selbst ernähren konnte, unmöglich.[400] Der Zusammenhang zwischen Diensten und Konservation machte die ökonomische Absurdität des Systems deutlich: Waren die Zeiten schlecht, wurden die Hofdienste erhöht. Dadurch wurde die Bearbeitung des Bauernlands so stark vernachlässigt, dass die Gutsherrschaft für die Konservation ihrer leibeigenen Arbeitskräfte derart hohe Kosten hatte, dass diese das zuvor infolge der erhöhten Dienste vermehrt Erwirtschaftete gleich wieder auffraßen oder sogar über diese Erträge hinausgingen.

Aufgrund der dramatischen Erfahrungen während der Krisenjahre bis etwa 1740, die sich in hohen wirtschaftlichen Verlusten und Kosten sowie der Prozesswelle und den mit ihr für die Gutsherrschaften verbundenen Unannehmlichkeiten manifestierten, setzte innerhalb der Riege der adligen Gutsbesitzer bezüglich des Wirtschaftssystems langsam ein Umdenken ein. Die folgenden sechs Jahrzehnte sahen die Gutswirtschaft in ihrer alten Struktur, deren Leistungsgrenze seit längerem erreicht war.[401] Die Leibeigenschaft befand sich auf einem erst langsamen und vereinzelten, dann immer rascheren und umfassenderen Rückzug in Holstein. Dabei spielten jedoch nicht nur wirtschaftliche Aspekte eine Rolle. Vielmehr war die Leibeigenschaft durch die Entwicklung des Zeitgeists, vor allem die gesellschaftlich-philosophische Strömung der Aufklärung, die häufig in Verbindung mit naturrechtlichen Ideen stand, zunehmend in den Blickpunkt der Öffentlichkeit geraten und wurde in verstärktem Maß Gegenstand von Diskussion und Kritik.[402] Die öffentliche Meinung, zu der auch der

---

397 Vgl. *North*, Gutswirtschaft, S. 223 (240); *Kramer/Wilkens*, Gutsbezirk, S. 208 f.

398 Vgl. *Hartmann*, Bedencken, S. 489 (490, 492, 522 f.).

399 *Klußmann*, Leibeigenschaft, S. 213 (224).

400 Vgl. *Rawitscher*, Erb- und Zeitpächter, S. 1 (31).

401 *Jessen*, Entstehung, S. 168.

402 Vgl. *Klußmann*, Leibeigenschaft, S. 213 (224 ff.); *Klußmann*, Lebenswelten, S. 185; *Staehly*, Untersuchungen, S. 56.

Kreis der holsteinischen Gutsbesitzer zu rechnen war, wurde immer nachhaltiger *„von philantropischen Gedanken beeinflußt“*[403].[404] Zudem verband sich bei der Landesherrschaft die wiedererstarkte Macht mit dem Willen zur Unterstützung dieser Teile ihrer Untertanenschaft erstmals in wirksamer Weise, so dass es ihrerseits fortan vermehrt zu Kontrollen und Eingriffen in die gutsherrlichen Angelegenheiten kam.[405]

Dadurch begann sich die Lage der leibeigenen Bevölkerung seit etwa der Mitte des 18. Jahrhunderts allmählich zu bessern.[406] In nicht seltenen Fällen, die von der Herrschaftspraxis der entsprechenden Bezirke bestimmt wurden, kam es vor allem in dieser Zeit, in der die Leibeigenschaft verstärkt auf dem Rückzug begriffen war, aber auch schon in der Zeit davor dazu, dass sich Freie freiwillig einer Gutsherrschaft unterordneten und sich damit in Leibeigenschaft begaben.[407] Im Hinblick auf den Rückzug des Rechtsinstituts erfolgten zunächst lediglich vereinzelte punktuelle und mehrschrittige Maßnahmen. 1739 setzte Hans Rantzau seine Reformen auf dem ostholsteinischen Gut Ascheberg in Gang,[408] die 1759 zwar größtenteils vollendet waren,[409] sich unter seinen Nachfolgern jedoch fortsetzten und erst 1794 zu ihrem endgültigen Abschluss kamen.[410]

Dem Ascheberger Beispiel folgte um 1750 Christian Günther zu Stollberg auf dem altholsteinischen Gut Bramstedt.[411] Doch gemäß des Zeitgeists und der allgemeinen Verhältnisse, insbesondere infolge der stetig wachsenden landesherrlichen Machtstellung, wurden die Rufe nach einer grundlegenden Reform des Wirtschaftssystems und der Abschaffung der Leibeigenschaft in den folgenden Jahrzehnten immer lauter. Hans Rantzau gab die Gründe dafür 1766 in knapper Form wieder: *„Man fand, daß bei der bisherigen Oekonomie die saemmtlichen Hoffelder (...) lange nicht so genutzet, noch zu demjenigen Grad der Fruchtbarkeit gebracht waren, den sie der natuerlichen Guete des Bodens wegen, haetten erreichen koennen. Man sahe die Schlaefrigkeit und Traegheit der Hofgaenger in Bebauung der herrschaftlichen Felder, und den Zwang, mit welchem man sie zu ihren Pflichten anhalten mußte. (...) Mit eben solcher Gemuethsverfassung*

---

403 *Jessen*, Entstehung, S. 167.

404 Vgl. *Hanssen*, Aufhebung, S. 41 f.; *Jessen*, Entstehung, S. 61; *Klußmann*, Leibeigenschaft, S. 213 (225 f.).

405 Vgl. *Gloy*, Beiträge, S. 49 f.; *Jessen*, Entstehung, S. 91, 96.

406 Vgl. *Jessen*, Entstehung, S. 167 f.; *Gloy*, Beiträge, S. 49 f.

407 Vgl. *Klußmann*, Lebenswelten, S. 186.

408 *Jessen*, Entstehung, S. 167 f.; *Hanssen*, Aufhebung, S. 33 f. bzw. 34 (Fn. *)); vgl. *Prange*, Anfänge, S. 203 ff.; *Prange*, Gut, S. 57 (63 ff.); *Wulf*, Einkoppelung, S. 415 (425).

409 *Theen*, Leibeigenschaft, S. 80 (92).

410 *Staehly*, Untersuchungen, S. 55.

411 *Sugenheim*, Geschichte, S. 516; GSH (*Klose*), 6. Band, S. 96; *Prange*, Anfänge, S. 167 ff.

sahe man sie ihre eigenen wenigen Felder beackern. Sie hatten die Lust verloren, sie gehoerig zu bauen, weil der geringe Vortheil, den sie etwa daraus ziehen konnten, nicht stark genug war, sie aus ihrer Schlaefrigkeit zu wecken, und zum Fleiße anzutreiben. (...) Sie lebten also in den Tag hinein, verzehrten alles, so bald sie nur etwas weniges eruebriget hatten, und wurden nachher ohne Bedenken ihrem Gutsherrn zur Last, der sich genoethiget sahe, sie aus der Hand zu fuettern, in Ermangelung dessen sie aus dem Lande gingen, um anderswo ihr Glueck, Brod und bessere Umstaende zu suchen".[412]

Seit dieser Zeit fanden sich auch die praktischen Umsetzungen dieser Auffassung in immer größerer Zahl. Von 1763/65 bis um 1787 legte die Landesherrschaft, zunächst hauptsächlich aus finanziellen Gründen, ihre Domänen und Vorwerke im altköniglichen Anteil Holsteins, auf denen die Stellung der Leibeigenen ihrer Stellung auf den privaten Besitzungen völlig entsprach,[413] nieder. Diesen Maßnahmen schlossen sich zahlreiche Gutsbesitzer an.[414] Daraufhin folgte die letzte Etappe bis zur offiziellen allgemeinen Aufhebung der Leibeigenschaft mittels königlicher Verordnung zum 1. Januar 1805: die Verhandlungen zwischen Regierungsvertretern und Gutsbesitzern[415] sowie die Erledigung der Formalitäten, die 1795 ihren Anfang nahmen.[416] Als Christian VII. 1797 mitgeteilt wurde, dass man allgemein bereit sei, die Leibeigenschaft abzuschaffen, gab es sie in Holstein noch auf 84 Gütern.[417] Mit Inkrafttreten der Verordnung vom 19. Dezember 1804 war die „*Leibeigenschaft (...) in (...) Schleswig und Holstein, von dem 1sten Januarii 1805 an, gaenzlich und auf immer abgeschaft, ohne irgend eine Ausnahme. (...) Alle, die Leibeigenschaft betreffende, oder sich darauf beziehende Gesetze, Verfuegungen und Gewohnheitsrechte, haben nach dem 31sten December 1804, keine weitere rechtliche Wuerkungen.*"[418] Zu diesem Zeitpunkt, als die ehemaligen Leibeigenen vielerorts bereits in Erb- oder Zeitpachtverhältnisse überführt, wesentlich seltener hingegen zu

412 *Rantzau*, Antwort, S. 332 (333 f.).

413 *Kamphövener*, Beschreibung, S. 4; *Jessen*, Entstehung, S. 120.

414 *Jessen*, Entstehung, S. 168; vgl. *Hanssen*, Aufhebung, S. 34 ff.; *Sugenheim*, Geschichte, S. 519; GSH (*Klose*), 6. Band, S. 96 f.; *Dräger*, Instleute, S. 22; *Seelig*, Colonisation, S. 13 f.; *Theen*, Leibeigenschaft, S. 80 (93 f.); *Wulf*, Einkoppelung, S. 415 (424); *Cord*, Hufner, S. 429 (431).

415 Laut der Landesmatrikel von 1754 waren von den 203 adligen Gütern nur noch 78 in der Hand der holsteinischen Ritterschaft, während die übrigen 125 Güter von den Fürsten, von nicht rezipierten Adligen und sogar Nichtadligen besessen wurden (*Prange*, Gut, S. 57 (58)).

416 Vgl. GSH (*Klose*), 6. Band, S. 242 ff.; *Sugenheim*, Geschichte, S. 523 f.; *Hanssen*, Aufhebung, S. 42 ff.; *Falck*, Handbuch, 4. Band, S. 222 f.; *Jessen*, Entstehung, S. 168.

417 *Sievers*, Volkskultur, S. 155.

418 Verordnung, wegen Aufhebung der Leibeigenschaft, S. 3.

Eigentümern ihrer Landstellen gemacht worden waren,[419] betraf die vor allem Holstein erfassende Freilassung insgesamt noch rund 20.000 leibeigene Familien mit über 100.000 Mitgliedern.[420]

III. Das Leibeigenschaftsverhältnis

Ein einheitliches Bild des Leibeigenschaftsverhältnisses in Holstein zu zeichnen, ist nicht möglich. Die konkreten Zustände unterschieden sich regelmäßig nicht nur von Gut zu Gut, sondern auch von Gutsherr zu Gutsherr bzw. von Pächter zu Pächter,[421] so dass sich lediglich die allgemeinen Grundsätze nachzeichnen lassen. Verkomplizierend wirkte es sich insbesondere aus, dass es zwischen Landesherrschaft, Adel und Geistlichkeit zu häufigen Verkäufen und Verpfändungen von Grund und Boden kam.[422] Den äußeren Rahmen des Leibeigenschaftsverhältnisses stellte die Gutsverfassung dar. Der Begriff der Gutsverfassung beinhaltet all das, was die Verfassung eines adligen ostholsteinischen Ritterguts ausmachte: die Gutsherrschaft als politisch-gesellschaftliches Element sowie die Gutswirtschaft als ökonomisches Element. Sie war also ein *„gutsherrschaftlich-gutswirtschaftliches System"*.[423]

Das Wesen der Gutsherrschaft bestand hauptsächlich in der sich infolge der Verbindung von Grund- und Gerichtsherrschaft ergebenden adligen Machtposition. Ihre Inhaber hatten die ehemals übergeordneten öffentlichen Herrschaftsbefugnisse, die sie als ausschließlich ihnen selbst zustehendes Privatrecht erworben hatte, nunmehr zu eigen. Kennzeichnend dafür war, dass die Untertanen, die zuvor ihrem Grundherrn gegenüber lediglich zur Leistung vermögensrechtlicher Abgaben verpflichtet waren, ihm – dem Guts- und Gerichtsherrn – als Privatuntertanen zur Verfügung standen und insbesondere mit der Verpflichtung zu Dienstleistungen belastet waren.[424] Die Begriffe der Gutsherrschaft und Gutswirtschaft standen jedoch nicht gleichrangig nebeneinander. Gutsherrschaft und Gutswirtschaft mussten nicht zwingend miteinander verbunden sein. Doch bildete die Gutsherrschaft grundsätzlich das Fundament für die Gutswirtschaft, bei einem Aufeinandertreffen konnten sie verstärkend aufeinander einwirken.[425] Das Leibeigenschaftsverhältnis war folglich in der Regel nur in den Bereichen des Landes zu finden, in denen die Gutsverfassung vorherrschend war.

---

419 Vgl. *Leister*, Rittersitz, S. 102; *Gloy*, Beiträge, S. 70 f.; *Prange*, Leibeigenschaftsprozesse, S. 147); *Sugenheim*, Geschichte, S. 519.

420 *Hanssen*, Aufhebung, S. 3; *Jessen*, Entstehung, S. 168.

421 Vgl. *Leister*, Rittersitz, S. 100; *Prange*, Gut, S. 57 (62 f.).

422 *Gloy*, Beiträge, S. 37; vgl. *Hedemann*, Geschichte, 1. Teil, S. 126.

423 *Prange*, Anfänge, S. 593.

424 Vgl. *Sering*, Erbrecht, S. 214, 224 f.; *Rachfahl*, Schleswig-Holstein, S. 433 (454).

425 Vgl. *Prange*, Anfänge, S. 593; *Kaak*, Gutsherrschaft, S. 275.

1. Verbreitungsgebiet

Die Leibeigenschaft war in weiten Bereichen Holsteins zu finden. Sie stellte aber kein unabhängiges, eigenständiges Abhängigkeitsverhältnis zwischen einem Herrn und seinem Untergebenen dar, sondern bildete vielmehr ein unselbständiges, systemgebundenes Rechtsinstitut im Rahmen der besonderen landwirtschaftlichen Betriebsform der holsteinischen Gutswirtschaft. Darin war die Leibeigenschaft dasjenige Rechtsverhältnis, das den Status der bäuerlichen Bevölkerung bestimmte. Sie war der wesentliche Bestandteil des gutswirtschaftlichen Systems und damit ihr charakteristischstes Merkmal. Dies galt jedoch nicht für alle Landesteile, in denen Gutswirtschaft betrieben wurde, sondern nur dort, wo sie in ihrer scharfen Ausprägung vorhanden war.

Die gutswirtschaftlichen Gebiete Holsteins wiesen keine einheitliche Ausgestaltung auf. Vielmehr ließen sie sich grob in drei Bereiche einteilen: die schwach, die mittelstark und die scharf ausgeprägte Gutswirtschaft. Als Maßstab für den Grad der Schärfe der Ausprägung des Systems dienten Inhalt und Umfang der Dienstverpflichtungen der bäuerlichen Bevölkerung. Schwach ausgeprägt war eine Gutswirtschaft, wenn die zu leistenden Dienste eine deutliche Beschränkung aufwiesen, ohne eigens für diese Zwecke gehaltenes Gesinde und Gespann erbracht wurden und den geringeren Teil der Gesamtleistung eines Bauern gegenüber seinem Herrn darstellten. Eine mittelstarke Ausprägung besaß das System, wenn ein Bauer häufige, zumeist tägliche Dienste zu leisten hatte, welche mit eigens dafür gehaltenem Gesinde und Gespann zu erbringen waren und als ein beachtlicher Teil der bäuerlichen Gesamtleistung für seinen Herrn gelten konnten. Scharf ausgeprägt war eine Gutswirtschaft, wenn die Untergebenen mit eigens bereitgestelltem Gesinde und Gespann tägliche Dienste erbringen mussten, die als der wesentliche Teil der von dem Bauern geschuldeten Gesamtleistung anzusehen waren.[426]

Das Gebiet der Leibeigenschaft war mit dem der scharf ausgeprägten Gutswirtschaft weitgehend deckungsgleich, so dass die beiden Begriffe in einer derart engen Verbindung zueinander standen, dass mit holsteinischer Leibeigenschaft nicht nur das Rechtsverhältnis im engeren Sinn gemeint war, sondern mit „Holsteinischer Leibeigenschaft" die Gesamtheit der rechtlichen, wirtschaftlichen und sozialen Ordnung des Teils der Landesverfassung bezeichnet wurde, in dem das scharf ausgeprägte gutswirtschaftliche System vorherrschend war.[427] Wie unauflöslich Leibeigenschaft und strenge Gutswirtschaft miteinander verknüpft waren, wurde daran ersichtlich, dass mit der Abschaffung des gutswirtschaftlichen Systems die Leibeigenschaft entbehrlich wurde. Die Beseitigung dieses

---

426 Vgl. *Prange*, Anfänge, S. 597 f., 600; *Prange*, Gut, S. 57 (66 f.); GSH (*Klose*), 5. Band, S. 180.

427 *Prange*, Flucht, S. 166 (166); *Prange*, Gut, S. 57 (65).

herrschaftlichen Wirtschaftssystems, das aufgrund der Pflicht zur Konservation der Untertanen während seiner gesamten Dauer eine mehr oder minder erhebliche Belastung darstellte, bedeutete zugleich das Ende dieses Rechtsinstituts.[428]

Die Leibeigenschaft existierte folglich regelmäßig nur dort, wo Gutswirtschaft in strenger Form betrieben wurde. Betrachtet man Holstein unter dem Aspekt der Agrarverfassung, handelte es sich bei diesen Bereichen um einen von vier unterschiedlichen, bis zur Zeit der großen Agrarreformen des 18. Jahrhunderts bestehenden Gebietsabschnitten, nämlich den der Gutsherrschaft. Die anderen Gebietsabschnitte waren die der reinen Landesherrschaft, der privaten Gerichtsherrschaft sowie der Grundherrschaft.[429] Das Gebiet der Gutsherrschaft umfasste den Preetzer, Oldenburger und Kieler Güterdistrikt, den Osten des Itzehoer Güterdistrikts, die lübischen Güter, die landesherrlichen Ämter Rethwisch, Reinfeld, Plön und Cismar sowie die großherzoglichen Oldenburgischen Fideikommissgüter. Alle diese Bereiche lagen im ostholsteinischen Kolonialland und stellten, von den wenigen klösterlichen und landesherrlichen Gebieten abgesehen, in der Hauptsache adlige Bezirke dar.[430]

Grob gesprochen war es so, dass die Leibeigenschaft ganz überwiegend in Ostholstein vorkam, während sie in Westholstein, in den Gegenden mit freier, nicht obrigkeitlich geplanter und umgesetzter Kolonisation, grundsätzlich unbekannt war.[431] Im alten Volksland fand sich bereits im Mittelalter ein freier Bauernstand, der im Laufe der Zeit zwar Dienste gegenüber seinen Herren zu erbringen hatte, jedoch die der Leibeigenschaft immanenten Beschränkungen der persönlichen Freiheit niemals erfahren hat.[432] Im Gegensatz zu dem noch zu kolonisierenden Wagrien gab es in der Mitte des 12. Jahrhunderts dort bereits bäuerliche Ansiedlungen, auf die sich das Recht der Grafen nicht in dem Maße erstreckte, dass sich die Leibeigenschaft hätte etablieren können.[433]

Doch auch innerhalb Wagriens blieben einige Gebiete von diesem Rechtsinstitut verschont, obwohl sich deren anfängliche ökonomische und rechtliche Voraussetzungen keineswegs von denen des übrigen Ostholsteins unterschieden. In diesen Distrikten war keine Gutsherrschaft vorhanden, sondern es lag eine der drei übrigen Agrarverfassungen vor. In erster Linie maßgeblich war, wessen Herrschaft die Personen unterstanden. Weder die teils unter landesherrlicher, teils sogar unter adliger Grundherrschaft sitzenden Bauern Lauenburgs[434] noch die unter privater klösterlicher Gerichtsherrschaft stehenden Untertanen der Probstei

---

428 *Prange*, Gut, S. 57 (74).

429 Vgl. *Sering*, Erbrecht, S. 283 ff.

430 *Sering*, Erbrecht, S. 300.

431 Vgl. *Hedemann-Heespen*, Bauer, S. 3.

432 *Hedemann*, Geschichte, 1. Teil, S. 133.

433 Vgl. *Gloy*, Geschichte, S. 17 ff.; *Sering*, Erbrecht, S. 204 f. (Fn. 6)).

434 Vgl. *Sering*, Erbrecht, S. 228, 295 ff.; *Hagemann/Spangenberg*, Eroerterungen, S. 160, 165 f., 214 f.; *Duve*, Beitrag, S. 1 (8, 42).

Preetz[435] noch die Bauern der landesherrliches Gebiet darstellenden Insel Fehmarn[436] und des Plönschen Amts Traventhal[437] kannten die persönlichen Beschränkungen der Leibeigenschaft. Der alte freie Bauernstand erhielt sich zudem in den Hansestädten.[438]

2. Klassifizierung leibeigener Personen

Obwohl der Einfachheit halber im Allgemeinen von „den Leibeigenen" gesprochen wird, stellte die leibeigene Bevölkerung eines Guts keineswegs eine einheitliche Personengruppe dar. Vielmehr gab es beachtliche Abstufungen in dieser Schicht.[439] Das Stufenverhältnis brachte insbesondere hinsichtlich der Dienstverpflichtungen spezielle rechtliche Ausgestaltungen mit sich. Im Hinblick auf die Untergehörigen eines Guts, deren Verhältnisse sich im Detail mannigfaltig untergliedern ließen, wurden grob drei Klassen voneinander unterschieden: die Hufner, die Insten und das Gesinde.[440]

a. Hufner

Im Vergleich zum Rest der leibeigenen Bevölkerung eines Guts besaßen die Hufner eine deutlich herausgehobene Stellung.[441] Als Inhaber und Nutznießer der bäuerlichen Hufen, in die der Bauernlandanteil des gutsherrlichen Grund und Bodens unterteilt war, stellten sie die eigentlichen Bauern dar. Eigentümer des Landes und des ganz überwiegenden Teils des Inventars war der Gutsherr.[442] Die Hufner bildeten bezüglich der Größe ihres Landstücks keine homogene Schicht. Vielmehr wurden Voll-, Halb- und Viertelhufner unterschieden, teil-

---

435 Vgl. *Gloy*, Beiträge, S. 21; *Schmidt, G. H.*, Agrargeschichte, S. 28 f., 73; *Sering*, Erbrecht, S. 290 f.; *Posselt*, Verhältnisse, S. 51 (65).

436 *Hedemann*, Geschichte, 1. Teil, S. 133.

437 *Sering*, Erbrecht, S. 284.

438 *Meitzen/Grossmann*, Boden, S. 77.

439 Vgl. *Prange*, Gut, S. 57 (67).

440 *Hanssen*, Aufhebung, S. 17; einen Einblick in die Leibeigenenhierarchie verschafft die zeitgenössische Schrift *„Beschreibung eines Adelichen Guths in Holstein (...)"* von 1760, in der der Verfasser, der Gutsherr *Josias Qualen*, die Leibeigenschaft vor dem Hintergrund stark zunehmender Kritik zu verteidigen sucht (*Qualen*, Beschreibung, S. 307 (346 ff.); beachte die Begrifflichkeiten: Die zweite Klasse wird als Hof-Dienste (nach heutiger Anschauung wohl zusammenfassend für Insten und Gesinde), die dritte Klasse hingegen als Insten (nach heutiger Vorstellung wohl Altenteiler und sonstige) benannt.).

441 *Prange*, Gut, S. 57 (67).

442 Vgl. *Gloy*, Beiträge, S. 57; *Jessen*, Entstehung, S. 100; *Hanssen*, Aufhebung, S. 17, 20.

weise waren noch kleinere, bis an die Grenze der Spannfähigkeit verminderte Landstellen vorhanden.[443]

Von den übrigen leibeigenen Untertanen unterschied die Hufner maßgeblich, dass sie, von Ausnahmen wie dem Säen, der Erntezeit und überdurchschnittlich hohem Gesindeausfall abgesehen,[444] praktisch niemals Hofdienst in Person zu leisten hatten.[445] Doch lasteten die Frondienste hauptsächlich auf den Hufenstellen, sie stellten die Gegenleistung für deren Nutzung dar.[446] Die Hufner trugen somit der Gutsherrschaft gegenüber die Verantwortung dafür, dass die ihnen unterstellten und von ihnen mit *„Lohn, Unterbringung und Verpflegung"* zu versorgenden Insten und Gesindeleute mitsamt des erforderlichen Zubehörs ihren Verpflichtungen zum Gutshof nachkamen. Was nach Abzug all dessen an Zeit, Arbeitskräften und -material übrig blieb, konnte der Hufner zur Bewirtschaftung seiner Hufe einsetzen. Um diese verschiedenen Aufgaben ökonomisch sinnvoll zu koordinieren, musste ein Hufner ein Mindestmaß an unternehmerischen Qualitäten besitzen.[447]

Von diesen äußeren Bedingungen und dem eigenen Zutun des Hufners hing sein Lebensstandard ab. Wenn er einen Überschuss mit seiner Hufe erwirtschaftete, gehörte dieser ihm. Arbeitete er nicht ordnungsgemäß auf seinem Land, so dass dieses verkam, oder konnte er seinen Verpflichtungen zu Hofe in Form der Abstellung von Personal und Material nicht nachkommen, war die jederzeitige Absetzung und Degradierung des Hufners zu einem Insten seitens der Gutsherrschaft möglich. Eine rechtlich gesicherte Stellung gab es für Hufner nicht, sie waren „Wirthe bis weiter".[448] Im Fall solider Wirtschaft des Hufners bildete sich sogar eine Art Erbfolge aus, so dass die Hufe zumeist an einen seiner Söhne überging. Bewirtschaftete er sein Land auffällig erfolgreich, und gab es im Gutsbezirk mehrere heruntergekommene Hufen, musste der Hufner damit rechnen, zu ihrer Wiederaufnahme auf diese versetzt zu werden.[449]

Das Leben des Hufners war somit gekennzeichnet durch harte Arbeit zum Erhalt der Lebensgrundlage sowie die stets drohende Gefahr des Abrutschens in ärmlichere Verhältnisse. Sein Schicksal war abhängig von vielen äußeren Faktoren wie Kriseneinflüssen, Witterungsbedingungen, Bodengüte, der wirtschaftlichen

---

443 Vgl. *Anonymus*, Abhandlung, S. 361 (392); *Hanssen*, Aufhebung, S. 17; *Gloy*, Beiträge, S. 57; *Wulf*, Leibeigenschaft, S. 11 (13); *Jessen*, Entstehung, S. 101; *Leister*, Rittersitz, S. 75.

444 *Prange*, Gut, S. 57 (67); *Hanssen*, Aufhebung, S. 19; *Wulf*, Leibeigenschaft, S. 11 (13).

445 *Wulf*, Leibeigenschaft, S. 11 (13); *Prange*, Gut, S. 57 (67); *Hanssen*, Aufhebung, S. 19.

446 *Dräger*, Instleute, S. 20; vgl. *Prange*, Gut, S. 57 (63).

447 *Prange*, Gut, S. 57 (67).

448 *Jessen*, Entstehung, S.100; *Hanssen*, Aufhebung, S. 17; *Prange*, Gut, S. 57 (67); *Sering*, Erbrecht, S. 300.

449 Vgl. *Hanssen*, Aufhebung, S. 17 f.; *Prange*, Gut, S. 57 (67); *Jessen*, Entstehung, S. 100 f.; *Wulf*, Leibeigenschaft, S. 11 (13 f.); *Sering*, Erbrecht, S. 301.

Gesamtsituation des Guts, insbesondere aber von der Person und dem Führungsstil des Gutsherrn bzw. Pächters oder Hofverwalters.[450] Handelte es sich bei diesen um gerechte, wohlmeinende Herrschaften, konnten Hufner sogar zu bescheidenem Wohlstand gelangen. War dies nicht der Fall, stellte der Abstieg auf eine schlechte Instenstelle aufgrund herrschaftlicher Willkür jederzeit eine reelle Bedrohung dar.[451] Teilweise erschien Hufnern, die in einer prekären wirtschaftlichen Situation steckten, eine zwar bescheidenere, aber ruhigere Instenstelle sogar als angenehmer als eine eigene Hufe.[452]

Unter das Existenzminimum abzurutschen, war jedoch grundsätzlich nicht möglich. In Krisensituationen griff die systemimmanente Einrichtung der Konservation. Diese diente der Erhaltung der Gutsuntergehörigen in einem zumindest arbeitsfähigen Zustand, was zwar auf Kosten der Gutsherrschaft, allerdings auch in deren eigenem Interesse geschah.[453]

b. Insten

Die Insten fanden sich unterhalb der Hufner. Diese Klasse leibeigener Untertanen verkörperte großteils die ältere Generation. Regelmäßig handelte es sich bei ihnen um die Eltern der Mitglieder des Gesindes. Sie besaßen keine eigenen Hufen und hatten daher eine losere Verbindung zum Gut und dessen Wirtschaft.[454] Die Insten standen im Dienst eines Hufners, in dessen Auftrag sie entweder überwiegend auf dem Hoffeld arbeiteten oder, wenn es der Bauer erübrigen konnte, ihm auf seinem eigenen Land zur Hand gingen.[455]

Die Insten wurden grundsätzlich an ein oder zwei Tagen wöchentlich zu solchen Diensten im Rahmen ihrer Pflichten herangezogen. Den Rest der Zeit arbeiteten sie zwar im Rahmen ihrer allgemeinen Dienstpflicht als Leibeigene[456] durchweg auch auf dem Hof- oder Bauernfeld, allerdings geschah dies auf Tagelohnbasis zu einem meistenteils geringen Tagelohnsatz. Bedurften weder der Hof noch die Bauern der Dienste sämtlicher Insten, erhielten die übrigen von der Gutsherrschaft die Freigabe zur Verdingung außerhalb des Gutsbezirks. Dies war im Interesse der Herrschaft, da die Insten verschiedene Abgaben wie Mietzins oder

---

450 Vgl. *Jessen*, Entstehung, S. 120.
451 Vgl. *Hanssen*, Aufhebung, S. 18 f.
452 *Wulf*, Leibeigenschaft, S. 11 (14).
453 Vgl. *Prange*, Gut, S. 57 (67).
454 Vgl. *Johannsen*, Bildung, S. 305 (316); *Hanssen*, Aufhebung, S. 20 f.; *Gloy*, Beiträge, S. 58.
455 *Dräger*, Instleute, S. 20.
456 Vgl. *Sering*, Erbrecht, S. 232.

Schutz- bzw. Verbittelsgeld zu leisten hatten.[457] Auch die auf dem Gut ansässigen Handwerker, die ihren Betrieb nur mit gutsherrlicher Erlaubnis führen konnten,[458] waren der Schicht der Insten zuzurechnen.[459]

Die Insten wohnten entweder bei den Bauern oder aber in gutsherrlichen Katen und speziellen Instenwohnungen, teilweise mit einem eigenen kleinen Grundstück, überwiegend jedoch lediglich mit einem sog. Kohlhof. Als Gegenleistung dafür unterlagen auch die Instenfrauen einer umfangreichen Dienstpflicht und hatten der Gutsherrschaft neben dem Mietzins Naturalabgaben zu leisten.[460]

Nach einmaliger Erreichung ihres Stands blieben die Insten nicht notwendigerweise auf dieser Stufe. Sie konnten auf- oder absteigen. Wurde eine Katen- oder Hufenstelle frei, wurde sie regelmäßig mit einem Insten besetzt. Da die Bestellung einer Hufe die härteste Arbeit auf dem Gut war, wurde diese Aufwertung von den Betroffenen oftmals nicht als erstrebenswert betrachtet.[461] War nicht mehr genügend Gesinde vorhanden, wurden zumeist die jüngsten Insten wieder zur Leistung von Knecht- oder Magddiensten herangezogen und damit auf die Gesindeebene herabgestuft.[462]

Neben den Insten gab es die Kätner. Sie bildeten regelmäßig eine weniger zahlreiche eigene Klasse innerhalb der Gutsbevölkerung. Sie nahmen wohl eine Mittelstellung zwischen Hufnern und Insten ein, waren jedoch von ihren Verhältnissen und Verpflichtungen her am ehesten mit den Insten vergleichbar.[463] Die Kätner waren zumeist Landarbeiter, im Gegensatz zu den Insten häufiger auch Handwerker, zeitweise sogar beides.[464] Die Verhältnisse ihrer Klasse waren nicht einheitlich, man unterschied beispielsweise Groß- und Kleinkätner.[465]

---

457 Vgl. *Hanssen*, Aufhebung, S. 21; *Johannsen*, Bildung, S. 305 (316); *Sering*, Erbrecht, S. 234.

458 *Gloy*, Beiträge, S. 58.

459 Vgl. *Prange*, Gut, S. 57 (64); *Hanssen*, Aufhebung, S. 20 f.; *Jessen*, Entstehung, S. 110; *Gloy*, Beiträge, S. 58; *Johannsen*, Bildung, S. 305 (316); *Wulf*, Leibeigenschaft, S. 11 (14); *Kramer*, Volksleben, S. 162 f.

460 Vgl. *Gloy*, Beiträge, S. 58; *Johannsen*, Bildung, S. 305 (316); *Hanssen*, Aufhebung, S. 20.

461 Vgl. *Dräger*, Instleute, S. 20; *Jessen*, Entstehung, S. 109 f.

462 *Hanssen*, Aufhebung, S. 21; *Gloy*, Beiträge, S. 58; *Jessen*, Entstehung, S. 110; *Theen*, Leibeigenschaft, S. 80 (86); *Jochims*, Bemerkungen, 2. Teil, S. 164 (167).

463 Vgl. *Anonymus*, Abhandlung, S. 361 (392); *Gloy*, Beiträge, S. 58; *Sering*, Erbrecht, S. 232 ff., 250; *Rachfahl*, Schleswig-Holstein, S. 433 (455); *Kramer*, Volksleben, S. 52.

464 *Sering*, Erbrecht, S. 233.

465 *Wulf*, Leibeigenschaft, S. 11 (14).

c. Gesinde

Die Hauptlast der Hofdienste, von denen die Gutswirtschaft lebte, trug das Gesinde.[466] Das Gesinde setzte sich aus den Kindern der Hufner und Insten zusammen,[467] war also „*die junge Mannschaft der Dörfer*".[468] Dienen mussten bereits Kinder ab sechs Jahren, die leichtere Tätigkeiten wie das Hüten von Gänsen übernahmen. Jungen wurden mit zehn bis zwölf Jahren zu Kleinjungen und stiegen regelmäßig über Großjungen und Kleinknecht bis zum Großknecht mit ungefähr 25 Jahren auf. Schwächliche Männer hingegen wurden keine Knechte, sondern blieben noch mit 30 Jahren Jungen. Auch innerhalb des weiblichen Gesindes war eine Hierarchie vorhanden. Zunächst wurde ein Mädchen einfache Magd, später stieg sie zur Großmagd auf.[469] Von dieser Einstufung hingen sowohl Arbeitsumfang als auch Lohn ab, der aber auch auf der obersten Stufe gering war.[470]

Die Arbeitsbelastung des Gesindes war regelmäßig sehr hoch. Zwar war ihr Ausmaß je nach Gut, Wirtschaft und Jahreszeit unterschiedlich,[471] doch hatten Mägde und Knechte ihren Verpflichtungen zu Hofe im Normalfall täglich außer sonn- und feiertags nachzukommen.[472] Diejenigen Gesindemitglieder, die nach Aufteilung aller Hofdienste überschüssig waren, erhielten von der Gutsherrschaft die zumeist entgeltliche Erlaubnis, sich außerhalb des Guts zu verdingen.[473] Viele Angehörige des Gesindes blieben nicht ihr Leben lang dieser Schicht zugehörig. Wurden Instenstellen vakant, wurden sie von den ältesten Knechten angetreten. Zeitweise wurden ihnen sogar Katen oder Hufen zugewiesen, die jedoch aufgrund des erheblich arbeitsintensiveren Lebens nicht so begehrt wie eine Instenstelle waren.[474]

Im Hinblick auf ihren Lebensstandard fristeten alle Leibeigenen, sowohl die Hufner als auch die Insten und das Gesinde, regelmäßig eine kümmerliche Existenz.[475] Selbst die alten, kranken und schwachen Leibeigenen, für die die

---

466 *Wulf*, Leibeigenschaft, S. 11 (14).

467 *Gloy*, Beiträge, S. 58; *Hanssen*, Aufhebung, S. 21; vgl. *Kramer/Wilkens*, Gutsbezirk, S. 239; *Wulf*, Leibeigenschaft, S. 11 (14).

468 *Hedemann-Heespen*, Herzogtümer, S. 554.

469 *Wulf*, Leibeigenschaft, S. 11 (14).

470 Vgl. *Gloy*, Beiträge, S. 59; *Jessen*, Entstehung, S. 109 f.; *Hanssen*, Aufhebung, S. 22; *Schrader*, Materialien, S. 232 (241 ff. (Fn. *))).

471 *Prange*, Gut, S. 57 (65); *Jessen*, Entstehung, S. 108 f.

472 *Jessen*, Entstehung, S. 107; vgl. *Prange*, Gut, S. 57 (65).

473 *Hanssen*, Aufhebung, S. 23.

474 Vgl. *Jessen*, Entstehung, S. 109 f.

475 *Hanssen*, Aufhebung, S. 25; vgl. *Gloy*, Beiträge, S. 59 f.; *Sering*, Erbrecht, S. 301; § 1 der Vormuender-Verordnung vom 28. September 1767 (Sammlung (SHV) (*Michelsen/Johannsen*), Num. CCLXXV, S. 988 (988 f.)).

Herrschaft im Rahmen der Konservation aufzukommen hatte, mussten im Gegenzug soweit als möglich noch Dienstleistungen wie etwa die Verrichtung leichterer Arbeiten im herrschaftlichen Garten erbringen.[476] Zusätzlich stand der Gutsherrschaft bzw. dem Pächter zur Durchsetzung der Dienstverpflichtungen über alle Dienstpflichtigen, insbesondere über das Gesinde, der Dienstzwang zu, in dessen Rahmen eine angemessene körperliche Züchtigung bei nicht ordnungsgemäßer Arbeitsleistung erlaubt war.[477] Dass die wirtschaftliche Lage leibeigener Bauern bereits per definitionem schlecht war, ist jedoch keine zutreffende Annahme.[478]

3. Grundsätze der Rechtsbeziehung

Das holsteinische Leibeigenschaftsverhältnis stellte keineswegs eine einseitige Rechtsbeziehung dar, in der nur Pflichten des Leibeigenen gegenüber der Herrschaft bestanden. Vielmehr lag eine gegenseitige Pflichtenbeziehung vor, in der auch der Leibeigene Rechte genoss.[479] Dieses Rechte-Pflichten-Verhältnis beherrschte alle Bereiche des Lebens der Gutsuntergehörigen.

Grundsätzlich standen die Leibeigenen nicht außerhalb der Rechtsordnung,[480] sondern hatten in personenrechtlicher Hinsicht den Status von Staatsbürgern inne.[481] Demzufolge standen ihnen dieselben Rechte und Befugnisse wie auch den übrigen, freien Landeseinwohnern zu, es sei denn, dass die Rechtspositionen ihrer Gutsherren in beschränkender Weise auf diese Rechte der Untergehörigen einwirkten.[482] Dies war in den adligen ostholsteinischen Gutsherrschaften regelmäßig in hohem Maß der Fall. Die konkrete Ausgestaltung des Rechte-Pflichten-Verhältnisses wich derart stark voneinander ab, dass es ein einheitliches Rechtsverhältnis der holsteinischen Leibeigenschaft nie gegeben hat. Doch wiesen die Leibeigenschaftsbedingungen im Land vor allem im 18. Jahrhundert grundlegende Gemeinsamkeiten auf.

---

476 *Wulf*, Leibeigenschaft, S. 11 (14); *Johannsen*, Bildung, S. 305 (316).

477 *Hanssen*, Aufhebung, S. 23; vgl. *Johannsen*, Bildung, S. 305 (317); *Wulf*, Leibeigenschaft, S. 11 (14).

478 *Prange*, Gut, S. 57 (72).

479 *Staehly*, Untersuchungen, S. 47; vgl. *Schrader*, Lehrbuch, 2. Band, S. 36 ff.

480 *Prange*, Freikauf, S. 16 (19).

481 *Schrader*, Lehrbuch, 2. Band, S. 36.

482 *Falck*, Handbuch, 4. Band, S. 204.

a. Arbeitsverhältnisse

Den Schwerpunkt der Rechtsbeziehung bildete der Bereich der Arbeitsverhältnisse. Die dortigen gewohnheitsrechtlichen Regelungen beinhalteten die beiden wesentlichen Merkmale der holsteinischen Leibeigenschaft. Die maßgeblichen Normierungen waren im Hinblick auf den Arbeitsort die Schollenpflichtigkeit des Untertanen als persönliche Verbindlichkeit sowie hinsichtlich des Arbeitsinhalts die Verpflichtung zur Leistung von Hofdiensten als dingliche Verbindlichkeit. Die Arbeitsverhältnisse machten also den Kern der Rechtsbeziehung aus, der von den Bestimmungen aus den übrigen Bereichen nur unterstützt und ergänzt wurde.

aa. Arbeitsort

Der Arbeitsort eines Leibeigenen war das Hofland seines Gutsbezirks bzw. seine Hufe. Er war an den Gutsbezirk, mit dem ihn ein Leibeigenschaftsverhältnis verband, und seine Hufe, die ihm von der Herrschaft überlassen worden war, gleich einem „*Inventarienstücke*"[483] untrennbar gebunden. Diesen Zustand nennt man Schollenpflichtigkeit oder glebae adscriptio.[484]

Neben dieser Hauptnorm gab es verschiedene andere Bestimmungen. Wurde dem Leibeigenen vom Gutsherrn eine bestimmte Hufe innerhalb des Gutsbezirks zugeteilt, hatte er diese grundsätzlich anzunehmen. Dieser Annahmezwang war in dem gewohnheitsrechtlichen System der Gutsverfassung begründet. Auch wenn dieser Zwang juristisch durchaus umstritten war und in den späteren Zeiten der Leibeigenschaft seine rechtliche Basis verlor,[485] so hatte der Gutsherr aufgrund seiner Patrimonialgewalt doch Möglichkeiten, Druck auszuüben, um sich seine Leibeigenen gefügig zu machen. Von einer schlechten Behandlung über eine Umsiedlung in die schlechtesten Gutswohnungen bis hin zur Inhaftierung besaß er verschiedene Mittel zur Umsetzung seiner Vorstellungen.[486]

Im Umkehrschluss und als unmittelbare Folge der Schollenbindung[487] bestand für den Leibeigenen die Verpflichtung, die Scholle nicht eigenwillig aufzugeben

483 *Falck*, Rede, S. 473 (484).

484 *Schrader*, Lehrbuch, 2. Band, S. 32; *Klußmann*, Flucht, S. 118 (118); *Sering*, Erbrecht, S. 300; *Hanssen*, Aufhebung, S. 15; *Rüder*, Blicke, S. 88.

485 Vgl. *Falck*, Handbuch, 4. Band, S. 208.

486 *Hanssen*, Aufhebung, S. 18 bzw. S. 18 (Fn. *)); *Hänel/Seelig*, Frage, S. 199.

487 *Falck*, Handbuch, 4. Band, S. 203 f.; *Hänel/Seelig*, Frage, S. 199; *Schrader*, Handbuch, 1. Band, S. 4 f.; *Schrader*, Lehrbuch, 2. Band, S. 32; *Schrader*, Materialien, S. 232 (249).

oder zu verlassen.[488] Um aus dem Gutsbezirk abziehen zu dürfen, bedurfte er der Einwilligung seines Herrn. Ein grundsätzliches jederzeitiges Abzugsrecht galt jedoch für den Fall, dass er einen der Herrschaft genehmen Ersatzmann stellen konnte.[489] Diese Pflicht diente den Interessen der Grundherren im Hinblick auf ihre finanzielle Absicherung und die Erhaltung einer ausreichenden Menge an dienstleistungspflichtigen Personen.[490] In dem scharf ausgeprägten gutswirtschaftlichen System kam diese Möglichkeit, sich der Leibeigenschaft zu entziehen, mangels Ersatzes aufgrund der regelmäßigen Unattraktivität der Lebensumstände kaum jemals vor.

Verließ ein Leibeigener gegen den Willen seines Herrn das Gut, statteten die Landesgesetze die Herrschaft mit besonderen Vergünstigungen hinsichtlich der Verfolgung und Bestrafung des entwichenen Untergebenen aus.[491] So genoss er weder in den Städten noch von der Landesherrschaft Schutz.[492] Vielmehr war er seinem Herrn die Rückkehr schuldig, was daran deutlich wurde, dass dieser ein Wiedereinforderungsrecht hatte.[493] Zudem waren entwichene Leibeigene von anderen Herrschaften auszuliefern, mit einigen Nachbarstaaten bestanden sogar Auslieferungsverträge.[494] Selbst die Verheiratung an einem anderen Ort befreite nicht von der ursprünglichen Leibeigenschaft.[495] Der fehlende Schutz durch die Städte wurde auch an der Tatsache deutlich, dass eine Aufnahme in die städtische Gemeinschaft bzw. in eine der Handwerkszünfte und damit eine Erlangung des Bürgerrechts nur anhand eines Freibriefs, der die Rechtmäßigkeit der Pflichtentsagung bestätigte, möglich war.[496]

---

488 *Hanssen*, Aufhebung, S. 18.

489 *Schrader*, Lehrbuch, 2. Band, S. 32; *Falck*, Handbuch, 4. Band, S. 203 f., 206; *Schrader*, Handbuch, 1. Band, S. 4 f.

490 *Leister*, Rittersitz, S. 43.

491 *Schrader*, Lehrbuch, 2. Band, S. 32 f.; angedeutet schon im Haderslebischen Rezess vom 14. April 1614 (Sammlung (SHV) (*Michelsen/Johannsen*), Num. XXXVI, S. 266 (269)): Möglichkeit der Rezipierung der entwichenen Untertanen auf der Grundlage des Rechts; näher ausgeführt in der Landtagsresolution vom 20. April 1632 (Sammlung (SHV) (*Michelsen/Johannsen*), Num. LXXXI, S. 432 (433 f.)): Recht des Adels auf Vindizierung und Retraktierung der Entwichenen innerhalb der gesetzlichen Frist; bestätigt in der Landtagsresolution vom 27. April 1637 (Sammlung (SHV) (*Michelsen/Johannsen*), Num. CIII, S. 568 (570): Verweis auf die Gültigkeit der revidierten Landgerichtsordnung, die die Revozierung und Vindizierung von Untergehörigen innerhalb der gesetzlichen Frist verlangt (LGO-SH (1636), 2. Aufl., S. 104).

492 *Gloy*, Beiträge, S. 55; *Kinder, Chr.*, Gründe, S. 69; *Schrader*, Handbuch, 1. Band, S. 4 f.; *Schrader*, Materialien, S. 232 (249).

493 *Falck*, Handbuch, 4. Band, S. 206; *Anonymus*, Abhandlung, S. 361 (430, 433 ff).

494 *Hanssen*, Aufhebung, S. 15; *Theen*, Leibeigenschaft, S. 80 (84).

495 *Schrader*, Handbuch, 1. Band, S. 5 f.; Urtheile, No. 234, S. 267 (267); LGO-SH (1636), 2. Aufl., S. 104).

496 *Anonymus*, Abhandlung, S. 361 (400, 435 f.).

Es war jedoch nicht nur die Pflicht des Untergebenen, seiner Hufe bzw. seinem Gut treu zu bleiben. Auch der Gutsherr seinerseits hatte nicht das Recht, einen Untergebenen von seinem Gute zu entfernen. Beispielsweise durfte er niemanden ohne weiteres auf ein anderes Gut versetzen, ihn selbständig und unabhängig von der Veräußerung bzw. Nichtveräußerung eines Guts verkaufen oder bei Veräußerung eines Guts für sich einbehalten.[497] Jedoch kamen persönliche Veräußerungen von Leibeigenen durch ihre Herren vor[498] und fanden noch gegen Ende dieses Jahrhunderts statt.[499] Von einigen holsteinischen Juristen wurden sie während des 18. Jahrhunderts sogar als rechtlich zulässig bewertet.[500]

Dem Gutsherrn verblieb jederzeit die freie Disposition über die Hufen, da dem Untergehörigen lediglich das Nießbrauchs- und Bewohnungsrecht zustand, während der Herr als Obereigentümer die vollständige Verfügungsbefugnis über das Grundstück besaß.[501] Der Gutsherr konnte eine Hufe nach Belieben entziehen und wiederbesetzen, so dass der leibeigene Hufner in rechtlicher Hinsicht nur der Wirt seines Landes war und keine gesicherte Rechtsposition innehatte.[502] In der gutsherrlichen Praxis waren solche Willkürmaßnahmen eher selten. Der Entzug einer Hufe kam zumeist vor, wenn deren Inventar und Ertrag stark herabgewirtschaftet worden waren. Infolge solcher Misswirtschaft waren Versetzungen von Untergebenen innerhalb der gutsherrlichen Hufen oder vollständige Absetzungen oft das letzte Mittel zur Wiederherstellung einer ordentlichen Wirtschaft.[503] Gegen Ende der Leibeigenschaftsära war die unfreiwillige Entfernung von Untergehörigen aus ihren Hufen dergestalt geregelt, dass der Gutsherr befugt war, jede Hufe durch Einziehung wieder an sich zu nehmen, was jedoch *„nicht zur Unzeit“*, sondern erst *„nach gehöriger Anzeige“*, d. h. nach angemes-

---

497 *Schrader*, Lehrbuch, 2. Band, S. 36 f.; *Schrader*, Materialien, S. 232 (238)); *Falck*, Handbuch, 4. Band, S. 204; *Gloy*, Beiträge, S. 55 f.; *Kinder, Chr.*, Gründe, S. 70; *Hanssen*, Aufhebung, S. 15.

498 *Falck*, Handbuch, 4. Band, S. 204; *Sering*, Erbrecht, S. 300; *Leister*, Rittersitz, S. 99.

499 Vgl. *Klußmann*, Lebenswelten, S. 179 bzw. S. 179 (Fn. 264).

500 *„Nicht weniger eine in hiesigen Landen sehr bekandte Sache ist, daß die Herren von Adel ihre Eigenbehoerige theils von einem Gut nach dem andern hin transferiren, so wie sie solches gut und nuetzlich finden, theils auch bey dem Verkauf ihrer Gueter oefters gewisse Leute utriusque sexus ausbescheiden, und ebener massen zuweilen deren einige anderen, ob diese gleich mit keinen Adelichen Guetern angesessen sind, ueberlassen; So ist es an und fuer sich weder contra iura noch contra consuetudinem regionis“* (*Hartmann*, de praescriptione, S. 434 (458 f.)).

501 *Schrader*, Handbuch, 1. Band, S. 6 bzw. S. 6 f. (Fn (h)); *Schrader*, Lehrbuch, 2. Band, S. 39 f.; *Kinder, Chr.*, Gründe, S. 66; *Hanssen*, Aufhebung, S. 17.

502 *Gloy*, Beiträge, S. 55; *Sering*, Erbrecht, S. 300; vgl. *Schrader*, Materialien, S. 232 (258)).

503 *Hanssen*, Aufhebung, S. 17 f; vgl. *Leister*, Rittersitz, S. 43; *Jochims*, Bemerkungen, 2. Teil, S. 164 (170 f.).

sener Frist, geschehen durfte.[504] Ein Hufner konnte seine Stelle sogar freiwillig räumen und in den Stand eines Insten oder Knechts zurücktreten, falls er sein Verlangen dem Gutsherrn rechtzeitig anzeigte.[505]

bb. Arbeitsinhalt

Untrennbar mit dem Arbeitsort verbunden waren die dazugehörigen Dienste und Abgaben. Dabei handelte es sich zum einen um die Arbeitsverpflichtungen zu Hofe, zum anderen um die Lieferung von Naturalien sowie in seltenen Fällen die Zahlung von Heuergeldern. Ebenso wie die Dienste waren die Abgabeverpflichtungen in erster Linie an die Hufner als Nutznießer der Hufenstellen gerichtet.[506] Die Abgaben, deren Höhe davon abhing, ob der Verpflichtete Besitzer einer Voll-, Halb- oder Viertelhufe war,[507] sahen im Einzelnen unterschiedlich aus. Grundsätzlich waren sie in der Form von Naturallieferungen zu erbringen. Einerseits bestanden sie aus der Lieferung von Geflügel, Eiern, gesponnenem Flachs und ähnlichen Produkten.[508] Andererseits gab es Verpflichtungen wie die Aufzucht von Jagdhunden, die Stellung von Treibern für die Treibjagd sowie die Fütterung von Gutsvieh, Jagdpferden und Hunden bzw. Mästung von Jungvieh.[509] Daneben hatten die Hufner für ihr Land Heuergelder sowie geringfügige Abgaben an den Pastor zu zahlen.[510]

Der Stellenwert der Abgaben war insbesondere im 18. Jahrhundert im Verhältnis zu den persönlichen Dienstleistungen als gering einzustufen. Durch die Ausweitung und Erhöhung der Dienstpflichten verloren sie ihre eigenständige Bedeutung. Von ihnen blieben nur als nebensächlich zu bewertende Zahlungen und Lieferungen übrig.[511] Teilweise scheint jegliche Form von Abgaben durch die Leistung von Hand- und Spanndiensten ersetzt worden zu sein.[512] Die Minderung bzw. Aufhebung von Abgabeverpflichtungen war demnach kein Akt der Milde der Gutsherren. Vielmehr war es eine Notwendigkeit, da die umfangrei-

---

504 *Schrader*, Materialien, S. 232 (259 f.); *Falck*, Handbuch, 4. Band, S. 208; *Hanssen*, Aufhebung, S. 17.

505 *Schrader*, Materialien, S. 232 (259).

506 *Hanssen*, Aufhebung, S. 17.

507 *Kinder, Chr.*, Gründe, S. 64.

508 Vgl. *Schrader*, Materialien, S. 232 (263 f.); *Hanssen*, Aufhebung, S. 20.

509 *Kinder, Chr.*, Gründe, S. 64 f.

510 *Schrader*, Materialien, S. 232 (263); *Gloy*, Beiträge, S. 56; *Hanssen*, Aufhebung, S. 17, 20.

511 Vgl. *Schrader*, Materialien, S. 232 (263 f.); *Hanssen*, Aufhebung, S. 20; *Falck*, Handbuch, 4. Band, S. 209.

512 *Schrader*, Materialien, S. 232 (256); *Kinder, Chr.*, Gründe, S. 64.

chen Frondienste oftmals an die Grenze der Belastbarkeit von Hufen und Leibeigenen stießen und die Leistung zusätzlicher Abgaben unmöglich machten.[513]

Wesentlich war die Verpflichtung des Leibeigenen zur Leistung von Hofdiensten, neben der Schollengebundenheit das zweite herausragende Wesensmerkmal der holsteinischen Leibeigenschaft.[514] Die Hofdienste bestanden aus den Hand- und Spanndiensten. Diese Dienste waren Leistungen aller Art im Rahmen der gewerblichen bzw. der Agrarproduktion des Gutsherrn sowie alle möglichen damit zusammenhängenden Transporte und Dienste.[515] Die Tätigkeiten, die Fuhrdienste und Pflugarbeiten mit Zugvieh und Wagen beinhalteten, waren die Spanndienste, während die Tätigkeiten wie Heu- und Getreideernte sowie sonstige Handarbeiten die Handdienste darstellten.[516]

Für die einzelnen Untergebenen war die Verrichtung der Hofdienste bis ins Detail geregelt. Das Arbeitsjahr war in verschiedene zeitliche Abschnitte unterteilt, bezüglich derer die Anzahl der wöchentlichen Arbeitstage mit den täglichen Arbeitszeiten und den Mindestarbeitsmengen genau festgelegt waren. Darüber hinaus gab es besondere Vorschriften, die beispielsweise die Größe der Erntewagen sowie den Umfang der Wagenladungen und die zurückzulegende Weglänge betrafen.[517] Die Art und der Umfang der Verpflichtungen orientierten sich maßgeblich daran, welcher Klasse eine Person innerhalb der Schicht der Leibeigenen zugehörig war. Regelmäßig waren jegliche Pflichten an die Hufner als Inhaber der zum Gut gehörigen Hufenstellen gerichtet. Diese mussten die ihnen auferlegten Vorgaben regelmäßig nicht persönlich durch die Zurverfügungstellung von Material und Personen, den ihnen untergeordneten Insten und dem Gesinde sowie dem Inventar ihrer Hufe, erfüllen.[518] Doch Es gab aber auch Herrschaften, die Dienste ihrer Hufner und deren Frauen in Person verlangten. Dies galt besonders in der Erntezeit.[519]

Da die Dienste der maßgebliche Wirtschaftsfaktor waren, standen oder fielen mit ihnen nicht nur die höfische Gutswirtschaft, sondern auch die Eigenwirtschaften der Hufner, die die unmittelbare Lebensgrundlage sämtlicher Leibeigener eines Gutsbezirks darstellten. Aufgrund der flexiblen, an die betrieblichen Bedürfnisse angepassten Handhabung der Hofdienste, die den Alltag der Leibeigenen ganzjährig mit enormer Arbeitsbelastung prägten, waren sie ein ständiger Streitpunkt. Im Mittelpunkt stand die allgemeine Frage, ob sie gemessen, d. h.

---

513 Vgl. *Hanssen*, Aufhebung, S. 20.

514 *Kinder, Chr.*, Gründe, S. 56; vgl. *Falck*, Handbuch, 4. Band, S. 203 f.; *Schrader*, Lehrbuch, 2. Band, S. 32.

515 Vgl. HRG/*Theuerkauf*, 1. Band, Sp. 1306.

516 LMA/*Rösener*, 4. Band, Sp. 1910.

517 *Jessen*, Entstehung, S. 106 ff.; *Kinder, Chr.*, Gründe, S. 59 ff.

518 Vgl. *Kinder, Chr.*, Gründe, S. 60 f; *Falck*, Handbuch, 4. Band, S. 208 f.

519 *Hanssen*, Aufhebung, S. 19; *Falck*, Handbuch, 4. Band, S. 208.

nach Inhalt und Umfang bestimmt, oder ungemessen, d. h. in der Höhe unbegrenzt, waren.

Die Quellen, die Anhaltspunkte hierfür lieferten, waren überwiegend landesherrlicher Natur und unter maßgeblicher Mitwirkung der holsteinischen Ritterschaft, die einen großen und vor allem den einflussreichsten Teil der Gutsherrschaften ausmachte, entstanden. Sie spiegelten ihre Interessen und Rechtsauffassungen wider. So spricht die „Verordnung wegen Einstellung und Verlegung einiger Feyertage in den gemeinschaftlichen Districten des Herzogthums Hollstein" vom 28. September 1771 von *„den Leibeigenen und sonst zu ungemessenen Hofdiensten pflichtigen Unterthanen"*.[520] Eine ausdrückliche gesetzliche Begrenzung der Dienstpflicht war nicht vorhanden. Noch die „Verordnung, wegen Aufhebung der Leibeigenschaft (...)" von 1804 mit ihrer Formulierung *„Verpflichtungen, die auf unbestimmte Hofdienste (...) gehen, sind von dem 1sten Januarii 1805 an, ungueltig"*[521] legt nahe, dass bäuerliche Dienstpflichten regelmäßig ungemessen waren.

Nicht ausdrücklich, aber von herrschaftlicher Seite aus unmissverständlich auf die Ungemessenheit der Dienstverpflichtungen ausgerichtet waren die Formeln der Leibeigeneneide. In einem Eid vom Gut Wittmoldt aus dem Amt Plön von 1666 heißt es, dass der Leibeigene *„alles dasjenige tun und verrichten wolle und solle, was einem rechtschaffenen, getreuen und ehrlichen Unterthan gebührt"*.[522] Ein Knecht des Guts Stendorf schwor 1725, dass *„ich (...) denen mir Vorgesetzten in allem schuldige Folge und Gehorsam leisten (...) wil, wie es einem gehorsamen, fleißigen und getreuen leibeigenen Unterthan eignet und gebühret"*.[523] Die Schmoeler Untergehörigen schworen 1741, dass *„ich (...) den verordneten Inspectori (...) in dem, so sie mir wegen der gebührenden Dienste befehlen, schuldige Folge leisten (...) wolle, wie es einen frommen und gehorsahmen adel. Unterthanen (...) eignet und gebühret"*.[524] Diese Formeln lassen erkennen, dass die Gutsherrschaften nicht in der Kategorie „Gemessenheit oder Ungemessenheit von Diensten" gedacht haben. Vielmehr ist nicht daran zu zweifeln, dass sie ihren Leibeigenen grundsätzlich alles das an Diensten aufbürdeten, was sie für notwendig erachteten. Der Sache und dem Begriff nach kam dies der Ungemessenheit der Dienste gleich. Allerdings schworen die Untergehörigen noch um die Mitte des 17. Jahrhunderts regelmäßig nur als *„adlige Untertanen"*, wenn sie sich auch inhaltlich auf die Anerkennung des Schollenbands und der Hofdienste festlegen ließen. Die Bezeichnung *„leibeigen"* tauchte erst im 18. Jahrhundert regelmäßig in den Formeln auf.[525] Bei dieser Entwicklung

520 Sammlung (SHV) (*Michelsen/Johannsen*), Num. CCCIV, S. 1172 (1174).
521 Verordnung, wegen Aufhebung der Leibeigenschaft, S. 7 (25. Punkt).
522 *Kinder, Chr.*, Gründe, S. 55 f.; *Kinder, Joh. Chr.*, Urkundenbuch, S. 275.
523 Leibeigeneneid (*Michaelsen*), S. 117.
524 LA Abt. 390 Nr. 478, Q. 18.
525 *Klußmann*, Leibeigenschaft, S. 213 (220).

handelte es sich jedoch um eine bloße Formalität, die keinen Unterschied in der Bedeutung ausmachte.

Die Auseinandersetzung mit diesem Thema erlebte aufgrund der verstärkten öffentlichen Diskussion der Leibeigenschaft und ihrer immer kritischeren Betrachtung im 18. Jahrhundert in verschiedener Hinsicht ihren Höhepunkt. Auf der einen Seite war die Höhe der Hofdienste in gesteigertem Maß der Gegenstand juristischer Streitigkeiten, die sich nicht mehr nur auf die Gutsgerichte beschränkten, sondern in mehreren Fällen vor den höchsten Landesgerichten ausgetragen wurden. Auf der anderen Seite beschäftigte sich die gelehrte Literatur intensiver mit der Frage, ob die holsteinischen Leibeigenen gemessene oder ungemessene Dienste zu leisten hätten, wobei bis zur Aufhebung der Leibeigenschaft keine diesbezügliche Einigkeit erzielt wurde.[526]

Bereits zu Beginn des 17. Jahrhunderts wurde den Gutsherrschaften im Land von landesherrlicher Seite in einer Landtagsresolution nahegelegt, ihren Untergebenen eine gemäßigte Behandlung zuteil werden zu lassen. Darin heißt es, dass die Gutsuntertanen nicht über das hergebrachte Maß beschwert werden sollen,[527] sondern *„einjeder auch gegen seine Bauern und Leute sich dermaßen christl. und rechtmäßig verhalten soll, damit sie zur Flucht oder Austretung nicht gedrungen (...) werden mögten"*.[528] Aufgrund dieser stark von christlichen Motiven geprägten Grundüberzeugung entwickelte sich in der juristischen Literatur bereits im Laufe des 17. Jahrhunderts die Rechtsanschauung, dass die Hofdienste in Holstein gemessen seien. Durch die Entwicklung des Zeitgeists hat sich diese Auffassung im 18. Jahrhundert immer weiter verbreitet und ist bis auf wenige Ausnahmen[529] schließlich zu einer allgemeinen geworden. So vertrat zwar beispielsweise der einheimische Jurist Cirsovius noch 1738/39 den gutsherrlichen Standpunkt, dass der Dienst allein von der Gutsherrschaft nach ihrem Nutzen bestimmt werde[530] und dieselbe daher auch über das hergebrachte Maß hinausgehende Dienste fordern könne.[531] Ein ähnlicher Standpunkt wurde noch 100 Jahre später vertreten. Danach war *„der Hofdienst (...) ein ungemessener,*

---

526 Vgl. *Klußmann*, Leibeigenschaft, S. 213 (229 f.).

527 *Hanssen*, Aufhebung, S. 19.

528 Haderslebischer Rezesses vom 14. April 1614 (Sammlung (SHV) (*Michelsen/Johannsen*), Num. XXXVI, S. 266 (269); vgl. *Lackmann*, Einleitung, 2. Theil, S. 331 f. (Fn. (aa)); *Ratjen*, Bemerkungen, S. 348 (357)).

529 Vgl. z.B. *Boehmer*, Untersuchung, S. 787: *„(...), daß darunter ungemessene Dienste verstanden werden muessen, wie solches noch itzo der Leibeigenen taegliche Kost ist."* (S. 794) bzw. *„(...), daß weil sie vormals (...) Leibeigene gewesen, sie zu ungemessenen Diensten nach wie vor verbunden, wenn sie nicht erweisen koennen, daß die Dienste durch Vertraege determiniret, und auf einen gewissen Fuß gesetzet sind. Denn dieses ist ausgemachet, daß in Hollstein die Leibeigene ungemessene Dienste thun muessen"* (S. 798).

530 *Wulf*, Leibeigenschaft, S. 11 (27).

531 *Klußmann*, Leibeigenschaft, S. 213 (229).

und richtete sich lediglich nach den Beduerfnissen des Hofes", orientiere sich allerdings auch an der „*Billigkeit*".[532]

Hauptsächlich war man jedoch der Ansicht, dass die vermeintliche Ungemessenheit der Dienste auf „*Deuteley*" beruhe. Schon der Sachsenspiegel spreche im Zusammenhang mit dem Beginn der Leibeigenschaft bzw. der Unfreiheit im Allgemeinen von der Ausübung unrechtmäßiger Gewalt, die man habe zur Gewohnheit werden lassen und beizeiten als geltendes Recht habe anerkannt wissen wollen.[533] So wurde auch im Rahmen einer wesentlich späteren Beschreibung des maßgeblichen Inhalts der Leibeigenschaft die Formulierung gewählt, dass die Leibeigenschaft regelmäßig lediglich „*d. Verpflichtung zu (in d. Theorie) ungemessenen Diensten*" beinhaltete.[534]

Die verhältnismäßige Gemessenheit der Dienste wurde bereits zu Beginn des 18. Jahrhunderts als „*fuer sich selbst redende natuerliche Billigkeit*" angesehen, gegen die „*weder Privilegium noch langwieriger Besitz*" etwas ausrichten konnte.[535] Es fand eine gewohnheitsmäßige Entwicklung dahin statt, dass ein Leibeigener in dubio nur zu gemessenen Diensten verpflichtet war. Als Maßstab dafür wurden objektive Kriterien herangezogen, die Vergleiche untereinander ermöglichten. Obwohl die Belastungen von Gut zu Gut variieren konnten, galt „*auf allen wohleingerichteten Guethern*",[536] dass sich die Dienstverpflichtungen der Leibeigenen an der Größe der ihnen zur Bewirtschaftung übertragenen Grundstücke zu orientieren hatten.[537] Als weiterer Bemessungsfaktor wurden die Gegenleistungen des Gutsherrn herangezogen, also seine Aufgabe im Hinblick darauf, dass er „*den Arbeitenden (...) zulänglichen Lebens-Unterhalt verschaffen*" musste. Inwieweit die Leibeigenen der Erfüllung ihrer Pflichten nachzukommen hatten, bestimmte sich im Verhältnis zu dem Maß, in dem der Gutsherr sich um das Wohlergehen seiner Untertanen kümmerte. Verweigerte der Gutsherr einem Untergehörigen die Hilfe vollständig, kam dieses Verhalten der einseitigen Aufkündigung eines zweiseitigen Vertrags gleich und hatte die Folge, dass auch der Untergebene von seiner vertraglichen Pflicht, den Hofdiensten, Abstand nehmen konnte.[538]

---

532 *Falck*, Handbuch, 4. Band, S. 208 f.

533 *Anonymus*, Abhandlung S. 361 (431); vgl. Sachsenspiegel, Landrecht, 3. Buch, Art. 42, § 6: „*Nach rechter Wahrheit hat Unfreiheit ihren Ursprung in Zwang und Gefangenschaft und unrechter Gewalt, die man seit alters zu unrechter Gewohnheit hat werden lassen und die man nun als Recht haben möchte.*" (*Schott*, S. 191).

534 DRW, 8. Band. Sp. 1065; vgl. *Haberkern/Wallach*, Hilfswörterbuch, S. 391.

535 *Amthor*, Bericht, S. 62 f.

536 *Schrader*, Handbuch, 1. Band, S. 3 f. (Fn. (b)).

537 Vgl. *Schrader*, Handbuch, 1. Band, S. 3 f. (Fn. (b)); *Klußmann*, Leibeigenschaft, S. 213 (229).

538 *Amthor*, Bericht, S. 62 f.

Eine wesentliche Rechtsfolge davon, dass Dienste regelmäßig als gemessen galten, war, dass den Gutsherrn die Beweispflicht traf, wenn die Dienste an sich oder zumindest ihr Umfang umstritten waren, wobei die lokale Observanz das maßgebliche Kriterium darstellte. Das grundsätzlich hinsichtlich der persönlichen Freiheit geltende Rechtsprinzip der „praesumptio pro libertate“ fand somit auch im Hinblick auf die dingliche Freiheit Anwendung.[539]

Im Ergebnis beruhte die regelmäßige Gemessenheit der Dienstverpflichtungen von leibeigenen Untertanen in Holstein im 18. Jahrhundert folglich auf Gewohnheitsrecht. Wie vielfältig, kompliziert und schwierig fassbar die rechtlichen Verhältnisse dieses Kernpunkts der holsteinischen Leibeigenschaft gelagert waren,[540] machen die rechtlichen Konstruktionen deutlich, mit Hilfe derer man zu dieser Überzeugung gelangte. Einerseits wird die Gemessenheit der Dienstverpflichtungen als Grundsatz betont, von dem ungemessene Dienste die Ausnahme bildeten.[541] Andererseits werden die Hofdienste als im Grundsatz ungemessen angesehen, wobei deren Gemessenheit jedoch regelmäßig gewohnheitsrechtlich festgelegt sei.[542] Diese Regelung darf insgesamt nicht darüber hinwegtäuschen, dass selbst gemessene Hofdienste eine schwere Last für die Verpflichteten bedeuteten und es in Zeiten großen Arbeitsanfalls wie der Heu- und Kornernte keine Begrenzungen der Arbeitszeit gab.[543]

Erledigten die Leibeigenen ihre Dienste nicht pflichtgemäß, stand der Gutsherrschaft die rechtlich anerkannte Möglichkeit zu, diese zu erzwingen. Dieser Dienstzwang zeichnete sich vor allem durch die gutsherrliche Befugnis zum Einsatz von körperlicher Züchtigung gegen die säumigen Pflichtigen aus.[544] Er konnte ohne gerichtliches Verfahren durchgeführt werden und war streng von der dem Gutsherrn über seine Untertanen überdies zustehenden Jurisdiktion, insbesondere dem Recht zu körperlichen Strafen, zu unterscheiden. Zudem stellte der Dienstzwang kein ausschließliches Attribut der Leibeigenschaft dar, sondern kam nach deutschem Recht jedem dienstberechtigten Herrn zu.[545] Die Art der Anwendung des Dienstzwangs hing von der rechtlichen Beschaffenheit der Pflicht, die nicht ordnungsgemäß erfüllt wurde, ab. Dabei kam die Durchführung körperlicher Züchtigung nur im Zusammenhang mit der Nichtbefolgung persönlicher Pflichten, die nur den Insten und dem Gesinde oblagen, zum Einsatz. Handelte es sich um eine dingliche Pflicht, wie sie den Hufnern, die nicht

---

539 Vgl. *Klußmann*, Leibeigenschaft, S. 213 (231).

540 Vgl. *Jessen*, Entstehung, S. 105 ff.

541 *Schrader*, Handbuch, 1. Band, S. 3; *Schrader*, Lehrbuch, 2. Band, S. 37.

542 *Prange*, Gut, S. 57 (63).

543 *Steinborn*, Abgaben, S. 24, 31.

544 *Falck*, Handbuch, 4. Band, S. 210; *Hanssen*, Aufhebung, S. 23; *Schrader*, Lehrbuch, 2. Band, S. 33; *Schrader*, Materialien, S. 232 (252); *Wulf*, Leibeigenschaft, S. 11 (14); *Seelig*, Colonisation, S. 6.

545 *Schrader*, Materialien, S. 232 (252 (Fn. *))); vgl. *Runde*, Grundsätze, S. 355 (§ 503).

persönlich dienstpflichtig waren, aufgrund des Besitzes ihrer Landstelle oblag, wurde der Dienstzwang im Wege der außergerichtlichen Auspfändung ausgeübt.[546] Wurden Güter verpachtet, wurden die strafrechtliche Sanktionsgewalt sowie die Ausübung des Dienstzwangs auf die Pächter übertragen, waren aber unter Umständen gegenüber der Gutsherrschaft anzeige- und genehmigungspflichtig.[547] Dass die gesamte Jurisdiktionsgewalt einem Pächter zukam, geschah eher selten.[548]

Zwar durften die Gutsherren oder Pächter den Dienstzwang bei Dienstverweigerung nach eigenem Ermessen einsetzen, doch ging diese Befugnis nicht so weit, dass ihnen die Bestimmung seines Inhalts und Umfangs gänzlich überlassen war. Vielmehr wurden bereits früh gewisse Grenzen des Dienstzwangs gesetzlich festgelegt, was aufgrund der gutsherrlichen Behandlung der Leibeigenen notwendig war. Die menschliche und rechtmäßige Behandlung von leibeigenen Untertanen verstand sich keineswegs von selbst, entsprach demnach nicht allgemeingültigen Billigkeitserwägungen, sondern musste positivrechtlich als Pflicht der Gutsherrschaft kodifiziert werden.[549]

b. Besitz- und Erwerbsverhältnisse

Neben den Arbeitsverhältnissen waren die Besitz- und Erwerbsverhältnisse ein Faktor, der das rechtliche Gesamtbild der Beziehung zwischen Herrn und Untergebenem prägte. Besitz- und Erwerbsverhältnisse im Allgemeinen werden grundlegend durch die rechtliche Ausgestaltung des Eigentums, dessen Erwerb, Nutzungsmöglichkeiten und Verlust, geregelt. Bei Personen, die den Leibeigenschaftsstatus innehatten, ergaben sich, ebenso wie beim Erbrecht, den sonstigen Besitzverhältnissen an den Dingen des täglichen Arbeitsumfelds sowie der Erbringung auswärtiger Dienste und dem Betrieb von Handelsgeschäften, diesbezügliche Besonderheiten.

aa. Eigentum und Erbrecht

Rechtlicher Grundsatz gegen Ende des 18. Jahrhunderts, was die Beziehung des Gutsherrn zu seinem Untergebenem bezüglich des Eigentumsrechts angeht, war,

---

546 *Schrader*, Materialien, S. 232 (252 (Fn. *))); *Hanssen*, Aufhebung, S. 23.

547 *Prange*, Gut, S. 57 (70); *Hanssen*, Aufhebung, S. 23 bzw. S. 23 (Fn. *)).

548 *Prange*, Gut, S. 57 (70).

549 Der Haderslebische Rezess vom 14. April 1614 besagte, dass jeder Gutsherr „*auch gegen seine Bauern und Leute sich dermaßen christl. und rechtmäßig verhalten soll, damit sie zur Flucht oder Austretung nicht gedrungen (...) werden mögten*" (Sammlung (SHV) (*Michelsen/Johannsen*), Num. XXXVI, S. 266 (269)).

dass ein Leibeigener, „*was sein Vermögen betrift, völlig frey*" war.[550] Dieser Grundsatz beinhaltet zumindest, dass er theoretisch Eigentum erlangen und mit diesem nach eigenem Geschmack verfahren konnte.

Der Erwerb von Eigentumspositionen hing naturgemäß mit seiner Verpflichtung zur Leistung von Diensten und Abgaben zusammen. Zum einen war er als Inhaber des dominium utile zur Nutznießung der ihm übertragenen Hufe und damit grundsätzlich all ihrer Früchte berechtigt, zum anderen war er als Untertan zur Leistung von Diensten und Abgaben verpflichtet. Da diese Verpflichtungen aufgrund des Leibeigenschaftsstatus den Rechten aus der Hufe vorgingen, war ein Erwerb von Eigentumspositionen durch den Leibeigenen erst nach Erfüllung seiner Verpflichtungen denkbar. Somit erwarb ein Untergehöriger nach Erfüllung seiner Pflichten „*alles, was er durch seinen Fleiß gewinnt, als sein Eigenthum*".[551] Das galt in erster Linie für die Hufner als Inhaber einer Stelle, für deren wirtschaftlichen Betrieb sie in der Verantwortung standen, und weniger für die von ihnen entlohnten Insten und Gesindeangehörigen.[552]

Leibeigene konnten jedoch nicht nur Vermögen erwerben, sondern auch Verträge abschließen, die sich auf ihre Vermögensgegenstände bezogen,[553] wodurch sie sogar ihren eigenen Herrn vertraglich verpflichten konnten,[554] solange sie nicht seine Rechte verletzten.[555] Was der Leibeigene also an Lohn und Naturalien auf seiner Hofstelle erübrigte, gehörte ihm unbestritten.[556] Doch war es trotz freier Entäußerungsmöglichkeit der beweglichen Güter so, dass im Fall des Konkurses ihr Herr den Vortritt hinsichtlich ihrer Habe genoss.[557]

War der Leibeigene damit auch berechtigt, Verträge über sein Eigentum zu schließen und die damit zusammenhängenden Verfügungen unter Lebenden vorzunehmen, so ist noch nichts darüber ausgesagt, wie seine Rechte hinsichtlich der Verfügung auf den Todesfall ausgestaltet waren. Dabei scheint es bis auf Ausnahmefälle gegen Ende der Leibeigenschaftsära so gewesen zu sein, dass ein Leibeigener regelmäßig letztwillige Verfügungsfreiheit genoss.[558] Das bedeutete, dass er sein Eigentum nach Belieben testamentarisch vermachen konnte.[559] Dieser Grundsatz erfuhr reichsweit regelmäßig die Einschränkung,

---

550 *Schrader*, Handbuch, 1. Band, S. 7.

551 *Schrader*, Handbuch, 1. Band, S. 9; vgl. *Qualen*, Beschreibung, § 11 (S. 40 f.).

552 Vgl. *Prange*, Gut, S. 57 (67).

553 *Amthor*, De obstagio, S. 120; *Hanssen*, Aufhebung, S. 17; *Schrader*, Materialien, S. 232 (255 f.).

554 *Schrader*, Lehrbuch, 2. Band, S. 37.

555 Vgl. *Schrader*, Lehrbuch, 2. Band, S. 33; *Schrader*, Materialien, S. 232 (249, 251); *Falck*, Handbuch, 4. Band, S. 207; *Hanssen*, Aufhebung, S. 17.

556 *Gloy*, Beiträge, S. 56; *Kinder, Chr.*, Gründe, S. 70; *Sering*, Erbrecht, S. 300.

557 *Anonymus*, Abhandlung, S. 361 (431).

558 *Hanssen*, Aufhebung, S. 17; *Schrader*, Handbuch, 1. Band, S. 9.

559 *Kinder, Chr.*, Gründe, S. 70; *Anonymus*, Abhandlung, S. 361 (431 f.).

dass der Herr eines Leibeigenen im Todesfall das Recht des Besthaupts hatte.[560] Doch war das Besthauptrecht in Holstein nicht üblich[561] und kam – wenn überhaupt – nur in den sehr frühen Zeiten vor.[562] Es herrschte die Ansicht, dass dieses Recht *„in hiesigem Lande ein unerhört Ding ist"*, welches *„wider die Billigkeit"* sei.[563] Die rechtliche Möglichkeit eines Leibeigenen, Eigentumspositionen testamentarisch zu vererben, war somit im Allgemeinen unbeschränkt. Einige adlige Güter behielten sich indessen wohl vor, Testamente ihrer Untergehörigen obrigkeitlich zu bestätigen.[564]

Diese vermögensrechtliche Freizügigkeit des Leibeigenen ging allerdings nicht soweit, dass er auch Schulden machen durfte. Vielmehr war sie auf seine vorhandenen Vermögenswerte beschränkt. Wollte der Untergehörige Schulden machen, weil sein Vermögen für bestimmte Dinge nicht ausreichte, war er auf das Einverständnis seines Herrn angewiesen.[565]

Das Eigentum am Arbeitsumfeld des Leibeigenen, also an Hufe, Gebäuden und Inventar, war dem Gutsherrn zugewiesen.[566] Der Untergehörige war zudem verpflichtet, sein Land inklusive der Bebauung und dem Arbeitsgerät zu unterhalten.[567] Die sonstige Fahrhabe, die Früchte sowie die Besserungen an Gebäuden, Inventar und Feldern, gehörten dem Leibeigenen.[568] Aus diesem Eigentumsrecht an den Besserungen floss im Fall einer Entfernung des Leibeigenen von seiner Hufe ein gegenüber dem Gutsherrn bestehendes Recht auf Entschädigung, d.h. auf Ersatz der von ihm gemachten Aufwendungen.[569] Dabei handelte es sich um

---

560 Das Besthauptrecht (mortuarium) war die Bezeichnung für die Abgabe eines Leibeigenen an seinen Herrn im Todesfall in Form des besten Viehstücks (LMA/*Schulz*, 1. Band, Sp. 2071). Es gewann zunehmend den Charakter einer in Geld zu entrichtenden Erbschaftssteuer bzw. einer Anerkennungsgebühr für die Verleihung der Hufe an den Erben (HRG/*Erler*, 1. Band, Sp. 397). Eine Erbschaftsabgabe wie das Besthauptrecht ist der zwingende Beweis dafür, dass Leibeigene des Besitzes von Eigentumspositionen fähig waren. Denn Erbschaftsabgaben setzen Erbschaften voraus, die nur dann angenommen werden können, wenn Besitz- und Erbrechte hinsichtlich persönlichen Eigentums bestehen (*Rabe*, Problem, S. 8).

561 *Schrader*, Materialien, S. 232 (255 (Fn. *))); *Hanssen*, Aufhebung, S. 17; *Gloy*, Beiträge, S. 55.

562 *Kinder, Chr.*, Gründe, S. 70 (Fn. 4).

563 *Anonymus*, Abhandlung, S. 361 (431 f.).

564 *Schrader*, Handbuch, 1. Band, S. 9 (Fn. (q)).

565 *Schrader*, Handbuch, 1. Band, S. 9 bzw. 9 (Fn. (r)); Urtheile, No. 370, S. 408 (408).

566 *Hanssen*, Aufhebung, S. 20; *Kinder, Chr.*, Gründe, S. 69; vgl. *Hänel/Seelig*, Frage, S. 196 f.

567 Vgl. *Schrader*, Materialien, S. 232 (258, 261); *Falck*, Handbuch, 4. Band, S. 207 f.

568 *Sering*, Erbrecht, S. 300; *Falck*, Handbuch, 4. Band, S. 208.

569 *Sering*, Erbrecht, S. 300; *Hanssen*, Aufhebung, S. 18; *Falck*, Handbuch, 4. Band, S. 208; *Schrader*, Materialien, S. 232 (260); *Amthor*, Bericht, S. 62 f.

eine derart wichtige Regelung, dass der Ersatz durchgeführter Meliorationen als ein „*der allerhöchsten Gesetzgebung würdiger Gegenstand*" betrachtet wurde.[570]

Dieser grundsätzlichen Ausgestaltung der Rechte und Pflichten bezüglich des Eigentums von Leibeigenen und dessen Vererbung stand die Rechtswirklichkeit gegenüber. Es gibt zwar Beispiele dafür, dass Leibeigene es unter milden Herrschaften durch erheblichen Fleiß zu verhältnismäßig großem Wohlstand gebracht haben,[571] doch ein wirkliches Vermögen war unter Leibeigenen kaum vorhanden. Vielmehr war es regelmäßig so, dass die Leibeigenen mit Zahlungen und Leistungen im Rückstand waren.[572] Das bestätigt der Wortlaut der „Vormünder-Verordnung" König Christians VII. vom 28. September 1767, die „in Ansehung der Vorsorge für der Unmündigen Personen und Güter" geschaffen wurde. Diese Verordnung räumt in § 1 ein, dass „*leibeigene Unterthanen in Unserm Herzogthum Holstein ordentlicherweise wenig oder gar nichts eigenes besitzen*".[573]

bb. Andere Verdienste und Treiben von Handel und Gewerben

Im Hinblick auf sonstige Erwerbsverhältnisse durfte ein Leibeigener grundsätzlich sowohl anderweitige Dienste verrichten als auch Handel verschiedener Art treiben. Verdienste und Erträge gewann er als sein Eigentum. In der Realität sah es hingegen so aus, dass ein Leibeigener hinsichtlich aller Handlungen, die die Pflichten in Form der Hofdienste und Abgaben beeinträchtigen könnten, eingeschränkt war.[574] Insofern galt nichts anderes als beim sonstigen Eigentum. Dieser Vorrang der Dienstverpflichtungen gegenüber dem Gutsherrn beinhaltete u.a. die Pflicht des Leibeigenen, das Gut nicht ohne Einwilligung des Gutsherrn zu verlassen sowie keine Geschäfte oder Verbindungen einzugehen, die den gutsherrlichen Interessen zuwider laufen könnten.[575] Verpflichtungen zu persönlichen Leistungen im Rahmen anderweitiger Verdienstmöglichkeiten waren somit unzulässig, wenn sie mit dem Leibeigenschaftsstatus unverträglich waren, beispielsweise bei einer fortdauernden oder langen Abwesenheit vom Gut oder beim Militärdienst.[576]

Für die holsteinisch-plönischen Lande bestand seit 1750 eine Verordnung, die dem Missbrauch, dass sich Leibeigene gegen höheres Entgelt nach anderswo

570 *Schrader*, Handbuch, 1. Band, S. 9 (Fn. (p)).
571 *Gloy*, Beiträge, S. 67; *Schrader*, Materialien, S. 232 (265 f.).
572 *Sering*, Erbrecht, S. 301.
573 Sammlung (SHV) (*Michelsen/Johannsen*), Num. CCLXXV, S. 988 (988 f.).
574 *Schrader*, Materialien, S. 232 (249); *Schrader*, Lehrbuch, 2. Band, S. 33; *Hanssen*, Aufhebung, S. 17; *Falck*, Handbuch, 4. Band, S. 207.
575 *Kinder, Chr.*, Gründe, S. 69; *Schrader*, Materialien, S. 232 (249 ff.).
576 *Schrader*, Materialien, S. 232 (251 bzw. 251 (Fn. **))).

vermieteten und die Verpflichtungen am eigenen Hof vernachlässigten, abhelfen sollte. Danach durften sich Leibeigene nicht mehr nach außerhalb ihres Amtsdistrikts vermieten. Sie durften ihre Dienste überhaupt nur dann vermieten, wenn die Versorgung ihres Hofs mit genügend Arbeitskräften gesichert war. In solchem Fall hatten sie die Möglichkeit, nach Erlangung amtlichen Konsenses und gegen Erlegung einer bestimmten Summe, in einem anderen Gutsbezirk, auch in einem freien, ihre Arbeitskraft gegen Entgelt zu vermieten.[577]

Im Ergebnis haben leibeigene Untergehörige wohl nur sehr selten persönliche Dienstleistungen als Verdienstmöglichkeiten außerhalb ihres Gutshofs anbringen können. Sie werden regelmäßig mit den Verpflichtungen auf ihrem Gut stark belastet gewesen sein und brauchten zusätzlich noch die obrigkeitliche Genehmigung zur anderweitigen Verdingung. Vorgekommen ist dies in den Fällen, in denen alle Jungens- und Knechtsdienste auf den Bauernstellen und auf dem gutsherrlichen Hof besetzt waren. Gewöhnlich wurde dann der älteste Knecht als Inste außer Dienst gestellt, so dass er und die übrigen überflüssigen Knechte und Mägde mit gutsherrlicher Genehmigung und gegen Zahlung außerhalb des Guts dienen konnten.[578]

Im Zusammenhang mit dem Eigentum ist auch das Treiben von Handel und Gewerben zu berücksichtigen. Als dessen zwingende Voraussetzung musste der Konsens des Gutsherrn eingeholt werden.[579] Die Einwilligung des Gutsherrn in solche Geschäfte seiner Untergehörigen brachte rechtliche Konsequenzen mit sich. Zum einen erwarb der Leibeigene die Gewinne aus den Geschäften als sein Eigentum. Zum anderen implizierte der gutsherrliche Konsens Rechtsfolgen, die von der regelmäßigen Ausgestaltung der Eigentumsrechte der Leibeigenen erheblich abwichen. So war es den Leibeigenen zwar grundsätzlich verboten, Schulden zu machen.[580] Betrieben sie aber einen Handel oder ein Gewerbe mit Zustimmung ihres Herrn, knüpften sich daran die gewöhnlichen rechtlichen Konsequenzen, wodurch beispielsweise die Fähigkeit und Möglichkeit der Eingehung von Verbindlichkeiten mit potentiellen Schulden gegenüber den Gläubigern rechtlich anerkannt war.[581] In solch einem Fall hatte es der Gutsherr sogar zu dulden, dass ein Leibeigener, der sich vertraglich zum Einlager[582] verschrie-

577 Sammlung (HPV) (*Brünner*), No. LXI, S. 503 (504 f.).

578 *Schrader*, Materialien, S. 232 (S. 246 (Fn. *))); vgl. *Hanssen*, Aufhebung, S. 20, 23.

579 *Falck*, Handbuch, 4. Band, S. 207 bzw. S. 207 (Fn. 83)); *Falck*, Rede, S. 473 (486); *Schrader*, Handbuch, 1. Band, S. 9; *Schrader*, Materialien, S. 232 (249 f.).

580 Urtheile, No. 370, S. 408 (408).

581 *Falck*, Handbuch, 4. Band, S. 207 bzw. S. 207 (Fn. 83)); *Falck*, Rede, S. 473 (486 bzw. 486 (Fn. 8))); *Schrader*, Handbuch, 1. Band, S. 9 (Fn. (s)); Urtheile, No. 247, S. 281 (281).

582 Das Einlager (obstagium) war eine seit dem zwölften Jahrhundert bekannte Sonderform der Bürgenhaftung, die positivrechtlich schon im Sachsenspiegel, Landrecht, 2. Buch, Art. 11, § 3, Satz 2 („*Hatte er auch versprochen, deswegen einzureiten, so ist er des*

ben hatte, was er ohne die herrschaftliche Genehmigung seines Handels- und Erwerbsgeschäfts nicht rechtswirksam gekonnt hätte, bei Nichterfüllung des Kontrakts vom Gläubiger auch in dieses gemahnt wurde.[583]

c. Privatverhältnisse

Der leibeigene Gutsuntertan stand zu seinem Gutsherrn auch bezüglich seiner Privatverhältnisse in einer Rechte-Pflichten-Beziehung. Der Begriff der Privatverhältnisse erfasst die Bereiche der Berufswahl und der Eingehung von Ehen.

aa. Berufswahl

Ein leibeigener Untertan hatte grundsätzlich keine Freiheit hinsichtlich der Berufswahl. Zwar taucht der Begriff „Beruf" in der damaligen Literatur nicht auf, jedoch finden sich Rechtssätze, die es Leibeigenen verboten, sich ohne Einverständnis ihres Herrn vor dem Ablauf ihrer Dienstjahre einem Handwerk oder einer Kunst in der Form der Erlernung oder der Ausübung zu widmen.[584] Das rührte daher, dass die Untergehörigen regelmäßig ausschließlich zur Durchführung landwirtschaftlicher Tätigkeiten bestimmt waren und der Gutsherr verfassungsgemäß ein ius quaesitum[585] besaß, das ihm jederzeit die Möglichkeit gab, seinen Untergehörigen während der Dauer seiner Dienstpflichtigkeit, eventuell gegen Vergütung, im landwirtschaftlichen Bereich einzusetzen.[586]

Einreitens ledig, aber weder des Geldes noch der Schuld, weswegen er einreiten sollte." (*Schott*, S. 102)) unter dem Begriff des Einreitens normiert war. Das Einlagerversprechen diente der vertraglichen Sicherung von nicht vertretbaren persönlichen wie auch vermögensrechtlichen Leistungen, um die außergerichtliche Vollstreckungssicherung zu ermöglichen. Praktisch sah dies so aus, dass sich der Bürge oder Schuldner verpflichtete, bei Fälligkeit der Schuld unaufgefordert oder nach Mahnung des Gläubigers einen bestimmten Ort aufzusuchen und diesen ohne Einwilligung des Gläubigers nicht wieder zu verlassen, sondern solange dort auf Kosten des Hauptschuldners oder auf eigene Kosten zu leben, bis die Schuld völlig getilgt war (HRG/*Kellenbenz*, 1. Band, Sp. 901 f.; LMA/*Schuler*, 3. Band, Sp. 1743).

583 *Friccius*, Observationes, specimen secundum, S. 62 (75 f.); *Schrader*, Handbuch, 1. Band, S. 9 (Fn. (s)); Urtheile, No. 247, S. 281 (281 f.).

584 *Schrader*, Lehrbuch, 2. Band, S. 33; *Schrader*, Materialien, S. 232 (251); *Hanssen*, Aufhebung, S. 16; *Falck*, Handbuch, 4. Band, S. 210; *Hennings*, Huelfs-Buch, 1. Band, S. 12.

585 Iura quaesita ist eine übliche Sammelbezeichnung der subjektiven Rechte, die eine einzelne natürliche oder juristische Person durch einen Rechtsvorgang im Rahmen der bestehenden Rechtsordnung erlangt hat (HRG/*Pirson*, 2. Band, Sp. 472).

586 *Schrader*, Materialien, S. 232 (241 bzw. 251 (Fn. *))).

Demgegenüber hatte der Untergehörige aber auch das Recht, ausschließlich in der Landwirtschaft tätig zu sein, so dass er von seinem Herrn nicht zur Ausübung oder zur Erlernung eines Handwerks gezwungen werden konnte. Hatte der Gutsherr Bedarf an Handwerkern oder Gewerbeausübungen, war er auf den freien Entschluss seiner Leibeigenen angewiesen.[587] Diese konnten sich folglich nicht der ackerbaulichen Tätigkeit durch Erlernung einer Kunst entziehen,[588] doch gab es wohl immer genug Untertanen, die bereit waren, Handwerkskünste zu erlernen, um der belastenderen landwirtschaftlichen Arbeit zu entgehen.[589] Oftmals wurden leibeigene Knaben auf Kosten der Gutsherrn zu städtischen Handwerkern in die Lehre geschickt und bei gesichertem anderweitigen Einkommen sogar von ihnen freigelassen.[590] Eine unbedingte Erlaubnis des Gutsherrn zur Erlernung eines Handwerks zog für den Leibeigenen sogar eine rechtsverbindliche fortwährende Freistellung von den Hofdiensten nach sich.[591]

bb. Eheschließung

Die rechtliche Stellung als leibeigener Untertan brachte es zudem mit sich, dass selbst die Eingehung der Ehe dem Konsens des Gutsherrn unterfiel.[592] Der Grund für diesen gutsherrlichen Genehmigungsvorbehalt war die Aufrechterhaltung des gutswirtschaftlichen Systems. Da der Gutsherr für die Unterhaltung der Armen zuständig war, gebührte ihm auch die Kontrolle über die Bevölkerungsverhältnisse auf seinem Gut. An einer mengenmäßig über die Zahl der erforderlichen Arbeitskräfte hinausgehenden Einwohnerschaft hatte er kein Interesse, so dass teilweise sogar der uneheliche Geschlechtsverkehr mit erheblichen Strafen belegt war.[593]

Die Verehelichung eines Leibeigenen zog verschiedene rechtliche Konsequenzen nach sich, die sich insbesondere auf Rechtsgüter des Gutsherrn auswirkten, so dass eine Veränderung dieser Rechtspositionen von seiner Einwilligung als Dienstberechtigtem abhängen musste. So rückte eine Magd durch Heirat in den Stand einer Instin vor und wurde von ihren Hofdiensten als Magd befreit.[594]

---

587 *Hanssen*, Aufhebung, S. 16 bzw. S. 16 (Fn. +)); *Schrader*, Materialien, S. 232 (241).
588 *Schrader*, Materialien, S. 232 (251).
589 *Hanssen*, Aufhebung, S. 16 (Fn. +)).
590 *Hanssen*, Aufhebung, S. 16 f. (Fn. +)).
591 *Schrader*, Materialien, S. 232 (251 (Fn. *))).
592 *Hennings*, Huelfs-Buch, 1. Band, S. 12; *Anonymus*, Abhandlung, S. 361 (432); *Schrader*, Lehrbuch, 2. Band, S. 33; *Schrader*, Handbuch, 1. Band, S. 6; *Schrader*, Materialien, S. 232 (250); *Falck*, Handbuch, 4. Band, S. 206 f.; *Gloy*, Beiträge, S. 55; *Hanssen*, Aufhebung, S. 17; *Kinder, Chr.*, Gründe, S. 69.
593 *Staehly*, Untersuchungen, S. 38.
594 Vgl. *Schrader*, Materialien, S. 232 (246 bzw. 246 (Fn. *)))).

Allerdings führte regelmäßig die zuletzt verheiratete Instin den Dienst als Magd noch mindestens ein Jahr fort, wenn auf dem Gut ein Mangel an weiblichen Dienstboten herrschte. Von diesem Dienst befreite sie lediglich eine Schwangerschaft.[595] Die Versorgung und Erhaltung des Ehepaares und seiner Kinder war dem Gutsherrn rechtlich aufgetragen. Diese rechtlichen Konsequenzen, Dienstausfälle und höhere Kosten, und deren Auswirkungen auf die Hofwirtschaft rechtfertigten seinen Genehmigungsvorbehalt.[596] Dieser bestand jedoch nicht nur im gutsherrlichen Interesse, sondern auch im Hinblick auf eine gesicherte Versorgung der Untertanen im Eheverhältnis, die durch ihre enge Verbindung zum Gutshof stark von dessen Wirtschaft abhing.[597]

Dieses gutsherrliche Recht wurde Mitte des 18. Jahrhunderts in dem „Rescript an die Visitatores des Segebergischen Consistorii, d. d. Christiansburg, den 27 Martii 1741, daß die zu Segeberg, Oldesloe, Pronsdorf, Warder und Bornhövet eingepfarrte Fürstl. Plönische leibeigene Unterthanen, ohne Vorzeigung eines Amts-Consensus, nicht zu trauen“ von der Landesherrschaft bestätigt. Hinsichtlich der Verheiratung von Untergehörigen wurde dort bestimmt, dass *„nicht einmal ein Adelicher Untergesessener ohne des Guths-Herrn Einwilligung copuliret werden dürfte“*. Diese Verfügung gab somit *„sämtlichen Predigern an vorbenannten Kirchen“* auf, *„daß sie keinen von den Fürstl. Plönischen leibeigenen Unterthanen, ohne Obrigkeitlichen Trau-Schein weiter copuliren, vielmehr die Vorzeigung eines solchen Amts-Consensus in Zukunft allemal erfordern sollen“*.[598]

Ging eine leibeigene Person eine Ehe ein, ohne dass die Einwilligung des Gutsherrn vorlag, verlor dieser nicht seine Rechte an der Person. Auf keinen Fall wirkte sich die ungenehmigte Ehe an einem anderen Ort auf den Status der Leibeigenschaft aus.[599] Regelmäßig wurde eine ungenehmigte Ehe aber nicht als nichtig angesehen, sondern dem Gutsherrn wurde eine angemessene Entschädigung für den Verlust einer Arbeitskraft zugestanden.[600] Im Fall der Zustimmung des Gutsherrn zur Heirat eines seiner leibeigenen Untertanen fiel im Bereich der nordwestdeutschen Leibeigenschaft im Regelfall eine Heiratsabgabe, das maritagium (Bedemund), an.[601] Diese war vom Prinzip her mit dem mortuarium, der

---

595 Vgl. *Hanssen*, Aufhebung, S. 21; *Schrader*, Materialien, S. 232 (246 bzw. 246 (Fn. *))).

596 Vgl. *Schrader*, Materialien, S. 232 (250 (Fn. *))); *Hanssen*, Aufhebung, S. 17.

597 Vgl. *Anonymus*, Abhandlung, S. 361 (432); *Schrader*, Handbuch, 1. Band, S. 6 (Fn. (g)).

598 CCRH (*Cronhelm*), 2. Band, Num. IV, S. 470 (470).

599 *Schrader*, Handbuch, 1. Band, S. 5 f. bzw. S. 6 (Fn. (f)); Urtheile, No. 234, S. 267 (267).

600 *Falck*, Handbuch, 4. Band, S. 206 f. (Fn. 82)); Urtheile, No. 234, S. 267 (267).

601 Das maritagium war eine Heiratssteuer, die Grund- und Schutzhörige an den Grundherrn zu entrichten hatten. Dies galt zumeist nur, wenn eine weibliche Leibeigene von einem Mann aus einer fremden Grundherrschaft geehelicht wurde. Der Ehemann hatte

Erbschaftsabgabe im Todesfall, vergleichbar. Ebenso wie das mortuarium war jedoch auch das maritagium im Rahmen der holsteinischen Leibeigenschaft nicht gebräuchlich.[602]

d. Versorgungsverhältnisse

Den umfangreichen Dienstverpflichtungen des leibeigenen Untertanen standen dessen umfassende Versorgungsansprüche gegen die Herrschaft gegenüber. Regelmäßig wurde nicht näher zwischen den verschiedenen Ansprüchen, die sich aus diesem allgemeinen Versorgungsverhältnis ergaben, differenziert. Vielmehr wurden sie lediglich als *„aus der Natur der Leibeigenschaft fliessende, dem Gutsherrn aufliegende Conservation der Leibeigenen“* bezeichnet, die die Aufgabe besaßen, *„diese im Nothfalle gegen den Mangel der Lebensbedürfnisse“* abzusichern.[603]

Da der Untergehörige während der Dauer seiner Dienstjahre faktisch fast seine komplette Zeit und Arbeitskraft in den Dienst der Hofwirtschaft stellte, war der Gutsherr verpflichtet, dessen lebenslange Grundversorgung sicherzustellen. Zur Grundversorgung zählten die Leistungen, die die unmittelbare Lebensgrundlage des Leibeigenen sicherten. Die weitergehende Versorgung beinhaltete zusätzliche Kostenfaktoren, vor allem im medizinischen und juristischen Sektor, die mittelbar der Sicherung der Lebensgrundlage des Untergehörigen dienten. Auch sämtliche übrige Kosten, die nicht mehr direkt die Erhaltung der Lebensgrundlage betrafen, aber noch zur Versorgung der Leibeigenen gerechnet werden konnten, wurden vom Gutsherrn bestritten.

Die Konservation der Untertanen konnte in einem voll ausgeprägten gutswirtschaftlichen Betrieb nur aufgrund der herrschaftlichen Versorgung gewährleistet werden. Die Erhaltung der arbeitenden Gutsbevölkerung stellte die Basis einer funktionierenden Gutswirtschaft dar. Nur so konnten die Hofdienste der Untertanen, von denen alles abhing, gesichert werden.[604]

---

das maritagium als Entschädigung dafür zu zahlen, dass dem Grundherrn durch die Heirat eine unfreie weibliche Arbeitskraft verloren ging. Heiraten innerhalb eines Guts waren oftmals von der Abgabe ausgenommen, Heiraten zwischen verschiedenen Gütern waren es dann, wenn die Gutsherren entsprechende Freizügigkeitsverträge abgeschlossen hatten (vgl. HRG/*Erler*, 3. Band, Sp. 279 f.; LMA/*Droege*, 1. Band, Sp. 1781).

602 *Falck*, Handbuch, 4. Band, S. 207; *Schrader*, Lehrbuch, 2. Band, S. 35.

603 *Schrader*, Lehrbuch, 2. Band, S. 37.

604 *Prange*, Freikauf, S. 16 (19); vgl. *Prange*, Gut, S. 57 (67).

aa. Grundversorgung

Im Rahmen der Grundversorgung war der Gutsherr zu den Leistungen verpflichtet, die der Sicherung der unmittelbaren Lebensgrundlage dienten. Dies umfasste allgemeinen Schutz und sonstige notwendige Erhaltungsmaßnahmen.[605] In erster Linie genügte der Gutsherr dieser Pflicht, indem er seinen Untergehörigen Hufenstellen zur eigenen Bewirtschaftung überließ und ihnen damit eine permanente Lebensgrundlage zur Verfügung stellte. Reichte diese nicht zur Ernährung sämtlicher Hufner und Insten sowie des Gesindes aus, hatte er in Notfällen unentgeltliche Armenpflege zu übernehmen, also für die Unterbringung und Ernährung all der Leibeigenen zu sorgen, die sich nicht selbständig am Leben halten konnten.[606] Dies galt insbesondere für die arbeitsunfähigen Witwen und Waisen sowie für die altersschwachen Insten.[607] Bei kranken oder unvermögenden Insten hatten zunächst „*seine nächsten Blutsfreunde*" die lebensnotwendige Unterstützung zu besorgen. Nur wenn diese ihnen nicht möglich war, fielen sie dem Gutsherrn zur Last. Auf einigen Gütern waren Fonds und Vermächtnisse eingerichtet worden, die dazu bestimmt waren, solche Aufwendungen zu tragen.[608] Die „*Konservation der Hofwirthe (...) im Nothfall (...) zur Erhaltung der Menschen, oder des Inventarii an Vieh und Geräthe*"[609] erfolgte teilweise, insbesondere nach Unglücksfällen oder schlechten Ernten, nur mittels eines Vorschusses an Brot, Saatkorn oder Geld.[610]

Zudem hatten die Untergehörigen grundsätzlich zeitlebens ein Bleibe- bzw. Wohnrecht auf dem Gut. Denjenigen Hufnern und Kätnern, die eine eigene Hufe zur Bewirtschaftung zugeteilt bekommen hatten, stand ein Bewohnungsrecht ihrer Hofstellen während dieser Zeit zu. Hatten sich leibeigene Insten mit der Erlaubnis ihres Herrn auf eigene Kosten Wohnungen gebaut, standen sie in ihrem Eigentum. Oftmals bekamen sie die Baumaterialien unentgeltlich von der Herrschaft gestellt, hatten im Gegenzug aber eine jährliche Grundheuer für den Bauplatz zu entrichten.[611] Machte der Gutsherr als Eigentümer des Grund und Bodens von seinem Recht Gebrauch, anderweitig über eine Hufe zu verfügen, war sie jedoch von den Leibeigenen gegen eine angemessene Entschädigung erfolgter Meliorationen zu räumen.[612] Alte und arbeitsunfähige Hufner erhielten auf ihrer ehemaligen Hufenstelle den sog. Altenteil, d.h. eine Wohnung in der

605 *Schrader*, Handbuch, 1. Band, S. 7.
606 *Schrader*, Materialien, S. 232 (253); *Schrader*, Lehrbuch, 2. Band, S. 37; *Falck*, Handbuch, 4. Band, S. 210; *Hanssen*, Aufhebung, S. 17, 24.
607 *Hanssen*, Aufhebung, S. 24.
608 *Schrader*, Materialien, S. 232 (248).
609 *Schrader*, Materialien, S. 232 (264).
610 *Kinder, Chr.*, Gründe, S. 70 (Fn. 5).
611 *Hanssen*, Aufhebung, S. 21.
612 Vgl. *Schrader*, Lehrbuch, 2. Band, S. 39 f.

neben den Hufengebäuden befindlichen Altenteilskate, und alles zu ihrem Lebensunterhalt Notwendige. Dafür hatten vorrangig die Nachfolger in der Hufenstelle aufzukommen.[613]

bb. Weitergehende Versorgung

Die weitergehende Versorgung diente nur mittelbar der Erhaltung der Lebensgrundlage. Sie zeichnete sich im Gegensatz zur Grundversorgung vor allem dadurch aus, dass sie fast ausschließlich aus der Übernahme von Kosten und nicht in erster Linie aus Realleistungen bestand. Sie umfasste viele unterschiedliche Bereiche, für die der Gutsherr finanziell aufzukommen hatte. Insbesondere trafen ihn Verpflichtungen im medizinischen und juristischen Sektor, d.h. er hatte die von den Leibeigenen verursachten Kosten hinsichtlich ärztlicher Behandlung und rechtlicher Verfahren zu zahlen.

In Justizsachen war es grundsätzlich so, dass ein Leibeigener in allen Rechtsangelegenheiten sportelfrei war, der Gutsherr also unentgeltliche Rechtspflege zu besorgen hatte, gleichgültig ob es sich um Zivil- oder Strafsachen handelte.[614] Dies galt für die kompletten Kosten des Gerichtsherrn, sogar die „Kriminalkosten" in Verfahren in Strafsachen, allerdings mit der Besonderheit, dass den Hufnern als persönliche Last die Bewachung der Delinquenten oblag. Besaß der Gutsherr einen eigenen Justitiar, arbeitete dieser auf Kosten seines Arbeitgebers und nicht auf die der Mandanten.[615]

Im medizinischen Sektor galt derselbe Grundsatz. Der Gutsherr hatte für sämtliche Kosten, sowohl die Arztrechnungen als auch eine weitergehende Behandlung mit Medizinpräparaten, aufzukommen.[616] Die Ausgaben im Bereich der medizinischen Pflege der leibeigenen Untergehörigen waren aber eher gering.[617]

Hinsichtlich des Schulwesens bestand die gutsherrliche Verpflichtung zu dessen vollständiger unentgeltlicher Übernahme.[618] Gerade im Hinblick auf die dem Gutsherrn gegen die Knechte zustehenden Ansprüche auf Dienstleistungen bestand seine explizite Gegenverpflichtung in dem *„ihnen in der Jugend zu gewährenden freien Unterrichte"*.[619] Jedes adlige Gut hatte seine eigene Schule,

---

613 *Hanssen*, Aufhebung, S. 18.

614 *Hanssen*, Aufhebung, S. 24; *Gloy*, Beiträge, S. 56; *Falck*, Handbuch, 4. Band, S. 209 f.

615 Vgl. *Schrader*, Materialien, S. 232 (253 (Fn. *))); *Kinder, Chr.*, Gründe, S. 70 f.; *Hanssen*, Aufhebung, S. 3, 24.

616 Vgl. *Kinder, Chr.*, Gründe, S. 70; *Hanssen*, Aufhebung, S. 24; *Gloy*, Beiträge, S. 56; *Schrader*, Materialien, S. 232 (248).

617 *Hanssen*, Aufhebung, S. 27.

618 *Gloy*, Beiträge, S. 56; *Hanssen*, Aufhebung, S. 24; *Falck*, Handbuch, 4. Band, S. 209 f.; *Schrader*, Materialien, S. 232 (253); *Kinder, Chr.*, Gründe, S. 71.

619 *Schrader*, Materialien, S. 232 (246).

meist eine kleine Kate mit einer dunklen, engen Schulstube, in der gewöhnlich ein schlecht bezahlter ungebildeter Mann aus einem der unteren Stände, überwiegend ein invalider Soldat, ein abgenutzter Diener oder ein kleiner Handwerker aus dem Dorf, den Unterricht erteilte.[620] Dieser Unterricht bestand zumeist nur im Lesen und Auswendiglernen des Landeskatechismus und einiger Religionsbegriffe und Gebete. Das Lehren des Schreibens und Rechnens wurde für Luxus erklärt, wenn es nicht sogar den Lehrern von gutsherrlicher Seite verboten wurde, um die Leibeigenen beständig unter einem gewissen Bildungsniveau zu halten, das ihnen kaum mehr als die für den Gutsherrn zu verrichtende Arbeit ermöglichte. „*An Uebung der Verstandeskraefte, Entwikkelung und Aufklaerung der Begriffe, Schaerfung des Urtheils und Anleitung zum Selbstdenken wird gar nicht gedacht.*“[621] Zudem besuchten die Kinder die Schule oft nur unregelmäßig, da sie ihre Eltern häufig bei der Erfüllung ihrer Dienstverpflichtungen unterstützen mussten oder sogar eigene Frondienste[622] zu verrichten hatten.[623] Mit Beginn der Feldarbeiten im Frühling leerten sich die Schulen zusehends, in der sommerlichen Hocharbeitsphase stand der Unterricht ganz still, und das wenige, in der Zwischenzeit Erlernte wurde bis zum erneuten Schulbeginn gegen Ende des Jahres wieder vergessen.[624]

Da das Schulwesen für den Gutsherrn eine zeitliche und finanzielle Belastung darstellte und der Wirtschaft seines Guts nicht diente, wurde diese Verpflichtung häufig nachlässig behandelt.[625] Für den Bereich des Amts Plön jedoch enthalten die überlieferten Urkunden keine dementsprechenden Angaben. Oftmals werden die örtlichen Geistlichen, die die stärksten Kritiker des Schulwesens waren,[626] freiwillig und ohne Entschädigung den Unterricht abgehalten haben. Dorfschulmeister wurden in den Plöner Dörfern erst seit 1740 von Herzog Friedrich Carl angestellt.[627] Ihre Besoldung wurde in der „Renovirten Verordnung wegen der Dorfschulmeister“ vom 4. Februar 1750 genau und einheitlich für das gesamte Amt festgelegt, wobei die Besoldungskosten teils in Form eines geringen Barentgelts, teils in Form von Naturallieferungen anteilig auf die Voll- und Halbhufner sowie die Insten, Kätner und Handwerker umgelegt wurden.[628] Die

---

620 Vgl. *Hudtwalcker*, Landschulen, S. 39 (40 f., 43 f.); *Schröder, G.*, Zeit, S. 94.

621 *Hudtwalcker*, Landschulen, S. 39 (41).

622 Vgl. *Schrader*, Materialien, S. 232 (241 f. (Fn. *))); *Hanssen*, Aufhebung, S. 21 f.; *Gloy*, Beiträge, S. 58 f.

623 Vgl. *Scholtz*, Notizen, S. 61 (77); *Hanssen*, Aufhebung, S. 27; *Schröder, G.*, Zeit, S. 94; *Theen*, Leibeigenschaft, S. 80 (88 f.); *Jochims*, Bemerkungen, 1. Teil, S. 249 (258).

624 *Hudtwalcker*, Landschulen, S. 39 (43).

625 Vgl. *Hudtwalcker*, Landschulen, S. 39 (47).

626 Vgl. *Scholtz*, Notizen, S. 61 (77).

627 Vgl. *Kinder, Chr.*, Gründe, S. 71 bzw. S. 71 (Fn. 1)).

628 Sammlung (HPV) (*Brünner*), No. LX, S. 486 ff.

Unterhaltung der dörflichen Schulmeister oblag in diesem Fall also sogar den Leibeigenen selbst, die ihre Kinder in der Schule unterrichten lassen wollten.

Die allgemeine Folge dessen war jedenfalls, dass die Schriftlichkeit der Kommunikation auf den adligen Gütern regelmäßig ein Privileg der Herrschaft darstellte. Die Untertanen waren noch das gesamte 18. Jahrhundert fast komplett vom Schreiben und Lesen ausgeschlossen und unterschieden sich dadurch maßgeblich von den freien Dörfern, in denen obrigkeitlich bestellte Beamte die Verschriftlichung insbesondere der Rechtsbeziehungen einleiteten und förderten.[629] Jedoch bestritt der Gutsherr die gesamten Kontributionen, d. h. Beiträge und Steuern, die für die Leibeigenen in den übrigen Lebensbereichen anfielen. Dazu zählten z. B. die auf den Hufen ruhenden und an die Landesherrschaft abzuführenden Grundsteuern,[630] die Kommunalabgaben[631] sowie die über die Grundabgaben der Untertanen an den Pastor hinausgehenden Kosten für die Kirche.[632]

e. Justizverhältnisse

Auch und gerade die Justizverhältnisse[633] wurden in überragender Weise von der Gutsherrschaft kontrolliert. Der Besitz der Gerichtsherrschaft ließ dem Gutsherrn aber nicht nur das Recht der eigenständigen Organisation des Justizwesens zukommen, sondern erlegte ihm auch die Pflicht zur ordnungsgemäßen Erfüllung der damit verbundenen Aufgaben auf. Auf welche Weise er ihnen nachzukommen gedachte, blieb ihm dabei jedoch regelmäßig selbst überlassen.[634]

Grundlegend war zunächst, dass der Leibeigene ungeachtet seines Leibeigenschaftsbands den Status einer Person, eines Staatsbürgers, behielt.[635] Er wurde also im Rechtsverkehr als Rechtssubjekt angesehen, das Träger von Rechten und Pflichten sein konnte. Diese rechtliche Einordnung erlaubte es den Leibeigenen, überhaupt Rechtspositionen innehaben und geltend machen zu können. Gerichtliche Klagen von ihrer Seite waren folglich grundsätzlich jederzeit möglich und

---

629 *Göttsch*, Widerständigkeit, S. 367 (382).

630 *Hanssen*, Aufhebung, S. 20.

631 *Kinder, Chr.*, Gründe, S. 71; vgl. *Hanssen*, Aufhebung, S. 24 (Fn. *)).

632 *Gloy*, Beiträge, S. 56; *Kinder, Chr.*, Gründe, S. 70; *Hanssen*, Aufhebung, S. 24 (Fn. *)).

633 Vgl. hierzu die ausführliche Darstellung im 4. Teil der Arbeit („Rechtliche und gerichtliche Rahmenbedingungen für holsteinische Leibeigene") auf S. 143 ff., dort insbesondere den Abschnitt II. („Verhältnisse während der frühneuzeitlichen Leibeigenschaft") auf S. 158 ff., darin hauptsächlich das Kapitel 3. („Gerichtswesen") auf S. 187 ff.

634 Vgl. *Prange*, Gut, S. 57 (60).

635 *Schrader*, Lehrbuch, 2. Band, S. 36; *Falck*, Handbuch, 4. Band, S. 204; *Runde*, Grundsätze, S. 339 (§ 483), 389 (§ 536).

auch nicht selten.[636] Außer der Möglichkeit, ihr Recht vor dem Gutsgericht durchzusetzen, besaßen die Leibeigenen darüber hinaus ein unbedingtes Appellationsrecht an die landesherrlichen Gerichtsinstitutionen.[637] Von dieser Appellationsmöglichkeit wurde jedoch aus unterschiedlichen Gründen verhältnismäßig wenig Gebrauch gemacht.[638] Zudem fanden eigenmächtige Eingriffe der Landesherren in rechtliche Verfahren statt.[639]

Die Leibeigenen besaßen daher zwar in juristischen Verfahren eine eigene Rechtspersönlichkeit, doch stand ihnen die nahezu allmächtige Gutsherrschaft gegenüber. Der Gutsherr war als Inhaber der Patrimonialgerichtsbarkeit nicht nur ihr Gerichtsherr in Zivil- und Kriminalsachen, sondern hatte auch die Polizeigewalt im Gutsbezirk inne. Letzteres umfasste das Recht zur Ausübung örtlicher obrigkeitlicher Gewalt schlechthin. Der Gutsherr war daher der Gerichtsherr für seinen Gutsbezirk und übte damit regelmäßig auch die Kriminalgerichtsbarkeit über seine Untergehörigen aus.[640] Die grundsätzliche Pflicht des Gutsherrn, seinen Untertanen Schutz und Erhaltung zukommen zu lassen,[641] brachte auch die Pflicht mit sich, diese nicht unrechtmäßig zu behandeln, sondern alle Sävitien gegen sie zu vermeiden und ein menschliches, rechtmäßiges Verhalten an den Tag zu legen.[642] Im Hinblick auf die Justizverhältnisse galt folglich nichts anderes als für die Ausübung des Dienstzwangs. Dabei war es notwendig, eine herrschaftliche Pflicht immer wieder zu betonen, was nahelegt, dass die Realität eine andere war. Noch 1775 hieß es, *„daß man sich in den Criminal-Gerichten einiger adelichen Güther (...) aus einer irrigen Anwendung, des denen Besitzern zustehenden Dienstzwangs jezuweilen erlaube, die leibeigenen Untergehörigen (...) gewaltthätig zu behandeln, dieses aber dem rechtlichen Verfahren in Criminalfällen zuwider läuft, und nicht statt finden muß, als wird hiemit sämmtlichen Besitzern adelicher Güther (...) vorerwähnte Härte und Irregularitäten in ihren Criminal Gerichten (...) fürs künftige gänzlich abzustellen, aufgegeben“*.[643]

---

636 *Prange*, Gut, S. 57 (69).

637 *Schmidt, C.*, Leibeigenschaft, S. 133.

638 *Prange*, Gut, S. 57 (60); vgl. unten auf S. 187 ff.

639 Vgl. *Prange*, Gut, S. 57 (69).

640 Vgl. *Gloy*, Beiträge, S. 55; *Kinder, Chr.*, Gründe, S. 70; *Theen*, Leibeigenschaft, S. 80 (85); *Anonymus*, Abhandlung, S. 361 (430, 439 f.); HRG/*Selmer*, 1. Band, Sp. 1879; *Kramer*, Gerichtsbarkeit, S. 89 (90).

641 Vgl. *Leister*, Rittersitz, S. 45.

642 Vgl. den Haderslebischen Rezess von 1614 (Sammlung (SHV) (*Michelsen/Johannsen*), Num. XXXVI, S. 266 (269)); *Schrader*, Handbuch, 1. Band, S. 7; *Schrader*, Lehrbuch, 2. Band, S. 37; *Schrader*, Materialien, S. 232 (254); *Falck*, Handbuch, 4. Band, S. 210.

643 Reskript des Gottorfischen Obergerichts an die fortwährende Deputation der schleswig-holsteinischen Ritterschaft vom 16. Juni 1775, in: *Schrader*, Handbuch, 1. Band, S. 8 (Fn. (1)).

Hinsichtlich seiner Verpflichtungen gegenüber dem Gutsherrn hatte der Leibeigene im Regelfall einen Unterwürfigkeits- bzw. Leibeigenschaftseid abzulegen,[644] d. h. seiner Herrschaft bzw. dem Gutsbesitzer unbedingte Treue und Gehorsam zu geloben.[645] Dieser Vorgang hatte direkte Auswirkungen auf die Justizverhältnisse der Person. Im Übertretungsfall, also bei Entweichen des Leibeigenen aus dem Gutsbezirk oder bei einem anderweitigen Eidbruch, konnte gegen ihn auf gerichtlichem Weg vorgegangen und eventuell auf die Strafe wegen Meineids erkannt werden.[646] Der Eid war erstmals am Tag der Volljährigkeit zu leisten[647] und musste bei jeder Veränderung der Gutsherrschaft neu abgelegt werden.[648] Gegen Ende der Ära der Leibeigenschaft wurde er seitens der Herrschaft nur noch selten von den Untergehörigen eingefordert.[649] Im Vergleich zu seiner Arbeit und dem mit ihr verbundenen Dienstzwang war der Bereich der Jurisdiktion im Alltagsleben eines Leibeigenen regelmäßig von geringer Bedeutung.[650]

f. Dauer

Die rechtliche Dauer des Leibeigenschaftsverhältnisses bewegte sich in einem von genauen Regelungen abgesteckten Rahmen. Es gab sowohl für seine Begründung als auch für seine Aufhebung unterschiedliche Rechtsgründe.

aa. Begründung

Zu einem Leibeigenen konnte man auf verschiedene Weise werden. Dies konnte freiwillig oder unfreiwillig geschehen. Der nächstliegende Rechtsgrund für die unfreiwillige Annahme des Leibeigenschaftsstatus, bei dem jegliche Einflussmöglichkeit der betroffenen Person ausgeschlossen war, war der der Geburt. Ausschlaggebend für das Schicksal des Kindes war der Stand der Mutter, da der aus dem germanischen Rechtsleben bekannte Rechtssatz *„Das Kind folgt dem*

---

644 Beispiele bei *Hartmann*, de praescriptione, S. 434 (446); *Kinder, Chr.*, Gründe, S. 56; *Kinder, Joh. Chr.*, Urkundenbuch, S. 275; *Klußmann*, Herrschaftsbeziehungen, S. 33 (36 f.); Leibeigeneneid (*Michaelsen*), S.117.

645 *Göttsch*, Leibeigene, S. 105.

646 Vgl. *Schrader*, Lehrbuch, 2. Band, S. 32; *Schrader*, Handbuch, 1. Band, S. 7; *Falck*, Handbuch, 4. Band, S. 210; *Gloy*, Beiträge, S. 55; *Hanssen*, Aufhebung, S. 15; *Kinder, Chr.*, Gründe, S. 69.

647 *Kinder, Chr.*, Gründe, S. 56 f. (Fn. 1)).

648 Vgl. *Schrader*, Handbuch, 1. Band, S. 7 bzw. S. 7 (Fn. (i)).

649 *Schrader*, Lehrbuch, 2. Band, S. 33 f. (Fn. (2)).

650 *Prange*, Leibeigenschaftsprozesse, S. 118.

Busen“[651] in Holstein übernommen worden war.[652] Weiterhin konnte eine Person unfreiwillig durch Verjährung in den Stand eines Leibeigenen gelangen. Dazu musste er sich in einer Gegend niedergelassen haben, in der die ländliche Bevölkerung leibeigen war. Traf er als hinzugezogener freier Mensch mit dem Grundherrn keine Abmachung bezüglich seiner persönlichen Freiheit, wurde er selbst mittels der Behandlung durch den Grundherrn nach dem Ablauf einer bestimmten Frist leibeigen.[653] Diese Rechtsfolge musste aber nicht zwingend eintreten, sondern hing von den landschaftlich unterschiedlich gehandhabten Gepflogenheiten ab.[654] Sie war zwar gerichtlich anerkannt, jedoch herrschte allgemeine Unklarheit über den zeitlichen Maßstab sowie über die genauen Voraussetzungen, anhand derer die Begründung des Leibeigenschaftsstatus’ als rechtlich unumstößlich angenommen werden konnte.[655] Aufgrund fehlender konkreter rechtlicher Anhaltspunkte vertrat das adlige Landgericht einen gutsherrschaftsfreundlichen Standpunkt, wobei seine Rechtsprechung derart weitgehend war, dass es selbst frei geborene Kinder, deren Eltern aufgrund von Verjährung ihre Freiheit verloren hatten, zu Leibeigenen und demnach trotz ihrer jahrelangen Abwesenheit vom Geburtsort für vindizierbar erklärte.[656] Im Gegensatz zu den Rechtsgepflogenheiten einiger anderer deutscher Gegenden[657] ging eine Person in Holstein niemals bereits durch bloße Zuwanderung in die Leibeigenschaft eines Grundherrn über.[658]

---

651 Vgl. *Graf/Dietherr*, Rechtsprichwörter, S. 58 (Nr. 224); Deutsche Rechtsregeln (*Schmidt-Wiegand*), S. 62, 199, 247.

652 *Falck*, Handbuch, 4. Band, S. 205; *Gloy*, Beiträge, S. 56; *Hanssen*, Aufhebung, S. 16; *Schrader*, Lehrbuch, 2. Band, S. 27 f.; *Theen*, Leibeigenschaft, S. 80 (84).

653 Vgl. *Falck*, Handbuch, 4. Band, S. 205; *Gloy*, Beiträge, S. 56; *Hanssen*, Aufhebung, S. 16, 16 (Fn. **)); *Anonymus*, Abhandlung, S. 361 (395).

654 *Gloy*, Beiträge, S. 56.

655 *Hanssen*, Aufhebung, S. 16; *Falck*, Handbuch, 4. Band, S. 205.

656 Vgl. *Falck*, Handbuch, 4. Band, S. 205 (Fn. 77)); *Falck*, Rede, S. 487 f., 488 f. (Fn. 12)).

657 Bisweilen galt der Rechtsgrundsatz „*Luft macht eigen*“, wonach schon der bloße Zuzug in ein Gebiet leibeigen machte (*Graf/Dietherr*, Rechtssprichwörter, S. 59 (Nr. 242); Deutsche Rechtsregeln (*Schmidt-Wiegand*), S. 230 f.).

658 *Schrader*, Lehrbuch, 2. Band, S. 30; *Anonymus*, Abhandlung, S. 361 (395); *Falck*, Handbuch, 4. Band, S. 205 f.; *Hanssen*, Aufhebung, S. 16 (Fn. **)); missverständlich *Boehmer*, Untersuchung, S. 787 (787 f.), der zunächst behauptet, der Rechtsgrundsatz „*Luft macht eigen*“ gelte auch in Holstein, diese Behauptung jedoch dahingehend erläutert, „*daß, wer in einem (...) adelichen Dorfe, wo lauter Leibeigene sind, heyrathet, oder sonsten den Hof annimmt, derselbe auch ipso facto, ob er gleich von Geburt frey sey, ein Leibeigener werde, weil an dergleichen Orten die Leibeigenschaft gleichsam bey der Staette, und so beschaffen ist, daß, wer eine solche daselbst annimmt, oder darauf heyrathet, auch so fort eigen werde*“ (S. 788), wodurch seine Behauptung im Sinne der in der Darstellung folgenden Ausführungen relativiert und angeglichen wird.

Es war auch möglich, freiwillig in den Stand eines Leibeigenen einzutreten. Entgegen der vermeintlichen Erwartung kam dies sogar verhältnismäßig häufig vor. Es geschah insbesondere dann, wenn eine nichtleibeigene Person eine leibeigene Person ehelichen wollte oder unfreien Besitz ohne die Ausbedingung seiner persönlichen Freiheit zu übernehmen gewillt war. Über diesen gewichtigen personenrechtlichen Statuswechsel wurde regelmäßig, zumeist aus Beweisgründen, eine schriftliche Urkunde, der Ergebebrief, ausgefertigt, er konnte jedoch auch stillschweigend, also konkludent, stattfinden.[659] Diese Form der Ergebung ging vermutlich auf das alte deutsche Rechtssprichwort „*Trittst du mein Huhn, so wirst du mein Hahn*",[660] das auch in Holstein Anwendung fand,[661] zurück.[662] Die freiwillige Einbuße an Rechten, die mit der Unterwerfung unter eine Gutsherrschaft verbunden war, war als Gegenleistung für die Leistung des Gutsherrn, also seinen Ehekonsens oder die Überlassung von Land zur Nutzung, zu verstehen. Andere Rechtsgründe zur Begründung eines Leibeigenschaftsverhältnisses waren in Holstein grundsätzlich nicht gebräuchlich, insbesondere die Übergebung eines Schuldners an Hand und Halfter seines Gläubigers, die häufig Ursprung eines solchen Verhältnisses war,[663] ist in den Landesrechten nicht nachzuweisen.[664]

bb. Aufhebung

Enden konnte das Leibeigenschaftsverhältnis ebenfalls auf unterschiedliche Weise. Im Rahmen einer groben Differenzierung seiner verschiedenen Arten lässt sich wiederum das Kriterium der Freiwilligkeit heranziehen, dessen Beurteilungsgrundlage jedoch im Gegensatz zur Begründung eines solchen Verhältnisses nunmehr die Perspektive der Herrschaft darstellt. Freiwillig endete ein Leibeigenschaftsverhältnis, wenn der Leibherr seinen Leibeigenen aus freien

---

[659] *Falck*, Handbuch, 4. Band, S. 205, 205 (Fn. 76)); *Gloy*, Beiträge, S. 56; *Hanssen*, Aufhebung, S. 16; *Leister*, Rittersitz, S. 99; *Schrader*, Lehrbuch, 2. Band, S. 28 ff.

[660] *Graf/Dietherr*, Rechtssprichwörter, S. 59 (Nr. 241).

[661] *Boehmer*, de libertate, S. 810 (822); *Boehmer*, Untersuchung, S. 787 (788).

[662] *Schrader*, Lehrbuch, 2. Band, S. 30 f. (Fn. (1)).

[663] Sie kam bereits im Sachsenspiegel, Landrecht, 3. Buch, Art. 39, § 1, Satz 1 (*Schott*, S. 186) vor und wurde vom Lübischen Recht übernommen (vgl. CSPH (*Cronhelm*), Nr. VI, S. 39) und beibehalten (CSPH (*Cronhelm*), Nr. VII, S. 15 f.: „*Wann einer sein Gut aufftragen, und bonis cediren will, von Schulde die ihm mit Rechte abgemahnet werden, so mag der Kläger und Gläubiger sich des bedencken, biß zu dem nehesten Gerichte, ob er sich wolle an das Gut halten, oder aber die Person zu eigen annehmen*".

[664] Vgl. *Schrader*, Lehrbuch, 2. Band, S. 30.

Stücken im Wege einer förmlichen Freilassung ziehen ließ.[665] Eine Entlassung war aber zu keiner Zeit an formelle oder materielle Kriterien gebunden, sondern stand vollkommen im Belieben des Herrn. Dabei entschied dieser nicht nur, ob er einen Leibeigenen überhaupt freisetzen wollte. Vielmehr konnte er auch die Bedingungen für diesen Vorgang diktieren. Geschah die Entlassung nicht gänzlich umsonst, erhielt der Herr vom Freizulassenden üblicherweise eine gewisse Summe Geldes.[666]

Unfreiwillig konnte ein Leibeigenschaftsverhältnis grundsätzlich auf zweierlei Weise enden: durch Verjährung oder durch richterlichen Spruch. Die Beendigung aufgrund von Verjährung setzte voraus, dass sich ein Leibeigener eine bestimmte Zeit außerhalb seines Guts aufgehalten hatte, ohne von seinem Herrn reklamiert worden zu sein. Die Frist dieser Verjährung war nicht einheitlich, sondern hing davon ab, ob die entlaufene Person verheiratet oder unverheiratet war. War sie verheiratet, betrug die Frist zehn Jahre, war sie unverheiratet, fand regelmäßig die althergebrachte sächsische Verjährungsfrist von 31 Jahren, sechs Wochen und drei Tagen, die „*praescriptio Saxonica*",[667] Anwendung.[668] Diese Fristen für die Reklamation entflohener Leibeigener hatten 1636 Aufnahme in die Landgerichtsordnung gefunden[669] und waren somit landesherrlich sanktioniert.[670] Ihren Ursprung hatte diese Art der Regelung im Lübischen Recht, welches als Verjährungfrist für solche Fälle allerdings lediglich die Frist von „*Jahr und Tag*" festsetzte.[671] Der genaue Inhalt dieser im deutschen Mittelalter häufig

---

665 *Falck*, Handbuch, 4. Band, S. 210; *Schrader*, Lehrbuch, 2. Band, S. 41; *Schrader*, Handbuch, 1. Band, S. 10; *Theen*, Leibeigenschaft, S. 80 (84); vgl. Urtheile, No. 232, S. 265 (266).

666 Vgl. *Falck*, Handbuch, 4. Band, S. 210; *Schrader*, Handbuch, 1. Band, S. 10; *Hanssen*, Aufhebung, S. 16; *Theen*, Leibeigenschaft, S. 80 (84 f.); *Brinkmann*, Rechtsleben, S. 99; Urtheile, No. 232, S. 265 (266); No. 234, S. 267 (267).

667 Diese Frist setzte sich zusammen aus der üblichen dreißigjährigen Verjährungsfrist, wie sie schon bei den Römern und in vielen Stammesrechten existent war, und der Frist von Jahr und Tag, die bei den Sachsen ein Jahr, sechs Wochen und drei Tage dauerte (vgl. *Schröder/Künssberg*, Rechtsgeschichte, S. 789, 413 bzw. 413 (Fn. 129), 411 bzw. 411 (Fn. 117).

668 *Hartmann*, de praescriptione, S. 434 (450); *Falck*, Handbuch, 4. Band, S. 210 f.; *Hanssen*, Aufhebung, S. 16; *Schrader*, Lehrbuch, 2. Band, S. 41; *Schrader*, Handbuch, 1. Band, S. 11; *Klußmann*, Flucht, S. 118 (119); *Schmidt, C.*, Leibeigenschaft, S. 135.

669 „*Betreffend die außgetretene Adeliche Untergehörige, verordnen und wollen Wir, wann Conjugatae und verehligte Personen, sich zehen Jahr aus der vom Adel Gütern auffgehalten, daß dieselbe alsdann nicht wieder zu revocirn, lehdige und unverheyrahtete aber, anderer gestalt nicht, dann durch die praescriptionem Saxonicam gesichert, und von der Vindication und Wiederforderung befreyet seyn.*" (LGO-SH (1636), 5. Aufl., 4. Theil, Tit. V, § 15, Satz 1 (S. 104)).

670 Vgl. *Klußmann*, Flucht, S. 118 (119); *Ratjen*, Bemerkungen, S. 348 (352).

671 „*Wann aber ein Bürger in einer Stadt, da Lübisch Recht gebraucht wird, Jahr und Tag gesessen hat, und alsdann von einem andern als sein eigen Mann angesprochen, und*

verwandten Zeitbestimmung ist jedoch umstritten und oftmals je nach Rechtsquelle unterschiedlich, so dass die Frist ein Jahr und einen Tag, ein Jahr und sechs Wochen oder aber ein Jahr, sechs Wochen und drei Tage betragen konnte.[672] Im Hamburgischen Recht betrug die Frist zur Erlangung der persönlichen Freiheit zehn Jahre.[673] Die Vorschrift der Landgerichtsordnung wurde dem mittelalterlichen Rechtsgrundsatz „Stadtluft macht frei" ganz bewusst entgegengesetzt.[674]

Um in Holstein in den Genuss der Rechtsfolge der Verjährung zu kommen, setzte die Landgerichtsordnung lediglich fest, dass sich eine Person während der angegebenen Zeitspanne außerhalb des Guts aufgehalten haben musste.[675] In Hamburg und Lübeck dagegen waren die Bedingungen dafür trotz des kürzeren Zeitraums weitaus schärfer formuliert. In keiner der beiden Städte reichte dem Wortlaut nach der bloße Aufenthalt aus. Vielmehr musste man in Hamburg seine Wohnung und „Wesen" gehabt haben,[676] in Lübeck war es sogar notwendig, dass man Bürger der Stadt war und am Lübecker Bürgerrecht teilhatte.[677] Nicht notwendig waren hingegen „bona fides" (guter Glaube) oder „iustus titulus" (ein rechtlicher Titel),[678] womit eine Übereinstimmung mit dem Lübischen Recht, jedoch ein Gegensatz zum Gemeinen Recht bestand,[679] nach dem „mala fides" (böser Glaube) das Zustattenkommen der Präskription grundsätzlich verhinderte.[680]

Schließlich konnte ein Leibeigenschaftsverhältnis durch richterlichen Spruch beendet werden. Diese Alternative war als Sanktion für Fälle vorgesehen, in de-

---

solches mit Zeugen, daß er eigen wäre, beweiset würde; kann dagegen der Bürger durch Rahtmanne oder besessene Bürger wahr machen, daß er über Jahr und Tag am Bürgerrecht und Bürger gewesen, und in der Zeit unbesprochen blieben, so bleibet er der Ansprache ledig und frey." (CSPH (*Cronhelm*), Nr. VI, S. 68; CSPH (*Cronhelm*), Nr. VII, Lib. I, Tit. III, Art. III (S. 16 f.)).

672 Vgl. LMA/*Köbler*, 5. Band, Sp. 279; *Köbler*, Wörterbuch, S. 260; *Klein-Bruckschwaiger*, Jahr, S. 441 (441 ff.); *Hardenberg*, Frist, S. 287 (287 ff.).

673 „*Da aber dieser Stadt Buerger von einem andern als sein eigen Mann angesprochen vnd solches beweiset wuerde Kan dagegen der Bürger wahr machen daß er vber zehen Jahr ohne ansprüche in dieser guten Stadt sich auffenthalten seine Wohnung vnd wesen allhie gehabt so soll er seiner ruhesamen besitzunge geniessen vnd ferner anspruece ledig vnd frey bleiben.*" (Hamburger Stadtrecht, 1. Theil, Tit. II, Art. 2 (Satz 2)).

674 Vgl. GSH (*Klose*), 5. Band, S. 190.

675 Vgl. LGO-SH (1636), 5. Aufl., 4. Theil, Tit. V, § 15, Satz 1, S. 104; *Schrader*, Handbuch, 1. Band, S. 12.

676 Vgl. Hamburger Stadtrecht, 1. Theil, Tit. II, Art. 2 (Satz 2).

677 Vgl. das Lübische Recht in: CSPH (*Cronhelm*), Nr. VI, S. 68; CSPH (*Cronhelm*), Nr. VII, Lib. I, Tit. III, Art. III, (S. 16 f.).

678 Vgl. *Mevius*, Commentarii, Lib. I, Tit. III, Art. III, S. 136 (Nr. 16 f.) bzw. S. 137 (Rdnr. 16 f.); *Hartmann*, de praescriptione, S. 434 (480); *Schrader*, Handbuch, 1. Band, S. 12.

679 *Schrader*, Handbuch, 1. Band, S. 12 (Fn. (x)).

680 Vgl. *Mevius*, Bedencken, S. 76 (Rdnr. 135).

nen ein Leibherr die Gewalt über seine Untergebenen missbrauchte[681] oder ihre Freilassung widerrechtlich verweigerte[682]. Dabei handelte es sich allerdings um einen Grundsatz aus dem Gemeinen Recht,[683] der aufgrund der gesetzlichen Bestimmungen in Holstein nicht in dieser Form zur Geltung kam. So lässt sich für die Beendigung eines Leibeigenschaftsverhältnisses durch richterlichen Spruch kein Beispiel finden,[684] allerdings konnte dem Gutsherrn in Missbrauchsfällen alternativ die Patrimonialgerichtsgewalt genommen werden,[685] wofür sich im Gegensatz zur Beendigung von Leibeigenschaftsverhältnissen durchaus Beispiele aus der holsteinischen Geschichte anführen lassen.[686] Die holsteinischen Gesetze schlossen die Anwendung dieses gemeinrechtlichen Grundsatzes bereits frühzeitig aus und drohten den Gutsherren schon 1614 für den Fall missbräuchlicher Gewaltanwendung nur eine allgemeine Strafe, nicht jedoch den Verlust ihrer Machtstellung gegenüber der leibeigenen Person an.[687] Ähnliches war auf Reichsebene bereits 1555 im Reichsabschied zu Augsburg festgehalten worden.[688]

IV. Zusammenfassende Betrachtung: Wesen und Begriff der holsteinischen Leibeigenschaft

Versucht man sich dem Wesen und dem Begriff der holsteinischen Leibeigenschaft definitorisch zu nähern, stehen einem verschiedene Ansatzpunkte in der

681 *Schrader*, Lehrbuch, 2. Band, S. 41; *Falck*, Handbuch, 4. Band, S. 211.

682 *Eichhorn*, Einleitung, S. 215.

683 *Falck*, Handbuch, 4. Band, S. 211; *Eichhorn*, Einleitung, S. 215.

684 *Falck*, Handbuch, 4. Band, S. 211.

685 Vgl. *Wachsmuth*, Versuch, S. 14 f.

686 Vgl. *Schrader*, Handbuch, 4. Band, S. 191 bzw. S. 191 (Fn. 48)).

687 *Falck*, Handbuch, 4. Band, S. 211 bzw. S. 211 (Fn. 97); vgl. den Haderslebischen Rezess von 1614 (Sammlung (SHV) (*Michelsen/Johannsen*), Num. XXXVI, S. 266 (269): *„dagegen aber einjeder auch gegen seine Bauern und Leute sich dermaßen christl. und rechtmaeßig verhalten soll, damit sie zur Flucht oder Austretung nicht gedrungen, und Wir propter ejusmodi saevitiam die gebuehrliche Strafe ergehn zu lassen, nicht genoetiget werden moegten.“*).

688 *„Trüge sichs auch zu, dass die Herrschaft mit denen Unterthanen gar zu grausam, und grimmig verführe, ihnen alle Lebensmittel durch übermässige Bestrafung oder in andere Wege, benehme, die Dienste über Erträglichkeit wider des Landes Gebräuche, wider Billigkeit, und jedes Orts Satzungen, allzuhart spannen, oder andere unzulässliche und zu Recht verbothene Gewalt gegen sie verüben thäte, und solches wäre landkündig, oder könte, wie zu Recht beständig, erwiesen werden, so sollen in dergleichen Fällen, die beschwerten Unterthanen, weiln die in der Natur und Rechten begründete Billigkeit nicht zugeben will, dieselben unter einem so schweren Joch kränken zu lassen, nach vorhergehender rechtmässiger Erkäntniss der Aemter von der Pflicht der Unterthänigkeit nicht unbillig loss gezehlet werden.“* (*Boehmer*, de iure, S. 736 (781)).

einschlägigen Literatur zur Seite. In dem schon 1784 erschienenen ersten Band seines „Handbuchs der vaterlaendischen Rechte“ bezeichnet *Schrader* die Leibeigenschaft *„als eine Verbindung (...), wodurch der unfreye Untergehoerige eines adelichen Guthes in Holstein (...) zu gewissen bestimmten Diensten, fuer sich und seine Nachkommen, auf immer verpflichtet, und dem Gute einverleibet ist; dagegen aber den vergoennten Niesbrauch eines gewissen zum Guthe gehoerigen Grundstuecks, so wie den Schutz, und die eventuelle Unterhaltung, von Seiten des Guthsherrn, geniesset“.*[689] Runde 200 Jahre später ist für *Prange* die Leibeigenschaft, insbesondere die im 18. Jahrhundert sogar als eigenständige Begrifflichkeit vorliegende „Holsteinische Leibeigenschaft“, *„gewöhnlich nicht nur, im engeren Sinne, ein Rechtsverhältnis (...), das der vollen persönlichen Freiheit entgegengesetzt ist, sondern darüber hinaus, in weiterem Sinne, die Gesamtheit der rechtlichen, wirtschaftlichen und sozialen Ordnung, kurz die Landesverfassung derjenigen Gebiete Schleswig-Holsteins, in denen das scharfe gutswirtschaftliche System herrscht“.*[690]

Allerdings sind diese definitorischen Ansätze nur der kleinste gemeinsame Nenner des Versuchs, einer bestimmten Erscheinungsform bäuerlicher Abhängigkeit, ein gewisses greifbares Gepräge zu geben. Jeglichen definitorischen Ansätzen ist es daher nicht möglich, das Wesen und den Begriff der holsteinischen Leibeigenschaft in einem angemessenen, für das Gesamtverständnis unerlässlichen Maß zu beleuchten. Da schon *Prange* gerade vor diesem Hintergrund auf *„die Schwierigkeit und das Bedenkliche einer jeden Definition der Leibeigenschaft“*[691] hingewiesen hat, wird an dieser Stelle kein weiterer Definitionsversuch hinzugefügt, sondern eine zusammenfassende, einige Schwerpunkte setzende Betrachtung geliefert, die daher aber auch weiter auszuholen hat.

Das Leibeigenschaftsverhältnis zwischen Herrn und Untergebenem war zwar als ein alle Lebensbereiche umfassendes, detailliertes gegenseitiges Rechte-Pflichten-Verhältnis ausgestaltet, lässt sich aber in der Gesamtschau auf die einfache, knappe Formel „Dienste gegen Konservation“ reduzieren. Doch war dieses Verhältnis in erster Linie davon geprägt, dass die Rechte und Pflichten ungleichwertig waren, da die Beteiligten alles andere als gleichrangig waren. So konnte die Herrschaft ihre Rechte ohne weiteres auf verschiedene Weisen, gegebenenfalls auch mittels Zwangsmaßnahmen, durchzusetzen suchen, während die Leibeigenen im Hinblick auf ihre Rechtspositionen wesentlich weniger Handlungsspielraum besaßen, den sie wirkungsvoll auch überhaupt nur mittels einer starken Solidargemeinschaft zu nutzen trachten konnten. Im Endeffekt waren sie doch darauf angewiesen, dass die Herrschaft ihren gewohnheitsmäßigen „konservierenden“ Verpflichtungen gegenüber ihren Untergehörigen auch nachkam.

---

689 *Schrader*, Handbuch, 1. Band, S. 3.

690 *Prange*, Gut, S. 57 (65).

691 *Prange*, Leibeigenschaftsprozesse, S. 112 f.

Die Leibeigenen befanden sich sowohl rechtlich als auch tatsächlich in einer äußerst beschränkten Position gegenüber ihrer Herrschaft.

Daher war die Konservation letztlich nicht in erster Linie ein Leibeigenenrecht, sondern vielmehr ein notwendiges gutsherrliches Übel, ein reines Mittel zum Zweck. Sie war die unausweichliche Konsequenz der stetig steigenden Arbeitsbelastung der Leibeigenen, die ihnen keine Möglichkeit mehr ließ, sich ihr Auskommen selbst zu sichern. Der Gutsherr musste die Konservation seiner Untertanen also schon aufgrund der Wahrung seiner eigenen Interessen ernstnehmen. Denn wenn er die Dienste der Leibeigenen in Anspruch nehmen wollte, musste er ihnen zwangsläufig ein gewisses Mindestmaß an Versorgung zukommen lassen. Dadurch wurde die Entwicklung einer Mentalität ohne Eigenantrieb gefördert, da praktisch alle Arbeitsleistungen für die Herrschaft erbracht wurden und sich diese auch um den notwendigen Lebensunterhalt zu kümmern hatte. So war das Gemüt des regelmäßigen Leibeigenen von persönlicher Perspektivlosigkeit beherrscht, die aber mit der Gewissheit einer Grundabsicherung der Lebensumstände einherging.

Die beiden Hauptwesenszüge der Leibeigenschaft waren die immensen Dienstverpflichtungen der Untertanen als flexibles Element sowie deren Gebundenheit an die Scholle als starres Element. Im Hinblick auf das Verhältnis dieser beiden Merkmale ist festzustellen, dass sie nicht von Anfang an gleichrangig nebeneinander standen. Vielmehr wurde die Schollenpflichtigkeit erst zu einem Zeitpunkt eingeführt, zu dem die Dienstverpflichtungen, die schon seit langer Zeit bestanden, ein vom Umfang her derart belastendes Maß erreicht hatten, dass ein Großteil der ländlichen Bevölkerung sich nur noch durch Abzug oder Flucht von ihren Hufenstellen dazu in der Lage sah, diesem Joch zu entgehen. Dienstverpflichtung und Schollenpflichtigkeit standen also in einem Bedingungsverhältnis zueinander: Ab einem bestimmten, für den durchschnittlichen Bauern nicht mehr erträglichen Maß an Diensten mussten die Herrschaften zwangsläufig die Schollenpflichtigkeit „erfinden“ und begründen, um sich der Dienste ihrer Untergebenen zu versichern, die zum Betrieb einer rentablen Eigenwirtschaft notwendig waren.

Die Schollenpflichtigkeit unterteilte die Gebiete mit dem scharf ausgeprägten System der Gutswirtschaft ein weiteres Mal und zwar in solche mit Leibeigenschaft und solche mit Vorschriften, die die Eingesessenen zwar stark belasteten, aber nicht zu Leibeigenen machten. Das Schollenband an sich hatte somit keinen wirklichen neben den Dienstpflichten existenten Selbstzweck, sondern war nur das Mittel zur Erreichung des übergeordneten Zwecks der Erbringung der Dienste durch die dazu Verpflichteten. Dieser Zweck war allerdings die Basis des gesamten Systems, von dem die ostholsteinischen Wirtschaftsbetriebe abhingen. Obwohl die Leibeigenschaft folglich eine wirtschaftlich motivierte Einrichtung darstellte und von der Gutswirtschaft als ihrem wesentlichen Bestandteil nicht einmal unabhängig gedacht werden kann, war sie gerade unter dem Aspekt der Wirtschaftlichkeit von Beginn an problembehaftet. Denn aufgrund ihrer wesensmäßigen Ausgestaltung, der Verbindung des starren Elements der Schollenbindung mit dem flexiblen Element der Hofdienste, machte sie im Fall der Störung dieses sensiblen Systems einen Gutsbetrieb anfällig und seine Reaktionsmöglichkeiten schwerfällig.

Von besonderem Interesse ist das Verhältnis, in dem die Ursachen der Leibeigenschaft und ihr Auslöser zueinander standen. Dass es in Holstein letztlich zur Etablierung der Leibeigenschaft kam, beruhte auf einem einzigen auslösenden Moment: der wirtschaftlichen Notwendigkeit. Dieses auslösende Moment trat erst im 16. Jahrhundert im Rahmen der Gutswirtschaft in Form des Mangels an Arbeitskräften in Erscheinung, während es im zwölften und 13. Jahrhundert bei den kleineren Grundwirtschaften, die keinen Arbeitskräftemangel zu beklagen hatten, keine Rolle spielte. Und trotzdem sind die Grundbedingungen, die die Leibeigenschaft überhaupt erst möglich machten, gerade in diesem Zeitraum geschaffen worden. Der Ursprung der seit etwa der Mitte des 16. Jahrhunderts vorhandenen extremen Beschränkung der persönlichen Freiheit der Bauern war um 1300 bereits maßgeblich angelegt. Ihre wesentlichen Ursachen waren die schon damals in ihren Grundzügen angelegten späteren Stützpfeiler der Leibeigenschaft: die Grundherrschaft, die wirtschaftliche Lage der Bauern, die munt, der Heeresbann sowie die Gerichtsherrschaft.

Diese einzelnen Aspekte dürfen hinsichtlich ihrer Wirkung jedoch nicht isoliert betrachtet werden. Vielmehr waren sie einesteils eng miteinander verknüpft und bedingten sich anderenteils gegenseitig. Es ist daher kaum abzuschätzen, wie bedeutsam der jeweilige Verursachungsbeitrag der Einzelursachen für die Entstehung der Leibeigenschaft war. Zu einer jahrhundertelangen Entwicklung sich stetig steigernder Abhängigkeit der bäuerlichen Landbevölkerung von ihren Herrschaften gesellte sich also eine wirtschaftliche Ausnahmesituation. Vor dem Hintergrund dieser Sachlage und des Selbst- und Weltverständnisses der Gutsherrenschicht musste ihr die Einführung der Leibeigenschaft als zwingende Notwendigkeit zur Behebung der Probleme erscheinen. In welcher Form bzw. in welchem Maß die Leibeigenschaft fortan bestand, war eine spiegelbildliche Ausgestaltung der Bedürfnisse der Gutswirtschaft. Sie wurde somit weder als Selbstzweck geschaffen noch gelangte sie aus reinen Machtaspekten der Herrschaften zur Entstehung.

Begreift man die Leibeigenschaft also als den Zustand umfassender Abhängigkeit eines Untergebenen von seiner Herrschaft, ist im Hinblick darauf die Gerichtsherrschaft dasjenige Merkmal, das dieses Ergebnis in hervorragender Weise beeinflusst hat. Die Gerichtsherrschaft war das Fundament der Gutsherrschaft bzw. der Gutswirtschaft und damit gleichzeitig auch der Leibeigenschaft. Doch vermochte sich das gutswirtschaftliche System nur dort in seiner scharfen

Ausprägung zu entwickeln, wo die Gerichtsherrschaft und das in ihr enthaltene Recht des Gerichtsherrn auf die Dienstleistungen der Untertanen auf eine geschlossene Grundherrschaft traf. Denn zum einen mussten sich bereits die Gebiete von Grund- und Gerichtsherrschaft nicht notwendigerweise decken, und zum anderen hat sich die Leibeigenschaft dort nicht ausgebildet, wo Gerichtsherrschaft und grundherrlicher Streubesitz zusammenfielen.

Die Leibeigenschaft war also die Folge und damit ein Teilaspekt des Zusammenwirkens von Grundherrschaft, Gerichtsherrschaft sowie Gutswirtschaft als ihrer drei Hauptfaktoren. Dabei ist keiner dieser Aspekte für die Entstehung der Leibeigenschaft entbehrlich gewesen. Vielmehr wurde diese allein aufgrund des Zusammenspiels aller drei Faktoren hervorgebracht und wäre schon beim Fehlen eines von ihnen nicht zur Ausbildung gelangt. Die – geschlossene – Grundherrschaft war die unerlässliche territoriale Basis des regelmäßigen, ganz überwiegend ostholsteinischen, Gutsbezirks. Die Gerichtsherrschaft war darauf aufbauend die Quelle der Dienstleistungen der Untergebenen und zugleich das Machtinstrument zu ihrer Kontrolle und Durchsetzung. Die Gutswirtschaft schließlich bildete die spezielle Grundvoraussetzung und schuf die wirtschaftlichen Rahmenbedingungen, die die Gutsherrschaften einen Weg einschlagen ließen, auf dem sich die aus damaliger Sicht letztlich zwingende Notwendigkeit der Einführung der Leibeigenschaft überhaupt erst ergeben konnte. Die Leibeigenschaft entstand somit durch die Verbindung von einer infolge der Grundherrschaft seit Jahrhunderten etablierten Zwei-Klassen-Gesellschaft mit einer infolge der Gerichtsherrschaft umfassend gegebenen Einfluss- und Beherrschungsmöglichkeit der bäuerlichen Klasse durch die privilegierte, zumeist adlige Klasse sowie einem infolge der Gutswirtschaft hervorgebrachten wirtschaftlich-ökonomischen Zwang. Das entscheidende prägende Moment der Leibeigenschaft war also die Herrschaft im weitesten Sinn.

Betrachtet man das Wesen und den Begriff der holsteinischen Leibeigenschaft sowie ihr Verhältnis zueinander abschließend, lässt sich hinsichtlich letzterem feststellen, dass die Leibeigenschaft in Holstein ihrem institutionellen Wesen nach bereits viel früher vorhanden war, als sie von ihrer Begrifflichkeit her geläufig wurde. Des Weiteren ist es von herausragender Bedeutung, dass die Leibeigenschaft im Land zu keiner Zeit eine einheitliche oder endgültige Ausbildung aufwies. Ihr Erscheinungsbild wurde von den Bedürfnissen der Gutswirtschaft und dem Charakter der Gutsherrschaft bestimmt. Da die Grenzen zwischen den verschiedenen bäuerlichen Abhängigkeitsverhältnissen aufgrund der überlegenen herrschaftlichen Macht fließend waren und es weite Grauzonen gab, waren die diesbezüglichen Verhältnisse im Land mannigfaltig. So war die Leibeigenschaft nur eine Variante unter vielen ähnlichen Zustandsformen einer enormen Abhängigkeit der Landbevölkerung von ihrer Herrschaft. Zwar ließen sich diese anhand der charakteristischen Merkmale grundsätzlich in Leibeigenschaft und „Nicht-Leibeigenschaft“ unterscheiden, doch waren die Abstufungen teilweise so fein, dass sie für den durchschnittlichen Betrachter und erst recht für die Betroffenen kaum wahrnehmbar und im Ergebnis unerheblich waren.

Hinzu kommt, dass der theoretischen Rangfolge der Abhängigkeitsverhältnisse die Zustände in der Praxis keineswegs entsprechen mussten, es oftmals sogar zu erheblichen Abweichungen kam. So stand die Leibeigenschaft ihrem Namen und ihrem Inhalt nach zwar an unterster Stelle des personenrechtlichen Zustands eines Menschen, doch ging es den von ihr Betroffenen häufig nicht schlechter oder zumindest genauso schlecht wie vielen anderen Bauern im Land, die eigentlich nicht leibeigen waren, ihrer Herrschaft jedoch ebenso stark ausgeliefert waren, als wären sie es. Auch konnte es Leibeigenen bestimmter Herrschaften in Einzelfällen durchaus gut gehen. Dann war der Begriff der Leibeigenschaft in ihrer Lebenswirklichkeit nicht mehr als eine Bezeichnung für Verhältnisse, die wesentlich lebenswerter erschienen als diejenigen, in denen manche freien Bauern lebten.

Diese ohnehin komplizierte Situation ist durch den ungeregelten, willkürlichen und z. T. sogar chaotischen Gebrauch von unzähligen verschiedensten Begrifflichkeiten in den Quellen und der Literatur einerseits noch schwieriger zu überblicken, andererseits steht sie mit ihm in konkreter Wechselwirkung. So werden häufig nur übergeordnete Begriffe zur Beschreibung der Betroffenen verwandt, so dass nicht klar ist, ob es sich tatsächlich um Leibeigene handelte. Demgegenüber werden gewisse Teile der Landbevölkerung leibeigen genannt, die es nicht waren. Resultieren diese Allgemeinbezeichnungen und Fehler einerseits aus der Komplexität der Sachlage, wurde die Leibeigenschaft, die sich als plastischer Begriff hervorragend dafür eignete, noch zu Zeiten ihrer Existenz sowohl von den Betroffenen als auch von den Intellektuellen der verschiedenen geistigen Strömungen in zunehmendem Maß instrumentalisiert, was dem Streben nach möglichst klaren Begrifflichkeiten noch stärker entgegenwirkte.

4. Teil: Rechtliche und gerichtliche Rahmenbedingungen für holsteinische Leibeigene

Trotz ihrer beschränkten Rechtsposition waren die holsteinischen Leibeigenen grundsätzlich nicht ohne Rechtsschutz. Ihnen waren unterschiedliche Einrichtungen auf mehreren Ebenen zugänglich. Auf ihre Rechtsverhältnisse wirkten viele verschiedene Rechtsquellen ein, so dass die rechtlichen und gerichtlichen Rahmenbedingungen der Leibeigenschaft ein buntes Bild abgaben. Ihre maßgeblichen Grundlagen lassen sich großteils bis weit ins Mittelalter zurückverfolgen.

I. Mittelalterliche Grundlagen

Bereits während des Mittelalters bildeten sich im Rechts- und Gerichtswesen landesspezifische Strukturen aus. Trotz der mannigfaltigen Veränderungen im Laufe der Jahrhunderte blieben diese Strukturen lange Zeit grundlegend für die Rechts- und Gerichtsverfassung des Landes. In weiten Teilen Holsteins erhielten sich die Grundzüge mittelalterlicher Prägung teilweise sogar bis zum Inkrafttreten des Bürgerlichen Gesetzbuchs im Jahr 1900. Dies galt jedoch trotz der gemeinsamen Wurzeln und anfänglicher paralleler Entwicklung der Verhältnisse im gesamten Land für das frühneuzeitliche Ostholstein nur in eingeschränktem Maß.

1. Rechtsquellen

Im Gegensatz zu Schleswig, wo es seit 1241 mit dem Jütischen Lovbuch eine Hauptrechtsquelle positivrechtlichen Charakters gab, war für Holstein keine Hauptrechtsquelle dieser Qualität vorhanden. Überhaupt waren nur wenige Arten von Rechtsquellen bekannt, und diese besaßen fast ausschließlich eine gewohnheitsrechtliche Basis. Noch die Privilegien Christians I. 1460 nannten neben Gewohnheiten, Statuten und Sachsenrecht keine weiteren Rechtsquellen.[692] Die Bedeutung herrschaftlicher Rechtsquellen blieb daneben in engen Grenzen. Während die Landesherrschaft nur wenig Recht schuf, besaß das Recht des Reichs, das Gemeine Recht, noch keinen nennenswerten Einfluss.

---

692 Vgl. Privilegien (*Jensen/Hegewisch*), S. 42 ff. (No. 8, 9)); *Falck*, Bemerkungen, 2. Teil, S. 738 (743).

a. Gewohnheitsrecht

Als die Eroberung und Kolonisation Wagriens begann, galt in nahezu ganz Holstein Gewohnheitsrecht, welches Holsten- oder Sachsen-/Sassenrecht war. Das Holstenrecht war ebenfalls sächsisches Gewohnheitsrecht, das sich nicht wesentlich vom Sachsenrecht unterschied.[693] Ihr gemeinsamer Ursprung waren die lex Saxonum, die vom Ende des achten Jahrhunderts stammte und von Karl dem Großen dem von ihm eroberten Sachsenland gewidmet wurde, sowie die fränkischen Kapitularien Karls und seiner Nachfolger. Ob dieses Gesetzeswerk in Holstein tatsächlich Geltung erlangte, lässt sich mangels gesicherter Hinweise nicht sagen. Zumindest bildete es die Grundlage für die in der Folgezeit dort geltenden gewohnheitsrechtlichen „*Saxonum iura*“[694], worunter das Holsten- oder Sachsenrecht zu verstehen war.[695]

Die Einwanderung nach Holstein und insbesondere die Kolonisierung Ostholsteins durch die Angehörigen auswärtiger Volksgruppen hatten großen Einfluss auf die Rechtsverfassung. Neue Rechte wurden ins Land hineingebracht, deren Geltung den Kolonisten von der Landesherrschaft zugesagt worden war. Der Geltungsbereich des Holstenrechts umfasste im Wesentlichen die Grafschaften Holstein mit Wagrien und Stormarn. Doch insbesondere bei der Grafschaft Holstein handelte es sich nicht um ein einheitliches Rechtsgebiet. Das geltende Gewohnheitsrecht, das später „*olde(...) Gewanheit unde Statuten*“[696] oder „*alte(r) kundtbare(r) Landtsgebrauch*“[697] genannt wurde, spaltete sich neben dem Holsten- oder Sassenrecht in das Land- und Marschrecht sowie in hollisches und friesisches Recht auf.[698]

In vielen Gegenden war außer dem Holsten- oder Sassenrecht vor allem das von den holländischen Kolonisten mitgebrachte hollische Recht von Bedeutung.

---

693 Vgl. *Dittmer*, Sassen- und Holsten-Recht, S. 9, 12; *Falck*, Handbuch, 1. Band, S. 368; *Pauls*, Lokalverwaltung, 2. Teil, S. 1 (37); *Wohlhaupter*, Recht, S. 30 (35); *Wohlhaupter*, Rechtsquellen, S. 77 f., 81 f.; so bereits *Helmold* in seiner Slavenchronik, Lib. I, Cap. XLVII (XLVIII), S. 92: „*Tres autem sunt Nordalbingorum populi: Sturmari, Holzati, Thetmarki, nec habitu nec lingua multum discrepantes, tenentes Saxonum iura et Christianum nomen*“.

694 *Helmold*, Slavenchronik, S. 92 (Lib. I, Cap. XLVII (XLVIII)).

695 Vgl. *Falck*, Handbuch, 1. Band, S. 365 ff.; *Wohlhaupter*, Rechtsquellen, S. 77; *Kähler*, Landesrecht, S. 16 f.

696 Bordesholmer Rezess von 1522 (Sammlung (SHV) (*Michelsen/Johannsen*), Num. VI, S. 12 (13)).

697 LGO-SH (1573), Ander Theil, Tit. III, S. 146 (172) (vgl. LGO-SH (1573), 1. Theil, Tit. II, S. 146 (153): „*nach alter Landesgewonheit*“).

698 Vgl. *Wohlhaupter*, Recht, S. 30 (35); *Wohlhaupter*, Rechtsquellen, S. 81 ff.; *Kähler*, Landesrecht, S. 17, 21 f.; *Pauls*, Lokalverwaltung, 2. Teil, S. 1 (9 f.); *Falck*, Handbuch, 1. Band, S. 371 ff., 455 ff., 457 ff.

Dieses Sonderrecht wurde im Laufe des 15. Jahrhunderts aber immer weiter zurückgedrängt und zugunsten der Geltung von Holsten- oder Sassenrecht aufgehoben. Dies geschah zum einen durch Zutun der Bauern, denen es hohe materielle Belastungen auferlegte, und zum anderen auf Betreiben der Landesherrschaft, der die Rechtsungleichheit und die umfangreiche Selbstverwaltung der hollischen Gemeinden ein Dorn im Auge geworden war. Schließlich lag die Beseitigung hollischen Rechts im Interesse der Patrimonialherren, deren Bemühungen um eine starke Patrimonialgerichtsbarkeit aufgrund der unabhängigen Schulzengerichte der hollischen Gerichtsverfassung nur schwierig durchzusetzen waren.[699]

Daraufhin nahm das sächsische Recht in seiner nordalbingischen Ausprägung eine beherrschende Stellung in Holstein ein, wodurch auch das Sachsenspiegelrecht in seiner Bedeutung stieg. Dieses Rechtsbuch, bei dem es sich um die private Aufzeichnung des geltenden sächsischen Gewohnheitsrechts durch Eike Repgow zwischen 1220 und 1235 handelt,[700] verbreitete sich nach seiner allgemeinen Anerkennung im 14. Jahrhundert zügig in allen deutschen Gebieten sächsisch-rechtlicher Prägung, vor allem in Norddeutschland, rechtsseitig der Elbe jedoch erst im 15. Jahrhundert.[701] Das Recht des Sachsenspiegels war mit dem ursprünglichen sächsischen Gewohnheitsrecht nicht vollständig deckungsgleich. Vielmehr wurde Holstein als Ursprungsort des „wahren“ sächsischen Gewohnheitsrechts angesehen.[702] Wann und wie die Rezeption des Sachsenspiegelrechts in Holstein erfolgte, bleibt *„wegen Ermanglung der Urkunden solcher Zeiten“* weitgehend unklar.[703] Zwar werden sowohl Holstein als auch Stormarn als Gegenden mit besonderem Recht im Sachsenspiegel genannt.[704] Doch fanden der Sachsenspiegel oder seine Regelungen in den Urkunden des 14. Jahrhunderts keine Erwähnung. Vielmehr beriefen sich diese auf das landesübliche Herkommen (*„ius et consuetudo patriae“*) oder auf das Holstenrecht (*„ius Holtzatie“*).[705] Die ersten gesicherten Hinweise auf Sachsenspiegelhandschriften oder seine Nennung in Urkunden stammen aus dem 15. Jahrhundert.[706]

---

699 Vgl. *Cronhelm*, Bericht, S. 1 (72 ff.); *Wohlhaupter*, Rechtsquellen, S. 83 f.; *Pauls*, Lokalverwaltung, 2. Teil, S. 1 (10 f.); *Carstens*, Landesherrschaft, S. 371 ff.; *Carstens*, Beiträge, S. 1 (19, 55); *Kähler*, Landesrecht, S. 17; *Falck*, Handbuch, 1. Band, S. 372 ff.

700 Vgl. LMA/*Lieberwirth*, 7. Band, Sp. 1240 ff.; HRG/*Ebel*, 4. Band, Sp. 1228 ff.

701 Vgl. *Falck*, Handbuch, 1. Band, S. 402 f.; *Wohlhaupter*, Recht, S. 30 (34 f.); *Nowak*, Verbreitung, S. 334, 348 f.

702 Vgl. *Seestern-Pauly*, Kirchspiels- und Amtsgebraeuche, S. 5 f.; *Cronhelm*, Bericht, S. 1 (45 f.); *Gadendam*, Historia, S. 82 f.

703 *Cronhelm*, Bericht, S. 1 (78); vgl. *Falck*, Handbuch, 1. Band, S. 405; *Wohlhaupter*, Rechtsquellen, S. 79.

704 Vgl. Sachsenspiegel, Landrecht, 3. Buch, Art. 64, § 3, Satz 2 (*Schott*, S. 211).

705 *Wohlhaupter*, Rechtsquellen, S. 79.

706 *Falck*, Handbuch, 1. Band, S. 405; *Wohlhaupter*, Rechtsquellen, S. 79.

Aufgrund seiner allgemeinen Verbreitung erlangte der Sachsenspiegel in Holstein ein gesetzmäßiges Ansehen. Dafür war insbesondere seine Zurateziehung an den Gerichten von maßgeblicher Bedeutung.[707] Während des 16. Jahrhunderts wurde seine Anwendbarkeit auch seitens der Landesherrschaft ausdrücklich und förmlich anerkannt. Dies geschah zunächst durch Erwähnung in den Privilegien,[708] später durch Aufnahme entsprechender Passagen in grundlegende Gesetzeswerke.[709] Mithin wurde zu diesem Zeitpunkt landesherrlich festgelegt, was seit langem Rechtswirklichkeit war: Der Sachsenspiegel fand als subsidiäre Rechtsquelle Anwendung, wenn es an gewohnheitsrechtlichen Regelungen fehlte.[710]

Während des gesamten Mittelalters und noch zur Zeit der Einführung der Landgerichtsordnung 1573 bestand mit Ausnahme des Lübischen Rechts,[711] das den holsteinischen Städten verliehen worden war,[712] keine Hauptquelle geschriebenen Rechts im positivrechtlichen Sinn.[713] Die Landesgebräuche sind bis auf wenige Ausnahmen niemals aufgezeichnet worden.[714] Zwar kam es in der Frühen Neuzeit zu Aufzeichnungen von Recht, doch enthielten diese bis auf die materiell-rechtlichen Vorschriften in den Neumünsterschen Kirchspiels- und den Bordesholmischen Amtsgebräuchen fast ausschließlich Solennien zur Hegung der Gerichte.[715] Von diesen und den übrigen in Holstein geltenden Land- und Marschrechten bzw. -gewohnheiten ist in der nachfolgenden Zeit ein größerer Teil schriftlich durch *„pragmatische Sanctiones ausgemacht und festgestellet worden“*.[716] Ihre Geltung hat in landesherrlichen Gesetzen also erst mit einiger Verzögerung Niederschlag gefunden.

---

707 *Cronhelm*, Bericht, S. 77 ff.; *Falck*, Handbuch, 1. Band, S. 405; *Pauls*, Lokalverwaltung, 2. Teil, S. 1 (37); vgl. *Block*, Gewohnheitsrecht, S. 73 (73); *Wohlhaupter*, Recht, S. 30 (35).

708 Bordesholmer Rezess von 1522 (Sammlung (SHV) (*Michelsen/Johannsen*), Num. VI, S. 12 (13)).

709 Landgerichtsordnung von 1573 (LGO-SH (1573), Vorrede, S. 146 (148); Ander Theil, Tit. III, S. 146 (173)).

710 Vgl. *Cronhelm*, Bericht, S. 77 f.; *Falck*, Handbuch, 1. Band, S. 406 f.; *Dittmer*, Sassen- und Holsten-Recht, S. 7; *Kähler*, Landesrecht, S. 19; *Pauls*, Lokalverwaltung, 2. Teil, S. 1 (37).

711 Vgl. *Falck*, Handbuch, 1. Band, S. 384 ff.; *Kähler*, Landesrecht, S. 20 f.

712 Vgl. *Schrader*, Lehrbuch, 1. Band, S. 103; *Hennings*, Huelfs-Buch, 1. Band, S. 6; *Wohlhaupter*, Recht, S. 30 (37); *Wohlhaupter*, Rechtsquellen, S. 97 ff.

713 Vgl. *Cronhelm*, Bericht, S. 1 (4); *Prange*, Schleswig-Holstein, S. 38.

714 Vgl. *Gadendam*, Historia, S. 84; *Pauls*, Lokalverwaltung, 2. Teil, S. 1 (37); *Wohlhaupter*, Recht, S. 30 (35).

715 Vgl. *Cronhelm*, Bericht, S. 1 (86 f.); *Lehmann*, Anmerkungen, S. 1 ff.; *Seestern-Pauly*, Kirchspiels- und Amtsgebraeuche, S. 1 ff.; *Falck*, Handbuch, 1. Band, S. 457 ff.

716 *Cronhelm*, Bericht, S. 1 (4 f.).

b. Landesherrliches Recht

Neben die gewachsene Rechtsquelle des Gewohnheitsrechts trat im zwölften Jahrhundert die Landesherrschaft als Schöpferin von Recht. Sie hatte grundsätzlich die Befugnis und die Möglichkeit, Recht zu setzen. Auf Gesetzgebungsebene ist die Landesherrschaft während des Mittelalters jedoch nur sehr selten und in eingeschränktem Umfang tätig geworden. Eingriffe ihrerseits in die überwiegend selbständigen gewachsenen Rechtsordnungen der Landesteile kamen kaum vor. Selbst an der Landfriedensgesetzgebung, die in anderen Reichsteilen einen essentiellen Bestandteil landesherrlicher Aktivität ausmachte, war sie erstmals 1328 beteiligt. Zu Einfluss und Bedeutung gelangte die landesherrliche Gesetzgebung erst während der Frühen Neuzeit.[717]

c. Privilegien

Von großer Wichtigkeit waren dagegen die Privilegien, die der Ritterschaft zukamen. Diese nahmen als Rechtsquelle eine Zwitterstellung zwischen Gewohnheitsrecht und landesherrlichem Recht ein. In der Regel waren sie nicht erst auf besondere landesherrliche Verleihungen zurückzuführen, sondern entstanden auf gewohnheitsmäßiger Grundlage, waren also durch das landesübliche Herkommen geprägt.[718] In späterer Zeit ließen sich die Adligen diese Vorrechte immer wieder bestätigen und suchten sie zu erweitern. Sie erreichten sogar die Anerkennung neuer, gewohnheitsmäßig kaum begründeter Privilegien. Die erstmalige landesherrliche Verbriefung von Privilegien der holsteinischen Ritterschaft stammt wohl von 1422.[719] Charakteristisch für die Zwitterstellung der Privilegien war die Wechselwirkung zwischen herkömmlicher Entstehung bzw. Ausbildung einerseits sowie landesherrlicher Verleihung bzw. Bestätigung andererseits. Beides ging häufig Hand in Hand.

Von den vielen unterschiedlichen Vorrechten waren in erster Linie diejenigen von Bedeutung, die sich auf die Gerichtsbarkeit bezogen, namentlich die Exemtion des Adels von den niederen Gerichten sowie die Ausübung der Gerichtsbarkeit durch den Adel über seine Untergehörigen. Diese beiden Privilegien bestätigte die Landesherrschaft der Ritterschaft 1524,[720] obwohl das darin zum Ausdruck kommende Verhältnis zwischen Adel und Untertanen aufgrund vorangegangener einzelner Verleihungen der Gerichtsbarkeit sowie weit verbreiteten landesüblichen Herkommens bereits wesentlich früher allgemeine Le-

---

717 Vgl. *Wohlhaupter*, Recht, S. 30 (33); *Wohlhaupter*, Rechtsquellen, S. 86 f.

718 *Amthor*, Bericht, S. 11; Privilegien (*Jensen/Hegewisch*), Einleitung, S. VI f., XI.

719 Vgl. *Amthor*, Bericht, S. 11; Privilegien (*Jensen/Hegewisch*), Einleitung, S. IX f., XIII.

720 Privilegien, (*Jensen/Hegewisch*), S. 140 ff. (No. 23).

benswirklichkeit geworden war. Sie waren die für die Entstehung und Aufrechterhaltung der Leibeigenschaft maßgeblichen Vorrechte. Insbesondere in Verbindung mit den sonstigen auf der Freiheit des Gutseigentums beruhenden Privilegien[721] stellten sie schon vor der landesherrlichen Anerkennung die Grundlage der Macht des Adels über die ihm untergebene Landbevölkerung dar.

d. Gemeines Recht

Schließlich gab es das Gemeine Recht (ius commune). Der Begriff des Gemeinen Rechts ist für das Mittelalter inhaltlich wenig bestimmt. Erstmals in Dokumenten aus dem zwölften Jahrhundert genannt, bezeichnete er zunächst wohl das Recht im allgemeinen Sinn. In den folgenden Jahrhunderten wurde er zu unrecht mehr oder weniger mit dem römischen Recht gleichgesetzt.[722] Selbst um die Mitte des 16. Jahrhunderts gab es noch keine uneingeschränkte Identität des Gemeinen Rechts mit dem römischen Recht. Seit dem Spätmittelalter fand der Begriff des Gemeinen Rechts als funktionelle Bezeichnung einer allgemeinen Rechtsquelle im Verhältnis zu einzelnen besonderen Rechten verstärkt Aufnahme in die einheimische Rechtssprache.[723] In Holstein waren die Vorschriften des Gemeinen Rechts im Mittelalter weder von Bedeutung noch erfolgte dessen allgemeine Anerkennung als Rechtsquelle. Dies geschah erstmals mit seiner Erwähnung als subsidiäre Rechtsquelle im Dithmarscher Landrecht von 1567.[724] Solange die alten Dinggerichte als Volksgerichte mit ihren erprobten Entscheidungsnormen voll wirksam tätig blieben, konnten die Vorschriften des Gemeinen Rechts kaum zur Anwendung gelangen.[725]

2. Gerichtswesen

Die Informationen zur Rechtspflege während des Mittelalters sind im Allgemeinen dürftig. Holsteinische Urkunden sind überhaupt erst seit dem 13. Jahrhundert und nur in geringer Anzahl vorhanden. Bis in das 16. Jahrhundert hinein zeichnen sich die historischen Informationen in hohem Maß durch Unvollständigkeit aus, so dass sich nur ein lückenhaftes Bild vom mittelalterlichen Zustand des Gerichtswesens, vor allem im Hinblick auf die obere gerichtliche Ebene,

---

721 Vgl. Privilegien (*Jensen/Hegewisch*), Einleitung, S. XVI, XXII ff.

722 Als ius commune wurde nicht nur das überregional geltende römische Recht an sich bezeichnet, sondern auch seine Funktion im Verhältnis zu den lokalen Rechten (*Coing*, Privatrecht, 1. Band, S. 87).

723 Vgl. *Daniel*, Gemeines Recht, S. 52 ff.

724 Vgl. *Falck*, Handbuch, 1. Band, S. 131, 429 f.

725 *Falck*, Handbuch, 1. Band, S. 131.

ergibt. Ein Großteil der Darstellung basiert daher auf Vermutungen, deren hauptsächliche Grundlage die Erkenntnisse hinsichtlich anderer – überwiegend sächsischer – Regionen des Reichs sind.[726]

Das mittelalterliche holsteinische Gerichtswesen fußte auf der Gerichtsverfassung der alten Germanen. Diese bildete im weitaus größten Teil des Deutschen Reichs die Grundlage des Gerichtswesens. Aufgrund der Besonderheit von Lage und Siedlungsgeschichte Holsteins erhielt sie sich dort in ihren Strukturen in weiten Landesbereichen, vornehmlich in denen ohne Patrimonialgerichtsbarkeit, in umso reinerer Form. In vielen Gegenden war sie bis weit ins 19. Jahrhundert hinein erkennbar die Grundlage für die unterste Ebene des Gerichtswesens.[727] Denn da Holstein an der Peripherie des Deutschen Reichs gelegen war, fanden viele allgemeine Entwicklungen im Justizwesen dort entweder keine Anwendung oder aber lediglich in abgeschwächter oder abgewandelter Form. Daher waren auch die der holsteinischen Justiz übergeordneten Gerichte, also die herzoglich-sächsischen sowie die Reichsgerichte, für Holstein von geringer Bedeutung.[728] Geprägt war das holsteinische Gerichtswesen während des Mittelalters von zwei gerichtlichen Institutionen: Dinggericht und Landgericht.

a. Dinggericht

Im Mittelpunkt der germanischen Gerichtsverfassung stand das Ding. Es stellte zugleich die gesamte Gerichtsverfassung dar. Das Ding war ein reines Volksgericht und deckungsgleich mit der Volksversammlung.[729] Einige seiner grundlegenden Wesenszüge waren die Öffentlichkeit der Versammlung der Volksgenossen unter freiem Himmel an besonderen Gerichtsorten zu bestimmten Gerichtszeiten. Das Gericht setzte sich aus dem eigentlichen Richter, den Urteilern und der umstehenden Volksgemeinde zusammen. An der Rechtsfindung hatten alle Beteiligten ihren Anteil, und es musste ein gewisses Maß an Einmütigkeit herrschen. Das Verfahren war einfach und kurz und endete mit einem mündlichen Ausspruch. Sein Ablauf, die Hegung des Gerichts, fand nach einem streng vorgegebenen Muster statt und war von schriftlich nicht fixiertem gewohnheitsmäßigem Herkommen geprägt.[730] Neben der Volksversammlung gab es

---

726 Vgl. *Pauls*, Lokalverwaltung, 2. Teil, S. 38 f.; *Falck*, Handbuch, 3. Band, 1. Abth., S. 216.

727 Vgl. *Falck*, Handbuch, 3. Band, 1. Abth., S. 81 ff.; *Wohlhaupter*, Recht, S. 42 f.

728 Vgl. *Falck*, Handbuch, 3. Band, 1. Abth., S. 250 f. bzw. 250 (Fn. 6)).

729 Vgl. *Schröder/Künssberg*, Rechtsgeschichte, S. 26, 45.

730 Vgl. *Eichhorn*, Staats- und Rechtsgeschichte, 2. Theil, S. 191 (Fn. b)); *Brunner*, Rechtsgeschichte, 1. Band, S. 196 ff.; *Schröder/Künssberg*, Rechtsgeschichte, S. 44 ff.; *Conrad*, Rechtsgeschichte, 1. Band, S. 27 f.; *Hattenhauer*, Rechtsgeschichte, Rn. 163 ff.; *Falck*, Handbuch, 3. Band, 1. Abth., S. 82 ff.

keine weiteren Gerichte. Im germanischen Gerichtsverfahren war also kein Rechtszug vorhanden. Als einziges „Rechtsmittel“ stand die Urteilsschelte zur Verfügung, aus der sich die Appellation entwickelte.[731] Diese konnte sowohl von einer Partei als auch von jedem Dinggenossen vorgebracht werden.[732] Im Rahmen einer Urteilsschelte fand keine erneute sachliche Prüfung des gescholtenen Urteils statt, sondern es gab lediglich die formalen Beweismittel des Rechtsgangs.[733] Alternativ standen das Gottesurteil oder der Zweikampf zur Verfügung.[734]

Auf die Rechtspflege wirkten in der Folge maßgeblich die Franken, insbesondere die Karolinger, ein. Dass die in Holstein lebenden Sachsen von diesem Rechts- und Gerichtssystem grundsätzlich miterfasst werden sollten, ist wahrscheinlich.[735] Jedoch war sein unmittelbarer Einfluss auf den nordelbischen Raum wegen der bis zur Mitte des zwölften Jahrhunderts ungesicherten Randlage Holsteins im Reich nicht so stark wie auf die übrigen deutschen Territorien.[736] Jedenfalls beseitigten die fränkischen Einflüsse den altsächsischen Charakter der Gerichtsordnung nicht, sondern überbauten die ihrem Wesen nach erhalten bleibende Struktur lediglich mit ihrem System.[737] Diese Ordnung war geprägt von der von Karl dem Großen eingeführten Zweiteilung des Gerichtswesens in das Niedergericht, also das althergebrachte Ding, das auch gebotenes Ding hieß, und das Landgericht, das auch echtes Ding genannt wurde.[738] Der örtliche Zuständigkeitsbereich des gebotenen Dings waren die kleinen Gerichtsbezirke, die Kirchspiele, denen die Vogte vorstanden.[739] Sachlich zuständig waren die Niedergerichte für Klagen um Schuld und fahrende Habe sowie für die Bußesachen.[740] Das gebotene Ding fand wesentlich häufiger als das echte Ding

---

731 *Weitzel*, Dinggenossenschaft, S. 1310, 1312; vgl. *Seestern-Pauly*, Kirchspiels- und Amtsgebraeuche, S. 8; *Hillmann*, Gericht, S. 113 ff.

732 *Conrad*, Rechtsgeschichte, 1. Band, S. 28.

733 *Brunner*, Grundzüge, S. 22.

734 *Hillmann*, Gericht, S. 118 f.; *Brunner*, Grundzüge, S. 22 f.; *Stemann*, Geschichte, 1. Theil, S. 30 f.; *Christiani*, Geschichte, 1. Theil, S. 212; vgl. *Rogge*, Gerichtswesen, S. 195 ff.

735 *Wohlhaupter*, Rechtsquellen, S. 77.

736 Vgl. *Reuter, Chr.*, Politik, S. 233 (252).

737 *Carstens*, Landesherrschaft, S. 288 (343); vgl. *Kochendörffer*, Landgericht, S. 325 (328); *Pauls*, Lokalverwaltung, 2. Teil, S. 1 (38).

738 *Pauls*, Lokalverwaltung, 2. Teil, S. 1 (38); *Schröder, R.*, Gerichtsverfassung, S. 1 (2); *Kochendörffer*, Landgericht, S. 325 (328).

739 Vgl. *Wiederhold*, Untersuchungen, S. 59; *Pauls*, Lokalverwaltung, 2. Teil, S. 1 (43).

740 *Kochendörffer*, Landgericht, S. 325 (328); *Schröder/Künssberg*, Rechtsgeschichte, S. 653; *Pauls*, Lokalverwaltung, 2. Teil, S. 1 (43).

statt[741] und war zudem nicht an bestimmte Dingstätten gebunden,[742] obwohl dies regelmäßig der Kirchhof war.[743] Die Hegung jeglichen volksgerichtlichen Dings und Rechts folgte dem aus alten Zeiten überkommenen strengen formularmäßigen Ablauf.[744] Dieser konnte sich von Region zu Region in Einzelheiten unterscheiden, folgte jedoch einem grundsätzlich vergleichbaren Muster.[745]

Somit blieb die germanisch geprägte Grundstruktur des Gerichtswesens trotz der fränkischen Einflüsse noch mindestens bis zum Ende des zwölften Jahrhunderts erhalten.[746] Bis zu diesem Zeitpunkt war die wesentliche gerichtliche Institution jedes Jurisdiktionsbezirks, den Kirchspielen oder Landschaften,[747] das volksgerichtliche Ding und Recht. Erst die Kolonisation und der Landesausbau Wagriens schufen die Voraussetzungen dafür, dass sich das Justizwesen auszudifferenzieren begann, was im Reich bereits seit dem neunten Jahrhundert geschah.[748] Dadurch kam es in weiten Bereichen des Landes zu gravierenden Veränderungen auf der niedergerichtlichen Ebene.

Diese Veränderungen bewirkte die Patrimonialgerichtsbarkeit (jurisdictio patrimonialis).[749] Wie jede Gerichtsbarkeit leitete sich auch ihr Bestand aus einer Verleihung durch die höchste Macht im Staat ab.[750] Für ihre Inhaber stellte diese eine persönliche Gerichtsbarkeit („jurisdictio realis vel propria“)[751] dar.[752] Mit ihrer Etablierung ging eine nachhaltige Veränderung der Gerichtsverfassung und Jurisdiktionsbezirke einher. Von den ursprünglichen Gerichtsbezirken wurden Gebiete abgetrennt, deren Herrschaften gleichzeitig – so bei den adligen Gütern, Klöstern und anderen kirchlichen Korporationen – oder nachträglich – so bei den Städten – eigene Gerichtsherrlichkeit verliehen bekamen.[753] Alle diese Ter-

---

741 Vgl. Sachsenspiegel, Landrecht, 1. Buch, Art. 67, § 1, Satz 2 (*Schott*, S. 90); Art. 70, § 2, Satz 1 (*Schott*, S. 93); 2. Buch, Art. 3, § 2 (*Schott*, S. 96); *Schröder/Künssberg*, Rechtsgeschichte, S. 181; *Schröder, R.*, Gerichtsverfassung, S. 1 (54).

742 Vgl. Sachsenspiegel, Landrecht, 1. Buch, Art. 59, § 1, Satz 1 (*Schott*, S. 79).

743 *Pauls*, Lokalverwaltung, 2. Teil, S. 1 (43); vgl. *Schröder, R.*, Gerichtsverfassung, S. 1 (54).

744 *Falck*, Handbuch, 1. Band, S. 457 f.; vgl. *Cronhelm*, Bericht, S. 1 (86 f.).

745 Vgl. *Lehmann*, Anmerkungen, S. 1 ff.; *Seestern-Pauly*, Kirchspiels- und Amtsgebraeuche, S. 2 ff.; *Fuchs*, Ding, S. 25 ff.; *Fuchs*, Introductio, S. 219 ff.

746 Vgl. *Falck*, Handbuch, 3. Band, 1. Abth., S. 213.

747 Vgl. *Falck*, Handbuch, 1. Band, S. 27 f.; *Falck*, Handbuch, 3. Band, 1. Abth., S. 81; *Kuhn*, Geschichte, S. 3.

748 Vgl. *Kern*, Geschichte, S. 7.

749 Zum Begriff vgl. *Jordan-Rozwadowski*, Bauern, S. 337/478 (479).

750 *Schrader*, Handbuch, 4. Band, S. 190; vgl. *Falck*, Handbuch, 3. Band, 1. Abth., S. 133; *Doerfer*, Bemerkungen, S. 468 (468, 470); *Jordan-Rozwadowski*, Bauern, S. 337/478 (479).

751 Vgl. *Schrader*, Handbuch, 4. Band, S. 190 ff.

752 *Doerfer*, Bemerkungen, S. 468 (468).

753 *Falck*, Handbuch, 3. Band, 1. Abth., S. 132.

ritorien bildeten eigenständige Jurisdiktionsbezirke.[754] Die ehemalige Einheit der Gerichtsbezirksverhältnisse und die Einfachheit des Gerichtswesens wurden durch diese Exemtionen von bestehenden Gerichten und die Übertragung der Gerichtsgewalt auf neue Herren mehr und mehr durchbrochen.[755] Das Land war fortan in viele verschiedene Territorien unterteilt, die entweder geistlicher oder weltlicher Natur waren. Die weltlichen Gebiete ließen sich in landesherrliche bzw. königliche Distrikte, später in Landschaften und Ämter, in Städte und in Güter unterteilen. Während die geistlichen Territorien die Jurisdiktionsgewalt bereits zu Beginn des Landesausbaus erhielten, wurde diese den weltlichen Territorialherren erst ab dem Ende des 13. Jahrhunderts und sehr zögerlich verliehen.[756] Die Exemtionen von Territorien von den landesherrlichen Untergerichten stellten die entscheidende Veränderung der althergebrachten mittelalterlichen Gerichtsverfassung dar.[757]

Innerhalb der Gerichtsverfassung brachte die Patrimonialgerichtsbarkeit als maßgebliche Neuerung hervor, dass die Unterscheidung der Gerichte nach Sachen aufgehoben wurde und einer solchen nach Personen wich. Für die Ritterschaft bedeutete dies in erster Linie zweierlei: Zum einen erhielten die Adligen als Patrimonialgerichtsherren ihrer Territorien die volle Gerichtsbarkeit über die unter ihrer Herrschaft lebende Bevölkerung. Zum anderen wurden sie von den Niedergerichten eximiert und erhielten mit dem adligen Landgericht ihren eigenen Gerichtsstand. Der Volksgerichtsbarkeit wurde der Adel entzogen und nur noch von seinesgleichen gerichtet.[758] Diese Ablösung der karolingischen Gerichtsverhältnisse vollzog sich in Holstein erst ab der Mitte des 15. Jahrhunderts, während sie in den meisten Reichsgebieten bereits zu Beginn des 13. Jahrhunderts in Gang gekommen war.[759]

Die Patrimonialgerichtsbarkeit hatten insbesondere die Gutsherrschaften inne.[760] Zu Anfang war sie als ein an der Person haftendes Privilegium auf Lebenszeit übertragen worden, welches sich jeder nachfolgende Gutsbesitzer bestätigen lassen musste. Doch schon bald erlosch die Jurisdiktionsgewalt nicht mehr mit dem Tod des Privilegierten, sondern war mit dem Grundstück verknüpft. Sie haftete diesem regelmäßig als Pertinenz an und ging somit im Erwerbsfall auto-

---

754 Vgl. *Falck*, Handbuch, 3. Band, 1. Abth., S. 132 f.

755 Vgl. *Stemann*, Geschichte, 2. Theil, S. 177 ff.; *Falck*, Handbuch, 3. Band, 1. Abth., S. 132 ff.

756 *Falck*, Handbuch, 3. Band, 1. Abth., S. 133 f. bzw. S. 134 (Fn. 55)).

757 *Falck*, Handbuch, 3. Band, 1. Abth., S. 81 f.

758 *Pauls*, Lokalverwaltung, 2. Teil, S. 1 (44); vgl. *Kochendörffer*, Landgericht, S. 325 (327 ff.); *Rörig*, Agrargeschichte, S. 137 (143); *Carstens*, Landesherrschaft, S. 288 (293); *Schröder/Künssberg*, Rechtsgeschichte, S. 655.

759 *Pauls*, Lokalverwaltung, 2. Teil, S. 1 (44); vgl. *Schröder/Künssberg*, Rechtsgeschichte, S. 655.

760 *Schrader*, Handbuch, 4. Band, S. 190; vgl. *Doerfer*, Bemerkungen, S. 468 ff.

matisch auf den neuen Grundbesitzer über.[761] Der Patrimonialgerichtsbarkeit unterstanden von Beginn an alle Gutsuntertanen, von denen die auf den adligen Geestgütern – im Gegensatz zu denen auf den adligen Marschgütern – zu Leibeigenen wurden.[762]

Als zentrales Organ der Rechtspflege fungierte auch in einer Patrimonialgerichtsherrschaft das Dinggericht. Dieses wurde nicht in seiner Funktion aufgehoben, sondern in die Patrimonialgerichtsverfassung eingebunden.[763] Auch unter den adligen Gerichtsherren sollte es ein Volksgericht bleiben, in dem die Urteilsfindung unparteiisch und ohne gutsherrlichen Einfluss stattfand. Zudem sollte es bei dem üblichen Rechtsweg, der sich im Mittelalter ausgebildet hatte, vor allem auch der Appellationsmöglichkeit, belassen werden.[764] Der Stellenwert eines gutsherrlichen Dinggerichts als Volksgericht hing entscheidend von seiner Ausgestaltung durch die Herrschaft ab. Diese war in ihrem Gutsbezirk die Obrigkeit und konnte auf verschiedene Weise Einfluss auf das Dinggericht nehmen, beispielsweise indem sie die Urteilsfinder aussuchte.[765] Insbesondere in Wagrien wurden die Gutsherrschaften so weitgehend eigenständig, dass es zur Ausbildung von Territorialherrschaften kam, welche beinahe vollkommene Souveränität besaßen.[766] Die Patrimonialgerichtsbarkeit, die diese Entwicklung maßgeblich förderte, sorgte letztlich dafür, dass die Volksgerichtsbarkeit in ihrem Geltungsbereich verkümmerte oder verschwand und an ihre Stelle das persönliche Urteil des adligen Gerichtsherrn oder seines Stellvertreters trat.[767]

b. Landgericht

Mit der Entstehung des fränkischen Reichs und der Herrschaft des Königs, der in seiner Person als Oberhaupt die Gerichts- und Rechtsgewalt innehatte, bildete

---

761 *Doerfer*, Bemerkungen, S. 468 (470); vgl. *Jordan-Rozwadowski*, Bauern, S. 337/478 (479).

762 Vgl. *Anonymus*, Nachricht, S. 76 (82 f.); *Doerfer*, Bemerkungen, S. 468 (477 ff.); *Anonymus*, Befugniß, S. 483 (486 ff.).

763 Vgl. *Doerfer*, Bemerkungen, S. 468 (471); *Dreyer*, Bedenken, S. 1 (19).

764 LGO-SH (1573), 1. Theil, Tit. III, S. 146 (156): „*Hette auch ein Ambtman wegen seines Herren, ein Prelat oder einer vom Adel einen Ambtsvnderthanen oder seiner eigenen Leute mit Rechte zu besprechen, Den soll er mit gewaldtsamer Tadt nicht beschweren, sondern ihme Ding vnd Recht leggen, Vnd soll jeder von beiden Theilen, der sich der Vrtheil beschweren thut, von demselbigen Ding, nach alter Gewonheit, vnd wie obberuert, sich zu beruffen haben*"; vgl. *Schrader*, Handbuch, 4. Band, S. 190; *Doerfer*, Bemerkungen, S. 468 (471).

765 *Doerfer*, Bemerkungen, S. 468 (471).

766 *Rörig*, Agrargeschichte, S. 137 (143).

767 Vgl. *Rörig*, Agrargeschichte, S. 137 (143).

sich eine neue Instanz, die in der Rangfolge über den Lokalgerichten stand.[768] Der Zug an das Königsgericht ersetzte mehr und mehr den Zweikampf und die Ordale.[769] Mit Schaffung und Ausweitung des herrschaftlichen Lehnssystems wurde die Gerichtsverfassung zunehmend komplexer. Neue Gerichte wurden gegründet, wodurch sich auch eine gewisse Staffelung ergab.[770] Jedoch entstand noch kein Instanzenzug nach moderner Auffassung. Inwieweit diese fränkisch-karolingischen Neuerungen, vor allem die Institution des Königsgerichts, für Holstein Geltung besaßen, ist nicht zweifelsfrei nachgewiesen. Möglich erscheint, dass Holstein aufgrund seiner Zugehörigkeit zum Königreich Sachsen, für das ein Privileg bestand,[771] davon ausgenommen war.[772] Jedenfalls kam es während des Mittelalters zur Ausbildung höherer Gerichte, der echten Dinge (Landgerichte), die regelmäßig Goeding[773] hießen.[774] Ein wirkliches Rangverhältnis zwischen ihnen und den Dinggerichten bestand zunächst nicht. Sie unterschieden sich grundsätzlich dadurch voneinander, dass sie unterschiedliche Kompetenzen besaßen. Die neueren Institutionen befassten sich mit den bedeutenderen Sachen, während die althergebrachten Dinggerichte die weniger wichtigen, alltäglich auftretenden Rechtsfragen behandelten. Diese höheren Gerichte stellten anfangs die Landtage dar, die in Holstein bis ins ausgehende Mittelalter hinein zu Bornhöved stattfanden.[775]

Die Landtage hatten ihren Ursprung in der altgermanischen Volksversammlung, auf der seit jeher gemeinsam und öffentlich auch rechtliche Fragen beraten und beschlossen wurden.[776] Ihre Abhaltung ging nach althergebrachtem germanischem Brauch vor sich, wobei sämtliche Einwohner einschließlich der adligen

---

768 *Hincmarus*, de ordine, cap. 19 (S. 16); *Kern*, Geschichte, S. 4 f.; *Falck*, Handbuch, 3. Band, 1. Abth., S. 214; *Hillmann*, Gericht, S. 118 f.

769 Vgl. *Hillmann*, Gericht, S. 119.

770 Vgl. *Hillmann*, Gericht, S. 119; Sachsenspiegel, Landrecht, 2. Buch, Art. 12, § 4, Satz 1: *„Schilt man ein Urteil, so soll man sich an den nächsthöheren Richter wenden, zuletzt an den König.*" (*Schott*, S. 103); Sachsenspiegel, Lehenrecht, Art. 69, § 8, Satz 1 und 2: *„Wird ein Urteil gescholten wegen eines Lehens, das des Herrn Eigentum ist, so soll man zuletzt vor das Reich ziehen. Denn der König ist der gewählte Richter über jedes Mannes Hals, über Eigentum und über Lehen.*" (*Schott*, S. 330).

771 Sachsenspiegel, Landrecht, 1. Buch, Art. 18, § 3, Satz 1: *„Und das dritte ist: daß es kein Urteil, wie rechtmäßig auch immer, vor dem Königsgericht in Sachsen gibt*" (*Schott*, S. 50).

772 Vgl. *Wohlhaupter*, Rechtsquellen, S. 77; *Falck*, Privatrecht, 3. Band, 1. Abth., S. 214 f.

773 Andere Ausdrücke waren Goding, Gothig, Gothing, Goething, Gowthing, Grafengericht, Grafding, Grefding, Grefdhinge, Lutthing, Lutthig, Landding.

774 *Cronhelm*, Bericht, S. 1 (126, 133 ff.); *Falck*, Handbuch, 3. Band, 1. Abth., S. 216; vgl. *Seestern-Pauly*, Kirchspiels- und Amtsgebraeuche, S. 14.

775 Vgl. *Falck*, Handbuch, 2. Band, 204 f.; *Kochendörffer*, Landgericht, S. 325 (326).

776 *Falck*, Handbuch, 2. Band, S. 204; *Kochendörffer*, Landgericht, S. 325 (326); vgl. *Christiani*, Geschichte, 2. Theil, S. 165 f.

Vasallen und des Obersten des Volks anwesend zu sein hatten.[777] Die Landtage nahmen alle Funktionen wahr, die zu den Aufgaben der Volksversammlung gehörten. Darunter fiel auch die Aufgabe als rechtsprechende Institution. Dies gab dem Landtag den Rang eines Landgerichts, und da Rechtsfragen schon immer viel Raum einnahmen, war ein anderer Ausdruck für diesen bereits damals Landgericht.[778] Er fällte Entscheidungen sowohl hinsichtlich der Gewohnheiten, Rechte und Verhältnisse des Landes als auch der Klagen und privatrechtlichen Streitigkeiten der Unterworfenen, Einwohner und Vasallen.[779] Als Institution war der Landtag von wesentlicher Bedeutung für alle das Land Holstein und seine Einwohner betreffenden rechtlichen Fragen. Solange der Landtag seine Funktion als Landgericht besaß, war er *„eine gemeinschaftliche Oberinstanz fuer alle Classen von Unterthanen“*[780] und somit *„das hoechste Gericht fuer alle Landeseinwohner“*[781]. Dem Landtag stand noch zu Zeiten, als sich das Landgericht bereits abgespalten hatte und als originäre selbständige Institution für die eigentlichen Rechtsfragen zuständig war, eine gewisse Gerichtsbarkeit zu.[782] Damit war der mittelalterliche Landtag der gemeinsame Vorläufer der frühneuzeitlichen Institutionen des Landtags und des Landgerichts.

Dinggericht und Landgericht unterschieden sich also schon während des Mittelalters beträchtlich und wiesen Züge auf, die ein gewisses Rangverhältnis erkennen lassen. Das allgemeine Verhältnis der niederen und höheren Gerichte zueinander war jedoch zunächst nur durch die Wichtigkeit der zu verhandelnden Sachen bestimmt.[783] Noch in der ersten Hälfte des 13. Jahrhunderts war in den ländlichen Distrikten zwischen den nieder- und höhergerichtlichen Institutionen Ding und Goeding keine Beziehung vorhanden, die nach modernem Verständnis einem gerichtlichen Instanzenzug entsprach.[784] Allein aufgrund der Verschiedenrangigkeit der Gerichte kam es dazu nicht.[785] Die Entstehung eines Instanzenzugs im heutigen Sinn begann erst im Laufe des 15. und 16. Jahrhunderts.[786]

Parallel zu den Veränderungen, die die niederen Gerichte infolge der Patrimonialgerichtsbarkeit erlebten, vollzog sich eine vergleichbare Entwicklung auch

---

777 *Westphalen*, Monumenta, Tomus IV, praef., S. 106 f., 108 (Fn. (c)).

778 *Westphalen*, Monumenta, Tomus IV, praef., S. 106.

779 *Westphalen*, Monumenta, Tomus IV, praef., S. 109 f.

780 *Falck*, Handbuch, 3. Band, 1. Abth., S. 227.

781 Urkunden (*Falck*), Einleitung, S. 815 (815).

782 Vgl. *Kochendörffer*, Landgericht, S. 325 (326); *Falck*, Handbuch, 2. Band, S. 205 bzw. S. 205 (Fn. 3)).

783 *Falck*, Handbuch, 3. Band, 1. Abth., S. 212 f.; vgl. Sachsenspiegel, Landrecht, 2. Buch, Art. 13, § 2, Satz 3: *„Handelt es sich um eine größere Summe oder andere bewegliche Habe, so darf er höher richten.“* (*Schott*, S. 106).

784 *Falck*, Handbuch, 3. Band, 1. Abth., S. 214.

785 Vgl. *Falck*, Handbuch, 3. Band, S. 212, 215.

786 *Weitzel*, Dinggenossenschaft, S. 1295; vgl. *Kern*, Geschichte, S. 13.

beim Landtag. Die Macht derjenigen Parteien, die von der Landesherrschaft privilegiert wurden – Adel, Geistlichkeit und Städte –, manifestierte sich nicht nur in einer autonomen, von der Landesherrschaft unabhängigen Gerichtsgewalt auf der unteren gerichtlichen Ebene. Sie führte auch auf den Landtagen zu einer allmählichen Verdrängung der Masse des Volks, auch wenn die Vertreter der Bauernschaft zunächst nicht förmlich ausgeschlossen waren.[787] Gegen Ende des 14. Jahrhunderts verloren die Angehörigen des Bauernstands im Gegensatz zur Ritterschaft das Fehderecht,[788] was die rechtliche Ungleichheit zwischen beiden Gesellschaftsschichten vertiefte. Im Anschluss daran unterblieb die Berufung der Vertreter der Bauernschaft zum Landtag, wo sie seitdem nicht mehr erschienen.[789] Dadurch gingen sie ihres Mitspracherechts in Landesangelegenheiten verlustig und waren fortan als Stand ausgeschaltet. Der Landtag hatte seinen Charakter als Volksversammlung eingebüßt und sich zu einer ständischen Versammlung entwickelt, auf der nur noch die Landstände, also die Städte, Prälaten und Ritter,[790] dominierten.[791]

Die Landstände begriffen die neue Form der Versammlung als Interessenvertretung, die sie als Gegengewicht zur Landesherrschaft positionierten. Sie nutzten diese Plattform zur Koordination ihrer verschiedenen Anliegen. Auf diese Weise vermochten die Landstände gegenüber der Landesherrschaft einheitlich aufzutreten und den Ausbau ihrer Privilegien eher zu erreichen. Davon war auch die Funktion des Landtags als Gericht betroffen, worunter ebenfalls die Angehörigen der ländlichen Bevölkerungsschicht zu leiden hatten. Die Machtstellung der Ritterschaft, die ihren Höhepunkt 1460 hatte, wurde in den folgenden Jahrzehnten gefestigt und ausgebaut. Dies kam in den Privilegien von 1522 und 1524 deutlich zum Ausdruck. Die Veränderungen innerhalb des Gerichtswesens spiegelten die gesellschaftlichen Entwicklungen wider: Die niederen Gerichte der Adligen und Prälaten waren im Besitz der vollen Gerichtsbarkeit und des Blutbanns über alle Eingesessenen. Mit diesem Schritt waren die Befugnisse, die ehemals den Grafen zustanden, auf die Inhaber der Gerichtsherrschaft übergegangen. Zugleich fungierten die niederen Gerichte nicht mehr als Gerichtsstand für Adlige und Prälaten. Diese waren von ihnen eximiert und hatten ihren alleinigen Gerichtsstand vor dem Landgericht. Das Landgericht war allerdings nicht mehr das Goeding. Dieses ehemalige Landgericht behielt zwar seinen Namen Goeding oder Landgericht. In seiner Bedeutung für die Gerichtsverfassung aber wurde es herabgestuft und stellte fortan eine zweite niedere Instanz nach den

---

787 Vgl. *Kochendörffer*, Landgericht, S. 325 (326).

788 *Carstens*, Beiträge, S. 1 (19, 55).

789 *Michelsen*, Landesvertretung, S. 22 f.; *Moltke*, Verfassung, S. 18 f.

790 Vgl. *Christiani*, Geschichte, 1. Theil, S. 427, 2. Theil, S. 165 f.; *Falck*, Handbuch, 2. Band, S. 204 ff.; Geschichte (*Lange*), S. 158 ff.; *Ipsen*, Landtage, S. 12.

791 Vgl. *Rörig*, Agrargeschichte, S. 137 (143); *Kochendörffer*, Landgericht, S. 325 (326); *Falck*, Handbuch, 2. Band, S. 206 ff.

Dinggerichten dar. Das Goeding wurde somit die Mittelinstanz zwischen den Dinggerichten und dem Landgericht, dem Gericht des Landesherrn.[792] Dadurch unterschied sich Holstein von den meisten anderen deutschen Gebieten, wo mangels einer Mittelinstanz von den niederen direkt an die höheren Gerichte appelliert wurde.[793]

Während die niedergerichtlichen Dinge in späteren Jahrhunderten nur noch nach Bedarf des Patrimonialgerichtsherrn abgehalten wurden,[794] fanden die Goedinge regelmäßig einmal im Jahr statt. Bis weit ins 16. Jahrhundert hinein wurden sie an unterschiedlichen Orten gehalten und konnten von den Parteien in beliebiger Weise angegangen werden.[795] In der Übergangszeit vom Spätmittelalter zur Frühen Neuzeit wurde ihre Abhaltung seltener und unregelmäßiger. Bevor sie im 16. Jahrhundert fast ganz verschwanden,[796] war es Brauch geworden, dass sie lediglich noch infolge speziellen landesherrlichen Befehls stattfanden.[797] Die Goedinge wurden durch die landesherrlichen Oberamtsgerichte ersetzt, die zwar vorwiegend als Appellationsinstanzen für die Ämter dienten,[798] jedoch gerade in ihrer Anfangszeit flexibel eingesetzt wurden.[799]

Die Patrimonialgerichtsbezirke waren von diesen Entwicklungen auf landesherrlichem Gebiet ausgeschlossen. Insbesondere die adligen Patrimonialgerichtsherren übten die Gerichtsbarkeit über ihre Eingesessenen mittels der Gutsgerichte vollkommen eigenständig aus. Doch trotz aller adligen Vorrechte war ihre Einrichtung grundsätzlich nicht ins Belieben der Gerichtsherren gestellt, sondern sollte wie in den übrigen Jurisdiktionsbezirken unabhängig und formal korekt ausgestaltet sein und lediglich unter gutsherrlicher Aufsicht stehen. Die Untergehörigen konnten gegen Gutsgerichtsurteile appellieren, die Appellationsinstanz stellte das Landgericht dar.[800] Diejenigen Rechts- und Gerichtsverhältnisse des Adels, die während der frühneuzeitlichen Leibeigenschaft prägend waren, waren in der ersten Hälfte des 16. Jahrhunderts bereits gefestigte Reali-

---

792 *Kochendörffer*, Landgericht, S. 325 (328 f.); *Pauls*, Lokalverwaltung, 2. Teil, S. 1 (46, 88 f.).

793 Vgl. *Schröder/Künssberg*, Rechtsgeschichte, S. 655 ff.; *Pauls*, Lokalverwaltung, 2. Teil, S. 1 (89).

794 Vgl. *Fuchs*, Ding, S. 16 (§ 11).

795 *Falck*, Handbuch, 3. Band, 1. Abth., S. 219.

796 Das wichtige neumünstersche Goeding existierte sogar noch zu Beginn des 17. Jahrhunderts (vgl. *Cronhelm*, Bericht, S. 1 (134 f.); *Seestern-Pauly*, Kirchspiels- und Amtsgebraeuche, S. 15, 22; *Falck*, Handbuch, 3. Band, 1. Abth., S. 221 (Fn. 94))).

797 *Pauls*, Lokalverwaltung, 2. Teil, S. 1 (92 f.); *Falck*, Handbuch, 3. Band, 1. Abth., S. 218 f.

798 Vgl. *Kochendörffer*, Landgericht, S. 325 (329); *Falck*, Handbuch, 3. Band, 1. Abth., S. 225 ff., 232 f.; *Pauls*, Lokalverwaltung, 2. Teil, S. 1 (95 f.); *Fuchs*, Introductio, S. 232 (§ 4).

799 *Falck*, Handbuch, 3. Band, 1. Abth., S. 226 f., 232 f.

800 Vgl. *Kochendörffer*, Landgericht, S. 325 (331 f.).

tät. Der augenscheinliche Endpunkt dieser Entwicklung war die Landgerichtsordnung von 1573.

II. Verhältnisse während der frühneuzeitlichen Leibeigenschaft

Der Zeitraum, in dem sich die Leibeigenschaft in Holstein etablierte, war zugleich eine Zeit, in die andere wichtige landeshistorische Ereignisse fielen. Diese prägten die Verhältnisse über Jahrhunderte nicht nur allgemein, sondern beeinflussten gerade auch die Rechtsquellen und das Gerichtswesen maßgeblich. Das hatte wiederum spürbare Auswirkungen auf die Leibeigenschaft. Bei diesen Ereignissen handelte es sich um die Landesteilungen und die gemeinschaftliche Regierung der Herzogtümer sowie die Schaffung des adligen Landgerichts und seiner Ordnung.

1. Einleitung

1544 teilte Christian III. die Herzogtümer Schleswig und Holstein unter sich und seinen beiden Brüdern auf. Unter Beibehaltung ihrer staatsrechtlichen Einheit bestand in der Folge eine Dreiteilung der Herzogtümer. Es gab den königlichen (Sonderburger) Anteil Christians, den Gottorfer Anteil Herzog Adolfs und den Haderslebener Anteil Herzog Johanns. Die Aufteilung der Ländereien orientierte sich an ihren Einkünften, wodurch die Errichtung dreier territorial geschlossener Herrschaftsbereiche unmöglich war. Zudem verhinderte dieses Vorgehen die Verselbständigung einzelner Landesteile und war daher der wesentliche Garant für ihre staatsrechtliche Einheit. Aufgrund ihrer Privilegien ungeteilt blieben die der Landesteilung widerstrebend gegenüber stehenden Landstände. Die Besitztümer von Ritterschaft und Prälaten, die adligen Güter und die Klöster, wurden keinem der drei Anteile zugeschlagen. Vielmehr bildeten sie einen eigenen vierten gemeinschaftlichen Anteil. Fortan regierten drei Landesherren nebeneinander, die sich über landesanteilsübergreifende Politik- und Justizangelegenheiten nicht nur untereinander, sondern auch mit den Landständen zu verständigen hatten.[801]

Zwar existierte seit 1544 eine gemeinschaftliche Regierung, doch bekam diese erst durch den Flensburger Landtag von 1564 verlässliche Konturen als „Gemeinschaftliche Regierung“.[802] Auch nach der Landesteilung von 1581, nach der

---

801 Vgl. Geschichte (*Lange*), S. 173, 176; GSH (*Klose*), 5. Band, S. 5 ff.; *Falck*, Handbuch, 2. Band, S. 91 f., 175; *Brinkmann*, Rechtsleben, S. 44.

802 Punkte 1) bis 6) des Flensburger Abschieds (Sammlung (SHV) (*Michelsen/Johannsen*), Num. XI, S. 136 (137 f.)); vgl. *Cronhelm*, Bericht, S. 1 (259); *Falck*, Handbuch, 2.

nur noch zwei Landesherren übrig blieben, hatte sie Bestand. In dieser Form erhielten sich die Zustände bezüglich des königlichen, herzoglichen und gemeinschaftlichen Anteils bis ins 18. Jahrhundert hinein.[803] Daneben gab es noch den Anteil der abgetrennten Herren sowie die seit einiger Zeit als Territorium und Rechtsgebiet selbständige Grafschaft Schauenburg.[804] Wesentliche Veränderungen traten 1700 ein. Von diesem Zeitpunkt an beschränkte sich die Gemeinschaftliche Regierung auf Prälaten und Ritterschaft, also den gemeinschaftlichen Anteil.[805] 1721 erfuhr die Gemeinschaftliche Regierung die zusätzliche Einschränkung, dass sie nur noch Geltung für Holstein besaß.[806] Auch für Holstein endete sie endgültig 1773, als das holstein-gottorpische Haus seinen Anteil abtrat, wodurch der dänisch-schleswig-holsteinische Gesamtstaat seinen territorialen Abschluss fand.[807] Die Gemeinschaftliche Regierung prägte die Geschichte der Herzogtümer somit für knapp 200 Jahre.

Ihr Wesen machte aus, dass sie mittels der gemeinsamen Landtage sowie der von ihr erlassenen Gesetze und Verordnungen die entscheidende, beide Herzogtümer und alle Landesteile verbindende Institution war.[808] Ihre Organisation sah vor, dass jährlich wechselnd einer der Landesherren mit umfassenden Vollmachten ausgestattet wurde und der Regierung vorstand. Der Regierungsvorsteher kümmerte sich um die allgemeinen Landessachen. Dies betraf nicht nur die Angelegenheiten des gemeinschaftlichen Anteils, sondern auch überterritoriale Dinge mit Bezug zu allen Landesteilen. Dem geschäftsführenden Landesherrn wurden von jedem der regierenden Herren vier landesherrliche Räte an die Seite gestellt, die ihn einerseits bei seinen Tätigkeiten unterstützten, andererseits aber auch die Interessen ihres Herrn zu vertreten suchten. Diese Beiordnung von Räten wurde in späteren Zeiten durch die Einholung einer schriftlichen Zustimmung des Mitregierenden ersetzt.[809] Infolge der Aufteilung des Landes in verschiedene Herrschaftsbereiche und der vielfältigen Transaktionen von Grund und Boden zwischen den Herrschaften bot die territoriale Karte Holsteins ein sehr buntes Bild: „*Es spottet ordnender Betrachtung*".[810] Diese Entwicklung der politischen Verhältnisse führte zu einer vergleichbaren Entwicklung im Justizwesen. Sowohl hinsichtlich der geltenden Rechte als auch der Struktur der Ge-

---

Band, S. 175; *Kochendörffer*, Landgericht, S. 325 (329); Geschichte (*Lange*), S. 176; GSH (*Klose*), 5. Band, S. 64 f.

803 Vgl. Geschichte (*Lange*), S. 177.

804 Vgl. *Kähler*, Landesrecht, S. 14 f.; *Wohlhaupter*, Recht, S. 30 (39 f.)

805 *Falck*, Handbuch, 2. Band, S. 179; GSH (*Klose*), 5. Band, S. 64.

806 GSH (*Klose*), 5. Band, S. 64 f.; vgl. *Falck*, Handbuch, 3. Band, 1. Abth., S. 238.

807 Vgl. GSH (*Klose*), 5. Band, S. 64 f.; *Falck*, Handbuch, 2. Band, S. 179.

808 GSH (*Klose*), 5. Band, S. 64.

809 Vgl. *Falck*, Handbuch, 2. Band, S. 175 f. bzw. 175 (Fn. 31)); *Waitz*, Geschichte, 2. Band, S. 363 f.; GSH (*Klose*), 5. Band, S. 64; Geschichte (*Lange*), S. 176.

810 GSH (*Klose*), 5. Band, S. 8.

richtsbarkeit fand eine enorme Ausdifferenzierung statt. Neue Rechtsquellen hielten Einzug, neue Gerichte und Instanzen wurden in den verschiedenen Landesteilen geschaffen.

Das zweite maßgebliche Ereignis war die Errichtung des adligen Landgerichts und seiner Ordnung von 1573, deren Grundlagen ebenfalls in den Beschlüssen des Flensburger Landtags von 1564 zu erblicken sind.[811] Zwar schuf die Landgerichtsordnung keine neuen materiell-rechtlichen Bestimmungen, sondern kodifizierte lediglich bestehende Rechtszustände.[812] Doch stellte sie als Prozessordnung aus formell-rechtlicher Perspektive eine wichtige Rechtsquelle dar und äußerte sich auch zur Anwendung anderer Rechtsquellen. Zudem ordnete und konkretisierte sie Rechtsverhältnisse, Instanzenzüge und Verfahrensabläufe, die zuvor nur gewohnheitsmäßig festgelegt waren, erstmals auf gesetzlicher Grundlage. Durch die schriftliche Fixierung erhielt das Justizwesen grundsätzlich eine verlässlichere Form, durch ihre Ausstattung mit dem Charakter eines landesherrlichen Gesetzes ging eine erhebliche qualitative Aufwertung einher. Infolge dessen trug die Landgerichtsordnung wesentlich zu Rechtsschutz, Rechtssicherheit und Rechtsklarheit im Land bei. Sie prägte das Justizwesen während des Bestehens der Leibeigenschaft und galt bis ins 19. Jahrhundert.[813]

Zwischen dem Landgericht und seiner Ordnung sowie der Leibeigenschaft bestand nicht nur ein enger zeitlicher Zusammenhang. Vielmehr waren beide auch inhaltlich eng miteinander verbunden, da sie in der Patrimonialgerichtsbarkeit ihren gemeinsamen Ursprung hatten. Beide markierten einen gewissen Abschluss von Entwicklungen verschiedener Aspekte dieser Form der Gerichtsherrschaft. Im Hinblick auf die Leibeigenschaft waren die Patrimonialgerichtsbefugnisse lediglich das Machtinstrumentarium der Gutsherrschaft zur Durchsetzung einer als notwendig erachteten und die Einrichtung damit letztlich begründenden Zwangsmaßnahme: die Einführung der Schollenpflichtigkeit zur Sicherung der Hofdienste. Demgegenüber stellten das Landgericht und seine Ordnung den Schlusspunkt in der allgemeinen Entwicklung der adligen Patrimonialgerichtsbarkeit dar. Auf dem Rechtsweg, der den Leibeigenen offen stand, war das Landgericht die Appellationsinstanz für die Gutsgerichtsbarkeit. Es besaß Kontrollfunktion hinsichtlich des Adels und seines Verhaltens gegenüber den Untertanen. Als obergerichtliche Institution spielte das Landgericht eine entscheidende Rolle in Leibeigenschaftsfragen. Ähnliche Bedeutung besaßen die Kanzleigerichte. So wurde die Leibeigenschaft durch die Spruchpraxis unterschiedlicher Obergerichte beeinflusst.

---

811 Punkte 7) ff. des Flensburger Abschieds (Sammlung (SHV) (*Michelsen/Johannsen*), Num. XI, S. 136 (137 f.)).

812 *Kochendörffer*, Landgericht, S. 325 (331).

813 Vgl. *Prange*, Schleswig-Holstein, S. 40.

2. Rechtsquellen

Dominierte im mittelalterlichen Holstein fast ausschließlich Gewohnheitsrecht, änderte sich die Situation in der Frühen Neuzeit vor allem infolge der Landesteilungen beträchtlich. Neue Rechtsquellen kamen hinzu, bestehende Rechtsquellen erlebten einen Bedeutungswandel. Landesherrliches und Gemeines Recht erfuhren eine enorme Aufwertung. Dabei waren zwei Arten von Rechtsquellen zu unterscheiden. Es gab primäre Rechtsquellen, deren originäre Aufgabe es war, Recht zu setzen. Dazu zählten das Gewohnheitsrecht mit dem Gerichtsgebrauch, das landesherrliche Recht mit den Privilegien und Landtagsresolutionen sowie das Gemeine Recht. Andererseits waren sekundäre Rechtsquellen vorhanden. Diesen war zwar nicht originär die Aufgabe von Rechtsetzung zugedacht, doch im Ergebnis wuchs ihnen oftmals eine vergleichbare Bedeutung zu. Bei den sekundären Rechtsquellen handelte es sich um obergerichtliche Urteile, die Sprüche juristischer Fakultäten und die gelehrte juristische Literatur, gerade auch im Hinblick auf das Göttliche und das Naturrecht. All diese Rechtsquellen standen großteils nicht unabhängig nebeneinander, sondern waren häufig stark miteinander verflochten. Zwar enthielt jede Quelle Rechtssätze, die die Leibeigenschaft betrafen. Doch waren diese im Hinblick auf ihre Wertigkeit sehr unterschiedlich. Der Wert einer Quelle für die Leibeigenschaft hing zum einen davon ab, wie intensiv sie sich mit ihr auseinandersetzte, zum anderen, in welchem Umfang sie nicht nur anwendbar war, sondern auch Anwendung fand. Die grundsätzliche allgemeine Rangfolge der primären Rechtsquellen war für Holstein in der Landgerichtsordnung festgelegt:

„Jedoch soll die rechtliche Erkentnuesse (...) weil das Fuerstenthumb Holstein kein beschrieben Recht hat, auff den alten kundtbaren Landtsgebrauch, so der Vernunfft vnd Billigkeit nicht zuwieder, Oder auch des heiligen Reichs Ordnungen vnd Constitutionen entgegen, gegruendet werden, In Mangel aber einer solchen bestendigen rechtmeßigen Gewonheit, soll vermuege der Landt-Priuilegien geurtheilet werden, nach Sechsischen Rechten, Were aber derselbige Fall, darauff gesprochen werden soll, in Sechsischen Rechten nicht begriffen, so soll als in casu omisso, der Disposition gemeiner beschriebenen Rechten gefolget, vnd die Vrtheil darauff gegruendet werden.“[814]

Die Gebiete mit Leibeigenschaft waren ganz überwiegend die adligen Gutsbezirke in Wagrien. Diese gehörten, wie alle Besitztümer der schleswig-holsteinischen Ritterschaft, zum gemeinschaftlich regierten Anteil des Landes.[815] Da die adligen Güter Ostholsteins nicht in einem besonderen Rechtsgebiet lagen, ergab sich für sie anhand der von der Landgerichtsordnung aufgestellten Rangfolge

---

814 LGO-SH (1573), Ander Theil, Tit. III, S. 146 (172 f.); vgl. *Amthor*, Discurs, S. 10 (ohne Nummerierung: S.1 = erste Seite des eigentlichen Texts).

815 *Kähler*, Landesrecht, S. 15.

der Rechtsquellen folgende Regel: Primär galt landesübliches Herkommen und Brauchtum. Fehlte es an speziellem Gewohnheitsrecht, galt subsidiär Sachsenrecht in der rezipierten Form des Sachsenspiegels. Hilfsweise wurde Gemeines Recht herangezogen.[816] Kam es aufgrund des Alters des Sachsenspiegels und seiner zunehmenden Unbrauchbarkeit zur Ausbildung neuer Gewohnheiten oder zur Abfassung neuer Gesetze, traten diese Vorschriften an die Stelle der bisher geltenden Bestimmungen des Sachsenrechts.[817] Die folgende Aufstellung der Rechtsquellen orientiert sich zwar an diesen Vorgaben, kann und soll jedoch gerade aufgrund der vielfältigen Verbindungen der Quellen untereinander nicht auf allen Ebenen als eine feste Rangfolge hinsichtlich ihrer Wertigkeit gelten.

a. Gewohnheitsrecht

Die wichtigste Rechtsquelle blieb auch während der Frühen Neuzeit das Gewohnheitsrecht, dessen Regeln „*durch eine so lange fortgesetzte Befolgung, daß daraus eine opinio necessitatis hervorgeht*", entstanden waren.[818] Auch bei den holsteinischen Gerichten hatte das Gewohnheitsrecht, wie es seiner Stellung in der Landgerichtsordnung entsprach, weiterhin einen derart gewichtigen Status inne, dass man hinsichtlich der diesbezüglichen dortigen Verhältnisse sagen konnte, „*daß fast an keinem Orthe so sehr auf das jus non scriptum reflectiret werde/ als eben bey unsern judiciis*".[819] Unabhängig von der Zugehörigkeit zu einem bestimmten herrschaftlichen Anteil war der weitaus größte Teil Holsteins „*Gebiet des Saechsischen Rechts*".[820] Die mittelalterlichen Verhältnisse waren weiterhin bestimmend. Vorrangige Geltung kam dem landesüblichen Herkommen und Brauchtum zu. Mangelte es an diesbezüglichen rechtlichen Regelungen, galt in erster Linie Sachsenrecht, worunter der Sachsenspiegel in seiner ursprünglichen Fassung zu verstehen war.[821] Eine Ausnahme bestand für den Fall, dass das Sachsenrecht durch speziellere Gewohnheitsrechte, insbesondere durch das Land- und Marschrecht oder die Neumünsterschen Kirchspiels- bzw. die Bordesholmischen Amtsgebräuche, verdrängt wurde.[822] Solche spezielleren Gewohnheitsrechte bestanden für Ostholstein jedoch nicht.

Das rechtliche Fundament der Leibeigenschaft bildete während ihrer gesamten Dauer Gewohnheitsrecht in der Form lokalen Herkommens und Landesbrauchs.

---

816 Vgl. *Kähler*, Landesrecht, S. 18.

817 *Falck*, Handbuch, 1. Band, S. 409.

818 *Falck*, Handbuch, 1. Band, S. 111.

819 *Amthor*, Discurs, S. 16 (ohne Nummerierung: S.1 = erste Seite des eigentlichen Texts).

820 *Paulsen*, Lehrbuch, S. 5; vgl. *Kähler*, Landesrecht, S. 19; CCRH (*Cronhelm*), 1. Band, S. 154 ff.

821 *Kähler*, Landesrecht, S. 19; *Falck*, Handbuch, 1. Band, S. 407 ff.

822 Vgl. *Hennings*, Huelfs-Buch, 1. Band, S. 5; *Kähler*, Landesrecht, S. 21 ff.

Dabei stützte sich auch diese Institution niemals auf geschriebenes, geschweige denn kodifiziertes Recht,[823] wie sie es im Norden beispielsweise in Dänemark, Mecklenburg und Vorpommern tat.[824] Vielmehr war die Tatsache, „*daß die eigentliche Einrichtung der schleswig-holsteinischen Unterthaenigkeit nicht in jure scripto*" beruhte, ihr herausragendstes Merkmal.[825] Dadurch war und blieb Gewohnheitsrecht die Grundlage der rechtlichen Behandlung der Leibeigenen durch ihre Herrschaft. Dabei ist stets das dynamische Element, dessen Umfang und Einfluss von vielen Faktoren abhing, hinzuzudenken.[826] Die Leibeigenschaft war „*keine konstante Erscheinung*", sondern „*mehrfach Wandlungen unterworfen*".[827] Neben der Ungeschriebenheit der Rechtssätze und ihrem dynamischen Element war es zudem die Verschiedenartigkeit ihrer Ausgestaltung, die die Erkenntnis einer einheitlichen rechtlichen Behandlung der holsteinischen Leibeigenen zu keiner Zeit zuließ.[828] Doch war das Leibeigenschaftsverhältnis trotz seiner Dynamik von allgemeinen Grundsätzen gekennzeichnet. Allerdings wurde aufgrund der Art des zwischen den Parteien bestehenden Gewaltverhältnisses „*fast alles darin bestimt*" durch „*eine oft dem Eigensinne des Gutsbesizers weichende Observanz*".[829] Charakteristisch für Herkommen und Brauchtum war es daher häufig, dass rechtliche Regelungen in der Praxis wenig Bedeutung hatten oder zumindest flexibel und den gutsherrlichen Bedürfnissen gemäß gehandhabt wurden. Die Ausgestaltung des Gewohnheitsrechts hing vom Wohlwollen des Gutsherrn ab.[830]

Waren rechtsverbindliche Vorschriften durch Herkommen und Brauchtum nicht festgelegt, trat Sachsenspiegelrecht als „*Haupt-Privatrecht*" für alle der schleswig-holsteinischen Ritterschaft zugehörigen Adligen hilfsweise an seine Stelle.[831] Für die holsteinische Leibeigenschaft war der Sachsenspiegel von zu vernachlässigender Bedeutung. Einerseits bedurfte man seiner aufgrund der Art der Handhabung des Gewohnheitsrechts nicht. Andererseits erwähnte das Rechtsbuch die Leibeigenschaft zwar ausdrücklich an mehreren Stellen,[832] doch wurden ihre speziellen Rechtsverhältnisse nicht beschrieben. Keine der sachsen-

---

823 Vgl. *Gloy*, Beiträge, S. 50; *Kinder, Chr.*, Gründe, S. 54; *Hanssen*, Aufhebung, S. 14; *Klußmann*, Herrschaftsbeziehungen, S. 33 (52 f.); *Göttsch*, Leibeigene, S. 187.

824 *Jessen*, Entstehung, S. 99.

825 *Schrader*, Materialien, S. 232 (277 (Fn. *))).

826 Vgl. *Klußmann*, Leibeigenschaft, S. 213 (228).

827 *Rudolf*, Grundherrschaft, S. 41.

828 Vgl. *Gloy*, Beiträge, S. 50; *Hanssen*, Aufhebung, S. 14; *Kinder, Chr.*, Gründe, S. 54.

829 *Schrader*, Materialien, S. 232 (236).

830 Vgl. *Jessen*, Entstehung, S. 100 f.; *Johannsen*, Bildung, S. 305 (318); *Klußmann*, Herrschaftsbeziehungen, S. 33 (53).

831 *Hennings*, Huelfs-Buch, 1. Band, S. 5.

832 Sachsenspiegel, Landrecht, 1. Buch, Art. 16, § 1; Art. 51, §§ 1, 2; 2. Buch, Art. 19, § 2; 3. Buch, Art. 32, §§ 2, 3, 7, 8, 9; Art. 42, §§ 3, 4, 6; Art. 45, § 9; Art. 69, § 2; Art. 73, § 2; Art. 80, § 2 (vgl. *Schott*, div. S.).

rechtlichen Vorschriften enthielt Hinweise auf die Ausgestaltung der Leibeigenschaft. Es war lediglich zu ersehen, dass die Leibeigenen eine eigene Bevölkerungsgruppe mit besonderen rechtlichen Verhältnissen darstellten. Inhaltlich ging es in den Sachsenspiegelnormen um Rechtsfolgen, die sich aus bestimmten Verhaltensweisen oder Geschehnissen ergaben und an den personenrechtlichen Status der Leibeigenschaft anknüpften.[833] Diese mussten sich jedoch nicht von den für Freie geltenden Rechtsfolgen unterscheiden.[834] Beachtenswert, doch rechtlich unerheblich ist, dass der Entstehung der Unfreiheit ein eigenes Kapitel gewidmet ist.[835] Darin wird auch die Leibeigenschaft genannt. Der Unfreiheit wird insgesamt ihre Rechtmäßigkeit abgesprochen und auf unrechte Gewohnheit zurückgeführt, deren Ursprung Zwang und Gefangenschaft sei.[836]

b. Gerichtsgebrauch

Eine Rechtsquelle ganz eigener Art war der Gerichtsgebrauch, der auch als Observanz oder usus fori bezeichnet wurde. Er wies seiner Gattung nach große Verwandtschaft mit dem Gewohnheitsrecht auf und wurde nach dessen Grundsätzen beurteilt. Der Gerichtsgebrauch unterschied sich vom Gewohnheitsrecht jedoch wesentlich in zwei Punkten. Im Rahmen des Gerichtsgebrauchs ging zum einen die Schöpfung neuer Rechtsnormen nicht vom Volk, sondern von den Gerichten aus. Zum anderen waren diese Normen weniger häufig materiell-rechtlicher als vielmehr formell-rechtlicher Natur.[837] Als Gerichtsgebrauch war die Summe gleichförmiger Aussprüche eines Gerichts oder mehrerer Gerichte eines Rechtsgebiets über Rechtsfragen anzusehen.[838] Er war in Holstein als Rechtsquelle allgemein anerkannt, was im 18. Jahrhundert von obrigkeitlicher Seite schließlich ausdrücklich in Resolutionen, Patenten und Verordnungen bekundet wurde.[839]

---

[833] Sachsenspiegel, Landrecht, 3. Buch, Art. 45, § 9 Satz 2: *„Spielleuten und allen denjenigen, die sich in Leibeigenschaft begeben haben, denen gibt man als Buße den Schatten eines Mannes.“* (*Schott*, S. 195).

[834] Sachsenspiegel, Landrecht, 3. Buch, Art. 69, § 2 Satz 1: *„Urteil sollen sie über jedermann fastend finden, er sei deutsch oder wendisch, leibeigen oder frei.“* (*Schott*, S. 216 f.).

[835] Sachsenspiegel, Landrecht, 3. Buch, Art. 42 (*Schott*, S. 189 ff.).

[836] Vgl. Sachsenspiegel, Landrecht, 3. Buch, Art. 42, § 6 (*Schott*, S. 191; inwieweit es sich dabei um die allgemeine zeitgenössische Auffassung oder um die persönliche Ansicht des Autors oder seines Auftraggebers handelte, ist umstritten.).

[837] *Falck*, Handbuch, 1. Band, S. 114; vgl. *Albert*, Gerichtsgebrauch, S. 44; *Paulsen*, Lehrbuch, S. 15.

[838] *Albert*, Gerichtsgebrauch, S. 31.

[839] Vgl. *Falck*, Handbuch, 1. Band, S. 114 f. (Fn. 16)).

Als eine Rechtsquelle, die hauptsächlich formell-rechtliche Regeln enthielt, besaß der Gerichtsgebrauch keinen direkten inhaltlichen Bezug zur Leibeigenschaft. Doch fanden seine Bestimmungen in Verfahren Anwendung, die sich mit der Leibeigenschaft auseinanderzusetzen hatten. Auf diesem Weg nahm der Gerichtsgebrauch Einfluss auf die gerichtlichen Verhandlungen. Insbesondere die Möglichkeiten der Appellation vom Landgericht an das Reichskammergericht waren, obwohl sie grundsätzlich und detailliert in der Landgerichtsordnung festgelegt waren,[840] entscheidend durch den Gerichtsgebrauch geprägt.[841]

c. Landesherrliches Recht

Die Landesherrschaft hat in das Rechtsverhältnis zwischen adliger Herrschaft und leibeigener Bevölkerung weder in Form von Gesetzen noch mittels anderweitiger Instrumente jemals in nennenswerter Weise eingegriffen. Dies geschah nur auf dringende Veranlassung in Einzelfällen, so dass niemals eine einheitliche landesherrliche Linie erkennbar wurde.[842] In dieser Hinsicht gaben insbesondere „*die Landesgeseze wenig oder gar nichts*" her.[843] Die Landesherrschaft hat bei ihrer Gesetzgebung die Leibeigenschaft jedoch nicht vollkommen unberücksichtigt gelassen. Zwar wurde sie zu keiner Zeit – nicht einmal in Teilen – rechtsverbindlich geregelt, geschweige denn, dass sie per Gesetz offiziell eingeführt worden wäre, wie es in anderen ostelbischen Gebieten der Fall war.[844] Doch wurde sie von der Landesherrschaft zumindest gesetzlich anerkannt.[845] Deutlich wurde dies erstmals in der revidierten Landgerichtsordnung von 1636, die eine Revokations- bzw. Vindikationsfrist aufnahm, „*betreffend die ausgetretene Adeliche Untergehoerige*".[846] Auch wenn der Begriff der Leibeigenschaft nicht fiel, bedeutete das Recht des Adels auf Wiedereinforderung entlaufener Untergebener nichts anderes, als dass diese sich ihrer Schollenpflichtigkeit widerrechtlich entzogen hatten. Denn gerade die Schollenpflichtigkeit zeichnete die Leibeigenschaft maßgeblich aus.

Die Landesgesetzgebungsakte, die sich im Laufe der Zeit wesentlich vermehrten und immer wichtiger wurden,[847] veränderten oder ersetzten diejenigen Bestimmungen des Gewohnheitsrechts, die als nicht mehr zeitgemäß empfunden wur-

---

840 LGO-SH (1636), 5. Aufl., 4. Theil, Tit. I, § 1 (S. 91); *Anonymus*, Nachricht, S. 76 (78).

841 Vgl. Schraders Anmerkungen (4) bis (6) bei *Anonymus*, Nachricht, S. 76 (96 f.).

842 Vgl. *Hanssen*, Aufhebung, S. 14; *Kinder, Chr.*, Gründe, S. 54.

843 *Schrader*, Materialien, S. 232 (236).

844 *Klußmann*, Leibeigenschaft, S. 213 (214).

845 Vgl. *Prange*, Gut, S. 57 (68).

846 LGO-SH (1636), 5. Aufl., 4. Theil, Tit. V, § 15 (S. 104).

847 Vgl. *Wohlhaupter*, Recht, S. 30 (41); *Wohlhaupter*, Rechtsquellen, S. 180 ff.

den.[848] Mit zunehmender Gesetzgebungstätigkeit der Landesherrschaft trat auch ihre Anerkennung der Leibeigenschaft deutlicher hervor. Dabei geschah die Erwähnung der Leibeigenen zumeist nur am Rand oder im Hinblick auf Einzelaspekte. Dies sah regelmäßig so aus, dass festgestellt wurde, in welcher Weise die jeweilige Materie, die von einer Verordnung geregelt wurde, auch auf die Leibeigenen Anwendung fand. So normierte beispielsweise die „Vormuender-Verordnung" von 1767 *„in Ansehung der Vorsorge fuer der Unmuendigen Personen und Gueter, (...) und zwar 1) in Ansehung derer Personen, welche den Gerichten der Kloester, derer von der Ritterschaft, und Besitzer adelicher Gueter unterworfen sind*", im Besonderen damit hinsichtlich *„a) der leibeigenen Unterthanen*", die landesherrlichen Vorstellungen von den zur *„Erhaltung des Vermoegens der Unmuendigen*" notwendigen Maßnahmen. Die Verordnung begann deshalb mit den Leibeigenen, weil im Hinblick auf deren Behandlung Besonderheiten vorlagen. So konnten diese gesetzlichen Vorschriften grundsätzlich *„bey solchen nicht zur Anwendung gebracht werden*", *„da die leibeigene Unterthanen in Unserm Herzogthum Holstein ordentlicherweise wenig oder gar nichts eigenes besitzen*".[849] In der „Verordnung wegen Einstellung und Verlegung einiger Feyertage in den gemeinschaftlichen Districten des Herzogthums Hollstein" von 1771 erfuhren die Leibeigenen eine erneute Sonderbehandlung. Im Gegensatz zu den Handwerksgesellen *„sind den Leibeigenen und sonst zu ungemessenen Hofdiensten pflichtigen Unterthanen mehrgedachte bisherige Ruhetage zur Erquickung und zur eigenen Arbeit aufzubehalten, mithin sie an denselben, unter keinem Vorwand, zu einigen Diensten, es seyn Hand- oder Spanndienste, zu fordern*".[850]

Neben peripheren Bemerkungen zur allgemeinen Situation der Leibeigenen wie ihre Verpflichtung zu ungemessenen Diensten und ihre regelmäßige Vermögenslosigkeit sowie einzelnen Sonderregelungen gaben diese Gesetze im Hinblick auf die rechtliche Ausgestaltung des Leibeigenschaftsverhältnisses nichts her. Eine Ausnahmeerscheinung stellten Gesetze dar, die ausschließlich der Leibeigenschaft gewidmet waren. Zu diesen gehörte z.B. die für die holsteinisch-plönischen Lande erlassene „Verordnung wegen der Leibeigenen Unterthanen" von 1750.[851] Sie war an die leibeigenen Untertanen gerichtet und befasste sich mit deren Dienstverpflichtungen. Doch selbst diese Verordnung war im Hinblick auf inhaltliche Regelungen des Leibeigenschaftsverhältnisses unergiebig. Vielmehr hatte sie hinsichtlich der gewohnheitsrechtlichen Inhalte der Dienste nur feststellenden, ermahnenden Charakter. Ihre Aufgabe war die Beseitigung von Missständen, indem sie die Untertanen zur Ordnung rief. In Nr. 1 der Verordnung hieß es lediglich: *„Daß niemand in den der Leibeigenschaft*

[848] Vgl. *Falck*, Handbuch, 1. Band, S. 409.
[849] Sammlung (SHV) (*Michelsen/Johannsen*), Num. CCLXXV, S. 988 (988 f.).
[850] Sammlung (SHV) (*Michelsen/Johannsen*), Num. CCCIV, S. 1172 (1174).
[851] Vgl. Sammlung (HPV) (*Brünner*), No. LXI, S. 503 ff.

unterwoffenen und zu Hofe dienenden Doerfern sich bey Vermeidung nachdruecklicher Bestrafung unterstehen soll, in den freygekauften Doerfern und noch weniger ausser dem Amts-District bey Fremden, sich zu vermiethen, ehe und bevor die Hauswirthe in besagten zu Hofe dienenden Doerfern mit tuechtigen Dienstbothen voellig versehen sind".[852] Die weiteren zwei Regelungen enthielten nur Details zur Spezifizierung der Hauptnorm.

Die landesherrliche Gesetzgebung erkannte die Leibeigenschaft zwar an, steuerte aber kaum Rechtssätze zur Ausgestaltung ihrer Verhältnisse bei. Insgesamt war sie als Gesetzgebungsgegenstand praktisch nicht existent, obwohl die Landesherrschaft grundsätzlich die Möglichkeit hatte, gewohnheitsrechtliche Bestimmungen durch gesetzliche Vorschriften zu ersetzen.

d. Privilegien

Die Rechtsquelle der Privilegien erfuhr während der frühneuzeitlichen Leibeigenschaft keine wesentliche inhaltliche Weiterentwicklung mehr. Die maßgeblichen ritterschaftlichen Vorrechte, Patrimonialgerichtsbarkeit und Freiheit des Gutseigentums, die die Entstehung der Leibeigenschaft entscheidend gefördert hatten und ihre individuelle Ausgestaltung zuließen, bestanden umfassend seit 1524. Ihrer versicherte sich die Ritterschaft durch sich stets wiederholende Privilegsbestätigungen, die jeder neue Landesherr bei Regierungsantritt oder anderen wichtigen Geschehnissen zu leisten hatte.[853] So verhielt es sich noch zu Zeiten Christians VII. 1773: „*Wir CHRISTIAN der Siebende von GOTTES Gnaden (...) confirmiren und bestaetigen (...) alle und jede von Unsern Koenigln Vorfahren und von den mitregierenden Landesherren (...) gedachten Praelaten und Ritterschaft Unsers Herzogthums Holstein vorhin ertheilte Privilegien, Freiheiten, Rechte und Gerechtigkeiten, nach ihrem gantzen Einhalt und in allen ihren Puncten und Clausuln, bester und bestaendigster maßen, dergestalt, daß sie, Unsere getreue Praelaten und Ritterschaft, dabey zu allen Zeiten ruhig gelassen, auch kraefftigst geschuetzet und gehandhabet werden sollen.*"[854] Somit waren die Privilegien während der gesamten Dauer der Leibeigenschaft die wesentliche geschriebene Rechtsquelle für die adlige Rechtfertigung der Existenz und Ausgestaltung dieser Einrichtung.

---

852 Sammlung (HPV) (*Brünner*), No. LXI, S. 503 (504).

853 Vgl. Privilegien (*Jensen/Hegewisch*), „Verzeichniß der Privilegien", S. 2 ff.

854 Privilegien, (*Jensen/Hegewisch*), S. 269 f. (Lit. E).

e. Landtagsresolutionen

Eine weitere wichtige Rechtsquelle stellten für knapp 100 Jahre die Landtagsresolutionen dar. Die Landtage erhielten ab 1573, als das Landgericht als eigenständige Institution von ihnen abgetrennt wurde, eine neue Funktion. Ohne den gerichtlichen Teil des Landtags gewannen die Landtagsresolutionen einen besonderen Charakter. Als grundlegender Bestandteil der ständischen Verfassung wurde der Landtag letztmalig 1675 von der Landesherrschaft einberufen. Die Zusammenkunft von Prälaten und Ritterschaft 1712, deren Abschluss zwar eine Resolution der Landtagskommission bildete,[855] war wegen des Ausschlusses der Städte nicht als ein wirklicher Landtag anzusehen.[856]

Von hervorgehobener Bedeutung waren die Landtagsresolutionen vor allem aus zwei Gründen: Zum einen erfolgte in einer von ihnen die erstmalige landesherrliche Anerkennung der Leibeigenschaft. Dies geschah konkludent auf dem Landtag zu Hadersleben am 14. April 1614: *„Letztlich und zum Eilften der entlaufenen Bauern halber sind Wir nochmals des gnaedigsten Erbiethens, einer ehrbaren Ritter- und Landschaft, muthwillig ausgetretenen Bauern, wider Recht nicht zu recipiren oder aufzuhalten"*.[857] In diesem an die Ritterschaft gerichteten Erbieten, bäuerliche Untertanen nicht widerrechtlich zurückzuholen oder aufzuhalten, kam die grundsätzliche Anerkennung der Leibeigenschaft durch die Landesherrschaft zum Ausdruck. Sie lag damit deutlich vor ihrer gesetzlichen Anerkennung, welche erst in der revidierten Landgerichtsordnung von 1636 erfolgte. Zum anderen wiesen die Landtagsresolutionen eine enge Verbindung mit den Privilegien des Adels auf. Denn sie stellten eine inhaltliche Präzisierung der Rechtsfolgen für die Leibeigenen dar, welche sich aus der typischen Form der adligen ostholsteinischen Patrimonialgerichtsbarkeit, die ein entsprechendes Privileg war, ergaben. Die Verhandlungen zwischen Ritterschaft und Landesherrschaft über die Leibeigenschaft spiegelten die Realität in den Gutsbezirken wider und zeichneten ein deutliches Bild vom Alltag der Leibeigenen: Zwischen 1597 und 1675 betrafen sie praktisch ausschließlich das Entweichen leibeigener Untertanen von den Gütern.[858] Schon 1597 wurde auf dem Landtag zu Kiel in einem ständischen Gravamen gefordert, *„daß die Aufnehmung in Städten undt*

---

855 Vgl. Privilegien, (*Jensen/Hegewisch*), S. 225 ff. (No. 16).

856 *Ipsen*, Landtage, S. 380.

857 Sammlung (SHV) (*Michelsen/Johannsen*), Num. XXXVI, S. 266 (269); vgl. *Ratjen*, Bemerkungen, S. 348 (357); *Ipsen*, Landtage, S. 103; *Schrader*, Materialien, S. 232 (249 bzw. 249 (Fn. *))).

858 Vgl. *Ratjen*, Bemerkungen, S. 348 (352 ff.); *Gloy*, Beiträge, S. 28 ff.; *Ipsen*, Landtage, S. 47 ff.

der Herren Embtern denen vom Adell Pauren, so von ihren Gütern entlauffen, abgeschaffet werden müge."[859]

Im Verlauf der Jahrzehnte trug die Ritterschaft der Landesherrschaft in regelmäßiger Abfolge solche Gravamina vor. Dies geschah mit dem Ziel, die interterritoriale Kooperation und Koordination bei der Rückführung der Entlaufenen zu optimieren. Dabei kamen in den Landtagsverhandlungen und -resolutionen die schon im Grundsatz unterschiedlichen Auffassungen der Parteien von Patrimonialgerichtsherrschaft zum Ausdruck. Während die Adligen das rechtswidrige Entweichen ihrer Leibeigenen beklagten, ermahnte die Landesherrschaft den Adel in erster Linie zu angemessenem Verhalten gegenüber den Untertanen und sicherte nur zweitrangig und in reservierter Form ihre Unterstützung zu.[860] Die Ritterschaft betrachtete die Gerichtsherrschaft über ihre Untertanen als ein umfassendes Privileg, betonte ihre daraus fließenden Rechte und sah die Landesherrschaft hinsichtlich ihres Schutzes den adligen Inhabern gegenüber in der Pflicht. Dies komme insbesondere bei den Angelegenheiten zum Tragen, die außerhalb des adligen Territoriums lokalisiert seien, also der Rückführung sich auswärtig aufhaltender Leibeigener.[861] Die Reaktionen der Landesherrschaft auf die ständischen Beschwerden und Forderungen zeigten für das sich aus der Gerichtsherrschaft ergebende Rechtsverhältnis zwischen Herrschaft und Untertanen ein differenzierteres Verständnis. Sie wies darauf hin, dass die Patrimonialgerichtsbarkeit nicht einseitig zu Lasten der Untergehörigen gehe, sondern dass aus dieser auch Pflichten für die Privilegierten entsprängen. Bereits zu Beginn des 17. Jahrhunderts hielt die Landesherrschaft die Ritterschaft zu einer ange-

---

859 *Ratjen*, Bemerkungen, S. 348 (352 f.).

860 Vgl. *Gloy*, Beiträge, S. 28.

861 Vgl. *Ratjen*, Bemerkungen: „*etliche von der Ritterschaft Unterthanen und Bauern aus Muthwillen und ohne Fug ihnen entlauffen und sich in der Herrschaft Aemtern (…) aufgehalten und geschützet werden, als bittet eine ehrbare Ritter- und Landschaft, daß solche muthwillige Gesellen in denen Aemtern nicht gelitten, sondern nach ihren Junkern nach altem Gebrauch wieder verweiset werden mögten*" (September 1610, S. 348 (353)); „*obwohl auf verschiedenen Landtagen ausdrücklich verabschiedet, daß die ausgetretenen Untergehörigen der Ritterschaft, wo sie anzutreffen, wiederum sollen ausgefolget werden; so verspüret man jedoch im Effect, (…) daß sie nicht herausgegeben, (…) derowegen die höchste Billigkeit erfordert, daß auch wiederum die ausgetretenen Untergehörigen herbeigeschaffet und mit denenselben die Hufen werden besetzet*" (April 1632, S. 348 (357 f.)); „*die von der Ritterschaft Anwesende (…) bitten ihren zu denominirenden Gevollmächtigten Creditive nach Meklenburg, Schwerin und Gustrau, an Churbrandenburg, Sachsen-Lauenburg, Lübeck und Hamburg zu geben, und sodann in der Königl. Maj. und Hochf. D. eigenen Reichen, Landen und Aemtern auch bei den Städten dieser Fürstenthümer ernste Verordnung zu thun, daß die betretenen Leute unweigerlich und unverlängten Rechtens abgefolget (…) und wenigstens die vindicirten Leute auf geleistete Caution sofort ausgeliefert werden*" (Mai 1654, S. 348 (369)).

messenen Behandlung ihrer Untertanen an, da sie zuvorderst derartige Missstände für ihre Flucht verantwortlich machte.[862]

Wie die in immer schärferem Ton formulierten Vorbringen des Adels und die stets eingeschränkte landesherrliche Unterstützung verdeutlichen, sah die Landesherrschaft Ursprung und Lösung des Problems jederzeit als im Bereich der Gutsherrschaften befindlich an. Zudem machten die Landesherren regelmäßig klar, dass nicht nur die Gutsuntertanen, sondern auch ihre ritterlichen Herren als Untertanen der Landesherrschaft anzusehen seien und sich demgemäß zu verhalten hätten. So wurden die Stände im Oktober 1649 angehalten, dass sie *„sich des der Landesfürstl. Obrigkeit von ihren Unterthanen gebührenden von Gott selbst gebothenen Respects sollen gebrauchen*".[863]

Im Rahmen der Landtagsresolutionen zeigte die Landesherrschaft an der Leibeigenschaft also ebenso wie bereits im Bereich der originären Gesetzgebungstätigkeit ein deutliches Desinteresse. So wie sie es offensichtlich nicht für notwendig erachtete, positiv-rechtliche Regelungen ergehen zu lassen, so wenig bemühte sie sich ernsthaft darum, den Beschwerden des Adels abzuhelfen. Vielmehr wies die Landesherrschaft jede Verantwortung für die Probleme von sich und gab dem Adel klar zu verstehen, dass sie diese als hausgemacht betrachtete.

f. Spruchtätigkeit der juristischen Fakultäten

Eine bedeutsame sekundäre Rechtsquelle waren die Sprüche und Rechtsgutachten juristischer Fakultäten. Sie wurden anhand der von den Gerichten eingesandten Akten von den Mitgliedern einer Fakultät zu speziellen Rechtsfragen erstellt. Zwar ähnelte diese Rechtsquelle derjenigen der gelehrten juristischen Literatur, da häufig dieselben Autoren mit ihren grundsätzlich gleichen Überzeugungen zu Werke gingen. Doch besaßen die Sprüche und Gutachten als ge-

862 Vgl. *Ratjen*, Bemerkungen: *„wegen der entlaufenen Bauern wollen die Kön. Maj. und Fürstl. Gn. Es gäntzlich dafür halten, wofern ein jeder aus der Ritterschaft seine Unterthanen und Leute also halten thäte, wie sichs eignet und gebühret, daß alsdann ihre Leute so wenig als die Unterthanen der Aemter, Capitul und Clöster entlaufen würden. Weil aber bei etlichen aus der Ritterschaft großer Mangel verspüret wird, und gleichwohl der Kön. Maj. und F. G. Amts- und Obrigkeit wegen oblieget, daran zu sein, daß mit denen Unterthanen als Christen umgegangen und in dieselben nicht zur Ungebühr säviret werden möge; So versehen sich K. M. und F. Gn. Gnädigst und gnädig, es werde ein jeder seine Unterthanen also halten wie sich dasselbe eignet und gebühret, damit sie nicht Macht haben mögen, von ihren Hufen abzuweichen und das Ihrige zu verlassen."* (Dezember 1611, S. 348 (353)).

863 *Ratjen*, Bemerkungen, S. 348 (367).

richtliche Auftragsarbeiten einen eigentümlichen Anwendungs- und Wirkungsbereich.

Aktenversendungen holsteinischer Gerichte an juristische Fakultäten zur Einholung eines Rechtsspruchs waren bereits in der Landgerichtsordnung von 1573 vorgesehen. Dies galt für die Fälle, *„daß der regierende Herr Vnsers Mittels zusampt den beysitzenden Rethen befinden wuerden, das die Sachen wichtig, darunter die Perplexitet oder andere Vrsachen sich hielten, worumb das Landtgerichte bewogen wuerden, die Acta auff eine vnuordechtige Juristen Facultet zuschicken vnd daselbst eines rechtlichen Spruchs sich zu erholen, (...) vnd es sol damit im Fuerstenthumb Holstein also gehalten (...) werden"*.[864] Hatten holsteinische Gerichte die Möglichkeit der Aktenversendung schon vor 1665 in Anspruch genommen,[865] so besaßen sie ab diesem Zeitpunkt durch die Gründung der Kieler Universität als einziger Universität des Landes die Gelegenheit, sich an das Spruchkollegium einer nahen Universität zu wenden. Davon ist sofort und umfangreich Gebrauch gemacht worden.[866] Noch um die Mitte des 18. Jahrhunderts war es keine Seltenheit, dass die Kieler Juristenfakultät durchschnittlich etwa 100 Anfragen pro Jahr erhielt. Dabei lässt sich allerdings ein weitläufiger Tätigkeitsbereich der Kieler Fakultät ausmachen, der das Fürstbistum Lübeck, das Herzogtum Lauenburg, Mecklenburg, Hamburg, Hannover, Braunschweig und Hildesheim umfasste.[867] Die Inhalte der eingeholten Gutachten deckten praktisch alle Gegenstände des Rechts ab[868] und hatten *„ein höchst gelehrtes, häufig genug „mit römischer Tinktur befeuchtetes" Gutachten"* zum Ergebnis.[869]

Ihre immense Bedeutung als Rechtsquelle hatten die Arbeiten der Fakultätskollegien der Tatsache zu verdanken, dass sie ab etwa 1600 eine besondere rechtliche Wirkung entfalteten.[870] Fortan waren sie weder inhaltlich noch formal als Rechtsgutachten einzustufen, sondern wurden vielmehr in Urteilsform verfasst und waren auch hinsichtlich ihres rechtlichen Gehalts als Urteile für die ersuchenden Gerichte verbindlich. Diese Spruchtätigkeit der Fakultäten brachte also wahre Rechtssprüche hervor, die von den Gerichten zwar noch formell verkündet werden mussten, auf die die Richter jedoch keinen inhaltlichen Einfluss mehr hatten. Damit lag das Kernstück richterlicher Macht, die freie Entschei-

---

864 LGO-SH (1573), 3. Theil, Tit. XXIIII, S. 146 (206 f.); LGO-SH (1636), 5. Aufl., 3. Theil, Tit. XXIV, § 4, S. 87; vgl. *Wohlhaupter*, Spruchtätigkeit, S. 752 (761).

865 *Wohlhaupter*, Spruchtätigkeit, S. 752 (762); *Wohlhaupter*, Rechtsquellen, S. 176 f.

866 *Wohlhaupter*, Rechtsquellen, S. 177; *Wohlhaupter*, Spruchtätigkeit, S. 752 (762, 767).

867 *Wohlhaupter*, Spruchtätigkeit, S. 752 (763, 771).

868 Vgl. *Wohlhaupter*, Spruchtätigkeit, S. 752 (769).

869 *Gloy*, Beiträge, S. 50.

870 *Wohlhaupter*, Spruchtätigkeit, S. 752 (760); *Stölzel*, Entwicklung, 1. Band, S. 225.

dungsfindung, nicht mehr in Händen des Gerichts, sondern war auf das Spruchkollegium der angerufenen Universität übergegangen.[871]

Die Wichtigkeit der Sprüche der juristischen Fakultät zu Kiel als Rechtsquelle für die holsteinische Leibeigenschaft steht außer Zweifel. Allein die Zeit der 1730er und 1740er Jahre, in der die großen Leibeigenschaftsprozesse hauptsächlich vor dem Landgericht stattfanden, spiegelte dies deutlich in Form der von den Gerichten erbetenen „Consilia, Decisiones et Responsa Facultatis Iuridicae Kiliensis“ wider. Insbesondere Johann Zacharias Hartmann verfasste etliche einschlägige Arbeiten, deren Sprüche allesamt Bezug zu Leibeigenschaftsangelegenheiten besaßen.[872] Doch änderte das Landgericht seine Praxis offensichtlich um die Mitte des 18. Jahrhunderts, da „*die Versendung der Acten zu Einholung eines Urtheils bey diesem Gericht gantz ausser Gebrauch gekommen*“ ist. So sei einerseits „*die Einholung eines Rechts-Spruches einem so illustren und nombreusen im Namen beyder Landes-Herrn sprechenden Collegio, nicht wenig verkleinerlich*“, andererseits sei es „*auch kaum zu glauben, daß eine auswaertige Universitaet und deren Referent (...) von den juribus patriis besser benachrichtiget seyn solte, als caeteris paribus ein mit 17 Raethen (darunter die Haelfte den Namen der Gelehrten fuehren) besetztes Land-Gericht*“.[873]

Auch auf der unteren gerichtlichen Ebene fanden Aktenversendungen häufig statt. So wandten sich die adligen Gutsgerichte in schwierigen Fällen und insbesondere in schweren Kriminalsachen gewöhnlicherweise an die Kieler oder eine sonstige Juristenfakultät, um deren Spruch einzuholen.[874] Doch überließen sie den Fakultäten nicht immer die umfassende selbständige Begutachtung und rechtliche Beurteilung, sondern erbaten teilweise nur kontrollierende Begutachtung und Bestätigung vorformulierter Urteile. Diese wurden anschließend vom Gutsgericht als Urteil verkündet und von der Gutsherrschaft vollstreckt.[875] Infolge der Rechtsverbindlichkeit ihrer Sprüche für die ersuchenden Gerichte wa-

---

871 Vgl. *Wohlhaupter*, Spruchtätigkeit, S. 752 (760, 762 f.).

872 Vgl. einige gedruckte Consilia, Decisiones bzw. Responsa: Februar 1731 in Sachen Claus Schnack mit seiner Frau und Kindern (*Hartmann*, de praescriptione, S. 434 (472 ff. (§ XXII.))); Juli 1732 in der Frage, wie „*Conjugatae und verehlichte Personen*“ (LGO-SH (1636), 4. Aufl., 4. Theil, Tit. V, § 15, S. 253) auszulegen sei (*Hartmann*, de praescriptione, S. 434 (466 ff. (§ XX.))); Juli 1732 in Sachen Claus Kühl (*Hartmann*, de praescriptione, S. 434 (484 ff. (§ XXV.))); März 1734 in Sachen Elsche Wulffen (*Hartmann*, de praescriptione, S. 434 (447 ff. (§ XII.))); Juli 1734 in der Frage, ob man leibeigene Personen als „persönliche Wertgegenstände“ vom Gute trennen dürfe (*Hartmann*, de praescriptione, S. 434 (456 ff. (§ XV.))); Januar 1743 „*in Sachen Claus Kuhlsen und Hans Krusen fuer sich und als Syndicen der Dorffschafft Grossenbrode*“ (*Hartmann*, Bedencken).

873 *Cronhelm*, Bericht, S. 1 (260).

874 *Jessen*, Entstehung, S. 187.

875 Vgl. *Prange*, Gut, S. 57 (60); *Kramer*, Gerichtsbarkeit, S. 89 (93 ff.).

ren es also in besonderem Maß die Juristen der Kieler Fakultät, die die Ausgestaltung der Leibeigenschaft maßgeblich prägten.[876]

g. Gerichtsurteile

Eine wichtige Rechtsquelle für die Leibeigenschaft waren die Urteile holsteinischer Gerichte. Während ein Gutsgerichtsurteil lediglich die Leibeigenschaftsverhältnisse im Gutsbezirk beeinflusste, besaßen die obergerichtlichen Entscheidungen, vor allem die des Landgerichts, überregionale Bedeutung und wirkten sich auf die Grundzüge der holsteinischen Leibeigenschaft insgesamt aus.[877] Diese Rechtsquelle wurde entscheidend durch die Landgerichtsordnung geprägt, die sowohl inhaltlich als auch verfahrensrechtlich stark auf die Reichskammergerichtsordnung zugeschnitten war. Eigenständigkeit und Qualität der Urteile als Rechtsquelle hingen maßgeblich von der Zusammensetzung des Spruchkörpers ab. Je höher der Grad an Gelehrtheit des Richtertums wurde, desto mehr traf das Gericht Entscheidungen, ohne Aktenversendungen an juristische Fakultäten in Anspruch zu nehmen.[878]

Das Landgericht war infolge der Eximierung des Adels von den Niedergerichten dessen alleiniger Gerichtsstand und hatte sich mit sämtlichen ritterschaftlichen Rechtsstreitigkeiten zu befassen. Inhalt und Umfang der Tätigkeit des Landgerichts lassen sich anhand der Sammlung der wichtigsten Entscheidungen aus der Zeit von 1557 bis 1769 nachvollziehen.[879] Der Überblick über die Rechtsprechung ist jedoch grob, da auf einen Zeitraum von über 200 Jahren nur knapp 400 Urteile kommen. Diese sind zumeist sogar nur in Extrakten abgedruckt. Zudem ist die Verteilung der Entscheidungen auf die einzelnen Jahre extrem unregelmäßig. Es gibt Jahrgänge mit Dutzenden von Entscheidungen und daneben ganze Jahresfolgen ohne ein einziges Urteil. Eine spezifische Sammlung von Gerichtsurteilen in Bauernsachen, wie sie auf Reichsebene bereits seit der zweiten Hälfte des 16. Jahrhunderts mit der Systematisierung der Reichskammergerichtsurteile und deren Publikation im Anhang einschlägiger Literatur und in eigenen Bänden durch Mynsinger und Gail vorhanden war,[880] hat es in und für Holstein nicht gegeben. Thematisch weisen die Landgerichtsentscheidungen drei Hauptbezugspunkte auf: zum einen *„uralte wohlhergebrachte Landes-*

---

876 *Klußmann*, Leibeigenschaft, S. 213 (228).

877 Vgl. Urtheile, Vorrede (2 f.).

878 Vgl. *Wohlhaupter*, Rechtsquellen, S. 176.

879 Vgl.: Einige der merkwuerdigsten Urtheile und Bescheide der vormaligen Schleswig-Holsteinischen, nachher alleinigen Holsteinischen gemeinschaftlichen Landgerichte, groeßtentheils nach Anleitung der revidirten Landgerichtsordnung, mit beygefuegten Anmerkungen, Glueckstadt 1774.

880 Vgl. *Schulze*, Entwicklung, S. 127 (160 f.).

Gewohnheiten und Gebraeuche“, zum anderen „*Entscheidungen zweifelhafter und streitiger theoretischer Rechtssaetze*“ und schließlich solche, die „*die Form des Proceßes*“ betreffen.[881] Als Gerichtsstand des holsteinischen Adels, dessen Rechtsverhältnisse sich weitgehend nach Landesbräuchen und Sachsenspiegelrecht bemaßen, erwies sich das Landgericht als eine wichtige Einrichtung. Denn die Urteile präzisierten und gestalteten die Rechtsverhältnisse und gaben den Landesgewohnheiten sowie dem „*in Ansehung der Ritterschaft und der adel. Gueter (...) geltenden Sachsenrechte*“[882] klarere Konturen.

Immer wieder musste sich das Landgericht auch mit Leibeigenschaftsangelegenheiten befassen. Bei manchen war ein direkter Bezug zum Leibeigenschaftsverhältnis gegeben. Die entsprechenden Urteile befinden sich in erster Linie im Abschnitt „Ad Part. IV. tit. 5. §. 15.“.[883] In diesem Teil der revidierten Landgerichtsordnung befand sich die Kodifikation der sächsischen Verjährungsfrist und damit die maßgebliche gesetzliche Anerkennung der Leibeigenschaft sowie die mehr oder weniger einzige und nicht einmal ausdrückliche Erwähnung der leibeigenen Untertanen. Zu diesem Abschnitt der Ordnung enthält die Sammlung sechs Entscheidungen von 1632 bis 1654, die alle das Entweichen von Leibeigenen aus ihrem Gut zum Thema haben.[884]

Dass Urteile in Leibeigenschaftsangelegenheiten sich nicht auf diesen Abschnitt der Landgerichtsordnung beschränkt haben, beweisen zwei weitere Beispiele. Sie nehmen Bezug auf die Rechtsposition von Leibeigenen als Teilnehmer im Wirtschaftsleben. So beschäftigt sich eine Entscheidung im Abschnitt „Ad Part. IV. tit. 15. §. 3.“ von 1654 mit dem Recht des Einlagers. Hat ein Gutsherr seinem Leibeigenen die Erlaubnis zum Betreiben eines Handels erteilt, kann der Leibeigene bei Nichterfüllung seiner vertraglichen Pflichten ins Einlager gemahnt werden.[885] Die andere Entscheidung von 1732, die sich im Anhang der Sammlung befindet und sich auf keine bestimmte Stelle der Landgerichtsordnung bezieht, nimmt allgemein Stellung zur Schuldenaufnahme durch einen Leibeigenen. Ohne die Zustimmung seines Herrn war ein Leibeigener weder dazu berechtigt, Schulden zu machen, noch musste der Herr sie für ihn bezahlen.[886] Neben diesen Sachen, die die konkrete Ausgestaltung des Leibeigenschaftsverhältnisses betrafen, gab es solche, die sich lediglich auf seine Rahmenbedingungen auswirkten. Zu nennen sind in dieser Hinsicht die beiden Urteile von 1691 und 1711 im Abschnitt „Ad Part. I. tit. 3. §. 10.“, die den Aufbau und die Struktur eines adligen Patrimonialgerichts festlegten. Danach hatte ein

---

881 Urtheile, Vorrede (S. 1).

882 Urtheile, Vorrede (S. 5).

883 Der Aufbau und die Systematik der Entscheidungssammlung folgen grundsätzlich „*der Ordnung der Titel und Paragraphen der L. G. O.*“ (Urtheile, Vorrede (S. 10)).

884 Vgl. Urtheile, S. 264 ff. (No. 231 bis 236).

885 Vgl. Urtheile, S. 269, 281 f. (No. 247).

886 Vgl. Urtheile, S. 408 (XLI., No. 370).

"*Junckern Dinge und Recht*" ein „*unpartheyisches durch unverdaechtige Personen besetztes Gericht*" zu sein. Bei der Verwicklung von Untertanen mehrerer Güter mussten „*beyde Gutsherren ein gemeinschaftliches Gericht*" bestellen.[887]

Mittels dieser Entscheidungen trug das Landgericht einen Großteil zur Ausgestaltung der Leibeigenschaft bei.[888] Seine Urteile waren nicht nur hinsichtlich der besonderen Vorschrift der revidierten Landgerichtsordnung – 4. Teil, Titel 5, § 15 –, sondern vor allem im Hinblick auf die rechtliche Bewertung von Normen des holsteinischen und sächsischen Gewohnheitsrechts von Bedeutung. Ihre herausgehobene Stellung erlangten die Urteile insbesondere bei nachfolgenden ähnlichen Rechtsstreitigkeiten vor dem Landgericht. Denn obwohl es grundsätzlich verboten war, bereits ergangene Landgerichtssentenzen in laufenden Verfahren heranzuziehen, galt dies laut eines Landgerichtsbescheids von 1737 ausdrücklich nicht für „*die allegationes Doctorum & praejudicatorum (...), in so ferne (...) letztere ad probationem consuetudinis dienen*".[889] Eine ebenso bedeutsame Rechtsquelle stellten die Landgerichtsentscheidungen bezüglich der zweifelhaften und streitigen theoretischen Rechtssätze dar. Sie entfalteten nicht nur fallspezifische Wirkung, sondern besaßen Präjudizwirkung für spätere, vergleichbare Fälle, da keine deutliche gesetzliche Norm vorhanden war und es sich um den Spruch eines Obergerichts handelte. Dies galt für Holstein umso mehr, da ehedem der Landesherr selbst in umstrittenen Fällen Recht zu sprechen pflegte, was den Urteilen einen hohen Stellenwert zukommen ließ.[890]

h. Gelehrte juristische Literatur

Eine bedeutende sekundäre Rechtsquelle stellte die gelehrte juristische Literatur dar, obwohl diese weder den Status verbindlichen Rechts inne hatte noch sonst in direkter Weise von herrschaftlich-obrigkeitlichen Institutionen herrührte. Das Spektrum an Literatur war breit gefächert. Es enthielt rechtliche Abhandlungen zur Leibeigenschaft insgesamt, solche zu Teilaspekten des Instituts oder solche, die sich mit Themen befassten, die notwendigerweise mit der Leibeigenschaft verbunden waren und zumeist im Zusammenhang mit allgemeinen Schriften zum Bauernrecht in Deutschland standen. Die juristische Fachliteratur zum deutschen Bauernrecht kam gegen Ende des 16. Jahrhunderts auf. Zu diesem Zeitpunkt nahm einerseits die Menge der anhängigen Verfahren in Bauernsachen vor territorialen Gerichten und dem Reichskammergericht, andererseits auch die Systematisierung territorialer Rechtsgebräuche stark zu. Trotz großer

---

887 Vgl. Urtheile, S. 1; Urteilstexte, S. 1 ff. (No. 1 und 2).

888 Vgl. *Sering*, Erbrecht, S. 227.

889 Sammlung (SHV) (*Michelsen/Johannsen*), Num. CCXXXIV, S. 858 (860); vgl. Urtheile, Vorrede (S. 4).

890 Vgl. Urtheile, Vorrede (S. 5 ff.).

inhaltlicher Vielfalt und enormer regionaler Unterschiede behandelte die bauernrechtliche Literatur vorrangig drei Themenkomplexe: die historische Begründung von bäuerlicher Unfreiheit, die Bemessung von bäuerlichen Diensten sowie die Rechtsschutzmöglichkeiten bäuerlicher Untertanen.[891]

Die über die Jahrhunderte geschaffenen Werke machten innerhalb der frühneuzeitlichen Rechtsliteratur als „Bauernrecht" eine eigene literarische Gattung aus, die man infolge der vielen einschlägigen Titel „*geradezu als „De statu rusticorum"-Literatur bezeichnen*" könnte.[892] Die Arbeiten waren hauptsächlich akademische Schriften, von denen einige hundert verfasst worden sind, sowie rechtspraktische Handbuchliteratur, die verschiedenen Personenkreisen zur Anleitung und Handhabung der Rechtsmaterie diente.[893] Geprägt waren sie jeweils vom Denken und der wissenschaftlichen Methode ihrer Zeit. Nach Anlass der Entstehung, Form und Inhalt, Grundlagen der Argumentation, Intention und Wirkung sowie anderen Kriterien unterschieden sich die Werke in mannigfacher Weise. Besonders beachtenswert ist die Motivation eines Juristen zur Abfassung einer Schrift. Es gab theoretische Abhandlungen, die sich mit dem rechtlichen Status der Bauernschaft im Allgemeinen befassten. Diese waren überwiegend wissenschaftlich motiviert und versuchten, den betreffenden Rechtsgegenstand nach bestem Wissen und Gewissen zu erfassen. Demgegenüber gab es viele Abhandlungen, die zwar auf wissenschaftlichem Boden entstanden, aber in hohem Maß lobbyistisch geprägt waren. Solche Arbeiten wurden zum Großteil von einer der Interessengruppen zur „objektiven" Klärung strittiger Fragen in Auftrag gegeben. Darüber hinaus sollte allerdings ergebnisorientiert ein argumentativ bestmöglich untermauertes Gutachten von den Rechtsgelehrten erarbeitet werden. Kraft Natur der Sache wurden solche Arbeiten in erster Linie von den ständisch Privilegierten, vor allem den Grund- und Gutsherren, erbeten und für diese erstellt. Bereits im „Tractatus de hominibus propriis" von 1590 als einem der ersten einschlägigen Werke legte Johann Friedrich Husanus eine „*marginale und völlig untheoretische Bemerkung*" in der Mecklenburgischen Polizeiordnung von 1572 in der Weise aus, dass er die Existenz einer allgemeinen Leibeigenschaft annahm, um den Gutsherren einen „*sicheren Zugriff auf die Arbeitskraft ihrer bäuerlichen Untertanen*" zu ermöglichen. Später – häufig in Verbindung mit gerichtlichen Auseinandersetzungen – wurden solche literarisch-gutachterlichen Werke auch zugunsten der bäuerliche Seite verfasst.[894]

Als Arbeits- und Argumentationsgrundlage stand den Juristen zunächst vor allem das Gemeine Recht zur Verfügung, insbesondere das corpus iuris civilis. Auf der Grundlage der Rezeption boten die sklaven- und kolonenrechtlichen

---

891 Vgl. *Schulze*, Entwicklung, S. 127 (141).
892 *Schulze*, Entwicklung, S. 127 (141).
893 Vgl. *Schulze*, Entwicklung, S. 127 (159 ff.).
894 Vgl. *Schulze*, Entwicklung, S. 127 (143).

Bestimmungen einen hervorragenden Ansatzpunkt zur allgemeinen Erfassung von bäuerlichen Sach- und Rechtslagen. Im Wege einer Rechtsvergleichung dienten sowohl ihre generellen Grundsätze als auch ihre konkreten Formulierungen zur juristischen Einordnung der unterschiedlichen deutschen Leibeigenschaften und ihrer Besonderheiten. Dabei wurden die grundlegenden Unterschiede zwischen den römischen und den deutschen Abhängigkeitsverhältnissen stets betont. Demzufolge wurde die direkte Anwendbarkeit der römisch-rechtlichen Vorschriften, vor allem des Sklavenrechts, auf die deutschen Verhältnisse zwar verneint. Dies verhinderte jedoch nicht ihre grundsätzliche, teilweise weitläufige Übertragung auf die deutschen Rechtsinstitute.[895] Diese zwiespältige Entwicklung wurde schon früh im 16. Jahrhundert in der Abhandlung „De operis, deque obsequiis libertorum“ von Ulrich Zasius deutlich und zeichnete den Weg der Bauernrechtsliteratur der nachfolgenden Jahrhunderte vor.[896] Die direkten Verweise auf das römische Recht in der „de statu rusticorum“-Literatur nahmen ab der Mitte des 17. Jahrhunderts langsam ab. Stattdessen stiegen die Bezugnahmen auf die vorhandene Bauernrechtsliteratur, auf kodifiziertes Landesrecht, lokale Gewohnheiten sowie einschlägige Gerichtsentscheidungen stark an. Zusätzlich gewann die naturrechtliche Betrachtungsweise in der juristischen Argumentation zunehmend an Bedeutung.[897]

Im Verlauf des 16. bis 18. Jahrhunderts gab es unzählige Juristen, die bauernrechtliche Werke verfassten. Während manche sich ständig mit der Materie befassten und viel publizierten, schufen andere nur eine einzige oder doch nur wenige Schriften, die jedoch oftmals grundlegend bzw. vielzitiert waren. Einige der herausragenden Juristen, deren Abhandlungen für die Verhältnisse im Deutschen Reich von größter Wichtigkeit waren und deren Namen immer wieder begegnen, waren Friedrich Husanus, Jonas Eucharius Erhardt, Wilhelm Huldrich Waldschmidt, Justus Henning Boehmer, Andreas Gail, Johann Nikolaus Hertius, David Mevius, Joachim Pottgiesser, Johann Leonhard Hauschild, David Georg Strube, Johann Hermann Stamm, Augustin Leyser, Samuel Stryk, Augustin Balthasar, Georg Beyer und Christian Thomasius.[898]

895 Vgl. *Coing*, Privatrecht, 1. Band, S. 210.

896 Vgl. *Schulze*, Entwicklung, S. 127 (141 bzw. 141 (Fn. 87))).

897 Vgl. *Schulze*, Entwicklung, S. 127 (162).

898 Vgl. vor allem die Literaturangaben in: *Lipenius*, Bibliotheca, insbesondere zu den Stichworten „Rvstici“ bzw. „Rvstici: Rvstica Res“ bzw. „Rvstici, Rvstica Res, Rvsticitas“ (Tom. I (S. 533); Tom. II (S. 364); Tom. III (S. 426); Tom. IV (S. 359 f.)), „Operae“ (Tom. I (S. 410); Tom. II (S. 308); Tom. III (S. 357 f.); Tom. IV (S. 300)), „Homines Proprii“ (Tom. I (S. 245); Tom. II (S. 187 f.); Tom. III (S. 228); Tom. IV (S. 194)), „Servvs: Servi“ (Tom. I (S. 549); Tom. II (S. 374 f.); Tom. III (S. 443 f.); Tom. IV (S. 368 f.; vgl. dort auch die verschiedenen mit „Servitvs (...)“ beginnenden Stichworte)), „Colonvs“ (Tom. I (S. 85); Tom. II (S. 72 f.); Tom. III (S. 97); Tom. IV (S. 89 f.)) und „Gleba“ (Tom. I (S. 231)) sowie in: *Lipenius*, Bibliotheca (Neudruck), insbe-

Die Abhandlungen der Juristen hatten zwar keinen direkten Einfluss auf die Leibeigenschaft, denn maßgeblich blieben stets die örtlichen Gesetze und Gewohnheiten.[899] Ihre indirekten Auswirkungen sind jedoch nicht zu unterschätzen. Auch wenn die Schriften als sekundäre Rechtsquellen nicht unmittelbar auf das Erscheinungsbild des Rechtsinstituts einwirkten, wurden sie doch gerade in Streitfragen herangezogen, um die Auslegung zu erleichtern und Rechtslücken zu schließen. Insofern haben die Juristen bei der Ausgestaltung der Leibeigenschaft oftmals eine wichtige Rolle gespielt.[900] Da manche Schriften in weiten Bereichen der Materie sogar als grundlegend einzustufen sind, ist die damalige „*Verbindlichkeit einiger dieser Werke für die juristische Praxis*" unzweifelhaft.[901]

Auch als Rechtsquelle für die holsteinische Leibeigenschaft leistete die gelehrte juristische Literatur ihren Beitrag. Doch konnten ihre Ausführungen aufgrund der Besonderheiten der Einrichtung in Holstein großteils nicht unkritisch und unverändert übernommen werden, weil „*das, was die Lehrer des deutschen Rechts ueberhaupt von der Eigenbehoerigkeit festsezen, in den Herzogthuemern Schleswig und Holstein die groessesten Abweichungen leidet*".[902] Daher entwickelte sich bezüglich der holsteinischen Leibeigenschaft insbesondere im 18. Jahrhundert eine eigene landesinterne gelehrte juristische Literatur.[903] Dies geschah gleichzeitig mit dem Abschluss der Ausbildung der Koppelwirtschaft und der nochmaligen Erhöhung der Hofdienste. Daran schlossen sich ein Großteil der juristischen Auseinandersetzungen zwischen Herrschaften und Leibeigenen sowie eine öffentliche Grundsatzdiskussion an.[904] Die rechtsgelehrte holsteinische Literatur erarbeitete sich in diesem Zusammenhang durchaus ihr eigenes Profil. Zum einen stellte sie die landesspezifischen Eigenheiten des Instituts in den Vordergrund. Zum anderen griff sie neben den übrigen Rechtsquellen, insbesondere dem römischen Recht, auch auf die anerkannten Darstellungen der renommierten deutschen Rechtslehrer zurück. Die Rechtsansichten der einheimischen Juristen zur Leibeigenschaft fanden ihre Stütze häufig in deren Abhandlungen. So verwies Johann Zacharias Hartmann in seiner „dissertatio de praescriptione", die auf von ihm in der Vergangenheit erstellten Rechtsgutachten

---

sondere zu den Stichworten „Rvstici, Rvstica Res" (II (S. 288)), „Operae" (II (S. 106)), „Homines Proprii" (I (S. 602)), „Servitvs" (II (S. 331; vgl. dort auch die verschiedenen mit „Servitvs (...)" beginnenden Stichworte (S. 331 ff.))) und „Colonvs" (I (S. 266)); ein intensiveres Eingehen auf diese Autoren und ihre im vorliegenden Zusammenhang geschaffenen Werke würde den Rahmen der Arbeit jedoch sprengen.

899 *Coing*, Privatrecht, 1. Band, S. 210.

900 *Ratjen*, Bemerkungen, S. 348 (371).

901 *Schulze*, Entwicklung, S. 127 (135).

902 *Schrader*, Materialien, S. 232 (236).

903 Vgl. *Ratjen*, Bemerkungen, S. 348 (371 f.).

904 Vgl. *Klußmann*, Leibeigenschaft, S. 213 (225 f.).

basierte, auf gelehrte juristische Schriften von Hertius, Beyer, Boehmer, Mevius, Erhardt, Husanus und Potgiesser.[905] Als weitere Verfasser juristischer Schriften mit Bezug zur Leibeigenschaft sind für Schleswig-Holstein neben Johann Zacharias Hartmann vor allem noch Leopold August Cirsovius, Joachim Friccius, Ludwig Albrecht Gottfried Schrader sowie Christoph Heinrich Amthor zu nennen.[906]

i. Naturrecht, Göttliches Recht und Billigkeit

Unter den Begriffen des Naturrechts, des Göttlichen Rechts und der Billigkeit wurde die Gesamtheit derjenigen allgemeinen Rechtsgrundsätze verstanden, die weitgehend unabhängig vom Faktor Mensch universelle Gültigkeit besaßen. Die Idee eines Naturrechts entstammt der griechischen und römischen Antike und betrachtet die Natur als Quelle einer allumfassenden Ordnung.[907] Der Unterschied des Göttlichen Rechts zum Naturrecht bestand darin, dass das Christentum die Natur als Quelle dieser Ordnung durch Gott ersetzte.[908] Die Billigkeit zeichnete eine nahe Verwandtschaft zum Naturrecht aus. Sie galt als Inbegriff der Grundsätze, die den Verhältnissen angemessen und zweckmäßig erschienen, jedoch im Gegensatz zu den naturrechtlichen Grundsätzen als nicht zwingend anzusehen waren.[909]

Um diese allgemeingültigen Grundsätze der Menschheit als eine Rechtsquelle zugänglich zu machen, bedurfte es zwangsläufig gelehrter Juristen als Mittler. Deren überragende Rolle lässt eine beispielhafte Begriffsbestimmung erkennen, die das Naturrecht als „*Inbegriff solcher allgemeinen Rechtsgrundsaetze, die durch wissenschaftliche Forschungen ueber Gegenstaende des Rechts gewonnen werden*“, ansah.[910] Bereits in der Antike hatte das Naturrecht neben dem positiven Recht eigenständige Bedeutung in der Praxis. Diese Bedeutung ergab sich über den anhand der communis opinio doctorum wissenschaftlich abgeleiteten Rechtssatz. Ebenso wurde grundsätzlich im Spätmittelalter verfahren. Dabei war der Ansatzpunkt für die communis opinio doctorum die methodische Ermittlung der Naturrechtssätze aus dem corpus iuris civilis. Dessen ratio scripta wurde als niedergelegte ratio naturalis betrachtet, deren Autorität maßgeblich auf ihrer Kodifizierung und ihrem hohen Alter fußte. Die methodische Grundlage der Gewinnung universeller natürlicher Rechtssätze verlagerte sich seit dem 17. Jahrhundert immer mehr in den Bereich der Philosophie, wodurch ein zuneh-

---

905 Vgl. *Hartmann*, de praescriptione, S. 434 (442 f. (§ VIII.); 456 ff. (§ XV.)).

906 Vgl. *Klußmann*, Leibeigenschaft, S. 213 (224 ff.).

907 LMA/*Van Engen*, 6. Band, Sp. 1050 f.

908 Rechtslexikon/*Köhler*, 2. Band, S. 2987.

909 Vgl. *Falck*, Bemerkungen, 1. Teil, S. 356 (361 f.).

910 *Falck*, Handbuch, 1. Band, S. 109 f.

mend höherer Grad an Abstraktion erreicht wurde. Im 18. Jahrhundert war man vor dem Hintergrund einer naturrechtlichen Argumentation der allgemeinen Auffassung, dass ein Rechtstext seine Autorität nicht allein durch die Existenz als ius scriptum erlangen konnte. Vielmehr wurde sie auf die Gesetzgebungsgewalt des absolutistischen Herrschers gegründet.[911] Als Rechtsquelle besaß das ius naturale gerade im 18. Jahrhundert eine selbständige Bedeutung. Es beanspruchte subsidiäre Verbindlichkeit gegenüber dem Gesetz, die unabhängig vom römischen Recht gegeben sein sollte.[912] Auch wenn die Billigkeit im Gegensatz dazu grundsätzlich nicht zu den Rechtsquellen zählte, wurde sie in dieser Funktion sogar in Landesgesetzen genannt. Billigkeit wurde in diesem Zusammenhang häufig mit Naturrecht gleichgesetzt, zumindest als ihm zugehörig verstanden.[913]

Für Holstein kam dies bereits in der Landgerichtsordnung von 1573 zum Ausdruck. Die Geltung des Naturrechts und der Billigkeit als Rechtsquellen war grundsätzlich anerkannt und landesherrlich kodifiziert. Darüber hinaus ist ihre Funktion näher bestimmt worden, indem als Grundlage der Landgerichtsurteile in erster Linie das althergebrachte Landesbrauchtum dienen sollte, wenn es „*der Vernunfft vnd Billigkeit nicht zuwieder*" war.[914] Welch gewichtigen Prüfungsmaßstab diese beiden Begriffe als Rechtsquelle einnahmen, ist insbesondere daran zu erkennen, dass auf der Grundlage der eben zitierten Formel in einer Art ex-negativo-Schluss sogar vetreten worden ist, „*daß mann weder auf die Gewohnheiten noch eingefuehrte Jura subsidiaria weiter zu reflectiren habe/ als sie der Vernunfft und natuerlichen Billichkeit C o n f o r m*" seien.[915] Naturrecht und Billigkeit hatten also die Aufgabe eines Korrektivs gegenüber gewohnheitsrechtlichen Regeln.

Die Leibeigenschaft und ihr übergeordneter Themenkomplex nahmen eine zentrale Rolle im Rahmen der Lehren zum Göttlichen Recht und zum Naturrecht ein. Dies kam einerseits in generellen rechtlichen Ausführungen zu Freiheit und Unfreiheit zum Ausdruck, andererseits in spezielleren Werken zum Bauernrecht. Schließlich gab es konkrete Abhandlungen zur Leibeigenschaft auf der Grundlage des Naturrechts. Die Basis dieses Denkens war die naturgegebene Gleichheit und Freiheit aller Menschen. „*Omnes homines aequales sunt et jure naturali omnes liberi nascuntur*":[916] „*Der urspruengliche Naturstand ist also ein Stand der Gleichheit. Knechtschaft, Leibeigenschaft und Sklaverei (...) sind also keine*

911 Vgl. *Daniel*, Gemeines Recht, S. 169.
912 *Daniel*, Gemeines Recht, S. 199; allgemein zum Verhältnis von Naturrecht und römischem Recht vgl. *Daniel*, Gemeines Recht, S. 169 ff., 199.
913 Vgl. *Falck*, Bemerkungen, 1. Teil, S. 356 (361 ff.); *Falck*, Handbuch, 1. Band, S. 110.
914 LGO-SH (1573), Ander Theil, Tit. III, S. 146 (173).
915 *Amthor*, Discurs, S. 15 (ohne Nummerierung: S.1 = erste Seite des eigentlichen Texts).
916 *Schulze*, Entwicklung, S. 127 (140 (vgl. bezüglich des Zitatnachweises 140 (Fn. 84)))).

Folgen des reinen noch durch Thathandlungen nicht bestimten Naturstandes".[917] Im Hinblick auf die bäuerliche Bevölkerung stand der Begriff der natürlichen Freiheit (libertas naturalis) in besonderem Maß im Mittelpunkt. Dieser Gedanke der Freiheit von Person und Eigentum war eine grundlegende Rechtsidee, die bereits im corpus iuris civilis niedergelegt worden war. Als geboten und richtig wird der Grundsatz aufgestellt, dass sowohl die persönliche Freiheit als auch die Freiheit des Eigentums von Belastungen der natürliche Ansatzpunkt rechtlicher Betrachtungen zu sein habe. Im Umkehrschluss handelte es sich bei dieser Freiheit um eine Vermutung, die zwar widerleglich war, für deren Widerlegung aber derjenige die Beweislast trug, der diese Freiheit aufheben oder einschränken wollte.[918]

Infolge der naturrechtlichen Denkweise kam es in der juristischen Literatur in verstärktem Maß zu einer kritischen Auseinandersetzung mit der bäuerlichen Rechtsstellung, vor allem mit dem Umfang der Dienstverpflichtungen.[919] War es streitig, ob ein Gutsuntertan zu ungemessenen Diensten verpflichtet oder sogar leibeigen war, bestand zu seinen Gunsten die Vermutung der natürlichen Freiheit. Das Gegenteil hatte die Herrschaft zu beweisen.[920] Diese praesumptio pro libertate[921] stellte sich im Verhältnis zu den Dienstverpflichtungen der Bauern vor naturrechtlichem Hintergrund wie folgt dar: „*Endlich 4) sind auch die Dienste der Bauern ex conventione tacita, nemlich durch verjaehrte Leistung derselben, oder durch das Herkommen mit entstanden. So viel aber von alle dem durch dergleichen Verjaehrung oder durch ausdrueckliche Vertraege nicht erwiesen wird, darueber ist auch, wider alle Anfechtungen, in Rechten, in der natuerlichen Billigkeit, und in der Erfahrung gegruendet, daß Bauern dazu nicht verbunden sind, sondern vielmehr ihre natuerliche Freyheit ohne weitere Einschraenkung, als in so weit diese erwiesen ist, vermuthet wird.*"[922] Vor Gericht galt danach also regelmäßig der Grundsatz: „*In dubio autem semper pro libertate potius quam contra eam iudicabit.*"[923] Eine Ausnahme von dieser Regel, die die Beweislast für Dienstpflichten der Obrigkeit aufbürdete, machte allerdings keine geringere Institution als das Reichskammergericht, das weiterhin

---

917 *Christiani*, Leibeigenschaft, S. 134 (144).

918 Vgl. *Coing*, Privatrecht, 1. Band, S. 136 bzw. 136 (Fn. 26 (Quellennachweise im Hinblick auf die Freiheit des Eigentums und die Freiheitsvermutung im corpus iuris civilis)), 311, 317, 372.

919 Vgl. *Schulze*, Entwicklung, S. 127 (153 ff.).

920 Vgl. *Coing*, Privatrecht, 1. Band, S. 211; *Sailer*, Untertanenprozesse, S. 472.

921 Als gleichbedeutender Begriff tauchte auch „praesumptio libertatis" auf.

922 *Hauschild*, Abhandlungen, S. 116 (die Kernaussagen seines Werks „praesumptio pro libertate naturali in causis rusticorum", Dresden 1738, wiederholend).

923 *Coing*, Privatrecht, 1. Band, S. 211 (mit Zitatnachweis).

an der überkommenen, dem Gedanken der natürlichen Freiheit des Menschen widersprechenden Rechtsauffassung festhielt.[924]

Das Naturrechtsdenken wirkte sich auch auf die Lehren der schleswig-holsteinischen Juristen und ihre Beurteilung der Leibeigenschaft aus: Grundsätzlich stehe es nicht im Gegensatz zum Naturrecht, wenn ein Mensch auf seine Freiheit verzichte. Allerdings könne er dies nur mittels Vertrags tun. Die Freiheit seiner Kinder könne er in keiner Weise negativ beeinflussen. Sie bestehe unabhängig vom Willen und Wirken der Eltern und sei nicht vererblich. Die Begründung bzw. Übertragung des Leibeigenschaftsstatus' durch Zeugung oder Geburt widerspreche dem Naturrecht zutiefst. Sei der Vertrag zwischen Untergebenem und Herrn nicht entgegen, könne der Leibeigene auch Eigentum besitzen und erwerben. Zwangsverheiratet werden könne er nicht, ein eigener Heiratswunsch könne ihm nur insofern verweigert werden, als er sich vertraglich auf eine Ehelosigkeit festgelegt habe. Ein Wechsel der Herrschaft komme bei denjenigen Leibeigenen in Frage, die glebae adscripti seien, doch könne dies stets lediglich in Verbindung mit dem Grund und Boden und nicht von diesem losgelöst geschehen. Bei den sonstigen Leibeigenen hänge eine Veränderung der Herrschaft davon ab, inwieweit sie sich vertraglich der herrschaftlichen Willkür unterworfen hätten. Werde ein Leibeigener von seinem Status, insbesondere im Wege der Manumission, befreit, könne dies von herrschaftlicher Seite aus nicht plötzlich und in eigenmächtiger Weise geschehen. Vielmehr bedürfe es Verhandlungen mit dem Freizulassenden über den Ablauf und die Bedingungen dieses Vorhabens, um beide Seiten gegen seine Folgen abzusichern.[925]

Maßgebliche Grundlage der Beziehung zwischen den Parteien war folglich die Rechtsform des Vertrags. Welch hohen Geltungsanspruch diese von den Vorgaben der Vernunft getragene Vertragsbasis besaß, lässt sich an dem naturrechtlichen Standpunkt zur Vererblichkeit der Leibeigenschaft ablesen. Denn „*jede Verfuegung, die das buergerliche Gesez oder die Gewohnheit zum Vortheil der erblichen Knechtschaft machte, ist ganz gegen die ewigen Regeln des Rechts und der Ordnung, die selbst der grosse Urheber der Natur nicht aendern kann und die um so viel weniger irgend ein Voelkerbeherrscher, und waere er der maechtigste des Erdbodens, aendern darf.*“[926] Der naturrechtlichen Argumentationsstruktur bedienten sich auch die holsteinischen Leibeigenen selbst. Dies taten sie bereits mit dem Aufkommen der Leibeigenschaft in der zweiten Hälfte des 16. Jahrhunderts. Dabei entwarfen sie jedoch als Angehörige der ländlichen, ungebildeten Bevölkerungsschicht eine Legitimation ihrer Auffassung auf dem Boden des Göttlichen Rechts und nicht des Naturrechts. Unabhängig vom gel-

---

924 *Sailer*, Untertanenprozesse, S. 472 f.

925 Vgl. *Christiani*, Leibeigenschaft, S. 134 (151 ff.).

926 *Christiani*, Leibeigenschaft, S. 134 (160).

tenden irdischen Recht konnten sie mit Hilfe dieses übergeordneten Rechts jederzeit für ihre Freiheit eintreten.[927]

k. Gemeines Recht

Als Rechtsquelle gewann das Gemeine Recht stark an Bedeutung. Während die deutsche Rechtswissenschaft noch im 17. Jahrhundert unter dem Gemeinen Recht inhaltlich ausschließlich das römische Recht verstand,[928] zählten im 18. Jahrhundert im Bereich des positiven Rechts inhaltlich unterschiedliche Rechtsquellen dazu. Durch den Fortfall der Gleichsetzung von Gemeinem Recht und römischem Recht verlor der Begriff des ius commune seine Eindeutigkeit.[929] In Rechtstheorie und -praxis wurden unter Gemeinem Recht zusammengefasst: zum einen das im Corpus iuris civilis[930] enthaltene römische Recht in der Form des modernen, zeitgemäßen Gebrauchs, das durch das Kanonische Recht und das langobardische Lehnsrecht ergänzt wurde, zum anderen der Inbegriff der einheimischen Rechtsnormen, der den Extrakt aus einzelnen mittelalterlichen Rechtsquellen darstellte, wobei dieses ius germanicum noch nicht ausreichend präzisiert worden war.[931]

Auch das in Holstein grundsätzlich geltende Gemeine Recht umfasste zum einen das römische Recht, zum anderen das deutsche Recht in der Form von Gesetzen und Gewohnheiten, schließlich das Kanonische Recht zumindest insofern, als es in Deutschland rezipiert worden war.[932] Viele Inhalte des Gemeinen Rechts fanden sich insbesondere in der Reichsgesetzgebung, aber auch in den Reichsabschieden wieder. Die Reichsgesetzgebungsakte nahmen in der Frühen Neuzeit stark zu und wurden zu einem immer wichtigeren Faktor.[933] Sie konnten unzeitgemäße Bestimmungen des Gewohnheitsrechts verändern oder ersetzen.[934] Sowohl die deutschen Reichsgesetze und niedersächsischen Kreisabschiede als auch die sonstigen Reichsrechte besaßen in Holstein als einem Teil des Deutschen Reichs grundsätzlich Gültigkeit.[935] Hinsichtlich der Geltung dieser ge-

---

927 Vgl. *Klußmann*, Leibeigenschaft, S. 213 (231 ff.).

928 *Daniel*, Gemeines Recht, S. 86.

929 *Coing*, Privatrecht, 1. Band, S. 87.

930 Unter dem Corpus iuris civilis versteht man die unter Justinian I. (527 bis 565) geschaffene Kodifikation des römischen Rechts, die die Digesten, die Institutionen, den Codex Iustinianus und die justinianischen Novellen umfasste (vgl. LMA/*Weimar*, 3. Band, Sp. 270).

931 *Daniel*, Gemeines Recht, S. 98; vgl. *Coing*, Privatrecht, 1. Band, S. 34 ff.

932 *Kähler*, Landesrecht, S. 18 f.

933 Vgl. *Wohlhaupter*, Recht, S. 30 (41); *Wohlhaupter*, Rechtsquellen, S. 180 ff.

934 Vgl. *Falck*, Handbuch, 1. Band, S. 409.

935 Vgl. *Falck*, Handbuch, 1. Band, S. 114 f., 438 f.; *Kähler*, Landesrecht, S. 18; *Wohlhaupter*, Rechtsquellen, S. 159 ff., 180 ff.

meinrechtlichen Normen tauchten jedoch Unstimmigkeiten auf, die regelmäßig mit ihrer Bekanntmachung zusammenhingen. Einige erlangten allgemeine verbindliche Geltung, obwohl sie niemals formell verkündet worden waren. Andere wurden zwar in landesherrlichen Patenten veröffentlicht. In förmlicher Weise geschah dies aber nur für bestimmte Bereiche des Landes.[936]

Aufgrund seiner vielen Einzelquellen und seines enormen Umfangs war das Gemeine Recht ein reichhaltiger Fundus an Rechtssätzen. Es enthielt sogar etliche mittelalterliche vorrezeptionelle Institute. Die Leibeigenschaft erfuhr jedoch keine eigene, besondere Regelung in den gemeinrechtlichen Quellen, weder den römisch- noch den deutschrechtlichen. Vielmehr wurde sie im Rahmen des Gemeinen Rechts lediglich anerkannt und in der Weise übernommen, dass nähere Rechtsbestimmungen aus dem Gemeinen Recht abgeleitet worden sind. Daher handelte es sich bei der Leibeigenschaft um ein gemeinrechtliches Institut im materiellen Sinn.[937]

Von besonderer Bedeutung unter den Einzelquellen im Hinblick auf die Leibeigenschaft war das römische Recht. Als Teilrechtsquelle des Gemeinen Rechts besaß es in Holstein insgesamt nur eine untergeordnete Bedeutung. Es hatte überwiegend die Funktion einer subsidiären Rechtsquelle und kam nur zur Anwendung, wenn sächsisch-rechtliche Regelungen fehlten. In Teilbereichen Holsteins diente es jedoch sogar als Hauptrechtsquelle.[938] Zwar kannte das römische Recht die Leibeigenschaft nicht, doch behandelte es vergleichbare Abhängigkeitsverhältnisse von Untergebenen im Allgemeinen und Bauern im Speziellen. Insbesondere die nachklassischen Entwicklungen brachten viele Stufen zwischen Freiheit und Unfreiheit hervor.[939] In diesem Zusammenhang spielten zwei Rechtsinstitute eine maßgebliche Rolle: zum einen die Sklaverei (servitus), zum anderen der Kolonat (colonatus).

Die Sklaven (servi) waren in erster Linie keine Rechtssubjekte, sondern Rechtsobjekte. Sie waren grundsätzlich rechtsunfähig und standen als Sache im Eigentum ihres Herrn. Ihre rechtliche Behandlung erfolgte zwangsläufig nach den Grundsätzen des Sachenrechts. In engem Rahmen besaßen sie ausnahmsweise die Fähigkeit, rechtliche Handlungen durchzuführen. Dabei unterstanden sie aber jederzeit der Gewalt ihres Herrn.[940] Die sie betreffenden Rechtsbestimmungen finden sich im corpus iuris civilis und dort zum allergrößten Teil in unterschiedlichen Abschnitten der Institutionen und der Digesten.

---

936 Vgl. *Falck*, Handbuch, 1. Band, S. 438; *Wohlhaupter*, Rechtsquellen, S. 181.

937 *Coing*, Privatrecht, 1. Band, S. 36.

938 Vgl. *Seestern-Pauly*, Bemerkungen, 2. Band, S. 183.

939 *Kaser/Knütel*, Privatrecht, S. 114 f.; vgl. *Kaser*, Privatrecht, 2. Abschnitt, S. 142.

940 Vgl. *Kaser*, Privatrecht, 1. Abschnitt, S. 114, 284 ff.; *Kaser/Knütel*, Privatrecht, S. 106 ff.; *Hausmaninger/Selb*, Privatrecht, S. 81 f.

Bei den Kolonen (coloni) handelte es sich um herrschaftlich abhängige kleine Landpächter. Anfangs waren sie ehe- und vermögensrechtsfähige Freie. Doch hatten sie ihre Freizügigkeit aufgrund ihrer Schollenbindung bereits frühzeitig verloren. Deshalb wurden sie auch als servi terrae oder glebae adscripti bezeichnet. Diese Schollenbindung bedeutete, dass die Kolonen ihr Land nicht verlassen, vom Grundstückseigentümer aber auch nicht von ihm entfernt werden durften. Insbesondere war es ihm nicht gestattet, das Grundstück ohne den Kolonen oder den Kolonen ohne das Grundstück zu veräußern. Bei Flucht konnte er von seinem Herrn jederzeit vindiziert werden, da eine Verjährungsfrist nicht vorhanden war.[941] Die rechtliche Regelung des Kolonats war hauptsächlich in Buch 11, Titel 48 (47)[942] des Codex Iustinianus[943] niedergelegt und stellte sich in uneinheitlicher, unsystematischer und unscharfer Form dar.[944]

Im Ergebnis wurde die dingliche und persönliche Rechtsstellung der Kolonen derart stark beschnitten, dass sie den Sklaven nicht nur nahe standen, sondern ein Unterschied zwischen beiden Personengruppen häufig nicht mehr erkennbar war.[945] So wurde im corpus iuris civilis selbst die rechtlich-inhaltliche Unterscheidung zwischen servus und colonus adscriptitius in Frage gestellt: *„quae etenim differentia inter servos et adscripticios intellegetur, cum uterque in domini sui positus est potestate, et possit servum cum peculio manumittere et adscripticium cum terra suo dominio expellere?“*[946] Zu dieser Entwicklung kam es vor allem durch die Initiative der Staatsgewalt vor dem Hintergrund wirtschaftspolitischer Interessen. Mit Hilfe des Eingriffs in die Bewirtschaftungsweise der

---

941 Vgl. *Hausmaninger/Selb*, Privatrecht, S. 15; *Kaser/Knütel*, Privatrecht, S.115; *Kaser*, Privatrecht, 2. Abschnitt, S. 146 ff.; *Dulckeit/Schwarz/Waldstein*, Rechtsgeschichte, S. 290.

942 Die Nummerierung der Titel ist in verschiedenen Ausgaben des corpus iuris civilis unterschiedlich und uneinheitlich, so dass derselbe – hier bedeutsame – Titel des elften Buchs des Codex Iustinianus mal als 47. und mal als 48. Titel bezeichnet ist. Genaueres ergibt sich aus der jeweiligen Zitierung (vgl. beispielsweise unten auf S. 185 (Fn. 946)).

943 Vgl. den lateinischen Text in: CIC (*Krueger/Mommsen*), Vol. Sec., S. 440 ff. sowie die deutsche Übersetzung in: CIC (*Otto/Schilling/Sintenis*), 6. Band, S. 577 ff.

944 *Coing*, Privatrecht, 1. Band, S. 211.

945 Vgl. *Kaser*, Privatrecht, 2. Abschnitt, S. 144 f.; *Kaser/Knütel*, Privatrecht, S.115; *Hausmaninger/Selb*, Privatrecht, S. 250.

946 C 11, 48 (47), 21 (CIC (*Krueger/Mommsen*), Vol. Sec., S. 442 (vgl. die deutsche Übersetzung in: CIC (*Otto/Schilling/Sintenis*), 6. Band, S. 585: *„Denn wozu länger ein Unterschied zwischen Sclaven und Hörigen, da beide in der Gewalt ihres Herrn stehen, und er den Sclaven mit seinem Sondergute freilassen und den Hörigen mit dem Grundbesitz aus seinem Eigenthum entlassen* (Anmerkung des Übersetzers in einer an dieser Stelle gesetzten Fußnote: *„D.h. veräusserungsweise“*) *kann?“*)); vgl. *Coing*, Privatrecht, 1. Band, S. 211.

Ländereien versuchte sie die Versorgung von Heer und Bevölkerung sowie die Steuereinnahmen zu sichern.[947]

Zwar waren die Rechtssätze von Sklaverei und Kolonat nicht direkt auf die holsteinische Leibeigenschaft anwendbar, doch bot sich eine „analoge Anwendung“ aufgrund des vielfach ähnlich gelagerten Abhängigkeitsverhältnisses, insbesondere bei den schollengebundenen Kolonen, an. Letztlich wurden die Normen des römischen Rechts – vor allem die, welche die Sklaverei betrafen – grundsätzlich nicht angewandt.[948] Doch gab es auch ein gegensätzliches juristisches Lager, dessen Anhänger diese Bestimmungen bedarfsorientiert und gegebenenfalls sogar uneingeschränkt zur Rechtfertigung jeglicher Form von Leibeigenschaft im herrschaftlichen Interesse benutzten.[949] Insgesamt fand eine Übertragung der antiken Rechtsvorschriften auf die halb- und unfreien Bauern im Deutschen Reich in späteren Jahrhunderten in großem Umfang statt.[950]

Ein wirkliches Äquivalent zum römischrechtlichen Teil des Gemeinen Rechts in Form eines deutschrechtlichen Teils hat es weder im Hinblick auf die Reichsgesetzgebung noch auf das „deutsche Gewohnheitsrecht“ gegeben. In der Reichsgesetzgebung tauchten privatrechtliche Bestimmungen generell nur vereinzelt auf.[951] Auch territorienübergreifende gemeinsame Gewohnheiten privatrechtlicher Natur mit Geltung für das gesamte Deutsche Reich, ein ius germanicum, waren nicht vorhanden. Was im 18. Jahrhundert mit dem Begriff ius germanicum belegt wurde, war nichts anderes als ein Konstrukt der zeitgenössischen Wissenschaft, das auf einer zielgerichteten Verallgemeinerung von lokalen und regionalen Gewohnheitsrechtssätzen fußte.[952] War diese Feststellung aufgrund der Verschiedenheit der deutschen Regionen und Gewohnheiten schon allgemein zu treffen, galt sie umso mehr für die Leibeigenschaft, einem Bereich herrschaftlicher Abhängigkeit, in dem die Grenzen von Freiheit und Unfreiheit ohnehin fließend waren, in dem das dynamische Element eine wesentliche Rolle spielte und schließlich regionale sowie lokale gewohnheitsmäßige Prägungen ausschlaggebend für die rechtliche Ausgestaltung waren.[953]

---

947 *Kaser/Knütel*, Privatrecht, S. 115; vgl. *Dulckeit/Schwarz/Waldstein*, Rechtsgeschichte, S. 290; *Kaser*, Privatrecht, 2. Abschnitt, S. 145 f.

948 *Prange*, Gut, S. 57 (68 f.).

949 *Johannsen*, Bildung, S. 305 (318).

950 Vgl. *Kreller*, Recht, 2. Band, S. 86.

951 *Coing*, Privatrecht, 1. Band, S. 114.

952 Vgl. *Coing*, Privatrecht, 1. Band, S. 114.

953 Vgl. *Coing*, Privatrecht, 1. Band, S. 207.

3. Gerichtswesen

Auch in der Frühen Neuzeit behielten die Verhältnisse in Gerichtswesen und Rechtspflege ihre im Vergleich zu den übrigen Reichsgebieten bestehenden Eigenheiten bei. Das Herzogtum wurde weiterhin durch seinen territorialen Sonderstatus an der Peripherie des Reichs geprägt. Die im Mittelalter geltenden Rahmenbedingungen setzten sich vielfach fort. Die althergebrachten Strukturen erhielten sich länger und klarer als anderswo, Entwicklungen traten später, abgeschwächt, abgewandelt oder gar nicht ein. Im Allgemeinen war das frühneuzeitliche holsteinische Gerichtswesen vielfältig und unübersichtlich. Infolge der territorialen und politischen Entwicklungen gab es viele verschiedene Gerichte auf mehreren Ebenen.[954] Hinzu kamen etliche Auflösungen und Neuschaffungen gerichtlicher Institutionen. Während an den Untergerichten die Rechtspflege in ihren mittelalterlichen Grundstrukturen mitsamt ihren lokalspezifischen Eigenheiten weitgehend erhalten blieb, wurden auf der landgerichtlichen Ebene die Neugestaltung der Institution sowie die Schaffung seiner Ordnung zu den prägenden Merkmalen. Dieses Vorgehen hatten die Stände aufgrund des Zustands des Gerichtswesens als dringend erforderlich erkannt. Diese Notwendigkeit erhöhte sich noch durch die Landesteilung von 1544 und die Eroberung Dithmarschens von 1559.[955]

Mittels der Landgerichtsordnung kam es nicht nur zu einer stärkeren Angleichung der obergerichtlichen, insbesondere verfahrenstechnischen, Verhältnisse der Herzogtümer.[956] Sie regelte vor allem auch den Instanzenzug, der für die Untertanen des Adels im Allgemeinen und damit auch für die Leibeigenen Geltung besaß. In der Ordnung waren die Voraussetzungen für eine Appellation vom Gutsgericht an das Landgericht oder die Kanzleigerichte sowie für eine weiterführende Appellation an das Reichskammergericht genannt. Von diesem Rechtsweg durften die Leibeigenen grundsätzlich auch erwarten, *„daß der Entscheid zu ihren Gunsten ausfallen konnte, daß die Gerichte nicht einseitig stets zugunsten des Gutsherrn entschieden"*.[957]

a. Gutsgericht

Anfänglichen Rechtsschutz hatten die Leibeigenen vor dem Gutsgericht zu suchen. Das Gutsgericht war wie überall im Land ein Dinggericht. Zwar konnte

---

954 Vgl. *Cronhelm*, Bericht, S. 1 (117 ff.); *Fuchs*, Introductio, Cap. XIII. bis XXIV.
955 Vgl. *Kochendörffer*, Landgericht, S. 325 (330).
956 Vgl. *Prange*, Schleswig-Holstein, S. 41.
957 *Göttsch*, Leibeigene, S. 224.

das Dinggericht in Holstein unterschiedliche Namen haben.[958] In der Regel wurde es jedoch mit Ding und Recht bezeichnet.[959] Von seiner Grundstruktur her war es zwar in allen Landesteilen vergleichbar, vielfach wies es aber regionale Besonderheiten auf.[960] In weiten Teilen des Landes bestanden die Dinggerichte als Volksgerichte formell noch weit bis ins 19. Jahrhundert, wenn sie auch häufig bereits seit langem offiziell nicht mehr abgehalten wurden. Noch 1824 bestimmte ein Reskript für das Amt Kiel, dass mindestens einmal jährlich Ding und Recht zu halten sei, was jedoch seit etwa vierzig Jahren nicht mehr geschehen war.[961]

Dinggerichte bestanden grundsätzlich auch in Patrimonialjurisdiktionsbezirken und damit auf den adligen Gütern mit ihrer Leibeigenschaft.[962] Doch unterschied sich das durchschnittliche Dinggericht vom regelmäßigen Gutsgericht erheblich. Denn die einem Patrimonialgerichtsherrn unterstehenden Gutsgerichte entbehrten des Kerns der Volksgerichtsbarkeit, der Urteilsfindung aus der Mitte des Volkes heraus, größtenteils fast vollkommen. Dieser ehemals prägenden Charaktereigenschaft der Untergerichte waren sie aufgrund der umfangreichen Souveränität der adligen Gutsherrschaften verlustig gegangen. Der neuartige Charakter des Gerichtswesens konnte auch durch die Beibehaltung der sonstigen Wesenselemente eines Volksgerichts wie z. B. seine Abhaltung *„vermöge Holsteinischen Landrechts“*[963] nicht wirksam überspielt werden.[964] Dieser prägnante Unterschied kam bereits in den Einleitungen der Dingformulare deutlich zum Ausdruck. Gutsgerichtliche Dinge wurden im Namen der Guts- bzw. Patrimonialherrschaft gehegt und nicht wie die übrigen Dinge *„“bei des Grafen Bann und der königlichen Gewalt“ und „im Namen des gnädigen Herrn und seines Amtmanns“‘‘*.[965]

In der Landgerichtsordnung von 1573 war ausdrücklich festgeschrieben, dass Untertanen des Adels in strittigen Rechtsangelegenheiten Anspruch auf ein Ding und Recht sowie auch eine gewohnheitsmäßige Appellationsmöglichkeit besa-

---

958 Vgl. *Falck*, Handbuch, 3. Band, 1. Abth., S. 86; *Seestern-Pauly*, Kirchspiels- und Amtsgebraeuche, S. 14; *Kuhn*, Geschichte, S. 1.

959 Vgl. *Westphalen*, Monumenta, Tomus IV, praef., S. 112 (Fn. (e)); *Cronhelm*, Bericht, S. 1 (125 ff.); *Falck*, Privatrecht, 3. Band, 1. Abth., S. 86; *Schrader*, Handbuch, 4. Band, S. 200 ff., 221; *Fuchs*, Ding, S. 8 ff.; *Fuchs*, Introductio, S. 218 ff.; *Anonymus*, Nachricht, S. 76 (81 ff.); *Kochendörffer*, Landgericht, S. 325 (328); *Kuhn*, Geschichte, S. 1; *Amthor*, Discurs, S. 10 f. (ohne Nummerierung: S.1 = erste Seite des eigentlichen Texts).

960 Vgl. *Falck*, Handbuch, 3. Band, 1. Abth., S. 86 f.

961 Vgl. *Falck*, Handbuch, 3. Band, 1. Abth., S. 85 f. bzw. S. 85 (Fn. 79)).

962 Vgl. *Doerfer*, Bemerkungen, S. 468 (477).

963 *Brinkmann*, Rechtsleben, Nr. V, S. 92 (100)).

964 Vgl. *Rörig*, Agrargeschichte, S. 137 (143 f.); *Brinkmann*, Rechtsleben, Nr. V, S. 92 (99 f.); *Sering*, Erbrecht, S. 223.

965 *Carstens*, Landesherrschaft, S. 288 (368).

ßen.[966] Das Ding hatte *„ein unpartheyisches durch unverdaechtige Personen besetztes Gericht“* zu sein,[967] in dem der Gutsherr lediglich den Vorsitz führte, während die Dingmänner das Urteil fällten.[968] Es stellte sich dar als *„ein besetzt und gehegtes Bauren- Gericht/ worin die streitige Parteien jedes Ampts/ Klosters/ und Edelmanns ihre Sache und praetensiones gegen einander vortragen/ Klage anbringen/ Gegenbericht thun/ Beweiß und Gegenbeweiß wiedereinander führen/ und durch eine Urtheil entschieden und auß einander gesetzet werden“*.[969] Das Ding und Recht war erste gerichtliche Anlaufstation in sämtlichen rechtlichen Fragen, vor ihm verhandelt wurden grundsätzlich *„alle der (...) Unterthanen streitige Sachen/ sie sein civil oder criminal, gestallt diese alle omnimodam jurisdictionem, so wol hoch als niedrig“*.[970]

Die gutsgerichtliche Praxis sah hingegen häufig anders aus. Sie gab jedoch ebenso wie die Praxis der Leibeigenschaft, von der sie wesensgemäß kaum zu trennen war, kein einheitliches Bild ab.[971] Zwar wurden in adligen Gutsgerichten regelmäßig bäuerliche Schöffen eingesetzt.[972] Doch stand die Findung und Vollstreckung von Urteilen zumeist im Belieben des Gutsherrn und konnte nur mit seiner Zustimmung stattfinden.[973] Darüber konnte auch die formal korrekte Vorgehensweise, dass die Urteilsvollstreckung dem Nachrichter durch die Urteilssprecher wie bei einem herkömmlichen Volksgericht befohlen wurde, nicht hinwegtäuschen.[974] Unter den adligen Gütern waren es diejenigen mit Leibeigenschaft, die sich am weitesten von der Volksgerichtsbarkeit entfernten.[975] Es kam nicht selten vor, dass ein gutsherrliches Ding und Recht vollständig abgeschafft bzw. nicht gehalten und durch Sprüche des Gutsherrn oder seines Gerichtshalters ersetzt wurde. Auch gab es zahlreiche über diese gravierenden formell-rechtlichen Verstöße hinausgehenden Missbrauchsfälle.[976]

---

966 Vgl. LGO-SH (1573), 1. Theil, Tit. III, S. 146 (156)); LGO-SH (1636), 5. Aufl., 1. Theil, Tit. III, § 11 (S. 9); vgl. *Anonymus*, Nachricht, S. 76 (82 f.); *Jessen*, Entstehung, S. 186; *Falck*, Handbuch, 3. Band, 1. Abth., S. 142; *Fuchs*, Introductio, S. 218 f.

967 Urtheile, No. 1, S. 1 (1) (vgl. S. 1 (2)); vgl. *Anonymus*, Anmerckungen (Stellen), S. 305 (309); *Anonymus*, Anmerkungen (Gelehrten), S. 6.

968 *Jessen*, Entstehung, S. 186.

969 *Fuchs*, Ding, S. 8; ausführliche Anmerkungen zum Ding und Recht bei *Fuchs*, Ding, S. 1 ff., 18 ff., 24 ff.; *Lehmann*, Anmerkungen, S. 1 ff., 79 ff. (Beilagen).

970 *Fuchs*, Ding, S. 13 f.; vgl. *Jessen*, Entstehung, S. 186.

971 *Kochendörffer*, Landgericht, S. 325 (331); vgl. *Jessen*, Entstehung, S. 186 f.

972 *Brinkmann*, Rechtsleben, Einleitung, S. 46.

973 Vgl. *Prange*, Gut, S. 57 (60).

974 *Brinkmann*, Rechtsleben, Nr. V, S. 92 (100).

975 Vgl. *Jessen*, Entstehung, S. 186; *Falck*, Handbuch, 3. Band, 1. Abth., S. 142; *Prange*, Gut, S. 57 (60); *Rörig*, Agrargeschichte, S. 137 (143 f.).

976 *Falck*, Handbuch, 3. Band, 1. Abth., S. 142; *Kochendörffer*, Landgericht, S. 325 (331); vgl. *Fuchs*, Ding, S. 11.

Diese Vorkommnisse dürfen jedoch nicht darüber hinwegtäuschen, dass die Rechtspflege auf den meisten Gütern größtenteils in einem akzeptablen Rahmen vonstatten ging. Weder hat es flächendeckende gutsherrliche Kabinettsjustiz gegeben,[977] noch waren leibeigene Untergehörige nahezu vollkommen rechtlos.[978] Zudem stellte sich der Missbrauch von Gerichtsgewalt als strafbare Handlung dar. Denn den Gutsherren stand mit der Übertragung der Patrimonialjurisdiktion zwar die Gerichtsherrschaft über ihre Untertanen zu. Diese enthielt aber niemals die Befugnis zu willkürlicher Behandlung, so dass jegliche selbständige Entscheidung des Gutsherrn ohne ordnungsgemäß gehegtes Ding und Recht unbefugt war.[979] Eine strafrechtliche Ahndung von willkürlichen oder missbräuchlichen gutsherrlichen Maßnahmen hat aufgrund der Machtverhältnisse allerdings häufig nicht stattgefunden. Oder aber sie fiel wie in der Bürauer Blutsache, in deren Folge der Gutsherr wegen der Tötung mehrerer Leibeigener mit fünfjähriger Landesverweisung bestraft wurde, verhältnismäßig mild aus.[980]

Die Justizpflege auf dem Gut war aber nicht nur das Recht des Patrimonialherrn, sondern zugleich seine Pflicht. Sie umfasste die freiwillige, die streitige und die Kriminalgerichtsbarkeit sowie die Polizeigewalt im weitesten Sinne.[981] Wurde das Gut verpachtet, stand dem Pächter gewöhnlicherweise nur „*“der Dienstzwang und das Strafrecht wider die ungehorsame und frevelhafte Untertanen*““ zu, „*“um selbige mit dem Eselreiten, Spanischen Mantel, Pfahl, Keller und Stockschlägen, wann sie es verdienet, zu züchtigen und zu ihrer Schuldigkeit benötigtenfalls anzustrengen, jedoch daß hierunter gebührende Maß und Bescheidenheit gehalten werde*““.[982] Der Pächter erhielt vom Patrimonialherrn regelmäßig nicht die volle Jurisdiktionsgewalt. Im Vergleich zum Gutsherrn hat ein Pächter die Gutsgerichtsbarkeit häufig strenger gehandhabt.[983] Ein Grund dafür mag gewesen sein, dass Gutspächter ein vorrangiges, wenn nicht ausschließliches wirtschaftliches Interesse an dem Objekt „Gut“ hatten. Die Gutsherrschaften hingegen, insbesondere die, bei denen die Güter seit Generationen Familienbesitz waren, hatten oftmals eine emotionale und nicht nur rein ökonomische Verbindung zum Gut und seinen Untertanen. Dadurch fiel die gerichtliche Behandlung der Leibeigenen häufig milder aus. Im Laufe der Zeit wurden die gutsgerichtlichen Aufgaben verstärkt durch Justiziare wahrgenommen. Diese waren Juristen, die das Amt neben ihrer eigentlichen Tätigkeit als landesherrli-

---

977 *Jessen*, Entstehung, S. 186.

978 *Kochendörffer*, Landgericht, S. 325 (331).

979 Vgl. *Falck*, Handbuch, 3. Band, 1. Abth., S. 142.

980 Vgl. *Gloy*, Beiträge, S. 50; *Prange*, Anfänge, S. 208; *Prange*, Gut, S. 57 (69 ff.); *Ulbricht*, Supplikationen, S. 11 (32).

981 Vgl. *Prange*, Gut, S. 57 (60); *Falck*, Handbuch, 3. Band, 1. Abth., S. 141.

982 *Prange*, Gut, S. 57 (70 bzw. 70 (Fn. 28)).

983 *Prange*, Gut, S. 57 (70).

che oder städtische Beamte, Professoren oder Advokaten auf einem oder mehreren Gütern ausübten.[984]

Die Gutsgerichtsbarkeit war kein selbständiges Element einer Gutsherrschaft, sondern eng mit der Gutswirtschaft und der Leibeigenschaft verflochten. Wie stark das Zusammenspiel dieser Elemente die adligen Güter prägte, zeigte das Beispiel des Guts Hanerau. Dieses Gut war ein altholsteinisches landesherrliches Lehnsgut, das in die Hände Heinrich Rantzaus gelangte. Dieser scheiterte um 1610 mit dem Versuch, das Gut nach ostholsteinischem Muster umzugestalten. Deshalb verlor er das Interesse an dem Gut und verkaufte es an den König. Maßgeblich war, dass Rantzau nicht die umfassende gutsherrliche Gerichtsbarkeit zu erlangen vermochte. Die Gutsbauern behaupteten ihre nach Landrecht gegebene Stellung als Urteilsfinder. Ohne das Machtinstrument vollumfänglicher Gutsgerichtsbarkeit war die Erhöhung der Hofdienste zum Aufbau einer rentablen Gutswirtschaft nicht durchsetzbar. Ein Gut, das der Kombination dieser Attribute jedoch entbehrte, war für den durchschnittlichen holsteinischen Adligen unattraktiv.[985]

Dieses Beispiel macht den Zweck der Gutsgerichtsbarkeit deutlich: Während die Gerichtsherrschaft nur die Grundlage der Gutsherrschaft darstellte, war das Gutsgericht die konkrete Erscheinungsform dieser Machtposition. Mit ihm war ein flexibles Instrument gegeben, mit dem die Herrschaft direkt Einfluss auf die Untertanen ausüben und ihre Belange nach Belieben steuern konnte. Eine der vorrangigen Aufgaben war die gerichtliche Disziplinierung bzw. Bestrafung der Gutsuntertanen in Fällen, in denen sie ihren Hofdiensten nicht ordnungsgemäß nachkamen bzw. nachgekommen waren.[986] Aufgrund des Besitzes der Hals- und Handgerichtsbarkeit war es den Gutsgerichten sogar möglich und erlaubt, Todesurteile zu fällen und zu vollstrecken.[987] Erst 1775 erfolgte durch eine königliche Verordnung eine entscheidende Einschränkung. Diese beinhaltete ein landesherrliches Bestätigungsprivileg, das für alle untergerichtlichen Todesurteile

---

984 Vgl. *Prange*, Gut, S. 57 (60); *Schrader*, Handbuch, 4. Band, S. 196.

985 Vgl. GSH (*Klose*), 5. Band, S. 191.

986 *Kramer*, Gerichtsbarkeit, S. 89 (95 f., 101); vgl. ein Schönweider Gutsgerichtprotokoll von etwa 1730 über die Aufgaben des Gerichtsherrn bzw. seines Stellvertreters: „*und in sonderheit meine gesamte Schönweider unterthanen zu beobachtung ihrer hofdienste und anderen pflichten fleißig anhalten, dieselbe auch bey sich äußernder widerspänstigkeit und ungehorsam nach proportion des verbrechens mit dem keller, pfahl und esel und andern leiblichen züchtigungen bestraffen*“ (*Kramer*, Gerichtsbarkeit, S. 89 (91)).

987 *Kaak*, Gutsherrschaft, S. 223; *Prange*, Gut, S. 57 (60); vgl. *Boerm*, Nachrichten, S. 576 (590).

Gültigkeit besaß. Diese mussten fortan vor Vollstreckung dem König in Ansehung seines Begnadigungs- und Milderungsrechts vorgelegt werden.[988]

Die Gutsgerichte waren jedoch nicht in erster Linie willkürlich handhabbare Machtinstrumente zur Schikanierung von Leibeigenen. Vielmehr stellten sie *„in vielen das tägliche Leben betreffenden kleinen Streitigkeiten, nachbarlichen Reibereien, Differenzen um Geld und Gut, Altenteilsverschreibungen usw.“* eine verlässliche Rechtsinstanz dar.[989] Sie produzierten nicht nur praktikable Rechtsprechung und garantierten Verträge, sondern boten den Gutsuntertanen insgesamt ein stabiles rechtliches Fundament.[990] Durchweg waren die Gutsgerichte bestrebt, Rechtsstreitigkeiten kurz abzuhandeln. Dadurch waren sie in gewissem Maß auch Schiedsgerichte. Nicht immer war der Geschäftsgang strukturiert und geregelt, teilweise war das Verfahren schriftlos, manchmal sogar formlos. Die umständlicheren Verfahrensweisen beschränkten sich in der Regel auf die schwierigeren Fälle, insbesondere in Kriminalsachen. Die Gutsuntergehörigen sollten von förmlichen Prozessen und den mit ihnen verbundenen Kosten abgehalten werden. Appellationen vom Gutsgericht an das Landgericht waren zwar grundsätzlich zulässig,[991] aber wenig gebräuchlich.[992] Wurde doch von einem Gutsgericht appelliert, ging die Sache gemäß den Vorschriften der Landgerichtsordnung an das adlige Landgericht. In der Literatur werden diesbezüglich verschiedene Stellen als Verweisungsnormen angeführt.[993] Allerdings hatte die Hauptsumme mindestens 50 Gülden Lübsch, was 25 Reichstalern entsprach,[994] auszumachen.[995] Mittelinstanzen, wie es sie in anderen Landesteilen gab,[996] waren im Bereich der Landesverfassung der adligen Güter nicht vorhanden.

Der hauptsächliche Zweck der Gutsgerichtsbarkeit war die Disziplinierung der als Arbeitskräfte unersetzlichen Leibeigenen und ihre Anleitung zur ordnungsgemäßen Verrichtung der Hofdienste war.[997] Daher krankte die Gutsgerichtsbarkeit im Rahmen dieser disziplinarischen Funktion an denselben Symptomen wie die Leibeigenschaft und das gutsherrliche System insgesamt. Ihr Manko offen-

---

988 Vgl. Chronologische Sammlung (1775), Nr. 19, S. 32 f.; *Jessen*, Entstehung, S. 187 f.; *Prange*, Gut, S. 57 (60); *Boerm*, Nachrichten, S. 576 (590 f.).

989 *Kramer*, Gerichtsbarkeit, S. 89 (101).

990 Vgl. *Kramer*, Gerichtsbarkeit, S. 89 (101).

991 Vgl. *Rantzau*, descriptio, S. 101 bzw. 206.

992 Vgl. *Prange*, Gut, S. 57 (60); *Fuchs*, Ding, S. 9 (§ 4).

993 LGO-SH (1636), 5. Aufl., 1. Theil, Tit. III, § 10 (S. 8) (*Anonymus*, Nachricht, S. 76 (83)); § 11 (S. 9) (*Reinkingk*, Promptuarium, S. 12); § 12 (S. 9) (*Reinkingk*, Promptuarium, S. 15); § 8 (S. 7 f.) (*Reinkingk*, Promptuarium, S. 28); § 14 (S. 9) (*Fuchs*, Ding, S. 22).

994 *Anonymus*, Anmerckungen (Stellen), S. 305 (312); *Reinkingk*, Promptuarium, S. 21.

995 LGO-SH (1573), 3. Theil, Tit. I (S. 146 (183)) bzw. LGO-SH (1636), 5. Aufl., 3. Theil, Tit. I, § 1 (S. 53); vgl. *Anonymus*, Nachricht, S. 76 (83).

996 Vgl. *Anonymus*, Nachricht, S. 76 ff.

997 Vgl. *Kramer*, Gerichtsbarkeit, S. 89 (96, 101).

barte sich in einer für dieses obrigkeitliche Machtinstrument typischen Ambivalenz, die einen der Leibeigenschaft ähnlichen Teufelskreis am Leben erhielt. Kamen Gutsuntertanen ihren Hofdiensten nicht ordnungsgemäß nach, verhängte das Gutsgericht über alle Leibeigenen zumeist harte, häufig unangemessen harte Strafen. In der überlegenen gutsherrlichen Machtposition, die in den gerichtlichen Sanktionen symbolisch wird, lag jedoch zugleich die Schwäche des Instruments. Oftmals entzogen sich die Verurteilten ihrer Strafe durch Flucht, oder die Herrschaft setzte die verhängten Strafen aus Angst vor tätlicher Rebellion nicht in urteilsgemäßer Weise um. Andererseits gelangten unverhältnismäßige Urteile zur Vollstreckung, in Einzelfällen sogar unter dem Schutz des angeforderten Militärs. Diese Form der Bestrafung von Untertanen, die sich regelmäßig der uneingeschränkten Solidarität ihrer Standesgenossen sicher sein konnten und die für den gutswirtschaftlichen Betrieb der Güter unverzichtbar waren, stellte für die Gutsherrschaften eine Gratwanderung dar.[998] Diese herausragende Rolle des Gutsgerichts im Zusammenspiel mit der Leibeigenschaft verhinderte in der Gesamtbetrachtung, dass sich die Gutsgerichtsbarkeit als objektiv sinnvolle und maßvoll-effektive rechtliche Instanz darstellte.

b. Landgericht

Hatte eine Appellation vom Gutsgericht statt, kam die Sache grundsätzlich an das adlige Landgericht, das die wesentliche Institution auf der regionalen Ebene war. Die für Leibeigene, die sich durch gutsgerichtliche Urteile zu Unrecht beschwert sahen, bestehende Möglichkeit der Appellation an das Landgericht war von großer Bedeutung. Die Chance zur Anrufung einer außerhalb der Gutsherrschaft vorhandenen, unabhängigen Instanz war die Grundvoraussetzung für einen effektiven Rechtsschutz. Ein derart gestaltetes Appellationswesen war in den deutschen Staaten regelmäßig spätestens seit dem 18. Jahrhundert vorhanden.[999] Vor dem Hintergrund des Wesens der Patrimonialgerichtsbarkeit und in Ansehung des Standes der Rechtsuchenden war dies keineswegs selbstverständlich. Dies zeigt ein Blick auf die übrigen, vor allem östlichen, Gebiete Europas. Denn in Russland und Polen hatten die Bauern gar kein Appellationsrecht, und auch in Böhmen und Bayern war es eine inhaltslose Hülse, obwohl es in Böhmen sogar gesetzlich vorgesehen war.[1000]

---

998 Vgl. *Kramer*, Gerichtsbarkeit, S. 89 (95 f., 101).

999 *Jordan-Rozwadowski*, Bauern, S. 337/478 (487).

1000 Vgl. *Jordan-Rozwadowski*, Bauern, S. 337/478 (487 f.); *Kaak*, Gutsherrschaft, S. 223 f., *Schmidt, C.*, Leibeigenschaft, S. 133.

aa. Vorbemerkung

Die Bedeutung des Landgerichts im Instanzenzug war mit der Entstehung und Entwicklung der anderen gerichtlichen Institutionen auf der regionalen Ebene, der verschiedenen Justiz- und Regierungskanzleien, untrennbar verknüpft. Sie entstanden infolge der Landesteilungen von 1544 und 1581 und der Errichtung der Gemeinschaftlichen Regierung. Die Gemeinschaftliche Regierung war für das Gerichtswesen und die Rechtspflege von herausragender Bedeutung. In diesem Bereich hatten die Landesteilungen ihre spürbarsten Auswirkungen.[1001] So wurden in der Mitte des 16. Jahrhunderts beständige Regierungskollegien, die Kanzleien, in den Landesteilen eingerichtet. Sie dienten nicht nur als Regierungskanzleien im engeren Sinn, sondern nahmen insbesondere Aufgaben aus dem Bereich der Rechtspflege wahr. In dieser Eigenschaft waren sie als Justizkanzleien bzw. Hofgerichte anzusehen.[1002] Die Justizkanzleien gewannen als gerichtliche Institutionen große Bedeutung im Gerichtswesen. Ihr Verhältnis zum Landgericht prägte den Verfahrensgang für die Leibeigenen maßgeblich.

bb. Ordnung

Die maßgebliche Grundlage des Landgerichts war seine Ordnung von 1573, die 1636 in revidierter Fassung erschien. Die Landgerichtsordnung stellte den Abschluss einer Entwicklung im Gerichtswesen dar, die ungefähr seit der Mitte des 16. Jahrhunderts ihren Lauf nahm. Denn seitdem gab es zunehmend intensivere Bemühungen um eine Vereinfachung, Verbesserung und Vereinheitlichung der Rechtspflege in Form der Errichtung einer Ordnung. Nach einer solchen strebten vornehmlich die Stände, die sich zwischen 1564 und 1573 in ihren Gravamina verstärkt mit diesem Thema beschäftigten.[1003] Dieses ständische Begehren, das auf die Erfahrungen des 16. Jahrhunderts zurückzuführen war, wurde von der Landesherrschaft letztlich zumindest mitgetragen,[1004] auch wenn ein offensichtliches Streben ihrerseits nicht auszumachen war.[1005]

Zur Notwendigkeit der Errichtung einer Landgerichtsordnung trugen viele Faktoren bei, die nicht isoliert betrachtet werden dürfen. Gerade ihr Zusammenspiel macht das hohe Maß des Bedarfs einer Ordnung, die feste Regeln aufstellt und klare Strukturen schafft, deutlich. Zunächst wurden die landespolitischen Zustände durch die Landesteilung von 1544 und die Gemeinschaftliche Regierung

---

1001 *Falck*, Handbuch, 2. Band, S. 176.
1002 *Falck*, Handbuch, 3. Band, 1. Abth., S. 230 f.
1003 *Lange*, Privilegien, S. 86 f.
1004 *Cronhelm*, Bericht, S. 152.
1005 Vgl. *Lange*, Privilegien, S. 86 f. bzw. 264 (Fn. 385).

sowie die Eroberung Dithmarschens von 1559 allgemein von Grund auf umgestaltet.[1006] Zudem geschahen in der Justiz selbst tiefgreifende Veränderungen, die den Strukturen des Gerichtswesens auf den höheren gerichtlichen Ebenen ein neues Gesicht gaben. In diesem Zusammenhang sind vor allem das Eingehen vieler Gödinge als Mittelinstanzen sowie die Schaffung der Oberamtsgerichte zu nennen.[1007] Auch nahm insgesamt die Menge der vor Gerichten ausgetragenen juristischen Angelegenheiten, insbesondere der „*Privat-Streit-Sachen*“[1008], stark zu. Dies war auf den Anstieg der Bevölkerungszahlen und eine gesteigerte Mobilität der Personen und ihrer Güter zurückzuführen. Dadurch wuchs das rechtliche Konfliktpotential rasch, und die Sachverhalte wurden komplizierter.[1009]

Diesem stetigen Anstieg der Komplexität und Menge der Rechtsfälle konnten die Appellationsinstanzen nicht in angemessener Weise begegnen, im Gegenteil: Durch hinzutretende gravierende Missstände in der Rechtspflege verschärfte sich die Situation und wurde vor allem für die Prozessparteien unerträglich. Zwar war den Ständen von der Landesherrschaft im Kieler Privileg von 1524 die Abhaltung von jährlich zwei Landrechtstagen zugesichert worden.[1010] Doch diese fanden unregelmäßig und nachlässig statt, so dass die Bearbeitung von Rechtssachen ins Stocken geriet und diese oftmals unerledigt blieben.[1011] Dabei war die Abhaltung der Rechtstage im Sinn einer adäquaten Rechtspflege seit 1524, als sich der Adel der anderen Gerichte vollständig entzogen hatte, noch wichtiger geworden.[1012] All das war einem Appellationsverfahren, das sich seiner gesamten Veranlagung nach beschwerlich und zeitraubend gestaltete,[1013] noch abträglicher.

Es waren jedoch nicht nur regionale Aspekte, welche die Notwendigkeit einer Ordnung sichtbar werden ließen. Nicht zu vernachlässigen waren die von der Reichsebene ausgehenden Einflüsse. So waren die Strukturen des deutschen Gerichtswesens in den oberen Instanzen im Allgemeinen enormen Veränderungen

---

1006 *Kochendörffer*, Landgericht, S. 325 (330); vgl. *Hedemann-Heespen*, Herzogtümer, S. 79 f., 81 ff.; Geschichte (*Lange*), S. 173 ff., 177 ff.; vgl. *Falck*, Handbuch, 1. Band, S. 283 ff., 301 ff.

1007 *Cronhelm*, Bericht, S. 137 f.; *Kochendörffer*, Landgericht, S. 325 (330); *Waitz*, Geschichte, 2. Band, S. 364.

1008 *Cronhelm*, Bericht, S. 154; *Lange*, Privilegien, S. 85.

1009 *Lange*, Privilegien, S. 85, 87 f.; vgl. *Cronhelm*, Bericht, S. 154; *Lupprian*, Geschichte, S. 232 (235).

1010 „*Man schall ock twe des Jares gemene Landdage verschriven, achte Dage na Paschen in dem Fuerstendoeme Schleßwigk binnen Flensborg, unde achte Dage na Michaelis in dem Fuerstendoeme tho Holstein binnen dem Kiehl, undt alse dar alle undt ißlicke Saecke fordern undt mit Rechte scheiden*“ (*Cronhelm*, Bericht, S. 152); vgl. *Falck*, Handbuch, 3. Band, 1. Abth., S. 237 bzw 237 (Fn. 59), 60)); *Lange*, Privilegien, S. 85.

1011 *Lange*, Privilegien, S. 85, 87 f.

1012 *Waitz*, Geschichte, 2. Band, S. 364.

1013 *Lupprian*, Geschichte, S. 232 (235).

unterworfen. Die obersten Reichsgerichte, insbesondere das Reichskammergericht und seine Ordnung, wurden geschaffen. Infolge dessen kam es zum Einsatz juristisch gelehrter Räte, wodurch die Rezeption des römischen Rechts enorm vorangetrieben wurde. Mit zeitlicher Verzögerung fanden diese Entwicklungen auch in Holstein statt und führten wie in den übrigen Reichsterritorien zur Errichtung von Hof- und Landgerichtsordnungen, die dem Ziel des Reichs dienten, die Rechtsprechung zu vereinheitlichen.

Nach und nach erfolgte die Angleichung der spezifischen holsteinischen Verfahrensabläufe an das reichskammergerichtliche Verfahren. Dies geschah maßgeblich aufgrund der Tatsache, dass Appellationen an das Reichskammergericht nur in den Fällen als zulässig erachtet wurden, in denen in den Vorinstanzen eine schriftliche Prozessführung stattgefunden hatte. Dadurch wurde die Schriftlichkeit von Gerichtsverfahren jedoch nicht zur Pflicht. Vielmehr sollten die Parteien zu Verfahrensbeginn, insbesondere vor dem Landgericht, zu ihrem Wunsch nach der Form des Verfahrens befragt werden. Sie konnten sich jederzeit der Appellation begeben, was die mündliche Durchführung des Verfahrens nach sich zog.[1014] Die Schriftlichkeit des Verfahrens war die Voraussetzung dafür, dass Rechtsangelegenheiten über die holsteinischen Oberinstanzen hinaus appellabel blieben. Um sich diese Rechtsschutzmöglichkeit offen zu halten, wuchs die Zahl der schriftlich geführten Verfahren bis zum Erlass der Landgerichtsordnung stetig.[1015] Diese überregionalen Ursachen brachen die althergebrachten Strukturen des Justizwesens auf und machten eine Neuregelung notwendig. Auch auf Seiten der Untertanen wuchs das Bedürfnis nach einer klaren, festen Ordnung der rechtlichen und gerichtlichen Verhältnisse. Die unterschiedlichen lokalen Obrigkeiten waren mit der Vielzahl und dem Ausmaß der zu bewältigenden Probleme derart hoffnungslos überfordert, dass die einzige Lösung eine auf der landesherrlichen Zentralgewalt beruhende Einrichtung darstellte.[1016]

Die engere Phase der Entstehung der Landgerichtsordnung begann 1560. In diesem Jahr gingen mit der Niederlegung des Bramstedter Gödings und der Errichtung der Oberamtsgerichte mehrere große Veränderungen im Gerichtswesen vonstatten, welche die Landesherrschaft hinsichtlich der Rechtspflege zum Um-

---

1014 Punkte 16) bis 18) des Flensburger Abschieds: *„16) (...) sollen sie beyderseits gefragt werden, ob sie der Appellation sich begeben, und an deme, was erkannt wird, sich wollen begnuegen lassen. 17) Da sich nun die Parthe der Appellation begeben, sollen sie muendlich ihre Sache fuerbringen. (...) 18) Soferne aber beyde und ein Theil sich der Appellation nicht wolten begeben, soll der Klaeger sein Klag- Libell kuerzlich und foermlich lassen stellen und einlegen.“* (Sammlung (SHV) (*Michelsen/Johannsen*), Num. XI., S. 136 (140 f.)); eine entsprechende gesetzliche Regelung wurde in die Landgerichtsordnung eingefügt (vgl. LGO-SH (1573), 2. Theil, Tit. III, S. 146 (172)).

1015 Vgl. *Lupprian*, Geschichte, S. 232 (233 f., 236); *Lange*, Privilegien, S. 85 f.; *Prange*, Schleswig-Holstein, S. 41.

1016 Vgl. *Lange*, Privilegien, S. 87 f.

denken bewegten.[1017] Fortan gab es „*die naehere Erwegung, daß die alte Art der Gerichthaltung, bey so zahlreicher Versammlung, besondre Beschwerden mit sich fuehre, und bey dermahligen Zeiten sich mit Nutzen nicht ferner brauchen ließ; (...) auch daß (...) in den zum Besten des Landes auf dem oeffentlichen Land-Tagen anzustellenden Berathschlagungen eine große Hinderung verursachet wuerde*".[1018] Als Folge dieser Überlegungen brachten Landesherrschaft und Stände am 26. Oktober 1564 den Flensburger Abschied zustande.[1019] Von dessen 31 Punkten waren 25 – Nr. 7) bis Nr. 31)[1020] – „*wegen der ordentlichen Justitien und Gerichte*"[1021] erstellt worden, bezogen sich also auf die Rechtstage und das Justizwesen. Im Flensburger Abschied waren somit erstmals allgemeine Grundsätze festgelegt.[1022] Doch diese einzelnen Verfügungen reichten nicht aus, um die stark veränderten Verhältnisse nachhaltig zu ordnen.[1023] In den nächsten Jahren fanden zwar weitere Verhandlungen statt,[1024] ein konkretes Wirken bezüglich der Errichtung einer Landgerichtsordnung war jedoch erst zu Beginn der 70er Jahre zu verzeichnen. Ihre wesentliche Grundlage wurde der Flensburger Abschied.[1025]

Bis zur Errichtung dieses Meilensteins der Gerichtsorganisation waren noch einige Zwischenschritte erforderlich. Zunächst wurde am 4. Mai 1571 zu Schleswig der Beschluss gefasst, eine gemeinsame Landgerichtsordnung zu entwerfen. Daraufhin erfolgte die Einsetzung einer sechsköpfigen, von allen drei Landesherren gleichmäßig mit Fachleuten – je einem Adligen und einem Rechtsgelehrten – beschickten Kommission. Nach mehr als einjährigen Beratungen und mehrmaligen Stellungnahmen der Landesherren erhielt der erarbeitete Entwurf letztlich ohne nennenswerte Änderungen am 5. Oktober 1572 zu Rendsburg die landesherrliche und ständische Genehmigung. Nach seiner Approbation durch die Fürsten Anfang 1573 bestätigten sie am 30. März desselben Jahres die Landgerichtsordnung förmlich als Gesetz.[1026] Allerdings tauchten schon bald nach Inkrafttreten der neuen Ordnung – erstmals 1584 – die ersten Kritikpunkte

---

1017 Vgl. *Cronhelm*, Bericht, S. 137 f., 154; *Waitz*, Geschichte, 2. Band, S. 364.

1018 *Cronhelm*, Bericht, S. 154.

1019 *Cronhelm*, Bericht, S. 154.

1020 Vgl. Sammlung (SHV) (*Michelsen/Johannsen*), Num. XI., S. 136 (138 ff.).

1021 Vgl. Sammlung (SHV) (*Michelsen/Johannsen*), Num. XI., S. 136 (136 f.).

1022 *Prange*, Schleswig-Holstein, S. 41.

1023 *Waitz*, Geschichte, 2. Band, S. 364.

1024 Vgl. (SHV) (*Michelsen/Johannsen*), Num. XII. bis Num. XV. (S. 143 ff.); *Lupprian*, Geschichte, S. 232 (237 f.); *Waitz*, Geschichte, 2. Band, S. 364 f.; *Cronhelm*, Bericht, S. 159 ff.

1025 *Lupprian*, Geschichte, S. 232 (235); *Cronhelm*, Bericht, S. 154; vgl. LGO-SH (1573), 2. Theil, Tit. I, S. 146 (165 f.), Tit. III (172).

1026 Vgl. *Waitz*, Geschichte, 2. Band, S. 365; *Lupprian*, Geschichte, S. 232 (238); *Lange*, Privilegien, S. 86 f.; *Cronhelm*, Bericht, S. 161 ff.; *Francke*, Civilprozeß, 1. Theil, S. 21; *Kochendörffer*, Landgericht, S. 325 (330).

und Revisionswünsche auf. Seit den Landtagen von 1588 und 1590 wurde von den Ständen immer wieder der Antrag auf ihre Revision vorgebracht. Gestalt nahmen die Reformwünsche jedoch erst auf dem Flensburger Landtag 1610 an. Ihre Umsetzung verzögerte sich aufgrund des Ausbruchs des Dreißigjährigen Krieges um weitere 25 Jahre, so dass die Revidierte Landgerichtsordnung schließlich 1636 in Kraft treten konnte.[1027]

Die Landgerichtsordnung umfasste vier Teile. Der erste Teil bestand aus fünf Titeln und beschäftigte sich mit den Untergerichten. Besondere Beachtung im Zusammenhang mit der Leibeigenschaft ist dem dritten Titel zu schenken, in dem die Gutsgerichte als die Untergerichte des Adels behandelt wurden. Der zweite Teil war mit zwölf Titeln deutlich umfangreicher als der erste und ging inhaltlich auf die Institution des Landgerichts ein. Er enthielt neben allgemeinen Vorschriften aber nur solche, welche die Hegung des Landgerichts sicherten und für einen ordentlichen Verfahrensablauf Sorge trugen. Diese Bestimmungen waren als seine organisatorischen Rahmenbedingungen zu betrachten. Der dritte Teil der Ordnung war am umfangreichsten und als ihr Kernstück anzusehen. Er enthielt in 26 Titeln dezidierte Angaben zum Verfahren vor dem Landgericht, beginnend mit *„den Sachen, die durch Appellation an Vnser Landtgericht erwachsen“*[1028] bis hin zur *„Execution und Vollstreckung, an Vnserem Landtgerichte gesprochener Vrtheile“*[1029]. Den abschließenden vierten Teil bildeten kurze allgemeine Bestimmungen hinsichtlich der Appellationsmöglichkeiten an die Reichsgerichte sowie der Handhabung der Ordnung. Zudem waren in diesen Teil etliche Privilegien, Konstitutionen und Edikte als Anhang aufgenommen worden, die inhaltlich zwar nicht zur Ordnung gehörten, jedoch in engem Zusammenhang mit der Rechtspflege und damit in Beziehung zur Landgerichtsordnung standen.[1030] Dieser Anhang erweiterte sich aufgrund des ständig hinzukommenden Materials an obrigkeitlichen Verfügungen so erheblich, dass er bald umfangreicher als die gesamte Ordnung an sich war.[1031]

Inhalt und Auslegung dieser Ordnung, insbesondere in ihrer 1636 in Kraft getretenen revidierten Form, nahmen über das Landgericht prägenden Einfluss auf die Leibeigenen und ihre Lebensverhältnisse.

1027 Vgl. *Cronhelm*, Bericht, S. 172 ff.; *Lupprian*, Geschichte, S. 232 (239); *Francke*, Civilprozeß, 1. Theil, S. 21 f.; *Kochendörffer*, Landgericht, S. 325 (330); GSH (*Klose*), 5. Band, S. 53; *Lange*, Privilegien, S. 88.

1028 LGO-SH (1573), 3. Theil, Tit. I, S. 146 (150, 183 ff.).

1029 LGO-SH (1573), 3. Theil, Tit. XXVI, S. 146 (151, 207 ff.).

1030 Vgl. LGO-SH (1573), 4. Theil, Tit. I bis III sowie Anhang, S. 146 (151, 210 ff.); *Lupprian*, Geschichte, S. 232 (240); *Kochendörffer*, Landgericht, S. 325 (332 ff.).

1031 Vgl. LGO-SH (1636), 5. Aufl., 4. Theil, Tit. V bis XXXII (Anhang, s. Register bzw. S. 97 ff.).

cc. Institution

Das Landgericht in seiner neuen Form hatte seinen Ursprung im Jahr 1564,[1032] genauer gesagt im Flensburger Abschied.[1033] Diese neue Form des Gerichts war durch die gemeinschaftliche Regierung der Herzogtümer notwendig geworden, die sie beschloss und in der Landgerichtsordnung niederlegte. Das Schicksal des Landgerichts war somit eng mit dem der Gemeinschaftlichen Regierung verknüpft. Die Einrichtung des adligen Landgerichts war vor allem die Folge der Auswirkungen des Privilegs von 1524. Dementsprechend hatte es zwei Hauptfunktionen: Zum einen war das Landgericht der maßgebliche Gerichtsstand, d. h. die erste Instanz, für die Prälaten und die Ritterschaft der Herzogtümer.[1034] Zum anderen war es die Berufungsinstanz für die adligen Untergehörigen, die von Gutsgerichtsurteilen appellierten.[1035] Diese beiden Hauptfunktionen entsprachen damit den beiden Hauptpunkten des Kieler Privilegs, welches dem Adel die volle Gerichtsbarkeit über seine Untertanen sowie zugleich die Exemtion von den Niedergerichten zusicherte.

Das Landgericht war lange eine beiden Herzogtümern gemeinsame Einrichtung.[1036] Trotzdem bestanden für beide Landesteile aufgrund der unterschiedlichen Lehnszugehörigkeit der Herzogtümer – nur Holstein war Reichslehen – von Anfang an verschiedenartige Verfahren und Instanzenzüge.[1037] Um diesen Besonderheiten Rechnung zu tragen, weitere „*Mangeln (...) zu ersetzen, vnd in vnstrefliche Ordnunge vnd Richtigkeit zu bringen*" sowie „*Vnrichtigkeit vnd Verzugk*" abzuhelfen und vorzubeugen,[1038] war es vorgesehen, jährlich je ein Landgericht in jedem Herzogtum mit einer – seit 1590 dergestalt bestimmten – Dauer von drei Wochen abzuhalten. Dieses sollte zu einem festen Termin in einer der größeren Städte, die von dem aktuell regierenden Landesherrn bestimmt wurde, stattfinden. Zur Vermeidung der bisher herrschenden Unordnung hatte sich das Landgericht, je nach Tagungsort, streng getrennt entweder nur mit Holsteinischen (und Stormarnschen) oder aber Schleswigschen Sachen zu befas-

---

1032 *Cronhelm*, Bericht, S. 153 f.; *Stemann*, Geschichte, 2. Theil, S. 164 f.; *Sering*, Erbrecht, S. 215.

1033 Vgl. GSH (*Klose*), 5. Band, S. 52.

1034 *Falck*, Handbuch, 3. Band, 1. Abth., S. 240; *Prange*, Leibeigenschaftsprozesse, S. 45; *Prange*, Gut, S. 57 (58); *Sering*, Erbrecht, S. 215 f.; Geschichte (*Lange*), S. 182, 189.

1035 *Sering*, Erbrecht, S. 215 f.; *Falck*, Handbuch, 3. Band, 1. Abth., S. 240; Geschichte (*Lange*), S. 182, 189; vgl. *Anonymus*, Nachricht, S. 76 (77 f.).

1036 *Falck*, Handbuch, 3. Band, 1. Abth., S. 237; *Kochendörffer*, Landgericht, S. 325 (333); Geschichte (*Lange*), S. 189.

1037 GSH (*Klose*), 5. Band, S. 52.

1038 LGO-SH (1573), 2. Theil, Tit. I, S. 146 (167).

sen.[1039] Obwohl diese Vorgaben ausdrücklich in die Landgerichtsordnung aufgenommen worden waren, wurden sie von den Zwängen der Realität häufig dahingehend korrigiert, dass Pragmatismus und Flexibilität die Tagungstermine und -orte bestimmten. Auch die strikte Scheidung der Sachen war nicht immer gegeben.[1040]

Zur schließlichen Erreichung dieser Vorgaben erfolgte erst 1711 die Anordnung einer besonderen Maßnahme. Es wurde beschlossen, „*daß zu Fortsetzung der heilsamen Justitz und Eroerterung der rechtshaengigen Sachen ein allgemeines Land-Gericht gehalten werden soll, dabey aber fuer gut befunden, daß (...) nicht mehr, wie bishero geschehen, alle (...) Sachen, una serie vorgenommen und entschieden, besondern inskuenftig allezeit ueber die Schleswigsche Sachen das Land-Gericht in einer im Herzogthum Schleswig, ueber die Holsteinische aber in einer im Herzogthum Holstein belegenen Stadt eroertert werden (...) sollen*".[1041] Obwohl sie also bereits 1573 in die Landgerichtsordnung aufgenommen worden war, führte erst dieses Patent zur endgültigen Trennung beider Landgerichte.[1042]

Noch tiefer wurde diese Kluft ab 1721, als der seit 1713 besetzte fürstliche Anteil des Herzogtums Schleswig mit dem königlichen Anteil vereinigt wurde. Damit löste sich das Schicksal des holsteinischen Landgerichts vollständig von dem des schleswigschen. Für Schleswig gab es fortan kein gemeinsames Landgericht und keine Verbindung des Adels in dieser Institution mehr. Das dem schleswigschen Landesteil eigene Landgericht wurde zukünftig ausschließlich vom König beschickt.[1043] Infolge der Ereignisse von 1721 beschränkte sich die Gemeinschaftliche Regierung und mit ihr auch das Landgericht in Zukunft auf Holstein allein. Für die Sachen aus dem gemeinschaftlichen Anteil Holsteins war es fortan ein einseitiges Landgericht, das aus Mitgliedern der Glückstädtischen Regierung und zwei Landräten bestand. Durch hieraus resultierende Streitigkeiten zwischen den Landesherren litt die Rechtspflege erheblich und stand sogar mehrfach langjährig still. Im Fall seiner Abhaltung trat das Landgericht gewöhnlicherweise nur noch in zwei Städten zusammen, einer königlichen und einer fürstlichen, nämlich abwechselnd in Kiel und Rendsburg. 1773 gelangte der bis dahin gemeinschaftliche und der herzogliche Anteil Holsteins unter die ausschließliche Regierung des Königs, und die Gemeinschaftliche Regie-

---

1039 Vgl. LGO-SH (1573), 2. Theil, Tit. I, S. 146 (167); *Kochendörffer*, Landgericht, S. 325 (332 f).

1040 Vgl. *Kochendörffer*, Landgericht, S. 325 (332 f.).

1041 Patent vom 27. März 1711 (Sammlung (SHV) (*Michelsen/Johannsen*), Num. CXCVIII., S. 781 (782)).

1042 *Kochendörffer*, Landgericht, S. 325 (333); vgl. *Falck*, Handbuch, 3. Band, 1. Abth., S. 237.

1043 Vgl. *Falck*, Handbuch, 3. Band, 1. Abth., S. 237 f.; *Kochendörffer*, Landgericht, S. 325 (338); *Anonymus*, Nachrichten (Gerichtsbarkeit), S. 441 (448).

rung fand ihr Ende. Das Landgericht wurde sechs Jahre später im Zuge seiner Verbindung mit der holsteinischen Landesregierung nach Glückstadt verlegt.[1044]

Bei dem holsteinischen Landgericht handelte es sich in der Hauptsache um ein Standesgericht.[1045] Das wird schon aus seiner überwiegenden Benennung als adliges Landgericht deutlich.[1046] Die Landgerichtsordnungen von 1573 und 1636 enthielten keine Angaben zu seiner Zusammensetzung.[1047] In seiner Anfangszeit war es fast ausschließlich mit Adligen besetzt, doch im Laufe der Zeit änderte sich das Besetzungsprofil. Dabei schwankte die absolute Zahl der Mitglieder des Gerichts lange.[1048] Vorwiegend wegen des stetigen Machtzuwachses der Landesherrschaft und des Fortschreitens der Rezeption fanden immer häufiger gelehrte statt der adligen Räte Zugang zum Spruchkörper.[1049] Deshalb bestand er in den ersten Jahrzehnten seiner Tätigkeit zwar noch mehrheitlich aus Mitgliedern des Adels.[1050] In späteren Zeiten hingegen – jedenfalls aber im 18. Jahrhundert – war ein ausgeglichenes Verhältnis zwischen adligen und gelehrten Räten der Regelfall. Zunächst waren es acht und acht, wobei von jedem Landesherrn je vier ernannt wurden, nach Reduzierung 1765 blieben vier und vier übrig.[1051] Als Direktor des Gerichts fungierte der Landkanzler, der vom regierenden Herrn ernannt wurde.[1052]

Von großer praktischer Bedeutung war das Amt des Landgerichtsnotars.[1053] Er konnte als Geschäftsführer des Gerichts gelten. Die Ausfüllung seines Aufgabenbereichs durch eine zusätzliche Person war in erster Linie auf die politischen Verhältnisse zurückzuführen. Die Errichtung verschiedener Regierungs- und Justizkanzleien brachte hinsichtlich der Korrespondenz zwischen den unterschiedlichen Institutionen eine erheblich verkomplizierte Kommunikationsstruktur mit teilweise verworrenen und verzögerten Abläufen hervor. Im Sinne einer effektiven Rechtspflege hatte der Landgerichtsnotar durch koordinierende

1044 Patent vom 6. Juli 1779, in: Schleswig-Holsteinische Anzeigen (1779), Sp. 489 f.; *Kochendörffer*, Landgericht, S. 325 (333, 339); vgl. *Falck*, Handbuch, 3. Band, 1. Abth., S. 238 bzw. 238 (Fn. 64) ff.); *Anonymus*, Nachricht, S. 76 (78, 96); *Anonymus*, Nachrichten (Gerichtsbarkeit), S. 441 (448).

1045 *Kochendörffer*, Landgericht, S. 325 (331).

1046 Vgl. *Schrader*, Handbuch, 4. Band, S. 196 ff., 213; *Falck*, Handbuch, 3. Band, 1. Abth., S. 236; *Kochendörffer*, Landgericht, S. 325 (325).

1047 *Kochendörffer*, Landgericht, S. 325 (333).

1048 *Lange*, Privilegien, S. 89.

1049 Vgl. *Kochendörffer*, Landgericht, S. 325 (333 f.).

1050 Vgl. *Lange*, Privilegien, S. 265 (Fn. 391).

1051 *Anonymus*, Nachricht, S. 76 (77); *Lupprian*, Geschichte, S. 232 (248 f.); *Falck*, Handbuch, 3. Band, 1. Abth., S. 239 f. bzw. 240 (Fn. 72)); *Kochendörffer*, Landgericht, S. 325 (334).

1052 Vgl. *Falck*, Handbuch, 3. Band, 1. Abth., S. 239 f.; *Lange*, Privilegien, S. 89; *Kochendörffer*, Landgericht, S. 325 (331, 333 f.).

1053 Vgl. LGO-SH (1573), 2. Theil, Tit. IV, S. 146 (174 ff.).

Tätigkeit Abhilfe zu schaffen.[1054] Zum Verfahren vor dem Landgericht fanden sich ausführliche Bestimmungen im dritten Teil der Landgerichtsordnung.[1055] Der wichtigste Aspekt war die Schriftlichkeit des Verfahrens. Die Form der Verhandlungsführung entschied über die Appellationsmöglichkeit an die Reichsgerichte. Das im Grundsatz jederzeit mündliche Verfahren hatte in einem solchen Fall, gegebenenfalls schon in der untergerichtlichen Instanz,[1056] schriftlich ausgestaltet zu sein.[1057]

Eine Besonderheit des holsteinischen Landgerichts war die Einrichtung des Quartalgerichts.[1058] Dieses stellte zunächst zweimal, später einmal pro Jahr, als „*Judicium praeparatorium des Landgerichts*"[1059] eine Ergänzung desselben dar. Bei dem Quartalgericht handelte es sich um „*kleinere Zusammenkünfte*" zur „*Wahrnehmung vorbereitender und anderer Geschäfte*",[1060] „*damit die Sachen durch Endurteil auf den Landgerichtstagen entschieden würden*".[1061] Seine Besetzung war nicht einheitlich. Es wurde von jedem Landesherrn zunächst mit je einem Adligen und einem Rechtsgelehrten, seit 1583/90 mit je drei Adligen und zwei Rechtsgelehrten, mit Inkrafttreten der revidierten Landgerichtsordnung mit je zwei Adligen und einem Rechtsgelehrten sowie dem Landkanzler und dem Landgerichtsnotar beschickt. Die Funktion der Quartalgerichte übernahmen später die Obergerichte in Gottorf und Glückstadt.[1062]

dd. Bedeutung

Das Landgericht und seine Ordnung waren maßgeblich für den Teil des Gerichtswesens, welcher den Adel und seine Verhältnisse betraf. Dabei war die Landgerichtsordnung – auch noch in ihrer revidierten Fassung – alles andere als ein perfektes Gesetzgebungswerk. In vielen Abschnitten und in der Gesamtschau war sie wenig stimmig. Sie stellte sich als „*ein erhebliches Flickwerk*" dar[1063] und konnte ihrem Betrachter kein geschlossenes Bild bieten. Im Laufe

---

[1054] Vgl. LGO-SH (1573), 2. Theil, Tit. IV, S. 146 (174 f.); *Reinkingk*, Promptuarium, S. 93 f.; *Kochendörffer*, Landgericht, S. 325 (334)).

[1055] Vgl. *Kochendörffer*, Landgericht, S. 325 (335 ff.).

[1056] *Anonymus*, Nachricht, S. 76 (96); *Lupprian*, Geschichte, S. 232 (241).

[1057] Vgl. LGO-SH (1573), 2. Theil, Tit. III, S. 146 (172 f.); *Anonymus*, Nachricht, S. 76 (78): „*supplica processus in scriptis cum beneficio appellationis*"; *Lange*, Privilegien, S. 86; *Lupprian*, Geschichte, S. 232 (241 f.); *Cronhelm*, Bericht, S. 257.

[1058] Vgl. LGO-SH (1573), 2. Theil, Tit. III, S. 146 (173 f.).

[1059] *Anonymus*, Nachricht, S. 76 (77).

[1060] *Waitz*, Geschichte, 2. Band, S. 367.

[1061] *Kochendörffer*, Landgericht, S. 325 (335).

[1062] Vgl. *Falck*, Handbuch, 3. Band, 1. Abth., S. 238 f. bzw. 239 (Fn. 67)); *Anonymus*, Nachricht, S. 76 (77); *Kochendörffer*, Landgericht, S. 325 (334 f.).

[1063] *Lupprian*, Geschichte, S. 232 (252).

der Zeit, insbesondere im 18. Jahrhundert, wurde der Landgerichtsprozess entgegen aller ihn ordnenden Regeln so kompliziert, ausschweifend und daher bedenklich, dass es zu öffentlichen Reformvorschlägen kam, „*auf was Weise (...) der Proceß einzurichten, zu verbessern und abzukuertzen, darneben aber auch eine von aller Ubereilung, Unwissenheit und Partheylichkeit gesaeuberte, und durch Abfassung gerechter Urtheile, wohl zu administrirende Justitz zu erhalten moeglich sey*".[1064] Trotz dieser Defizite und anderer Probleme wie der Tatsache, „*daß ein und ander Punct darinn nicht klar und zulaenglich bestimmet, und die neuere und taeglich fast abwechselnde Welt und Lebensart eine Veraenderung in manchen Stuecken eingefuehret*",[1065] galt die Landgerichtsordnung, die von der Praxis zwar vielfach abgewandelt wurde, in ihren Grundzügen aber stets unberührt blieb, bis ins 19. Jahrhundert hinein.[1066]

Streng genommen war die Landgerichtsordnung nur als Zivilprozessordnung konzipiert.[1067] Ihre darüber hinaus gehende Funktion des Anstoßes zur Schaffung eines einheitlichen holsteinischen Gesetzbuchs verfehlte sie jedoch, „*da die in der Land-Gerichts-Ordnung Part. 2. Tit. 3. § 3. versprochene Abfassung eines aus dem Jure Saxonico zu extrahirenden, der Vernunfft und Billigkeit gemaessen, und dem Fuerstenthum am nuetzlichsten seyenden Hollsteinischen Land-Rechts niemals zum Stande gekommen*" ist.[1068] Dennoch verfolgten die Ersteller der Landgerichtsordnung von Beginn an weiter reichende Ziele als „*das zwischen den Vnderthanen, ordentliche Justitia vnd ein rechtmessig Recht gehalten, vnd ein jder (...) nach Gebuer, vnd Billigkeit entschieden werden muegen*".[1069] Unabhängig von streng zivilprozessualen Aspekten sollte einerseits zwar das auf landgerichtlicher Ebene langsame und beschwerliche Verfahren schneller und effizienter gestaltet werden und nach festen Regeln vonstatten gehen.[1070] Andererseits waren es aber ausdrücklich die Zustände an den Untergerichten, die als Anlass zur Abfassung des Werks benannt wurden. So habe die Erfahrung ausgewiesen, „*das in den Vntergerichten manigfaltige Mangel vnd Gebrechen, zu nachtheill der streitigen Parteien durch Hinlessigkeit, auch bisweilen Parteiligkeit vnd sonderbaren Affectionen der Gerichtsuerwalter (...) sich zugetragen*".[1071]

Im großen und ganzen schaffte es die Landgerichtsordnung, das Verhältnis der Gerichte zueinander und das dabei zu beobachtende Verfahren zu ordnen.[1072]

1064 *Vogt*, Vorschlaege, S. 6 ff. (§§ 3 ff.).
1065 *Cronhelm*, Bericht, S. 254 f.
1066 *Prange*, Schleswig-Holstein, S. 40; *Lupprian*, Geschichte, S. 232 (253).
1067 *Lange*, Privilegien, S. 88.
1068 *Vogt*, Vorschlaege, S. 5 f. (§ 2).
1069 LGO-SH (1573), Einleitung, S. 146 (147)).
1070 *Lupprian*, Geschichte, S. 232 (240).
1071 LGO-SH (1573), 1. Theil, Tit. I, S. 146 (152); vgl. *Lupprian*, Geschichte, S. 232 (240).
1072 *Kochendörffer*, Landgericht, S. 325 (331); *Lange*, Privilegien, S. 87.

Dieses Vorhaben sollte nach dem Ansinnen ihrer gelehrten Konzipienten insbesondere durch die formell- wie materiell-rechtlich größtmögliche Beachtung des Gemeinen Rechts als „übergeordnetem“ Maßstab unterstützt werden. Dabei war das vorrangig anzuwendende Gewohnheitsrecht und das Sachsenrecht auf dasjenige, was aus gelehrter Sicht als vernünftig und billig angesehen wurde, zu reduzieren.[1073] Der gemeinrechtliche Einfluss in Holstein bis hinab auf die Ebene der Untergerichte machte sich aber aufgrund des dominierenden Gewohnheitsrechts im Vergleich zu anderen Reichsterritorien im Endeffekt eher formell- als materiell-rechtlich bemerkbar, insbesondere durch das Merkmal der Schriftlichkeit.[1074]

Zwischen den Zielsetzungen und den Erfolgen der Landgerichtsordnung bestanden aber auch erhebliche Diskrepanzen. So erreichte sie zwar, was dem Namen nach ihre Aufgabe war: die landgerichtlichen Verhältnisse zu ordnen. Die zweite ihr ausdrücklich zugedachte Aufgabe, die Beseitigung der mangelhaften Zustände in den Untergerichten und eine Vereinheitlichung ihrer Verhältnisse, ist jedoch niemals auch nur ansatzweise befriedigend gelöst worden. Vielmehr war es so, dass diesbezüglich keine entscheidende Veränderung eintrat. Das lag zum einen daran, dass die Mannigfaltigkeit der Zustände auf der untergerichtlichen Ebene kaum zu überblicken war. Aufgrund der vielen verschiedenen Territorien, die sich auf unterschiedlichste Weise entwickelt und organisiert hatten, hätte die flächendeckende Durchführung vereinheitlichender Maßnahmen einen immensen landesherrlichen Kraftakt erfordert. Zum anderen wirkte die Landgerichtsordnung selbst nicht konsequent auf dieses Ziel hin, sondern besagte sogar ausdrücklich, dass die bisherige Form der Hegung der Untergerichte beizubehalten sei.[1075] Für die Patrimonialgerichte bedeutete dies, *„das der Prelaten vnd deren vom Adel Leute, fuer jrer Herrschaft gewoenlichem Dinge vnd Rechte ein ander zu Recht fuerdern“* sollen.[1076] Infolge dessen konnten die Untergerichte ihre historisch gewachsenen und traditionell verankerten Eigenarten bewahren.[1077]

Ebenfalls von großer Bedeutung war das Landgericht in seiner neuen Gestalt. Dabei sind zwei Ebenen zu unterscheiden: die institutionell-strukturelle und die politische. Aus institutionell-struktureller Perspektive war die wesentliche Folge der Schaffung des Landgerichts in seiner neuen Form die Herauslösung der

---

[1073] *Sarauw*, Forschung, S. 394 (448); vgl. LGO-SH (1573), 2. Theil, Tit. III, S. 146 (172 f.).

[1074] *Lupprian*, Geschichte, S. 232 (241 f.).

[1075] Vgl. für die Untergerichte der Ämter: *„Das in den Untergerichten Vnser Embter (...) es hinfuero nach alten gewoehnlichen Landtrechten sol gehalten werden“* (LGO-SH (1573), 1. Theil, Tit. II, S. 146 (152)).

[1076] LGO-SH (1573), 1. Theil, Tit. III, S. 146 (154).

[1077] Vgl. *Lupprian*, Geschichte, S. 232 (241 f.); *Prange*, Schleswig-Holstein, S. 41; *Waitz*, Geschichte, 2. Band, S. 365 f.

Rechtspflege aus dem Landtag.[1078] Aus politischer Sicht ist im Hinblick auf die Funktion des Landgerichts zu differenzieren. Einerseits ging mit seiner Etablierung als Mittelpunkt der Reorganisation des Gerichtswesens ein merklicher landesherrlicher Machtzuwachs einher.[1079] Andererseits stellte sich das Landgericht während der Zeit, in der von dem ursprünglichen politischen Einfluss und der ständischen Macht des Adels nur noch privatrechtliche Reste übrig blieben, als *„ein Wahrzeichen der Bedeutung der Ritterschaft“* dar.[1080]

Die Entwicklung von Landgericht und Landgerichtsordnung und ihre Bedeutung für Gerichtswesen und Rechtspflege war untrennbar mit der Entwicklung der allgemeinen Verhältnisse verknüpft. Dies wurde gerade zu Beginn der neuen Ära deutlich. Denn obwohl die Landgerichtsordnung 1573 in Kraft trat, fand der nächste Landgerichtstag aufgrund des desolaten Zustands der Landesherrschaft und des Gerichtswesens offensichtlich erst 1578 statt.[1081] Denn die Abhaltung von Rechtstagen direkt nach Erlass der Landgerichtsordnung wurde aus unterschiedlichen Gründen immer wieder hinausgezögert.[1082] Das Selbstverständnis der Landesherrschaft von ihrer Funktion als obergerichtliche Instanz und die Realität der täglichen landesherrlichen Rechtspflege klafften weit auseinander.[1083] Die Krise des Justizwesens beruhte auf einer Krise der Gemeinschaftlichen Regierung. Auch die folgenden Krisen in der Rechtspflege waren regelmäßig auf Probleme zurückzuführen, die von der Gemeinschaftlichen Regierung herrührten.

Auf die Leibeigenschaft hatten das Landgericht und seine Ordnung maßgeblichen Einfluss. Obwohl die Landgerichtsordnung als eigentliche Prozessordnung nirgendwo ausdrücklich auf die Leibeigenschaft einging,[1084] sondern sie nur am Rand sowie Untertanen des Adels allgemein erwähnte,[1085] trug sie als wichtiges landesherrliches Gesetzgebungswerk auf verschiedene Weise zur Ausgestaltung dieser Einrichtung bei. Viele allgemeine Bestimmungen der Ordnung wirkten sich indirekt auf die Leibeigenen und ihre Rechtsschutzmöglichkeiten aus. Zu diesen Bestimmungen zählten in erster Linie die Vorschriften über die adligen Untergerichte,[1086] über das Landgericht in Holstein generell,[1087] die Bedingun-

---

1078 *Falck*, Handbuch, 3. Band, 1. Abth., S. 229; *Waitz*, Geschichte, 2. Band, S. 366; *Kochendörffer*, Landgericht, S. 325 (331); *Lange*, Privilegien, S. 85.

1079 *Lange*, Privilegien, S. 86.

1080 *Kochendörffer*, Landgericht, S. 325 (340).

1081 *Lange*, Privilegien, S. 264 (Fn. 386).

1082 *Lange*, Privilegien, S. 87; *Vogt*, Vorschlaege, S. 7 (§ 4).

1083 Vgl. *Lange*, Privilegien, S. 87.

1084 Vgl. LGO-SH (1636), 5. Aufl., 4. Theil, Tit. V., § 15, S. 104.

1085 Vgl. LGO-SH (1636), 5. Aufl., 1. Theil, Tit. III., §§ 6 ff., S. 7 ff.

1086 LGO-SH (1636), 5. Aufl., 1. Theil, Tit. III., S. 6 ff.

1087 LGO-SH (1636), 5. Aufl., 2. Theil, Tit. III., S. 33 ff.

gen der Zulässigkeit einer Appellation an das Landgericht[1088] sowie der Bedingungen der Zulässigkeit einer Appellation an das Reichskammergericht.[1089] Die Landräte, die sich mit den vielfältigen alltäglichen Problemen, die mit der Leibeigenschaft zusammenhingen, auseinanderzusetzen hatten, verliehen diesem gewohnheitsrechtlich geprägten Institut mittels ihrer Urteile deutlichere Konturen.

c. Kanzleigerichte

Neben dem Landgericht standen den Leibeigenen auf ihrer Suche nach Rechtsschutz die Kanzleigerichte zur Verfügung. Besondere Beachtung verdient die Mitte des 17. Jahrhunderts gegründete Glückstädter Regierungs- und Justizkanzlei. In der Rechtspflege spielte diese Justizbehörde eine erhebliche Rolle, insbesondere was ihre Beziehung zum Landgericht betraf. Ebenfalls von großer Bedeutung war die Deutsche Kanzlei zu Kopenhagen, die u. a. die Eigenschaft eines oberinstanzlichen Gerichts besaß. Im Vergleich zu den übrigen Kanzleigerichten war sie zwar anderen und früheren Ursprungs und nahm eine weitgehend eigenständige Entwicklung. Seit Errichtung der Glückstädter Kanzlei war sie jedoch stets in Verbindung mit dieser zu betrachten.

aa. Einleitung

Seit der Mitte des 16. Jahrhunderts begannen sich in allen Landesteilen beständige Regierungkollegien zu bilden. Diese Kanzleien besaßen Zuständigkeiten in vielen Bereichen. Dazu zählte auch die Rechtspflege, in deren Rahmen sie in der Funktion einer Justizkanzlei bzw. eines Hofgerichts tätig waren.[1090] Die Kanzleigerichte waren zwar die am spätesten geschaffenen Obergerichte, doch erlangten sie eine solch herausragende Bedeutung, dass sie als die wichtigsten gerichtlichen Institutionen des Landes anzusehen waren.[1091] Die übergeordnete Einrichtung, an die sich die Landesuntertanen in rechtlichen Angelegenheiten zu wenden hatten, war die gemeinschaftliche Regierungskanzlei. Aufgrund der Gemeinschaftlichen Regierung und den damit zusammenhängenden Verwaltungsvereinbarungen[1092] war diese Kanzlei nicht immer dieselbe

---

1088 LGO-SH (1636), 5. Aufl., 3. Theil, Tit. I., S. 53 ff.

1089 LGO-SH (1636), 5. Aufl., 4. Theil, Tit. I., S. 91 ff.

1090 *Falck*, Handbuch, 3. Band, 1. Abth., S. 230 f.; vgl. *Lehmann, H.*, Kanzlei, S. 50.

1091 *Falck*, Handbuch, 3. Band, 1. Abth., S. 229 f.

1092 Vgl. Punkte 1) bis 6) des Flensburger Abschieds von 1564 (Sammlung (SHV) (*Michelsen/Johannsen*), Num. XI., S. 136 (137 f.)).

Institution, sondern die Regierungskanzlei des jeweils regierenden Landesherrn.[1093]

Die beiden bedeutendsten Kanzlei-Obergerichte waren diejenigen im Gottorfischen und im königlichen Landesanteil. Während die Justizbehörde in Gottorf bereits seit 1590 ihren Dienst tat,[1094] wurde eine entsprechende Behörde im königlichen Landesteil erst 1648 geschaffen. Diese beiden Justizkanzleien waren ursprünglich nicht mit der Bestimmung eingerichtet worden, als Appellationsinstanzen zu fungieren. Vielmehr sollten sie die Aufsicht und Kontrolle über die Abläufe der Rechtspflege auf der untergerichtlichen Ebene ausüben. Insbesondere hatten sie sich um Beschwerden zu kümmern, in denen eine Verzögerung oder Verweigerung der Justiz gerügt wurde. In den kleineren Landesteilen übernahmen die dortigen Kanzleien in ihrer Eigenschaft als Justizbehörden die Funktion von Appellationsinstanzen für die Untergerichte offensichtlich bereits von Beginn an. Fiel ein Landesteil einem anderen Landesherrn zu, wurden die Kanzleien und Obergerichte dieses Landesteils aufgehoben und deren Aufgaben von den gleichrangigen Institutionen des neuen Landesherrn wahrgenommen.[1095]

Da die Regierungskanzleien nicht nur gerichtliche Institutionen, sondern allzuständige obere Landesbehörden darstellten, handelte es sich bei ihnen um ständige Behörden. Dies war für Untertanen, die um Rechtsschutz ersuchten, von immensem Vorteil.[1096] In dringenden Fällen und bei allen Problemen waren die Kanzleigerichte permanent erreichbar. Vor allem aufgrund der jederzeitigen Verfügbarkeit als Ansprechpartner in juristischen Belangen ergab es sich, dass die Untertanen diese Einrichtungen verstärkt in Anspruch nahmen. Dadurch nahm der Stellenwert der Regierungskanzleien als Justizkanzleien beständig zu, ihr ursprünglicher Aufgaben- und Tätigkeitsbereich erweiterte sich permanent. Ähnlich den Quartalgerichten besaßen sie die Zuständigkeit für weniger wichtige Angelegenheiten und hatten prozessvorbereitende Funktion.[1097] Die ordentlichen Verhandlungen gehörten stets vor die Landgerichte.[1098] Das Landgericht war die bestimmungsgemäße Appellationsinstanz für die ihm zugeordneten Untergerichte. Hinsichtlich der Urteile, die von den adligen Gutsgerichten in schriftlichen Prozessen gefällt wurden,[1099] war es vorgesehen, dass *„mit zwey Satz-Schriften von jeder Seite verfahren, und damit ad Acta geschlossen, sodann aber dem Quartal- oder L. G. nach Beschaffenheit der Sache die Acten ad re- et*

1093 Vgl. *Falck*, Handbuch, 3. Band, 1. Abth., S. 238.

1094 Geschichte (*Lange*), S. 180; vgl. *Falck*, Handbuch, 3. Band, 1. Abth., S. 230 bzw. 230 f. (Fn. 34)).

1095 Vgl. *Falck*, Handbuch, 3. Band, 1. Abth., S. 230 f.; 2. Band, S. 258 ff.; 1. Band, S. 90.

1096 *Kochendörffer*, Landgericht, S. 325 (332).

1097 Vgl. *Falck*, Handbuch, 3. Band, 1. Abth., S. 238.

1098 *Falck*, Handbuch, 3. Band, 1. Abth., S. 238.

1099 Vgl. LGO-SH (1636), 5. Aufl., 2. Theil, Tit. III., § 1; 3. Theil, Tit. I., § 5, Tit. XXIV, § 2.

correferendum von den L. G. Notario zugestellet, und darauf von den Raethen revisis actis die rechtliche Erkenntniß erfolgen" soll.[1100]

Doch noch bevor der Kontakt zum zuständigen Landgericht hergestellt worden war, wurde die gemeinschaftliche Regierungskanzlei als ständige Behörde derart häufig und intensiv mit rechtlichen Belangen von Seiten der Untertanen konfrontiert und in Anspruch genommen, dass sich die Korrespondenzen zwischen der Kanzlei und den Parteien zu selbständigen Verhandlungen ausweiteten. Es war „*diese (...) Methode, in gemeinschaftl. Sachen eingerißen, daß (...) erst bey der gemeinschaftlichen Regierung ein Mandatum ausgewuercket, sodann darueber usque ad duplicas, ja oftmahls quadruplicas gehandelt*" wurde. Im Ergebnis wurden damit vor dem Kanzleigericht eigene Prozesse geführt.[1101] Dadurch stellte sich der Instanzenzug in der Praxis so dar, dass die gemeinschaftliche Regierungskanzlei zur wesentlichen Appellationsinstanz für die Untertanen, die sich durch untergerichtliche Urteile beschwert sahen, wurde. Von ihrem Urteil aus konnte anschließend an die ursprünglich vorgesehene Appellationsinstanz, das Landgericht, appelliert werden. Die Diskrepanz zwischen dem formal korrekten, schriftlich fixierten Verfahren und dem in der Praxis gängigen Ablauf in Appellationssachen lag nicht im Interesse der Landesherren. Deshalb setzten sie sich Mitte des 17. Jahrhunderts mit dieser Problematik auseinander. Offensichtlich war die Abweichung vom vorgesehenen Verfahren bereits so tief im Land verwurzelt, dass man keine Rückkehr zum normierten Verfahrensablauf mehr vollziehen konnte oder mochte. Vielmehr verglichen sich die Landesherren 1655 zu Flensburg dergestalt, dass der Ablauf in Appellationssachen, wie er sich in den letzten Jahrzehnten durchgesetzt hatte, von ihnen anerkannt und sanktioniert wurde. Somit stellte das gemeinschaftliche Kanzleigericht eine zwischen die Untergerichte und das Landgericht geschaltete Appellationsinstanz dar.[1102]

Diese Zustände hielten bis ins 18. Jahrhundert hinein an und wurden noch 1711 ausdrücklich bestätigt. Der Hamburger Vergleich legte fest, dass die Untertanen des Adels ihre „*Nieder-Instantzen bey denen Unter-Gerichten (...) von jehero haben, von darab sie an das Koenigl. Und Hochfuerstl. (...) Hof-Gericht appelliren*" sollen. „*So soll es hinferner dabey unveraendert bleiben, jedoch daß (...) von erwehnten (...) Hof-Gerichten die weitere Appellation an das gemeine Land-Gericht frey stehe.*"[1103] Aufgrund der Ereignisse ab 1713 gelangten die

---

[1100] Vgl. *Cronhelm*, Bericht, S. 257 f.

[1101] *Cronhelm*, Bericht, S. 258; vgl. *Vogt*, Vorschlaege, S. 7 f. (§ 4).

[1102] Vgl. *Anonymus*, Anmerkungen (Gelehrten), S. 9: „*sed ad Cancellariam Regis l. Ducis appellatio fieri debet, tum a Cancellaria ad Land-Gericht appellari fas est*"; *Falck*, Handbuch, 3. Band, 1. Abth., S. 240; *Fuchs*, Introductio, S. 237.

[1103] Art. II des Hamburger Vergleichs vom 5. Januar 1711 (vgl. *Hansen, J. F.*, Staatsbeschreibung, S. 761 (763 f.); *Trendelenburg*, Vorrechte, S. 37).

Bestimmungen des Hamburger Vergleichs aber nicht mehr zur Anwendung.[1104] Am 5. Juni 1720 wurde er für vollständig aufgehoben erklärt. Die auftretenden Unsicherheiten im Hinblick auf den Rechtsweg, insbesondere bezüglich des Verhältnisses von Land- und Kanzleigericht, wurden schließlich durch eine Resolution am 3. Februar 1728 beseitigt. Das Landgericht wurde wieder Appellationsinstanz, das Kanzleigericht fand keine Erwähnung mehr.[1105]

Für lange Zeit waren somit auf der Appellationsebene zwei Einrichtungen vorhanden. Doch wurde das Landgericht nicht durch das Kanzleigericht ersetzt. Es handelte sich rein äußerlich um eine zusätzliche Rechtsschutzmöglichkeit für Untertanen. Da diese in den meisten Fällen nach einer Bescheidung durch die gemeinschaftliche Regierungskanzlei ohnehin vor das Landgericht zogen, bedeutete dies für *„den schriftlichen Process, wie er jetzo gewoehnlich geworden*“, dass er *„dermahlen voellig verdoppelt*“ war und *„just zwiefach gefuehret*“ wurde. Für die Parteien hatte das die unangenehme Folge, dass man eine *„sehr kostbare und Zeit verderbliche Methode*“ anwandte, insbesondere bei Appellation an das Landgericht aufgrund des *„Verlust(s) der vorhin darauf gewandten Zeit, Muehe und Kosten*“.[1106]

Obwohl das Landgericht gemäß seiner Ordnung – abgesehen von den Fällen, in denen eine Appellation an die Reichsgerichte statthaft war – ausgehendes Recht für Holstein sprach, bildete sich mit dem remedium supplicationis ad thronum[1107] um die Mitte des 17. Jahrhunderts zunächst im königlichen, später auch im fürstlichen Anteil der Herzogtümer ein weiterführendes Rechtsmittel aus. Die rechtsprechenden Organe waren die Kanzleigerichte. Für den königlichen Anteil, in dem das remedium erst 1738 förmlich anerkannt wurde,[1108] obwohl es bereits seit Jahrzehnten in Gebrauch war, übernahm die Deutsche Kanzlei diese Funktion.[1109] Als Revisionsinstanz im fürstlichen Anteil wurde das Geheim-Conseil unter dem Vorsitz des Herzogs geschaffen. Dieses war schon lange tätig, bevor es in einem Reskript vom 1. März 1732 offiziell in seiner Funktion bestätigt wurde.[1110]

1104 *Falck*, Handbuch, 3. Band, 1. Abth., S. 240 (Fn. 73)); *Anonymus*, Nachrichten (Gerichtsbarkeit), S. 441 (448).

1105 Vgl. *Anonymus*, Nachrichten (Gerichtsbarkeit), S. 441 (449 f.).

1106 *Cronhelm*, Bericht, S. 258; vgl. *Vogt*, Vorschlaege, S. 7 f. (§ 4).

1107 Ein anderer Ausdruck war *„remedium recursus ad regem*“ (*Schmidt, H.*, Regierungs- und Justizkanzlei, S. 297 (326); vgl. *Cronhelm*, Bericht, S. 139).

1108 *„daß kuenftighin in solchen Faellen, wann eine oder die andere Parthey das remedium supplicationis ergreifet, und kein periculum in mora ist, (...) der Lauf der Sachen sistiret, und Unsere allerhoechste Resolution abgewartet (...) werden solle*“ (Reskript vom 15. Dezember 1738, in: CCRH (*Cronhelm*), 1. Band, S. 68).

1109 Vgl. *Falck*, Handbuch, 3. Band, 1. Abth., S. 252 (Fn. 16)).

1110 *„daß der Herzog sich pflichtig und Gewissenshalber verbunden halte, supremam cognitionem causarum sich vorzubehalten, und daß es ihm dannenhero obliegen wolle, die*

Zwar erstrebte die Regierung in der zweiten Hälfte des 18. Jahrhunderts eine weitgehende Beschränkung des remidium[1111] und hob seine Geltung für die ihr unterstehenden Territorien 1771 sogar ganz auf.[1112] Doch als die großfürstlichen Distrikte 1773/74 auf den königlichen Anteil übergingen, erhielt das remedium für diese Gebiete durch ein Reskript vom 27. August 1774 seine ausdrückliche formelle Bestätigung als Rechtsmittel in der Revisionsinstanz.[1113] Seine Zulässigkeit in landgerichtlichen Angelegenheiten war in der Praxis ebenfalls anerkannt. Daher besaß das remedium in den letzten Jahrzehnten des 18. Jahrhunderts zwar teilweise keine rechtliche Grundlage mehr. Es wurde jedoch weiterhin angewandt und stand den Leibeigenen als Rechtsmittel zur Verfügung.[1114]

bb. Gemeinschaftliche Regierungskanzlei

Die Einrichtung der gemeinschaftlichen Regierungskanzlei wurde maßgeblich von der Glückstädtischen Regierungs- und Justizkanzlei geprägt. Sie war die bedeutendste Institution dieser Art und besaß nicht nur eine eigentümliche Stellung im Land, sondern stand auch in einem besonderen Verhältnis zur Deutschen Kanzlei in Kopenhagen.[1115] Das Wesen der gemeinschaftlichen Regierungskanzlei machte aus, dass die eingebrachten Supplikationen zwar „*an beide Landesherren gerichtet*" werden mussten, die Kanzlei selbst sich aber nur aus den ordentlichen Räten der Kanzlei zusammensetzte, die gerade turnusmäßig die Geschäfte führte. Der Glückstädter Kanzlei fiel diese Aufgabe „*von Michaelis eines Jahres von grader Zahl an*" zu. Nachdem sie seit Beginn des 18. Jahrhunderts ihrer vormals gewohnheitsrechtlichen, dem Landgericht vorgeschalteten Funktion als eigene Instanz beraubt war, war sie wieder mit Tätigkeiten betraut, die keine ordentlichen Verhandlungen darstellten. Die geschäftsführende Regierungskanzlei hatte bei der Erteilung von Bescheiden grundsätzlich Rücksprache mit der Kanzlei des anderen Landesherrn zu halten. In Angelegenheiten, die „*cum Clausula oder nicht Poenalia*" waren, konnte sie jedoch selbständig „*absque praevia communicatione*" Entscheidungen treffen, in anderen Fällen

---

Acta cancellariae, oder wessen Gerichtsstuhl es in den privativen Laendern auch sey, zu prelustiren" (*Falck*, Betrachtungen, S. 262 (310 (Fn. 35))); vgl. *Falck*, Handbuch, 3. Band, 1. Abth., S. 252 (Fn. 17))).

1111 *Schmidt, H.*, Regierungs- und Justizkanzlei, S. 297 (367 bzw. 367 (Fn. 2) bis 6)).

1112 Vgl *Falck*, Handbuch, 3. Band, 1. Abth., S. 252 bzw. 252 (Fn. 18)); *Falck*, Betrachtungen, S. 262 (310)); *Schmidt, H.*, Regierungs- und Justizkanzlei, S. 297 (367 bzw. 367 (Fn. 7))).

1113 *Falck*, Handbuch, 3. Band, 1. Abth., S. 252 (Fn. 19)); *Falck*, Betrachtungen, S. 262 (310).

1114 Vgl. *Falck*, Handbuch, 3. Band, 1. Abth., S. 252 f.; *Falck*, Betrachtungen, S. 262 (308 ff.); *Schmidt, H.*, Regierungs- und Justizkanzlei, S. 297 (310, 366 f.).

1115 Vgl. *Schmidt, H.*, Regierungs- und Justizkanzlei, S. 297 (303 ff., 351 ff.).

wurde die Sache gleich ans Landgericht verwiesen.[1116] Die Glückstädter Regierungs- und Justizkanzlei wurde erst 1648 als „Schleswig-Holsteinische Regierungs-Canzeley" von Friedrich III. zu Beginn seiner Regierung mit Sitz in Flensburg gegründet.[1117] Bereits 1649 wurde sie nach Glückstadt verlegt.[1118] Der Kanzlei kamen fast ausschließlich rechtsprechende und verwaltungstechnische Aufgaben zu,[1119] wobei die Rechtspflege von Anbeginn „*die Hauptbeschäftigung*"[1120] darstellte. Als Behörde war sie „*unabhängig von der Staatsverfassung Schleswig-Holsteins und Dänemarks*" allein der Person des Königs verpflichtet.[1121]

Die Zeit des Bestehens der Glückstädter Kanzlei lässt sich in drei Phasen unterteilen: die Jahre von 1648 bis 1713/21, von 1713/21 bis 1773/74 und ab 1773/74. In der ersten Phase war die Kanzlei neben dem Bekleiden ihrer obergerichtlichen Funktion die oberste Verwaltungsbehörde in den Herzogtümern.[1122] Sie blieb auch nach der Staatsumwälzung in Dänemark 1660 die Regierungsbehörde im königlichen Anteil, auch wenn ihr Kontakt zum König über die Deutsche Kanzlei als Oberbehörde gepflegt wurde.[1123] Die zweite Phase war dadurch gekennzeichnet, dass sie als spezielle königliche Kanzlei aufgrund der territorialpolitischen Entwicklung einen permanenten Ausbau ihrer gerichtlichen Funktionen und Zuständigkeiten erlebte. Das Kanzleigericht in Glückstadt übernahm die Funktion als Obergericht für den Plönischen, Großfürstlichen und gemeinschaftlichen Anteil des Herzogtums Holstein (1762/74), für die Herrschaft Pinneberg, die Stadt Altona und die Grafschaft Ranzau (1649/1734), das Vierstädtegericht (1737 aufgehoben) und das Quartalgericht (1774).[1124] Ihre Verwaltungsbefugnisse wurden hingegen immer geringer.[1125] Ihre Funktion als höchste Regierungs- und Verwaltungsebene für die Herzogtümer, mit Ausnahme von Holstein-Gottorf, hatte sie bereits seit 1713/21 an die Deutsche Kanzlei verloren, die alle wesentlichen Angelegenheiten zu beaufsichtigen hatte.[1126] Der Schlusspunkt dieser Entwicklung stellte zugleich den Beginn der dritten Phase dar, die

1116 Vgl. *Anonymus*, Nachricht, S. 76 (76).

1117 Patent vom 17. April 1648 (Num. I.), in: CCRH (*Cronhelm*), 1. Band, S. 39 f.

1118 Reskript vom 10. Februar 1649 (Num. II.), in: CCRH (*Cronhelm*), 1. Band, S. 40 f.; vgl. *Cronhelm*, Bericht, S. 138; *Falck*, Handbuch, 2. Band, S. 259; *Falck*, Handbuch, 3. Band, 1. Abth., S. 230 f. bzw. 231 (Fn. 35), 37)); *Schmidt, H.*, Regierungs- und Justizkanzlei, S. 297 (306 ff.).

1119 GSH (*Klose*), 6. Band, S. 14.

1120 *Schmidt, H.*, Regierungs- und Justizkanzlei, S. 297 (368).

1121 *Schmidt, H.*, Regierungs- und Justizkanzlei, S. 297 (351).

1122 GSH (*Klose*), 6. Band, S. 14.

1123 Geschichte (*Lange*), S. 264; *Schmidt, H.*, Regierungs- und Justizkanzlei, S. 297 (351).

1124 *Falck*, Handbuch, 3. Band, 1. Abth., S. 234 bzw. 234 (Fn. 48) und 49)); vgl. *Schmidt, H.*, Regierungs- und Justizkanzlei, S. 297 (355 f., 358 f.); GSH (*Klose*), 6. Band, S. 14.

1125 GSH (*Klose*), 6. Band, S. 14.

1126 GSH (*Klose*), 6. Band, S. 11.

1773/74 einsetzte und die Struktur der Glückstädter Kanzlei nachhaltig veränderte. Sie blieb nur noch die Oberaufsichtsbehörde im Polizei-, Seuchen-, Armen- und Deichwesen und erledigte vor allem die Geschäfte der Gemeinschaftlichen Regierung. Deshalb wurde sie auch als Holsteinische Landesregierung bezeichnet.[1127] Zudem war die Kanzlei zu einer der bedeutendsten Institutionen in Gerichtswesen und Rechtspflege emporgestiegen und fungierte als Obergericht für ganz Holstein.[1128]

Der personelle Umfang der Oberbehörde schwankte. Im 17. Jahrhundert waren dort etwa zwölf Personen tätig, die den infolge zunehmender Schriftlichkeit steigenden Arbeitsaufwand in Verwaltung und Justiz zu bewältigen hatten. Während des 18. Jahrhunderts verdoppelte sich die Anzahl der Beschäftigten.[1129] Diese waren, zumindest im Hinblick auf den höchsten und einen Großteil der hohen Posten, nicht in erster Linie Mitglieder des alten Landesadels, sondern vielmehr auswärtige Rechtsgelehrte und Angehörige des jüngeren Adels.[1130] Der Geschäftsbetrieb und die inneren Abläufe einer solch wichtigen Einrichtung orientierten sich regelmäßig – wie es auch beim Landgericht der Fall war – an einer speziell für sie erlassenen Ordnung. Die Glückstädter Kanzlei wies diesbezüglich einige Besonderheiten auf. Zwar wurde seit 1649 an einer Kanzleiordnung gearbeitet. Eine einsatzbereite Version, der weitere Entwürfe folgten, schien spätestens ab 1651 vorgelegen zu haben. Es ist jedoch nicht sicher, *„ob die Canzeleyordnung vom 13ten April 1651 jemals als Gesetz erlassen oder bloß ein Entwurf geblieben ist“*.[1131] Die erste Kanzleiordnung, die nachweislich in Kraft trat, stammte erst von 1752.[1132] Als behördeninterner Orientierungsmaßstab diente bis dahin neben der Landgerichtsordnung überwiegend die Kanzleiübung, die sich vor allem unter dem ersten Kanzler Reinkingk ausgebildet hatte und von Kanzler zu Kanzler[1133] weitergegeben wurde.[1134]

Die Erledigung der Kanzleigeschäfte erfolgte kollegialisch im Rahmen zweier wöchentlicher Sitzungen. Daran waren alle Räte beteiligt.[1135] Entscheidungen wurden mit Stimmenmehrheit gefunden, bei Stimmengleichheit war der Direk-

---

1127 Vgl. *Schmidt, H.*, Regierungs- und Justizkanzlei, S. 297 (321 ff., 359); Geschichte (*Lange*), S. 284.

1128 GSH (*Klose*), 6. Band, S. 14; vgl. *Falck*, Handbuch, 1. Band, S. 90; 2. Band, S. 261; 3. Band, 1. Abth., S. 239; Geschichte (*Lange*), S. 284.

1129 Geschichte (*Lange*), S. 183; *Schmidt, H.*, Regierungs- und Justizkanzlei, S. 297 (328 f.); vgl. *Cronhelm*, Bericht, S. 139 f.

1130 *Schmidt, H.*, Regierungs- und Justizkanzlei, S. 297 (304, 327 f.); vgl. Geschichte (*Lange*), S. 182.

1131 Canzeleyordnung (*Falck*), Vorwort, S. 411 (413).

1132 Canzeleyordnung (*Falck*), Vorwort, S. 411 (413).

1133 Zur Abfolge der Kanzler und Vizekanzler vgl. *Schmidt, H.*, Regierungs- und Justizkanzlei, S. 297 (329 f.).

1134 Vgl. *Schmidt, H.*, Regierungs- und Justizkanzlei, S. 297 (316 ff.).

1135 *Schmidt, H.*, Regierungs- und Justizkanzlei, S. 297 (323).

tor ausschlaggebend.[1136] Seit 1696 gab es vier feste Gerichtstage im Jahr.[1137] Dieses Vorgehen sah sich in der Praxis vielfältigen Problemen ausgesetzt, die die Verfahren oft kompliziert und langwierig machten. Dies geschah insbesondere in den Fällen, in denen die Schriftlichkeit des Prozesses beantragt wurde. Die Mündlichkeit des Prozesses bedeutete keine Vereinfachung seines Ablaufs, da auch dessen einzelne Stufen schriftlich festgehalten werden mussten. Zusätzlich kam es zu vielen Missverständnissen zwischen den Parteien und den Kanzleiangestellten bei der Durchführung von Verfahrensabschnitten. Eine über ein Jahrhundert fehlende geschriebene Kanzleiordnung trug ein übriges zu teilweise verworrenen und unkontrollierten Zuständen bei.[1138] Die Glückstädter Kanzlei muss als Obergericht jedoch stets im Zusammenhang mit der Deutschen Kanzlei betrachtet werden.

cc. Deutsche Kanzlei

Ab wann eine Deutsche Kanzlei vorhanden war, ist nicht ganz klar. Zwar gab es schon in der Kanzlei Christians II. nach seiner Hofordnung aus der Zeit um 1520 einen deutschen Schreiber, doch sprach man erst seit seinem Nachfolger, Friedrich I., von einer deutschen Kanzlei.[1139] Mit der Thronbesteigung Friedrichs, des ehemaligen Herzogs eines Teils von Schleswig und Holstein, wurde seine herzogliche Regierungskanzlei der dänischen Regierung und Verwaltung eingegliedert und erhielt einen deutschen Kanzler.[1140] Damit war der „*Grundstein*" dafür gelegt worden, die Deutsche Kanzlei zu einer „*Festung des Königtums*" auszubauen.[1141] Zunächst blieb sie trotz einer bereits recht selbständigen Stellung im dänischen Staats- und Verwaltungsgebilde vornehmlich die herzogliche Regierungskanzlei, die für die Verwaltung der Herzogtümer zuständig war. Zur Deutschen Kanzlei machte sie hauptsächlich die Tatsache, dass sie neben ihrer Verwaltungsfunktion auch die auswärtige Korrespondenz des Landesherrn, insbesondere mit den deutschen Territorien, erledigte.[1142] Bis zur Gründung der Glückstädter Kanzlei 1648 hatte die Deutsche Kanzlei für den königlichen Teil

1136 *Schmidt, H.*, Regierungs- und Justizkanzlei, S. 297 (325).
1137 *Schmidt, H.*, Regierungs- und Justizkanzlei, S. 297 (361).
1138 Vgl. *Schmidt, H.*, Regierungs- und Justizkanzlei, S. 297 (323 ff.).
1139 *Lehmann, H.*, Kanzlei, S. 9; vgl. *Falck*, Handbuch, 2. Band, S. 259.
1140 *Lehmann, H.*, Kanzlei, S. 9 f.; vgl. *Schmidt, H.*, Regierungs- und Justizkanzlei, S. 297 (303).
1141 *Lehmann, H.*, Kanzlei, S. 12.
1142 *Lehmann, H.*, Kanzlei, S. 10; vgl. *Schmidt, H.*, Regierungs- und Justizkanzlei, S. 297 (303).

der Herzogtümer die oberste Gerichtsbarkeit inne und beschickte die Landtage mit einem Rat.[1143]

Als es 1660 eine Staatsumwälzung in Dänemark gab, spalteten sich die bis dahin eng miteinander verbundenen sowohl herzoglichen und königlichen als auch dänischen und deutschen Verwaltungsstellen in zwei größere Beamtenkollegien auf: die Deutsche Kanzlei, zuständig für die Herzogtümer und deutschen Angelegenheiten, und die Dänische Kanzlei,[1144] zuständig für Dänemark und die nordischen Angelegenheiten. Erst jetzt wurde aus der mittelalterlich geprägten zweigeteilten Schreibstube und Amtstätigkeit des königlichen Kanzlers eine eigentliche Behörde, gegen Ende des 17. Jahrhunderts schließlich eine geschlossene Oberbehörde.[1145]

Funktion und Bedeutung der Deutschen Kanzlei als gerichtliche Instanz sind spätestens seit 1660 in engem Zusammenhang mit der Kanzlei in Glückstadt zu betrachten. Auch nach Errichtung einer in den Herzogtümern selbst gelegenen und für diese zuständigen Regierungs- und Justizkanzlei blieb grundsätzlich die Deutsche Kanzlei *„in allen deutschen Angelegenheiten die entscheidende Stelle“*,[1146] obwohl der Kanzlei in Glückstadt bei ihrer Gründung *„die frühere Stellung der deutschen Kanzlei in der Rechtsprechung eingeräumt“* worden war.[1147] So nahm die Glückstädter Kanzlei von 1648 bis 1721 eine eigentümliche Stellung im Regierungsapparat ein: Sie war zwar grundsätzlich die oberste Behörde in den Herzogtümern,[1148] doch im Endeffekt war sie es doch nicht. Vielmehr stand die Deutsche Kanzlei über ihr und gab in den wichtigen Fragen den entscheidenden Ausschlag. Die Kanzlei in Glückstadt war somit lediglich *„eine Zwischenstufe, die den Verkehr zwischen oben und unten für beide Teile erleichterte“*,[1149] mit anderen Worten nur die *„Filiale“* der Deutschen Kanzlei.[1150] Ab 1721 war sie wie die übrigen Behörden in den Herzogtümern der Kopenhagener Zentralbehörde als höchster Ebene vollständig untergeordnet.[1151]

Von ihrer Einrichtung her war die Deutsche Kanzlei mit der Glückstädter Kanzlei vergleichbar, da die Kopenhagener Institution bei der Errichtung der innerholsteinischen Behörde als Vorbild fungierte.[1152] Das Kopenhagener Kanzleigericht setzte sich aus den dort beschäftigten Räten zusammen. Diese waren

---

1143 *Lehmann, H.*, Kanzlei, S. 23.

1144 Eine Dänische Kanzlei gab es dem Namen nach erst ab 1660 (*Schmidt, H.*, Regierungs- und Justizkanzlei, S. 297 (303)).

1145 Vgl. *Schmidt, H.*, Regierungs- und Justizkanzlei, S. 297 (303 f., 310).

1146 *Schmidt, H.*, Regierungs- und Justizkanzlei, S. 297 (310).

1147 *Lehmann, H.*, Kanzlei, S. 51.

1148 GSH (*Klose*), 6. Band, S. 14.

1149 *Schmidt, H.*, Regierungs- und Justizkanzlei, S. 297 (322 f.).

1150 *Lehmann, H.*, Kanzlei, S. 51.

1151 GSH (*Klose*), 6. Band, S. 11, 14; vgl. Geschichte (*Lange*), S. 284.

1152 *Lehmann, H.*, Kanzlei, S. 51.

weitgehend Angehörige deutscher Adelsgeschlechter, von denen wiederum ein Großteil Rechtsgelehrte waren. Die Zugehörigkeit zum Adelsstand stellte jedoch keine zwingende Zugangsvoraussetzung für die Bekleidung eines Postens dar.[1153] Hinsichtlich des Arbeits- und Instanzenverhältnisses beider Kanzleien untereinander wurde nicht zwischen Verwaltungs- und Rechtsangelegenheiten unterschieden. Regelmäßig ging ein Großteil der Akten, insbesondere in wichtigen Sachen, die in Glückstadt eingebracht und nicht bereits dort entschieden worden waren, nach Kopenhagen. In der Deutschen Kanzlei wurden sie gesichtet, woraufhin die Leitung der Kanzlei, ihr Obersekretär,[1154] entweder eine Entscheidung fällte oder aber die Sache unter Einbringung von Vorschlägen, die von dem den König beratenden Geheimen Conseil[1155] erarbeitet worden waren, dem König in Person einreichte.[1156] Der „Instanzenzug“ sah somit folgendermaßen aus: Glückstädtische Justizkanzlei, Deutsche Kanzlei, Geheimes Conseil, König.[1157]

Maßgeblich für den Wert eines Rechtsmittels für die es nutzende Person war der Geschäftsgang innerhalb der Instanz. Vor allem wenn beide Kanzleien in wichtigen Angelegenheiten in dasselbe Verfahren eingeschaltet waren, kam es zu Verzögerungen und Fehlern, die weit über das hinausgingen, was schon allein im Geschäftskreis der Glückstädter Kanzlei an mannigfaltigen Unzulänglichkeiten herrschte.[1158] Trotz grundsätzlich häufiger Verhandlungen standen diese zwei Hauptinstitutionen des Staates bis in die erste Hälfte des 18. Jahrhunderts nicht in einem derart permanenten Kontakt zueinander, dass Maßnahmen der einen Seite der anderen Seite bekannt, geschweige denn mit ihr abgestimmt waren.[1159] Dazu gesellten sich viele andere innere Missstände: Die Prozesse an sich waren durch das aufwändige Verfahren – Schriftlichkeit, mehrfache Schriftwechsel zwischen der Kanzlei und den Parteien, enormer Umfang an Material – sehr langwierig. Schlamperei und Sorglosigkeit hinsichtlich des Umgangs mit Dokumenten führten zu Verwirrung, verzögerten den Ablauf zusätzlich oder machten ihn teilweise vollends unmöglich. Oder Sachen gingen an die falschen Stellen, oftmals wurde zudem unnötigerweise prozessiert. Diesen Missständen

---

1153 *Lehmann, H.*, Kanzlei, S. 21.

1154 Mit Kanzler wurde bald der Vorstand der Glückstädter Kanzlei bezeichnet, der Direktor der Deutschen Kanzlei zu Kopenhagen hieß daraufhin für lange Zeit Obersekretär (vgl. *Falck*, Handbuch, 2. Band, S. 260; *Lehmann, H.*, Kanzlei, S. 42).

1155 Das Geheime Conseil verdrängte den nach der Staatsumwälzung in Dänemark gebildeten Staatsrat (1660 bis 1676) (*Schmidt, H.*, Regierungs- und Justizkanzlei, S. 297 (351)).

1156 *Schmidt, H.*, Regierungs- und Justizkanzlei, S. 297 (310); vgl. *Falck*, Betrachtungen, S. 262 (311 f.); GSH (*Klose*), 6. Band, S. 11.

1157 *Schmidt, H.*, Regierungs- und Justizkanzlei, S. 297 (352).

1158 Vgl. *Schmidt, H.*, Regierungs- und Justizkanzlei, S. 297 (323 ff.).

1159 *Schmidt, H.*, Regierungs- und Justizkanzlei, S. 297 (362 f.); GSH (*Klose*), 6. Band, S. 15.

wurde während der ersten Hälfte des 18. Jahrhunderts langsam abgeholfen.[1160] Hinzu traten äußere Einflüsse wie die Belagerung Kopenhagens im 17. Jahrhundert, während der fast alle Kanzleibedienten zum Soldatendienst eingezogen wurden.[1161]

Die herausragende Position der Deutschen Kanzlei im holsteinischen Gerichtswesen lag darin begründet, dass den Untertanen seit der Mitte des 17. Jahrhunderts mit dem Rechtsmittel des recursus ad regem die Möglichkeit gegeben war, beim König selbst ihr Recht zu suchen. Dieses Rechtsmittel rührte vornehmlich von der überkommenen Gerichtsverfassung her, insbesondere von dem bereits im Mittelalter bekannten Königsgericht.[1162] Dadurch wurde die Deutsche Kanzlei zur höchsten Instanz.[1163]

dd. Bedeutung

Die Bedeutung der Kanzleigerichte ist nur im Rahmen einer Gesamtschau aller Obergerichte zu erfassen. Wie es in der Tradition des Landes verwurzelt und im Flensburger Abschied von 1564 sowie in der Landgerichtsordnung von 1573 festgehalten worden war, hatten die Leibeigenen vom Gutsgericht an das Landgericht zu appellieren. Die der Regierungskanzlei zugedachte Aufgabe war nur die eines „*judicium praeparatorium*".[1164] So stellte sich die grundsätzliche Ausgangsposition in der zweiten Hälfte des 16. Jahrhunderts dar.

Das Landgericht wurde jedoch nur zur Erledigung seiner Aufgaben berufen und tagte nur an wenigen Terminen im Jahr.[1165] Es war keine ständige Behörde, sondern ein reines Rechtsprechungsorgan, das nicht einmal regelmäßig tätig war. Demgegenüber waren die Kanzleigerichte als Abteilungen permanenter behördlicher Einrichtungen jederzeit erreichbar, so dass sie eine immer größere Rolle in der Rechtsprechung spielten.[1166] Das drückte sich insbesondere im Verhältnis zum Landgericht aus. Denn die Kanzlei des regierenden Herrn hatte in den Sachen, die endgültig vom Landgericht zu entscheiden waren, die Prozessleitung während der Zeit inne, in der das Landgericht nicht versammelt war.[1167] Die

---

1160 Vgl. *Lehmann, H.*, Kanzlei, S. 51; *Schmidt, H.*, Regierungs- und Justizkanzlei, S. 297 (362 ff.); GSH (*Klose*), 6. Band, S. 15.

1161 *Lehmann, H.*, Kanzlei, S. 52.

1162 Vgl. *Cronhelm*, Bericht, S. 139.

1163 *Kochendörffer*, Landgericht, S. 325 (338); *Falck*, Handbuch, 3. Band, 1. Abth., S. 252; *Lehmann, H.*, Kanzlei, S. 51.

1164 *Cronhelm*, Bericht, S. 259.

1165 Vgl. GSH (*Klose*), 5. Band, S. 52.

1166 Vgl. *Kochendörffer*, Landgericht, S. 325 (332).

1167 *Brinkmann*, Rechtsleben, S. 45 f.; vgl. *Anonymus*, Anmerckungen (Stellen), S. 305 (318).

Verschiebung dieses rechtsweginternen Verhältnisses zwischen den Institutionen wurde in dem 1655 zwischen den Landesherren geschlossenen Vergleich herrschaftlich anerkannt. Das Kanzleigericht wurde dem Landgericht vorgeschaltet, seine seit längerem hervorgehobene praktische Bedeutsamkeit offiziell gewürdigt.

Diese Entwicklung wurde in der ersten Hälfte des 18. Jahrhunderts von der Herrschaft zwar wieder rückgängig gemacht. Doch noch um die Mitte des 18. Jahrhunderts waren die Rolle und die Aufgaben beider Gerichte im Instanzenzug den praktischen Gegebenheiten, die die Verhältnisse seit langem prägten und weitgehend bestehen blieben, angepasst. Die herausragende Stellung des Kanzleigerichts in Glückstadt zeichnete sich insbesondere dadurch aus, dass *„das Land-Gericht (...) als ein Judicium ad certas causas delegatum, die gemeinschaftliche Regierung aber, als ein Judicium perpetuum anzusehen“* war.[1168] Dadurch war die Glückstädter Kanzlei wie ein *„stellvertretendes Landgericht“* gestellt.[1169] Das galt unter der Voraussetzung, dass einerseits das Gottorfer Hofgericht unter dem zweiten regierenden Herrn mit dieser Funktion übereinstimmte und andererseits die am Verfahren beteiligten Parteien auf das eigentliche Landgericht ausdrücklich verzichteten. Obwohl die Glückstädter Kanzlei bis auf den Schutz des Königs vor Übergriffen von adliger Seite keine wirklichen Befugnisse über den Adel hatte und nur vorbereitendes Gericht blieb, mutete diese Entwicklung vor dem Hintergrund des Kampfes der Ritterschaft um ihre Privilegien eigentümlich an.[1170] Als die Kanzleigerichte zu Obergerichten ausgebaut wurden, erreichte dieser Prozess zum Ende der Ära der Leibeigenschaft dadurch seinen Abschluss, dass die Landgerichte fast vollständig verdrängt wurden oder in den neustrukturierten Obergerichten aufgingen.[1171]

Das Verhältnis von Land- und Kanzleigericht zueinander war nicht nur im Hinblick auf diesen äußeren Aspekt, den Instanzenzug, beachtenswert. Vielmehr gab es auch auf der innerorganisatorischen Ebene Auffälligkeiten. So war unter den Landräten stets eine bestimmte Anzahl an Mitgliedern des Kanzleigerichts, die zum Landgericht abgestellt wurden. Dasselbe war beim Quartalgericht der Fall.[1172] Somit waren die Spruchkörper in unterschiedlichen Gerichten großteils identisch besetzt. Dadurch saßen bei der Beratung einer Rechtsangelegenheit in verschiedenen Institutionen dieselben Entscheidungsträger, die aufgrund gemeinsamer Meinungsbildung eine einheitliche einrichtungsübergreifende Rechtsansicht verfolgten.

1168 *Cronhelm*, Bericht, S. 260.

1169 *Schmidt, H.*, Regierungs- und Justizkanzlei, S. 297 (313).

1170 Vgl. *Schmidt, H.*, Regierungs- und Justizkanzlei, S. 297 (313); *Cronhelm*, Bericht, S. 260.

1171 *Falck*, Handbuch, 3. Band, 1. Abth., S. 230.

1172 *Schmidt, H.*, Regierungs- und Justizkanzlei, S. 297 (313 bzw. 311 (Fn. 1))).

Auch der Gesetzeswortlaut der Landgerichtsordnung trug seinen Teil zu diesen Verhältnissen bei. Denn dort hieß es, dass Appellationen von den gutsherrlichen Gerichten „*an Vns vnd Vnsere sembtliche verordente Regierung*“ zu richten seien.[1173] Das bedeutete zwar, dass Gesuche in der Kanzlei des regierenden Herrn einzureichen waren. Doch ging daraus nicht klar hervor, welche gerichtliche Einrichtung genau die zuständige Appellationsinstanz darstellte. Genannt ist nur die „*sembtliche verordente Regierung*“, von der aber sowohl die Land- als auch die Kanzleiräte abgestellt wurden. Diese Problematik spiegelte sich auch in den Formalia, die in den Akten enthalten waren, wider: Die Eingabe einer Partei beim Land- wie auch diejenige beim Kanzleigericht war immer an den Landesherrn gerichtet. Daher lässt sich unter diesem Aspekt nicht nachvollziehen, an welches Gericht eine Eingabe gegangen ist. Ähnliches traf auf die von Land-, Quartal- oder Kanzleigericht gefällten Urteile zu. Diese waren einer bestimmten Institution nachher nicht zuzuordnen, da sie alle im Namen des Landesherrn abgegeben worden waren.[1174]

Diese Verquickung beider Einrichtungen, die auch in solch beiläufigen Formulierungen wie „*in der (...) gerichtlich bey gemeinschafftl. Regierung oder Land-Gericht zu uebergebenden Schrifft*“ offenbar wird,[1175] nivellierte ein Instanzenverhältnis und hob den Wert beider Gerichte als eigenständige Instanzen auf. Damit war ein erweiterter, klar strukturierter obergerichtlicher Rechtsschutz im Endeffekt nicht vorhanden. In diese interinstanziellen Überschneidungen waren allerdings nicht nur Land-, Quartal- und Kanzleigericht, sondern sogar die Deutsche Kanzlei eingebunden. Gerade bei Urteilen in schriftlichen Prozessen hielten die Räte Rücksprache mit der Kopenhagener Behörde, was dem Wunsch beider Seiten entsprach. Obwohl insbesondere die Supplikationssachen regelmäßig nicht vom König in Person entschieden, sondern – was in der Natur der Sache lag – von der Kanzlei „ad mandatum regis“ erledigt wurden, ergingen sämtliche Urteile im Namen des Königs. Zwar fand keine den Rechtsschutz beeinträchtigende Kabinettsjustiz statt, doch die gegenseitige Absprache zwischen den Kanzleien stellte den Wert des remedium recursus ad regem als Rechtsmittel erheblich in Frage. Die personelle und inhaltliche Verquickung aller unterschiedlichen Obergerichte macht es sehr schwierig, von einem wirklichen obergerichtlichen Instanzenzug zu sprechen. Vielmehr fand wohl zumeist eine einheitliche Meinungsbildung auf der oberen Ebene statt. Auch war es wenig einsichtig, ein im Namen des Königs als der obersten Instanz gefälltes Urteil durch ein weiteres Urteil, das von einer anderen Institution wiederum im Namen des Königs gesprochen würde, aufzuheben. Dadurch war das remedium als Rechtsmittel aus formaler Perspektive strukturell höchst problematisch und praktisch

---

[1173] LGO-SH (1573), 1. Theil, Tit. III, S. 146 (155 f.); vgl. LGO-SH (1636), 5. Aufl., 1. Theil, Tit. III, §§ 8, 12 (S. 7 ff.).

[1174] *Brinkmann*, Rechtsleben, S. 46.

[1175] *Anonymus*, Anmerckungen (Stellen), S. 305 (316).

sinnlos. Folglich wies es auch nur eine sehr geringe Erfolgsquote auf. Da die Deutsche Kanzlei vor diesem Hintergrund nur eingeschränkt als eine eigenständige und oberste Instanz aufgefasst werden kann, war der Rechtsschutz für die Untertanen merklich reduziert.[1176]

d. Reichskammergericht

Oberhalb der regionalen Ebene befand sich nur noch die Gerichtsbarkeit der „nationalen" Ebene, die Reichsgerichte. Die maßgebliche Institution stellte das seit 1495 bestehende Reichskammergericht dar. Es markierte regelmäßig die allerletzte Instanz und nahm unter den Reichsgerichten die herausragende Position ein.[1177] Dass Parteien eines Rechtsstreits aus Holstein, das im Gegensatz zu Schleswig Reichslehen war, grundsätzlich die Möglichkeit offenstand, an die Reichsgerichtsbarkeit zu appellieren, war spätestens seit dem Vertrag von Ripen von 1460 anerkannt und schriftlich fixiert.[1178] An diesem Grundsatz änderte sich auch zu Zeiten des Reichskammergerichts nichts. Die Reichskammergerichtsordnung von 1555 bestimmte dazu, dass *„nicht alleyn von den urtheylen, durch die ordenliche undergericht, dem keyserlichen cammergericht one mittel underworfen, außgesprochen, sonder auch in den rechtfertigungen, so gegen churfürsten, fürsten, fürstmessigen, prelaten, graven, herrn und ritterschaften, durch andere oder under inen selbst fürgenommen und geübt, eynem jeden theyl, der sich mit gesprochnen, urtheyln beschwerdt befindt, an das keyserlich cammergericht zu appelliren zugelassen sein*" sollen.[1179] Dieser Grundsatz galt allerdings nur eingeschränkt, da *„eynem jeden sein privilegien und freiheyten derhalben vorbehalten*" waren.[1180]

Der Grad der Einschränkung dieses Grundsatzes war in den Territorien des Reichs unterschiedlich hoch. Für eine vollständige Appellationsfreiheit hätte die holsteinische Landesherrschaft eines privilegium illimitatum bedurft. Solch ein unbeschränktes Privileg schloss ohne Rücksicht auf den Wert und die Art des Streitgegenstands allgemein die Möglichkeit aus, von einem landesherrlichen Gericht an ein Gericht zu appellieren, das nicht ein Gericht des privilegierten Reichsstands war.[1181] Während des über 300jährigen Bestehens des Reichskam-

---

1176 Vgl. *Falck*, Betrachtungen, S. 262 (311 f.); *Schmidt, H.*, Regierungs- und Justizkanzlei, S. 297 (326).

1177 *Falck*, Handbuch, 2. Band, S. 125.

1178 *Lupprian*, Geschichte, S. 232 (235).

1179 RKGO (1555), 2. Theil, Tit. XXVIII, § 1 (*Laufs*, Reichskammergerichtsordnung, S. 57 (204)).

1180 RKGO (1555), 2. Theil, Tit. XXVIII, § 1 (*Laufs*, Reichskammergerichtsordnung, S. 57 (205)).

1181 *Eisenhardt*, privilegia, S. 20.

mergerichts erhielten lediglich die Kurfürsten sowie die Landgrafen von Hessen-Kassel und Hessen-Darmstadt sowie Herzog Albrecht zu Mecklenburg, Friedland und Sagan (Wallenstein) ein privilegium illimitatum. Alle übrigen Reichsstände hatten sich mit unterschiedlich weitgehenden privilegia limitata abzufinden.[1182]

Ein privilegium limitatum wurde auch den holsteinischen Landesherren verliehen. Die Beschränkung der umfassenden Appellation an das Reichskammergericht war dabei regelmäßig so ausgestaltet, dass in dem Privileg eine Appellationssumme genannt war, die überschritten sein musste, damit die Sache appellabel war. Zudem konnten bestimmte Streitkomplexe aufgeführt sein, in denen eine Appellation an die Reichsgerichte generell ausgeschlossen war.[1183] Demgemäß stellte sich auch das holsteinische privilegium de non appellando dar. Dieses wurde den Landesherren König Friedrich II. und den Herzögen Johann und Adolf am 6. Juli 1570 zu Speyer von Kaiser Maximilian II. für die Appellationen vom Landgericht aus verliehen. Es legte die Appellationssumme auf 500 Gulden rheinisch in Gold fest und schloss die Appellation gegen Urteile in Schuld- und Injuriensachen aus.[1184] Zusätzlich wurde das Privileg in die Landgerichtsordnung von 1573 integriert.[1185] Am 9. Juli 1578 wurde es von Kaiser Rudolf II. zu Linz bestätigt.[1186] Eine Erweiterung der Appellationssumme auf 1000 Goldgulden[1187] sowie eine ansonsten erneute Bestätigung erfuhr das Privileg 1617 und 1621. In diesen Jahren ließen die Kaiser Matthias zu Prag und Ferdinand II. zu Wien für König Christian und Herzog Friedrich III. entsprechende Urkunden ausfertigen.[1188] In dieser Form fand das privilegium de non appellando Eingang in die 1636 revidierte Landgerichtsordnung.[1189] Eine weitere Bestätigung für die holsteinischen Landesherren unternahm Kaiser Ferdinand III. im Sommer 1638 zu Prag.[1190]

Außerhalb der Zulässigkeit von Appellationen vom Landgericht an das Reichskammergericht, die diesem Privileg gemäß waren, waren anderweitige, von den übrigen holsteinischen Obergerichten an die Reichsgerichte gerichteten Appel-

---

1182 *Eisenhardt*, privilegia, S. 21.

1183 *Eisenhardt*, privilegia, S. 21 f.

1184 *Eisenhardt*, privilegia, S. 90; vgl. LGO-SH (1636), 5. Aufl., 4. Teil, Tit. VII, § 2 (S. 113 f.).

1185 LGO-SH (1573), 4. Teil, Tit. I, S. 146 (210).

1186 Vgl. *Eisenhardt*, privilegia, S. 90 f.

1187 Die Summe von 1000 Goldgulden entsprach 1250 Reichstalern (*Anonymus*, Nachricht, S. 76 (78); *Anonymus*, Anmerckungen (Stellen), S. 305 (316); *Falck*, Handbuch, 2. Band, S. 125 (Fn. 85))).

1188 *Eisenhardt*, privilegia, S. 91; vgl. LGO-SH (1636), 5. Aufl., 4. Teil, Tit. IX f., § 2 (S. 127 f., 135).

1189 Vgl. LGO-SH (1636), 5. Aufl., 4. Teil, Tit. I, § 1 (S. 91); vgl. *Anonymus*, Nachricht, S. 76 (78); *Cronhelm*, Bericht, S. 262; *Falck*, Handbuch, 2. Band, S. 125 f.

1190 *Eisenhardt*, privilegia, S. 91.

lationen grundsätzlich nicht anerkannt.[1191] Im Hinblick auf die Inappellabilität sonstiger obergerichtlicher holsteinischer Erkenntnisse wurden mehrere Argumente ins Feld geführt. Vorrangig wurde auf Gewohnheitsrecht verwiesen, das eine Provokation von Schlüssen des öffentlichen Landtags als dem ehedem höchsten Landesgericht nicht für zulässig erachtete.[1192] Dessen erste nachweisbare historische Begründung sah man bereits im Sachsenspiegelrecht.[1193] Außerdem berief man sich auf unterschiedliche Stellen des Landesrechts, die sich in Gesetzen befanden, welche vom Kaiser als höchster Institution des Reichs in ihrer rechtsverbindlichen Gültigkeit bestätigt worden waren. Dabei handelte es sich um die Dithmarsische Kapitulationsakte von 1559 sowie die Landgerichtsordnung von 1573.[1194]

Doch galt es nicht nur zu beachten, dass Appellationen in bestimmten Fällen aufgrund des Privilegs stets ausgeschlossen waren. Darüber hinaus mussten in allen Fällen einer grundsätzlich möglichen Appellation formelle Zulässigkeitsvoraussetzungen eingehalten werden. Die wesentliche Eingangsvoraussetzung für die Zulässigkeit einer Appellation war die in der Landgerichtsordnung festgehaltene Bedingung der schriftlichen Führung des Prozesses inklusive des ausdrücklichen Vorbehalts der Appellation an die Reichsgerichte.[1195] Diese Vorschrift entsprach reichsgesetzlichen Vorgaben, denn sie ging auf eine Bestimmung der Reichskammergerichtsordnung von 1555 zurück. In dieser wurde es *„nicht minder für noth und gut ermessen“* gehalten, *„daß allenthalben an den fürstenhöffen und andern commun-gerichten in schriften gehandelt oder das mündlich fürtragen jederzeyt eygentlich uffgeschrieben werde, damit die gerichtshendel in der appellation, so an das cammergericht erwachsen, der endt mit minderm verdacht und desto fürderlicher erlangt mögen werden“*.[1196] Durch die ergänzende Regelung, *„daß die acta nit mangelhaftig, sonder mit gantzer einleybung der vorgegeben gewält uberantwort werden“*, wurde die Bestimmung näher erläutert.[1197]

1191 *Falck*, Handbuch, 2. Band, S. 126.

1192 *Cronhelm*, Bericht, S. 262.

1193 Sachsenspiegel, Landrecht, Art. 18, § 3, Satz 1: *„Und das dritte ist: daß es kein Urteil, wie rechtmäßig auch immer, vor dem Königsgericht in Sachsen gibt“* (*Schott*, S. 50); *Falck*, Handbuch, 2. Band, S. 126.

1194 Vgl. *Falck*, Handbuch, 2. Band, S. 126 f.; *Cronhelm*, Bericht, S. 139 f., 285; *Anonymus*, Anmerckungen (Stellen), S. 305 (307 f.).

1195 LGO-SH (1573), 2. Theil, Tit. III, S. 146 (172); LGO-SH (1636), 5. Aufl., 2. Theil, Tit. III, § 1 (S. 34); vgl. *Anonymus*, Nachricht, S. 76 (78); *Falck*, Handbuch, 2. Band, S. 126; *Cramer*, Unterscheid, S. 72 (73, 79).

1196 RKGO (1555), 2. Theil, Tit. XXXI, § 2 (*Laufs*, Reichskammergerichtsordnung, S. 57 (211)); vgl. *Laufs*, Reichskammergerichtsordnung, S. 44.

1197 RKGO (1555), 2. Theil, Tit. XXXI, § 3 (*Laufs*, Reichskammergerichtsordnung, S. 57 (211)).

Des Weiteren war ein Appellant durch die Landgerichtsordnung verpflichtet, dass er „*zuuorn vnd ehe er seine Appellation zu prosequiren fuernimpt, gelobe vnd schwere, das er gentzlich glaube vnd darfuer halte, das ihme appelliren noth sey*".[1198] Ferner legte die Reichskammergerichtsordnung fest, dass „*die appellationes vermög der rechten innerhalb zehen tagen beschehen*" sollen, wobei diese Frist „*keynswegs uberschritten, gelengert oder gekürtzt*" werden dürfe.[1199] Anzubringen seien die Appellationen bei Gericht in der Folge regelmäßig während einer „*zeit von eynem, zweyen, dreien biß in sechs monat, von zeit an der interponirten appellation zu rechnen und nit darüber*".[1200] Im Gegensatz zur Frist der Einlegung des Rechtmittels konnte die Frist der Anbringung der Appellation bei Gericht „*im fall, daß von wegen entlegenheyt der landt und ferre deß wegs in solcher zeyt der sechs monat die ladung nit verkündt und mit ihrer execution obgemeltermassen reproducirt werden möcht*", nach kammerrichterlichem Ermessen verlängert werden.[1201]

Das Verhältnis zwischen dem Landgericht und dem Reichskammergericht in bezug auf Struktur und Organisation war in der Rechtswirklichkeit jedoch keinesfalls so einfach, wie es nach dem Inhalt des privilegium de non appellando und den formellen Zulässigkeitsvoraussetzungen einer Appellation erscheinen mochte. Vielmehr zeichnete es sich durch unterschiedliche Schwierigkeiten aus, die auf die durchgängigen Kompetenzstreitigkeiten beider Institutionen zurückzuführen waren. So entwickelte sich in der Praxis der Rechtspflege eine zusätzliche, maßgebliche Gruppe von Beschränkungen, die auf den Fallgruppen des Privilegs sowie den formal-gesetzlichen Einschränkungen der Appellationsmöglichkeit aufbaute und unter Observanz zusammengefasst werden kann. Das Landgericht traf häufig eigenmächtig Entscheidungen, die direkten Einfluss auf die Möglichkeit der Appellation der Prozessparteien nahmen. Dies geschah vor allem im Zusammenhang mit den gesetzlich geregelten Zulässigkeitsvoraussetzungen. Dadurch erfuhr der ohnehin umfangreiche Anteil an Rechtsmittelbeschränkungen eine weitere Ausdehnung.

1198 LGO-SH (1573), 4. Theil, Tit. I, S. 146 (210); vgl. LGO-SH (1636), 5. Aufl., 4. Theil, Tit. I, § 2 (S. 91 f.).

1199 RKGO (1555), 2. Theil, Tit. XXIX, § 2 (*Laufs*, Reichskammergerichtsordnung, S. 57 (207)).

1200 RKGO (1555), 2. Theil, Tit. XXX, § 1 (*Laufs*, Reichskammergerichtsordnung, S. 57 (209)).

1201 RKGO (1555), 2. Theil, Tit. XXX, § 2 (*Laufs*, Reichskammergerichtsordnung, S. 57 (209)).

Das Landgericht – aber auch andere holsteinische Obergerichte[1202] – befand sich deshalb in einem permanenten Konflikt mit dem Reichskammergericht.[1203] Die Observanz hinsichtlich der Schuld- und Injuriensachen war dafür beispielhaft. Den Parteien wurde die Appellation an das Reichskammergericht nicht nur beim Vorliegen solcher Sachen im engeren Sinne untersagt, sondern auch in vielen zusätzlichen Fallgestaltungen, die vom Landgericht nach eigenen Vorstellungen zu einer der beiden Obergruppen hinzugezählt wurden.[1204] Im Mittelpunkt der Streitigkeiten um den Gerichtsgebrauch stand zumeist die Schriftlichkeit des Verfahrens vor dem Landgericht. Als entscheidende Voraussetzung zur Offenhaltung des Rechtswegs stand es jeder Partei frei, gleich zu Anfang der Verhandlungen die schriftliche Führung des Prozesses (processum in scriptis cum beneficio appellationis) zu verlangen, falls eine Sache grundsätzlich appellabel war.[1205] Die Beachtung dieser Voraussetzung wurde vom Landgericht strikt gehandhabt: „*Der processus in scriptis cum beneficio appellationis muß in den ersten bey dem Landgerichte in einer Sache eingereichten supplicatis reserviret werden, sonsten hat er nicht weiter statt.*“[1206] Mitunter wurde sie zu Lasten appellationswilliger Parteien überaus eng ausgelegt. So war die schriftliche Prozessführung nicht zulässig, „*wenn die Parthey, die ihn sucht, den Gegentheil zur muendlichen Verhandlung citiren lassen*“,[1207] „*wenn der processus in scriptis nicht gleich Anfangs reserviret worden*“ war[1208] oder wenn „*die Parthey selbst Citation zur muendlichen Verhandlung ausgebracht*“ hatte.[1209]

Darüber hinaus hielt sich das Landgericht für befugt, über die Zulässigkeit des schriftlichen Verfahrens eigenverantwortlich von Fall zu Fall zu erkennen.[1210] Die Observanz ging sogar so weit, dass eine schriftliche Verhandlungsführung und damit die Appellationsmöglichkeit bereits dann nicht zugestanden wurde, wenn „*in einer per appellationem an das Landgericht erwachsenen Sache be-*

1202 Die Obergerichte der Grafschaften Pinneberg und Rantzau sowie der Stadt Altona wandten das privilegium de non appellando, das ursprünglich nur dem Herzogtum Holstein verliehen worden war, in ihrer gerichtlichen Praxis an, was dem Reichskammergericht missfiel (vgl. *Falck*, Handbuch, 2. Band, S. 126; *Cronhelm*, Bericht, S. 302 f.).

1203 Vgl. *Falck*, Handbuch, 2. Band, S. 126 f.; *Anonymus*, Nachricht, S. 76 (78, 96 f.).

1204 Vgl. *Anonymus*, Nachricht, S. 76 (96 f.); Urtheile, S. 121 ff. (Ad Part. IV. tit. I.).

1205 LGO-SH (1573), 2. Theil, Tit. III, S. 146 (172); vgl. *Falck*, Handbuch, 2. Band, S. 126; *Fuchs*, Introductio, S. 273; *Anonymus*, Anmerckungen (Stellen), S. 305 (316).

1206 Urtheile, S. 8; vgl. die Entscheidungen S. 8 f. bzw. 9 (Fn. (*) und (**)) (No. 9, 10) sowie S. 11 ff. bzw. 12 (Fn. (*)) und 13 (Fn. (*)) (No. 13, 14).

1207 Urtheile, S. 10; vgl. die Entscheidungen S. 11 f. (No. 12, 13).

1208 Urtheile, S. 123; vgl. die Entscheidungen S. 124 bzw. 124 (Fn. (**)) (No. 147), S. 134 f. bzw. 135 (Fn. (*)) (No. 164), S. 143 f. bzw. 144 (Fn. (*)) (No. 173).

1209 Urtheile, S. 123; vgl. die Entscheidung S. 151 (No. 182).

1210 *Falck*, Handbuch, 2. Band, S. 126; *Fuchs*, Introductio, S. 273: „*de quo & an processus in scriptis concedi debeat, judicium prius cognoscere solet*“.

reits in inferiori muendlich gehandelt worden" war,[1211] d.h. ein untergerichtliches Verfahren also lediglich mündlich stattgefunden hatte.[1212]

Was Appellationen von den adligen Untergerichten als Ausgangsinstanz betraf, waren in der Landgerichtsordnung eindeutige Formulierungen enthalten. Die Vorschriften besagten, dass es demjenigen, der gegen eine untergerichtliche Erkenntnis seines Patrimonialherrn vorgehen wollte, „*soll frey stehen, an Vns vnd Vnsere sembtliche verordente Regierung, die Vrtheil zu schelten, (...) Worauff dan die Sache auff dem negsten Landt-Rechtstage fuer Vns vnd Vnserer verordenten Regierunge verhoeret, vnd was Recht ist gesprochen vnd erkennet werden soll, darbey es auch ohne ferner Appellation soll bleiben vnd gelassen werden*".[1213] Gleiches galt für den Instanzenzug, den ein Untertan in dem Fall zu beschreiten hatte, dass er sich durch das Urteil eines adligen Gutsgerichts, das einem anderen Patrimonialherrn zugehörig war, beschwert fühlte.[1214] Aus diesen Normen geht zweifelsfrei hervor, dass regelmäßig keine Einlegung von Rechtsmitteln gegen die Urteilssprüche der obersten Landesgerichte zulässig war. Eine Appellation an die Reichsgerichte war demnach ausgeschlossen. Die Rechtsschutzmöglichkeit durch das Reichskammergericht wurde den Untertanen daher mittels gesetzlicher Regelungen im Rahmen der Landgerichtsordnung sowie einer auf diesen Normen beruhenden einschlägigen Rechtsprechung des Landgerichts versagt.[1215] Die Rechtsgrundlage für dieses Vorgehen waren die gesetzlichen Vorschriften der §§ 9 und 13 im dritten Titel des ersten Teils der Landgerichtsordnung, die Untertanen des Adels allgemein eine Appellation über die Obergerichte des Landes hinaus ausdrücklich verboten.[1216] Daraus ergab sich der konkrete Rechtssatz, „*daß in Causis derer von Adel ihrer Unterthanen keine Appellation vom Land-Gericht an die Reichs-Gerichte statt habe*".[1217]

Dieser Rechtssatz war jedoch nicht allgemeingültig. Seine rechtliche Geltung erstreckte sich nicht über die gesamte Ära der Geltung der Landgerichtsordnung, wie es aufgrund der Formulierung erscheinen mag. Vielmehr sind hinsichtlich der Rechtswirksamkeit der Bestimmungen der Ordnung, die Appellationen von Untertanen des Adels betreffen, zwei Zeiträume zu unterscheiden. Der erste Zeitraum beginnt mit Inkrafttreten der Landgerichtsordnung 1573. Diese verbot Untertanen des Adels die Appellation an die Reichsgerichte. Allerdings war ein solches Appellationsverbot von dem holsteinischen privilegio de non appellando

---

1211 Urtheile, S. 10, 123; vgl. in erster Linie die Entscheidung S. 10 f. bzw. 11 (Fn. (*)).

1212 *Anonymus*, Nachricht, S. 76 (96).

1213 LGO-SH (1573), 1. Theil, Tit. III, S. 146 (155 f.); vgl. LGO-SH (1636), 5. Aufl., 1. Theil, Tit. III, §§ 8, 9 (S. 7 f.).

1214 LGO-SH (1573), 1. Theil, Tit. III, S. 146 (156); vgl. LGO-SH (1636), 5. Aufl., 1. Theil, Tit. III, §§ 12, 13 (S. 9).

1215 Vgl. *Cronhelm*, Bericht, S. 261 f.

1216 LGO-SH (1636), 5. Aufl., S. 8 f.; vgl. LGO-SH (1573), 1. Theil, Tit. III, S. 146 (155 f.).

1217 *Anonymus*, Anmerckungen (Stellen), S. 305 (308).

nicht umfasst, sondern die Appellationen waren nur durch die landesgesetzlichen Bestimmungen untersagt. Der hierdurch entgegen der Vorschrift der Reichskammergerichtsordnung, 2. Theil, Tit. XXVIII, § 1[1218] von den Ständen auf die Untertanen im ganzen Reich ausgeübte Druck, nicht vor die Reichsgerichte zu ziehen, war ein allgemeines Phänomen. Da sich der Kaiser nicht mit diesem abfinden wollte, legte die Ordnung von 1555 in Reaktion auf diese Verhältnisse weiterhin fest: *„Und dieweyl bißher etlich stend ire underthanen mit eydt und pflicht dahin gezwungen, von iren urtheylen nit zu appelliren (...), welliches aber nit allein dem rechten zuwider, sonder auch dem keyserlichen cammergericht und desselben jurisdiction zum höchsten abbrüchig: So wöllen, ordnen und setzen wir, daß hinfüro keyner bezwungen werden soll, sich des appellirens zu enthalten oder von gethaner appellation abzustehen*".[1219]

Die in dieser Vorschrift zum Ausdruck kommende Stellung des Reichskammergerichts beruhte *„auf der seit Jahrhunderten (...) anerkannten Stellung des Kaisers als des Inhabers der höchsten Gerichtsbarkeit im Reiche, als der Quelle allen Rechts und des Wahrers der Rechte der Untertanen, kraft deren ihm ursprünglich die letzte Entscheidung in einem jeden Rechtsstreit vorbehalten blieb*".[1220] Denn dieses Gericht wurde mit seiner Errichtung vom Kaiser zur Ausübung seiner Rechte bestellt. Diese mit der höchsten Gerichtsbarkeit verbundenen kaiserlichen Befugnisse galten als ein Reservatrecht (ius solum Imperatori competens) und umfassten auch seine ausschließliche Zuständigkeit zur Disposition über der Untertanen Recht der Appellation. Diese Rechtsverhältnisse spiegelten sich insbesondere in der Vergabepraxis der Privilegien wider, die der Kaiser nach seinem freien Ermessen erteilte, auf deren Erlangung also kein Rechtsanspruch vorhanden war.[1221] Dieses Reservatrecht konnte durch landesherrliche Maßnahmen zwar faktisch, nicht aber rechtlich beeinträchtigt werden. Die Landesherren besaßen diesbezüglich keine eigenen Rechte und waren dem Kaiser vollständig untergeordnet. Für die rechtliche Zulässigkeit von Appellationsbeschränkungen durch eine Landesherrschaft war die Einwilligung des Kaisers unverzichtbare Grundvoraussetzung. Infolge der übergeordneten Verpflichtung der Landesherren, jegliche Eingriffe in die grundlegenden verfassungsrechtlichen Reichsstrukturen zu unterlassen, waren sämtliche vom Kaiser nicht genehmigte Beschränkungen und Verbote von Appellationen an die Reichsgerichte, die beispielhaft für eine solchen Eingriff waren, unzulässig.[1222]

Das in der Landgerichtsordnung von 1573 für die Untertanen des Adels enthaltene Verbot, an die Reichsgerichte zu appellieren, war von keiner kaiserlichen

---

1218 Vgl. *Laufs*, Reichskammergerichtsordnung, S. 57 (204).

1219 RKGO (1555), 2. Theil, Tit. XXVIII, § 2 (*Laufs*, Reichskammergerichtsordnung, S. 57 (205)).

1220 *Weitzel*, Kampf, S. 26.

1221 *Weitzel*, Kampf, S. 27 f.

1222 *Weitzel*, Kampf, S. 29 f.

Genehmigung gedeckt. Vor allem das der holsteinischen Landesherrschaft 1570 erteilte und immer wieder bestätigte und erweiterte privilegium de non appellando enthielt keine Regelung, die den Untertanen den Zug vor das Reichskammergericht von rechts wegen unmöglich machte. Die in dem Landesgesetz vorhandenen Normen waren somit mangels jeglicher landesherrlicher Kompetenz zur Regelung des Gegenstands als unzulässige Appellationsverbote als von Anfang an nichtig und damit unwirksam anzusehen.[1223] Dieser Mangel konnte durch den Untertanen abgezwungene Eide nicht wirksam geheilt werden. Doch waren Recht und Macht derart eng miteinander verbunden, dass die Landesherrschaften innerhalb ihrer Hoheitsgebiete solche Maßnahmen, die gegen die Reichsgerichtsbarkeit gerichtet waren, letztlich auch mit Gewalt gegen widerspenstige Untertanen zu behaupten suchten. Darüber hinaus trugen die Untertanen im Fall einer Appellation alle mit ihr verknüpften Risiken, insbesondere diejenigen rechtlicher, finanzieller und zeitlicher Natur.[1224] Holsteinische Untertanen des Adels, vor allem Leibeigene, vermochten aber trotz dieser sie im Alltag begleitenden Zwänge und Probleme sowie der gegenteilig lautenden Vorschriften der Landgerichtsordnung in diesem ersten Zeitraum grundsätzlich wirksam an die Reichsgerichte zu appellieren.

Dieser erste Zeitraum erstreckte sich bis zur Mitte des 17. Jahrhunderts. Seit 1641/51 war dann eine Appellation der Untertanen von holsteinischen Obergerichten an die Reichsgerichte zwar nicht mittels eines besonderen Privilegs, dafür jedoch infolge einer entsprechenden kaiserlichen Genehmigung für unzulässig erklärt worden. Denn „*das kaiserliche Einverständnis zu Beschränkungen des Appellationsrechtes der Untertanen war (...) nicht förmlich an Privilegien gebunden, sondern griff überall dort rechtlich wirksam Platz, wo es in beliebiger Form unmißverständlich erteilt worden war*".[1225] Wenn der Kaiser also einen bislang auf Reichsebene rechtsunwirksamen Landesbrauch nachträglich bestätigte, kam diese Bestätigung der Erteilung eines Privilegs gleich. Die Landesherrschaften ließen immer wieder Landesgesetze dem Kaiser zur Absegnung vorlegen, um ihre Rechtsgültigkeit im Verhältnis zum Reich und seinen Gerichten abzusichern. Aufgrund der einheitlichen Genehmigung ganzer Landesgesetze konnten auch die in ihnen enthaltenen Appellationsbeschränkungen oder -verbote auf Reichsebene Geltung beanspruchen. Der neu geschaffene Zustand war wie im Fall einer Privilegienerteilung rechtlich verbindlich. Jedoch kam bei den Beschränkungen der Zuständigkeit des Reichskammergerichts durch genehmigte Landesvorschriften ihrer Insinuation beim Gericht große Bedeutung zu.[1226]

1223 Vgl. *Weitzel*, Kampf, S. 30.
1224 Vgl. *Weitzel*, Kampf, S. 30 f.
1225 *Weitzel*, Kampf, S. 39.
1226 Vgl. *Weitzel*, Kampf, S. 39 f.

Das wesentliche Ereignis für die holsteinische Landesherrschaft zur rechtswirksamen Begründung dieser Gerichtsverhältnisse und damit den Beginn des zweiten Zeitraums markierte die Anerkennung der revidierten Landgerichtsordnung durch den Kaiser. Auf dem Reichstag zu Regensburg 1641 wurde die Ordnung von dem holsteinischen Gesandten und späteren Staatsminister Kielmannsegg Kaiser Ferdinand III. zur Bestätigung präsentiert, die am 9. Juli 1641 erfolgte.[1227] Die kaiserliche Majestät geruhte hierdurch zu „*approbiren, confirmiren und bestaettigen solche Land-Gerichts-Ordnung und derselben angehengte constitutiones und Edicta, nichts davon ausbeschieden, (...) von Roem. Kaeiseriischer Macht Vollkommenheit (...). Und meinen, setzen und wollen wir von beruehrter Unserer Kaeiserl. Macht, daß offtgedachte Land-Gerichts-Ordnung, constitutiones und edicta, vorspecificirter und beschriebener massen, alles ihres Inhalts kraefftig und maechtig seyn, stet, fest und unverbruechlich gehalten und vollenzogen, und von niemanden weder in- oder ausserhalb Gerichts, dawider gethan noch gehandelt*“ werde.[1228] Die Insinuation der Konfirmation beim Reichskammergericht geschah hingegen erst zehn Jahre darauf. Die Kammerräte trugen keine Bedenken, die kaiserlich abgesegnete Landgerichtsordnung samt aller inkorporierten Konstitutionen gleichfalls zu akzeptieren. Ihre feierliche und einstimmige Annahme erfolgte am 11. Februar 1651.[1229] Von dieser Zeit an war den Leibeigenen die bislang theoretische Möglichkeit des Zugs vor die Reichsgerichte grundsätzlich und endgültig genommen.

Diese Position des Reichskammergerichts im Verhältnis zu den holsteinischen Obergerichten sowie die Verhaltensweisen von Landesherrschaft und Ritterschaft als wesentliche Mächte waren die maßgeblichen Faktoren im Hinblick auf die Möglichkeit der Untertanen des Adels, bis zum Reichskammergericht zu gelangen. War die Anrufung der Reichsgerichtsbarkeit seit der Mitte des 17. Jahrhunderts sogar rechtlich nicht mehr möglich, stellte sie sich im Zeitraum davor in der Lebenswirklichkeit wohl als nahezu aussichtslos dar. Setzt man diese rechtliche Stellung der Untertanen in Beziehung zu ihrer allgemeinen politisch-wirtschaftlich-gesellschaftlichen Stellung im frühneuzeitlichen Holstein, fügt sie sich nahtlos in das Bild ein. Zwischen beiden bestand eine intensive Wechselwirkung, sie bedingten einander und wirkten verstärkend aufeinander ein. Die Verbindung zwischen dem Reichskammergericht und den Untertanen des Adels, von denen sich die Leibeigenen regelmäßig in den widrigsten Umständen befanden, ließ sich im landeshistorischen Kontext demnach trefflich wie folgt beschreiben:

[1227] *Cronhelm*, Bericht, S. 250; *Blume*, Processus, S. 355, *Amthor*, Discurs, S. 13 (ohne Nummerierung: S.1 = erste Seite des eigentlichen Texts).

[1228] *Luenig*, Reichs-Archiv, Pars spec., Cont. II, Abt. IV, Abs. 10, Nr. CXXXII, S. 284 (287).

[1229] *Cronhelm*, Bericht, S. 253; *Blume*, Processus, S. 355.

„Die LandesVerfassung wegen der Adelichen Guether leidet auch nicht vieljaehrige Processe der Subditorum Nobilium, insonderheit mit ihren Guths-Herrn/ daß sie mittelst einer angemasseten Appellation an die Reichs-Gerichte/ sich ihrer praestandorum Servitiorum und anderen Schuldigkeiten entziehen."[1230]

Infolge dessen waren die Versuche freier Untertanen des Adels, an das Reichskammergericht zu appellieren, nur sehr selten und wurden von den landesherrlichen und ritterschaftlichen gerichtlichen Einrichtungen unmissverständlich abgeblockt. Einer Appellation von Untertanen des adligen Guts Haseldorf beispielsweise blieb der Erfolg versagt, da sich die Landesherrschaft auf die §§ 9 und 13 und vor allem auf ihre Bestätigung durch Kaiser und Reichskammergericht berief. Den vor dem Landgericht klagenden Untertanen des adligen Guts Krummendiek wurde 1740 nicht einmal die schriftliche Prozessführung mit dem beneficio appellationis zugestanden, sondern unter Androhung von Strafe die mündliche Verhandlungsweise auferlegt.[1231] Vor diesem Hintergrund und der Tatsache, dass es sich bei den adligen Gütern Haseldorf und Krummendiek um adlige Marschgüter, also Güter ohne Leibeigenschaft, handelte, ist es augenscheinlich, dass Untertanen des Adels, die sogar leibeigen waren und daher regelmäßig auf einer noch niedrigeren rechtlich-sozialen Stufe standen, ihre Angelegenheiten abgesehen von dem Schmoeler Ausnahmefall niemals bis vor das Reichskammergericht trugen.[1232]

Jedoch konnten die Reichsgerichte zum einen stets angegangen werden, wenn die Rechtspflege aus Gründen, die dem Verantwortungsbereich des Justizwesens zuzuordnen waren, allzu sehr auf der Strecke geblieben war. Dies galt in erster Linie bei Beschwerden aufgrund von Verzögerung oder Verweigerung der Justiz.[1233] Zum anderen war eine Ausnahme in den Fällen gegeben, in denen Untertanen ihre Landesherrschaft selbst verklagten, wenn diese ihre Rechte ungerechtfertigt beschnitten hatte. Bis auf Österreich, Böhmen und Burgund war das Reichskammergericht dann Gericht über das ganze Reich, fällte seine Urteile aber regelmäßig zugunsten der Landesherrschaft und suchte nur die Schärfe ihres Vorgehens einzudämmen.[1234] Das Reichskammergericht war daher nicht wirklich in einen Instanzenzug, der über die holsteinischen Unter- und Obergerichte führte, eingebunden. Vielmehr war es aus der Perspektive Holsteins nicht als eine regelmäßige, stets anrufbare Instanz zu betrachten, sondern es konnte aufgrund der vielen Rechtsmittelbeschränkungen nur in bestimmten Fällen an diese Einrichtung appelliert werden. Somit war das Reichskammergericht für

---

1230 *Anonymus*, Anmerckungen (Stellen), S. 305 (309).

1231 Vgl. *Anonymus*, Anmerckungen (Stellen), S. 305 (308 f.).

1232 *Prange*, Gut, S. 57 (68).

1233 Vgl. *Falck*, Handbuch, 2. Band, S. 127 f.; *Cronhelm*, Bericht, S. 263; *Eisenhardt*, privilegia, S. 25 f.

1234 Vgl. *Thudichum*, Reichskammergericht, S. 148 (208 ff.).

Holstein eine höchstgerichtliche Institution von der Art, dass es hauptsächlich die Oberaufsicht über Gerichtswesen und Rechtspflege ausübte.[1235]

Doch selbst in dieser eingegrenzten Funktion war das Reichskammergericht aufgrund des in bestimmten Fällen zugelassenen remedium appellationis aus der Sicht der Landesherrschaft mit immer noch zu umfangreichen Kompetenzen ausgestattet. Seine Gerichtsbarkeit hätte nach ihrem Willen ausschließlich auf Fälle beschränkt sein sollen, in denen es zu Verzögerung und Verweigerung der Justiz gekommen war. Jede sonstige Appellationsmöglichkeit sei eine „*schaedliche und der Erfahrung nach mehrentheils gemißbrauchte, und zum Ruin einer oder andern, wo nicht beyder Partheyen, gedeyende Freyheit*".[1236] Mit einer Appellation an das Reichskammergericht war also einer „*der empfindlichsten Punkte der Landeshoheit berührt*".[1237] Einmal mehr war es die Macht der Ritterschaft, die dieses Begehren nicht vollständig zuließ. Sie behielt sich die Möglichkeit der Appellation an das Reichskammergericht mittels eines Privilegs vor, das sie sich bei Errichtung der Landgerichtsordnung ausdrücklich ausbedungen hatte. Die Ritterschaft verzichtete für das remedium appellationis auf Reichsebene zugunsten ihrer Mitglieder auf ihr bisheriges Vorrecht, „*sich selbst in hoechster Instantz das Recht zu setzen*", obwohl sie in Anbetracht ihrer eigenen Untertanen festgelegt hatte, dass Appellationen nicht zum Einsatz kommen sollten, da es sich um „*ein hoechst beschwerlich Mittel*" handele.[1238]

III. Zusammenfassende Betrachtung: Rechtliche und gerichtliche Rahmenbedingungen für holsteinische Leibeigene

Trotz ihrer Eigenschaft als Angehörige der untersten Schicht der Gesellschaft waren die holsteinischen Leibeigenen grundsätzlich nicht vollkommen ohne Rechtsschutz. Doch waren die rechtlichen und gerichtlichen Rahmenbedingungen ihres Daseins – ebenso wie ihre Position im Leibeigenschaftsverhältnis selbst – mit immensen Nachteilen, Schwierigkeiten und Unwägbarkeiten behaftet. Sowohl der Bereich der Rechtsquellen als auch derjenige des Gerichtswesens war ihrem Einfluss und einer effektiven Einsatzmöglichkeit für ihre Interessen weitgehend entzogen. Beide waren ganz überwiegend von der Dominanz ihrer Herrschaft im Speziellen sowie der privilegierten, zumeist adligen Gesellschaftsschicht im Allgemeinen geprägt.

1235 Vgl. *Kochendörffer*, Landgericht, S. 325 (338); *Falck*, Handbuch, 2. Band, S. 125 ff.; 3. Band, 1. Abth., S. 251.

1236 *Cronhelm*, Bericht, S. 262 f.

1237 *Prange*, Bemerkungen, S. 237 (239).

1238 *Cronhelm*, Bericht, S. 262.

Zwar differenzierten sich im Vergleich zum Mittelalter die vorhandenen Rechtsquellen in der Frühen Neuzeit großteils stark aus, und es kamen etliche neue, teilweise umfangreiche hinzu. Dadurch wurde das Spektrum an Rechtsquellen nicht nur insgesamt vertieft und verbreitert, sondern jede der Quellen, vor allem das Gemeine Recht und das Naturrecht sowie die gelehrte Literatur zu beiden, enthielt im Besonderen einen mehr oder weniger großen Anteil an Rechtssätzen, die sich mittelbar oder unmittelbar mit der Leibeigenschaft oder zumindest den Verhältnissen bäuerlicher Abhängigkeit beschäftigten. Diese waren somit grundsätzlich geeignet, zur rechtlichen Beurteilung von Fragen, welche die holsteinische Leibeigenschaft betrafen, unter Berücksichtigung der Eigenheiten der dortigen Zustände herangezogen zu werden. Auch das Gerichtswesen im Allgemeinen bildete sich weiter aus. Es gelangten mehrere, einem Instanzenzug ähnliche gerichtliche Institutionen und Ebenen zur Entstehung. Dadurch wurde qualitativ eine deutlich höhere Stufe im Gerichtswesen erreicht. So gab es für Holstein auf der obergerichtlichen Ebene in juristischen Belangen mit dem umstrukturierten adligen Landgericht, den neu geschaffenen Kanzleigerichten der einzelnen Landesteile sowie der Deutschen Kanzlei in Kopenhagen nicht nur viele verschiedene Anlaufpunkte, sondern mit dem Reichskammergericht sogar eine höchstrichterliche Institution auf Reichsebene.

Doch die ländliche Bevölkerung Holsteins und damit insbesondere die den niedrigsten sozialen und regelmäßig auch tatsächlichen Rang bekleidenden Leibeigenen waren von diesen Entwicklungen fast vollständig abgeschnitten. Ihre Verhältnisse wurden nur von einem kleinen Ausschnitt der möglichen Rechtsquellen und im Normalfall nur von den Institutionen der unteren gerichtlichen Ebene bestimmt. Denn die Leibeigenschaftsbedingungen unterfielen fast ausschließlich lokalem Gewohnheitsrecht, und die fast allein maßgebliche Einrichtung, die für die Rechtsschutzinteressen der Leibeigenen bestand, war die Gutsgerichtsbarkeit. Allerdings wurden auch die regionalen Obergerichte im Laufe der Zeit, vor allem im 18. Jahrhundert, immer stärker von den Leibeigenen in Anspruch genommen. Dabei nahmen die Gemeinschaftliche Regierungskanzlei und die Deutsche Kanzlei als ständige Einrichtungen eine herausragende Stellung ein. Obwohl also während der frühneuzeitlichen Jahrhunderte etliche Veränderungen und Verbesserungen auf der obergerichtlichen Ebene stattfanden, die von den Leibeigenen auch genutzt wurden, blieb deren Wert als effektive Rechtsschutzmöglichkeiten trotz allem bereits von vornherein fraglich.

Denn gerade in den höheren gerichtlichen Institutionen, in denen der Einfluss und die Macht der Gutsherrschaft nicht mehr derart allumfassend wie bei einem im eigenen Gutsbezirk abgehaltenen Gutsgericht war und die Chancen der Leibeigenen auf eine Durchsetzung ihrer Interessen daher wesentlich besser zu sein schienen, gab es eine Fülle von sonstigen allgemeinen Konstellationen, Problemen und Unzulänglichkeiten. Diese stellten die Chancen der Leibeigenen nicht nur oftmals in Frage, sondern schmälerten sie sogar teilweise drastisch. Zwar wurden die Verhältnisse im Hinblick auf die Rechtspflege im Land grundlegend von der Landgerichtsordnung geregelt. Doch dieses Gesetz war in vielen Punkten nicht genau oder nicht weitgehend genug. Hinsichtlich anderer Aspekte wiederum ging es nicht um die Frage der rechtlichen Regelung, sondern der praktischen Umsetzung. So herrschten auf der obergerichtlichen Ebene aufgrund unterschiedlicher Widrigkeiten häufig bis weit ins 18. Jahrhundert hinein Rechtsunsicherheit und auch schon aus der damaligen Perspektive rechtlich bedenkliche Zustände.

Denn es war kein einheitlicher rechtlicher Maßstab für die Beurteilung der anfallenden vielfältigen Rechtsfragen vorhanden, sondern ein Nebeneinander vieler Rechtsquellen und Maßstäbe, hinsichtlich derer in der Landgerichtsordnung nur eine knappe Angabe der Rangfolge ihrer Geltung vorlag. Dies dürfte insbesondere den gelehrten Räten, die am Gemeinen Recht sowie der gelehrten juristischen Literatur und nicht an holsteinischem oder sächsischem Gewohnheitsrecht ausgebildet worden waren, Bewertungsprobleme bereitet haben. Des Weiteren gab es den in Gerichtsverfahren auf allen Ebenen häufig anzutreffenden Missstand der Aktenversendung an auswärtige, teils weit entfernt liegende Juristenfakultäten zur Einholung von Sprüchen und Gutachten. Das erschien insbesondere im Hinblick auf Fragen des lokal- oder landesspezifischen Gewohnheitsrechts als eine zweifelhafte Methode der Rechtsfindung. Außerdem war die Kommunikation und die Zusammenarbeit zwischen den einzelnen Gerichten zumeist mangelhaft, teilweise sogar kaum vorhanden.

Ein entscheidender Aspekt war schließlich die Praxis der Berufung der Mitglieder der einzelnen Spruchkörper sowie die Zusammensetzung aller oberen Gerichte des Landes im Allgemeinen. Infolge der Staats- und Gesellschaftsstruktur wurden die Mitglieder der wichtigsten Spruchkörper – des adligen Landgerichts, der Regierungskanzlei des königlichen holsteinischen Anteils sowie der Deutschen Kanzlei – vom König selbst berufen. Das galt sowohl für adlige als auch für gelehrte Räte. Der König war auch der Herr aller dieser Behörden und Gerichte und zugleich oberster Gerichtsherr. Aufgrund dieser Zustände waren die einzelnen Einrichtungen eng miteinander verbunden und handelten auch in laufenden Gerichtsverfahren in gegenseitiger Absprache. Sogar ihre Spruchkörper waren in dynastischer Hinsicht stark verquickt und teilweise sogar identisch besetzt. Dadurch konnten die verschiedenen, über der Gutsgerichtsbarkeit befindlichen holsteinischen Obergerichte kaum als voneinander unabhängige, geschweige denn vom „Staat“ und seiner Weltanschauung losgelöste, in einem Stufenverhältnis angeordnete Instanzen betrachtet werden.

Folglich war das Gerichtswesen in der Frühen Neuzeit, sogar noch im fortgeschrittenen 18. Jahrhundert, im Hinblick auf einen Instanzenzug im heutigen Sinn wegen dieser gravierenden Mängel noch nicht ausgebildet. Ein solcher „moderner“ Instanzenzug auf der obergerichtlichen Ebene, der gesteigerte

Rechtsschutzmöglichkeiten auch für die untere Gesellschaftsschicht geboten hätte, war nicht vorhanden. Die zusätzliche Rechtsschutzmöglichkeit durch das Reichskammergericht war den holsteinischen Leibeigenen, ebenso wie allen anderen Untertanen des Adels, von vornherein genommen. Statt dessen war die Wahrscheinlichkeit einer einheitlichen, alle Obergerichte des Landes umfassenden Rechtsansicht aufgrund der Besetzungspraxis der Spruchkörper und der daraus resultierenden anfänglichen gemeinsamen Meinungsbildung groß. Zudem waren nicht nur die dynastischen Verflechtungen des Adels innerhalb dieser Institutionen weitläufig, sondern viele der adligen Gutsherren, welche die Gerichtsherren in ihren Bezirken waren, saßen als adlige Räte in den königlichen Institutionen und konnten mittels ihres Stimmrechts auch dort Einfluss ausüben.

Sahen sich die holsteinischen Leibeigenen daher im rechtlich-gerichtlichen Alltag der praktisch allumfassenden Macht und in erhöhtem Maß auch der Willkür ihrer Gutsherrschaft gegenüber, so bargen auch die oberen gerichtlichen Institutionen des Landes im Hinblick auf effektiven Rechtsschutz für die untere Gesellschaftsschicht viele Missstände und Probleme.

5. Teil: Die Schmoeler Leibeigenschaftsprozesse des 18. Jahrhunderts

Die Schmoeler waren während rund 250 Jahren die einzigen leibeigenen Untertanen des Adels, die jemals bis vor das Reichskammergericht gezogen sind. Unter den Schmoeler Leibeigenschaftsprozessen werden jedoch all die Gerichtsverfahren und die mit ihnen zusammenhängenden Geschehnisse verstanden, die sich vornehmlich in den beiden Hauptphasen von 1738 bis 1743 und 1767 bis 1777 zugetragen haben. Grundsätzlich waren davon nicht nur die Untertanen des adligen Guts Schmoel, sondern die Untertanen aller drei im Freibrief aufgezählten Güter – Schmoel, Hohenfelde und Oevelgönne – betroffen. Diese drei Güter machten den holsteinischen Besitz Christoph Rantzaus aus. Im Hinblick auf die Schmoeler Leibeigenschaftsprozesse waren aber bereits ab 1695 nur noch Schmoel und Hohenfelde von Belang.[1239] Die Geschichte Oevelgönnes trennte sich trotz gleicher rechtlicher Ausgangsposition ab diesem Zeitpunkt nahezu vollständig von derjenigen der anderen beiden Güter ab. Das lag vor allem daran, dass Oevelgönne und seine Untertanen keine direkte räumliche Verbindung zu Schmoel und seinen Untertanen besaßen.[1240]

I. Einleitung

Die adligen Güter Schmoel und Hohenfelde lagen im wagrischen Teil Holsteins unmittelbar an der Ostsee nahe der Kieler Bucht. Sie grenzten direkt aneinander und bildeten nicht nur eine geschlossene Fläche, sondern durch ihre enge Verbindung auch in vielen anderen Belangen eine Einheit. Schmoel lag ca. 15 Kilometer nordwestlich von Lütjenburg an der Grenze zur Probstei im Kirchspiel Giekau, das im Oldenburger Güterdistrikt gelegen war. Während des 15. und des 16. Jahrhunderts war das Gut zunächst im Besitz der Familie Meinstorff, danach gelangte es in den Besitz der Familie Rantzau. Gegen Ende des 17. Jahrhunderts wurde es von Christoph Rantzau verkauft. Nachdem es durch mehrere Hände gegangen war, gehörte es etwa seit der Mitte des 18. Jahrhunderts zu der Landgräflich Hessensteinschen Herrschaft und wurde 1781 in ein familiäres Fidei-

---

1239 Wenn im Folgenden von Schmoel die Rede ist, ist damit zugleich auch Hohenfelde gemeint, da beide Güter mehr oder weniger eine Einheit bildeten.

1240 Das adlige Gut Oevelgönne lag ca. vier Kilometer südwestlich von Neustadt im Kirchspiel Süsel im Oldenburger Güterdistrikt. Bevor Christoph Rantzau 1690 Besitzer wurde, befand es sich im Besitz der Familien Buchwald, Pogwisch, Sehestedt und Ahlefeld. Von der Größe seines Gesamtareals unterschied sich das Gut nicht wesentlich vom Umfang Schmoels und Hohenfeldes (vgl. *Oldekop*, Topographie, 1. Band, IV. Abschnitt, VII. Kapitel, S. 120 f.; *Schröder/Biernatzki*, Topographie, 2. Band, S. 237 f.).

commissgut umgewandelt.[1241] Das Gesamtareal des Guts umfasste 758 Hektar, das Gebiet seiner 20 Hufen und drei Katen 733 Hektar.[1242]

Hohenfelde lag etwa zwölf Kilometer nordwestlich von Lütjenburg. Seine Geschichte deckt sich weitgehend mit der Schmoels. Allerdings war Hohenfelde bereits gegen Ende des 14. Jahrhunderts im Besitz der Familie Rantzau, die es von der Familie Meinstorff übernahm.[1243] Das Gesamtareal des Guts, das in den Haupthof Hohenfelde und den Meierhof Todendorf unterteilt war, umfasste 778 Hektar, das Gebiet der dazugehörigen 17 Hufen und sieben Katen lediglich 568 Hektar.[1244] Der Umfang beider Güter blieb während des Untersuchungszeitraums unverändert. Für Schmoel waren 32 Pflüge und für Hohenfelde 19 Pflüge in der Landesmatrikel aus der Mitte des 17. Jahrhunderts angegeben.[1245] Dieser Zustand hielt sogar noch Mitte des 19. Jahrhunderts vor.[1246]

Im Gegensatz zur Mehrzahl der holsteinischen Güter, deren Einkünfte zur Hälfte der Holländerei zuzuschreiben waren, waren Schmoel und Hohenfelde aufgrund der guten Bodenverhältnisse überwiegend auf den Kornbau ausgerichtet. Um 1745 hatte Schmoel die beiden Dörfer Hohenfelde und Schwartbuck, in denen es je zehn Hufner und in Hohenfelde zusätzlich noch drei Kätner gab. Hohenfelde besaß die beiden Dörfer Satjendorf mit zehn Hufnern und zwei Kätnern sowie Matzwitz mit sieben Hufnern. Dazu gab es noch fünf Kätner beim Hof Todendorf. An Insten waren auf Schmoel zwischen 35 und 40 und auf Hohenfelde etwa 24 vorhanden. Beide Güter hatten je fünf Fischer. Auf den Höfen selbst waren nur wenige Personen beschäftigt. Es waren je ein Feldvogt, ein Scheunenvogt und ein Bauknecht vorhanden. An Kuhhirten gab es drei auf Schmoel, zwei auf Hohenfelde und einen in Todendorf. Schweinehirten besaßen nur Schmoel und Hohenfelde, je einen an der Zahl. Ein Schafhirte war nur auf Schmoel zugegen. Dazu kamen auf jedem Hof eine Köchin und eine Hausdirne. Die Gesamtzahl der Untertanen beider Güter betrug 1768 zusammen 778, wobei auf Schmoel 406 und auf Hohenfelde 372 Untergebene entfielen. Die den Untertanen obliegende Dienstpflicht war nicht ungewöhnlich hoch. Sowohl auf Schmoel als auch auf Hohenfelde mussten die Hufner für je etwa 70 Hektar Land aufkommen. Dabei war das Verhältnis von bäuerlichem Hufland zu herrschaftlichem Hofland auf den Gütern nicht identisch. Während die Schmoeler Bauern je 35 Hektar zu bearbeiten hatten, umfassten die Hohenfelder Hufen lediglich 30 Hektar, wodurch die Fläche des zu beackernden Hoflands 40 Hektar

---

1241 Vgl. *Oldekop*, Topographie, 1. Band, IV. Abschnitt, IX. Kapitel, S. 46; *Schröder/Biernatzki*, Topographie, 2. Band, S. 409.

1242 *Prange*, Leibeigenschaftsprozesse, S. 122.

1243 Vgl. *Oldekop*, Topographie, 1. Band, IV. Abschnitt, IX. Kapitel, S. 45; *Schröder/Biernatzki*, Topographie, 1. Band, S. 527.

1244 *Prange*, Leibeigenschaftsprozesse, S. 122.

1245 *Prange*, Leibeigenschaftsprozesse, S. 40.

1246 Vgl. *Schröder/Biernatzki*, Topographie, 1. Band, S. 527 bzw. 2. Band, S. 409.

ausmachte. Im Vergleich zur Größe der Höfe war die Bewirtschaftung auf Schmoel am intensivsten. Aufgrund des guten Bodens und des hohen Stands der Kultivierung waren die Güter ertragreich und daher wirtschaftlich interessante Verkehrsgüter.[1247] 1740 hieß es sogar, „*das das Schmoler Korn vor allem Korn im Lande den Vorzug hat*".[1248]

Ein genaues Datum für die Einführung der Leibeigenschaft lässt sich nicht feststellen. Doch geht aus einer Urkunde vom 22. Mai 1576 hervor, dass die Leibeigenschaft auf Schmoel und Panker unter den Rantzaus zu diesem Zeitpunkt bereits etabliert war: „*Wir Heinrich Rantzow erbgesessen zu Schmole, Otto Rantzow, erbgesessen zu Pankow (...) thun kundt und bekennen mitt jegenwertigem briefe (...) das nicht alleine vorgemelter entwichener Heinrich Bonhoff, sondern auch alle seine leuthe, so under ime wonhen, seine leibeigen sein, dar ehr halß und handt hoheitt und gerechtigkeitt hochst und sidest, wie solchs zu rechte gebreuchlich, alleine uber sie hadt, wie dan nicht alleine ehr, sondern hir in dießem orthe im landthe Holstein die jungkern sambtlich solchen eigenthum uber ire undersathen und guther haben (...) das unsere undersaten alhie im landt zu Holstein unsere liebeigen seindt mitt alle iren guttern*".[1249]

Die Ausgestaltung der Leibeigenschaft wies offensichtlich keine Besonderheiten auf. Doch genossen die Untertanen erhebliche Freizügigkeit. Die Hufner verkauften ihre Produkte auf dem Markt, Insten arbeiteten außerhalb des Gutsbezirks bis hin nach Fehmarn, und Knechte kamen im Rahmen ihrer für die Herrschaft zu leistenden Fuhren relativ weit im Land herum.[1250] Den Schmoelern ging es materiell „*außerordentlich gut*", weshalb sie in dieser Hinsicht keine Klagen verlauten ließen und von der Herrschaft im eigenen Interesse in diesem Stand erhalten wurden.[1251] Es handelte sich um „*wohlhabende Leibeigene*",[1252] die teilweise „*sogar erhebliches Vermögen*" besaßen.[1253] Darüber hinaus war es „*landkundig, daß die Unterthanen (...) vorzüglich gut wohnen, und sowohl von ihrer Herrschaft, als auch von deren Nachgeordneten, auf eine Art gehalten und begegnet werden, die vieleicht viele andere vergeblich wünschen*".[1254] Unter Hessenstein hatten sich mehrfach freie Leute in die Leibeigenschaft zu Schmoel begeben.[1255] Hinsichtlich ihrer materiellen Situation hoben sich die Schmoeler

1247 Vgl. *Prange*, Leibeigenschaftsprozesse, S. 118 ff.

1248 Hartmann an einen Agenten vom 14. März 1740 (AHH (HH) Nr. 1).

1249 *Rörig*, Agrargeschichte (Beilage), S. 137 (148 ff.).

1250 *Prange*, Leibeigenschaftsprozesse, S. 123.

1251 Vgl. *Prange*, Leibeigenschaftsprozesse, S. 106, 125 f.

1252 *Gloy*, Beiträge, S. 67.

1253 *Schrader*, Materialien, S. 232 (266 f. (Fn. *))).

1254 Königlicher Obersachwalter Wibel an den König vom 28. Dezember 1768 (AHH (HH) Nr. 176; sinngemäß aufgenommen in das Schreiben der Regierung vom 22. April 1773 (LA Abt. 390 Nr. 478, Q. 18).

1255 *Prange*, Leibeigenschaftsprozesse, S. 146.

damit deutlich vom Durchschnitt ihrer Standesgenossen in Holstein ab. Zwar waren es nicht die einzigen Güter, auf denen es Leibeigenen verhältnismäßig gut ging, doch waren solche Verhältnisse die Ausnahme.[1256] Allein der Zustand der Unfreiheit ließ ihnen aufgrund des Freibriefs von 1688 keine Ruhe. Diese Rastlosigkeit dauerte mehr oder weniger bis zur Abschaffung der Leibeigenschaft auf den Gütern 1795 bis 1801 an.

II. Der Freibrief Christoph Rantzaus (1688)

Am 19. Juli 1688 stellte Christoph Rantzau in Köln einen Freibrief aus, der die Aufhebung der Leibeigenschaft auf seinen holsteinischen Gütern Schmoel, Hohenfelde und Oevelgönne beinhaltete.[1257] Das Dokument selbst und seine Folgen waren einzigartig. Aus diesem Grund erlangte es beachtliche Bekanntheit. Weder orientierte sich der Freibrief an Vorbildern noch kam ihm selbst Vorbildcharakter zu.[1258]

1. Historischer Hintergrund

Zwar war Christoph Rantzau ein holsteinischer Adliger, doch unterschied er sich in einigen Punkten maßgeblich von seinen zeitgenössischen heimatlichen Standesgenossen. Bereits um die Mitte der 1640er Jahre, also Anfang 20,[1259] wandte er sich den theologischen Studien zu. Kirche, Theologie und Religion bestimmten fortan sein Leben. Fühlte er sich anfangs noch als Lutheraner, war sein Übertritt zum Katholizismus und zur Katholischen Kirche 1650 vollzogen.[1260] Nach einem Jahrzehnt voller Reisen[1261] folgten nach dem Tode seiner Mutter 1659 zwölf Jahre des Kampfes um sein Erbe, den er letztlich 1672 gegen seine Schwester und ihren Mann gewann.[1262]

Bis 1686 lebte Rantzau fast durchgehend auf seinen holsteinischen Gütern, auf denen er viele Angelegenheiten selbst übernahm. Er stellte den kaufmännischen

---

1256 *Falck*, Handbuch, 4. Band, S. 218 f. bzw. 219 (Fn. 21)); vgl. § 1 der Vormuender-Verordnung vom 28. Sept. 1767: „*Daß da die leibeigene Unterthanen in Unserm Herzogthum Holstein ordentlicherweise wenig oder gar nichts eigenes besitzen*" (Sammlung (SHV) (*Michelsen/Johannsen*), Num. CCLXXV, S. 988 (988))).

1257 Veröffentlichte Abdrucke beispielsweise in den Actenstücken (*Falck*), Nr. XIV, Lit. A, S. 579 ff. sowie bei *Falck*, Rede (Beilage, Lit. A), S. 473 (508 ff.).

1258 Vgl. *Prange*, Leibeigenschaftsprozesse, S. 101.

1259 Vgl. *Prange*, Leibeigenschaftsprozesse, S. 10 bzw. S. 10 (Fn. 6).

1260 Vgl. *Prange*, Leibeigenschaftsprozesse, S. 14 ff.

1261 Vgl. *Prange*, Leibeigenschaftsprozesse, S. 24 ff.

1262 Vgl. *Prange*, Leibeigenschaftsprozesse, S. 40 ff.

Aspekt der Gutswirtschaft in den Vordergrund und schaffte es, nach einigen Jahren der Investitionen eine einträgliche Wirtschaft aufzubauen, deren Gewinne er hauptsächlich durch Anlagegeschäfte im Ausland noch vermehrte. Sein Charakter und seine Religiosität bestimmten den Umgang mit Vermögenswerten. Einerseits legte er voller Missachtung für äußeren Glanz und weltlichen Prunk strenge Sparsamkeit an den Tag. Andererseits wandte er immense Summen Geldes zur Unterstützung der unterschiedlichsten katholischen Einrichtungen auf. Diese Stiftungstätigkeit versuchte er gemäß dem Grundsatz der christlichen Demut und als ein in protestantischen Landen lebender Konvertit im Verborgenen durchzuführen.[1263]

Nachdem man Ende März 1686 bei Rantzau eine seiner Untergebenen der Hexerei bezichtigt hatte, wurden von ihm infolge dieses Ereignisses bis Mitte desselben Jahres 18 seiner Untertanen zum Tode verurteilt und hingerichtet. Nach Bekanntwerden dieser Vorgänge wurde eine landesherrliche Untersuchung angeregt, und man forderte ihn auf, die Gerichtsprotokolle auszuliefern. Rantzau ging offensichtlich von einem ungünstigen Ausgang der Untersuchung aus und verließ das Land in Richtung Köln. Als ehemaligem Reichshofrat war ihm bewusst, dass er die strengen formal-juristischen Vorschriften in seinen Hexenprozessen nicht vollständig eingehalten hatte. Von Köln aus unternahm er Anstrengungen, um in der Angelegenheit ungestraft davonzukommen. Zunächst versuchte er sich durch den Verkauf seiner Güter der gerichtlichen Verfolgung zu entziehen. Als das Geschäft scheiterte, suchte er die Eröffnung des Verfahrens zu verhindern. Doch Rantzau wurde von der Gemeinschaftlichen Regierung im September 1687 vor das Landgericht geladen, wogegen er erfolglos an das Reichskammergericht appellierte. Die erneute Ladung vor das Landgericht für den Juni 1688 beantwortete er mit der Bitte um Einstellung, hilfsweise um Aufschub des Verfahrens. Aufgrund von Streitigkeiten innerhalb der Landesherrschaft kam es erst im September 1690 zur Verhandlung vor dem Landgericht. Wegen der gravierenden Mängel beim Verfahren in den Hexenprozessen wurde Christoph Rantzau zur Zahlung hoher Strafgelder verurteilt.[1264]

Der Tag, an dem er den Freibrief zugunsten seiner Leibeigenen verfasste, fiel also in eine Zeit, in der Rantzau bewusst war, dass er gerichtlicher Verurteilung nicht würde entgehen können. Umso mehr lag es ihm am Herzen, die maßgeblichen Personen so milde wie möglich zu stimmen und seinen wahren Charakter in den Vordergrund zu stellen. Folglich hielt er handschriftlich fest, dass die Leibeigenen seiner Güter auf ewig freigelassen seien. Das Dokument sandte er an die Gemeinschaftliche Regierung und den Landesherrn persönlich.[1265] Inwieweit die Ausfertigung des Freibriefs durch Rantzau somit wesentlich durch

---

[1263] Vgl. *Prange*, Leibeigenschaftsprozesse, S. 57 ff.
[1264] Vgl. *Prange*, Leibeigenschaftsprozesse, S. 76 ff.
[1265] Vgl. *Prange*, Leibeigenschaftsprozesse, S. 79 ff.

äußere Faktoren, insbesondere „*aus Reue über seine allzu vielen Hexenverbrennungen*",[1266] beeinflusst worden ist oder die Freilassung der Untertanen doch dem in seinem Inhalt zum Ausdruck kommenden Selbstzweck der Handlung Genüge tat, ist nicht nachzuvollziehen.

2. Inhalt

Im Großen und Ganzen findet sich im Freibrief Rantzaus nur eine einzige übergeordnete relevante Regelung: die zeitlich unbeschränkte Entlassung der Untertanen aus der Leibeigenschaft.[1267] Dies geschah in erster Linie im Hinblick auf „*den schlechten und miserablen Zustand der ewigen Leibeigenschafft*". Zudem sei „*dieselbe in der heiligen Goettlichen Schrifft gar nicht gegruendet*". Die maßgebliche Folge dieser Regelung, die von Rantzau an mehreren Stellen betont wurde, war, dass seine ehemaligen Leibeigenen sowie ihre Nachfahren „*als von ihrer Leibeigenschafft zu ewigen Zeiten erlassene freye Leute*" anzusehen seien. Infolge dessen konnten sie sich grundsätzlich „*an andere Oerter inn- oder ausserhalb Holstein, wohin es ihnen beliebet, von jedermaenniglich ungehindert begeben*". Diese Bestimmung wollte Rantzau nicht nur zu seinen Lebzeiten beachtet wissen, sondern er erlegte sie auch seinen Erben und allen nachfolgenden Besitzern der Güter auf. Insbesondere im Verkaufsfall „*soll diese Disposition und Verordnung/ dem Kauff-Briefe von Wort zu Wort, wie sie hier lautet, einverleibet werden/ und soll ohne dem der Kauff-Brief gantz unkraefftig, null und nichtig, und von keinem Wehrt seyn*".

Die praktische Umsetzung unterwarf er jedoch eigenen Vorstellungen und Bedürfnissen. Aufgrund ihres Stellenwerts im scharf ausgeprägten gutswirtschaftlichen System bedurfte der Schritt der Aufhebung der Leibeigenschaft konkreter Umsetzungsvorgaben, um die Wirtschaft der Güter aufrecht zu erhalten. In diesem Zusammenhang stellte Rantzau Vorschriften auf, die nicht unmittelbar der Wirtschaftlichkeit der Güter dienten, sondern vielmehr auf die persönlichen und wirtschaftlichen Interessen der Untertanen ausgerichtet waren und kurzfristigem Gewinnstreben damit eher entgegenstanden. Manche der Regelungen waren mit den Gütern und ihrer Bewirtschaftung nicht einmal direkt verbunden, konnten ihnen auf lange Sicht sogar abträglich sein. Infolge des Freibriefs hatten die Untergebenen zwei Möglichkeiten. Sie konnten als freie Menschen von ihrem Land abziehen oder als freie Menschen unter neuen höfischen Arbeitsbedingun-

[1266] *Degn*, Panker, S. 192 (198).

[1267] Hinsichtlich der folgenden Zitate und Ausführungen vgl. das Exemplar des Freibriefs, das als Lit. A dem Factum vom 20. Februar 1739 beigefügt worden ist (LA Abt. 65.2 Nr. 1424); kleinere Unterschiede in den Formulierungen der einzelnen Versionen des Dokuments bleiben unberücksichtigt (vgl. *Prange*, Leibeigenschaftsprozesse, S. 100 (Fn. 1)).

gen auf ihrem Land Bediente der Güter bleiben. Diese Wahlmöglichkeit machte es notwendig, die Bereiche der Dienstverpflichtungen neu zu regeln. Dabei mussten die mit der Abschaffung der Leibeigenschaft anvisierten Ziele mit den ökonomischen Bedürfnissen der Gutswirtschaft verbunden werden.

Wollten die Untertanen von ihrer Hufe abziehen, ging das aufgrund Arbeitskraftverlusts nicht sofort. Vielmehr hatten sie eine Kündigungsfrist von ein oder zwei Jahren einzuhalten. Diese Frist diente beiden Seiten. Dem Gutsherrn gab sie die Möglichkeit, für Ersatz der verlorengehenden Arbeitskräfte zu sorgen, dem abzugswilligen Untertanen verschaffte sie hinsichtlich seines Entschlusses ausreichend Bedenkzeit. Kündigten sie ihre Hufe *„mit gebuehrendem Respect und Unterthaenigkeit"* fristgerecht, konnten sie davonziehen. Gutseigene Immobilien und Ländereien mussten sie *„in gutem Stande erhalten"*, dabei hatten sie insbesondere vor ihrem Abzug *„alle nothwendige, schuldige Verbesserung von Jahren zu Jahren"* zu leisten. Gutseigenes Inventar und Mobiliar musste auf den Gütern gelassen werden. Dasjenige, *„was ihnen eigenthuemlich zugehoeret"*, was sie *„auf einigerley Art und Weise erworben, zugezogen oder erkaufft, (...) besessen und in Gebrauch gehabt"* hatten, durften sie mit sich nehmen. Als einzige Pflicht gegenüber ihrem ehemaligen Herrn wurde ihnen auferlegt, dass sie oder ihre Angehörigen sich zu keiner Zeit und an keinem Ort mehr in die Leibeigenschaft begeben durften. Bei Zuwiderhandlungen bestand ein Rückforderungsrecht *„nebenst Weibern und Kindern"* auf die Güter. Zur Vermeidung von Unklarheiten und Streitpunkten sollte den Abziehenden die ordnungsgemäße Kündigung und ihre persönliche Freiheit in einem an sie auszuhändigenden Dokument und im Gutsregister beurkundet werden. Zogen die Untertanen hingegen von den Gütern ab, ohne fristgerecht gekündigt zu haben und ihren Pflichten nachgekommen zu sein, waren sie also *„heimlich entlauffen"*, drohte ihnen die Verfolgung und Verbringung auf die Güter, wo sie *„andern zum Exempel gebuehrend abgestraft"* werden sollten.

Entschieden sich die Untertanen zum Verbleib auf den Gütern, waren sie freie Leute. Ihre Dienstverpflichtungen am Gutshof wurden von sechs auf *„nur Vier sage Vier Tage"* gesenkt. Dabei wurden bestimmte Wochentage festgelegt, von denen aber im Falle widriger Witterungsbedingungen oder religiöser Festtage abgewichen werden durfte. Zusätzlich fielen die Zahlungen der jährlichen Heuergelder für Hufen und Katen weg. Geriet ein Bauer in Not und musste sich Korn vom Hof vorschießen lassen, sollte ihm bei der jährlichen Rücklieferung der Menge ein gewisses Maß der Kornschuld erlassen werden. Wer keine Schulden gemacht hatte, durfte sich genau diese Menge Korn liefern lassen. Den Rest seiner Schuld hatte der Bauer *„allezeit Scheffel fuer Scheffel"*, also zinslos, zurückzuzahlen. Erfolgte die Begleichung der bäuerlichen Schuld mittels Geld, galt bei verschiedenen zeitgleichen Preisen der geringste Preis als Berechnungsmaßstab, *„wie es auf der Nachbahrschafft gilt"*.

Weitere Bestimmungen betrafen das Schul- und Armenwesen, sonstige Hofdienste und das generelle Verhältnis zwischen Gutsobrigkeit und Untergebenen. Trotz der sich aus den genannten Bestimmungen ergebenden Mehrkosten und -belastungen für die Güter wurde die Einrichtung und Ausstattung der freien Schulen gesichert. Alle Eltern des Gutsgebiets hatten ihre Kinder zur Schule zu schicken. Diese sollte *„mit tuechtigen Schulmeistern alle Jahr versehen“* werden, die einerseits ordentliche Bezahlung bekommen, andererseits aber *„auch gebuehrende Aufsicht geschehen“* lassen sollten. Die für das Armenwesen aufzubringenden Almosen und Kontributionen sowie ihre regelmäßige Auslieferung wurden für *„allezeit“* garantiert. Mit sonstigen Dienstverpflichtungen wie *„Botenlauffen und Fuhren“* waren die Untertanen nur dann zu belasten, wenn es *„zu der Guehter besten (...) und sonst zu derselben hohe und unumgaengliche Nothwendigkeit erfodert wird“*. Vom generellen Verhältnis zwischen Untertanen und Herrschaft, auch die *„zeitliche Verwaltere, Voegte und Bauknechte“*, hieß es, dass diese mit jenen *„wie ein Vater mit den Kindern umzugehen“* hätten. Diese Pflicht bestand vor allem, um den Untertanen keinen Grund für den Abzug von den Gütern zu geben.

Die Regelungen des Freibriefs hinsichtlich der zukünftigen Rechte und Pflichten der Parteien zielten mittel- und langfristig darauf ab, die Gutswirtschaft umzustrukturieren und rentabler zu machen. Kurzfristig war das zunächst mit Kosten und Investitionen verbunden, deren Erträge wiederum unsicher waren.

3. Rechtliche Behandlung der Leibeigenen

Inwieweit die Vorgaben des Freibriefs umgesetzt wurden, lässt sich nicht beantworten. Dass seine Maßnahmen und Rechtsfolgen jedenfalls in der Theorie außergewöhnlich waren, steht jedoch fest. Die den Leibeigenen eingeräumte Möglichkeit, ihren Gutsbezirk zu verlassen sowie die Reduzierung der Hofdienste um ein Drittel für diejenigen, die sich trotz ihres neuen Status' als Freie zum Bleiben entschlossen, waren zu dieser Zeit unbekannte Verhältnisse in diesem Teil der Landesverfassung. Durch die Aufhebung der Schollenbindung und der täglichen Dienstpflicht erfolgte die Beseitigung der beiden Merkmale, die das Wesen der holsteinischen Leibeigenschaft als der Grundlage der scharf ausgeprägten Gutswirtschaft ausmachten. Wer seine Leibeigenen freiwillig ziehen ließ und die Hofdienste drastisch kürzte, entschied sich zwangsläufig zugleich für die Abkehr vom traditionellen Wirtschaftssystem. Da dies eine radikale Neustrukturierung der Wirtschaft der Güter nach sich zog, sind diese Regelungen des Freibriefs als revolutionär zu bezeichnen.

Doch bestanden die Besonderheiten der im Freibrief genannten Maßnahmen nicht nur in Abschaffung der Leibeigenschaft. Vielmehr musste Rantzau infolge dessen zur Aufrechterhaltung irgendeiner Form von Wirtschaft auf den Gütern daran gelegen sein, seine ehemals leibeigenen Untertanen trotz ihrer nunmehrigen Freiheit an seinen Besitz zu binden. Dies geschah auf der Grundlage unterschiedlicher reizvoller Neuerungen, die jedoch lediglich mit ex-nunc-Wirkung stattfanden, also in die Zukunft gerichtet waren. Die Durchführung von Maßnahmen, die eine ex-tunc-Wirkung, etwa die Gewährung einer Kompensation für bisher geleistete Dienste, entfaltet hätten, kam nicht vor. Solch eine Kompensation hatte im Gegenseitigkeitsverhältnis zwischen Herrschaft und Untergebenen keinen Platz, sondern war über die gutsherrliche Konservation abgegolten. Für die ihrem Gutsbezirk treu bleibenden Untertanen wurde nicht nur der Umfang der Dienstverpflichtungen stark reduziert. Durch den Fortfall der Heuergeldzahlungen, die Gewährung zinsloser Korndarlehen sowie sogar Kornschenkungen und die Möglichkeit der Schuldbegleichung durch Geld zu günstigsten Konditionen wurden reizvolle Voraussetzungen für den Aufbau einer rentablen bäuerlichen Eigenwirtschaft geschaffen. Diese grundlegenden Umstände wurden ergänzt durch die Flexilität der Arbeitszeit an Feiertagen, das verstärkte gutsherrliche Engagement im Armen- und Schulwesen und die weitgehende Garantie der Freiheit von sonstigen Dienstbelastungen.

Das Fundament dieser Neuerungen waren die durch die Bibel und Gott selbst vermittelten christlichen Werte. Der Freibrief ist durchgehend von stark religiösen Formulierungen geprägt. Gottes Wille und das Streben, ihm zu gefallen, begleiteten Rantzau bei all seinen Maßnahmen. Aus diesem Grund wich das sich durch den Freibrief bietende Bild von den zukünftigen gutsherrlichen Zuständen so enorm von der ringsherum auf den Gütern vorhandenen Lebenswirklichkeit ab. Die christliche Motivation Rantzaus wirkte sich in extremem Maß zugunsten seiner Untertanen aus und verhinderte, dass die kapitalistische Wirtschaftsweise, die der regelmäßige Orientierungsmaßstab adliger Güter war, im Vordergrund stand. Sogar die sonstigen Bestimmungen des Freibriefs, in denen verpflichtende oder strafende Elemente zum Ausdruck kamen, waren grundsätzlich im Interesse der Untertanen in das Dokument aufgenommen worden. Neben den Pflichten und Strafen, die mit der Kündigung ihrer Stelle zusammenhingen, hatten sie nur die Pflicht, sich niemals und nirgendwo wieder in Leibeigenschaft zu begeben. Die von Rantzau für solch einen Fall angedrohte Rückholung der gesamten Familie auf die Güter ist nicht als Ausspielung gutsherrlicher Macht zu beurteilen, sondern sollte aufgrund ihres drastischen Strafcharakters die Untertanen gezielt davon abhalten, entgegen des ursprünglichen Zwecks des Freibriefs zu handeln. Diese Regelung machte den Idealismus Rantzaus, nämlich die irdische Zweckungebundenheit der Befreiung der Leibeigenen, augenscheinlich. Auch vom typischen patrimonialherrschaftlichen Gewaltverhältnis blieb nicht viel übrig. Die Untergebenheit der Gutseingesessenen, ihre Unterordnung unter die Macht des Herrn und seiner Repräsentanten, ging mehr denn je in eine Beziehung über, wie sie zwischen Vater und Kind zu bestehen pflegte.

Da Rantzau mit der Abschaffung der Leibeigenschaft nicht das Ziel verfolgte, seine Untergehörigen ziehen zu lassen, sondern sie nur ihrem Status nach zu Freien machen wollte, musste es ihm zwangsläufig darauf ankommen, sie trotz ihrer Freiheit auf den Gütern zu halten. Das war nur möglich, wenn er ihnen mittels weitreichender Zugeständnisse entgegenkam. Diese Umstellungen erforderten einen freiwilligen Verzicht auf enorme eigene finanzielle und herrschaftliche Positionen. Rantzau führte also im Hinblick auf seine Untertanen nicht nur Reformen revolutionären Ausmaßes durch, die ihrer Zeit Jahrzehnte voraus waren. Er tat dies zugleich ohne wirtschaftliche Not und einseitig zu Lasten seiner Herrschaft und Finanzsituation. Dadurch erfuhren seine Leibeigenen eine Behandlung, die sich während der gesamten Ära der Leibeigenschaft als einmalig darstellte.

III. Der Kaufvertrag über die Güter (1695)

Der nach seinem Wortlaut und dem Willen seines Verfassers ewige Freibrief von Mitte 1688 hatte in der Realität nicht einmal sieben Jahre Bestand. Bereits Anfang 1695 schloss Rantzau mit Dernath, einem adligen Standesgenossen, einen Kaufvertrag über seine holsteinischen Güter, in den der Freibrief zwar formell inkorporiert wurde, dessen Bedingungen seine Bestimmungen jedoch praktisch wieder rückgängig machten.[1268] Für den dazwischen liegenden Zeitraum ist nur ein einziger Fall dokumentiert, in dem von dem Freibrief Gebrauch gemacht wurde. Ende 1690 ließ sich der Sohn eines Todendorfer Schneiders seine Freiheit bestätigen, um ein freies Mädchen zu heiraten.[1269]

1. Historischer Hintergrund

Am 6. September 1690 wurde Rantzau vom Landgericht wegen seines Vorgehens gegen die vermeintlichen Hexen zur Zahlung von über 24000 Reichstalern verurteilt. Da er nicht zahlte, wies sich die Regierung in den Besitz seiner Güter ein und bestellte eine Immissionsverwaltung. Diese ging auf dem Weg der Schenkung von den beiden Landesherren an je einen ihrer Räte, Detlev Reventlow sowie Magnus Wedderkop, den Amtmann von Tremsbüttel und Steinhorst, über. Nach Auszahlung Wedderkops wurde Reventlow schließlich alleiniger Immissionsinhaber der Güter. Um in den Besitz der Güter zu gelangen, tat er

---

1268 Vgl. Punkt vier des Kaufbriefs vom 9. Januar 1695 (LA Abt. 390 Nr. 478, Q. 4).

1269 Vgl. den Freischein vom 25. Oktober 1690, der unter Sig. Lunae dem Factum vom 20. Februar 1739 beigefügt worden ist (LA Abt. 65.2 Nr. 1424); abgedruckt bei den Actenstücken (*Falck*), S. 579 (587); vgl. *Prange*, Leibeigenschaftsprozesse, S. 103 bzw. 103 (Fn. 8).

sich mit Dernath zusammen, der auf Sierhagen und Hasselburg saß und damit unmittelbarer Nachbar von Rantzaus Oevelgönne war. Zudem handelte es sich bei ihm um den neben Rantzau zweiten katholischen Gutherrn im Land. Dernath reiste nach Wetzlar und verhandelte mit Rantzau über den Verkauf seiner Güter. Da sich die Immittierten problemlos in deren Besitz hätten erhalten können und er selbst seit Jahren seinen ständigen Wohnsitz in Köln hatte, musste Rantzau es als Glück ansehen, überhaupt verkaufen zu können. Vor dem Hintergrund dieser Zwangslage verkaufte er die Güter beträchtlich unter Wert an Dernath, der im Innenverhältnis zu seinem Geschäftspartner lediglich Oevelgönne behielt und der Abmachung gemäß Schmoel und Hohenfelde Reventlow überließ.[1270]

2. Inhalt

Im Hinblick auf die Leibeigenschaft bzw. die personen- und besitzrechtlichen Verhältnisse der Untertanen enthielt der zwischen Rantzau und Dernath geschlossene Kaufvertrag den maßgeblichen vierten Punkt.[1271] Dort war die grundsätzliche Verpflichtung des Käufers und seiner Erben aufgenommen, ganz allgemein „*ein Vater der sämtlichen Bedienten Schmolischer, Hohenfeldischer und Övellgönnischer Unterthanen zu seyn, Ihnen alle Väterliche Liebe in allen Begebenheiten zu erweisen*“ sowie im Speziellen „*sie über die gewöhnlichen Hoftage nicht zu beschweren und nach der hienächst folgenden des H. Grafen von Rantzow derselben halber gemachter Disposition datiert Cölln den 19ten Julii Ao 1688 und nach der allhiro unter dieselbe stehender Erklärung derselben mit Ihnen zu verfahren*“.

Diese „Erklärung“ des Freibriefs umfasste vier rechtlich relevante Bestimmungen. Zunächst wurde festgelegt, „*weil die Unterthanen gar aus Bosheit und Gottlosigkeit Ihren Herrn und die Güter zu ruiniren die ein oder zwey Jährige Loskündigung thun könnten, (...) „daß ein ieder was er empfangen in gutem Stande wieder an ihre Herrschaft liefern soll, besonders sie sollen auch andere Tüchtige wieder an ihre Stelle erlangen und schaffen, damit die Güter nicht ruiniret und wüst gemacht werden*“. Somit blieb die Kündigungsmöglichkeit der Hufe durch den Bauern unter Beachtung der ein- bzw. zweijährigen Übergangsfrist im Grundsatz erhalten. Doch hatte er bei Abzug nicht nur das der Gutsherrschaft eigentümliche Inventar in ordnungsgemäßem Zustand zurückzulassen, sondern zusätzlich einen verlässlichen Ersatzmann für die von ihm aufgegebene Stelle zu besorgen.

1270 Vgl. *Prange*, Leibeigenschaftsprozesse, S. 83 ff.

1271 Hinsichtlich der folgenden Zitate und Ausführungen vgl. den Kaufbrief vom 9. Januar 1695 (LA Abt. 390 Nr. 478, Q. 4).

Des Weiteren war für den Fall bestimmt, „*dafern (...) jemand (...) heimlich davon gehen würde, so soll derselbe als ein Ungehorsamer und dieses benificii Unwürdiger wiedergeholet werden, er sey auch an welchen Ort und Ende er wolle und alsdann wegen seines eigenes Verbrechens völlig zu der vorigen Leibeigenschaft wieder verfallen seyn*". Mithin hatte der Bauer bei Flucht oder Abzug nach nicht ordnungsgemäßer Kündigung als Folge seines Ungehorsams Verfolgung und Rückholung sowie zur Strafe die Degradierung in den Zustand der Leibeigenschaft in althergebrachter Form zu erwarten.

Ferner wurde „*wegen eine Tonne Rokken die jährlich ein jedweder Hufner auch der halben Tonne Rocken die jährlich einem iedweden Kätner nach der vorerwähnter disposition de 19 Jul 1688 von der Güter einkommen bei des H. Grafen Zeit gegeben worden, dass Ihm dadurch jährlich ein großes abgehen, hergegen aber einem iedweden Hufner und Kätner wenig damit gedienet seyn könnte, so disponire hiemit, daß der Herr Graf und seine Erben dazu nicht verobligiret seyn sollen, auch daß die Unterthanen die in ein alten Register benannte Jährliche gewöhnliche Heuer-Gelder dem alten Land gewöhnlichen Gebrauch und Herkommen nach bezahlen sollen*". Demzufolge stellte die Erfüllung des jedem Hufner und Kätner gegenüber der Gutsherrschaft zustehenden Anspruchs auf eine jährliche gemessene Zuwendung an Korn zur Unterstüzung ihrer hauseigenen Wirtschaft für die neue Herrschaft und ihre Erben keine rechtlich verbindliche Pflicht mehr dar. Außerdem wurde die Aufhebung der Heuergeldzahlungen zurückgenommen. Diese waren fortan von den Landstelleninhabern wieder in altbekannter Form und Höhe an die Herrschaft zu entrichten.

Schließlich waren die Dienstpflichten betroffen. „*Weil auch die Unterthanen selbst begehret und gebeten, daß es bey denen gewöhnlichen täglichen Hoftagen verbleiben mögte, (...) wie des H. Grafen von Rantzow Zeit verbleiben laßen, wobey es auch sein künftiges verbleiben haben, sie aber nicht mehr als was Christlich, recht und gewöhnlich beschweret werden sollen*". Folglich betrug der zeitliche Umfang der wöchentlichen Hofdienste der Untergehörigen wieder die überkommenen sechs und nicht nur vier Tage, wie es zwar im Freibrief festgelegt, aber wohl noch zu Rantzaus Zeiten auf Wunsch der Gutsbevölkerung selbst wieder rückgängig gemacht worden war. Hinsichtlich des Inhalts der Dienstpflichten war bloß bestimmt, dass sie dem Gewohnheitsrecht gemäß zu handhaben seien.

3. Rechtliche Behandlung der Leibeigenen

Gleich zu Beginn des vierten Punkts des Kaufbriefs stellten die Parteien das allgemeine Verhältnis zwischen der neuen Gutsherrschaft und ihren Untergebenen klar. An ihm änderte sich dem Wortlaut nach im Vergleich zur Zeit Rantzaus nichts. Vielmehr wurde noch intensiver hervorgehoben, dass die Herrschaft gegenüber ihren Untertanen eine Vaterrolle bekleidete und ihnen in allen Angelegenheiten mit väterlicher Liebe zur Seite zu stehen habe. Zudem wurde der Freibrief in den Kaufvertrag aufgenommen, wie es von Rantzau in diesem selbst für die Wirksamkeit jedes Kaufvertrags über die Güter festgelegt worden war. Dies geschah jedoch nicht wörtlich, wie Rantzau es bestimmt hatte. Die neue Gutsherrschaft musste ihr Verhalten zwar grundsätzlich am Freibrief, aber nicht an seinem ursprünglichen Text, sondern an seiner im vierten Vertragspunkt enthaltenen Erklärung ausrichten. Diese „Erklärung" des Freibriefs enthielt das Gebot zur Stellung eines Ersatzmanns bei Kündigung und Abzug von seiner Stelle, die Androhung von Verfolgung, Rückholung und Verfall in die Bedingungen der Leibeigenschaft bei Flucht, gewohnheitsrechtlich ausgefüllte tägliche Hofdienste, die Verpflichtung zur Entrichtung einer jährlichen Grundheuer sowie die Nichtverbindlichkeit von außerhalb der notwendigen Konservation liegenden gutsherrlichen Naturalzuwendungen.

Alle diese zur „Erklärung" des Freibriefs in den Kaufbrief aufgenommenen Bestimmungen waren der erst vor wenigen Jahren neu gewonnenen personen- und besitzrechtlichen Stellung der Untertanen höchst abträglich. Bei ihnen handelte es sich um Bestimmungen, welche die Vorgaben des Freibriefs nicht nur „erklärten", sie folglich bloß mit anderen Worten wiedergaben oder inhaltlich präzisierten. Vielmehr suchten diese Ausführungen im Kaufbrief die Vorgaben des Freibriefs bestmöglich einzuschränken. Von ihrer Wirkung her gingen sie soweit, dass sie den Freibrief und die mehrfach in ihm betonte Abschaffung der Leibeigenschaft zwar nur konkludent, aber dennoch eindeutig wieder aufhoben. Von den 1688 festgesetzten Verbesserungen der Verhältnisse der Untertanen blieb infolge der von den Kaufvertragsparteien 1695 vereinbarten Bedingungen nichts Wesentliches übrig. Zwar kündigte der Vertrag die Wiedereinführung der Leibeigenschaft ausdrücklich nur für die zurückgeholten, zuvor nicht ordnungsgemäß abgezogenen Untergehörigen an. Doch eine Anwendung der Kaufbriefbestimmungen auf die gesamte Gutsbevölkerung war mit der Wiedereinführung der Leibeigenschaft auf den Gütern gleichzusetzen. Ein maßgeblicher Unterschied zur Situation vor 1688 ist nicht auszumachen.

Die für diese Form der Einigung der Parteien ausschlaggebenden Gründe sind offensichtlich. Von entscheidender Bedeutung für den Inhalt der kaufbrieflichen „Erklärung" war, dass die Verhandlungspositionen der Parteien von Beginn an ungleichwertig waren. Da sich Rantzau in verschiedener Hinsicht in einer Zwangslage befand, vermochte Dernath die Vertragsbedingungen mehr oder weniger nach Belieben zu diktieren. Als Käufer hatte er die Intention, die Güter ihrer Ausgestaltung und ihrem Preis nach so günstig wie möglich zu erwerben. In diesem Zusammenhang war die von Rantzau einige Jahre zuvor durchgeführte Güterstrukturreform für den durchschnittlichen Besitzer eines adligen Guts, welches die regelmäßige ostholsteinische Wirtschaftsweise aufwies, inakzeptabel. Für Dernath und Reventlow kam die Übernahme der Güter Rantzaus offenbar nur unter der Bedingung in Betracht, dass ihre Ausgestaltung der der übrigen Geestgüter glich und damit insbesondere Gutswirtschaft auf der Grundlage von Leibeigenschaft betrieben werden konnte. Da sich das Landgericht erst mehrere Jahrzehnte später mit der Problematik auseinanderzusetzen hatte, bedeutete dies zugleich, dass sich die Untergehörigen, an die der Freibrief ausgegeben worden war, gegen die Wiedereinführung der alten Verhältnissen nicht vehement genug zur Wehr setzten. Vielmehr liefert die Behauptung im Kaufbrief, dass sie von sich aus die Rückkehr zur Sechs-Tage-Woche begehrt hätten, einen Hinweis darauf, dass die Untertanen nicht willens oder fähig waren, alle von Rantzau neu festgelegten Bedingungen umzusetzen. Außerdem erscheint fraglich, ob dieser selbst die gesamte Tragweite seines Unterfangens zum Zeitpunkt seines Beschlusses und seiner Kundgabe überblickt hat bzw. inwieweit er, der sich bereits damals nicht mehr auf seinen Gütern aufhielt, willens und fähig war, solch ein umfassendes Unternehmen – die gröbsten Reformen Hans Rantzaus auf Ascheberg dauerten rund 20 Jahre[1272] – anzupacken. Ob etwas und falls ja, was bis 1695 auf den Gütern schon geändert worden war, insbesondere im Hinblick auf Umstellungen in der Wirtschaftsweise, lässt sich nicht nachvollziehen.

Jedenfalls wurden die Regelungen des Freibriefs von beiden Parteien im Sinne von Leibeigenschaft und Gutswirtschaft und wider die objektiven Interessen der Untertanen ganz bewusst beseitigt. Welche Probleme dieser Entschluss gerade Rantzau bereitete, ist nicht ersichtlich. Denn er selbst hatte jeden Kaufvertrag ohne die wörtliche Aufnahme des Freibriefs für unwirksam erklärt und jeden diesem Dokument Zuwiderhandelnden verflucht, zugleich jedoch sein eigenes Leben streng nach religiösen Maßstäben ausgerichtet. Vielleicht glaubte er, die große Sünde, die er zweifellos durch die Unterzeichnung des Kaufbriefs beging, durch erhöhte Mildtätigkeit zugunsten kirchlicher Einrichtungen in seinen letzten Lebensjahren[1273] ausgleichen zu können. Zum Zeitpunkt des Vertragsschlusses befand sich Rantzau in einer zu starken Zwangslage, um seinen eigenen, 1688 höchst eindringlich formulierten Ansprüchen gerecht werden zu können, wenn er seine Güter, die er nicht mehr brauchte, überhaupt zu einem akzeptablen Preis veräußern wollte. Die holsteinische Gutswirtschaft, die auf einen neuen Höhepunkt zusteuerte, und der damit verknüpfte Markt der adligen Güter ließen Rantzau keine Chance, die Geltung des Freibriefs beizubehalten.

Auch die väterliche Rolle der Gutsherrschaft gegenüber ihren leibeigenen Untertanen, die sogar noch vor der Auflistung der einzelnen „erklärenden“ Bestimmungen im Kaufbrief betont wurde, kann über dessen wesentliche Wirkung

---

[1272] Vgl. *Jessen*, Entstehung, S. 167 f.; *Hanssen*, Aufhebung, S. 33 f. bzw. 34 (Fn. *)); *Prange*, Anfänge, S. 203 ff.; *Prange*, Gut, S. 57 (63 ff.); *Theen*, Leibeigenschaft, S. 80 (92).

[1273] Vgl. *Prange*, Leibeigenschaftsprozesse, S. 91 ff.

nicht hinwegtäuschen. Denn diese Rolle wurde nicht im Sinne elterlicher Liebe verstanden. Sie war vielmehr das Spiegelbild der strengen patriarchalischen Strukturen. Ihr charakteristisches Merkmal, vor allem in Verbindung mit der Leibeigenschaft, war die strukturelle Unterlegenheit, die Unselbständigkeit der Untergebenen. Diese waren zwar nicht rechtlos, doch blieb die Gutsherrschaft in allen Angelegenheiten die maßgebliche Instanz. Dies basierte auf der allgemeinen zeitgenössischen herrschaftlichen Überzeugung, am besten zu wissen, was das sinnvollste für die Untergehörigen sei, eben wie ein Vater für seine Kinder.

Die Leibeigenen selbst scheinen die Bedeutung des Freibriefs in dieser Zeitspanne niemals wirklich erkannt zu haben. Neben der einzigen dokumentierten Ausnahme seiner Gebrauchmachung ist jedoch erwähnenswert, dass der Bauernvogt von Schwartbuck die Herausgabe der an die verschiedenen Dorfschaften ausgegebenen Exemplare des Freibriefs erfolgreich verweigerte. Dieses Verhalten war später mitverantwortlich für die Prozesse. Insgesamt ging es den Untertanen auf den Gütern verhältnismäßig so gut, dass sie keinen Grund dafür sahen, sich umgewöhnen zu wollen oder zu müssen, geschweige denn fortzuziehen. Zudem waren die Entwicklung der Landwirtschaft sowie der öffentlichen Meinung von der Leibeigenschaft und das Selbstverständnis der Betroffenen am Ende des 17. Jahrhunderts noch nicht ausgeprägt genug, um angemessen auf die Vorgänge dieser Zeit reagieren zu können. Alle diese Umstände trugen dazu bei, dass der Freibrief nach wenigen Jahren praktisch geräuschlos wieder beseitigt wurde und für lange Zeit in Vergessenheit geriet.

IV. Der erste Prozess vor dem Landgericht (1738 bis 1740)

Der erste Prozess der Schmoeler vor dem Landgericht begann am 25. Februar 1739 und erstreckte sich über insgesamt vier Verhandlungstage bis zum 21 Juli 1739.[1274] Als Parteien standen sich die Untertanen und die Gläubiger Detlev Reventlows gegenüber. Für die Eingesessenen traten vor Gericht die von ihnen aus ihrer Mitte bestellten Vertreter Hans Roeper und Detlef Hartmann auf. Zu ihrem Rechtsvertreter wählten sie den Kieler Stadtsyndikus Johann Nathanael Schmidt. Für die Gläubiger Detlev Reventlows übernahm der der Ritterschaft nahestehende Johann Jacob Adami die rechtliche Vertretung.[1275]

1274 Vgl. die gedruckten Rezesse (LA Abt. 65.2 Nr. 1424).

1275 Vgl. *Prange*, Leibeigenschaftsprozesse, S. 106 f.

1. Historischer Hintergrund

Zum Landgerichtsprozess kam es infolge einer Verkettung besonderer Umstände. Nachdem der Schmoeler Gutsherr Detlev Reventlow 1737 Konkurs angemeldet hatte, seine Güter beschlagnahmt und seine Unterlagen gesichtet worden waren, tauchte unter ihnen ein Exemplar des fast 50 Jahre alten Freibriefs auf. Davon erfuhr der Giekauer Pastor, durch den die Leibeigenen von dem Schriftstück unterrichtet wurden.[1276] Daraufhin leisteten sie *„die Hoff-dienste nicht dergestalt wie (...) benöhtiget, und sonst praestiren wolten“*, und der Inspektor der Güter *„befürchtete, daß wenn die junge Knechte und Mägde ihr Lohn empfangen, dieselbe zum größten Nachtheil der Güter, weichhafft werden mögten“*.[1277] Er teilte den Sachverhalt dem Landgericht mit, das eine citatio ex officio gegen die Leibeigenen ergehen ließ.[1278] Demzufolge hatte das Landgericht zu entscheiden, welchen persönlich-rechtlichen Status die Gutsuntergehörigen innehatten. Denn das war von maßgeblicher Bedeutung für die anstehende Versteigerung der Güter, da vom Urteilstenor der Wert der Güter und damit der an die Gläubiger anteilig auszuschüttende Erlös abhing.

Diese Geschehnisse müssen vor dem Hintergrund der allgemeinen Situation im Land betrachtet werden. Gerade in ihren Gutsbezirken hatten die adligen Herren noch immer gewaltige Macht inne, aufgrund der sie das gutswirtschaftliche System mit seinem Eckpfeiler der Leibeigenschaft auf seinen Höhepunkt getrieben hatten. Diese Verhältnisse erregten zusehends Missmut, so dass sich verschiedenartige Gegenpole ausbildeten. Zum einen führte eine fortschreitende Machtzunahme der Landesherrschaft gegenüber den Ständen zu einer gewissen Eindämmung der adligen Macht, zum anderen kam von Seiten der bürgerlich-gelehrten Öffentlichkeit eine immer unverhohlenere Kritik an der Leibeigenschaft auf. Auch die Leibeigenen selbst begannen sich unter dem Eindruck der enormen Dienstbelastung infolge der Agrardepression der 1730er Jahre und zeitgleich mit der gesellschaftlich-politischen Entwicklung vielerorts gegen ihre Gutsherrschaften in Prozessen zur Wehr zu setzen.

2. Rechtliche Behandlung der Leibeigenen

Die sich aufgrund des Freibriefs ergebende spezielle Situation der Schmoeler gewann erstmals 50 Jahre nach dessen Erstellung eine über die Grenzen der Gutsherrschaft hinausreichende Bedeutung. Die Klärung des Status' der Unter-

---

1276 Vgl. die gedruckten Rezesse (LA Abt. 65.2 Nr. 1424); *Prange*, Leibeigenschaftsprozesse, S. 106.

1277 Landgericht an den König vom 30. Oktober 1739 (LA Abt. 65.2 Nr. 1424).

1278 Vgl. *Prange*, Leibeigenschaftsprozesse, S. 106.

tanen wurde erstinstanzlich vom Landgericht übernommen. In das prozessuale Geschehen von 1738 bis 1740 war neben dem Landgericht und den Advokaten der Parteien auch bereits die Deutsche Kanzlei eingebunden.

a. Advokat der Leibeigenen

Der Gegenstand des Prozesses war die Frage nach dem personenrechtlichen Status der Schmoeler. Konkret ging es um die Frage, welches Dokument rechtliche Gültigkeit besaß: der Freibrief von 1688, nach dem die Untertanen Freie waren, oder der Kaufbrief von 1695, nach dem sie Leibeigene waren. Schmidt suchte die Rechtsgültigkeit des Freibriefs zu begründen. Sein Verhalten ist dabei in zwei Abschnitte zu unterteilen: die Äußerungen während der eigentlichen Verhandlungen sowie das allgemeine Verhalten nach dem Abschluss der Verhandlungen und vor Urteilsverkündung.

Während sich das Factum der Untertanen vom 20. Februar 1739 noch auf die Wiedergabe des Freibriefs in eigenen Worten beschränkte, kam in den Rezessen die Prozessstrategie Schmidts deutlich zum Ausdruck.[1279] Der Advokat leitete seine Ausführungen damit ein, dass er auf die unwiderrufliche Freilassung aller Leibeigenen durch den Freibrief verwies, dessen Unveränderlichkeit von Rantzau mittels einer Versicherung am Ende des Dokuments zusätzlich herausgestellt worden sei. Zudem sei der Freibrief den Leibeigenen bekannt gewesen, und es sei auch Gebrauch von ihm gemacht worden, wie der Freischein von 1690 beweise. Spätere Besitzer der Güter hätten sich jedoch die Leibeigenschaft über die Untertanen widerrechtlich und derart intensiv angemaßt, *„daß auch der Imploranten Vorfahren nicht einmahl ihren Nachkommen von dieser ihnen gewordenen Freyheit einen zulaenglichen Begriff nachlassen koenen*“. Grundsätzlich sei es zwar so, *„daß die in Teutschland befindliche Leibeigene keinesweges pro liberis, sondern pro servis zu achten*“ seien. Im Hinblick auf ihre rechtliche Behandlung sei es also durchaus korrekt, dass *„von denen Servis Romanorum auf die heutige Leibeigene nicht allerdinges argumentiret werden koenne; Indessen sind und bleiben dennoch die Leibeigene auch nostris moribus, wuerckliche und wahre Servi, und muß dannenhero fuer die Losgelassene und wuercklich manumittirte, der nach allen Rechten unveraenderte favor libertatis, allerdinges militiren*“. Diese in allen Rechten gleichartige „Gunst der Freiheit“ werde den Klägern durch die Entlassung aus der Leibeigenschaft mittels des Freibriefs gewährt. *„So hat auch solche durch keine eintzige wiedrige Handlung oder Geschaeffte ihnen nicht wieder entzogen werden koennen*“, da *„die nachmahlige der Guehtern Possessores, als welchen der Frey-Brief ja wohl un-*

[1279] Hinsichtlich der folgenden Zitate und Ausführungen vgl. die gedruckten Rezesse vom 25. Februar bis zum 21. Juli 1739 (LA Abt. 65.2 Nr. 1424).

moeglich unbekannt seyn koennen, keinesweges in mala fide & vitiosa possessione ein jus & lucrum acquiriren koennen". Daher sei es so, dass die Schmoeler Untertanen ihre Rechte aus dem Freibrief nicht wirksam verloren hätten, „*sondern nur ihre unschuldige und arme Lebens-Art, nebst ihrer Unwissenheit ihrer Gerechtsahme von den Possessoribus der Guether gemißbrauchet worden*" sei.

Bei dem Freibrief handele es sich seiner Gestaltung nach um ein Dokument, über das Rantzau als Verfasser „*nachhin nicht mehr disponiren, oder den Kaeuffer seiner Guehter davon dispensiren*" könne. Die Äußerung der Prozessgegner, dass „*die in den (...) Kauff-Briefe (...) befindliche Veraenderung (...) als eine Erklaerung des Frey-Briefes*" anzusehen sei, sei untauglich, „*da doch bekannt: daß per interpretationem nur die bey einem promisso etwa vorkommende verba obscura & ambigua erklaeret werden, keinesweges aber das Versprechen selbst dadurch aufgehoben werden kan. In dem ertheilten Frey Briefe (...) ist nichts dunckel und zweiffelhafft, sondern alles deutlich und klar disponiret, (...) folglich hat es keiner Erklaerung bedurfft.*" Zudem könne jede von dem Verfasser des Freibriefs „*als (...) fuer ungueltig, unstatthaft und unrichtig erkannte Veraenderung wohl nicht von der geringsten Rechts-Gueltigkeit seyn*".

Ferner machte Schmidt deutlich, dass dieser grundlegenden Rechtsüberzeugung keine Einwände entgegengehalten werden könnten. Alles, was von den Kreditoren gegen die Untertanen vorgebracht werde, beruhe darauf, dass die Schmoeler „*keine gruendliche Wissenschafft*" von ihrem Recht gehabt hätten, was man ihnen aufgrund ihrer Stellung nicht zum Vorwurf machen könne und dürfe. So sei unabhängig davon, ob es sich bei der Aufhebung der Leibeigenschaft um eine Entlassung oder eine mildtätige Schenkung handele, für ihre Wirksamkeit keine ausdrückliche Annahme durch die Begünstigten erforderlich. Einreden anderer Art kämen nicht in Betracht. Die exceptio praeclusi, also Präklusion, könne keine Anwendung finden, da der dem Probsten Reventlow geleistete Eid sich nur auf die Verrichtung der ihnen gebührenden Dienste und nicht darüber hinaus auf den Status der Leibeigenschaft erstreckt habe und bei Kenntnis des Freibriefs nicht einmal in dieser Form abgestattet worden wäre. Weiterhin verhindere die Unkenntnis der Untertanen von dem Dokument die Anwendbarkeit der exceptio praescriptionis, also den Ausschluss wegen Verjährung. Die wesentliche Grundlage von Verjährung seien die Vernachlässigung des Rechts und schweigende Übereinstimmung mit diesem Zustand. Diese Voraussetzung sei von vornherein unerfüllbar, da das Recht, um dessen Verjährung es gehe, den Betroffenen gar nicht bekannt gewesen sei.

Die gegnerische Argumentation, „*daß Implorantes auf die angefuehrte gedoppelte Art, wieder in dem vorigen Zustand der Leibeigenschafft gekommen*", sei dem Begehren der Kläger vielmehr zuträglich; „*denn dadurch stehen Creditores voellig zu, daß Implorantes durch den Frey-Brief (...) die Freyheit wuercklich erlanget*". Aufgrund der fehlenden rechtlichen Stichhaltigkeit der Argumente sei der Status der persönlichen Freiheit der Schmoeler Bauern noch aktuell und rechtsgültig. Als sichersten Beweis führte Schmidt den Freischein an.[1280] Dieser bestätige im Hinblick auf die Vorfahren der Kläger zweifelsfrei die „*Wuercklichkeit ihrer erhaltenen Freyheit*", und deswegen „*thut nichts zur Sache, daß besagter Moeller in dem Guhte geblieben, weilen so wohl diejenigen, welche in dem Guhte bleiben, als welche nach vorgaengiger Loskuendigung hinweg ziehen wollen, der Leibeigenschafft wuercklich erlassen*" seien. Die jetzigen Imploranten hätten nur aufgrund der ihnen widerfahrenen Unterdrückung „*eine zulaengliche Wissenschafft*" von Freibrief und Freischein nicht gehabt. Schließlich machte der Anwalt auf die übrigen Missstände auf Schmoel hinsichtlich des Schulwesens, der Getreideabgaben sowie der Heuer- und Armengeldzahlungen aufmerksam, wie sie sich bei einem Vergleich der Anordnungen des Freibriefs mit der wirklichen Sachlage darboten. Seine Ausführungen belegte der Advokat mit vielfältigen juristischen Belegen unterschiedlichster Herkunft. So verwandte er mit den Pandekten, den Institutionen und dem Codex sowohl römisches Recht als auch mit der Landgerichtsordnung und dem Gerichtsgebrauch Landesrecht in Form von Gesetzes- und Gewohnheitsrecht. Des Weiteren argumentierte er mit Rechtssätzen aus dem Naturrecht und anderen Billigkeitserwägungen und zitierte mit Faber, Pottgiesser, Leyser, Stangius, Mevius, Moller, Stammius, Stryck und Gail eine enorme Spannbreite der gelehrten juristischen Literatur.

Neben diesem Argumentationsstrang, der sich durch seine rechtliche Fundierung auszeichnete, baute der andere von Schmidt verwandte Strang in der Hauptsache darauf auf, dass er die Schmoeler Eingesessenen immer wieder „*als arme unwissende Leute*" beschrieb, die aufgrund ihrer strukturellen Unterlegenheit die herrschaftlichen Handlungen „*ueber sich ergehen lassen muessen*". Alles, was den Schmoelern seit Erstellung des Freibriefs widerfahren sei und entgegengehalten werde, sei „*nicht anders als eine offenbahre Unterdrueckung*" zu werten, „*woraus die nachherigen Besitzer der Guehter (...) nicht das geringste Recht und Befugniß erlangen koennen*". Aus diesem Grund war es Schmidts Ziel, dass im Urteil des Landgerichts „*in omnem eventum, das beneficium restitutionis in integrum brevi manu, denen armen Imploranten bestens reserviret*" werde, sie also ohne weiteres wieder in den Stand der persönlichen Freiheit zu versetzen seien.

Nachdem Schmidt dem Landgericht seine Rechtsauffassung vorgetragen hatte, wartete er nicht einfach das Urteil in der Sache ab und bereitete für den Fall eines abschlägigen Spruchs die Einlegung des Rechtsmittels des remedium supplicationis ad thronum vor. Vielmehr wandte er sich schon Monate vor der Verkündung des Urteils in zwei eindringlich formulierten Briefen an den König direkt, um seine vor Gericht dargelegten Ansichten zu wiederholen und zu be-

[1280] Vgl. den Freischein vom 25. Oktober 1690 (LA Abt. 65.2 Nr. 1424).

stärken. Daneben ging es ihm auch darum, neue wesentliche Gesichtspunkte anzusprechen sowie konsequent auf eine unparteiische Entscheidung hinzuwirken. Eine solche schien Schmidt aufgrund zwischenzeitlicher Veränderungen der Umstände nicht mehr gewährleistet zu sein. Schon in seinem Schreiben vom September 1739 findet sich das hauptsächliche Bedenken, „*daß unsere, obgleich von allen Rechten geschützte Sache, dennoch gegen der Macht unserer Gegnere erliegen, und ein vermeintliches Wohl des Landes die einmahl erlangte Freyheit uns zu entziehen sich allenthalben blicken läßt*".[1281]
In seinem Schreiben vom Dezember 1739 ging Schmidt noch einen Schritt weiter. Er meinte zu erkennen, dass „*die bloß äußerliche Umstande dieser Sache dergestalt beschaffen, daß das vermeintlich damit verknüpfte Interesse der mehresten Adelichen Herrschafften*" bei der Abgabe ihrer Voten ausschlaggebend sein könnte. Folglich war der Anwalt in Sorge, dass die Beantwortung der eigentlichen Rechtsfrage und die Interessen seiner Mandanten durch „*ein vorgeblich doch irriges so genandtes Wohl des Landes*" allzu stark vernachlässigt werden könnten. Sogar müsse er „*nicht ungegründet besorgen, daß (...) selbst das offenbahreste Recht, diesen ungegründeten Meinungen leichtlich per majora weichen dürffte*".[1282]
Ein von solchen Erwägungen geleiteter Urteilsspruch war nach Schmidts Überzeugung alles andere als unwahrscheinlich, obwohl ihn dies eher erstaunte, da „*die wahre Wohlfahrt und Nutzen der Güter nicht in der Menge leibeigener dürfftiger Leüte, sondern vielmehr die sicherste Conservation derselben in einer wohl (...) eingerichteten Haußhaltung bestehe, wann gleich die dienste von freyen und im guten Stande lebenden Eingeseßenen geleistet werden*". In diesem Zusammenhang verwies Schmidt nicht nur auf die dementsprechende regelmäßige Wirtschaftsweise auf den Marschgütern und die Aufhebung der Leibeigenschaft auf Gut Kaden, sondern er nannte auch das Reformbeispiel Aschebergs, eines in unmittelbarer Nähe Schmoels befindlichen Guts. Die tiefgreifenden Reformen Hans Rantzaus auf Ascheberg begannen zwar erst 1739, doch hatte Schmidt bereits „*dem äußerlichen vernehmen nach*" von „*diesem Exempel der Loslaßung aus der Leibeigenschafft*" erfahren.[1283]
Zur Problematik, dass das Landeswohl prozessentscheidend sein könnte, gesellte sich sein Hinweis darauf, dass zwischen den streitenden Parteien eine derart große prinzipielle Ungleichheit vorhanden sei, dass sie sich insbesondere im Hinblick auf rechtlich-gerichtliche Belange in einer immensen strukturellen Unterlegenheit der leibeigenen Bauernschaft äußere. Bei seinen Mandanten handele es sich um „*arme, der rechten unerfahrne, und bekümmerte Bauers-Leüte*"[1284] mit einer „*ohnedem so mühsahmen Lebens-Art*". Es gelte zu beden-

[1281] Schmidt an den König vom 9. September 1739 (LA Abt. 65.2 Nr. 1424).
[1282] Schmidt an den König vom 30. Dezember 1739 (LA Abt. 65.2 Nr. 1424).
[1283] Schmidt an den König vom 9. September 1739 (LA Abt. 65.2 Nr. 1424).
[1284] Schmidt an den König vom 9. September 1739 (LA Abt. 65.2 Nr. 1424).

ken, dass „*ein armer Bauersmann auf vielerley weise von seiner Herrschafft gar leichte intimidiret werden kan*" und „*vieles über sich ergehen und seines Guths Herrschafft bald weichen und unterliegen müße*".[1285] Dieses allgemeine Verhältnis sei in der Schmoeler Konstellation aufgrund der Menge der Prozessgegner noch ausgeprägter. Hinsichtlich dieses Umstands merkte Schmidt an, dass „*Macht, Reichthum und erhabener Stand*" der Kreditoren den Rechtsschutz für die Untertanen verkürzen könnten. Durch diese Attribute seien die Gegner „*uns alles entgegen zu setzen vollkommen fähig*".[1286]
Schmidt war daher frühzeitig zu der Auffassung gelangt, dass wirksamer Rechtsschutz am ehesten durch den König selbst garantiert werden konnte. Diesen suchte er auf der Grundlage eines Reskripts vom 15. Dezember 1738 zu erlangen, das zu diesem Zeitpunkt vor nicht einmal einem Jahr in Kraft getreten war. So erklärt es sich, dass Schmidt nicht erst das Landgerichtsurteil abwartete, bevor er das remedium supplicationis ad thronum ergriff, sondern dies bereits nach Abschluss der Verhandlungen vor Gericht tat. In dem Reskript war nämlich grundsätzlich verfügt worden, „*daß kuenftighin in solchen Faellen, wann eine oder die andere Parthey das remedium supplicationis ergreifet, und kein periculum in mora ist, (...) der Lauf der Sachen sistiret, und Unsere allerhoechste Resolution abgewartet, allenfalls aber, wann etwas erhebliches im Wege stehet, desfalls vorhero allerunterthaenigst referiret werden solle*".[1287]
Somit richtete sich Schmidt nur ungefähr eine Woche nach Beendigung der Verhandlungen an den König und bat darum, die in der Sache „*zu publicirende Urthel bis zu Erlangung einer (...) aller- und höchsten immediaten Resolution (...) aussetzen zu laßen*". Denn dem Freiheitsbegehren der Schmoeler Untertanen könne „*aus denen in hiesigem Hertzogthum recipirten Landes-Gesetzen nichts anders entgegen gesetzet werden (...): Als daß der favor libertatis nicht so hoch, wie bey den Römern geschahe, in einem Lande, woselbst die gantze Verfaßung, was die Adel. Gühter betrifft, auf die Leibeigenschafft eingerichtet, und es die größte Zerrüttung der Gühter, die einen großen Theil des Landes ausmachen, nach sich ziehen würde, wenn der Leibeigenschafft, wie bey den Römern der Knechtschafft favorisiret werden sollte*". Es sei nicht einzusehen, dass die Untergehörigen mit ihrem Gesuch, das zudem „*auf einen in Natür- und Göttl. Gesetzen begründeten principio ruhet*",[1288] „*einem solchen principio, welches bis dahero in keine öffentliche Gesetze verfaßet, noch in hiesigen Ländern publiciret, unterliegen solten; zumahlen (...) Freyheit das Summum bonum bleibet*". Diese Freiheit könne den Imploranten nicht verweigert werden, „*so lange nicht*

1285 Schmidt an den König vom 30. Dezember 1739 (LA Abt. 65.2 Nr. 1424).

1286 Schmidt an den König vom 9. September 1739 (LA Abt. 65.2 Nr. 1424).

1287 CCRH (*Cronhelm*), 1. Band, Num. V., S. 68; vgl. *Prange*, Leibeigenschaftsprozesse, S. 108.

1288 Gemeint ist das Prinzip "*jura, quae quis in alterum transtulit, citra causas a legibus permissas, revocare nequeat*".

aller- und gnädigst verordnet worden, daß Keinem in diesen Hertzogthum begühterten von Adel die freye Macht seine Unterthanen zu freyen Leuten zu machen unbenommen“ sei.[1289]

Solch eine immediate Resolution seitens der Landesherrschaft vermochte Schmidt jedoch nicht zu erlangen. Zusätzlich tauchte das Problem auf, dass die Besetzung des Gerichts zum Zeitpunkt einer anstehenden Entscheidung im Hinblick auf die Brisanz der Sache in seinen Augen anstößig war. Denn es war zum Austausch eines Landrats in der Form gekommen, dass ein gelehrter Rat durch einen adligen Rat ersetzt worden war. Infolge der dadurch nicht mehr vorhandenen Parität zwischen adligen und gelehrten Räten innerhalb des Spruchkörpers in Verbindung mit einem aufgrund der Sache möglichen übergeordneten Interessenkonflikt der adligen Räte, die nun ein stimmliches Übergewicht besaßen, sah Schmidt die Interessen seiner Mandanten in ernster Gefahr.[1290] Daher sah er sich zum Handeln gezwungen. Schmidt verlangte „*eine gleiche Anzahl mit denen Land Rähten machenden Gelehrten Rähten jedesmahl ungeschmälert beyzubehalten*“. Die ausgeglichene Zusammensetzung des Gerichts war für ihn eine unerlässliche Grundvoraussetzung zur Findung eines unparteiischen Urteils. Diese sei auch von der Obrigkeit vorgesehen, schließlich hätten „*die aller- und gnädigste Landes-Herrschafften zum wahren Ersprießen Dero Länder auch der Gerechtigkeit, ihr unverrücktes Gleich-Gewichte zuerhalten, eben so viel Gelährte Rähte, um dadurch wenigstens paritatem votorum nicht zubehindern, in denen Gerichten aller und huldreichst verordnet*“. Hinsichtlich dieses Aspekts war es einmal mehr „*das à Creditoribus fast überall ausgestreüte Wohl des Landes*“, weshalb der Rat Detlev Rantzau „*ohnmöglich in praesenti pro ratione decidendi angenommen werden wird noch kan*“, obwohl die Untertanen „*von deßen vollkommenen Einsicht und würcklichen Droiture, die gesicherste Meinung hegen, und den so wohl Ihm, als dem gantzen Höchstpreißlichen Land-Gericht schuldigsten Respect, auch im mindesten dadurch bey Seite zu setzen, nicht einmahl gedencken*“.[1291]

Zur Untermauerung seines Ersuchens um landesherrlichen Beistand fügte er eine Passage der Schlussresolution des Itzehoer Landtags von 1613 bei, in welcher der Schutz der Untertanen des Adels durch die Landesherrschaft in besonderem Maß betont worden war. Sie hatte sich verpflichtet, „*darauf zu sehen, das mit den armen Unterthanen als Christen umgangen, und derselben von der Landes Erb-Obrigkeit, krafft behaltener Praerogation gebührlicher Schutz gehalten werde. in Erwegung, daß die Praelaten und Ritterschafft (...) das Hals- und Handgericht über ihre Unterthanen, doch mit angeregter Reservation erlanget,*

1289 Schmidt an den König vom 29. Juli 1739 (LA Abt. 15 Nr. 582I).

1290 Vgl. unten auf S. 264 ff.

1291 Schmidt an den König vom 30. Dezember 1739 (LA Abt. 65.2 Nr. 1424).

sonsten aber primum modum constituendae servitutis ex captivitate über ihre Unterthanen mit Bestand beyzubringen wißen".[1292]

Die rechtliche Behandlung der Schmoeler durch Schmidt stellte sich sowohl während der Verhandlungen vor dem Landgericht als auch in der Phase bis zur Verkündung des Urteils als eine intensive und bemühte Rechtsvertretung dar. Der Advokat durchschaute die tatsächliche und rechtliche Problematik des Falls, insbesondere die Diskrepanz zwischen der materiellen und der formellen Rechtslage. Mit viel Einfühlungsvermögen für die Situation bemühte er sich schon in den Rezessen, seine Argumentationsstränge so miteinander zu verknüpfen, dass nicht nur das Klagbegehren seiner Mandanten nachvollziehbar und rechtsgegründet schien, sondern auch ihre Versäumnisse und die gegen ihre Rechtsauffassung sprechenden Gegebenheiten als nicht gegen sie verwendbar erschienen. Den ersten Strang suchte Schmidt mittels Heranziehung einer enormen Menge an Rechtssätzen verschiedenster Herkunft darzulegen. Angesichts der schwierigen Situation der Rechtsquellen im Allgemeinen und ihren Aussagen zur Leibeigenschaft im Besonderen bewies Schmidt eine bemerkenswerte Kenntnis der Materie. Inhaltlich-argumentativ legte er seinen Schwerpunkt auf die Betrachtung der rechtlichen Geltung der beiden hauptsächlichen Dokumente und vor allem darauf, nachzuweisen, dass der Freibrief Rechtsgültigkeit erlangt und sie auch nicht wieder verloren hatte.

Neben der Darlegung seiner Rechtsanschauung unter diesen materiell-rechtlichen Aspekten flocht der Anwalt den zweiten Strang der Argumentation in seine Prozessstrategie ein. Dieser beruhte darauf, die allgemeine Unterdrückung der Untertanen sowie ihre Unkenntnis der Umstände und ihre Unerfahrenheit in rechtlichen Belangen hervorzuheben. Dabei stellte Schmidt das Zusammenspiel der einzelnen Komponenten als so gravierend dar, dass die Einreden der Präklusion und der Präskription, die man den Untertanen entgegenhalte, allein infolge dessen zustande gekommen seien. Da diese Umstände jedoch nicht in den Verantwortungsbereich der Untergehörigen fielen, könnten sie ihnen auch nicht vorgeworfen werden. Somit könnten ebenfalls deren Auswirkungen nicht gegen die Schmoeler Bauern verwandt werden, auch wenn sie grundsätzlich rechtserheblich seien. Der Advokat wartete also zur Verteidigung der Untertanen nicht nur mit sachverhaltsspezifischen, sondern auch mit übergeordneten konstellationsspezifischen rechtlichen Erwägungen auf und schnitt damit bewusst die grundsätzliche Problematik an.

Darüber hinaus war gerade am allgemeinen Verhalten Schmidts nach den Verhandlungen und vor der Urteilsverkündung abzulesen, dass er die Rechtsvertretung nicht als reine Pflichtaufgabe begriff. Vielmehr nutzte er jeden Ansatzpunkt, um im Interesse seiner Mandanten zu wirken. Dabei zeigte er großes Ver-

---

1292 Handschriftlicher Extrakt der Itzehoer Landtagsresolution vom 15. April 1613 aus Schmidt an den König vom 30. Dezember 1739 (LA Abt. 65.2 Nr. 1424)); abgedruckt bei *Ratjen*, Bemerkungen, S. 348 (355).

ständnis für die Zustände und Zusammenhänge der Landesverfassung der adligen Güter sowie für die Gerichtsverfassung im Land. Schmidts Vorgehensweise in diesen Monaten erfolgte jedoch nicht um ihrer selbst willen, sondern wurde ausschließlich von seiner Befürchtung geleitet, dass die rechtliche Beurteilung der Sache maßgeblich vom Aspekt des Landeswohls überlagert werden könnte. Denn aufgrund der regelmäßigen rechtlich-gerichtlichen Rahmenbedingungen des Landgerichtsprozesses, zu denen sich zusätzlich die mit dieser besonderen Angelegenheit eng verbundenen adligen und herrschaftlichen Interessen gesellten, sah er die Position seiner Mandanten im Verfahren, die er bereits im Allgemeinen als krass benachteiligt einschätzte, trotz aller zugunsten ihres Klagbegehrens sprechenden Aspekte bei einer Entscheidungsfindung durch die Landräte als aussichtslos an. Daher wandte sich der Anwalt unverzüglich an den König persönlich, indem er das Rechtsmittel des remedium supplicationis in seiner neuen, erst seit kurzem bestehenden Gestalt nutzte. Nur so meinte er die Chancen auf ein Urteil wahren zu können, das möglichst unparteiisch und weitgehend unabhängig von Landeswohlaspekten, zumindest frei von den typischen adligen Anschauungen, getroffen werden würde. Schmidt rief den König also auf dem zulässigen Rechtsweg an, um auf diese Art eine negative Bescheidung seiner Mandanten durch die ihnen grundsätzlich nicht wohlgesonnene standesgerichtliche Institution des adligen Landgerichts möglicherweise zu verhindern.
Zudem bezog Schmidt bedeutende übergeordnete, mit der eigentlichen Rechtsfrage nicht unmittelbar verknüpfte Umstände in seine Argumentation mit ein. So hatte er bereits Kenntnis von den gerade erst begonnenen umfassenden Reformen auf dem Gut Ascheberg und ordnete sie in ihrer Bedeutung schon derart hoch ein, dass er sie im Zusammenhang mit der Schmoeler Sache bestärkend anführte. Den Vorgang auf Ascheberg betrachtete er als die beste Bestätigung für seine These, dass das Landeswohl, insbesondere dasjenige der Landesverfassung der adligen Güter, eben nicht auf der Leibeigenschaft, sondern auf den Diensten freier und gut situierter Untertanen beruhe. Daher brauchte er sich bei seiner Argumentation nicht ausschließlich auf den Vergleich mit der Wirtschaftsweise der adligen Marschgüter und die Aufhebung der Leibeigenschaft auf Kaden zurückziehen, sondern vermochte sich auf ein Paradebeispiel eines adligen Geestguts zu stützen, auf dem der Gutsherr selbst aus den von ihm im laufenden Verfahren angeführten Gründen die typische gutswirtschaftliche Struktur grundlegend veränderte und die Leibeigenschaft aufhob. Ein besseres Argument gegen den angeblichen Zusammenhang von Leibeigenschaft und Landeswohl als die Reformen auf Ascheberg, das sich nicht nur in unmittelbarer Nähe Schmoels, sondern auch in strukturell vergleichbaren Umständen befand, hätte Schmidt aus objektiver Perspektive kaum anbringen können.
Im Rahmen der von ihm immer wieder betonten immensen strukturellen Ungleichheit der Parteien erkannte er nach der Nichterlangung der immediaten königlichen Resolution, die zwangsläufig eine Bescheidung seiner Mandanten

durch das Landgericht zur Folge hatte, vor allem die Wichtigkeit der Ausgeglichenheit des Spruchkörpers. Denn als dessen entsprechende Besetzung nicht mehr gewährleistet war, suchte er wiederum Unterstützung beim König. Dabei ging er in der Weise vor, dass er sich nicht nur auf die unterlegene Position der Schmoeler und die ihnen nunmehr zusätzlich drohende Benachteiligung berief, sondern auch die Landesherrschaft selbst miteinbezog. So wies er auf die landesherrliche Anordnung, einen gleichgewichtig besetzten Spruchkörper zu haben, und auf die 1613 zu Itzehoe eingegangene Selbstverpflichtung der Landesherrschaft hin, für den Schutz der Gerechtsamen der Untertanen gegenüber ihren Herrschaften Sorge zu tragen. Obwohl er also keine unmittelbare königliche Entscheidung hatte erreichen können, erlaubte er es sich, die Landesherrschaft an ihre selbst auferlegten Pflichten zu erinnern und zumindest auf diesem Weg eine landesherrliche Einflussnahme auf den Ausgang des Verfahrens und damit die Zurückdrängung der ständischen Interessen und Einflüsse zu bewirken.
Im Hinblick auf seine Bemühungen und seine Prozessstrategie ist kaum ersichtlich, wie sich Schmidt für die Schmoeler effektiver hätte einsetzen können. Auch die Vermeidung der kritischen Stelle in seiner Argumentation, des Widerspruchs, den Adami aufdeckte, hätte wohl keinen Einfluss auf das Urteil genommen. Denn das Gericht sah auch über die kritischen Stellen in Adamis Argumentation geflissentlich hinweg, um seine Entscheidung in der gewünschten Form treffen zu können.

b. Advokat der Kreditoren

Auf Seiten der Kreditoren übernahm der Advokat Johann Jacob Adami die Rechtsvertretung. Sein Wirken im Rahmen des Prozesses beschränkte sich offensichtlich auf die Verhandlungen selbst. In der Sache ging es ihm im Interesse der Gläubiger Reventlows darum, die Leibeigenschaft der Schmoeler Eingesessenen zu beweisen, um diese Einrichtung als maßgebliche Stütze des gutswirtschaftlichen Systems der Güter zu erhalten und dadurch ihren Wert als Handelsobjekte in der Zwangsversteigerung zu behaupten.

Bei der Prozessstrategie Adamis kann man zwei unterschiedliche Vorgehensweisen erkennen.[1293] Er konzentrierte sich auf den Hauptpunkt der Klagschrift, die Betonung der persönlichen Freiheit der Schmoeler, da beiden Prozessbevollmächtigten klar war, dass das Urteil mit der Entscheidung über diese Rechtsfrage stand oder fiel. Darüber hinaus ging Adami auf die übrigen Punkte ein, wobei er sich hauptsächlich auf die Wiederholung bereits zu Beginn seiner Ausführungen vorgebrachter Thesen stützte oder die klägerischen Begehren schlicht verleugnete. Hinsichtlich des klägerischen Hauptbegehrens *„in puncto praeten-*

[1293] Hinsichtlich der folgenden Ausführungen und Zitate vgl. die gedruckten Rezesse (LA Abt. 65.2 Nr. 1424).

dirter Freyheit von der Leibeigenschafft" wandte Adami in erster Linie ein, dass sich die Schmoeler beim Verkauf der Güter 1695 und der in dessen Rahmen erfolgten Abänderung der 1688 geschaffenen bäuerlichen Verhältnisse auf den Freibrief hätten berufen müssen. Dieser sei ihnen offensichtlich bekannt gewesen, wie die Gebrauchmachung von 1690 zeige.[1294] Sei er ihnen nicht bekannt gewesen, müsse man annehmen, dass Christoph Rantzau den Freibrief zwar verfasst habe, ihn seinen Untertanen aber nicht zugute kommen lassen wollte, so dass er jederzeit befugt gewesen sei, ihn zu beschränken, abzuändern oder aufzuheben. Ebensowenig hätten sich die Schmoeler im Rahmen des Konkurses fristgerecht auf den Freibrief berufen. Dies zöge somit einen doppelten Ausschluss des Begehrens der Kläger nach sich.

Außerdem sei Christoph Rantzau hinsichtlich der den Untertanen im Freibrief zugestandenen Freiheiten und Vorteile als „*Donator*" zu betrachten. Ein solcher sei „*ja wohl berechtiget (...), seine geschehene donation auch ex post facto dergestallt zu declariren und modificiren, damit seine Guete zu seinem selbst eigenen groesten Schaden und Nachtheil a donatariis nicht gedeutet, und also gemißbrauchet werden könne*". Dies geschehe auch zu dem vorrangigen Zweck, „*damit (...) die Guehter nicht ruiniret und nicht wueste gemacht wuerden*". Hinzu komme, dass die Untertanen der Güter beim Übergang der Gutsherrschaft von Dernath auf Detlev Reventlow 1695 einen Leibeigenschaftseid geleistet hätten. Solch ein Eid bewirke selbst bei bislang freien Menschen einen Wechsel in den Leibeigenschaftsstatus. Des Weiteren sei den Schmoelern seit dieser Zeit genau dasjenige abverlangt worden, was holsteinische Leibeigene gewohnheitsmäßig zu leisten schuldig seien. Dementsprechend hätten sie sich während der vergangenen 40 Jahre verhalten. Unabhängig von einer Begründung des Leibeigenschaftsstatus durch Eidesleistung folge daraus, dass die Bauern zum jetzigen Zeitpunkt aufgrund von Verjährung als Leibeigene anzusehen seien. Denn die sächsische Verjährungsfrist, die in Holstein 31 Jahre und sechs Wochen betrage, habe bei ihnen die Leibeigenschaft wieder hervorgebracht, da sie sich – gleichgültig, ob sie 1695 als frei oder leibeigen anzusehen waren – über einen Zeitraum von mehr als 40 Jahren ohne Widerspruch als Leibeigene hätten behandeln lassen. Im Gegensatz zu Schmidt, der seine juristische Argumentation in erster Linie auf die Anfangsjahre des Schmoeler Geschehens gründete, fußte Adamis argumentativer Schwerpunkt somit auf der Betrachtung der Situation, wie sie sich in den letzten Jahren, insbesondere unmittelbar vor Wiederentdeckung des Freibriefs, darstellte.

Auf die sonstigen von den Klägern vorgebrachten Einzelpunkte, die alle mehr oder weniger unmittelbar mit der Leibeigenschaft in Verbindung standen, wurde von Adami zumeist nur knapp eingegangen. Dabei verzichtete er ganz überwiegend auf eine fundierte rechtliche Argumentation und verwies teilweise auf

[1294] Vgl. den Freischein vom 25. Oktober 1690 (LA Abt. 65.2 Nr. 1424).

seine obigen Darstellungen. Auf bestimmte Passagen wurde von ihm z. B. „*regeriret, opponendo lediglich was in exceptione contra hunc passum bereits deduciret worden*". Oder aber er behauptete die gewohnheitsmäßige landes- oder gutsübliche Übung, indem er beispielsweise ohne weitere Ausführungen feststellte, „*daß diesem allezeit nachgelebet worden*".

Alle übrigen klägerischen Vorbringen, die nicht bereits rechtlich eingeordnet oder mit Gewohnheitsrecht erklärt worden waren, wurden einfach geleugnet. So verneinte er, „*daß die Unterthanen mit allzu uebermaeßigen (...) Diensten zeithero beschweret worden, vielmehr ist man versichert, daß (...) ihnen darunter nichts weiter angemuhtet, als was die oeconomische Nohtwendigkeit erfordert, sie auch nach proportion ihrer inhabenden Laendereyen zu thun im Stande sind*". Von einer der Bauernschaft weggenommenen Hufe wisse man nichts, auch „*an Korn aber ist den Armen nie etwas gegeben worden*". „*Was besonders die Fischer angehet, so haben dieselbe ihres Theils ebenfalls keine Ursach, ueber die Conditiones des Pachts sich zu beschwehren.*" Überhaupt werde zurückgewiesen, dass „*die nachherige Besitzer der Guehter Schmohl und Hohenfelde sich der Leibeigenschafft ueber die Unterthanen wiederrechtlich angemasset*", dieselben also „*per vim & coactionem unter die Leibeigenschafft wieder gekommen*" seien.

Auffällig ist, dass Adami seine Ausführungen im Vergleich zu Schmidt wesentlich seltener auf konkrete Rechtssätze gründete. Zwar führte er zur Unterstützung seiner Thesen auch Gesetzesnormen, vornehmlich aus dem Sachsenrecht und der Landgerichtsordnung, sowie Standardwerke von großen Rechtsgelehrten – fast ausschließlich Mevius und Leyser – an. Ein maßgeblicher Unterschied zwischen beiden Advokaten bestand darin, dass Adami die Anwendung der Bereiche des römischen Rechts, in denen die Rechtsverhältnisse der römischen Sklaven geregelt waren, kategorisch ausschloss. Während Schmidt einige wesentliche Standpunkte mit diesen Vorschriften begründete, stellte Adami mehrmals fest, „*daß was de favore libertatis in jure Romano befindlich, auf die heutige Leibeigenschafft nicht zu appliciren, indem mit den heutigen Leibeigenen es eine gantz andere Beschaffenheit hat, als mit den Servis Romanorum, und jener ihrer Condition weit leidlicher und ertraeglicher ist, als der Roemischen Knechte ihre nicht war, dahero auch idem favor bey beyden nicht statt haben kan*". Vielmehr sei zwischen dem hierzulande und heutzutage geltenden Recht und dem römischen Recht „*der Unterschied darin evident, daß da jure Romano, wenn der status eines Menschen dubius war, pro libertate allezeit praesumiret ward, so hingegen hodiernis moribus ein Bauer der ein Guht besitzet pro homine proprio gehalten wird*".

Der Schwerpunkt von Adamis Vortrag lag auf der eingangs geschilderten Rechtsauffassung. Aufgrund des seines Erachtens doppelt präkludierten Begehrens der Kläger, das zusätzlich verjährt und durch die von ihnen geleisteten Eide ausgeschlossen war, sah er dem Ausgang des Prozesses gelassen entgegen. Es erschien ihm weniger wichtig, allen einzelnen Angriffen der Kläger fundiert zu widersprechen. Auch dass er sich im Gegensatz zu Schmidt nach Abschluss der Verhandlungen still verhielt und auch Schmidts neuerliche Vorbringen nicht zu parieren suchte, lässt darauf schließen, dass er sich seiner Sache sicher war. Die durch Adami in den Rezessen zum Ausdruck gebrachte rechtliche Behandlung der Leibeigenen enthielt neben den streng juristischen Ausführungen einige andere Argumente, die unverhohlen auf die herrschaftlichen und wirtschaftlichen Interessen der vielen reichen und mächtigen Kreditoren als Gegner der bäuerlichen Untergehörigen hindeuteten. Dies waren die Punkte, die Schmidt im Laufe des Verfahrens immer größere Sorgen bereiteten, und von denen er schließlich sogar glaubte, dass sie den Urteilsspruch beherrschen könnten. Ganz allgemein ging es dabei in erster Linie um das Wohl des Landes. Im Hinblick darauf sei eine vollkommene Freiheit der ländlichen Bevölkerung auf den adligen ostholsteinischen Gütern nicht möglich. Nach Adami könne „*der favor libertatis nicht so hoch, wie bey den Roemern geschahe, getrieben werden, in einem Lande, woselbst die gantze Verfassung, was die Adelichen Guehter betrifft, auf die Leibeigenschafft eingerichtet, und es die groeste Zerruettung bey den Adelichen Guehtern, die doch einen grossen Theil des Landes ausmachen, nach sich ziehen wuerde, wenn der Leibeigenschafft so favorisiret werden solte, wie bey den Roemern der Knechtschafft favorisiret ward*“.

Diese Auffassung macht deutlich, als was die Leibeigenen galten: Vorrangig waren sie ein wesentlicher Wirtschaftsfaktor, nämlich der Wirtschaftsfaktor Mensch im System der Gutswirtschaft. Aufgrund der menschlichen Eigenart handelte es sich bei diesem Faktor allerdings um einen solchen, der schwierig zu handhaben war. Es galt ihn mit allen Mitteln zu disziplinieren und in der gewünschten Form zu erhalten. Von der Leibeigenschaft hing das Wohlergehen der adligen Güter ab, auf dem wiederum das Wohl des entsprechenden Teils der Landesverfassung beruhte. Da dieser Teil der Landesverfassung einen stattlichen Anteil des gesamten Landes ausmachte, war indirekt das Wohl ganz Holsteins von ihm abhängig. So war eine Kausalkette erstellt, die lückenlos nachzuweisen schien, dass das ganze Land von der Leibeigenschaft profitierte und auf sie angewiesen war. Wie stark die wirtschaftlichen Interessen der Kreditoren im Vordergrund standen, macht der Hinweis darauf deutlich, dass die wirtschaftliche Attraktivität von holsteinischen adligen Gütern als Handelsobjekte maßgeblich von der Leibeigenschaft abhing, „*massen kein Mensch selbige verlanget haben wuerde, wenn eine so absolute Freyheit dabey gewesen waere, als Klaegere den Frey-Brief anitzo auslegen wollen*“. Da die Leibeigenschaft somit nur – vor allem aber geldwerte – Vorteile für die Kreditoren brachte, durfte sie unter keinen Umständen in Frage gestellt werden. Darüber hinaus brachten diese zum Ausdruck, dass die Einrichtung auch den Untergehörigen zum Vorteil gereiche, „*denn haben sie jetzo so viel im Vermoegen, daß sie wieder die Credito-*

res wegen ihrer Leibeigenschafft process fuehren koennen, so hat es ihnen auch in vorigen Zeiten an Vermoegen darzu nicht fehlen koennen, oder sie muesten gestehen, daß sie jetzo in besserm Stande waeren, als sie vorhin nicht gewesen, und so haetten sie denn ueber des Hrn. Geh. Rahts Haushaltung sich gar nicht zu beschweren".

Tatsächlich war die materielle Situation der Schmoeler ordentlich. Doch gerade diesen Aspekt, der eine Ausnahme des landesweiten Regelfalls darstellte, als ein Argument zur Rechtfertigung der Existenz der Leibeigenschaft zu benutzen, veranschaulicht das Selbstverständnis und die Weltanschauung der privilegierten Klasse. Als Leibeigene hatten die Schmoeler für die Kreditoren die größten wirtschaftlichen und herrschaftlichen Vorteile. Wenn es ihnen in diesem System aber derart gut ging, so konnte es nicht falsch sein und musste auch nicht geändert werden. Doch ist hinsichtlich der von Adami vorgetragenen Argumentation stets die allgemeine Problematik im Auge zu behalten: das Kräfteverhältnis der Parteien. Es standen sich leibeigene Landbevölkerung und adlige Herrschaften gegenüber. In rechtlichen Fragen und gerichtlichen Auseinandersetzungen musste diese Konstellation grundsätzlich zum Tragen kommen. Geprägt wurde sie von der aufgrund des einseitigen Gewaltverhältnisses bestehenden krassen strukturellen Unterlegenheit und Abhängigkeit der Untertanen. Dazu gesellte sich ihre rechtliche Unerfahrenheit. Diese doppelte Ungleichwertigkeit der Parteien und deren Folgen verhinderten von vornherein eine gleichwertige Ausgangsposition in einem Prozess. Daher gilt es die verschiedenen Argumente nicht auf ihren Bestand, der weitgehend unstrittig ist, sondern auf ihre Entstehung kritisch zu hinterfragen.

Die Präklusion des klägerischen Begehrens wegen der zweifachen Versäumnis, sich auf den Freibrief zu berufen, die Verjährung der Angelegenheit sowie die Ableistung von Leibeigenschaftseiden waren rechtlich relevante Vorgänge, die zumindest in hohem Maß auf die Unerfahrenheit der Leibeigenen in Rechtsfragen und ihre Unterlegenheit gegenüber der Herrschaft zurückzuführen waren. Demnach wären diese Ausschlussgründe mit veränderten Vorzeichen zu betrachten. Manche könnten ohne Grundlage lediglich behauptet, andere den Untertanen schlicht abgepresst worden sein. Die Position der Leibeigenen war zusätzlich noch im Hinblick auf Beweismöglichkeiten begrenzt, da sie des Lesens und Schreibens regelmäßig nicht mächtig waren, so dass sie ihrer Herrschaft in dieser Hinsicht ausgeliefert waren. Darüber hinaus war der Prozessgegner der Schmoeler nicht einmal nur ihre Gutsherrschaft, sondern mit der Gesamtheit der Gläubiger ihrer ehemaligen Herrschaft, die sich aus zahlreichen einflussreichen Herrschaften zusammensetzte, ein noch übermächtigerer Gegner. Adami nutzte die sich aufgrund dieser gesellschaftlichen Strukturen bietenden juristischen Argumente kompromisslos zur Erreichung der prozessualen Ziele seiner Mandanten.

Allerdings darf nicht übersehen werden, dass der Freiheitsdrang der Schmoeler aufgrund ihrer überdurchschnittlich guten Lage zu Zeiten, als es an den entsprechenden geistigen Strömungen in der Gesellschaft und damit am Nährboden für solche Bestrebungen fehlte, nicht sonderlich groß war. Neben allen herrschaftlichen Zwängen und ihrer Unerfahrenheit herrschte offenbar ein hoher Grad an Zufriedenheit mit dem Leben. Dieser sorgte dafür, dass sich die Untertanen nicht allzu sehr mit dem Freibrief beschäftigten.

c. Landgericht

Die rechtliche Behandlung der Leibeigenen durch das adlige Landgericht verdient besondere Beachtung. Aufgrund seiner Besetzung repräsentierte es einerseits die holsteinische Ritterschaft und andererseits die Landesherrschaft. Im Rahmen des Prozesses sind mehrere Verfahrensabschnitte zu unterscheiden.

aa. Prozesseinleitung

Bemerkenswert ist bereits, dass die rechtliche Klärung der Sache durch das Gericht selbst eingeleitet worden ist, noch bevor sich die Parteien selbst für den Rechtsweg entscheiden konnten. Denn nach Kenntniserlangung vom Sachverhalt war sich das Landgericht, das sich während dieser Zeit verstärkt mit Klagen von Untergehörigen des Adels zu befassen hatte, der Bedeutung der Angelegenheit sofort bewusst. Deshalb zog es sie unter Außenvorlassung der Gutsgerichtsbarkeit von Amts wegen an sich und entsandte eine Ladung an die Schmoeler. Diese citatio ex officio erfolgte aus drei Gründen, nämlich um „*unheil vorzubeugen, wie auch um denen Eingeseßenen zu ihren etwanigen Recht zu Verhelfen; Imgleichen die gewisheit ihres Status vor der Licitation der Güter, feste zu setzen*“.[1295]

Aus dem Inhalt dieser dreigliedrigen Begründung geht hervor, dass es dem Landgericht zumindest auch darum ging, den Untertanen zu ihrem eventuellen Recht zu verhelfen. Dieser Grund stand dabei offensichtlich gleichrangig neben den anderen beiden Gründen. Daraus könnte man schließen, dass es dem Landgericht unabhängig von den anderen Punkten auf eine zügige und gerechte Beurteilung des Status der Schmoeler ankam, der Prozess also „*zum Teil im Interesse der Bauern begonnen*“ wurde.[1296] Der genaue Nachweis, dass dies so war, lässt sich heute nicht mehr führen. Doch muss vor dem Hintergrund der

---

[1295] Landgericht an den König vom 30. Oktober 1739 (LA Abt. 65.2 Nr. 1424); vgl. *Prange*, Leibeigenschaftsprozesse, S. 106.

[1296] *Prange*, Bemerkungen, S. 237 (239).

zeitgenössischen Situation und des weiteren Verlaufs der Sache diesbezüglich eine beachtliche Einschränkung vorgenommen werden, bevor man „*dem Gerechtigkeitsstreben der Landräte ein gutes Zeugnis*“ auszustellen vermag.[1297] Bei genauerer Betrachtung haben die anderen beiden Gründe – nämlich allgemein Unheil vorbeugen zu wollen und den rechtlichen Status der Untertanen vor der Versteigerung der Güter rechtsverbindlich geklärt zu wissen – aus der Sicht des Landgerichts die wesentlich größere Bedeutung. Zum einen wollte das Landgericht Unheil vorbeugen, da es zu dieser Zeit mit mehreren großen Verfahren belastet war, die sich um die Leibeigenschaft anderer ganzer Untertanenverbände drehten. Zudem waren die Zeiten wirtschaftlich schwierig und daher sozial unruhig. Dass mitten in dieser Phase ein Dokument wie der Freibrief auftauchte und die Rechtmäßigkeit der Leibeigenschaft auf mehreren kompletten Gütern in Frage stellte, war eine Hiobsbotschaft für die Landräte und musste ihnen wie eine gesteigerte Ironie des Schicksals erscheinen. In Anbetracht dessen zog das Gericht die Angelegenheit unverzüglich an sich, bevor die Sache ihre Kreise zu ziehen und den Widerstand der holsteinischen Leibeigenen insgesamt auf eine neue Qualitätsstufe zu heben vermochte.

Zum anderen ging es dem Gericht darum, möglichst zügig den rechtlichen Status der Untertanen zu klären. Davon hing der Verkehrswert der Güter in der Versteigerung, die zugunsten der Gläubiger Reventlows in Vorbereitung war, in entscheidendem Maß ab. Dass solch ein wichtiger Faktor vor Beginn der Versteigerung feststehen musste, ist offensichtlich, verdeckt jedoch geschickt den Blick auf die Tatsache, dass es sich bei dem Konkurs Reventlows nicht um einen durchschnittlichen Konkurs handelte und die Leibeigenschaft der Untertanen daher von herausragender Bedeutung war. Denn sowohl die Anzahl der Gläubiger als auch die Summe ihrer Ansprüche war hoch. Ihre Befriedigung aber gestaltete sich schwierig. Einerseits war aufgrund der fehlenden geregelten Buchführung Reventlows kein adäquater Überblick über die genaue Sachlage zu gewinnen. Andererseits bestanden berechtigte Zweifel daran, dass der Wert der Konkursmasse überhaupt ausreichend war. Dessen weiteres Absinken durch den „Verlust“ von Arbeitskräften als essentielle Bestandteile des Guts und seiner Wirtschaft war für die Gläubiger, denen die Güter vormals in diesem Stand als einträgliche adlige Geestgüter zur Sicherung ihrer Forderungen angeboten worden waren, inakzeptabel.[1298] Der Umfang und die Auswirkungen dieser Vorgänge waren derart groß, dass „*fast das ganze Land (...) irgendwie in den Reventlowschen Konkurs verwickelt*“ war.[1299]

Wenn das Gericht die citatio ex officio also u.a. aus dem Grund ergehen ließ, den rechtlichen Status der Untergehörigen vor der Versteigerung der Güter ge-

---

1297 *Prange*, Leibeigenschaftsprozesse, S. 111; vgl. *Prange*, Bemerkungen, S. 237 (239).

1298 Vgl. *Prange*, Leibeigenschaftsprozesse, S. 106 f.

1299 *Prange*, Leibeigenschaftsprozesse, S. 109.

klärt zu wissen, beruhte das vornehmlich darauf, dass der Konkurs landesweit zu spüren war und demzufolge das Gericht unter Druck setzte. Denn unter den Gläubigern, die als Geldgeber allesamt einflussreiche und vermögende Leute waren, befanden sich etliche Angehörige der Ritterschaft. Infolge der Struktur des schleswig-holsteinischen Adels und seiner vielfältigen familiären Verflechtungen war der Konkurs ein schwerer Schlag für die Ritterschaft insgesamt. Aufgrund dieser weiten verwandtschaftlichen Beziehungen war auch die Gruppe der adligen Landräte direkt oder indirekt betroffen. Eine unmittelbare Betroffenheit von Mitgliedern des in der Schmoeler Angelegenheit berufenen Spruchkörpers war aber nicht offensichtlich.[1300] Doch gilt es diese Verhältnisse zu bedenken, wenn von der *„Zahl und Macht der Gegner“*[1301] der Schmoeler die Rede ist.

Deutlichere Konturen gewann die Begründung der Prozesseinleitung erst im Zusammenhang mit den nachfolgenden Stellungnahmen des Gerichts zur Situation der Schmoeler und zur Leibeigenschaft in Holstein allgemein. Um das Gerechtigkeitsstreben der Landräte angemessen beurteilen zu können, ist diese kurze einleitende Formel nicht aussagekräftig genug. Doch wäre der Freibrief nicht im Rahmen eines solch erschütternden Ereignisses zutage befördert worden, wäre das Landgericht nicht so krisengeschüttelt gewesen und hätten sich nicht unterschiedliche Leibeigenenverbände zu dieser Zeit in einem solchen Ausmaß vor Gericht gegen ihre Herrschaften gewehrt, hätten sich die Schmoeler also ohne all diese Nebengeräusche um ihr Recht kümmern müssen, hätte das Landgericht wohl kaum überhaupt – geschweige denn unverzüglich – eine citatio ex officio ergehen lassen, *„um denen Eingeseßenen zu ihren etwanigen Recht zu Verhelfen“*. Als erste Instanz hätte dann, wie im Regelfall, das Gutsgericht fungiert. Eine mögliche Appellation an das Landgericht bleibt Spekulation.

bb. Spruchkörper

Als Standesgericht war das Landgericht ursprünglich mit adligen Urteilsfindern eingerichtet worden. Um 1740 war die gewöhnliche Zusammensetzung des Gerichts gegenüber seinen Anfangszeiten um 1564 allerdings bereits merklich verändert. Die acht von der Landesherrschaft zu Richtern ernannten Landräte, die regelmäßig Angehörige der Regierungs- und Justizkanzlei waren und den Spruchkörper bildeten, waren nur noch zur Hälfte adlige Räte. Die andere Hälfte bestand aus gelehrten Räten. Schon diese reguläre Zusammensetzung des Spruchkörpers mit „nur“ vier adligen Räten war im Hinblick auf die Funktion eines Gerichts, unparteiisch Recht zu sprechen, eine prekäre Konstellation. Dies galt insbesondere dann, wenn es darum ging, Rechtsstreitigkeiten zwischen ad-

---

1300 Vgl. unten auf S. 268 ff.

1301 *Prange*, Leibeigenschaftsprozesse, S. 109.

ligen Herrschaften, die zumindest Standesgenossen, wenn nicht sogar Familienmitglieder im engeren oder weiteren Sinn der Richterschaft waren, und deren bäuerlichen Untertanen objektiv-neutral zu beurteilen. Diese ohnehin schwierige Ausgangssituation lag in der Schmoeler Angelegenheit sogar noch in verschärfter Form vor.

Aus nicht mehr nachvollziehbaren Gründen war die Zusammensetzung des Landgerichts anders als regelmäßig üblich. Anstatt des vierten gelehrten Rats wurde ein fünfter adliger Rat abgestellt, so dass das gewöhnliche, ausgeglichene Verhältnis zwischen beiden Anteilen an Räten innerhalb des Gremiums erheblich verschoben war. So war für den ursprünglich vorgesehenen gelehrten Rat Schomburg ein anderer Rat, Detlev Rantzau, Gutsherr auf Flarup in Angeln, zum Votieren nominiert worden.[1302] Mochte diese Konstellation auch in vielen anderen Angelegenheiten, die das Landgericht zu beurteilen hatte, nicht weiter für Aufsehen bei den Parteien sorgen, vor dem Hintergrund dieser besonderen Sach- und Interessenlage war sie bedenklich. Für Schmidt war sie schlicht inakzeptabel. Er sorgte sich darum, dass mit der Besetzung des Gerichts die Entscheidung in der Sache fast zwangsläufig stand oder fiel, auch wenn die eigentliche Rechtsfrage, die die Richter zu beantworten hatten, direkt lediglich die Geltung von Dokumenten betraf. Schließlich hing von dem Urteil der persönliche Status der Untergehörigen zweier Güter ab. Da die Landräte zudem die Leibeigenschaft allgemein und im Zusammenhang mit dem Landeswohl thematisiert und ihren Bestand für wichtig und sinnvoll befunden hatten, erschien Schmidt die ausgeglichene Bilanz zwischen adligen und gelehrten Räten im Spruchkörper als Mindestvoraussetzung für ein faires Urteil.

Aus Sicht der Landräte war die Zusammensetzung des Spruchkörpers für die Sache bedeutungslos. Ob ein gelehrter Rat durch einen adligen Rat ersetzt würde, sei gerade im vorliegenden Fall ohne Einfluss auf die rechtliche Beurteilung des Sachverhalts. Dem König gegenüber wehrten sie sich ausdrücklich gegen den Vorwurf der Befangenheit, „*da es doch nicht zu vermuthen stehet, daß ein in Eyd und pflichten stehender Richter wegen des angeblichen Wohl des Landes, des dritten Recht beugen solte*“. Vor allem was Detlev Rantzau auf Flarup[1303] betreffe, sei dies „*um so weniger gegründet (...), als wir in allen andern Sachen an seiner Einsicht und integrität nicht auszusetzen, er auch in dieser Sache sein Gewißen dergestalt beobachten würde, wie er es vor Gott, und Ew: Königl. Mayes: verantworten könte*“. Er sei darüber hinaus „*deshalber umso weniger bey dieser Sache als partheyisch anzusehen, als bey dem ihm zugehöri-*

1302 Landgericht an den König vom 23. Februar 1740 (LA Abt. 65.2 Nr. 1424); vgl. *Prange*, Leibeigenschaftsprozesse, S. 110 f.

1303 Das Gut Flarup lag in Angeln im schleswigschen Landesteil, einer Gegend, in der die Leibeigenschaft generell nicht unbekannt war – nicht weniger als zehn Güter wirtschafteten mit leibeigenen Bauern –, ihre Ausprägung jedoch eine milde Form hatte (vgl. *Prange*, Leibeigenschaftsprozesse, S. 111; *Leister*, Rittersitz, S. 100).

gen Gute Flarup keine Leibeigene, sondern lauter freye Leute seyn". Zudem diene das Verhalten Schmidts nicht nur anderen Parteien als ein schlechtes Vorbild und führe zu großer „*Unordnung*" in der Justiz, sondern es sei auch „*wider die Land-Gerichts-Ordnung*". Von Seiten einer an einem Rechtsstreit beteiligten Partei dürften „*die allerhöchst denominirte Räthe nicht pro lubitu*" in Frage gestellt werden. Trotzdem habe Detlev Rantzau von sich aus darum gebeten, anstatt seiner einen gelehrten Rat als Richter zu ernennen, so „*daß er, weilen einiges Mißtrauen, obzwar ohne Grund, in ihn gesetzet worden, in der Sache nicht votiren mögte*". So solle nun wieder der Rat Schomburg, der ursprünglich für dieses Gericht vorgesehen war „*und deßen Votum ohne besondern Aufenthalt eingeholet werden kann*", an seine Stelle treten. All dies werde vorgenommen, obwohl das Misstrauen der Leibeigenen „*ohne Grund*" und die Argumentation, dass die Eigenschaft Rantzaus als adliger Rat im Sachzusammenhang etwas Anstößiges habe, als „*angeführte besondere Uhrsache gantz irrig*" sei.[1304]

Zudem schien die Ersetzung Schomburgs durch Detlev Rantzau – aus welchen Gründen auch immer – erst einige Monate nach Abschluss der eigentlichen Verhandlungen stattgefunden zu haben. Schmidt selbst monierte die unausgeglichene Besetzung des Gerichts erst mit seinem Schreiben vom 30. Dezember 1739, während er noch in seinem Brief vom 9. September 1739 „*von der Legalité deßelben vergewißert*" war.[1305] Das Schreiben der Landräte, in dem sie den König vom Rücktausch der Räte, also der Ersetzung Rantzaus durch Schomburg unterrichteten, datiert vom 23. Februar 1740 und lag somit nicht einmal mehr vier Wochen vor der Urteilsverkündung.

Unabhängig vom Urteil und seiner Begründung ließ bereits das Verhalten der Räte im Zusammenhang mit der Besetzung des Spruchkörpers Rückschlüsse auf ihr richterliches Selbstverständnis sowie ihr Verhältnis zu den leibeigenen Untertanen zu. Sie reagierten im Hinblick auf die Befangenheitsvorwürfe Schmidts und seine Behauptung einer ungerechten Ausgangsposition für seine Mandanten einerseits gereizt, fast beleidigt, andererseits jedoch trotzig und – im Bewusstsein ihrer Macht – aller Angriffe des Anwalts erhaben. Die Räte brachten offen zum Ausdruck, dass sie die Vorwürfe als ungerechtfertigt empfanden. Um ihre Auffassung zu stützen, trugen sie zwei Argumente, ein allgemeines und ein besonderes, vor und verwiesen auf die gefährlichen Konsequenzen, die mit dem Verhalten Schmidts ihrer Meinung nach verknüpft waren. Im Allgemeinen bestehe nicht die Gefahr, dass ein eidlich verpflichteter Richter für das Landeswohl Rechtsbeugung betreibe. Insbesondere gelte dies für Detlev Rantzau, da er ein überaus gewissenhafter und integrer Richter sei und als Gutsherr nicht über Leibeigene, sondern Freie herrsche. Außerdem seien die vom König selbst abgestellten Räte von den Parteien nicht nach Belieben in Frage zu stellen, da solch

1304 Landgericht an den König vom 23. Februar 1740 (LA Abt. 65.2 Nr. 1424).
1305 Schmidt an den König vom 9. September 1739 (LA Abt. 65.2 Nr. 1424).

ein Vorgehen das Ansehen und die Arbeit der Justiz beeinträchtige und die Autorität der Gesetze beschädige.

Die pauschale Behauptung, dass ein Landrat niemals gegen seine richterlichen Pflichten verstoße, einzig um das Landeswohl zu sichern, erscheint jedoch vor dem Hintergrund der Intensität der Auseinandersetzung der Räte mit dem Argument des Landeswohls[1306] wenig überzeugend. Vielmehr steht zu vermuten, dass die überwiegende Zahl der Richter zum Zeitpunkt dieser Äußerung bereits Einigkeit über den Urteilsspruch und seine Begründung, die aufgrund der günstigen Rechtslage nicht auf die Landeswohlargumentation angewiesen war, erzielt hatte. Daher konnten die Räte Befangenheitsvorwürfe in jedem Fall guten Gewissens von sich weisen. Um dies noch deutlicher hervorzuheben, wurde das einwandfreie Verhalten des umstrittenen Rats „*in allen andern Sachen*“ herausgestellt. Doch auch diese Bemerkung vermochte eine skeptische Betrachtungsweise der Räte und ihres Verhaltens nicht zu verhindern. Das lag daran, dass die Schmoeler Angelegenheit von ihnen, zumindest intern und auf der Grundlage der Aufrechterhaltung des Landeswohls, ausdrücklich dergestalt bewertet wurde, dass sie eben nicht „mit allen anderen Sachen“ vergleichbar war. Zum Ausdruck kam diese Ansicht nicht nur im Hinblick auf die Begleiterscheinungen der Ladung vor das Landgericht, sondern auch auf die Rechtsanschauung der Mehrheit der Räte. Aufgrund der darin erkennbaren übergeordneten Interessen, die die Richter als stark mit der Sache verknüpft ansahen, und der dynastischen Verflechtungen gerade des Geschlechts der Rantzaus scheint die Tatsache, dass die Untertanen Detlev Rantzaus sogar freie Leute waren, bedeutunglos zu sein. Dies gilt insbesondere vor dem Hintergrund, dass der Übergang vom Zustand nomineller Freiheit zum Zustand der Leibeigenschaft oft fließend war. Zudem war die inhaltliche Bedeutung dieser Begriffe eher theoretischer Natur und wurde von der Praxis bestimmt.

Schließlich sprachen die Landräte den negativen Vorbildcharakter des Vorgehens Schmidts und die darauf beruhenden schädlichen Folgen für das gesamte holsteinische Justizwesen an. Dadurch offenbarten mittelbar ihre Sorge, dass dieser Bereich als einer der maßgeblichen Eckpfeiler des politischen und gesellschaftlichen Systems, als Fundament der Macht der Privilegierten über die ländlichen Untertanen, wegzubrechen drohte. Obwohl die Richter also trotz der unausgeglichenen Besetzung des Spruchkörpers keine grundlegende Problematik, insbesondere keine Beeinträchtigung einer unparteiischen Rechtsfindung zu erkennen vermochten, gaben sie der Forderung Schmidts nach einer Umbesetzung im Endeffekt nach. Dies geschah jedoch nicht unkommentiert, sondern unter Hinweis auf die Willkürlichkeit des anwaltlichen Betragens, die eigentliche Grundlosigkeit des Ratstausches sowie die Freiwilligkeit von Rantzaus Ausscheiden. Dadurch wird offensichtlich, wie wenig Fingerspitzengefühl die Räte

1306 Vgl. unten auf S. 269 ff.

für die sensible Problematik der Situation aufbringen konnten, wenn ihrer Ansicht nach fundamentale Punkte des Systems, vor allem die Beziehung zwischen Obrigkeit und Untergebenen, betroffen waren. Die nachvollziehbare Argumentation der Untertanen wurde von ihnen offenkundig ignoriert, sogar angegriffen. Dass die Zusammensetzung des Gerichts letztlich doch im Sinne der klagenden Partei war, lag wohl einzig daran, dass die Räte es vermeiden wollten, dass ein von ihnen zuungunsten der Schmoeler gefälltes Urteil infolge eines rein formalen und leicht zu behebenden Mangels, der sich zudem schon vor der Verkündung der Entscheidung als diskussionsträchtig erwies, nachträglich angegangen werden konnte. Diese taktische Erwägung vermochte somit sogar das starke ständisch-herrschaftliche Element des Landgerichts als Institution, nämlich jegliche Kritik an von der Landesherrschaft abgestellten Räten kategorisch zu verdammen, zu verdrängen.

cc. Rechtsanschauung

Die Landräte teilten dem König als oberstem Gerichtsherrn nach Abschluss der Verhandlungen und vor Verkündung des Urteils ihre Rechtsanschauungen in dem Fall mit. Danach hatte der König verlangt,[1307] nachdem Schmidt am 4. August 1739 das remedium supplicationis ergriffen hatte, um eine allerhöchste immediate Resolution zu erlangen. Dadurch wurde der Lauf der Sachen sistiert und das Urteil ausgesetzt, weshalb sich der König die Angelegenheit sowie die Rechtsauffassung des Landgerichts vortragen ließ. Im Hinblick auf seine richterliche Funktion und insbesondere die Rechtsfindung galt dabei für einen Landrat, dass er „*in vorkommenden Process-Sachen der heylsahmen Justitz mit Mund und Hertzen auffrichtig und ohne Scheu beypflichten, und sich davon weder durch Gifft, Gabe, Gunst, Geschenck, Ansehen der Persohn, Freund- oder Feindschafft verleiten noch abwendig machen laßen, gegen Recht Niemanden patrociniren und verbieten, sondern im Votiren und Schließen nach seinem besten Verstande, ohne einige Passion, richtig durchgehen*“ solle, zugleich aber auch, dass „*Uns, als Seinem Souverainen und Absoluten Erb-König und Herrn, derselbe soll treu, hold und gewärtig seyn, Unsere und Unseres Königlichen Erb-Haußes Nutzen, Bestes und Wohlfahrt in allem mit behörigem Fleiß und Eiffer suchen und befordern, Schaden und Nachtheil aber, eußerster Möglichkeit nach (...) verhühten und abwenden, (...) in vorkommenden Fällen, so Unsere Regalien, Ober-Bohtmäßigkeiten, Iurisdiction, Grentzen, Herrlich- und Gerechtigkeiten concerniren, allemahl Unser Interesse mit besonderm Fleiß observiren*“.[1308] Das Gericht hatte sich nicht zu einem einhelligen rechtlichen Stand-

[1307] Vgl. Landgericht an den König vom 30. Oktober 1739 (LA Abt. 65.2 Nr. 1424).
[1308] Urkunde einer Bestallung zum Landrat vom 23. April 1729 (LA Abt. 65.1 Nr. 78).

punkt durchringen können. Vielmehr präsentierte Jasper Rantzau gegenüber der gemeinsamen Anschauung der übrigen Räte ein gesondertes Votum.

(1) Mehrheitsvotum

Die Auffassung, die von der überwiegenden Mehrheit der Landräte favorisiert wurde, umfasste noch keine materiell-rechtliche Entscheidung des Falls.[1309] Vielmehr waren sich die Räte noch nicht sicher, „*wohin (...) beym künfftigen votiren die majora in dieser Sache gehen, und ob denen Imploranten pure, vermöge des Frey-Briefes, alles zugesprochen, oder ob vermöge des Grafen Rantzauen eigenen interpretation und restriction solchen Frey-Briefes, erkannt werden mögte*". Da sie sich bislang nicht auf ein decisives Urteil festgelegt hatten, konnten sie dem König die Sache auch nur inhaltlich auseinandersetzen, ohne ihm einen konkreten, ergebnisorientierten Vorschlag für die Resolution, die von Schmidt angestrebt worden war, zu machen. Die Räte waren sich der Brisanz der Sache für beide Seiten bewusst. Sie waren sich im Klaren darüber, dass die Sache so beschaffen war, dass, welcher Partei auch immer sie Recht gäben, die andere Partei sich nicht damit abfände. Beide Alternativen zögen zwar unterschiedliche, jedoch stets immense, vom Umfang her schwer abschätzbare Probleme nach sich. Daher zögerten die Richter überhaupt, ein einseitiges Urteil zu fällen. Doch gedachten sie keineswegs, sich vor ihrer Verantwortung zu drücken, weshalb sie es vollends in das königliche Ermessen stellten, „*ob Wir nicht in dieser Sachen gleich allen andern unsern wißen und gewißen nach mit dem votiren und Urthel abfaßen verfahren sollen*". Infolge der speziellen Problematik wiesen sie gesondert darauf hin, dass die Schmoeler „*nicht befürchten dürfften, daß die Macht, Reichthum und erhabener Stand der Creditorum und ihr damit verknüpfftes Interesse uns von der Gott, und Ew: Königl. Mayest: schuldigen obliegenheit so wie in keiner also auch nicht in dieser Sachen, gewis nicht abwendig machen werde*".

Obwohl damit bis auf Jasper Rantzau alle Landräte kund taten, dass die Entscheidung in der Sache ohne Ansehen des Standes der Parteien und ohne die Hinzuziehung sachfremder Erwägungen nach bestem Wissen und Gewissen, also im Sinne des von ihnen bei ihrer Bestallung abgelegten Eids, erfolgen werde, wollten sie diese Form der Prozessbeendigung nach Möglichkeit umgehen. Vielmehr waren sie „*zuforderst des allerunterthänigsten dafür haltens (...), daß ehe und bevor zur Urthel in dieser sache geschritten wird, ein Vergleich unter denn Partheyen zu tentiren sey*". Der von den Richtern angestrebte Vergleich verhinderte den Verlust des Prozesses für eine der beiden Seiten, den ein

[1309] Hinsichtlich der folgenden Ausführungen und Zitate vgl. das Schreiben des Landgerichts an den König vom 30. Oktober 1739 (LA Abt. 65.2 Nr. 1424).

decisives Urteil zwangsläufig mit sich brächte. Ihrer Ansicht nach würde diese Lösung beiden Parteien am ehesten gerecht. Indem sie sich verglichen, bestand zudem die beste Chance, die ebenfalls fast zwangsläufig auftretenden Folgen zu vermeiden. Es sei nämlich „*denn Imploranten fast beßer dadurch geholffen, wenn die etwanige bisherige zu schwehre arbeit gelindert, und ihnen einige faveurs zugeleget würden; dahingegen die Creditores welche doch ihr Geld auf die Güther in der Meynung, daß Sie nach der allgemeinen Verfaßung eingerichtet, fidiret, woferne für ihnen die Urtheil contraire ausfallen mögte, gar zu sehr verlieren könten, in dem ein künfftiger Käuffer sich an die Freyheit der Bauren stoßen, und für die Güter wenig bieten mögte*".

Diese denkwürdige Auffassung im Rahmen des angestrebten Vergleichs fand ihre Grundlage in den Anschauungen, die sich in den allgemeinen Ausführungen zur Leibeigenschaft, die viel Platz in der Stellungnahme gegenüber dem König einnahmen, offenbarten. In dieser Stellungnahme erwähnte das Gericht zu allererst den von Schmidt vorgebrachten „*generalen Satze, daß nemlich die Wohlfahrt und nutzen der Güter nicht in der menge der leibeigenen Leute, sondern der Güter Conservation darin bestehen könne, wann die Dienste Von Freyen und in guten Stande lebenden Eingeseßenen, geleistet werden*". Es gelte zu beachten, „*daß die Einrichtung der Güter in diesen Hertzogthümern; fast eintzig und allein in einer accuraten und beßer eingerichteten agricultur, wie fast in den umbliegenden Ländern, bestehe; (...) Zu welcher Oeconomie aber gewise Unterthanen die dieser Einrichtung und accuraten agricultur gewohnet und geübet sind, erfordert werden, wesfals auch diejenige Unterthanen, die einmahl bei denn Gütern sind, dabey bleiben, und deren ackerbau abwarten müßen*". Wären diese Leibeigenen nun freie Menschen, die ihren Aufenthaltsort selbst bestimmen dürften, „*sie dahin sich wenden würden, wo eine bequehmere, aber nicht so accurate und gute agricultur im Zwange gehet*". Sie verließen ihr Land „*gahr blos aus liebe zur veränderung (...), Wodurch dann nicht allein die Güter ruiniret, sondern auch die agricultur welches doch fast den größten Theil der Wohlfahrt dieser Landen und deren Commerce ausmachet, in Verfall gerahten*".

Weiterhin gab das Gericht im Hinblick auf die holsteinische Leibeigenschaft zu bedenken, dass diese nicht annähernd die Knechtschaft alter Zeiten sei. Vielmehr besage sie nur, dass die Personen bei dem Gut, dem sie zugehörig seien, zu bleiben und ihre Arbeit zu verrichten hätten „*und dahero ihnen fast beßer geholfen, als wenn sie nach ihren eigenen Willen sich verändern, und dadurch zum öfftere verwildere können; zu mahlen des Guhts Herrn Haubtsächliches interesse dahin gehet, daß seine untergehörige die er nicht verändern kann, conserviret bleiben, damit sie die Hoff-dienste ohne des Guts Herrn Zuthun und beyhülffe Verrichten können*". Bei Problemen mit der Gutsherrschaft und anderen Beschwerden genössen sie jederzeitigen Rechtsschutz. Denn falls „*einer oder der ander der Possessorum (...) ihre Untergehörige mit gar zu überlästiger*

Arbeit und sonsten beschwehren solten, (...) die aller- und gnädigst bestelte Gerichte und Fiscales dafür, solches andern zum Exempel zu bestraffen", permanent anrufbar seien. Jedenfalls machten die Landräte unmissverständlich klar, „*daß wegen eines Misbrauchs, nicht eine gantze, an sich nützliche und zum Nutzen des Landes wie hier die agricultur ist, abziehlende Einrichtung zerfallen kann*".

Schließlich betonten die Richter, dass mit diesen Ausführungen keine Entscheidung verbunden sei, sondern sie nur als Erwiderung auf den von Schmidt vorgebrachten generalen Satz zu verstehen seien. Es sei ihnen ein Anliegen gewesen, aufzuzeigen, dass „*aus diesem generalen Satz den Imploranten nicht geholffen werden mag, und deshalb nur wohl bloßerdings auf den Von ihnen in den Recessen angeführten speciellen, daß nemlich Sie ihre Freyheit erlanget, in judicando respiciret werden müßte*".

Nachdem der Advokat der Untertanen die Landeswohlproblematik in seinen Schreiben an den König als potentiell prozessentscheidend dargestellt und der König in der Sache keine immediate Resolution erlassen, sondern dem Landgericht sie zu vergleichen oder zu entscheiden aufgetragen hatte,[1310] verwahrten sich sämtliche Räte einschließlich Jasper Rantzaus als Verfasser des Sondervotums in einem weiteren Brief an den König in überaus scharfer Form gegen die von den Untertanen erhobenen Vorwürfe. Es sei ungerechtfertigt anzunehmen, „*daß einige unter uns intendiren würden, um ein vermeintes Wohl des Landes zu conserviren, ihnen die gesuchte Freyheit von der Leibeigenschafft abzuerkennen, da es doch nicht zu vermuthen stehet, daß ein in Eyd und pflichten stehender Richter wegen des angeblichen Wohl des Landes, des dritten Recht beugen solte*". Dies sei umso fern liegender, da „*es nicht einmahl auf die generale Frage der Leibeigenschafft im gantzen Lande ankömt, sondern nur ob der von dem verstorbenen Grafen zu Rantzau denen Schmoler Unterthanen in ao 1688 ertheilte Freyheits-Brief, oder deßen in dem nachherigen Kauf-Brief von demselben in ao 1695 geschehenen restriction zu attendiren*". Folglich sei es nicht nur beachtenswert, sondern sogar maßgeblich, dass „*das angeführte Vermeintliche Wohl des Landes mit der Supplicanten Gesuch gar nicht Verknüpfet ist, indem einem jedem Possessori adelicher Güter und Leibeigener Unterthanen gleich Viel seyn könne, ob Supplicantes gewinnen oder nicht, weilen dadurch, daß etwane in einem oder anderm Gute, die Unterthanen per manumissionem frey geworden, deshalber doch die Leibeigenschafft auf den übrigen Gütern, nicht mit aufgehoben wird*".[1311]

Im Hinblick auf die rechtliche Behandlung der Schmoeler ist bemerkenswert, dass die Richter zunächst einen Vergleich anstrebten. Die Begründung des Vergleichsvorschlags lässt erkennen, dass es dem Gericht grundsätzlich darum ging,

1310 Vgl. Beschluss der Deutschen Kanzlei vom 7. Dezember 1739 (LA Abt. 65.2 Nr. 1424).
1311 Landgericht an den König vom 23. Februar 1740 (LA Abt. 65.2 Nr. 1424).

den Ausgang der Sache für beide Seiten so vorteilhaft wie möglich zu gestalten. Erst auf den zweiten Blick wird deutlich, welche Konsequenzen der vorgeschlagene Vergleich für die Parteien gehabt hätte. Die grundlegenden Strukturen der Güter und ihrer Wirtschaft wären unverändert, die Untertanen hingegen weiterhin Leibeigene geblieben, auch wenn sie in den Genuss einiger „*faveurs*" gekommen wären. Die Verbesserung ihrer Lebens- und Arbeitsbedingungen, die von den Richtern nicht konkretisiert worden war, war dazu gedacht, die Untergehörigen darüber hinwegzutäuschen, dass ihnen das Erreichen ihres eigentlichen Prozessziels, die Anerkennung ihrer persönlichen Freiheit, versagt geblieben wäre. Als Gewinner eines solchen Vergleichs hätten die Kreditoren angesehen werden müssen, da ihr hauptsächliches prozessuales Begehren, die Anerkennung der Leibeigenschaft auf den Gütern zur Erhaltung ihres Verkehrswerts, erfüllt worden wäre.

Obwohl die Landräte angaben, zu ihrer rechtlichen Überzeugung noch nicht abschließend gelangt zu sein, offenbarte der Vergleichsvorschlag ihre uneingeschränkte Sympathie für die Kreditoren, das starke Verbundenheitsgefühl mit ihren Standesgenossen sowie den unbedingten Willen zur Erhaltung des holsteinischen Gesellschafts- und Wirtschaftssystems. Vor diesem Hintergrund ist es offensichtlich, dass ein Vergleich in dieser Form ein fauler Kompromiss gewesen und einem Urteil zugunsten der Gläubiger gleichgekommen wäre, ohne mit dessen eventuellen schwerwiegenden Folgen verknüpft zu sein. Dieser Tatsache waren sich die Richter bewusst. Denn es war der Weg des geringsten Widerstands, um ihr vorrangiges Ziel verwirklicht zu sehen: die Schaffung eines Zustands, der es vermied, dass die Kreditoren „*gar zu sehr verlieren könten*". Zugleich versuchten sie die Untertanen für dieses sie benachteiligende Ergebnis zu gewinnen, indem „*ihnen einige faveurs zugeleget würden*". Wie intensiv die Landräte ihr Gesellschaftsverständnis verinnerlicht hatten und wie wenig sie es hinsichtlich ihrer Funktion als unparteiische Richter unberücksichtigt lassen konnten, verdeutlicht ihr Hinweis darauf, dass den Untergehörigen mit diesen Zugeständnissen „*fast beßer (...) geholffen*" sei als mit ihrer persönlichen Freiheit. Was wie ein paradoxer Rechtfertigungsversuch der voraussichtlichen gerichtlichen Bestätigung der Unfreiheit der Untertanen wirkt, war die tatsächliche Überzeugung vieler, gerade adliger Landräte.

Diese deutliche Tendenz zur Anerkennung des prozessualen Anliegens der Kreditoren ließ auch die Aussage der Räte, dass die Untertanen keine Nachteile im Verfahren aufgrund der gesellschaftlichen Position und der aktuellen Interessen der Gläubiger Reventlows zu befürchten hätten, falls sie keine immediate Resolution zu erlangen vermochten, sondern die Sache vom Landgericht zu entscheiden wäre, in einem anderen Licht erscheinen. Auch daran mögen die Richter selbst in gewisser Weise geglaubt haben, ihre sonstigen Äußerungen und Verhaltensweisen stellten ihre Unparteilichkeit jedoch stark in Frage. Sie waren viel zu sehr Teil des ständischen Systems, als dass sie sich von seinen prägenden

Elementen derart frei hätten machen können, dass sie in diesem für das gesamte Land als wesentlich erkannten Prozess zwischen den Angehörigen der obersten und denen der untersten Gesellschaftsschicht unabhängig von außerrechtlichen Erwägungen ihre Entscheidung hätten finden können. Diese Auffassung wird von den weiteren Ausführungen der Landräte gestützt. Sie beschäftigten sich weitaus intensiver mit der Widerlegung der von Schmidt aufgestellten allgemeinen These, dass das Wohlergehen der adligen Güter nicht von dem Bestand der Leibeigenschaft abhänge, sondern vielmehr durch die Wirtschaft freier Bauern noch gefördert werde, als mit der zu entscheidenden Rechtsfrage der Geltung von Dokumenten. Ihnen war vorrangig daran gelegen, den status quo der Landesverfassung der adligen Güter zu verteidigen und die Notwendigkeit seines Bestands zu verdeutlichen.

Somit hatte es für die Räte oberste Priorität, an diesem als Idealzustand für die Gutsherrschaften und das Land betrachteten status quo unter allen Umständen festzuhalten. In diesen Zusammenhang gehörte es zudem, den Leibeigenen aufzuzeigen, dass die bestehenden Verhältnisse auch in ihrem eigenen Interesse gut und richtig waren. Denn dadurch gehe es ihnen besser, *„als wenn sie nach ihren eigenen Willen sich verändern, und dadurch zum öfftere verwildere können"*. Diese Bemerkung fiel nicht nur aus Angst vor dem Verlust wichtiger Arbeitskräfte, sondern man traute den Leibeigenen tatsächlich nicht den Besitz eines vernünftigen Charakters und Willens, geschweige denn die Durchführung darauf beruhender angemessener Handlungen, zu. Abwanderungswilligen Untertanen wurde von vornherein unterstellt, sie täten dies entweder aus reiner Bequemlichkeit oder um ihre Gutsherrschaft vorsätzlich und aus böser Gesinnung zu schädigen oder aber *„gahr blos aus liebe zur Veränderung"*. Eine Reflexion über das System der Gutswirtschaft, das zu dieser Zeit seine höchste Intensität erlebte, über seine Wirtschaftlichkeit und Alternativen sowie insbesondere über seine Auswirkungen auf die allgemeine Geisteshaltung der Leibeigenen hatte auf gutsherrlich-obrigkeitlicher Seite, mit Ausnahme Hans Rantzaus auf Ascheberg, noch nicht eingesetzt. Das Verhältnis zwischen Leibeigenen und Herrschaften stellte sich noch wie eine Vater-Kind-Beziehung dar. Die permanente Bevormundung und Gängelung der Untergehörigen war in den Augen der Landräte eher zu ihrem Schutz gedacht, vor allem vor sich selbst, und wurde für sinnvoll befunden.

Zudem offenbarten die Landräte im Hinblick auf die Bedeutung der Leibeigenen für die Gutswirtschaft eine beachtenswerte Sichtweise der alltäglichen Lebenswirklichkeit. Als Grundlage ihrer Perspektive stellten sie heraus, dass die ostholsteinische Landwirtschaft wesentlich „akkurater und besser eingerichtet" sei als die der umliegenden Länder. Aus diesem Grund erfordere sie aber auch Arbeitskräfte, die an diese Wirtschaftsform „gewöhnt" und in ihr „geübt" seien, weshalb alle Untertanen ihrem Gutsbezirk verpflichtet seien. Dies sei sogar zu ihrem Vorteil, da es das vorrangige Interesse jeder Herrschaft sei, ihre Untergebenen in angemessenem Stand zu erhalten, um ihre weitgehende Autarkie zu gewährleisten. Diese Darstellung vermittelt allerdings nur das Idealbild einer Gutswirtschaft und entsprach nicht dem durchschnittlichen Abbild des Alltags. Zum einen handelte es sich bei Leibeigenen regelmäßig nicht um Fachkräfte, wie die Wortwahl der Räte nahelegt. Vielmehr ging es der Herrschaft darum, dass die anfallende Arbeit insgesamt verrichtet wurde, auch wenn bestimmte Personen für bestimmte Tätigkeiten prädestiniert waren bzw. eine gewisse Übung von Vorteil war. Zum anderen dachte der durchschnittliche Gutsherr kapitalistisch und investierte daher in die Konservation der Untertanen nicht mehr als unbedingt nötig, wodurch sich der Lebensstandard der Leibeigenen grundsätzlich auf unterem Niveau einpendelte. Das Argument, dass den Leibeigenen bei Beschwerden über ihre Herrschaft jederzeit der Rechtsweg offenstehe, ignorierte bewusst die tatsächlich vorhandene Form von Gutsherrschaft. Da die Leibeigenschaft jedoch immer noch als wichtig und einträglich für die vom Gesellschaftssystem Privilegierten betrachtet wurde, war ihre Darstellung durch das Landgericht als Standesgericht in dieser schwierigen Zeit wohl umso verklärter.

Alle diese Gedankengänge, die auf der Grundlage des allgemeinen Landeswohls aufbauten, waren ein eindringliches Plädoyer für die Leibeigenschaft. Zwar standen sie in keinem direkten Bezug zur Rechtsproblematik der Schmoeler Sache, doch bildeten sie die rechtlichen Grundüberzeugungen der Richter. Dass sie diese Anschauungen zur Leibeigenschaft bei der Beurteilung einer spezifischen Rechtsfrage, deren mögliche Beantwortung die Gutsherrschaft im betroffenen Bereich von Grund auf verändert hätte, so weit außer acht lassen konnten und wollten, dass sie ohne Einfluss auf die Urteilsfindung blieb, also ein objektives und neutrales Urteil garantiert war, erscheint nur schwer möglich. Dies musste in der Schmoeler Konstellation umso mehr der Fall sein, da nicht nur der Bestand der Einrichtung auf den betroffenen Gütern bedroht war, sondern die Räte diese und das gesamte Gesellschaftssystem grundsätzlich aufgrund der Situation im Land in Gefahr sahen. Daher durfte diese sinnvolle Institution keinesfalls generell in Frage gestellt werden, zumal alles auch zum Besten der Leibeigenen selbst geschehe.

Die in dem Schreiben von Ende Oktober 1739 abschließende Hervorhebung ihrer richterlichen Integrität vermag folglich in der Gesamtschau nicht zu überzeugen. Nach der vehementen, teilweise sogar emotionalen Verteidigung der Leibeigenschaft und den vielen indirekt parteilichen Äußerungen schien die Unbefangenheit des Spruchkörpers in hohem Maß nicht gegeben zu sein. Auch wenn die Landräte letztlich ausdrücklich betonten, dass sie sich bei ihrem Urteil nur auf die in den Verhandlungen vorgetragenen Punkte stützten, musste die spätere Entscheidung zugunsten der Kreditoren vor dem Hintergrund dieses Schreibens übel aufstoßen.

Dass sich die Äußerungen des Landgerichts vom Februar 1740 ganz anders lesen als die vorangegangenen, ist wohl darauf zurückzuführen, dass der angestrebte Vergleich zu diesem Zeitpunkt bereits gescheitert war. Es stand nun nicht mehr das Landeswohl im Mittelpunkt der Erwägungen, sondern es wurde im Gegenteil hervorgehoben, dass ein „angebliches" Landeswohl bei der rechtlichen Beurteilung des Sachverhalts vollkommen außenvor bleibe, da die Bewertung der Rechtsfrage die Verhältnisse auf den übrigen Gütern unberührt lasse und es somit nicht um die Leibeigenschaft an sich gehe. Diese Auffassung wurde von den Landräten zwar schon im vorigen Brief erwähnt, doch ging sie als kurzer Einschub in den allgemeinen Ausführungen zum Landeswohl unter. Diese Änderungen in der Darstellung sind in erster Linie aufgrund einer veränderten Beurteilungsgrundlage der Situation eingetreten. Das spätere Schreiben lag nicht einmal vier Wochen vor der Urteilsverkündung. Es ließ zwar immer noch nicht offensichtlich erkennen, dass das Gericht eine Entscheidung gefällt hatte. Doch hatten sich die Landräte bereits auf die Rechtsposition verständigt, die im Urteil zum Ausdruck kam. Der Inhalt des Kaufbriefs wurde für rechtsgültig erklärt, die Untertanen wurden in ihrem Begehren abgewiesen und waren als Leibeigene zu erachten. Dass der Urteilstenor für die Richter feststand, wird jedenfalls daran ersichtlich, dass sie nun stark betonten, dass es bei der rechtlichen Beurteilung nur auf die beiden Dokumente ankomme. Das Landeswohl, das nur noch als ein „vermeintliches" bezeichnet wurde, spiele keine Rolle. Zudem seien die Auswirkungen der Sache räumlich eng begrenzt, da außer den Schmoelern andere Leibeigene nicht einbezogen seien. Die Selbstverständlichkeit, mit der die Räte diese Äußerungen tätigten, rührte maßgeblich daher, dass das demnächst von ihnen zu verkündende Ergebnis des Prozesses ihr Wunschergebnis war.

Da das Urteil solch gewichtige rechtliche Argumente wie Präklusion, Eidesleistung und Verjährung auf seiner Seite hatte, brauchten sich die Landräte nicht auf die fragwürdige Landeswohlargumentation zurückzuziehen. Das sie dies nicht bereits früher taten, lag wohl hauptsächlich an dem beeindruckenden anderslautenden Wortlaut des Freibriefs. Dieser ließ die Richter zunächst den Aspekt des Landeswohls als vorrangig ansehen. Erst als sie die Gefahr dieser Argumentation in vollem Umfang erkannt hatten und ihnen klar geworden war, dass deren Hinzuziehung nicht notwendig war, konnten sie diese guten Gewissens von sich weisen. Dies taten sie im Bewusstsein, dass ihr anderweitig substantiiert begründetes Urteil genau diesem Landeswohl entsprach. Unter Hinweis auf diese Gründe und die Beachtung ihres richterlichen Eids vermochten sie jegliche Befangenheitsvorwürfe abzuschmettern.

(2) Sondervotum

Ein gesondertes Votum legte Jasper Rantzau vor.[1312] Dass er mit den übrigen Räten nicht übereinstimmte, lag maßgeblich an seiner abweichenden Vorstellung von der Form der Beendigung des Prozesses: *„ratione eines numehro allererst zu tentirenden Vergleichs, bin ich mit meinen Herren Collegen nicht einig, und wird es, meo iudicio, bewandten Umständen nach, weit beßer seyn, daß die Hauptsache, nachdem es so weit gediehen, durch einen förmlichen decisiven richterlichen Spruch, ein vor allemahl fest gesetzet und abgethan*“. Anstatt einen Vergleich überhaupt zur Disposition zu stellen, plädierte er von Beginn an für eine endgültige rechtsverbindliche Klärung mittels Urteils. Es sei nicht nur von großer Bedeutung, die Sache förmlich zu entscheiden, sondern auch, dass *„dabey zugleich (...) die specielle gravamina der Imploranten, gewißenhafft untersuchet und Rechtlich entschieden werden, denn der Bauer wird, nach seiner ahrt zu philosophiren, sich gleich falsche impressiones daraus machen, woferne man sich in einem Vergleich mit ihm einlaßen will*“. Auf der Grundlage einer solchen Konstellation gewännen die Bauern einen falschen Eindruck von der Rechtslage, wodurch sie *„in weitleuffigkeit und in Unsicherheit vor das Kunfftige gesetzet*“ würde. Daher müsse ein unmissverständliches Urteil gefällt werden, das darüber hinaus zu publizieren sei, *„damit die etwanige Leibhaber zu ankauffung dieser gühter Schmoôl et Hohenfelde, sich in Zeiten darnach richten könnten*“.

Diese favorisierte prozessuale Vorgehensweise fand in Rantzaus Ausführungen zur inhaltlichen Problematik des Falls ihre materiell-rechtliche Entsprechung. Auch in dieser Hinsicht vertrat er eine eigene Auffassung und fügte seinem Votum ein Rechtsgutachten bei, das er *„schon vorlängst, und zwar gleich post Submissionem in hac causa*“ ausgearbeitet hatte. Während der Rest der Landräte darauf abstellte, ob der Frei- oder der Kaufbrief Geltung besaß, wählte Rantzau bereits einen anderen argumentativen Ansatz. Er widmete sich zwei allgemeinen Rechtsfragen, die übergeordneter Natur und damit der speziellen Frage nach der Geltung der Dokumente vorgelagert waren. Von ihrer Beantwortung hing es ab, ob eine Auseinandersetzung mit dem Frei- und dem Kaufbrief überhaupt notwendig war. Die aus seiner Sicht wesentlichen beiden Fragen waren

„(1) ob ein Dominus praedy befugt sey, die sämtl. Guhts-Unterthanen, propria authoritate von der Leibeygenschafft zu absolviren, und in völlige Freyheit zu setzen?

(2) ob bey numehro entstandenem concurs, die Gühter quaestionis, welche creditoriby zur Hypothec constituiret, dergestalt in eine andre Form geführt wer-

[1312] Hinsichtlich der folgenden Ausführungen und Zitate vgl. Jasper Rantzau an den König (dem Schreiben des Landgerichts vom 30. Oktober 1739 beiliegend (LA Abt. 65.2 Nr. 1424)).

den können, dergestalt daß sie an ihren vorigen Wehrt, um ein gar merckliches deterioriret werden?"

Auf die erste Frage, ob ein Gutsherr alle seine Leibeigenen freilassen dürfe, antwortete Rantzau, er sei „*des Dafürhaltens, daß ein privatus nicht bemächtiget ist, dergleichen Veränderungen bey einem Landguht vorzunehmen*". Die Begründung dafür sei, dass eine solche Aktion „*wider die generale Verfaßung des gantzen Landes, intuitu der adlichen Geest-Güter, anstoßet*". Um dieser Ansicht Nachdruck zu verleihen, wandte er sich indirekt an den König als Adressat seines Votums, indem er zu bedenken gab, dass „*schädliche Folgen, auch zum Nachtheil der allerundhöchsten Herrschafft selbst, billig zu besorgen*" ständen. Diese Folgen beruhten darauf, dass, wo es keine Leibeigenen mehr gebe, „*leicht ein solches Guht mit der Zeit gar wüste werden, zum wenigsten (...) die Feld- und übrige nothwendige oeconomische Arbeit*" verrichtet werden könne. „*Es werden auch alle vernünfftige Rechte, so sehr sie sonsten in genere, pro Libertate et liberatione militiren, dennoch in solchem Fall, da ein damnum irreparabile tam publicum quam privatum zu befürchten stehet, dergl. liberationem nimmer verstatten.*"

Obwohl nach Rantzaus Auffassung diese Argumentation bereits ausreichend war, um sein Urteil zu begründen, ging er darüber hinaus auf die Sache speziell ein. Für die Leibeigenen könnten zusätzlich deshalb keine Rechte ins Feld geführt werden, „*alß Implorantes nur lediglich ein commodum et jucundum suchen, und in keiner anderen Noth sind, alß welche sie sich aus dem bloßen Nahmen der Leibeygenschafft fingiren, anerwogen sie bey ihrer ordentlichen arbeit, ihre Nahrung und Kleyder zulänglich, und weit beqvemer und beßer, alß offt viele freygebohrne Leüte finden, auch wenn sie gottesfürchtig und fleißig seyn wollen, nach dem exempel vieler andren Leibeygenen Unterthanen hier im Lande, noch etwas vor sich acqviriren und erübrigen können*". Vor diesem Hintergrund sei es offensichtlich, dass weder „*die Egyptische Christbahrkeit*" noch „*die Servitus Romana*" mit der „*so genanten Leibeygenschafft in diesen Hertzogthümern*" vergleichbar seien.

Auch im Hinblick auf die zweite Frage teilte Rantzau in knapper Form seine rechtliche Überzeugung mit: „*so stehet bey mir (...) fest, daß denen Creditoribus die Gühter und Hypothequen, auff welche sie fidiret, und die sie sich zu ihrer Sicherheit haben constituiren laßen, in eben der qvalität und Beschaffenheit, wie sie tempore moti concursus sich befinden, unverändert müßen gelaßen werden, und daß durante concursu, zu ihrem offenbahren Nachtheil, hierunter propitio iure, nicht vorgenommen und verhänget werden könne*". Er stellte fest, dass allein „*diese general-Sätze schon zulänglich sind, die Implorantes a limine judicy abzuweysen*". Die Besonderheiten des Falls benannte er hinsichtlich des Klagbegehrens der Untertanen als „*solche Umstände, welche ihrer ietzigen intention gantz zuwieder sind, und den grund ihrer forderung gäntzlich umstoßen*". So hätten *„diese Leüte, die ihnen in an: 1688 praetense beygebrachte Befreyung von der Leibeygenschafft, niemahlen bishero weder gerichtlich noch außergerichtlich urgiret, vielmehr haben sie sich gantz frey und gutwillig nach alß vor, alß leibeygene tractiren laßen, auch den gewöhnlichen eyd desfalß an ihrer Guhtsherrschafft, ohne die geringste contradiction oder reservation abgestattet, und auff den Freybrief so wenig reflectiret, daß sie denselben gar zerschnitten, folglich um so weniger eine ignorantiam vorschützen können, alß vielmehr hieraus klahr am Tage lieget, dass sie ihr etwa gehabtes Recht nimmer agnosciren wollen, sondern demselben factis expressis offenbahr renuntyret haben, ad renuntiata autem, iura non dant regressum, inprimis post tempus 40 annorum, alß welche Zeit noch weiter hinausgehet, dem der sonst in unseren Rechten bestimmte terminus praescriptionis*“.

Der 1690 ausgestellte Freischein bereitete Rantzau argumentativ keine Probleme, da er das klägerische Begehren nicht unterstützen könne. Denn es stehe fest, dass *„ein oder andre des guhtseingeseßenen kann frey gelaßen werden, alß welches iederzeit hier im Lande geschehen, und noch täglich geschiehet*“. Schließlich kam der Landrat zu dem Urteil, *„daß Implorantes mit ihrem Gesuch nicht zu hören, sondern in dem Stande, darinn sie die Natur, die geburt, und die Landes-Verfaßung gesetzet, billig gelassen werden, wobey ihnen denn, wenn sie über die gebühr und mit ungewöhnlichen diensten beschweret werden, so wie allen andern Leibeygenen Unterthanen, der ordenttliche weg rechtens iederzeit offen bleibet; wie denn auch die von ihnen, bey dieser gelegenheit beygebrachte Querelen, coram Commissione in loco zu untersuchen, und nach denen Landes-Rechten und Gewohnheiten abzuthunseyn werden*“.

In Jasper Rantzaus Votum tritt eine ganz eigene rechtliche Behandlung der Leibeigenen zutage. Hinsichtlich des formell-rechtlichen Aspekts der Form der Beendigung des Prozesses nahm er eine starre Haltung ein, von der in keiner Weise abzurücken bereit war. Einen Vergleich zwischen Kreditoren und Untertanen hielt er nicht nur für bedenklich, er sah ihn vielmehr als inakzeptabel an und lehnte ihn deshalb schlichtweg ab. Der Hauptgrund dafür war die „bäuerliche Art des Philosophierens“, vor allem ihre Folgen in Verbindung mit einem den Untergehörigen vom Landgericht angetragenen Vergleich. Diese Anschauung spiegelte Rantzaus grundlegende Denkweise wider. Sie war maßgeblich vom Selbstverständnis seines gesellschaftlichen Status' als Angehöriger eines der bedeutendsten holsteinischen Adlesgeschlechter geprägt.

Dieser Status ist jedoch differenziert zu betrachten. Einerseits sprach Rantzau als Landrat zwar in seiner Funktion als Richter, andererseits aber auch als adliger Gutsherr, der auf Bossee und Westensee selbst über leibeigene Untertanen saß. Als Richter war ihm mittels seiner Vorstellung vom prozessualen Vorgehen daran gelegen, unverzüglich Rechtssicherheit zu schaffen und die Sache abzuschließen. Dazu war eine klare Entscheidung notwendig, die ihrerseits eine präzise Untersuchung des Falls erforderte. Von einem Vergleich, welcher Art er auch sein mochte, erwartete er das Gegenteil. Insofern verhielt sich Rantzau zwar starr, doch ist ihm dieses Verhalten, wenn man es isoliert betrachtet, vor dem Hintergrund objektiv nachvollziehbarer, dem Richterberuf angemessener Motive nicht vorzuwerfen, sondern vielmehr als anerkennenswerte Konsequenz auszulegen. Dieser Aspekt allein kann nicht als dem Begehren der Schmoeler abträglich empfunden werden.

Doch wurde sein Vorschlag stark von seiner Position als Gutsherr beeinflusst. Aus seinen Äußerungen geht hervor, dass er grundsätzlich gegen Vergleiche zwischen Untertanen und Herrschaften war. Seine Weltanschauung und sein Gesellschaftsverständnis ließen es nicht zu, dass diese beiden unterschiedlichen Personengruppen als mehr oder weniger gleichwertige Parteien vor Gericht verhandelten. Solch ein Szenario gefährdete seiner Ansicht nach die herrschaftliche Autorität gegenüber den Untertanen in erheblichem Maß und durfte keineswegs von einer ständischen Einrichtung wie dem adligen Landgericht geduldet, geschweige denn gefördert werden. Das musste Jasper Rantzau in einer Zeit, in der die Landesverfassung der adligen Güter durch gravierende äußere Einflüsse wie die Agrardepression, die Prozesslawine und die sich verbreitende Fundamentalkritik der Gesellschaft an der Leibeigenschaft eine schwere Krise erlebte, umso wichtiger erscheinen. Durch die Zulassung von Vergleichen vor Gericht drohte aus seiner Perspektive die zusätzliche eigenveranlasste innere Aushöhlung der Strukturen der Landesverfassung. Diese Gefahr war für ihn auch deshalb sehr realistisch, da er von den kurz zuvor begonnenen umfassenden Reformen Hans Rantzaus auf Ascheberg Bescheid gewusst haben dürfte. Als traditionsbewusster adliger Gutsherr zählte es für Jasper Rantzau gerade jetzt, die Stärke der privilegierten Schicht zu behaupten und keine Kompromisse mit Untertanen einzugehen. Dass er sein Votum unverzüglich verfasste, macht deutlich, von welch herausragender Bedeutung die Angelegenheit für ihn von Beginn an war.

Seine Geisteshaltung bei der formell-rechtlichen Beurteilung des Falls setzte sich unter materiell-rechtlichen Gesichtspunkten fort. Das kommt bereits anhand der Fragestellungen, gerade in Verbindung mit dem strikt abgelehnten Vergleich, deutlich zum Ausdruck. Diese muten spätestens im Zuge ihrer Beantwortung wie rhetorische Fragen an. Als Hauptgrundlage seiner Argumentation verwandte auch Rantzau das Wohl des Landes und seiner Herrschaft, das auf der Leibeigenschaft beruhe. Darin unterschied er sich also nicht grundsätzlich von seinen Kollegen. Jedoch legte er eine wesentlich radikalere Sichtweise an den Tag. Während die übrigen Räte so zu verstehen waren, dass sie die Leibeigenschaft nicht generell in Frage gestellt wissen wollten und ihren Bestand auf den adligen Gütern als unabhängig vom Ausgang der Sache betrachteten, selbst wenn es infolge der Rechtsgültigkeit des Freibriefs zur Aufhebung dieser Einrichtung auf Schmoel käme, dehnte Rantzau die Formel des Landeswohls extrem weit aus. Er hielt es von vornherein für unzulässig, die Leibeigenschaft auf einem adligen Gut überhaupt in ihrem Bestand anzutasten, geschweige denn abzuschaffen. Ein solches Vorgehen verstoße nicht nur gegen die Landesverfassung der adligen Güter, sondern gegen die allgemeine Verfassung des gesamten Landes.

Im Gegensatz zu seinen Kollegen, die rechtliche Maßstäbe anlegten, juristische Arbeitsmethoden anwandten und den Aspekt des Landeswohls als nicht entscheidungserheblich bezeichneten, erwies sich Jasper Rantzau bezüglich all dieser Punkte als resistent. Er stellte nicht nur das öffentliche und ausdrücklich sogar privates Wohl unter eher politisch-wirtschaftlichen als rechtlichen Gesichtspunkten über alles, sondern er erklärte auch alle anerkannten Rechtssätze, die seinem Ziel zuwider laufen könnten, pauschal und ohne weitere Gründe für unanwendbar. Dieses rein ergebnisorientierte Vorgehen, das unter bewusster Ausschaltung jeglicher rechtlicher Erwägungen stattfand und mit allen Mitteln den Eintritt eines umfassenden unumkehrbaren Schadens zu verhindern suchte, trug die Züge obrigkeitlicher Maßnahmen im Rahmen eines übergesetzlichen Notstands. Zwar war solch eine Situation auch aus Rantzaus Perspektive noch nicht eingetreten. Da er sie jedoch aufgrund der Lage im Land als eine realistische Bedrohung einschätzte, galt es ihr um jeden Preis entgegenzuwirken. Das war seiner Auffassung nach nicht nur die herrschaftliche, sondern auch die landgerichtliche Aufgabe.

An diesem Punkt vermischten sich die beiden Funktionen Rantzaus als ein vom König berufener Landrichter und als ein Privatmann und Gutsherr offensichtlich miteinander. Eine Trennung der beiden konnte und wollte er nicht vornehmen. Dementsprechend sahen seine Vorstellungen von den Aufgaben der staatlichen Einrichtungen aus. Für ihn gehörte das Landgericht als Standesgericht zum obrigkeitlichen Machtapparat und war in bezug auf die Untertanen des Adels keine unabhängige rechtsprechende Einrichtung. Vielmehr war es seine Aufgabe, die Situation unter herrschaftlicher Kontrolle zu behalten. Durch die konkludente Behauptung einer Notstandslage und die auf dem Spiel stehenden, mit allen Mitteln zu schützenden Werte fühlte sich der Landrat gerechtfertigt, alle Rechtsnormen, die den Schmoelern zur Seite stehen könnten und die er auch selbst grundsätzlich für vernünftig und anwendbar hielt, dennoch bei der Beurteilung außenvor zu lassen.

Stellte Rantzau bei der Beantwortung der ersten Frage fest, dass eine Abschaffung der Leibeigenschaft, wie sie der Freibrief vorsah, grundsätzlich weder möglich noch erlaubt war, pries er anschließend die Art ihrer Einrichtung in Holstein. Er verwies auf ihre Vorzüge für die Betroffenen, deren Lebensbedingungen oftmals besser als diejenigen von Freien seien. Die Leibeigenen befänden sich in keiner Notsituation und könnten sich auf der Grundlage von Fleiß und Ehrfurcht vor Gott sogar ein bescheidenes Vermögen erarbeiten. Da die Leibeigenschaft somit beiden Parteien dienlich sei und mit der Sklaverei und der Knechtschaft alter Zeiten nicht im Mindesten etwas gemein habe, sei die Bezeichnung ihres Zustands als Leibeigenschaft das einzige, woran sich die Betroffenen stießen. Rantzau hielt es also nicht nur für unmöglich, die Leibeigenschaft partiell in Frage zu stellen, sondern er sah dafür auch keine Notwendigkeit. Dieser allgemeine Zusatz zu seinen „rechtlichen“ Ausführungen unterstreicht den patrimonialherrschaftlichen Anspruch eines weitgehend souveränen Gutsherrn darauf, dass er als einziger beurteilen könne und dürfe, was für sein Territorium und seine Untertanen das Beste sei. In dem Rechtsgutachten eines Richters sind diese Bemerkungen überflüssig, veranschaulichen aber in drastischer Weise, wie wenig Rantzau im Vergleich zu seinen Kollegen die Funktion des Richterstuhls von der Funktion der Gutsherrschaft trennte oder zumindest eine Interessenkollision zu verbergen suchte und welch stark ständisch geprägtes Rollenverständnis er somit als Richter besaß.

Seiner Meinung nach reichte bereits die gewohnheitsrechtliche, tatsächlich aber eher ergebnisorientierte, herrschaftlich-willkürliche „Rechtsanschauung“ zur ersten Frage aus, um die Leibeigenschaft auf Schmoel aufrecht zu erhalten. Dieses Ergebnis sicherte er durch die Antwort auf die zweite Frage ab, nämlich ob der Wert der Güter während des Konkurses zum Nachteil der Gläubiger, denen die Güter in ihrer ursprünglichen Gestalt als Sicherheit dienten, durch eine grundlegende Umstellung ihrer Verfassung abgeändert werden dürfe. Unter erneutem vollständigem Verzicht auf die Angabe von Rechtsgrundlagen, die Anführung rechtlicher Argumente und frei von juristischer Arbeitsweise führte Rantzau sein Verhalten, das im Hinblick auf seine richterliche Funktion schon bezüglich seines Votums in der ersten Frage aufgrund der konkludenten Notstandsargumentation mehr als bedenklich war, vollends ad absurdum, indem er seine Überzeugung lediglich in Form generaler Sätze darlegte. Damit waren seine Ausführungen zur Schmoeler Angelegenheit vor dem Hintergrund des Ansatzes, den er gewählt hatte, abgeschlossen. Worauf sich solche generalen Sätze in den Rechten gründeten, ob es in ihnen einen Gutglaubensschutz dieser Art überhaupt gab, ließ Rantzau völlig außer Betracht. Seine These präsentierte sich als herrschaftlich-obrigkeitliche Billigkeitserwägung, die ihre unumschränkte Sympathie für die Partei der Gläubiger nicht einmal ansatzweise zu verhehlen suchte.

Die Besonderheiten des Falls, auf welche die übrigen Mitglieder des Spruchkörpers ihr Augenmerk gerichtet hatten, riss Rantzau nur in einer Art Gesamtschau und „Überdies-Argumentation“ an. So verwies auch er auf die gewichtigen Argumente der Eidesleistung, der Präklusion sowie der Präskription, die gegen das Begehren der Schmoeler vorgebracht werden konnten, ohne ihrer im Hinblick auf sein „Rechtsgutachten“ allerdings zu bedürfen. Ferner spielte es für Rantzau keine Rolle, ob der Freischein auf der Grundlage des Freibriefs ausgestellt worden war oder nicht. Denn während die Rechtswirksamkeit dieses Scheins unbestritten sei, stände im Hinblick auf den Freibrief ebenso sicher dessen Rechtsunwirksamkeit fest. Da die Abschaffung der Leibeigenschaft für alle Untergehörigen eines Guts unzulässig sei, beweise der Freischein allerhöchstens die ver-

einzelte Anwendung eines Dokuments, das in dieser Form überhaupt keine rechtliche Wirksamkeit entfalten könne.
Ob Rantzaus radikale Sichtweise hauptsächlich auf aktuelle Ursachen – die Unruhe im Land, das Aufbrechen alter Strukturen durch neues Denken auch in hohen gesellschaftlichen Kreisen, was am Ascheberger Beispiel offensichtlich wurde, die von Untertanenverbänden losgetretene Prozesswelle – zurückzuführen war oder doch eher auf einer erzkonservativen adligen Grundeinstellung beruhte, ist infolge dieses eng begrenzten Ausschnitts nicht zu ermessen. Wahrscheinlich ist eine Kombination aus beidem, die seine ohnehin deutliche Einstellung gegenüber den Leibeigenen noch steigerte. Da um 1740 viele ehemalige ritterschaftliche Standesprivilegien schon nicht mehr vorhanden waren, war das adlige Gut das letzte große Machtrefugium des Adels und zudem eine einträgliche Eigenwirtschaft. Die Leibeigenschaft war Rantzau also aus zwei Gründen wichtig: als die Grundlage von Wirtschaft und Einkommen und als Statussymbol der Macht. Daher war sein Handeln in offenbarer Weise auf die Erhaltung des status quo im Land ausgerichtet. Dafür strapazierte er Gewohnheitsrecht, Landesbrauch und Landeswohl nach Belieben, wodurch er die Rechtsquelle des holsteinischen Gewohnheitsrechts in bezug auf die Leibeigenschaft ad absurdum führte. Folgte man Rantzau, wäre Gewohnheitsrecht das, was unter Außerachtlassung des gesamten übrigen geltenden Rechts der Wille der Herrschaft ist und ihr nützt.

Zwar hatte Rantzau offiziell Amt und Funktion eines Richters inne, tatsächlich aber war er ein ostholsteinischer Gutsherr alter Schule und als solcher ein reiner Vertreter der adligen Lobby. Er sah die Leibeigenschaft nicht nur als in der Landesverfassung, sondern ausdrücklich auch als in der Natur begründet und ausschließlich nach Gewohnheitsrecht beurteilbar an. Vor diesem Hintergrund ist zu ermessen, welch geringen Wert für die Leibeigenen sein Hinweis darauf hatte, dass ihnen im Fall überdurchschnittlicher Arbeitsbelastung der Rechtsweg offenstehe.

dd. Urteil

Die Form der Beendigung des Prozesses in der Schmoeler Sache fiel vom Ergebnis her grundsätzlich im Sinne Jasper Rantzaus aus. Wie von der überwiegenden Mehrheit der Landräte zunächst angestrebt und vom König unterstützt,[1313] hatte das Gericht zwar den Versuch unternommen, darauf hinzuwirken, dass sich die Parteien verglichen. Doch nachdem der Versuch gescheitert war, wurde ein einseitiges Urteil gefällt, durch das die Leibeigenschaft auf

[1313] Vgl. Beschluss der Deutschen Kanzlei vom 7. Dezember 1739 (LA Abt. 65.2 Nr. 1424).

Schmoel als rechtmäßig anerkannt und das klägerische Begehren abgewiesen wurde.

Dabei wurde im Tenor des Urteils[1314] weder die Leibeigenschaft ausdrücklich erwähnt noch der personenrechtliche Status der Untergehörigen als Leibeigene explizit bestätigt. Vielmehr wurde im Hinblick auf das Begehren der Untertanen wegen Befreiung von der Leibeigenschaft vom Gericht für Recht erkannt, es „*bey dem d. 9ten Januar 1695 über die Güther Schmol und Hohenfelde geschlossenen Kaufbrief, und denen darin enthaltenen Bedingungen zu lassen*". Ihn waren die Untertanen „*von nun an, in allen Stücken zu geleben schuldig*". Bezüglich aller übrigen Beschwerden, „*welchen durch die Vorschrift ermeldeten Kaufbriefs nicht abgeholffen*" worden war, wurde den Klägern eine Frist von sechs Wochen gesetzt. Während dieser konnten sie das Gericht um die Einsetzung einer „*Untersuchungs-Commission in loco*" ersuchen, „*auf deren zu erstattende Relation solcherhalber ferner ergehen soll, was Recht ist*".[1315]

Die rechtlichen Folgen des Urteils für die Schmoeler sind differenziert zu betrachten. Maßgeblich war in erster Linie, dass ihr Hauptbegehren abgewiesen wurde. Dies geschah – wie es vor dem Hintergrund der damaligen Staats- und Gerichtsverfassung üblich war – ohne eine im Tenor vorhandene Begründung. Zumindest wird aus dem Urteilstext ersichtlich, dass als Grundlage des Ergebnisses die Beantwortung einer konkreten inhaltlichen Rechtsfrage, nämlich die Abwägung zwischen der Geltung des Freibriefs oder des Kaufbriefs, ausschlaggebend war und nicht etwa übergeordnete Rechts- und Billigkeitserwägung, wie Jasper Rantzau sie geäußert hatte. Inwieweit das außerrechtliche Argument des Landeswohls, das grundsätzlich von allen Mitgliedern des Spruchkörpers angebracht und diskutiert worden war, indirekten Einfluss auf die endgültige Entscheidung besaß, kann nicht nachvollzogen werden. Auch ob von den Landräten bewusst vermieden worden war, die Untertanen als Leibeigene zu bezeichnen, lässt sich nichtmit letzter Sicherheit aufklären. Doch kann es als sehr wahrscheinlich gelten, dass die Richter im Hinblick auf die spezielle Problematik und die allgemeine Situation, in die sie eingebettet war, vorsätzlich unterließen, den Begriff der Leibeigenschaft, dem allein bereits eine starke Reizwirkung zukam, in irgendeiner Weise zu verwenden. Damit hofften sie, von den Untertanen infolge des Spruchs zu erwartende Schwierigkeiten abmildern und ihnen den Effekt des Urteils, indem sie ihn nicht beim Namen nannten, besser verkaufen zu können.

1314 Das Urteil fand in der Landgerichtsordnung nur eine knappe Behandlung, die sich zudem fast ausschließlich mit seiner „*Publication und Eroeffnung*" befasste (LGO-SH (1636), 5. Aufl. 3. Theil, Tit. XXIV, S. 86 f.; vgl. *Kochendörffer*, Landgericht, S. 325 (337)).

1315 Urteil vom 21. März 1740 (LA Abt. 390 Nr. 478, Q. 13).

Allerdings muss ihnen klar gewesen sein, dass die Schmoeler, selbst wenn man sie nicht leibeigen nannte, sondern sie nur auf die Bedingungen des Kaufbriefs verpflichtete, genau wussten, dass sie Leibeigene blieben, und von daher ein dementsprechendes Urteil – ob mit oder ohne ausdrückliche Benennung der Leibeigenschaft – nicht akzeptierten. Aufgrund des Wortlauts des Freibriefs und des auf ihm gründenden Verhaltens der Untertanen war es absehbar, dass alle gerichtlichen Entscheidungen, die nicht ihre persönliche Freiheit bestätigten, weitere Anstrengungen der Kläger nach sich zögen. Diese Zwickmühle ahnten die Landräte und versuchten dem erwarteten renitenten Verhalten der Untergehörigen noch auf eine andere Weise zu begegnen. So räumten sie den Untertanen eine sechswöchige Frist ein, während der sie sich entscheiden konnten, ob sie die Untersuchung ihrer Lebens- und Arbeitsverhältnisse im Hinblick auf all die Beschwerdepunkte, die nicht durch die Gültigkeit des Kaufbriefs abgedeckt waren, durch eine Landgerichtskommission wünschten.

Dieses Angebot des Gerichts mag zunächst als ein großzügiges Zugeständnis an die prozessual unterlegenen Leibeigenen und als ein taktisch cleverer Schachzug im Rahmen der Verfahrensbeendigung anmuten. Die Landräte waren bemüht, die alles überragende Rechtsfolge ihres Urteils einerseits zu kaschieren und andererseits für die Betroffenen durch dieses Ablenkungsmanöver erträglicher zu gestalten. Zudem glaubten sie, dass sich dieses Vorgehen als ein probates Mittel erwies, um zügig endgültige Rechtssicherheit in allen strittigen Punkten herzustellen. Doch sahen sich die Richter in ihren Hoffnungen getäuscht. Denn bei allen durch die Kommission noch zu untersuchenden Beschwerden handelte es sich um Nebensächlichkeiten, was ihnen nach dem Studium der Dokumente auch bewusst war. Alles Maßgebliche, also alles das, was das Wesen der Leibeigenschaft ausmachte, war schließlich in dem für rechtsgültig erkannten Kaufvertrag von 1695 vereinbart: die Pflicht zur Herbeischaffung eines Ersatzmanns bei Kündigung, der Verfall in Leibeigenschaft bei Wiedereinholung nach Flucht, die Entgeltlichkeit von Naturalzuwendungen seitens der Herrschaft, die Zahlung von Heuergeldern in gewöhnlicher Höhe sowie tägliche Dienstverpflichtungen zu Hofe.[1316]

Die Entscheidung des Gerichts, dass es den Untertanen frei stehe, ihre Umstände von einer unabhängigen Kommission überprüfen zu lassen, war aber auch so zu verstehen, dass es jeglichen Zweifel an unangemessenen Schmoeler Verhältnissen ausschließen wollte. Den Landräten ging es ernsthaft darum, den Leibeigenen bei berechtigten Beschwerden an Zuständen, die außerhalb des Regelungsgehalts ihrer Entscheidung lagen, zu ihrem Recht zu verhelfen. Dies rührte in erster Linie daher, dass sie die Landesverfassung der adligen Güter mit ihrer Gutswirtschaft und Leibeigenschaft in ihrem Bestand erhalten wollten. Da sie diese als rechtmäßig und notwendig betrachteten, wollten sie nicht, dass durch

---

1316 Vgl. Kaufbrief vom 9. Januar 1695 (LA Abt. 390 Nr. 478, Q. 4).

inadäquates, das landesübliche Maß überschreitendes Verhalten von Gutsherrschaften gegenüber ihren Leibeigenen die ohnehin stetig steigende öffentliche Kritik am System noch zusätzlich gefördert wurde. Dass auch Landräte ihren Standesgenossen nicht alles durchgehen ließen, bewies die verhältnismäßig harte Strafe von fünf Jahren Landesverweisung, die vom Landgericht gegen die Gutsherrschaft in der Bürauer Blutsache verhängt worden war.

Doch letztlich musste auch diese den Untertanen eingeräumte Möglichkeit, ihre Verhältnisse prüfen zu lassen, und die mit ihr verbundene Zusicherung landgerichtlich veranlasster Abhilfe bei unrechtmäßigen Zuständen, vor dem Hintergrund ihrer Zielsetzungen fast zwangsläufig wirkungslos bleiben. Dass sich die Schmoeler mit unwesentlichen Verbesserungen ihrer Position zufrieden gäben, war angesichts der Intensität, mit der sie auf die Anerkennung ihrer persönlichen Freiheit fixiert waren, von vornherein ausgeschlossen. Insofern bewirkte dieses befristete Angebot des Gerichts das Gegenteil dessen, was es hätte erreichen sollen. Die Untertanen, die sich durch das Urteil sowieso um ihr Recht gebracht sahen, mussten diese Niederlage umso schmerzhafter empfinden, wenn eine eingehende Beschäftigung mit Marginalien erfolgte und sie infolge dessen immer wieder darauf gestoßen wurden, dass ihre Freiheit als maßgeblicher Punkt unerreichbar war. Obwohl das Vorgehen des Landgerichts in dieser Hinsicht korrekt und gutwillig war und ihm eine Überprüfung der Verhältnisse in jedem Fall erforderlich schien, konnte es den Schmoelern nicht anders als zynisch und als ein Komplott von Verfahrensgegner und Gericht anmuten. Sie spürten deutlich, dass man sie zugunsten herrschaftlicher Macht- und Vermögenspositionen mit Entbehrlichem abspeisen wollte.

Betrachtet man abschließend die drei Gründe, aus denen das Gericht die citatio ex officio hat ergehen lassen, muss man dem Gericht im Hinblick auf das Urteil zugute halten, dass es den Prozess auf eine Weise beendet hat, die keinen Raum für objektiv begründete Beanstandungen ließ. Den Schmoelern konnte mit guten rechtlichen Argumenten die Befreiung aus der Leibeigenschaft verweigert und auf die Rechtsgültigkeit des Kaufbriefs erkannt werden. Das Interesse des Landgerichts an der Beseitigung der übrigen berechtigten Beschwerden ist allein schon wegen der Aufrechterhaltung von Ruhe und Ordnung auf den für das Land wirtschaftlich so wichtigen adligen Gütern verständlich und nachvollziehbar. Somit hat das Gericht insgesamt ein Urteil gefällt, das aus seiner Sicht potentiellem Unheil vorzubeugen befähigt war, den Untertanen größtmöglichen Rechtsschutz gewährte, aber auch ihren personenrechtlichen Status im Hinblick auf die Versteigerung der Güter derart festlegte, dass spätere Erwerber gesicherte Verhältnisse vorfanden. Dabei waren die Richter in der glücklichen Lage, ihr Urteil auf eine außergewöhnlich starke Anhäufung gewichtiger Argumente stützen und damit rechtlich unangreifbar machen zu können. Auf diese Weise versuchten sie das Augenmerk von dem eindeutigen, gegenteiligen Wortlaut des Freibriefs abzuziehen.

Die gegenüber dem König getätigten Äußerungen der Landräte zum Landeswohl legen allerdings nahe, dass ihre Entscheidung ein Wunschergebnis darstellte, hinsichtlich dessen ihnen ein gleichgelagertes Urteil wesentlich schwerer hätte fallen dürfen, wenn die Rechtslage ausgeglichener gewesen wäre oder sogar zugunsten der Leibeigenen gesprochen hätte. Doch die vorhandene Rechtslage machte es den Richtern möglich, ihre Weltanschauungen und außerrechtlichen Überzeugungen nach außen hinter einer fundierten rechtlichen Argumentation zu verbergen. So verstanden sie es, die Tatsache, dass es sich bei dem adligen Landgericht um ein Standesgericht handelte, was in den Berichten an den König auch deutlich zum Ausdruck kam, merklich aus dem Blickfeld zu drängen, um in der allgemein angespannten Situation im Land nicht noch mehr Angriffsfläche zu bieten.

Wie schwerwiegend die Konsequenzen eines Urteils zugunsten der Untertanen für die holsteinische Landesverfassung gewesen wären, ist reine Spekulation, ebenso wie diejenigen eines Urteils, das zwar zu ihren Ungunsten, jedoch auf weit unsichererer rechtlicher Grundlage gefällt worden wäre. Doch auch so schaffte das Landgericht es nicht, langwierige, komplizierte und gravierende Folgen, die sogar die Souveränität Holsteins und sein Verhältnis zum Reich betrafen, vollends und dauerhaft zu verhindern. Wohl vermochte es, eine formell eindeutige Rechtslage herzustellen. Dass jedoch die Sachlage von dieser Rechtslage immer wieder in erheblichem Maß abwich, lag vor allem an einem: Das Gericht besaß keine Mittel, den Freibrief, der der Ausgangspunkt des Geschehens war und blieb, aus der Welt zu schaffen. Sein Wortlaut und insbesondere seine Wirkung auf die Schmoeler bestanden, ungeachtet sämtlicher gerichtlicher Ungültigkeitserklärungen und obrigkeitlicher Maßnahmen, fort und beschäftigten das Land noch für mehrere Jahrzehnte.

d. Deutsche Kanzlei

Als ranghöhere Gerichtsbehörde wäre die Deutsche Kanzlei in das Geschehen vor dem Landgericht grundsätzlich nicht eingebunden gewesen. Doch aufgrund des Ersuchens Schmidts um Erlangung einer immediaten Resolution, das seit 1738 gesetzlich sanktioniert war und direkt an den König ging, wurde sie bereits in diesem Stadium in die Vorgänge eingeschaltet. Gegen Ende 1739 teilte sie den Landräten ihren diesbezüglichen Beschluss mit. Darin heißt es, „*daß Ihr. K. M. in Sachen derer Schmolischen und Hohenfeldischen Eingeseßenen (...) immediate nicht erkennen sondern selbige in dem ordentl. Lauf Rechtens aus zumachen und zu entscheiden sey*“. Eine immediate Resolution sei deshalb nicht notwendig, da „*dieselbe nichts Besonderes hat, (...) vielmehr so bewand ist, daß sie sich zur gewöhnlichen Cognition des Landgerichts völlig qualifiziert*“. Da dies so sei, „*tragen Wir Billig Bedencken eüch darunter (...) etwas vorzuschrei-*

ben und überlaßen die Erkäntnüß lediglich eürem richterlichen Bemeßen daß, wenn etwan der vorhabende Vergleich nicht zum Stande gebracht werden möchte, ihr in dieser Sache so wie bey allem anderen geschiehet, eürem besten Wißen und Gewißen nach erkennet und die streitenden Theile durch einen rechtlichen Spruch aus einander setzet". Neben diesen formell-rechtlichen Anmerkungen fügte die Kanzlei den inhaltlichen Aspekt hinzu, dass die Landräte noch vor der Abstimmung und Urteilsabfassung *„denen Supplicanten die Bethörung ihres Gesuchs zu eröfnen*" hätten.[1317]

Der König hielt es folglich nicht für notwendig, eine immediate Resolution zu erlassen, also die Sache an sich zu ziehen und den Leibeigenen besonderen königlichen Schutz zukommen zu lassen. Aus seiner Sicht war die Angelegenheit so beschaffen, dass sie von den Mitgliedern des Landgerichts, bei denen es sich schließlich um *„allerhöchst denominirte Räthe*"[1318] handelte, nach dem normalen gerichtlichen Verlauf auszumachen war. Da der König keinen Grund sah, die Entscheidung durch seinen höchsten Spruch vorwegzunehmen und dadurch den Richtern seines Vertrauens vorzugreifen, überließ er ihnen die prozessuale Vorgehensweise. Dabei brachte er seine Zustimmung zu dem von der Mehrheit der Räte angestrebten Vergleich zum Ausdruck, stellte jedoch das konkrete Vorgehen und die Alternative, die Sache im Fall des Scheiterns des Vergleichs durch einen Spruch zu entscheiden, in das uneingeschränkte Ermessen der Richter. Aus dieser königlichen Anweisung ging zugleich konkludent hervor, dass sowohl der rigorosen formell-rechtlichen als auch der juristisch nicht begründeten materiell-rechtlichen Auffassung Jasper Rantzaus eine klare Absage erteilt worden war.

Daran wird deutlich, dass sich der König nicht nur mit der Frage befasst hatte, ob in Bezug auf die Beschaffenheit der Sache die Erteilung einer immediaten Resolution notwendig war. Vielmehr war zudem offensichtlich eine materiell-rechtliche Auseinandersetzung mit dem Fall in der Weise erfolgt, dass er im Hinblick auf die Rechtsfrage bereits zu einer verhältnismäßig konkreten Rechtsanschauung gelangt war und Partei für die Kreditoren ergriffen hatte. Dies ergibt sich aus seinem an die Räte gerichteten Anliegen, im Rahmen des Prozesses *„denen Supplicanten die Bethörung ihres Gesuchs zu eröfnen*". Den Leibeigenen sollte klargemacht werden, dass sie keine Aussicht darauf hätten, vor Gericht Recht zu bekommen. Vor diesem Hintergrund sind die vorausgegangenen Anmerkungen des Königs neu zu bewerten. Denn hinsichtlich der eigentlich freien richterlichen Entscheidung der Landräte war damit doch die Richtung, die das Verfahren nahm, vom König vorgegeben worden. In der Formulierung kommt konkludent zum Ausdruck, dass die königliche Rechtsanschauung in der Schmoeler Sache dahin ging, die Leibeigenen abschlägig zu bescheiden. Zwar

1317 Beschluss der Deutschen Kanzlei vom 7. Dezember 1739 (LA Abt. 65.2 Nr. 1424).
1318 Landgericht an den König vom 23. Februar 1740 (LA Abt. 65.2 Nr. 1424).

schrieb der König seinen Räten am Landgericht nicht ausdrücklich ein bestimmtes Votum oder eine feste Urteilsbegründung vor, doch kann aus seiner Benennung des Gesuchs der Untertanen als töricht auf seine grundlegende rechtliche Überzeugung geschlossen werden, die zugunsten der Beklagten sprach.

Der König als Landeshoheit und oberster Gerichtsherr legte also mit seiner Sichtweise die Landräte bereits auf einen gewissen Ausgang der Sache fest, obwohl sie in ihrem Bericht nur einen Zwischenstand ihrer Beratungen angegeben und sich ein endgültiges Ergebnis noch vorbehalten hatten. Zudem war somit schon zu diesem Zeitpunkt klar, dass weiterführende Rechtsmittel wie insbesondere das remedium recursus ad regem im Prinzip keine Aussicht auf Erfolg hatten. Denn der König bzw. die Deutsche Kanzlei als Entscheidungsträger hatten aufgrund ihrer Einbindung in die Angelegenheit schon vor Fällung des Landgerichtsurteils eine in Bezug auf das klägerische Hauptbegehren abschlägige Haltung eingenommen.

Das Gesuch um Erlangung einer immediaten Resolution noch vor der Fällung des landgerichtlichen Urteils war 1738 im Interesse der ersuchenden Prozesspartei eingerichtet worden. Es sollte eine schnelle allerhöchste Entscheidung in dringenden Fällen ermöglichen. Da eine Entscheidung in der Schmoeler Angelegenheit in Kopenhagen jedoch nicht als derart dringlich angesehen wurde, war dieses Rechtsmittel dem Begehren der Untertanen eher abträglich. Denn es kam zu einer Verquickung beider Instanzen, was den Leibeigenen im Hinblick auf ihren Rechtsschutz massiv zum Nachteil gereichte. Zum einen war das Landgericht in hohem Maß an die ihm von der Kanzlei als übergeordneter Institution erteilten Vorgaben gebunden. Zum anderen wurde die Deutsche Kanzlei hinsichtlich ihrer Beschlüsse erheblich durch die Unterrichtung der zuständigen Landräte beeinflusst. Die Kopenhagener Behörde konnte also gar nicht mehr unvoreingenommen, wie es für eine Rechtsmittelinstanz vorgesehen war, an die Sache herangehen, falls sie auf dem Weg des remedium supplicationis erneut an sie gelangen sollte. Die Beschäftigung der Deutschen Kanzlei mit der Angelegenheit im Zusammenhang mit der Prüfung der Erteilung einer immediaten Resolution führte somit im Endeffekt zu einer Verkürzung des Rechtsschutzes der Schmoeler. Denn die Funktion dieser Einrichtung als die dem Landgericht nachgeordnete Rechtsmittelinstanz war durch diesen Ablauf der Handlungen praktisch ausgeschaltet worden, da sie ihre im Prinzip bereits vor dem Landgerichtsurteil feststehende Rechtsauffassung lediglich wiederholte.

V. Das nachprozessuale Geschehen (1740 bis 1743)

Der Abschnitt des nachprozessualen Geschehens umfasst im Wesentlichen die Ereignisse, die sich mehr oder weniger unmittelbar an die Verkündung des Urteils am 21. März 1740 anschlossen und sich bis 1743 hinzogen. Dies waren unruhige Jahre auf den Gütern. Die Unruhen dauerten vereinzelt sogar noch bis 1748 an, doch konnten sie von der Gutsherrschaft und dem Gutsjustitiariat überwiegend ohne die Inanspruchnahme gerichtlicher Hilfe unter Kontrolle behalten werden. Lediglich einmal gelang dies nicht, was dazu führte, dass die Leibeigenen Anfang 1743 eine Klage gegen den Inspektor der Güter vor dem Landgericht anstrengten, von der sie jedoch bald wieder abließen.[1319] Ganz allgemein bezogen sich ihre Klagen nur auf den Aspekt der Freiheit, ansonsten beschwerten sie sich nicht. Für den weiteren Zeitraum ab 1748 bis 1767 ist kaum relevantes Aktenmaterial vorhanden.[1320]

1. Einleitung

Das Landgerichtsurteil schloss die Sache im Hinblick auf den Rechtsweg keinesfalls ab und brachte erst recht keine Ruhe in die Angelegenheit. Vielmehr waren vor allem die nachfolgenden zwei Jahre mit allerlei Korrespondenzen zwischen der Deutschen Kanzlei sowie dem Landgericht und den Vertretern der Prozessparteien angereichert. Zudem wurden eine Landgerichtskommission und die neue Gutsherrschaft in das Geschehen miteinbezogen.

2. Rechtliche Behandlung der Leibeigenen

Die Phase nach dem Abschluss des Prozesses erlebte somit eine noch intensivere Beschäftigung mit der Schmoeler Sache und noch umfangreichere Auseinandersetzungen zwischen den beteiligten Personen und Institutionen.

a. Advokat der Leibeigenen

Bereits eine Woche nach dem Urteil reichte Schmidt eine neue Supplik beim König ein.[1321] Ihre Hauptaussage war, dass die Schmoeler durch den Spruch der Landräte in ihren Rechten, die in dem rechtswirksamen Freibrief begründet seien, verletzt worden und daher in den vorigen Stand wiedereinzusetzen seien. In diesem Zusammenhang wiederholte der Anwalt die wichtigsten Argumente für seine Rechtsauffassung. So sei es im Hinblick auf die Änderung des Inhalts des Freibriefs durch Rantzau zwar grundsätzlich so, *„daß (...) eine mutatio in*

1319 Vgl. LA Abt. 15 Nr. 2956.

1320 Vgl. *Prange*, Leibeigenschaftsprozesse, S. 117 f., 126.

1321 Hinsichtlich der folgenden Zitate und Ausführungen vgl. Schmidt an den König vom 28. März 1740 (LA Abt. 65.2 Nr. 1424).

actibus ultimae voluntatis gültig geschehen, und dieser voluntas hominum usque ad mortem ambulatoria bleiben“ könne. Doch stehe ebenso fest, dass „*in contractibus autem & actibus bilateralibus dergleichen Änderung nicht gelte, am wenigsten aber in manumissione, als welche ja weder zu der einen noch zu der andern Classe gehörig*“ sei. Unter Anbringung verschiedener Rechtssätze, vornehmlich aus den Pandekten und den Werken Mevius', legte Schmidt dar, dass der Freibrief trotz allem unbeschränkte Geltung besitze. Dies gelte umso mehr, da „*so woll Creditores die Gültigkeit des Frey-Briefes auf keine Weise zuentkennen vermögend, als auch selbst ab Augustissimo Iudicio darauf erkandt, pro parte aber durch das ungültige Documentum wiederum entkräfftet*“ worden sei. Die gerichtliche Anerkennung der Geltung des Kaufbriefs verletze seine Mandanten nicht nur in ihren Rechten, sondern „*würde (...) mehr eine beständige Last und würckliche Leibeigenschafft als Freyheit, ja eine immerwährende Gelegenheit zu aller Unruhe und Streit zwischen der Herrschafft und den Einwohnern werden*“.

Aus diesem Grund erhoffe man sich, dass die „*Landes-Herrschafft ihnen eben das mehrbemeldte rechtsbegründete beneficium restitutionis brevi manu, in Königlr. allerhöchster Hulde cum effectu angedeihen, auch solcherhalben an das höchstpreißliche LandGericht zu rescribiren, oder die desfalß erforderliche Verfügung an Dero höchstpreißl. Glückstädtsche Regierungs-Cantzeley ergehn zu laßen*“. Obwohl Schmidt seine Hoffnung in die Entscheidung der Landesherrschaft legte, versäumte er es nicht, darauf hinzuweisen, dass die Untertanen trotzdem „*nur lediglich in omnem eventum (...) auch recursum ad summa Imperii Dicasteria (...) reserviren wollen*“. Dieser Rechtsschutzmöglichkeit hätten sie „*lediglich und allein aus der Uhrsache sich dero Zeit nicht bedienet, theils weilen eine dergleichen Einschrenkung ihrer so offenbahren Gerechtsahme und erlangten Freyheit ab Augustissimo Iudicio sie nicht vermuhten können, theils weilen selbige so wohl in recessibus, als nachhero in denen (...) eingereichten precibus (...) feyerlichst reserviret*“ worden sei.

Rund zwei Monate später erneuerte Schmidt seine Forderung nach Anerkennung der persönlichen Freiheit der Schmoeler in einer weiteren Supplik, die er jedoch aufgrund der zwischenzeitlich vom Landgericht über ihn verhängten vierteljährlichen Suspendierung von seiner Advokatur anonym verfasste.[1322] Neben den üblichen Beteuerungen brachte er noch einmal die Ungerechtigkeit und Absurdität der Situation zum Ausdruck, „*weilen offenbahr zu Tage*“ stehe, dass „*das vermeintlich in der LeibEigenschafft sich gründende Wohl, meistens in der ein-*

[1322] Dass Schmidt der Verfasser der Supplik vom 4. Juni 1740 sein muss, geht ziemlich zweifelsfrei aus der später von ihm bei Gericht eingereichten Rechnung hervor, in der es heißt: „*1740. (...) d. 4 Jun: Auf abermahliges Verlangen derselben nach Rendsburg gereiset, da dann Hans Röper, Detleff Hartmann und Claus Cay sen: in Persohn die beyden memorialien an Ihro Maytt: den König übergeben*“ (LA Abt. 15 Nr. 454).

gebildeten Ehre bestehet: arme und entkräftete Unterthanen zu haben, die auch die strengste Gewalt heimlich von den Güthern zu entweichen nicht abhalten kan, die weder sich selbst und oft mahls kaum die Herrschafft wieder aufzuhalten im Stande, die durch die elendeste und unaufhörlich mühsame Lebens-Art, selten wissen ob sie vernünftige Menschen, geschweige Christen sind, und von denen die Herrschafft keinen andere Vortheil als diesen zu gewarten: daß sie durch Gewalt und Zwang eine Menge Sclauen auf ihren Güthern ernähret, hinfolglich das so gerühmte Wohl, fals solches nicht auf festere Gründe beruhete, allein durch die LeibEigenschafft zu erhalten Niemand fähig". Daher hielten die Untertanen eine Anrufung des Reichskammergerichts für unnötig und seien sich der Hilfe ihres Landesherrn gewiss, denn „*kein Vater kan seine Kinder nach fremder Hülfe ruffen sehen, und Unser gerechtester LandesVater wird diesen Trost auch seinen armen Unterthanen angedeyen lassen*", zumal da „*das Ansehen unserer so mächtigen und vielen Gegner darauf bestehet: die LeibEigenschafft müsse das Wohl der Hollsteinischen Adel. Güther bleiben*".[1323]

Nachdem auch diese Supplik nicht den gewünschten Erfolg herbeiführte, stellte Schmidt seine Bemühungen in der Sache ein und war nur noch sporadisch mit ihr beschäftigt.[1324] Erst im April 1742 regte er sich wieder intensiver. In zwei Schreiben an das Landgericht ersuchte er die Räte darum, die Schmoeler mittels eines Mandats anweisen zu lassen, den Restbetrag der ihm nach seiner Rechnungsaufstellung zustehenden Summe an ihn auszubezahlen. Diese Gesamtsumme setzte sich aus zwei Hauptposten zusammen. So forderte Schmidt im Hinblick auf die von ihm für die Untertanen ausgelegten Spesen, „*daß dieselben so wohl die (...) Baar Vorgeschoßene Summe (...) als auch den Rückstand des praementionirten Honorarii nunmehro ohne ferneren Aufschub, so wie zugleich die desfals jetzo causirte Kosten an mich zu bezahlen schuldig und gehalten seyn sollen*". Der Anwalt gestand jedoch ein, dass „*auch gereits Supplicati (...) Honorarii in verschiedenen Posten (...) mehr oder weniger bezahlet und abgetragen*" hätten. Dennoch sah er sein Gesuch als rechtlich und billig an, da „*gegenseitiger Herr Aduocatus*" ein höheres Honorar erhalten habe und er aus diesem Grund „*den gleichmäßigen noch wenigen Rückstand deßelben billig fordere*".[1325]

Nach einer seitens der Schmoeler auf diese Forderung Schmidts erfolgten Gegenvorstellung schlüsselte der Advokat in einem ausführlichen Schreiben an die Landräte seine Rechnung auf und untermauerte die von ihm gestellten Ansprüche. Er wehrte sich gegen den Vorwurf, er habe die Untertanen mit falschen Versprechungen in der Sache irregeführt. Im Gegenteil habe er „*Ihnen auch so Viel sie zu begreiffen vermöget, das rechtliche Fundament und die dahero folgende veritatem juridicam dieser Sache vorgestellet, keine festgesetzte Urthel*

1323 Schmidt (anonym) an den König vom 4. Juni 1740 (LA Abt. 65.2 Nr. 1424).

1324 Vgl. die Rechnung Schmidts von 1738 bis 1741 (LA Abt. 15 Nr. 454).

1325 Schmidt an das Landgericht vom 3. April 1742 (LA Abt. 15 Nr. 454).

aber und so gar per Pactum promittiren, noch Vernünfftiger Weise stipuliren können, Vielmehr die jeder mann Bekandtliche Umstände auch Ihnen vor Augen geleget". Die Höhe seiner Forderung sei gerechtfertigt und stehe mit „*der in Neben Stunden frey behaltenen Betreibung meiner andern Geschaffte*" in keinem Zusammenhang. Auch seien die Hinzuziehung eines Notars notwendig und damit die Kosten für die Vollmachterstellung unumgänglich gewesen, „*da die meisten des schreibens unerfahren, und nur ihr Handzeigen gesetzet, die Beyfügung des Nahmens per Notarium geschehen, und also um desto gesicherter de voluntate & consensu subscribentium constiren, und Ihnen als HaußLeuten um so mehr assistiret werden möchte*". Insbesondere die Höhe der Kosten gehe großteils auf das Verhalten der Untertanen selbst zurück. So schob Schmidt „*die Nothwendigkeit der Reise nach Rendsburg (...) denen Supplicatis und resp: deren Gewollmächtigsten ins Gewißen*". Jedenfalls richte er sein Verhalten in jeder Rechtsangelegenheit, so auch in dieser, danach aus, keiner Partei „*eine zu gewinnende Urthel (...) zu expromittiren oder zu stipuliren*". Denn solch ein Vorgehen „*zählen Vernünfftige Leute unter diejenigen dinge, die ohne Verletzung eines jeden Gerichts nicht zu praesumiren, noch weniger möglich zu machen*" seien.[1326]

Schmidt blieb also über das Ende des eigentlichen Prozesses hinaus engagiert und vertrat weiterhin die Interessen der Schmoeler, um ihnen zu ihrem angestrebten Recht zu verhelfen. Da sich aus seiner Sicht bereits während des Verfahrens abgezeichnet hatte, dass das Urteil des Landgerichts zu ihren Ungunsten ausfallen würde, war der Anwalt frühzeitig auf die nachprozessuale Konstellation vorbereitet. In seiner Supplik legte er der Landesherrschaft nochmals die Grundzüge seiner Rechtsauffassung dar. Er hielt die vom Gericht für rechtsgültig erklärte Änderung des Freibriefs nachdrücklich für unwirksam, da eine solche zwar grundsätzlich rechtswirksam erfolgen könne, nicht jedoch bei einer Manumission. Schmidt unterließ es nicht, seine Argumentation mittels Gesetzes- und Literaturstellen juristisch fundiert zu belegen. Bestätigt sah er sich in seiner Auffassung dadurch, dass auch die Landräte den Freibrief im Tenor des Urteils als geltende Grundlage benannten, auch wenn dies unter der Einschränkung der Geltung des Kaufbriefs geschah, der für Schmidt aber keine Gültigkeit besaß. Unabhängig von der rechtlichen Situation wies er des Weiteren auf die zu erwartende schwierige Situation auf den Gütern hin, falls es bei der getroffenen Entscheidung bleibe. Er ging von einem dauerhaften Unfrieden zwischen Herrschaft und Untergehörigen aus.

Um der Entschlossenheit seiner Mandanten bei der Verfolgung ihrer Gerechtsamen Nachdruck zu verleihen, betonte Schmidt gegenüber dem König, dass man sich die Möglichkeit des Zugs vor die Reichsgerichte offenhalte. Dass die Appellation holsteinischer Untertanen des Adels an die Reichsgerichte grund-

[1326] Schmidt an das Landgericht vom 26. April 1742 (LA Abt. 15 Nr. 454).

sätzlich wirksam ausgeschlossen war, war dem Advokaten sicherlich bekannt. Auch muss er um die Empfindlichkeit dieses Punkts im Hinblick auf die Landeshoheit und somit um mögliche schwere Sanktionen durch die Obrigkeit wegen seines Verhaltens gewusst haben. Da Schmidt sich also im Bewusstsein all dessen dennoch für das von ihm gewählte Vorgehen entschied, ist anzunehmen, dass er eine Ausnahme von der Appellationsregel als einschlägig betrachtete. So lassen seine Ausführungen darauf schließen, dass er eine Art von Justizverweigerung als gegeben ansah, nämlich in der Form, dass man den Untertanen zwar nicht den Rechtsweg versagte, doch dass der Ausgang der Sache vom Gericht nach dessen Kenntnisnahme vom Sachverhalt aufgrund des inoffiziellen Arguments des Landeswohls nicht mehr unparteiisch beurteilt wurde und ungeachtet der während der Verhandlungen dargebrachten Vorstellungen bereits von vornherein entschieden war.

Obwohl man Schmidt schon zum Zeitpunkt der Urteilsverkündung eine überaus engagierte Verteidigung nachsagen konnte, steigerte sich dieses Engagement also noch. Die Art, auf die er das obergerichtliche Urteil zu revidieren suchte, legt nahe, dass die Rechtsvertretung für ihn spätestens seit diesem Zeitpunkt eine starke persönliche Dimension gewonnen hatte. Er glaubte, auf der Seite einer hoffnungslos unterlegenen Partei gegen eine Vielzahl mächtiger Gegner für eine gerechte Sache zu kämpfen. Diese Überzeugung gründete sich überwiegend auf seine strikte Verachtung für die Landeswohlargumentation, aber auch auf den Eindruck, den der Wortlaut des Freibriefs bei ihm hinterließ. Nur so lässt es sich erklären, dass er die Angelegenheit unter Inkaufnahme unabsehbarer Strafmaßnahmen weiter betrieb. Wie sehr er sich mit dem Klagbegehren der Schmoeler identifizierte, wird jedoch erst daran deutlich, dass er sogar während des gegen ihn verhängten dreimonatigen Berufsverbots eine – wenn auch anonyme – Supplik an den König namens der Untertanen auf den Weg brachte. In dieser Schrift griff er nicht nur die Landesverfassung der adligen Güter scharf an und benannte die Leibeigenschaft, die vermeintlich die Grundlage des Landeswohls sei, als das maßgebliche, eben diesem Landeswohl entgegenwirkende Moment, das zwar zu Lasten der Untertanen gehe, sich aber auch spürbar auf Kosten der Gutsherrschaften auswirke. Vielmehr richtete er abermals die indirekte Drohung an den König, die Sache vor die Reichsgerichte zu bringen, was wenige Monate zuvor der Hauptgrund für seine empfindliche Bestrafung war.

All diese Mühen und Risiken nahm Schmidt nicht hauptsächlich aus finanziellen Motiven auf sich. Dafür ist das Verhältnis zwischen materiellem Gewinn und bereits erlittenen sowie weiteren, in Aussicht stehenden schweren Einbußen ein eindeutiger Beleg. Der Advokat handelte vornehmlich aus idealistischen Motiven, die rein im Interesse der Untertanen waren, und tat dies angesichts der ihm drohenden Gefahren sogar ohne Rücksicht auf mögliche eigene wesentliche Verluste. Sein Einsatz in der Angelegenheit ging weit über das übliche Maß an Betriebsamkeit hinaus. Vor diesem Hintergrund mag es zunächst nicht ins Bild passen, dass Schmidt fast zwei Jahre später im April 1742 die Schmoeler gerichtlich anhalten lassen wollte, weitere Zahlungen an ihn zu tätigen. Dieses Verhalten muss aber unabhängig von seinen vorangegangenen Anstrengungen betrachtet werden. So hatte Schmidt wohl aufgrund des gedanklichen und zeitlichen Abstands zu den Geschehnissen ein verändertes Bewusstsein im Hinblick auf die Sache erlangt. Gerade hinsichtlich der von ihm im Interesse der Untertanen getätigten Investitionen und im Vergleich zu den von Adami erbrachten Mühen sowie seinem erhaltenen Salär sah er es als gerechtfertigt an, die Forderungen an seine ehemaligen Mandanten, welche die ihnen bekannte Schuld bereits fast vollständig abgetragen hatten, aufzustocken. Objektiv betrachtete er seine Ansprüche aufgrund ihrer detaillierten Begründung als gerechtfertigt. Subjektiv sah er sie infolge seiner grenzenlosen Einsatzbereitschaft und persönlichen Schäden wohl als eine Art Schmerzensgeld, in jedem Fall aber als verdient an. Insofern trat bei ihm bezüglich dieser Forderungen kein schlechtes Gewissen zutage.

Da Schmidt lediglich noch den am Honorar Adamis gemessenen geringen Rückstand einforderte, entsprach sein Verhalten nicht der typischen „Abzockmentalität“. Selbst wenn seine Ansprüche rechtlich nicht begründet waren, worauf die negative Bescheidung durch das Landgericht hindeutet, sind sie in der Gesamtschau doch verständlich und vermögen das Gesamtbild einer intensiven Rechtsvertretung der Untertanen in und nach dem Landgerichtsprozess nur wenig zu trüben.

b. Interessenvertreter der Leibeigenen

Als Interessenvertreter der Schmoeler trat der Kopenhagener Kommissionär Peter Rasmussen Stockdorff erstmals am 22. März 1741 in Erscheinung. Auch er suchte den Untertanen ihre Freiheit zu verschaffen, nachdem sie es von ihm „*verlanget*“ hätten. Seine Vorgehensweise bestand zu Beginn ausschließlich darin, die Punkte des Freibriefs, den er seinem ersten Schreiben als Anlage beigefügt hatte, inhaltlich detailliert, aber ohne rechtliche Ausführungen zu wiederholen. Der vorrangige Beweggrund der Leibeigenen, auch nach Fällung des Landgerichtsurteils ihre Interessen auf diese Weise weiter zu verfolgen, war die mit dem Übergang der Güter an die Gräfin Taube verbundene Unsicherheit ihrer zukünftigen Verhältnisse. Denn es sei „*Im geringsten nichts gemeldet in ausgegebenen Conditiones deßfals nicht wißen kan was die Gräfin aus Schweden so sich selbiges Gühter habe zu gekaufft nach dato wan daß Guht bezahlet wirdt anfangen will*“. Aufgrund des Freibriefs liege es den Untertanen jedoch am Herzen, „*daß es Ja billiger maßen Zu die Kaüffers nachricht müste Künd Bahr sein auf was vor ein Preiß Sie solten daß Guth Kauffen*“. Sie hofften daher, dass der

König *„werde deß Frey Briefs einhalt wort zu Worte allergnädigst Confirmiren“.*[1327]

In dem daraufhin – sogar im Druck – an Stockdorff ergangenen Bescheid hieß es lediglich, dass seinem *„gantz unfoermlichen und zur Unzeit angebrachten Petito keines weges deferiret werden könne“.*[1328] Hingegen wurde nicht ausdrücklich genug betont, dass die Sache gerichtlich abgehandelt und sein Anliegen daher aussichtslos sei. Deshalb ließ Stockdorff seinem ersten Schreiben weitere folgen. In seiner nächsten Supplik vom 22. Juni 1741 bewies er zwar einen verbesserten Kenntnisstand, was seine Bezugnahmen auf die bis dahin dokumentierten Vorgänge, die von ihm als Anlage beigefügt wurden, unterstrichen. Doch eine rechtlich strukturierte Argumentation trat auch hier nicht hervor. Vielmehr erschöpften sich Stockdorffs Ausführungen in einer im Vergleich zu seinem ersten Memorial umfassenderen Darstellung des Geschehens und weiteren Bitten um königlichen Schutz für die Untertanen. Denn trotz des Freibriefs seien einige von ihnen wegen des Verkaufs der Güter vor den Gutsinspektor gefordert worden *„und gefraget umb Eid“*, doch hätten sie *„nicht geschworen“*. So bäten sie den König darum, die beigefügten Dokumente in Augenschein zu nehmen, so *„daß wir darnach allergnädigst möchte genießen Konigln allerGnädigste Resolution auf was Vor ein Fuuß wir seint Verkaufft worden, den biß dato haben wir nicht den geringsten nachricht davon erhalten können“*. Es hieße nur, *„daß wir entweder sollen uns Innerhalb 24 Stunden von die Gühter abrücken Von alles was wir haben, oder auch Schweren daß wir wollen Leib Eigen sein“*. Im Endeffekt sei es daher so, dass sie *„solten dazu gezwungen sein In Leib Eigenschafft einZutretten, Gegen Sehln Grafen außgegebenen Frey Brief“.*[1329]

In Reaktion darauf wurde Stockdorff von der Deutschen Kanzlei ermahnt, die Resolution vom 9. Mai 1741 zu beachten. Schon bald verfasste er jedoch eine neue Petition. Die Untertanen hingegen sollten sich *„an die Regierung In Glückstadt halten“*. Diese Lösung aber, *„Uns In Glückstadt an die Regierung zu halten (...), ist uns nicht dienlich, Ein Process anzufangen können wir überall nicht“*. Wenn es aber des Königs Entscheidung sei und *„es nicht anders sein kan alß daß Unser Sache soll beym Regierung In Glückstadt abgethan werden, daß wir den allergnädigst möchte unser eingegebene Memorial mit beygefügten Documenten ausgeliefert werden mit Remittirung hievon Cantzeley nach Glückstadt, und daß unser Sache den ohne Process abgehen könte“*. Zudem sei die Sachlage so, dass *„Im Ausgegebene (...) Conditiones darinnen wirdt gantz und gahr nicht*

1327 Stockdorff an den König vom 22. März 1741 (LA Abt. 65.2 Nr. 1424).

1328 Bescheid der Deutschen Kanzlei an Stockdorff vom 9. Mai 1741 (dem Schreiben Stockdorffs vom 21. August 1741 beiliegend (LA Abt. 65.2 Nr. 1424)).

1329 Stockdorff an den König vom 22. Juni 1741 (LA Abt. 65.2 Nr. 1424).

mentioniret daß wir sollen wiederumb Im Leib Eigenschafft uns einschweren, oder dazu gezwungen werden kan".[1330]

Nur zwei Wochen später gab Stockdorff das nächste Memorial beim König ein, das sein bekanntes Vorbringen nochmals erneuerte, aufgrund der Verwendung von lateinischen Worten und Formeln jedoch einen gelehrteren Eindruck machte. Alles lief wiederum darauf hinaus, dass es nicht zulässig sei, dass „*Possessores der Güther denen Unterthanen die Leib Eigenschaft aufbürden oder als Leib Eigene tractiren*". Sie könnten „*auch nicht nach der Höchstpreislichsten Land Gerichts Urthel als Leib Eigene angesehen werden*", da dieses Urteil den „*Kauf Brief vom 9 Jan: 1695 pro Norma setzet in selbigen aber wird keiner Leibeigenschaft gedacht*". Außerdem habe der Freibrief in dem Kaufbrief enthalten zu sein, so dass „*es zu bewundern*" sei, „*daß Sie den Eyd der Leib Eigenschaft schweren (...) sollen*". Es sei offensichtlich, dass ohne königliche Hilfe diese „*Armen Leüte ihres mächtigen Gegners als mit welcher Sie es aus zuhalten nicht vermögend sind, nothwendig erliegen müßen*". Schließlich erbat Stockdorff, „*wie nun dieses das eintziges Mittel ist wodurch denen Armen Leüten geholffen werden kan*", dass eine Landgerichtskommission „*der Unterthanen habende Beschwerden in loco untersuchen*" solle.[1331]

Ein weiteres Memorial wurde von Stockdorff wohl nicht mehr eingegeben. Wahrscheinlich hatte man ihm nachdrücklich die Aussichtlosigkeit und Widerrechtlichkeit seines Unterfangens bedeutet. Doch blieb er offensichtlich in der Sache aktiv. Zumindest hielt er losen Kontakt zu zwei Vertretern der Schmoeler. Das beweist ein an sie gerichteter Brief vom 2. März 1742, der von der neuen Gutsherrschaft abgefangen worden war. Darin unterrichtete Stockdorff die beiden, „*daß Ihr, Euer Verlangten Freyheit wieder Bekommen habtt. Also Berichte ich euch noch mahl zu Beschluß daß Ihro Konigl: May:ett Euch alle Freuheit Gelaßen hatt. die ich euch mit Großer Muhe geschaffet*". Die entsprechenden Unterlagen befänden sich in der Deutschen Kanzlei und müssten von ihnen persönlich abgeholt werden. Ansonsten hätten sie ihre „*reine follige Freyheit Waß auch der Seel. Graff . Versprochen. und Viel Leich. noch mehr. Liebe und Gnade Von Ihro Konigl. May:*". Er erbat Nachricht von ihnen, „*den so Gedencket auch an meine Muhe die ich an euch nicht Gespahret habe vor Euer er wünschete Konigl. Gnade und Freyheit*".[1332]

Die Inhalte und Abfolge von Stockdorffs innerhalb etwa eines Jahres entworfenen Suppliken machen deutlich, welch intensiven Eindruck der Freibrief damals hinterließ. In seinem ersten Memorial vertrat Stockdorff die Interessen der Untertanen ohne jegliche offensichtliche Kenntnis vom Rechtsstand in der Angele-

---

1330 Stockdorff an den König vom 7. August 1741 (LA Abt. 65.2 Nr. 1424).

1331 Stockdorff an den König vom 21. August 1741 (LA Abt. 65.2 Nr. 1424).

1332 Stockdorff an zwei Schmoeler vom 2. März 1742 (dem Schreiben des Landgerichts an den König vom 17. April 1742 beiliegend (LA Abt. 65.2 Nr. 1424)).

genheit nur auf der Grundlage des Freibriefs. Dieses Vorgehen behielt er im Großen und Ganzen auch nach Kenntniserlangung von den gerichtlichen Geschehnissen und deren Ergebnis bei. An diesem Verhalten wird der gravierendste Unterschied zwischen Stockdorff und Schmidt offenbar. Während Schmidt als Advokat sein Vorbringen in juristischer Form mit rechtlichen Argumenten untermauert hatte, erschöpften sich Stockdorffs Bemühungen im Endeffekt darin, dass er als Rechtsunkundiger vergangene und aktuelle Ereignisse darstellte, die seiner Ansicht nach im Widerspruch zum Freibrief standen, und daher um dessen Bestätigung und Beachtung nachsuchte. Dabei ging er so vor, dass er die Schmoeler immer wieder mit einfachen Worten als arme, unterdrückte und unwissende Bauern beschrieb, die von ihrer neuen Herrschaft um ihr von Rantzau zuerkanntes Recht gebracht werden sollten. Lediglich sein letztes Schreiben von Ende August 1741 fiel aus dem Rahmen. Die Verwendung juristischer Formeln und lateinischer Ausdrücke lässt darauf schließen, dass Stockdorff diese Supplik nicht selbst oder zumindest nicht allein verfasst hat. Die Abfolge der Darstellung sowie die Wortwahl legen nahe, dass er Kontakt zu Schmidt oder wenigstens seine Ausführungen zur Sache vorliegen gehabt hat.

Auffällig ist, dass die aktuelle Unwissenheit und Unsicherheit der Bauern hinsichtlich ihres personen-rechtlichen Status von Stockdorff häufig und stark betont wurde. Dass diese Unwissenheit unter den Bauern tatsächlich so verbreitet gewesen ist, kann nahezu ausgeschlossen werden. An dem nachprozessualen Verhalten der Untertanen wird ersichtlich, dass sie trotz fehlenden detaillierten juristischen Überblicks recht genau wussten, woran sie waren, d.h. dass sie infolge der Nichtbestätigung ihrer persönlichen Freiheit in ihrem Leibeigenschaftsstatus verblieben. Doch wird an diesem Punkt der Argumentation augenscheinlich, welche Kehrseite die von der Obrigkeit strikt vermiedene Verwendung des Begriffs der Leibeigenschaft mit sich brachte. Weder der Kaufbrief von 1695 noch das Landgerichtsurteil oder das Dienstreglement von 1740 erwähnten die Leibeigenschaft überhaupt, geschweige denn, dass sie die Schmoeler als Leibeigene bezeichneten. Was der Verhinderung von Provokation und Konfrontation dienen sollte, verkehrte sich nun in etwas ganz anderes, was von den Verfassern der Dokumente nicht vorausgesehen wurde. Die Eingesessenen selbst, die vollkommen vom Freibrief eingenommen waren, schöpften aufgrund der fehlenden Begrifflichkeit wieder Hoffnung, was die Erlangung ihrer Freiheit betraf. Stockdorff hingegen, der keine genaue Kenntnis der Vorgänge, dafür aber die Dokumente und vor allen Dingen den Freibrief besaß, musste als Nichtjurist fast zwangsläufig zu der Einsicht gelangen, dass es bei den vorigen Geschehnissen ungerechtfertigterweise zu Nachteilen für die Untertanen gekommen war und dass es sich daher rechtlich lohnen könnte, sich für ihre Interessen einzusetzen. Allerdings ist fraglich, ob sich die Situation wesentlich anders dargestellt hätte, wenn die Dokumente ausdrücklich von der Leibeigenschaft gesprochen und demzufolge in noch deutlicherem Widerspruch zum Freibrief gestanden hätten.

Dass Stockdorff, der für seine Anstrengungen von den Leibeigenen angemessen entlohnt wurde, nicht nur aus wirtschaftlichen Gründen handelte, wird daran ersichtlich, dass er die Sache noch weiterbetreiben wollte, als sie vom König an die Regierung nach Glückstadt verwiesen worden war. Dies bedeutete für Stockdorff, der als in Kopenhagen Ansässiger bislang wenig investieren musste, um seine Suppliken beim König einzugeben, dass er fortan erhöhte Investitionen an Zeit und Geld zu tätigen hatte. Dass zwischen August 1741 und März 1742 keine Aktionen seinerseits bekannt sind, dürfte daran gelegen haben, dass man von Seiten der Obrigkeit nachdrücklich auf ihn eingewirkt hatte. Sein von der Gutsherrschaft abgefangenes Schreiben von Anfang März 1742, in dem er den Schmoelern wider besseres Wissen die Verleihung ihrer Freiheit durch den König mitteilte und auf seine Mühen, an denen er nicht gespart hätte, hinwies, kann jedoch nicht anders gedeutet werden, als dass er weiterhin versuchte, von der Situation und damit dem Geld der Untertanen zu profitieren, obwohl er mittlerweile von der Aussichtslosigkeit des Unterfangens überzeugt gewesen sein musste. Dieser letzte Eindruck, den man vom Wirken Stockdorffs erhält, kann aber nicht darüber hinwegtäuschen, dass seinen Aktivitäten zuvor auch starke altruistische Motive zugrunde gelegen haben dürften.

c. Advokat der Kreditoren

Obwohl Adami den Prozess für seine Mandanten gewonnen hatte, musste er sich nach dessen Ende in ihrem Interesse in der Sache engagieren. Denn die Untertanen fanden sich mit den für sie gerichtlich festgelegten Bedingungen nicht ab. So sah sich der Anwalt in der zweiten Hälfte des Jahres 1740 mehrfach gezwungen, sich an das Landgericht zu wenden. Seine erste Anzeige begründete Adami explizit mit den von den Untergehörigen „*immediate bishero gefürten querelen*". Zur endgültigen Beruhigung der Lage erbat er vom Landgericht, dass ihnen „*per Decretum kund gemacht und zugleich anbefohlen werden möge, daß wo sie die in der Urthel ihnen vorbehaltene Untersuchungs-Commission annoch verlangen, sie dieselbe innerhalb Vier Wochen sub poena praeclusi ausbitten, auch diejenige vermeinte Beschwerden, welchen durch solche Commission abzuhelffen, dabey specificiren und nahmhaft machen müßen*".[1333] Der Advokat machte sich also in gewissem Maß für die Leibeigenen stark. Obwohl die im Urteil gesetzte Frist, während der die Schmoeler die Einsetzung einer Untersuchungskommission hätten beantragen können, bereits seit längerem abgelaufen war,

[1333] Adami an das Landgericht (im Anhang zum Bescheid des Landgerichts vom 8. September 1740 (LA Abt. 390 Nr. 478, Q. 18)).

ohne dass von ihrer Seite etwas geschehen war, bat Adami nun seinerseits um die Einräumung einer erneuten, allerdings auf vier Wochen verkürzten Frist. Zudem sollten die Untertanen ihre Beschwerdepunkte genau zu spezifizieren haben, damit die Kommission konkret Abhilfe schaffen könne. Im Falle des tatenlosen Verstreichenlassens dieser Chance sollten die Bauern im Hinblick auf alle ihre potentiellen Beschwerden zukünftig präkludiert sein.

In seiner zweiten Anzeige teilte Adami dem Landgericht mit, dass die Untertanen *„in der vorgesetzten Frist, welche am verwichenen Freytage zu Ende gewesen, keine Commission ausgebethen, weniger ihre vermeinte Beschwerden nahmhafft gemacht, also proprio Facto und vorsetzl. das committirte praeclusum über sich gezogen“* hätten. Er bat die Obrigkeit *„zu decretiren (...), daß Supplicaten mit allen fernerweitigen vermeintl. Beschwerden (...) nunmehro zu praecludiren und ein ewiges Stillschweigen ihnen aufzulegen“* seien.[1334] Der Advokat ließ somit nach Ablauf der Frist kaum Zeit ins Land ziehen, um das von ihm angestrebte Dekret auszubitten, das die endgültige und verbindliche Präklusion hinsichtlich der Beschwerden der Schmoeler beinhalten sollte. Ihm ging es in der zweiten Anzeige darum, dass in eindeutiger Manier auf die gewünschten Rechtsfolgen erkannt würde, um abschließende Rechtssicherheit zu erreichen.

Die dritte Anzeige Adamis, die vom Tenor her gleichlautend mit der zweiten Anzeige war, wurde deswegen notwendig, da das Gericht seiner in der vorigen Anzeige geäußerten Bitte um ein die Präklusion enthaltendes Dekret nicht entsprach. Vielmehr setzte es den Leibeigenen eine erneute Frist von sechs Wochen, damit sie ihre Beschwerden zur Untersuchung vortragen konnten. Darin wies er die Räte darauf hin, dass das gerichtliche Dekret den Untertanen *„vorgelesen“* und *„als insinuiret übergeben“* worden sei. Aber sie hätten *„es nicht annehmen wollen, (...) und also sie zweifels ohne auch demjenigen, was dies Decretum im Munde führet, nicht nachgelebet haben werden, mithin ihre Widersetzlichkeit hieraus Sonnenklar hervor leüchtet, und sie dahero auch gar zu wol verdienen, daß das praeclusum nunmehro würcklich über sie ergehe“*. Der Anwalt endete mit der Bitte *„zu decretiren (...), daß Supplicaten für sich und ihre Constituentes mit allen fernerweitigen vermeintlichen Beschwerden (...) nun endlich zu praecludiren und ihnen perpetuum silentium zu imponiren sey“*.[1335]
Auf den ersten Blick mag es verwundern, dass Adami in seiner ersten Anzeige eine erneute Frist zugunsten der Leibeigenen beantragte. Dieser Antrag war jedoch keinesfalls aus altruistischen Motiven, sondern vor dem Hintergrund erfolgt, dass die Untergehörigen auch nach Verkündung des für sie abschlägigen Urteils keine Ruhe gaben und dessen Tenor nicht akzeptierten. Die Situation war

---

[1334] Adami an das Landgericht (im Anhang zum Bescheid des Landgerichts vom 24. Oktober 1740 (LA Abt. 390 Nr. 478, Q. 18)).

[1335] Adami an das Landgericht (im Anhang zum Bescheid des Landgerichts vom 19. Dezember 1740 (LA Abt. 390 Nr. 478, Q. 18)).

anscheinend derart kritisch, dass Adami die Interessen seiner Mandanten, also die Erzielung eines möglichst hohen Versteigerungserlöses, gefährdet sah, da potentielle Käufer aufgrund dieser Verhältnisse abgeschreckt werden könnten.

Betrachtet man die Position Adamis im Gesamtgeschehen sowie seine Möglichkeiten, in der nachprozessualen Phase für seine Mandanten zu wirken, und seine übergeordneten Zielsetzungen, wird seine Vorgehensweise verständlich. Obwohl es grundsätzlich in seinem Sinn sein musste, dass die Leibeigenen die Möglichkeit des Einsatzes einer Untersuchungskommission nicht wahrnahmen, war er es, der ihnen erneut diese Möglichkeit einzuräumen suchte. Denn eigentlich war die rechtliche Situation der Kreditoren dadurch, dass die Schmoeler es versäumt hatten, Beschwerden vorzubringen, gestärkt worden. Es galten nun allein die Bedingungen des Kaufbriefs von 1695, da die Leibeigenen bezüglich aller übrigen Punkte durch eigenes Verschulden präkludiert waren. Damit war vom Prinzip her der Zustand größtanzunehmender Rechtssicherheit erreicht worden. Doch Adami hatte erkannt, wie wenig diese günstige formale Rechtslage angesichts der tatsächlichen Verhältnisse wert war. Vor ihrem Hintergrund war das wirtschaftliche Hauptziel der Gläubiger stark gefährdet. Ihm musste also im Interesse seiner Mandanten an Ruhe und Ordnung auf Schmoel gelegen sein. Deswegen erachtete er es als sinnvoll, den Leibeigenen erneut die Chance zu geben, ihre außerhalb der Kaufbriefbedingungen liegenden Umstände prüfen zu lassen.

Für ihn als Advokat der „Reichen und Mächtigen“ spielte dabei die Sorge um das Wohlergehen der Leibeigenen keine Rolle, sondern es kam ihm nur darauf an, dass sich die Güter zum Zeitpunkt der Versteigerung im bestmöglichen rechtlichen und tatsächlichen Zustand präsentierten. Sein Vorgehen beruhte nicht auf einer wohlwollenden Grundeinstellung gegenüber den Leibeigenen, sondern muss als Versuch zur Beruhigung der Lage im Interesse der Kreditoren betrachtet werden. Falls ihm das misslang, konnten seine Bemühungen zumindest als Zeichen der Gutmütigkeit der Kreditoren im Rahmen nachprozessualer Handlungen ins Feld geführt werden. Zudem hätte er die formale Rechtslage durch ein zusätzliches obrigkeitliches Dekret doppelt abgesichert.

Unter zeitlichen und formalen Gesichtspunkten hätte Adami es sicherlich gern gesehen, wenn die Leibeigenen innerhalb der neuen Frist gehandelt hätten. Denn dann hätte ihnen im Rahmen des Möglichen geholfen werden können, wodurch die Lage auf den Gütern beruhigt worden wäre. Doch er erbat zugleich als Alternative, deren Eintritt er für wahrscheinlicher gehalten haben dürfte, ein bestätigendes, die Leibeigenen auf ewig präkludierendes Dekret. Sein Interesse daran ergibt sich insbesondere aus der zweiten und dritten Anzeige. In beiden Schreiben hob der Advokat ausdrücklich die Versäumnisse der Leibeigenen trotz vorbildlicher Bekanntmachung der Sache und ihrer nachdrücklichen Unterrichtung hervor. Dieses zusätzliche Landgerichtsdekret, das er als Ergebnis seiner Bemühungen anstrebte, brachte die Sache zwar inhaltlich nicht voran, konnte seinen Mandanten aber dennoch dienlich sein. Auf dessen Grundlage dürfte die Erlangung eines militärischen Kommandos zur Wiederherstellung von Ruhe und Ordnung schneller und leichter vonstatten gegangen sein, da seine Dringlichkeit durch die Renitenz der Bauern trotz doppelter Fristsetzung mit anschließender Präklusion offensichtlich war.

Das nachprozessuale Vorgehen Adamis war ein besonderer Beleg dafür, wie starr und unverrückbar die Positionen der Parteien waren und blieben. Nicht einmal ein fast einstimmiges obergerichtliches Urteil vermochte die Untertanen dazu zu bewegen, einzulenken und ihr Verhalten am Tenor der Entscheidung auszurichten. Dabei haben sie offenbar ein derart eindrucksvolles Auftreten an den Tag gelegt, dass sogar die vor Gericht obsiegenden Kreditoren – die es von Rechts wegen gar nicht nötig hatten – zu einem erneuten Entgegenkommen bereit waren, um auch tatsächlich in den Genuss der ihr zuerkannten Rechtsposition zu gelangen. Diese Handlung war zwar aus der Not geboren worden, dennoch war sie aufgrund des Kräfteverhältnisses zwischen den Parteien und eines gewonnenen Prozesses bemerkenswert. Ihr Dilemma bestand darin, dass das Angebot, das von den Kreditoren ausging, nur den bereits gescheiterten Vergleich nachprozessual zu wiederholen trachtete. Der Vorschlag der Einsetzung einer Untersuchungskommission war nicht nur deswegen von vornherein zum Scheitern verurteilt, weil die Kreditoren damit rein egoistische Motive verfolgten. Eine echte Alternative zur Entspannung der Lage konnten und wollten sie infolge des erstrebten und erlangten Landgerichtsbescheids nicht anbieten.

d. Landgericht

Bei der rechtlichen Behandlung der Leibeigenen durch die Landräte wird eine Zweiteilung vorgenommen. Zunächst wird auf die Begründung des Urteils vom 21. März 1740 eingegangen. Sie wird gesondert betrachtet, da sie von herausragender Bedeutung war und – obwohl inhaltlich eher zum Prozessgeschehen zu zählen – in der nachprozessualen Phase stattfand. Darüber hinaus wird das sonstige Verhalten der Räte im Anschluss an den Prozess zusammengefasst.

aa. Urteilsbegründung

Einen einheitlichen Bericht des Landgerichts zur Urteilsbegründung hat es aufgrund der fehlenden Einstimmigkeit der Entscheidung nicht gegeben. Vielmehr verfassten die Landräte, die das Urteil fällten, einen Mehrheitsbericht, während Jasper Rantzau einen besonderen Bericht nach Kopenhagen sandte. Infolge der Tatsache, dass die Begründung nicht unmittelbar nach Abschluss des Verfahrens an den König abgeschickt wurde, befindet sich in dem Bericht nicht nur die Urteilsbegründung, sondern auch die Ansicht des Gerichts zu dem in Zusammenhang mit der Urteilsverkündung stehenden Verhalten Schmidts.

(1) Mehrheitsbericht

Die überwiegende Anzahl der votierenden Räte stellte in ihrem Bericht gleich zu Beginn der Ausführungen die Grundlage ihrer Entscheidung heraus.[1336] Es sei so, „*daß was die gantze Sache an sich betrift, es auf zwey documenta bloßer dings ankomme*", nämlich den Freibrief und den Kaufbrief. Die Entscheidung zugunsten der Gültigkeit des Kaufbriefs begründeten die Richter in erster Linie mit einer Argumentation, die den spezialen Satz Adamis zugrunde legt. Demnach komme es hauptsächlich darauf an, „*ob der Graf solche Freyheit denen Unterthanen kund machen wollen oder nicht, wenn nun statuiret wird, die Unterthanen sind davon informiret gewesen, so hätten dieselben eo tempore, oder auch ex post facto derselben sich bedienen sollen und müßen, wann solche dieses beneficium genießen wollen, es constiret aber klahr ex actis, daß solches nicht geschehen*". Wäre es hingegen so gewesen, „*daß ihnen die geschenckte Freyheit nicht bekannt gewesen, (...) so ist unstreitigen Rechtens, daß der Graf zu Rantzau deren dominus gewesen, und ex hoc fundamento, weilen er ihnen die geschenckte Freyheit nicht bekandt machen wollen, solche entweder pro parte, oder in totum aufheben, limitiren, oder restringiren können*". Gegen die Untertanen sprächen mehrere gewichtige Argumente. Sie hätten nach Erstellung des Freibriefs über 50 Jahre lang „*alle dienste als Leibeigene praestiret, sich beständig als Leibeigene geriret, und niemahls die geringste praetension desfals moviret*". Darüber hinaus sei es „*Rechtens, daß so gahr ein freyer Mann per cursum temporis & propria facta seine Freyheit verliehren kann, hiezu kommt allerdings praescriptio*".

An der Stichhaltigkeit und Nachvollziehbarkeit dieser Urteilsbegründung, die sogar den eindeutigen Wortlaut des Freibriefs als sekundär einzustufen wusste, bestanden grundsätzlich keine Zweifel. Doch obwohl diese Ausführungen aus juristischer Perspektive ausreichend waren, um das Urteil inhaltlich unangreifbar zu machen, unterließ es das Gericht nicht, weitere Anmerkungen hinzuzufügen. Zur Unterstützung seiner Rechtsauffassung verwies es auf eine Vorschrift in den Pandekten, in der es hieß, daß „*ein Knecht sich nicht eher der Freyheit bedienen kann, ehe ihm die geschenckte Freyheit zur notice gekommen*". Hätte man überdies sämtlichen Schmoelern die Leibeigenschaft erlassen, wäre es dazu gekommen, „*daß da der Zustand des Gutes durch die geschenckte Freyheit wäre*

[1336] Hinsichtlich der folgenden Zitate und Ausführungen vgl. Landgericht an den König vom 6. Mai 1740 (LA Abt. 65.2 Nr. 1424).

in totum invertiret worden, solches als was gantz neues publici juris werden sollen". Infolge dessen wären Verhältnisse geschaffen worden, angesichts derer die Güter auch als Sicherheiten für Geldgeber vollkommen anders zu bewerten gewesen wären: „*es würde mancher Creditor sich auf solchen Fall bedacht haben*".

Waren die eingangs geschilderten Ausführungen auf die Sache an sich beschränkt und folgten einer sachlich-juristischen Argumentation, stellten also die geforderte richterliche Arbeitstechnik dar, konnte das für die letztgenannten Punkte nicht gelten. Die weiterführende Urteilsbegründung, der die Landräte aus rechtlicher Sicht nicht bedurft hätten, enthüllt grundlegende Strukturen der Arbeitsweise und Funktion des Landgerichts. Als besonders auffällig ist die Bezugnahme auf den Rechtssatz aus den Pandekten zu werten. Dieses Vorgehen stand in krassem Widerspruch zu dem sonstigen Verhalten der Landräte, wenn es um die Anwendbarkeit der römisch-rechtlichen Vorschriften zur antiken Knechtschaft ging. Denn sie hatten mehrfach und unmissverständlich, gerade gegenüber den Advokaten und insbesondere Schmidt, der sich verstärkt auf römisch-rechtliche Normen stützte, zu verstehen gegeben, dass die holsteinische Leibeigenschaft mit der römischen Knechtschaft nicht vergleichbar sei und deshalb die entsprechenden Vorschriften des römischen Rechts auf die hiesige Form des Abhängigkeitsverhältnisses zwischen Bauern und Herrn nicht anwendbar seien.

An diesem Verhalten wird deutlich, dass auf landgerichtlicher Ebene im Bedarfsfall mit zweierlei Maß gemessen wurde. Nach außen lehnte das Gericht die Anwendbarkeit der betreffenden Vorschriften schlicht ab, indem es darauf verwies, dass die Institute nicht vergleichbar seien. Intern bezog das Gericht hingegen das römische Recht in seine Erwägungen mit ein und brachte dies sogar in der an den König adressierten Urteilsbegründung zum Ausdruck. Dieser Umstand allein reicht bereits aus, um das Vorgehen der Richter als unbillig zu empfinden. Dieser Eindruck gewinnt noch an Intensität, wenn man sich den mutmaßlichen Grund des richterlichen Verhaltens vor Augen führt. Die Landräte dürften den römisch-rechtlichen Regelungen zur Knechtschaft vor allem deshalb die Anwendbarkeit versagt haben, da ein Großteil der Bestimmungen eine inhaltlich-rechtliche Tendenz aufwies, die ihnen nicht zupass kam und ihre Wunschentscheidung gefährden konnte. Das lag in erster Linie daran, dass das römische Recht in bezug auf die Erlangung der persönlichen Freiheit von Untergebenen wesentlich günstigere Rahmenbedingungen enthielt, als es in Holstein gewohnheitsrechtlich der Fall und damit für die Gutswirtschaft verkraftbar war.

Mit Blick auf die Rangfolge der Rechtsquellen und ihre Geltung kann die Entscheidung der Richter im Ergebnis nicht beanstandet werden. Doch ist es vor diesem Hintergrund nicht hinnehmbar, wenn sie in ihrer Urteilsbegründung auf eine Pandektenstelle verweisen, in der eine Rechtsfolge enthalten war, die in der

Schmoeler Angelegenheit ihre Rechtsansicht unterstützte. Zwar war ihre Urteilsbegründung weder offizieller Natur, sondern nur ein interner vom König eingeforderter Bericht, noch war die angewandte römisch-rechtliche Norm urteilsrelevant. Sie wurde vielmehr nur als „Überdies-Argument" von den Richtern ergänzend zur Hauptargumentation herangezogen. Doch war ein solches Verhalten mit dem Amt und den Pflichten eines Richters, wie sie im Bestallungseid insbesondere im Hinblick auf Neutralität und Objektivität formuliert waren, unvereinbar. Das Gerechtigkeitsstreben des Spruchkörpers in der Schmoeler Sache erscheint daher fragwürdig.

Des Weiteren hoben die Landräte hervor, dass durch die umfassende Aufhebung der Leibeigenschaft eine vollständige Veränderung der Verhältnisse auf den Gütern stattgefunden hätte. Dieser Vorgang hätte zu einer völlig neuen Situation auf der Ebene des öffentlichen Rechts geführt und wäre auch für die Kreditoren ein beachtlicher Umstand gewesen, den sie in ihr Kalkül miteinbezogen hätten. Mit diesem maßgeblichen öffentlich-rechtlichen Aspekt, der von den Richtern „*als was gantz neues publici iuris*" bezeichnet wurde, meinten sie nichts anderes als einen lokal begrenzten Umsturz der Gutsverfassung. Doch infolge dieses Effekts sahen sie nicht nur die Landesverfassung der adligen Güter, sondern bei einer ungünstigen Entwicklung der Verhältnisse auch das Landeswohl an sich und damit die ganze Landesverfassung in grundsätzlicher Gefahr. Zudem hätten sich auf der privatrechtlichen Ebene die Kreditoren hinsichtlich der ihnen angebotenen Sicherheiten auf diesen Effekt bedacht, wenn eine solch gravierende Änderung der Zustände absehbar oder überhaupt rechtlich möglich gewesen wäre. Diese beiden Argumente waren bereits in den vorigen Schreiben des Gerichts an den König angeklungen. Sie hatten daher auch in die Urteilsbegründung Eingang gefunden, auch wenn die Räte gleich zu Beginn darauf hingewiesen hatten, dass es inhaltlich nur auf den Frei- und den Kaufbrief ankomme. Dass diese Argumente sich in steter Regelmäßigkeit in den Anschauungen der Richter wiederfanden, verdeutlicht deren weltanschauliches Fundament. Deshalb besitzen ihre permanenten Beteuerungen, dass diese Überlegungen nicht entscheidungsrelevant seien, keine Überzeugungskraft. Zumindest jedoch sind sie kritisch zu betrachten.

Argumente wie das Landeswohl, die Einheit und Stärke der Landesverfassung sowie die privatwirtschaftlichen Interessen von Angehörigen der privilegierten Gesellschaftsschicht machen im Hinblick auf die Arbeit und Funktion des Landgerichts einen Aspekt überaus anschaulich: Das Landgericht war ein Standesgericht. Auch wenn die Richter Recht grundsätzlich gemäß ihrem Eid und auf der Basis von Rechtssätzen zu finden hatten, konnten, wollten und durften sie sich dabei diesem übergeordneten Gesichtspunkt der Institution nicht verschließen. Das adlige Landgericht war daher insgesamt nur sehr bedingt mit einem heutigen oberen Landesgericht vergleichbar, was vor allem auf die maßgeblichen Unterschiede in den grundlegenden gesellschaftlich-politischen Strukturen zurückzuführen war. Die heutigen Obergerichte sind unabhängige staatliche Einrichtungen, die den Prinzipien des Rechtsstaats und einer demokratischen Gesellschaft verpflichtet sind sowie die Aufgaben objektiver Rechtsfindung und Korrektur untergerichtlicher Urteile haben. Das adlige Landgericht hingegen stellte eine standesspezifische obrigkeitliche Einrichtung dar, die in der frühneuzeitlichen Ständegesellschaft verwurzelt war und sowohl deren allgemeine Grundstrukturen als auch die besonderen Eckpfeiler der Macht des adligen Stands innerhalb des Gesamtsystems zu sichern hatte. Vor diesem Hintergrund erscheint es selbstverständlich, dass das Landgericht als Standesgericht, gerade in Anbetracht der als sehr brisant erachteten Schmoeler Sache, neben dem Fällen eines tragfähigen Urteils seine volle Aufmerksamkeit der Aufrechterhaltung der überkommenen Ordnung widmete und damit in erheblichem Maß die Lobby für Standesgenossen bildete.

Letztlich ist es durchaus glaubhaft, wenn die Räte in der Urteilsbegründung versichern, die Grundlage der Entscheidung seien ausnahmslos die beiden Dokumente von 1688 und 1695. Auch geht aus dem Bericht hervor, dass ihre maßgebliche Argumentation diese Vorgabe berücksichtigt hat. Die ständischen öffentlich- und privatrechtlichen Erwägungen werden nur nebenbei erwähnt. Nichtsdestotrotz kommen in diesen Formeln das Selbstverständnis und der Zweck des Landgerichts zum Vorschein. Es ist nicht abschätzbar, inwieweit diese Aspekte mittelbar auf die Entscheidungsfindung eingewirkt haben. Insofern ist es zu bedauern, dass das Gericht sowohl seine juristische als auch seine ständische Aufgabe aufgrund der für die Kreditoren außerordentlich günstigen Rechtslage ohne Not erfüllen konnte und sich nicht auf die übergeordnete Argumentation zurückzuziehen brauchte. So bleibt das potentielle Vorgehen des Gerichts in anders gelagerten Sachverhaltskonstellationen zwar rein spekulativ. Doch vor dem Hintergrund seiner Weltanschauung und der für das Gesellschaftssystem als auf dem Spiel stehend erachteten Werte kann es als wahrscheinlich gelten, dass das Landgericht im Bedarfsfall auch diese Argumente bemüht hätte, um zu demselben inhaltlichen Ergebnis zu gelangen. In diesem Zusammenhang wäre es aussagekräftig gewesen, wie offensichtlich es seine Macht als Standesgericht ausgespielt hätte. Aufgrund der landesweit schwierigen Lage ist anzunehmen, dass sich die Richter nach Kräften angestrengt hätten, um einem solchen Urteil mit Hilfe bestimmter Rechtssätze einen nachvollziehbaren Rahmen sowie ein stichhaltiges Fundament zu geben, damit ihre wahren Motive und Argumente im Verborgenen blieben.

Darüber hinaus ist auffällig, dass die Landräte in der Urteilsbegründung wesentlich offener den persönlichen Status der Untertanen ansprachen, als sie es im Urteil taten. Denn das Urteil sprach nur allgemein davon, dass die im Kaufbrief niedergelegten Bedingungen Rechtsgültigkeit besaßen. In der Urteilsbegründung äußerten sich die Richter dahingehend, dass die „*Principales (...) mit der limitirten Freyheit nach dem Kauf-Brief de ao. 1695. zu frieden seyn müßen*". Und

„sind sie nicht im Stande die vorgeschriebene Conditiones zu erfüllen, müßen sie sich dasjenige gefallen laßen, was andere Leibeigene zu thun verbunden seyn".

Somit benannten sie die Schmoeler zwar nicht ausdrücklich als Leibeigene, doch stellten sie offen fest, dass sie sich wie Leibeigene behandeln zu lassen hätten, falls es ihnen nicht gelänge, die von dem Kaufbrief vorgegebenen Bedingungen zur Erlangung ihrer persönlichen Freiheit zu erfüllen. Diese feine Unterscheidung macht keinen erwähnenswerten Unterschied. Sinngemäß bezeichneten die Landräte die Untergehörigen als Leibeigene. Da solch eine klare Ausdrucksweise im Urteilstenor völlig fehlte, wird anhand des Wortlauts der Urteilsbegründung nahezu zweifelsfrei deutlich, dass die Verwendung des Begriffskomplexes der Leibeigenschaft von den Richtern dort bewusst vermieden worden ist. Für die Mitglieder des Spruchkörpers waren und blieben die Schmoeler leibeigen. Das zeigte sich in der Wortwahl gegenüber dem König offensichtlich, auch wenn sie die Betroffenen selbst im Urteilstenor mit diesen Begriffen nicht konfrontierten, um die Rechtsfolge ihrer Entscheidung milder wirken zu lassen und seine offene Anstößigkeit zu umgehen. Welche Erfolgsaussichten sie einem derartigen Vorgehen beimaßen, ist nicht nachvollziehbar.

Besonders beachtenswert waren schließlich Einstellung und Verhalten der Räte gegenüber Schmidt. Dabei ist stets zu bedenken, dass die rechtliche Vertretung der rechtsunerfahrenen, strukturell massiv unterlegenen Leibeigenen durch einen ausgebildeten Juristen im frühneuzeitlichen Gesellschafts- und Rechtssystem die unverzichtbare Grundvoraussetzung und einzig realistische Chance darstellte, dass diese ihre Rechte überhaupt wahrnehmen konnten. Daher hatte Schmidt bereits am 28. März 1740, also nur eine Woche nach Urteilsverkündung, eine Supplik beim König eingereicht. An ihr, in erster Linie an der Bitte, das Urteil zu kassieren und zugunsten der Untertanen abzuändern, sowie insbesondere an dem hilfsweisen Vorhaben, die Sache bei den Reichsgerichten anhängig zu machen, übten die Räte massive Kritik. Schmidts Gesuch sei *„wider dero allerhöchste Landes Hoheit"*, zudem gehe *„dieses sein petitum wider die Land-Gerichts-Ordnung, und alle bisherige praxin"*. Wegen der Mündlichkeit der Prozessführung könne keinesfalls die Möglichkeit eingeräumt werden, an die Reichsgerichte zu appellieren. Von dieser Maxime dürfe keine Ausnahme gemacht werden, weil dadurch *„nicht allein alle Process-Ordnung in Hollstein zerfallen würden, sondern auch die allerhöchste Landes herrschaftliche Verordnungen und Gerechtsahme im geringsten nicht attendiret werden, und wann dergleichen einmahl passirte, gar balde mehrere Partheyen sich deßelben bedienen, und das mit so vieler Mühe erlangte Privilegium de non appellando leichtlich cessiren (…) würde"*. Des Weiteren sei eine Appellation gefährlich, da *„die Reichs- Gerichte in annehmung der Processe sehr facile"* seien. Die angeführten Textpassagen trügen nicht zur Unterstützung seiner Vorhaben bei, da ihre Verfasser *„als Frembde von dem Zustande in Holstein und von der Land-*

Gerichts-Ordnung (...) wohl nicht sattsahm werden informiret gewesen seyn". Zudem seien sie überhaupt nur dann einschlägig, „*wann die Sache appellabel ist*". Insgesamt habe Schmidt ein derart inakzeptables Verhalten an den Tag gelegt, dass ihm „*wegen seines jetzigen sehr dreisten Verfahrens*" eine vierteljährliche Suspension „*ab advocatura*" auferlegt worden sei.

Die Ankündigung Schmidts, gegebenenfalls bis vor das Reichskammergericht zu ziehen, führte zu einem deutlich spürbaren Stimmungsumschwung unter den Landräten. Sie schlugen nicht nur einen schärferen Ton an, sondern auch ihr Vorgehen wurde wesentlich ruppiger. Schmidts Verhalten wurde als so außergewöhnlich und respektlos gegenüber dem obrigkeitlichen und gesellschaftlichen Kodex empfunden, dass sie ihn nicht nur verbal in die Schranken wiesen. Vielmehr suspendierten sie ihn für drei Monate von seiner Advokatur, um ihn angemessen zu bestrafen und ihm Bedenkzeit im Hinblick auf sein als krass empfundenes Fehlverhalten zu geben. Dass die Richter eine solch drastische Maßnahme ergriffen, lag an den möglichen Effekten, die das von Schmidt geäußerte Vorgehen zeitigen konnte und die es aus landgerichtlicher Perspektive im eigenen und im landesherrlichen Interesse unbedingt zu verhindern galt. An diesem Punkt ging es nicht mehr nur um den Ausgang des Falls und seine Auswirkungen auf die Leibeigenschaft auf Schmoel. Sogar die Sorge um die Leibeigenschaft im Bereich der Landesverfassung der adligen Güter insgesamt wurde in den Hintergrund gedrängt.

Die Drohung Schmidts, an das Reichskammergericht zu appellieren, berührte weitaus größere Zusammenhänge. Durch sie war eine der maßgeblichen Grundlagen der holsteinischen Landesverfassung in Frage gestellt, nämlich das Verhältnis Holsteins zum Reich im Hinblick auf die Gerichtsverfassung. Ein solcher Angriff gefährdete die weitgehende Unabhängigkeit und Selbständigkeit, die Holstein als peripherer Reichsbestandteil genoss. Auf ihr basierte ein Großteil der Landesverfassung und damit einige der Eckpfeiler landesherrlicher Macht und adliger Privilegien. Adel und Landesherrschaft hatten im Zuge der Schaffung der Landgerichtsordnung ihr Augenmerk darauf gerichtet, die Möglichkeiten der Appellation vom Landgericht an das Reichskammergericht genau zu bestimmen. Aufgrund der formalen Zulässigkeitsvoraussetzungen und des privilegium de non appellando waren sie nicht nur von vornherein beschränkt, sondern wurden vom Landgericht in der Praxis durch eigenwillige Auslegung der Vorschriften zusätzlich begrenzt. Anderweitiger Rechtsschutz durch die höchsten Reichsgerichte war regelmäßig nur in Fällen von Justizverzögerung bzw. -verweigerung zu erlangen. Selbst wenn eine Appellation zulässig war, unterlag sie strengen Regeln.

Betrachtet man das Vorhaben Schmidts vor dem Hintergrund dieser gerichtsorganisatorischen Rechtslage, wird die Heftigkeit der Reaktion der Landräte verständlich, da eine Appellation an das Reichskammergericht in jedem Fall zunächst die verschiedenen Zulässigkeitshürden zu nehmen hatte. Im Hinblick auf die Erfüllung dieser Voraussetzungen war die Konstellation für die Schmoeler so ungünstig ausgestaltet, dass eine Appellation aus formal-juristischer Perspektive kaum unzulässiger hätte sein können. Denn die Landgerichtsordnung hatte bereits grundsätzlich an mehreren Stellen ausdrücklich festgelegt, dass für holsteinische Untertanen des Adels ausgehendes Recht im Land gesprochen wurde.[1337] Für diese, ob leibeigen oder nicht, war mit Ausnahme der Fälle von Justizverweigerung oder -verzögerung ein Zug vor die Reichsgerichte ausgeschlossen. Darüber hinaus war die unverzichtbare Appellationsvoraussetzung der Schriftlichkeit des Landgerichtsverfahrens von den Untergehörigen nicht gewahrt worden. Auch die fehlende schriftliche Prozessführung stellte einen unheilbaren Verstoß gegen die Zulässigkeitsnormen und damit einen Ausschlussgrund für eine Appellation dar. Zwar lagen die Rezesse sogar in gedruckter Form vor, doch waren die Verhandlungen selbst mündlich gewesen. Ferner wurde die Erfüllung dieser Bedingung vom Landgericht äußerst strikt gehandhabt. Unter ausdrücklicher Offenhaltung der Möglichkeit der Appellation an das Reichskammergericht musste die Schriftlichkeit des Verfahrens zum frühestmöglichen Zeitpunkt beantragt werden, anderenfalls galt die Bedingung als nicht erfüllt.

Dass er die Einhaltung dieser strengen Vorgaben versäumt hatte, bestritt Schmidt nicht einmal. Vielmehr zog er sich darauf zurück, dass man aufgrund der als eindeutig erachteten Rechtslage zu Beginn nicht die Notwendigkeit eines schriftlichen Prozesses gesehen, sich aber sowohl in den Rezessen als auch im Gesuch zur Erlangung einer immediaten Resolution den Gang an die Reichsgerichte offengehalten habe. Diese Ausführungen waren aus der Sicht der Landräte untauglich. Somit lagen für eine zulässige Appellation an das Reichskammergericht weder in der Person der Appellanten noch in der Form des landgerichtlichen Verfahrens die notwendigen Voraussetzungen vor. Auch auf ihre Zulässigkeit aufgrund einer Ausnahme konnten sich die Untertanen nicht berufen, da man ihnen weder Rechtsschutz verweigert noch ihr Recht verzögert hatte. Vielmehr war das Gegenteil der Fall gewesen, da das Landgericht die Sache unverzüglich an sich gezogen, verhandelt und das Urteil gesprochen hatte. Dieses Urteil, das vom König bestätigt worden war, fiel für die Kläger lediglich abschlägig aus.

Alle diese Aspekte ignorierte Schmidt bewusst und handelte in offenbarer Manier den geltenden Regeln zuwider, was trotz seines Glaubens an die Gerechtigkeit der Sache vorhersehbarerweise auf keinerlei Verständnis bei den Landräten stieß. Deren Reaktion war insbesondere deshalb so heftig, da sie eines Aspekts stets gewärtig waren: das in der Praxis schwierige, von gegenseitiger Missgunst geprägte Verhältnis zwischen Landgericht und Reichskammergericht. Aus for-

1337 Vgl. LGO-SH (1636), 5. Aufl., 1. Teil, Tit. III, §§ 9, 10, 13 (S. 8 f.).

mell-rechtlicher Sicht bestand für die Räte eigentlich kein Grund zur Sorge, da ihrer Entscheidung kein Ungemach von der Reichsebene drohte. Dass sie sich trotzdem sorgten, lag an den Zuständen, wie sie sich unabhängig von den formal-juristischen Vorschriften im Alltag darstellten. Dieser Alltag war von Kompetenzgerangel und Machtkämpfen zwischen beiden Einrichtungen beherrscht. Während das Landgericht möglichst wenig Appellationen an das Reichskammergericht zuzulassen suchte, bemühte sich dieses darum, Appellationen gerade in strittigen oder komplizierten Fällen anzuerkennen, um seine überlegene Position als Reichsinstitution hervorzuheben. Dieses Verhalten trug dem Reichskammergericht in Holstein den Ruf ein, *„in annehmung der Processe sehr facile"* zu sein. Es war also ein realistisches Szenario für die Richter, dass die Sache als Appellation beim Reichskammergericht anhängig werden würde, falls die Schmoeler ihr Anliegen dort vorbrächten.

Dies galt es in jedem Fall zu verhindern, da die Landräte anderenfalls verheerende Folgen für das rechtliche sowie politisch-gesellschaftliche System des Landes befürchteten. Denn ihrer Auffassung nach richtete sich Schmidts Gesuch nicht nur gegen die Landgerichtsordnung, sondern auch gegen die Landesherrschaft selbst. Zudem widerspreche es einer jahrhundertealten gängigen Praxis. Käme es jetzt zu einer Ausnahme, gerieten alle wichtigen Einrichtungen in unumkehrbare Unordnung, insbesondere deshalb, da es nicht bei dieser Ausnahme bliebe. Begänne man erst einmal damit, machte dieses Beispiel mit Sicherheit Schule. In der Folge zerfiele die gesamte holsteinische Prozessordnung, landesherrliche Gesetze würden ausgehöhlt und die Landeshoheit ginge zumindest in diesem Bereich ihrer Autorität verlustig. Das privilegium de non appellando als eine der bislang tragenden Säulen des Gerichtswesens in Holstein würde bedeutungslos.

Diese gravierenden Bedenken gesellten sich durch die Ankündigung Schmidts zu der ebenso großen Sorge um das Landeswohl bei Aufhebung der Leibeigenschaft auf Schmoel und ihren demzufolge als stark gefährdet betrachteten Gesamtbestand hinzu. Obwohl beide Komplexe unabhängig voneinander zu sein schienen, waren sie doch eng miteinander verwoben. Es ging nicht nur um die Leibeigenschaft und das Gerichtswesen im Einzelnen. Aufgrund der langen und intensiven Verbindung beider Bereiche und ihrer grundlegenden Funktion im Teilbereich der Landesverfassung der adligen Güter stand dessen Fortbestehen als traditionell stark ständisch geprägtes Gesellschaftssystem durch diese potenzierte Gefahr insgesamt auf dem Spiel. Vor diesem Hintergrund war das durch Schmidts Vorbringen veranlasste harsche Verhalten der Räte eine logische, nahezu zwangsläufige Reaktion zur Erhaltung des status quo.

Dieser status quo, der sich über Jahrhunderte gewohnheitsrechtlich ausgebildet hatte, besaß seine Stütze in der Gerichtsherrschaft. Seine landestypischen Strukturen sowie rechtlichen und gerichtlichen Rahmenbedingungen waren

1573 in der Landgerichtsordnung positiv-rechtlich festgeschrieben worden. Als Leitmotiv in diesem Bereich fungierte die ständische Kontrolle mittels der gerichtlichen Einrichtungen. Das Fundament der Beziehung zwischen den Untertanen des Adels und ihren Herrschaften war die Beschränkung der den Untergebenen zur Verfügung stehenden Rechtsmittel auf gerichtliche Institutionen des Landes. Es war eine unverbrüchliche Wahrheit in Holstein, *„daß in Causis derer von Adel ihrer Unterthanen keine Appellation vom Land-Gericht an die Reichs-Gerichte statt habe"*.[1338] Davon wurden die Räte auch in der Schmoeler Sache geleitet. Auf der Grundlage dieses Rechtssatzes kam in einer anonymen Schrift zur Landgerichtsordnung aus der Zeit um 1740 das obrigkeitlich-richterliche gelehrte Verständnis vom Zusammenhang zwischen den wichtigsten Normen dieses Abschnitts der Ordnung und dem ostholsteinischen Landesteil klar zum Ausdruck. In knapper Form setzte der Autor die maßgeblichen Personengruppen und Institutionen – adlige Herrschaften und ihre Untertanen, die holsteinische und die Reichsgerichtsbarkeit sowie die Landesverfassung der adligen Güter und die Leibeigenschaft – in einfache Beziehung zueinander:

„Die LandesVerfassung wegen der Adelichen Guether leidet auch nicht vieljaehrige Processe der Subditorum Nobilium, insonderheit mit ihren Guths-Herrn/ daß sie mittelst einer angemasseten Appellation an die Reichs- Gerichte/ sich ihrer praestandorum Servitiorum und anderen Schuldigkeiten entziehen."[1339]

Anhand dieser Kurzformel, auf welche die mannigfaltigsten politischen, gesellschaftlichen, wirtschaftlichen und rechtlichen Verhältnisse reduziert worden waren, wird vor allem eins offensichtlich: Die Hofdienste der Leibeigenen waren die unersetzliche Basis der Landesverfassung der adligen Güter. Zwar wurden sie regelmäßig von den Gutsgerichten kontrolliert, doch war der oberste Hüter dieser Zustände das Landgericht. Seine Aufgabe war es nicht in erster Linie, den Leibeigenen Rechtsschutz gegenüber ihrer Herrschaft zu gewähren, sondern das System der Dienstbarkeiten im Sinne der Gutsherrschaften aufrechtzuerhalten. Während sich also das Landgericht maßgeblich an dieser Vorgabe orientierte, hatten die Reichsgerichte, insbesondere das Reichskammergericht, ganz andere, nämlich reichspolitische Interessen, welche die aufeinander abgestimmten holsteinischen Abläufe und Verhältnisse in große Unordnung zu stürzen vermochten. Um das zu verhindern, war von holsteinischer Seite aus alles Mögliche unternommen worden. Da sich die Wirksamkeit des privilegium de non appellando selbst nicht in dem für erforderlich erachteten Maß auf diesen Bereich der Lan-

[1338] *Anonymus*, Anmerckungen (Stellen), S. 305 (308).

[1339] *Anonymus*, Anmerckungen (Stellen), S. 305 (309) (Dieses Werk wurde 1741 zusammen mit der fünften Auflage der Landgerichtsordnung veröffentlicht. Das jüngste im Text genannte Datum ist der 3. Juni 1738. Somit ist diese Fassung der „Anmerckungen" auf den Zeitraum von Mitte 1738 bis 1741 zu datieren.).

desverfassung erstreckte, hatte sich die Landesherrschaft die Rechtsgültigkeit der diese Vorschriften enthaltenden revidierten Landgerichtsordnung 1641 vom Kaiser bestätigen lassen. Zehn Jahre später war sie auch vom Reichskammergericht ausdrücklich anerkannt worden.

Was die Landräte zu ihrer heftigen Empörung und Bestrafung Schmidts trieb, war somit zum einen die enorme Abweichung, welche die Rechtswirklichkeit im Vergleich zu dieser eindeutigen formalen Rechtslage kennzeichnete. Zum anderen war es die Tatsache, dass die Räte die Schmoeler Sache – eine einzige, an sich durchschnittliche Angelegenheit – als potentiellen Ausgangspunkt für mögliche revolutionäre Folgen für das ganze Land ansahen. Hatten die Richter geglaubt, die Situation durch ihr Urteil weitgehend unter Kontrolle gebracht zu haben, sahen sie diese Kontrolle durch einen drohenden Reichskammergerichtsprozess mit unsicherem Ausgang aus holsteinischen Händen gleiten. Ihrer Funktion als Hüter der adligen Güter mit Leibeigenschaft wären die Landräte infolge dessen in diesem überaus wichtigen Fall beraubt gewesen.

(2) Sonderbericht

Da Jasper Rantzau abweichender Auffassung war, enthielt sein Schreiben keine Urteilsbegründung, sondern nur eine Einschätzung der Lage nach der Urteilsverkündung und den Reaktionen der Leibeigenen. Der Landrat sah sich in seinen Befürchtungen bestätigt. So würden, „*wenn die per majora erfolgte Urthel pro regula et norma bleiben und Bestättiget werden sollte, die Schmooler Bauren, zu allerhand weitleuffigkeiten Zänckereyen und processen mit ihrer Guhts-Herrschafft, einen offenen weg beständig Behalten*". Daraus entständen höchstwahrscheinlich „*große unordnungen und Schädliche folgen*". Da nämlich das Urteil die Leibeigenen nicht habe zur Ruhe kommen lassen, empfahl er im Hinblick auf die weitere Vorgehensweise zwei Maßnahmen. Einerseits sei „*es woll, ad sopiendam totam litem am zuträglichsten (…), wenn die allerundhöchsteLandesherrschafft, ex plenitudine potestatis, die Sämtliche Schmooler Bauren, wieder zur Hufe und zu dem vormahligen gehorsahm alß leibeygene Unterthanen, mit allerhöchsten Obrigkeitlichen ernst anzuweysen, geruhen wollten*". Andererseits stehe es fast sicher fest, „*daß die Bauren sich leicht Beqvemen werden, wenn Sie nur aus der advocaten Hände herausgerißen werden*". Den Untertanen müsse versichert werden, „*daß ihnen, auff dem fall da Sie von denen possessoribus der güter, mit ungebührlichen diensten und sonsten Beschweret würden, aller Schutz und Justice so wie allen anderen Landes-Unterthanen iederZeit angedeyhen sollte*".[1340]

1340 Jasper Rantzau an den König vom 3. Mai 1740 (LA Abt. 65.2 Nr. 1424).

Auch wenn der von Jasper Rantzau strikt abgelehnte Vergleich nicht zustande gekommen, sondern ein Urteil gefällt worden war, brachte der Landrat klar zum Ausdruck, dass dessen Form und Inhalt nicht seinen Vorstellungen entsprachen. Trotz seiner eigenen „rechtlichen" Einschätzung des Sachverhalts besaß er das beste Gespür für die Situation. Er sagte weitere Schwierigkeiten und gerichtliche Auseinandersetzungen voraus, wenn man die von den übrigen Richtern getroffene Entscheidung beibehielte. Rantzau ging davon aus, dass deren negative Konsequenzen beträchtlich wären und auch nicht lokal begrenzt blieben. Deshalb hatte er es schon in seinem vor der Urteilsfindung abgefassten Bericht als unerlässlich angesehen, alle Beschwerdepunkte der Untertanen bereits im Vorwege einer eingehenden Prüfung zu unterziehen und im Anschluss daran ein Urteil zu verfassen. Vor diesem Hintergrund musste ihn die Entscheidung seiner Kollegen unzufrieden stimmen und beunruhigen. Denn weder waren die Beschwerden der Untergehörigen vor der Urteilsverkündung geklärt worden – vielmehr hatte man ihnen die Möglichkeit einer Untersuchung im Urteil selbst und damit erst im Anschluss an das Verfahren eingeräumt –, noch war dem Rat der Tenor aussagekräftig und eindeutig genug. Um die befürchteten schwerwiegenden Folgen einer solchen Entscheidung möglicherweise noch vermeiden zu können, musste aus Rantzaus Sicht an dieser Stelle dringend nachgebessert werden. Insofern hätte er es am liebsten gesehen, wenn das Urteil der endgültige Schlusspunkt in der Sache gewesen wäre. In ihm hätten die Ergebnisse der Untersuchungskommission und ausdrücklich auch der Status der Leibeigenschaft der Schmoeler festgehalten sein sollen.

Jedenfalls machte Rantzau deutlich, dass er von der von den übrigen Räten angestrebten Lösung des Konflikts, nämlich die Eingesessenen nicht explizit mit ihrer Leibeigenschaft zu konfrontieren, sondern sie ihnen unterschwellig näher zu bringen sowie ihre Akzeptanz des Fortbestands der Einrichtung mittels Zugeständnissen leichter zu machen, nicht viel hielt. Mit diesem Ergebnis wähnte er sich nicht sonderlich weit von dem ihm verhassten Vergleich entfernt. Daher plädierte er für eine umfassend geklärte und eindeutig niedergelegte Rechtslage. Eine solche war auch die günstigste Grundlage für die weiteren von ihm angedachten Maßnahmen. Am wichtigsten war es Rantzau, zur Beruhigung der Angelegenheit die Macht, die der Landesherrschaft zur Verfügung stand, einzusetzen und dadurch die Untertanen auf das Nachdrücklichste zur Verrichtung der Hofdienste anhalten zu lassen. In diesem Zusammenhang machte er konkludent deutlich, dass er zur Erreichung dieses Zwecks unter „allerhöchstem obrigkeitlichem Ernst" auch den Einsatz von Militär verstand. Des Weiteren glaubte er fest an eine Entspannung der Lage, wenn man den Kontakt zwischen Untertanen und Advokaten zu unterbinden vermochte und ihnen glaubhaft versichern konnte, dass sie im Fall unrechtmäßiger Belastungen durch ihre Herrschaft jederzeitigen Rechtsschutz durch die Landesinstitutionen genössen.

Diese Äußerungen Rantzaus wiesen einerseits dasselbe Gepräge auf, das auch die anderen Räte ihrer Urteilsbegründung gaben, andererseits wichen sie stark von der mehrheitlichen Ansicht ab bzw. gingen über sie hinaus. Die Kernpunkte, welche die Leibeigenen und ihre Position und Rolle in Holstein betrafen, traten auch bei Rantzau klar hervor. So hätten diese in erster Linie mit allem schuldigen Gehorsam ihre Dienstverpflichtungen zu erfüllen. Nachdem sie eine Rechtsstreitigkeit durch einen obergerichtlichen Spruch verloren hätten und ihnen keine weitere Rechtsschutzmöglichkeit zukäme, hätten sie sich bedingungslos gemäß der landgerichtlich geschaffenen Rechtslage zu verhalten. Insbesondere der Hinweis darauf, dass ihnen bei zukünftigen anderweitigen berechtigten Beschwerden der Rechtsweg offenstehe, zeigte, dass die Sache mit dem Durchlaufen der landesinternen Instanzen für Rantzau abgeschlossen war.

Die Eigenheiten seiner Sonderansicht manifestierten sich in den Maßnahmen, mittels derer er die gewünschten Zustände schaffen bzw. erhalten wollte. Die ernste landesherrliche Anweisung der Untergehörigen zur Arbeit und das Unterbrechen ihrer Verbindungen zu möglichem Rechtsbeistand waren Mittel des Zwangs, die vornehmlich darauf gegründet waren, die immense strukturelle Unterlegenheit der Leibeigenen auszunutzen und zu vertiefen. Rantzau präsentierte sich erneut als adliger Rat und Gutsherr alter Schule. Das ständische System, in dem das Verhältnis zwischen Bauern und Adel durch das einseitige Gewaltverhältnis bestimmt wurde, hatte er ohne eine für ihn denkbare Alternative verinnerlicht. Dass er die Landesherrschaft in die Pflicht nahm, lag daran, dass seiner Ansicht nach die Mittel der gutsherrlichen Patrimonialhoheit aufgrund der verhärteten Fronten zur Normalisierung der Lage unzureichend waren und die Gefahr auszuufern drohte. Den Eingriff der Landesherrschaft hielt Rantzau nicht nur im Allgemeinen wegen ihrer übergeordneten Autorität für erforderlich, sondern insbesondere deshalb, weil mit ihrer Unterstützung der Einsatz von Militär ermöglicht wurde. Dieses betrachtete er als legitimes Werkzeug im Rahmen von Patrimonialherrschaft, gerade in der Auseinandersetzung mit widerspenstigen Untertanen.

Eine ebenso wichtige Maßnahme war die Unterbindung des Zugangs der Leibeigenen zur Advokatur. Nach Auffassung Rantzaus mochten die Advokaten während eines gerichtlichen Verfahrens noch eine gewisse Daseinsberechtigung haben, wenn auch nur als notwendiges Übel. In jedem Fall war diese für ihn aber mit der Beendigung des Prozesses erloschen. Der vorrangige Grund dafür war, dass der Kontakt der Leibeigenen zu Anwälten diese von der geforderten bedingungslosen Erfüllung ihrer Pflichten, deren Rechtmäßigkeit durch ein letztinstanzliches, rechtskräftiges Urteil bestätigt worden sei, abhalte und der Gutsherrschaft dadurch ungerechtfertigterweise ein erheblicher Schaden zugefügt werde. Ein weiterer Austausch mit der Advokatur schade aber nicht nur der Gutsherrschaft, sondern auch den Leibeigenen selbst. Denn diese würden beträchtliche finanzielle Mittel aufwenden und hätten aufgrund der Rechtslage keine Aussicht auf wirksame anwaltliche Hilfe oder ähnliche adäquate Gegenleistungen. Daher seien die Anwälte die einzigen Profiteure der Situation. Zudem ging es Rantzau darum, die Untergehörigen so ungebildet und rechtsunerfahren wie möglich zu halten, da jegliche Fortbildung durch solche Kontakte in Verbindung mit der von ihm so gefürchteten „bäuerlichen Art des Philosophierens" eine Bedrohung für das Gesellschaftssystem darstellte. Insofern waren die Advokaten als Bindeglied zwischen den traditionellen gutsherrlichen Strukturen und dem fortschreitenden Zeitgeist und Bildungsstand das maßgebliche Element, das es auszuschalten galt. Althergebrachtes sollte von den Leibeigenen nicht hinterfragt werden können, so dass neue Impulse für den Widerstand gegen die Obrigkeit erst gar nicht zugelassen würden.

Am Verhalten Rantzaus wurde einmal mehr die Funktion des Landratsamts und des Landgerichts als Ganzem anschaulich. Als Standesgericht war es dessen Aufgabe, das Überkommene, zuvorderst die Grundlagen der adligen Macht, zu bewahren. Doch war Rantzaus Auffassung von dieser Rolle als Hüter der Landesverfassung der adligen Güter eine andere als die seiner Kollegen. Während die übrigen Räte versuchten, die Streitigkeiten so behutsam und entgegenkommend wie möglich beizulegen, wollte Rantzau für klare Verhältnisse sorgen. Er scheute nicht davor zurück, die dem Landgericht über die Landesherrschaft zur Verfügung stehenden Mittel zügig und intensiv einzusetzen, um notfalls über Zwangsmaßnahmen die Leibeigenen unter Kontrolle zu bekommen und das im Urteil festgehaltene Ziel zu erreichen.

bb. Nachfolgende Schreiben

Nach der Verkündung des Urteils und seiner nachträglichen Begründung blieb das Landgericht noch mehrere Jahre mit der Angelegenheit beschäftigt. Die Landräte standen nicht nur in Korrespondenz mit der Deutschen Kanzlei, sondern hatten sich auch weiterhin mit den Parteien auseinanderzusetzen. So wandte sich das Gericht in einem ersten Bescheid vom 25. August 1740[1341] an die Schmoeler. Dieser erfolgte im Anschluss an die beiden Suppliken Schmidts,[1342] die er mit der Bitte um Schutz an den König gerichtet hatte. Es handelte sich jedoch nicht um einen originären landgerichtlichen Bescheid, sondern um einen solchen der Deutschen Kanzlei, der nur durch das Landgericht als ausführendes Organ für die Untertanen ausgefertigt wurde. Behördenintern wurde die Verfügung vom Obersekretär der Kopenhagener Kanzlei, Schulin,

1341 Landgerichtsbescheid vom 25. August 1740 (LA Abt. 390 Nr. 478, Q. 5, Lit. C, No. 9).
1342 Vgl. Schmidt an den König vom 28. März und 4. Juni 1740 (LA Abt. 65.2 Nr. 1424).

schon am 22. Juli 1740 auf der Grundlage des Berichts der Räte von Anfang Mai erlassen.[1343]

Des Weiteren reagierten die Landräte auf die verschiedenen Anzeigen Adamis, der zunächst beantragt hatte, dass man den Leibeigenen eine erneute Frist einräumen möge, innerhalb der sie eine Untersuchungskommission erbitten konnten. Nachdem diese fruchtlos abgelaufen war, erbat er zweimal die endgültige Präklusion der Untertanen im Hinblick auf mögliche zukünftige Beschwerden. Am 19. Dezember 1740 erging der maßgebliche Bescheid, mit dem die Räte dieser Bitte des Anwalts entsprachen. Denn sie verfügten, *„daß dem petito des Supplicanten zu deferiren, und Supplicaten für sich und ihre constituentes mit allen fernerweitigen vermeintlichen Beschwerden, welchen durch die Vorschrifft des (...) KauffBriefes nicht abgeholffen, nunmehro zu praecludiren, und ihnen perpetuum silentium zu imponiren sey*“.[1344] Damit taten sie letztlich nichts anderes, als per Dekret den Eintritt der Rechtsfolge der Präklusion, die infolge der erstmaligen Fristsetzung konkludent bereits im Urteil enthalten war, ausdrücklich festzustellen.

Bevor es jedoch dazu kam, legten die Räte ein bemerkenswertes Verhalten an den Tag. Hatte Adami in seiner ersten Anzeige für eine vierwöchige Frist zugunsten der Leibeigenen plädiert, entschied das Landgericht im Hinblick auf die Untersuchungskommission, dass die Schmoeler *„dieselbe inwendig Sechs wochen, a die insinuationis auszubitten*“ hätten. Allerdings stellten die Räte schon in diesem ersten Bescheid klar, *„daß es bey der abgesprochenen Urthel zu laßen*“ sei. Zudem sollten die Untertanen, was mögliche Beschwerden betraf, nach fruchtlosem Fristablauf *„hiernächst mit selbigen praecludiret seyn*“.[1345]

Obwohl Adami nach dem Verstreichen der Frist, innerhalb der die Leibeigenen zum wiederholten Mal keine Maßnahmen eingeleitet hatten, deren Präklusion mit allen potentiellen Beschwerden beantragte, kamen die Landräte diesem rechtmäßigen Begehren nicht sofort nach. Vielmehr verfügten sie, *„daß den Supplicaten ein nochmaliger Terminus von 6 Wochen sub poena praeclusi zu ertheilen sey*“. Brächten sie wiederum keine Beschwerden vor, sollten sie *„hiernächst unfehlbar mit selbigen praecludiret seyn*“. Darüber hinaus wurde festgesetzt, dass *„dieses Decretum auf Schmol zu insinuiren, und denen sämtlichen Unterthanen vorzulesen, auch ihnen copia davon zu laßen*“ sei.[1346]

Zwar entsprachen die Landräte im Endeffekt dem Begehren Adamis, doch lässt die Verzögerung des Erlasses des Bescheids eine Auffassung des Gerichts von der Sachlage erkennen, die von der anwaltlichen Beurteilung merklich abwich. Auch Adami war an Ruhe und Ordnung auf den Gütern gelegen. Anderenfalls

---

1343 Vgl. unten auf S. 327 ff.

1344 Landgerichtsbescheid vom 19. Dezember 1740 (LA Abt. 390 Nr. 478, Q. 18).

1345 Landgerichtsbescheid vom 8. September 1740 (LA Abt. 390 Nr. 478, Q. 18).

1346 Landgerichtsbescheid vom 24. Oktober 1740 (LA Abt. 390 Nr. 478, Q. 18).

hätte er aufgrund des eindeutigen und günstigen Urteils nicht erneut beantragt, dass man den Leibeigenen eine nochmalige Frist zur Ausbittung einer Kommission einräumen möge. In Abweichung von seinem Antrag, der auf eine Frist von vier Wochen und damit konkludent auf ein anschließendes entschlossenes Vorgehen gerichtet war, bewilligten die Landräte jedoch eine Frist von sechs Wochen. Selbst als diese ergebnislos abgelaufen war und Adami unmittelbar im Anschluss daran das Präklusionsdekret beantragt hatte, gewährte das Landgericht den Untergehörigen wiederum eine sechswöchige Frist – die insgesamt dritte –, ohne dass ein entsprechender Antrag von einer der Prozessparteien gestellt worden wäre.

Dieses Verhalten der Landräte war ungewöhnlich und außerordentlich entgegenkommend. Schließlich darf man nicht vergessen, dass bereits eine Entscheidung getroffen worden war, nachdem ein Vergleich gescheitert und die im Urteil gesetzte Frist ungenutzt verstrichen war. Obwohl die Räte keinen Zweifel daran ließen, dass ihre ursprüngliche Entscheidung unumstößlich war, waren sie offensichtlich stark daran interessiert, dass wieder Ruhe und Ordnung auf den Gütern einkehrten. Den Richtern war bewusst, dass die von ihnen gestaltete Rechtslage insgesamt und insbesondere für die Prozessgewinner wenig wert war, wenn sie keine Entsprechung in der Lebenswirklichkeit fand. Ihr Vorgehen ist daher vor dem Hintergrund der Landeswohlargumentation zu betrachten. Während die Kreditoren in erster Linie an dem Gut als Handelsobjekt, also dem Status seiner Untergehörigen sowie seinen Bilanzen, interessiert waren, verfolgten die Landräte darüber hinausgehende Ziele. Als königliche Räte standen sie nicht nur im eigenen, sondern auch im landesherrlichen Interesse in der eidlichen Pflicht, alles für die Erhaltung des Landeswohls zu tun.

Ihre intensiven nachprozessualen Bemühungen sind einerseits auf die besondere Fallkonstellation und andererseits auf die Gesamtsituation im Land zurückzuführen. Die Richter waren spürbar für die Zusammenhänge der Materie sensibilisiert worden und sahen das Landeswohl als in erhöhtem Maß gefährdet an. Dazu kam die Renitenz und Unbelehrbarkeit der Schmoeler sowie der Freibrief als Grundlage dieses Verhaltens. Gerade letzterem maßen die Räte wegen seines Wortlauts und seiner Wirkung auf die Bauernschaft ein enormes latentes Gefahrenpotential für die Ruhe auf Schmoel und das Landeswohl insgesamt bei. Das Landeswohl war für sie untrennbar mit der auf den Hofdiensten der Leibeigenen beruhenden Wirtschaftskraft der Landesverfassung der adligen Güter verbunden. Im Mittelpunkt stand also der „Faktor“ Mensch, der generell unberechenbar und in der aktuellen Situation noch schwieriger unter Kontrolle zu behalten war. Da mit der Arbeitskraft der Leibeigenen die ostholsteinische Gutswirtschaft stand oder fiel, war es nicht nur wichtig, dass es sich bei ihnen formell-rechtlich um Leibeigene handelte. Vielmehr mussten auch ihre Lebens- und Arbeitsbedingungen einen gewissen Mindeststandard aufweisen, damit sie fähig und willens waren, ihren Aufgaben mit dem notwendigen Maß an Funktionalität und Effektivität nachzukommen.

Aus diesem Blickwinkel befand sich Schmoel in einer kritischen Situation. Zwar lag die Qualität des Lebens- und Arbeitsumfelds der Leibeigenen objektiv deutlich über dem holsteinischen Durchschnitt. doch subjektiv waren sie aufgrund des für sie nicht nachvollziehbaren Widerspruchs zwischen Freibrief und Landgerichtsurteil aufgebracht und mit ihrer Situation unzufrieden. Das schlug auf ihre Arbeitseinstellung durch und gefährdete den Betrieb der Gutswirtschaft durch eine neue Herrschaft auf Schmoel und konnte sich deshalb bereits im Rahmen der Versteigerung spürbar erlösmindernd auswirken. Um keine weitere Eskalation zuzulassen, strebten die Richter zunächst eine friedliche Lösung unter Verzicht auf Zwangsmaßnahmen an. Ihre Vorgehensweise war dabei für eine ständische Institution, die sich renitenten Untertanen gegenüber sah, bemerkenswert großzügig. Die den Schmoelern zugestandene wiederholte mehrwöchige Fristsetzung muss fast schon als obrigkeitliches Flehen verstanden werden, dass die Leibeigenen doch endlich ihre Chance auf mögliche Vorteile begreifen und nutzen sollten. Doch auf der anderen Seite ist offensichtlich, warum dies nicht geschah. Denn im Endeffekt kam das Landgericht den Schmoelern keineswegs entgegen. Weder ging es diesem um die Untertanen und ihre Verhältnisse an sich, noch wurde im entferntesten eine akzeptable Alternative zum Urteil angeboten.

Daran wurde das Paradoxe der Situation augenscheinlich: Die Räte waren ernsthaft bemüht, die Lage auf Schmoel zu entspannen. Eine diesbezügliche Erfolgsaussicht war hingegen von vornherein nicht vorhanden. Um die durch das Urteil hervorgebrachten Grundstrukturen, die nicht zur Disposition standen, nicht anzutasten, waren ihnen die Hände gebunden. Sie waren unfähig, Lösungsvorschläge zu unterbreiten, die bei den Leibeigenen Anerkennung gefunden hätten. Denn solche Mittel und Wege wären wiederum für die Kreditoren inakzeptabel gewesen und hätten zudem den mit der Entscheidung von den Räten verfolgten Zielen die Grundlage genommen. So blieb nur die Möglichkeit der Überprüfung und Anpassung nebensächlicher Aspekte, wie sie bereits im Urteil als Angebot an die Untertanen enthalten war. Da die Positionen des Gerichts und der Leibeigenen derart weit auseinander lagen und das Gericht keine wirklichen Zugeständnisse machte, waren die zusätzlichen Fristsetzungen von Beginn an zum Scheitern verurteilt, auch wenn die Landräte gegenteilige Hoffnungen gehegt hatten.

Nachdem Schmidt seine Bemühungen zugunsten der Schmoeler eingestellt hatte und die nachträglichen Angebote des Gerichts erfolglos geblieben waren, trat Stockdorff als deren Interessenvertreter auf den Plan. Das wurde erstmals mit dem Schreiben vom 22. März 1741 offensichtlich.[1347] Hinsichtlich dieses Me-

1347 Vgl. Stockdorff an den König vom 22. März 1741 (LA Abt. 65.2 Nr. 1424).

morials forderte der König den Bericht und das Bedenken seiner Landräte ein. Aus der Sicht des Gerichts waren „*der Supplicanten preces dergestalt eingerichtet, daß man daraus nichts als eine confuse Ideé zu nehmen Vermag; (...) Es zeiget sich (...) deutlich (...), daß der Verfaßer dieser Supplique von dieser gantzen Sache gar nicht informiret, (...) und überhaubt seine sogenandte Gründe, die doch nichts zur Sachen thun, mit unordentlich deduciret*". Es sei „*nichts darin enthalten, was einer wiederlegung bedarf*". Da zum 1. Mai 1741 die Übergabe der Güter an die neue Gutsherrin Taube bevorstehe, unternähmen „*Supplicantes sich diesen allen entgegen zu handeln, pariren keine allerhöchsten Befehle, und behelligen Ew: Konigl. Mayes: mit einem unförmlichen Memorial, (...) dahero mit grunde zu besorgen stehet, daß wann ein aufenthalt in dieser Sache entstehen mögte, die Creditores sehr dabey leiden, und noch Viele unnöhtige Kosten zu ihren unwiederbringlichen Schaden werden aufwenden müßen*".[1348]

Obwohl Stockdorff noch im Mai 1741 negativ beschieden worden war,[1349] gab er keine Ruhe. Da er in Kopenhagen wohnte, machte er weitere schriftliche Eingaben an den König in den Monaten Juni und August 1741, die jedoch unbeschieden blieben.[1350] Im März 1742 versuchte er erneut Kontakt zu den Schmoelern aufzunehmen. Dies wurde von der Gutsherrschaft verhindert, auf deren Betreiben sich das Landgericht an den König wandte. So trete im Hinblick auf Stockdorff und seine abschlägige Bescheidung offenbar zutage, „*daß derselbe allen deßen ohngeachtet sich noch beständig bemühet, die Schmolische Unterthanen Von neuen wieder unruhig zu machen, (...) und denn zu besorgen stehet, daß, fals des Stockeldorffs seinem unternehmen nicht durch nachdrückliche Mittel gesteuret werde, indehm selbiger sich unternimt, noch immerhin von der Schmolischen Unterthanen Gelde zu profitiren, wieder die längstens abgesprochene Urthel und allergnädigst ertheilte decision anzugehen, ja so gar Ew: Königl. Mayes: allerhöchstgeehrtesten Namen fälschlich zu gebrauchen, die Unterthanen endlich von neuen sich unterstehen werden, ihre ungegründete querelen abermahlen auf zu rühren, und die Schaden leidende Schmolische Creditores widerrechtlich de novo in große Kosten zu bringen*". Deshalb sei es notwendig gewesen, sich zum wiederholten Male nach Kopenhagen zu wenden, damit dort solche Maßnahmen eingeleitet würden, dass „*der Supplicatus Stockdorff sich hinfehro nicht unternehme, weiter in dieser Sachen so freventlich zu handeln*".[1351]

[1348] Landgericht an den König vom 18. April 1741 (LA Abt. 65.2 Nr. 1424).

[1349] Bescheid der Deutschen Kanzlei an Stockdorff vom 9. Mai 1741 (LA Abt. 65.2 Nr. 1424).

[1350] Vgl. Stockdorff an den König vom 22. Juni sowie vom 7., 21. und 31. August 1741 (LA Abt. 65.2 Nr. 1424).

[1351] Landgericht an den König vom 17. April 1742 (LA Abt. 65.2 Nr. 1424).

Das Verhalten, welches das Landgericht bezüglich der Anstrengungen Stockdorffs zeigte, war anders als das, welches es im Zusammenhang mit dem Vorgehen Schmidts an den Tag legte. Zwar waren beide Personen Vertreter der Leibeigenen, doch die Landräte machten einen offensichtlichen Unterschied zwischen Rechts- und Interessenvertretern. Die Ausführungen Schmidts nahmen sie ernst, da sie von einem versierten Juristen stammten und eine gewisse Gefahr von ihnen ausging. Dieser Eindruck veranlasste sie zu eindringlichen Reaktionen, die nicht nur verbaler Art blieben, sondern sich auch in drastischen Maßnahmen wie seiner vorübergehenden Suspendierung von der Advokatur äußerten. Er wirkte sogar bis in die intensiven Bemühungen um den Einsatz einer Kommission hinein. Einen solchen Eindruck vermochte das erste Memorial Stockdorffs nicht einmal im Ansatz zu erwecken. Da es nichts weiter enthielt als den Wortlaut des Freibriefs und die Bitte um seine Beachtung, kommentierten die Räte diese Supplik nur auf knappe, leicht abfällige Weise. Ein Verfasser, der weder Inhalt noch Ablauf der Sache kannte und keine Argumente zur Unterstützung seiner Forderung verwandte, stellte auf der rechtlichen Ebene keine Bedrohung dar.

Doch übersah das Landgericht dabei nicht die Gefahr, die von Stockdorffs Handeln für die tatsächliche Ebene ausging. Zwar war aus seiner Sicht nicht das Landeswohl direkt betroffen, doch konnte eine Verzögerung bei der Einsetzung der neuen Herrschaft in die Güter infolge neuer Unordnung von Nachteil für die Kreditoren sein, die dadurch in erheblichem Maß um das ihnen zuerkannte Recht gebracht würden. Schon jetzt wurde in den Augen der Räte durch das Handeln des Vertreters die Renitenz der Untergehörigen aufrecht erhalten und verstärkt. Dabei brachten die Richter in ihren Ausführungen zum Ausdruck, dass sie die Hauptschuld an den abermaligen Unruhen Stockdorff gaben. Die Untertanen hingegen betrachteten sie als zum Handeln Verführte. Bald nach Erhalt des Schreibens mit der Einschätzung der Lage durch die Landräte erteilte die Deutsche Kanzlei Stockdorff einen abschlägigen Bescheid, um seinem Treiben Einhalt zu gebieten. Auf seine folgenden Memoriale ging die Behörde nicht einmal mehr gesondert ein.

Da all dies nichts half und Stockdorff noch 1742 heimliche Anstrengungen in der Sache unternahm, wandte sich die Gutsherrschaft in ihrer Not erneut an das Landgericht. Dieses machte gegenüber dem König mit Nachdruck seine Position klar. Aufgrund der Wirkungslosigkeit selbst eines Kanzleibescheids müsse Stockdorff mit größerer Vehemenz dazu gebracht werden, sich ruhig zu verhalten. Genauere Vorstellungen im Hinblick auf zu ergreifende Maßnahmen ließen die Räte nicht verlauten. Für ein verschärftes Vorgehen plädierten sie nicht in erster Linie aus Sorge um das Landeswohl. Vielmehr wollten sie es vermeiden, dass die Schmoeler Sache, die alle Instanzen durchlaufen hatte und rechtskräftig war, sich auf Kosten der neuen Gutsherrschaft und der Gläubiger zu einer unendlichen Angelegenheit entwickelte, wodurch die Güter niemals zur Ruhe kämen. Aufgrund der Sichtweise der Räte von der Art der Verbindung zwischen Untertanen und Advokaten kann ihnen nicht zum Vorwurf gemacht werden, dass sie die Lösung des Problems über die rigorose Unterbindung des Kontakts zwischen diesen beiden Personengruppen anstrebten. Was grundsätzlich als ein vorsätzliches rechtswidriges Verkürzen des Rechtsschutzes der Leibeigenen zu deuten wäre, wurde von den Richtern in dieser Phase der Entwicklung, in der die Schmoeler auf dem Rechtsweg keine Änderung ihres Status mehr erreichen konnten, zumindest auch zu ihrem Vorteil und Schutz unternommen. Doch stand dieser Aspekt bei weitem nicht im Vordergrund.

Da es für die Schmoeler nach Auffassung der Richter keinen weiteren Rechtsschutz geben konnte, zeitigten die Mühen Stockdorffs für alle Beteiligten negative Auswirkungen. Die Kreditoren kämen um ihr Recht und hätten zusätzliche Kosten, die Gutsherrschaft käme nicht in den ungestörten Genuss der ihr zustehenden Dienstleistungen, die Untertanen verschwendeten nutzlos ihre Ersparnisse, und die Autorität der Landesherrschaft würde in Mitleidenschaft gezogen. Insofern trachteten die Landräte nicht zuvorderst nach einer Isolierung der Untertanen, sondern sie handelten im Interesse des Landes und aller Beteiligten, wenn sie die Ergreifung harter Maßnahmen gegen Stockdorff anmahnten.

e. Landgerichtskommission

Die Schmoeler hatten seit Verkündung des Urteils durch das Landgericht drei Fristen à sechs Wochen zur Untersuchung und Anpassung ihrer Lebens- und Arbeitsverhältnisse ungenutzt verstreichen lassen. Unmittelbar im Anschluss an die Erteilung seines Bescheids vom 19. Dezember 1740 entsandte das Landgericht eine Kommission, die sich auf der Grundlage der durch das Urteil und die anschließende Präklusion festgesetzten Verhältnisse auf den Gütern um die Einzelheiten kümmern sollte. Dazu gehörten insbesondere der Erlass eines Dienstreglements sowie Vorbereitungs- und Mitwirkungshandlungen bei der gerichtlichen Versteigerung der Güter und der Besitzübergabe an die neue Herrschaft.[1352] Dieser Landgerichtskommission gehörte trotz seiner besonderen, auf Ablehnung gestoßenen Anschauung der Sache auch Jasper Rantzau an.[1353]

Das von der Kommission noch vor Ablauf des Jahres erstellte Dienstreglement war in sechs Punkte unterteilt. Gleich im ersten Punkt wurde hervorgehoben, dass es *„in dem (...) Land-Gerichts Urtel in alle Wege sein unveränderliches Verbleiben“* habe und den Untertanen ansonsten *„ein ewiges Stillschweigen auferleget“* worden sei. Die Punkte zwei bis sechs enthielten knappe Ergänzungen und Klarstellungen hinsichtlich einzelner Pflichten bestimmter Teile der Guts-

---

[1352] Vgl. *Prange*, Leibeigenschaftsprozesse, S. 114 f.
[1353] Vgl. Beschluss der Kommission vom 16. Oktober 1741 (AHH (HH) Nr. 176).

bevölkerung. Es fanden sich grundlegende Regelungen zu folgenden Verpflichtungen: Anzahl der von den Hufnern im Sommer und Winter an den Gutshof abzustellenden Personen, Beginn der täglichen Arbeitszeit im Sommer und Winter, Leistung der jährlichen Heuergelder, winterliche Dienste der im Sommer freigestellten weiblichen Insten sowie Holzhacken der Knechte zu Hofe. Darüber hinaus waren einige Vorschriften mit Zusätzen versehen. Zum einen wurde im Reglement vermerkt, dass die Hufner „*dem Winter über die vierte Person, so etwa noch nicht zum Heil. Abendmahl gewesen, einbehalten können, wenn sie dieselbe würcklich zur Schule gehen lassen*". Zudem sollten die Hufner die Insten und das Gesinde besser kontrollieren und „*nicht gestatten, daß jemand derer ihrigen durch eine verstelte und angenommene Krankheit, sich der Hof-Dienste entziehe, sondern wann es geschehen solte, daß jemand von denen ihrigen mit einer würcklichen Krankheit befiele, sollen sie gehalten seyn, solches anzumelden, damit man untersuchen könne, ob es eine wahre oder angenommene Krankheit sey*". Schließlich hätten die weiblichen Insten ihre winterlichen Dienste nur in dem Fall zu verrichten, „*in so ferne sie durch würckliche Krankheit oder Unvermögenheit davon nicht behindert werden*".[1354]

Auf der Grundlage dieses Reglements wurde die Versteigerung der Güter durch die Kommission durchgeführt. Den Zuschlag erhielt am 24. Januar 1741 die Gräfin Taube. Das Versteigerungsprotokoll wies nicht nur auf die Rechtsgültigkeit des Dienstreglements hin, sondern gab die entscheidenden Passagen sogar wörtlich wieder. Schließlich wurde hinsichtlich der Untertanen auch in diesem Dokument erneut deutlich mitgeteilt, dass „*übrigens aber (...) es wegen ihrer gesuchten Freyheit von der Leibeigenschaft bey dem Tenore der L. G. Urthel gelaßen*" wird.[1355]

Insgesamt war das kommissionale Dienstreglement nicht umfangreich. Die meisten inhaltlichen Regelungen waren konkludent in ihm enthalten, indem die rechtliche Geltung des Landgerichtsurteils herausgestellt wurde, das seinerseits den Kaufbrief von 1695 als maßgeblich bezeichnete. Die ausdrücklichen Ergänzungen und Klarstellungen bezüglich der Dienst- und Abgabepflichten enthielten keine Besonderheiten im Hinblick auf das gewöhnliche holsteinische Leibeigenschaftsverhältnis. Die einzelnen Bestimmungen des Reglements waren nicht an „die Untertanen" der Güter im Allgemeinen, sondern an die Angehörigen der jeweiligen Kategorie innerhalb der Schicht der Leibeigenen gerichtet. So findet sich die an die Hufner gerichtete Bestimmung, dass sie während des Winters die vierte Person nicht an den Hof schicken mussten, sondern sie zu eigenen Zwecken einbehalten durften, falls diese noch nicht am Abendmahl

1354 Dienstreglement der Kommission vom 30. Dezember 1740 (LA Abt. 390 Nr. 478, Q. 14).

1355 Versteigerungsprotokoll vom 24. Januar 1741 (LA Abt. 390 Nr. 478, Q. 5, Lit. C, No. 11).

teilgenommen hatte und während der Zeit die Schule besuchte. Diese Regelung mag auf den ersten Blick als ein großzügiges gutsherrliches Zugeständnis an die Hufner als ranghöchste Leibeigene anmuten. Schließlich waren in ihr Vergünstigungen in solchen Bereichen vorgesehen, die für die Leibeigenen im Allgemeinen und die Hufner im Speziellen von großer Bedeutung waren, von der Gutsherrschaft hingegen regelmäßig vernachlässigt wurden. Denn die fehlende Schulbildung war ein charakteristisches Kennzeichen für die Leibeigenen in Holstein und einer der Hauptgründe für ihre immense strukturelle Unterlegenheit gegenüber der Herrschaft. Der Mangel an Arbeitskraft auf der eigenen bäuerlichen Hufe war zudem maßgeblich für den wirtschaftlichen Aspekt der Abhängigkeit eines Leibeigenen von seiner Gutsherrschaft. Diesen Missständen schien die Norm abhelfen zu wollen.

Die Erlaubnis, dass jeder Hufner eine der jüngeren Personen unter den angegebenen Bedingungen für sich einbehalten durfte und zur Schule schicken musste, war jedoch kein Zeichen für ein Zugehen der Gutsherrschaft auf ihre Untertanen. Vielmehr war ihr diese Bestimmung im Endeffekt sogar von Nutzen. Zum einen gab es des Winters weniger Arbeit am Hof zu verrichten, weshalb sie einige Arbeitskräfte dort entbehren konnte. Auch handelte es sich erst um die vierte Person, die jedenfalls jüngeren Jahrgangs zu sein hatte, da sie das Heilige Abendmahl noch nicht empfangen haben durfte. Daher brachte die Regelung einem Hufner, der ebenso wie der Gutshof im Winter einen geringeren Bedarf an Arbeitskräften hatte, keine Vorteile, zumal er drei voll arbeitstaugliche Personen an den Hof abzustellen hatte. Die Einbehaltung der vierten schulpflichtigen Person während des Winters war somit kein entscheidender Gewinn für die Wirtschaft einer bäuerlichen Hufe. Zum anderen stellte der von der Gutsherrschaft geforderte Schulbesuch der jüngeren Leibeigenen keine Gefahr für ihre Machtposition und die Ordnung im Gutsbezirk dar. Denn es erfolgte keine Vermittlung von Bildungsinhalten, welche die Schüler zu einer kritischen Auseinandersetzung mit ihren Verhältnissen hätten veranlassen können. Jegliche Inhalte, welche die von der Gutsherrschaft für angemessen erachtete Weltanschauung der Untergebenen hätten beeinflussen und damit zu einer Bedrohung für die Herrschaft hätten werden können, wurden im Unterricht strikt gemieden. Als Teil des Systems und gutsherrlichen Machtinstrumentariums war dieser vielmehr dazu bestimmt, die gewünschte Weltanschauung der Untergehörigen zu festigen. Er wies daher nicht die Züge eines regelmäßigen Schulunterrichts auf.

Der Schulbesuch war wie ein strenger Religionsunterricht ausgestaltet, so dass der Schulmeister fast ausschließlich den Katechismus lehrte. Die Fähigkeiten des Lesens und Schreibens wurden nicht vermittelt. Aus gutsherrlicher Perspektive waren diese Fähigkeiten nicht nur unnötig, um ein rechtschaffener, fleißiger und treuer Untertan zu sein, sondern sogar gefährlich für den Bestand der Landesverfassung der adligen Geest-Güter in seiner überkommenen Form. Diese gründete sich auf Machtverhältnisse, die insbesondere auch auf die rechtliche Unerfahrenheit und die grundlegenden bildungstechnischen Mängel der Bauernschaft gestützt waren. Noch um Mitte der zweiten Hälfte des 18. Jahrhunderts konnten die Schmoeler nicht einmal ihren Namen als Unterschrift setzen, sondern fügten lediglich ein individuelles Handzeichen zu ihren vorgeschriebenen Namen hinzu.[1356] Die schulisch-religiöse Erziehung zu frommen und gottesfürchtigen Untertanen, die ihren persönlichen Status, vor allem das Unterworfensein unter eine Obrigkeit, als gottgegeben und gottgewollt ansahen, war daher von großem Interesse für die Gutsherrschaft. Dieser überragende christliche Aspekt der Schule und vor allem seine Bedeutung für die gesellschaftlichen Verhältnisse spielten auch in der Eidesformel, welche die Untertanen ihrer Herrschaft schwören mussten, eine wesentliche Rolle. Sie endete regelmäßig, so auch hier, mit den Worten: *„So wahr mir Gott helffe und sein heyliges Evangelium, hier zeitlich, und dort ewiglich!“*[1357] Die stark im christlichen Glauben verwurzelte und von den geistigen Entwicklungen der Zeit möglichst abgeschottete Gutsbevölkerung war somit neben ihrer Herrschaft zugleich auch Gott selbst verpflichtet.

Doch war man auch mittels dieser christlich fundierten, eidlichen Verpflichtung der Leibeigenen gegenüber der Herrschaft nicht in der Lage, auf Schmoel die gewünschten Zustände herzustellen bzw. zu sichern. Vielmehr schienen die Verhältnisse ein Maß an Ordnungsgemäßheit unterschritten zu haben, das als Mindeststandard für den adäquaten Betrieb einer Gutswirtschaft notwendig war. Darauf lässt die drastische Regelung im Hinblick auf Krankheitsfälle unter den Eingesessenen schließen, die man nicht allein als eine vorbeugende Maßnahme erklären kann. Sie sah vor, dass jeder wirkliche oder vermeintliche Krankheitsfall unter den Leibeigenen der Gutsherrschaft anzuzeigen war, damit individuell geprüft werden konnte, ob es sich um eine Krankheit handelte oder ob der „Kranke“ nur simulierte, um seinen Dienstpflichten zu entgehen. Die Krankheitsfallregelung legt nahe, dass es im Streit um die Gültigkeit des Freibriefs zu einem starken Anstieg von simulierten Krankheiten unter der arbeitsfähigen Gutsbevölkerung gekommen war. Das Ausmaß dieses Phänomens schien Ende 1740 inakzeptabel und bestandsgefährdend geworden zu sein. Um dieser Entwicklung entgegenzusteuern, erließ die Kommission eine Meldepflicht, die neben ihrer abschreckenden Wirkung auf Simulanten auch die Möglichkeit eröffnete, solche zu entlarven und ihre Arbeitskraft wieder dem Betrieb zuzuführen.

Diese Bestimmung offenbart eines der größten Probleme, mit denen die Gutsherrschaft hinsichtlich der Leibeigenen zu kämpfen hatte: ihr passiver Widerstand. Während ein Flüchtling zurückgeholt und aktiver Widerstand, auch durch den Einsatz von Militär, gebrochen werden konnte, stellte passiver Widerstand

---

1356 Vgl. Notariatsinstrument vom 6./7. September 1768 (AHH (HH) Nr. 176).
1357 Untertaneneid vom 2. Dezember 1741 (LA Abt. 390 Nr. 478, Q. 18).

in Form angeblicher Krankheiten die Herrschaft vor andere Herausforderungen. Ohne Zweifel war er in entsprechender Konzentration geeignet, die Gutsherrschaft an ihrem empfindlichsten Punkt spürbar zu treffen. Doch erklärte das Dienstreglement für diese Problematik nicht an erster Stelle die Herrschaft für zuständig. Vielmehr wurden zunächst die Hufner in die Verantwortung genommen, Simulanten nicht zu decken, sondern sie zur Verrichtung ihrer Pflichten anzuhalten. Erst in zweiter Instanz sollte die Gutsherrschaft eingeschaltet werden, indem ihr alle Krankheitsfälle, die durch das erste „Raster" gefallen waren, gemeldet werden mussten, damit überprüft werden konnte, ob es sich um eine echte oder vorgetäuschte Krankheit handelte.

Obwohl also die Zustände schwierig waren und mit den Dienstleistungen der maßgebliche Punkt des Systems betroffen war, setzte die Kommission bei den Maßnahmen zur Behebung der Missstände in erster Linie auf die Eigenverantwortung der Untertanen. Ein Eingriff der Gutsherrschaft in diesen Bereich sollte nur als sekundäres Mittel zur Verfügung stehen. Dahinter stand offenbar die Absicht, eine direkte Konfrontation beider Parteien möglichst zu vermeiden. Der von der Kommission eingeschlagene Weg mag aufgrund der verhärteten Fronten naiv erscheinen, doch war er vom Ansatz her grundsätzlich sinnvoll und nicht vollkommen aussichtslos. Zwar waren die Hufner von der Gutsherrschaft ausgewählte oder anerkannte Personen und ihre Mittelsmänner für die täglichen Angelegenheiten, doch waren sie ebenso leibeigen und der Herrschaft verpflichtet wie alle anderen Eingesessenen. Insofern fanden sie wesentlich eher als gutsherrliche Bediente Gehör bei ihren Standesgenossen und konnten als von demselben Schicksal betroffene Leute in einer verständlicheren, tolerableren Weise die Problemlösung angehen. Daran musste den Hufnern umso mehr gelegen sein, als es letztlich um ihre eigene Wirtschaft ging, mit deren Zustand auch die Höhe des Auskommens der Simulanten selbst verknüpft war. Denn aufgrund der Verpflichtung der Hufner zur Abstellung von genügend Personal zum Hof schlug ein Mangel an Arbeitskräften voll auf die Hufenwirtschaft zurück, was regelmäßig jeder Hufner zu verhindern suchte.

Das Vorgehen der Kommission stellte sich folglich als taktisch geschickt dar. Es zeugte von Übersicht und Gespür für die Komplexität der Situation, zunächst einmal auf eine Selbstregulierung des Systems, also auf eine Problemlösung von innen heraus, zu setzen und dabei die Obrigkeit und ihre Machtmittel außenvor zu lassen. Allerdings war diese Variante auch risikolos und daher im Endeffekt nicht so ungewöhnlich, wie es auf den ersten Blick erschien. Denn im Fall ihres Scheiterns bestand die Meldepflicht der Hufner, welche die Dinge damit an die Gutsherrschaft abgaben. Zugleich hegte die Kommission wohl Hoffnungen, dass die Erkenntnis der Untertanen von der Unvermeidbarkeit der Konsequenzen ihres Verhaltens die systemimmanente Selbstkontrolle noch förderte. Sollte diese nicht ausreichend sein, griff das auf Macht und Überordnung basierende gutsherrliche Instrumentarium. Auf eine pflichtmäßig getane Meldung folgte eine offizielle Untersuchung, wobei es im Fall einer nur vorgeblichen Krankheit nicht an Mitteln fehlte, den Simulanten zügig und nachdrücklich zur Arbeit anzuhalten. Als ultima ratio gab es schließlich den Dienstzwang. Inwieweit Jasper Rantzau als Verfasser des abweichenden Votums spezifischen Einfluss auf den Inhalt des Reglements nahm, ist nicht abschätzbar. Da er aber bereits bei der Urteilsfindung von den übrigen Räten deutlich überstimmt worden war, dürfte sich sein Wirken auch bei dieser Angelegenheit als begrenzt dargestellt haben.

Das Dienstreglement der Untersuchungskommission stellte die konsequente Fortführung der vom Landgericht verfolgten Linie dar. Trotz der sich ständig verschärfenden Situation auf den Gütern und der jederzeitigen Möglichkeit des Einsatzes von Militär zur Kontrolle der Lage, wurde erneut der gute Wille gegenüber den Leibeigenen bewiesen. Die Chance zur Selbstregulierung der Krankheitsproblematik war ebenso wie das Vergleichsangebot im Prozess und das nachprozessuale Angebot, ungeklärte Beschwerdepunkte durch eine Kommission untersuchen zu lassen, ein Zugehen auf die Untertanen. Dieses Entgegenkommen erfolgte jedoch nicht nur in deren Interesse. Vielmehr war es von der Hoffnung der Obrigkeit beseelt, immer schwierigere Zustände und die sich anschließenden Kosten und Mühen ihrer Beseitigung vermeiden zu können. Doch auch das Reglement betonte unmissverständlich die Rechtmäßigkeit der durch das Landgerichtsurteil geschaffenen Verhältnisse und enthielt konkludent den Hinweis, diese Verhältnisse mit allen Mitteln aufrechtzuerhalten. Somit war es trotz seiner wohlbedachten Regelung bezüglich der simulierten Krankheiten wie die vorhergehenden Dokumente und Maßnahmen ungeeignet, die Situation zu verbessern. Die Ereignisse der folgenden Jahre bestätigten die Unvereinbarkeit der Positionen beider Parteien, die zeitweise sogar einen nicht unerheblichen Einsatz von Militär erforderlich machte.

Für den Termin der formellen Besitzübergabe und -einweisung, der sich aufgrund der Unruhen auf den Gütern immer wieder verzögerte und letztlich erst am 1./2. Dezember 1741 stattfand, wurde von der Kommission ein Untertaneneid entworfen bzw. genehmigt, den die Schmoeler ihrer neuen Herrschaft zu leisten hatten. So schwor jede(r) von ihnen der Gräfin Taube „*einen cörperlichen Eydt*", dass er bzw. sie insbesondere „*den verordneten Inspectori, Verwaltern, Schreibern, Voigten und andern Bedienten in dem, so sie mir wegen der gebührenden Dienste befehlen, schuldige Folge leisten, auch ohne erforderl. ein- oder zweyjährige anständige Aufkündigung und Ersetzung deßen, was ich empfangen, imgleichen Herbeyschaffung eines andern tüchtigen Unterthanen an meiner Stelle, aus diesen Güthern nicht weichhaft werden, noch den meinigen oder andern mit Rath oder That darunter behülflich seyn, vielmehr mich allewege so betragen wolle, wie es einen frommen und gehorsahmen adel. Unterthanen in diesen Güthern nach dem Gräfl. Rantzauischen Kauff-Briefe (...) und nach der Land-Gerichts Urtel (...) den ferner in selbigem Jahre ergangenen*

Bescheiden und der Commissional-Verfügung (...), als weil ein jedes mich betrift, eignet und gebühret“.[1358]

Dieser Eid war einerseits wie ein durchschnittlicher Untertaneneid, den Leibeigene auf den holsteinischen Gütern abzuleisten hatten, ausgestaltet. Er enthielt dessen übliche Bestandteile. Jeder Untergebene versicherte seiner neuen Herrschaft jedwede Förderung und persönliche Treue. Andererseits war die Eidesformel als entscheidende Grundlage des Verhältnisses zwischen den Untergehörigen und ihrer Herrschaft aber auch auf die besondere Schmoeler Situation zugeschnitten. In dem Text wurde nicht nur nochmals die rechtsverbindliche Geltung der drei wichtigsten Dokumente von 1695 und 1740 – Kaufbrief, Landgerichtsurteil und Dienstreglement – für jeden einzelnen Untergebenen betont. Vielmehr schworen die Eingesessenen die Beachtung der beiden maßgeblichen Rechtsfolgen ausdrücklich. Demzufolge mussten sie allen dienstbezogenen Anweisungen der Herrschaft oder ihrer Bedienten strikt Folge leisten und durften den Gutsbezirk nur nach ordnungsgemäßer Kündigung sowie Herbeischaffung eines tauglichen Ersatzmanns verlassen. Bei diesen Rechtsfolgen handelte es sich um die zwei charakteristischsten Merkmale der holsteinischen Leibeigenschaft: die Schollengebundenheit und die Verpflichtung zur Leistung von Diensten.

Dass diese Wesenszüge der Leibeigenschaft in aller Deutlichkeit in der Eidesformel zum Ausdruck kamen, war in dieser Form eher unüblich. Doch wurde erneut, wie bereits im Urteilstenor, auf die ausdrückliche Verwendung des Begriffs der Leibeigenschaft bewusst verzichtet. Zwar war es keinesfalls unüblich, dass ein holsteinischer Leibeigener seinen Eid nicht wörtlich als Leibeigener schwor. Denn dies geschah konkludent und war selbstverständlich. Doch der Schmoeler Eid von Ende 1741 war ungewöhnlich und ließ sich nur vor dem Hintergrund der besonderen Konstellation erklären. Anhand der Formel wurde deren Paradoxie offensichtlich. Durch die Außenvorlassung des Begriffs der Leibeigenschaft versuchte die Obrigkeit die Situation akzeptabel zu gestalten, im Griff zu behalten sowie offene Provokation und Konfrontation zu vermeiden. Trotzdem konnten durch den Wortlaut keine Zweifel an der rechtlichen Stellung der Untertanen, denen ihre Leibeigenschaft infolge der expliziten Erwähnung ihrer prägenden Merkmale geradezu augenscheinlich sein musste, aufkommen. Zudem dürfte die Kommission aufgrund der das gesamte Jahr 1741 hindurch andauernden Unruhen keine allzu großen Hoffnungen in dieses taktische Manöver gesetzt haben, zumal da dieselbe Taktik schon im Rahmen des Urteils fehlschlug. Wie wenig Vertrauen sie in einen reibungslosen Ablauf der Eidesleistungszeremonie hatten, bewies der Umstand, dass die Kommission zur Ab-

[1358] Untertaneneid vom 2. Dezember 1741 (LA Abt. 390 Nr. 478, Q. 18); aufgesetzt worden war er schon mehrere Wochen zuvor (*Prange*, Leibeigenschaftsprozesse, S. 115 (Fn. 45); vgl. Kommissionsbescheid vom 16. Oktober 1741 (AHH (HH) Nr. 176)).

wicklung der Formalitäten *„vorsorglich in Begleitung eines militärischen Kommandos“* auf den Gütern erschien.[1359] Mithin war der Kommission klar, dass ihre Maßnahme der individuellen Gestaltung der Eidesformel ohne größere Effekte bliebe. Deshalb stand zur Durchsetzung ihrer Ziele auch militärische Unterstützung bereit. Das Vorhaben, derart gegensätzliche Positionen mittels solcher Kleinigkeiten zu beeinflussen, war von vornherein zum Scheitern verurteilt.

f. Deutsche Kanzlei

Eine Einbeziehung der Deutschen Kanzlei in das nachprozessuale Geschehen erfolgte bereits am 28. März 1740, als Schmidt – nur eine Woche nach der Urteilsverkündung – seine Supplik beim König einreichte. In dieser forderte er die Aufhebung des Urteils sowie die Anerkennung des Freibriefs und drohte den Zug vor die Reichsgerichte an. Bevor der König sich äußern wollte, ordnete er an, *„daß dero zum gemeinschaftl. Holsteinischen Land-Gerichte sämtl. verordnete Herren Räthe, über intus enthaltenes Gesuch des Hans Röpers et Cons: proprio et mand: nomine der Schmol- und Hohenfelder Eingeseßenen, ihren allerunterthänigsten Bericht und Bedencken fordersamst ein(…)senden sollen“*.[1360] Nachdem der Bericht eingegangen und im Königlichen Conseil beraten worden war, wurde beschlossen, dass einerseits *„in der Haupt-Sache es bey der abgesprochenen Urthel zu lassen seyn“* würde und andererseits Schmidt *„durch die ¼teljährige Suspension ab advocatura schon gnugsam bestrafet sey“*. Im Hinblick auf die Bittschrift Schmidts wurde den Räten somit kundgetan, *„daß sothanem Ansuchen nicht zu deferiren, weniger auf die in eventum angehängte vermeintliche Reservation des recursus an die höchste Reichs-Gerichte, gestalten Sachen nach, einige Reflexion zu nehmen sey“*. Zugleich wurde ihnen anbefohlen, *„denen Supplicanten davon gleichmäßige Notice zu geben, damit Sie sich ferneren Sollicitirens enthalten und zur Ruhe beqvemen mögen“*.[1361] An dieser Sichtweise vermochte auch das zwischenzeitlich am 4. Juni 1740 von Schmidt verfasste, aber anonym abgegebene Memorial nichts zu ändern.

Nachdem die Deutsche Kanzlei zusammen mit den Landräten erreicht hatte, dass Schmidt seine Bemühungen zugunsten der Untertanen einstellte, wurde sie mit der Angelegenheit erst wieder durch die Supplik Stockdorffs vom 22. März 1741 konfrontiert, hinsichtlich der sie wiederum Bericht und Bedenken der Landräte einforderte. Da diese daraufhin *„das (…) Gesuch (…) von der Beschaffenheit befunden, daß selbiges gantz keine Reflexion verdiene: So laßen Wir solches nicht nur dem angeblichen Mandatario derer Supplicanten, Stock-*

1359 *Prange*, Leibeigenschaftsprozesse, S. 114.

1360 Deutsche Kanzlei an die Landräte vom 16. April 1740 (LA Abt. 65.2 Nr. 1424).

1361 Deutsche Kanzlei an die Landräte vom 22. Juli 1740 (LA Abt. 65.2 Nr. 1424).

dorff, mittelst Cantzelley-Bescheides andeuten, sondern erachten es auch der Nothdurfft zu seyn, Eüch (…), was die von Eüch hac occasione angeregte Widersetzlichkeit derer supplicirenden Schmol- und Hohenfeldischen Unterthanen anbetrifft, die dagegen an die Hand zu nehmende erforderliche Mittel Eürer und der Fürstln Rähte rechtlichen Verfügung hiedurch anheimzustellen, und zu überlaßen".[1362] Denn auch im Königlichen Conseil finde man nicht, „*daß auf dieses Gesuch, in einer bereits vormahls abgethanen Sache, zu regardiren sey*". In dem an Stockdorff gerichteten Bescheid wurde diesem kundgemacht: „*Daß diesem gantz unförmlichen und zur Unzeit angebrachten Petito keineswegs deferiret werden könne, zumahlen damit nichts anders intendiret wird, als dasjenige per indirectum zu erhalten, was in der am 21sten Mart. a. p. bey dem gemeinschafftln Land-Gerichte abgesprochenen Urthel, (…) nach hinlänglich untersuchter und erörterter Sache, einmahl rechtskräfftig aberkannt worden*".[1363]

Stockdorff ließ sich aber nicht davon abhalten, weiterhin in der Angelegenheit tätig zu sein. Als er am 22. Juni 1741 die nächste Supplik beim König einreichte, sah sich die Kopenhagener Behörde wiederum zum Handeln gezwungen. Stockdorff wurde am 12. August 1741 „*der Bescheid ertheilet, daß es solcherhalben bey der am 21ten Martii 1740 abgesprochenen Landgerichts Urthel sein Verbleiben habe, wenn aber gen. Unterthanen wieder den Einhalt sothaner Urthel graviret zu seyn vermeinen (...), sie ihre habende Klagen gehörigen Ohrtes (...) bey der Gemeinschafftl. Reg. Cantzelley anzubringen und darauf rechtl. Bescheides zu gewärtigen haben*".[1364] Noch fünf Tage zuvor hatte Stockdorff ein drittes Memorial eingegeben, am 21. August reichte er ein viertes Schreiben beim König ein. Da dies deutliche Anzeichen dafür waren, dass allerhöchste Bescheide nicht viel bei ihm auszurichten vermochten, scheinen nachdrücklichere, zumindest vorübergehend erfolgreiche Maßnahmen ergriffen worden zu sein. Denn für die Deutsche Kanzlei bestand für etliche Monate keine Veranlassung, weitergehende Schritte einzuleiten.

Umso energischer war schließlich ihr Handeln, als sie durch das Schreiben der Landräte vom 17. April 1742 davon in Kenntnis gesetzt wurde, dass Stockdorff noch immer Anstrengungen in der Sache unternehme und dabei ein äußerst dreistes Verhalten an den Tag lege.[1365] Nach Beratung im Königlichen Conseil wurde der Beschluss gefasst: „*Dem Supplicato würde durch die Dähnische Cantzelley nachdrückl. zu bedeuten seyn, daß er bey Vermeidung unausbleiblicher Ahndung von dergl. demarches abstrahire, und sich überhaupt von dieser*

1362 Deutsche Kanzlei an die Landräte vom 15. Mai 1741 (LA Abt. 65.2 Nr. 1424).

1363 Bescheid der Deutschen Kanzlei an Stockdorff vom 9. Mai 1741 (LA Abt. 65.2 Nr. 1424).

1364 Bescheid der Deutschen Kanzlei an Stockdorff vom 12. August 1741 (LA Abt. 65.2 Nr. 1424).

1365 Hinsichtlich der folgenden Ausführungen und Zitate vgl. Deutsche Kanzlei an die Dänische Kanzlei vom 22. Mai 1742 (LA Abt. 65.2 Nr. 1424).

affaire nicht weiter melire." Die Einschaltung der Dänischen Kanzlei war notwendig, da es sich bei Stockdorff um einen Einwohner Kopenhagens und damit um den Zuständigkeitsbereich der anderen obersten Kopenhagener Behörde, die sich um die dänischen Angelegenheiten zu kümmern hatte, handelte. Ihr wurde von der Deutschen Kanzlei mitgeteilt, dass die Gräfin Taube beim Landgericht vorstellig geworden sei, da „*einer, Namens Peter Rasmussen Stockdorff zu Copenhagen, die Unterthanen ihres im Herzogtum Holstein belegenen Guts Schmol aufwiegele, um wieder eine von dem Land-Gericht abgesprochene und von Ihro Königl. Mayt. Allerhöchst Selbst approbirte Urthel anzugehen und auf die ihnen, nach ihrer irrigen Meinung gebührende, in besagter Urthel aber abgesprochene Freyheit zu bestehen*".

Obwohl Stockdorff bereits am 9. Mai 1741 abschlägig beschieden worden sei, habe „*derselbe sich dennoch nicht entblödet, in einem an ein paar Schmoler Unterthanen unterm 2ten Mart. 1742 abgelassenem (...) Schreiben (...) vorzugeben, daß die gesuchte Freyheit ihnen Allergnädigst accordiret sey, und das darüber ausgefertigte Königl. Decret in der Teütschen Canzelley läge, welches sie aber durch 2 nach Copenhagen zu sendende Gevollmächtigte abholen lassen müßen, welche denn ihn zugleich für seine angewandte Bemühungen contentiren würden*". Des Weiteren sei „*dieses dreiste Unternehmen des Stockdorff dahin unverantwortlicherweise gerichtet (...), die Schmoler Unterthanen, um nur von ihrem Gelde profitiren zu können, aufs neüe unruhig, und ihrer Guts-Herrschafft aufsätzig zu machen*". Daher habe der König selbst befohlen, „*daß (...) Stochdorff sein kühnes und falsches Vorgeben und dadurch begangener Unfug ernstlich verwiesen und nachdrücklich bedeütet werden solle, bey Vermeidung unausbleiblicher Ahndung von solchen strafbahren Betragen abzustehen, und sich überhaupt in diese Sache allganz nicht weiter zu mischen*". Infolge dessen werde die Dänische Kanzlei „*dienstlich ersuchet, diesen Allergerechtesten Königl Befehl dem P. R. Stockdorff zu seiner Nachricht und allergehorsamsten Gelebung bekannt machen zu lassen*".

Erst mittels dieses entschlossenen Vorgehens gelang es der Deutschen Kanzlei, Stockdorff auszuschalten. Trotzdem kam die Kopenhagener Behörde nicht sofort zur Ruhe. Ihres Mittelsmanns beraubt wandten sich die Leibeigenen selbst an den König, um für ihre vermeintlichen Rechte zu streiten. Erneut wurden sie von der Deutschen Kanzlei am 26. Januar 1743 abschlägig beschieden und an die Gemeinschaftliche Regierung verwiesen. Dort machten die Untergehörigen die Sache 1743 sogar noch anhängig, setzten sie aber, „*wie solches aus den (...) in hiesiger Canzelley-registratur befindlichen und (...) sämtlich nachgesehenen acten (...) erhellet*", nicht weiter fort.[1366]

[1366] Glückstädter Kanzlei an den König vom 27. November 1767 (LA Abt. 11 Adl. Güter überhaupt Nr. 12a, Q. 2).

Im Hinblick auf die rechtliche Behandlung der Leibeigenen war es von maßgeblicher Bedeutung, dass die Deutsche Kanzlei ihr Vorgehen auch nach dem Abschluss des Gerichtsverfahrens überwiegend mit den Landräten, die mit dem Fall betraut waren, abstimmte. In den Schreiben an die Räte tritt deutlich hervor, dass man in Kopenhagen auf ihren Sachverstand, ihre Kenntnis der Sachverhaltsumstände und ihre Bewertung des Geschehens nicht verzichten wollte. Da das Landgericht die Supplik Schmidts bereits früher als die Deutsche Kanzlei erhalten und eine unverzügliche Reaktion für nötig befunden hatte, erfolgte die Anerkennung des Vorgehens der Räte durch die Oberbehörde nur auf dem Weg der nachträglichen Bestätigung. Darüber hinaus beauftragte man die Richter dafür zu sorgen, dass auch die Untertanen davon unterrichtet würden. Auch bei ihren Reaktionen auf das Betragen Stockdorffs verließ sich die Kopenhagener Kanzlei weitgehend auf deren Einschätzungen. Demzufolge beschied sie Stockdorff in abschlägiger Weise und überließ den Landräten die Wahl der Mittel im Fall fortdauernder Widerspenstigkeit der Schmoeler.

Doch gerade in bezug auf Stockdorff muss das Verhalten der Deutschen Kanzlei kritisch betrachtet werden. An den Interessenvertreter der Leibeigenen ergingen innerhalb kurzer Zeit zwei Bescheide, die bereits einzeln, insbesondere aber in der Gesamtschau, als unglücklich zu bezeichnen sind. Die Behörde versäumte es schon in ihrem ersten Bescheid vom 9. Mai 1741, unmissverständliche Formulierungen zu verwenden, um Stockdorff die Aussichtslosigkeit seines Unterfangens zu bedeuten. Mit etwas gutem Willen konnte dieser indirekt aus ihm erlesen, dass eine weitere Supplik, sofern sie förmlich korrekt und zu passender Zeit eingereicht würde, nicht von vornherein chancenlos wäre. Vor allem jedoch der am 12. August 1741 ergangene Bescheid war zweideutig. So wurde Stockdorff zwar darauf hingewiesen, dass es bei dem Landgerichtsurteil bleibe, zugleich merkte die Kanzlei aber an, dass sich die Untertanen im Beschwerdefall an die Regierungskanzlei in Glückstadt zu wenden hätten. Hieraus mussten die Untertanen, die ihre Sache unter allen Umständen weiter zu betreiben suchten, ersehen, dass ein Erfolg ihrer Anstrengungen grundsätzlich nicht ausgeschlossen war, sondern dass die Deutsche Kanzlei sie nur an die zuständige Behörde verwies.

Zwar betonten beide Bescheide die Rechtsgültigkeit des Landgerichtsurteils, doch unterschätzte die Deutsche Kanzlei offensichtlich die Hartnäckigkeit und Verbissenheit, mit der die Schmoeler und ihre Vertreter um die Anerkennung ihrer persönlichen Freiheit kämpften. Anderenfalls hätten sie ihre Formulierungen drastischer und jeder Interpretation unzugänglich gewählt. Infolge dieses Vorgehens ließen sie die Chance, die stetigen Unruhen durch klare und respekteinflößende allerhöchste Entscheidungen endgültig zu beseitigen, ungenutzt. Ihr Verhalten kann der Kanzlei aber dennoch nicht zum Vorwurf gemacht werden, vielmehr muss es nur als unglücklich empfunden werden. Dies dürfte darauf zurückzuführen sein, dass die Oberbehörde trotz der intensiven Unterrichtung durch die Landräte einen erheblichen räumlichen und „institutionellen" Abstand zur Problematik hatte. Das erschwerte ihr die Einschätzung der wahren Tragweite des Geschehens und ließ es ihr am nötigen Einfühlungsvermögen mangeln. Durch die ungewollt missverständlichen, aus Leibeigenensicht interpretierbaren Bescheide erreichte die Deutsche Kanzlei das Gegenteil dessen, was ihr Ziel war. Die Schmoeler und ihr Vertreter sahen sich grundsätzlich und von allerhöchster Stelle ermuntert, weitere Anstrengungen zu unternehmen. Insofern kann Stockdorff die fortdauernde Eingabe seiner Memoriale nicht übel genommen werden.

Anders stellte sich die Situation 1742 dar. Nachdem die Kopenhagener Behörde Nachricht von dem abgefangenen, Unwahrheiten enthaltenden Brief Stockdorffs an die Untertanen erhalten hatte, verhielt sie sich rigoros. Angesichts der schädlichen Folgen, die der Brief hätte zeitigen können, falls er die Untertanen erreicht hätte, verschärfte sich der Ton der Deutschen Kanzlei enorm. Endlich hatte sie den Stellenwert der Sache erfasst und nutzte ihre Macht, um die Untertanen ihres Mittelsmanns zu berauben und Stockdorff als Akteur endgültig auszuschalten. Die Konsequenz dieses Vorgehens wurde noch Monate später offensichtlich. Da die Schmoeler keinen Interessenvertreter mehr hatten, nahmen sie ihre Sache selbst in die Hand und wandten sich erneut an den König. Zwar ist schwierig abzuschätzen, inwieweit diese Hartnäckigkeit auf das vorangegangene Handeln der Deutschen Kanzlei zurückzuführen ist, doch wurde sie dadurch jedenfalls gefördert. Zudem verwies die Kanzlei die Untertanen wiederum an die Gemeinschaftliche Regierung. Weshalb die dort von den Schmoelern anhängig gemachte Sache nicht weiter verfolgt wurde, ist jedoch nicht nachzuvollziehen.

g. Gutsherrschaft

Die neue Gutsherrschaft auf Schmoel war ab 1741 die schwedische Gräfin Taube. Für sie waren die Güter bereits im Januar ersteigert worden, doch erst im Dezember wurde sie von der Landgerichtskommission formell in ihren Besitz eingewiesen. Denn während des gesamten Jahres 1741 herrschte Unruhe unter den Leibeigenen der Güter, da sie mit tatkräftiger Unterstützung Stockdorffs permanent damit beschäftigt waren, sich um ihre Freiheit zu bemühen.[1367] Diese Geschehnisse führten bei der Abwicklung der Versteigerung zu solch erheblichen Schwierigkeiten, dass zunächst erwogen wurde, erneut das Landgericht in die Vorgänge einzuschalten. Dies sollte vorrangig im Interesse der Kreditoren passieren, „*weilen es scheinet, ob wolle man an Seiten der Fr. Gräfin Taube als Käufferin der Gühter Schmol, Hohenfelde und Todendorff mit der Ablieferung*

1367 *Prange*, Leibeigenschaftsprozesse, S. 114.

der Unterthanen nicht friedlich seyn".[1368] Schon wenige Tage später hatten sich die Ereignisse so entwickelt, dass man die Einschaltung des Landgerichts sogar für „*unumgänglich nöhtig*" hielt, „*zumal da die rede gehet, daß die Schmohler Unterthanen wieder nach Copenhagen deputirte senden wollen*". Diese Widrigkeiten belasteten die Beziehungen zwischen den Parteien – Verkäufer, Ersteigerer und Gläubiger – stark. Insbesondere die neue Gutsherrschaft konnte sich mit den Zuständen nicht abfinden und war von Beginn an derart skeptisch, dass „*der Fr. Gräfin Tauben Mandatarius bey abliefferung reservation gemacht*" hatte. Diese Skepsis wuchs sich zu großer Sorge und steter Unzufriedenheit aus, so dass „*wenigstens das gerüchte gehet, daß die Fr. Gräfin die Unterthanen für nicht gehorig gelieffert halten wolle*".[1369]

Besonders übel stieß der Gutsherrschaft das Verhalten Stockdorffs auf. Trotz der bereits im Mai 1741 an ihn ergangenen abschlägigen königlichen Resolution gebe er keine Ruhe, sondern bringe auch in der Folge „*seine Begierde die Schmoler- und Hohenfelder Unterthanen weiter aufzuwiegeln*" zum Ausdruck. Er sei „*eigentlich aber darauf hinaus (...), die in Unruhe gebrachte Leute wo möglich, noch zuletzt üm ein Stück Geld zu bringen*". Es sei dringend notwendig, dass „*dergleichen offenbahren Aufwiegelungen (...) kräfftigst gesteuret wird*", um die Schmoeler „*zur volligen Ruhe zu bringen*". Zudem würden es „*alle Gött- und Weltliche Rechte ausdrücklich verbiethen, daß keiner des andern Gesinde gefährlich verleiten müße*". Dies gelte insbesondere für Stockdorff, der sogar bereits „*wegen seines unförmlichen und ungebührlichen Betragens*" von allerhöchster Stelle beschieden worden sei und daher „*von allen dergleichen wiederrechtlichen bloß zum Eigennutz abzielenden Handlungen*" Abstand zu nehmen habe. Deshalb wünsche man sich, dass Stockdorff zum einen „*deducirten seines Unfugs halben nachdrücklich gestraffet*" und zum anderen „*ihm aller weiterer Brief-Wechsel mit den Schmoler- und Hohenfelder Untergehörigen bey schwehrer poen gäntzl: verbothen werde*".[1370]

Im Hinblick auf die rechtliche Behandlung der Untertanen stand für die Gräfin Taube im Vordergrund, dass über die Güter ein Kaufvertrag geschlossen worden war, hinsichtlich dessen sie ihre Verpflichtung mit der Erlegung des Kaufpreises erfüllt hatte. Als Gegenleistung erwartete sie die Erfüllung der ihrer Vertragspartei obliegenden Pflichten. Vor allem legte sie Wert auf den uneingeschränkten Genuss des Guts als Kaufgegenstand, der nicht nur die Ländereien und Gebäude samt Inventar, sondern auch und gerade die leibeigene Gutsbevölkerung umfasste. Deren persönlich-rechtlicher Status und Dienstverpflichtungen waren durch das Landgerichtsurteil und das Dienstreglement, deren Fundament der

---

1368 Notiz vom 21. Juni 1741 (LA Abt. 15 Nr. 454).

1369 Notiz vom 24. Juni 1741 (LA Abt. 15 Nr. 454).

1370 Gutsherrschaft durch Prangen/Hammerschioldt an den König (dem Schreiben des Landgerichts an den König vom 17. April 1742 beiliegend (LA Abt. 65.2 Nr. 1424)).

Kaufbrief war, rechtsverbindlich festgesetzt worden. Im Hinblick auf die Vertragsgemäßheit der Leibeigenen als ein Bestandteil des Kaufgegenstands dienten die beiden Dokumente von 1740 als Beurteilungsgrundlage. Für die Gutsherrschaft hatten sie maßgebliche Auswirkungen in mehrfacher Hinsicht.

Einerseits zog die Einstufung der Eingesessenen als Leibeigene unter dem Aspekt der Einheit der Landesverfassung der adligen Güter nach sich, dass die kaufvertragsgegenständlichen Güter typische adlige Geestgüter blieben, also im Hinblick auf Gutswirtschaft und Gutsherrschaft ihre regelmäßige Ausgestaltung beibehielten. Der persönlich-rechtliche Status der Untergehörigen war das wesentliche Kriterium dafür, dass der Kaufgegenstand unter herrschaftlich-wirtschaftlichen Gesichtspunkten eine gesteigerte Attraktivität besaß, was seinen Verkehrswert beträchtlich erhöhte. Andererseits wurde die Gutsbevölkerung mittels der in diesen Dokumenten festgehaltenen positiv-rechtlichen Rechtsfolgen im Vergleich zu den übrigen ostholsteinischen Gütern noch offensichtlicher zu einem wesentlichen Bestand- oder Zubehörteil des Guts. Zwar war ihre Situation von den Grundbedingungen her nicht anders als die der Untertanen der sonstigen Güter. Doch trat die Reduzierung der Eingesessenen auf ihre Arbeitskraft und Pflichten gegenüber der Herrschaft deutlicher hervor, da diese minutiös und offenbar sowie im steten, krassen Gegensatz zum Freibrief festgehalten worden waren.

Diese sachlich-nüchterne, juristisch-ökonomische Betrachtungsweise bildete die Basis der Vorstellungen der Gutsherrschaft von ihrem Besitz. Für sie gab es nur das Handelsobjekt „Adliges holsteinisches Gut“, das den Gegenwert zum Kaufpreis darstellte. Dieser Gegenwert befand sich jedoch in einem unbefriedigenden Zustand, da er nicht der Vereinbarung entsprach. Dadurch dass die Gutsherrschaft die „Ablieferung der Untertanen“ monierte, nämlich sie als „nicht gehörig geliefert“ bezeichnete, kam das gedankliche Fundament ihrer Weltanschauung offen zum Vorschein. Die Begriffe wiesen einen stark versächlichenden Charakter auf und ließen die Leibeigenen ausdrücklich wie Bestand- oder Zubehörteile des Guts wirken. Das Vokabular, das die Unzufriedenheit der Gutsherrschaft zum Ausdruck brachte, wäre wohl kaum anders gewesen, wenn diese sich auf den Viehbestand, die Gebäude oder das Inventar anstatt auf die Leibeigenen bezogen hätte. Dass es sich um die Einwohner des Gutsbezirks und nicht um Sachen handelte, ließ die Wortwahl, abgesehen von der Verwendung des Begriffs der Untertanen, nicht erkennen. Die Sorge der Herrschaft war es, dass die Güter aufgrund der Abweichung der Ist- von der Soll-Beschaffenheit bei der Gesamtarbeitskraft nicht vertragsgemäß ausgestattet waren und die Gräfin daher ein unangemessen schlechtes Geschäft getätigt hatte. Da die Schwierigkeiten mit der Gutsbevölkerung allgemein bekannt waren, hatte der Mandatarius der Gutsherrschaft „bei der Ablieferung Reservation gemacht“. Die Käuferseite hatte sich also vorbehalten, bei allzu groben, nicht behebbaren Mängeln des Kaufgegenstands das Geschäft rückgängig zu machen. Das renitente Verhalten der Eingesessenen hätte somit quasi eine Sachmängelgewährleistung nach sich ziehen können, zu der es auch fast gekommen wäre.

Dafür machte die Gutsherrschaft aber nicht ihre Untergebenen allein verantwortlich. Vielmehr war sie sich darüber im Klaren, dass deren Verhalten zum Großteil auf Stockdorff zurückging. Dessen negative Bescheidung in Verbindung mit der Aufforderung der Einstellung unruhestiftender Handlungen beruhigte sie zwischenzeitlich jedoch einigermaßen. Umso empörter und verständnisloser war die Herrschaft ob des Inhalts des abgefangenen Schreibens Stockdorffs vom April 1742. Da der Vertreter ihrer Auffassung nach nunmehr nur noch eigennützig, zum Schaden der Untergehörigen und sogar widerrechtlich handele, müsse äußerst strikt gegen ihn vorgegangen werden. Spätestens mit der Erstellung des Dienstreglements waren der verfahrensrechtliche Teil der Angelegenheit endgültig abgeschlossen und die Verhältnisse unumstößlich festgelegt worden. Der Käuferin kann daher nicht zum Vorwurf gemacht werden, auf ordnungsgemäßer Vertragserfüllung zu bestehen, zumal da sich ihr Vorgehen in erster Linie nicht gegen die Untertanen selbst, sondern überwiegend gegen Stockdorff richtete. Im Hinblick auf dessen bisheriges Verhalten war auch kein milderes Mittel als ein Kontaktverbot sowie die Androhung schwerer Strafe ersichtlich. Der Kampf gegen den Kontaktmann der Bauernschaft verkürzte auch deren Rechtsschutz nicht, da sie diesen zuvor vollumfänglich erhalten hatte, ihr kein weiterer zustand und gerichtlicher Schutz in zukünftigen Problemfällen zugesichert worden war.

Diese herrschaftlichen Forderungen geschahen im eigenen Interesse und im Interesse der Untertanen. Dabei standen auf Seiten der Herrschaft ausschließlich die berechtigten Interessen des Käufers im Vordergrund, Weltanschauliches kam grundsätzlich nicht zutage. Ganz anders ist jedoch der gutsherrliche Hinweis auf das in „allen göttlichen und weltlichen Rechten“ enthaltene Verbot des ungebührlichen Einwirkens auf die Bedienten anderer Leute zu betrachten. Dieser deckt sich mit der Art der sächlichen Behandlung der Untergehörigen durch die Herrschaft. Denn diese wollte in den ungestörten Genuss des Kaufgegenstands kommen, von dem sie jedermanns Einwirkung auszuschließen gedachte. Das sah sie als ihr offensichtlichstes Recht an. Der Verweis auf jegliche – allerdings nicht näher spezifizierte – Rechte, seien sie göttlicher oder weltlicher Natur, als allgemeine Rechtsgrundlage dieser Forderung bringt das gutsherrliche Selbstverständnis bei der Behandlung der Untertanen erneut deutlich zum Ausdruck. Im Rahmen des Handelsobjekts „Adliges Gut“ galten Leibeigene als Sachen und hatten ihre Pflichten zu erfüllen. Ihre Vertragsgemäßheit sollte nicht durch äußere menschliche Einwirkungen negativ beeinflusst werden. Als empfindliche und für äußere Einflüsse empfangsbereite „Gutszubehörteile“ war das Gesichtsfeld der Leibeigenen eng zu halten, um ihre Selbstreflexion weitgehend zu vermeiden und die Stabilität des herrschaftlich geprägten Gesellschafts- und Wirtschaftssystems zu sichern.

VI. Erneuter Streit um die Rechtslage (1767 bis 1772)

Während die folgenden rund zwei Jahrzehnte auf den Gütern verhältnismäßig ruhig verlaufen zu sein scheinen, änderte sich dies 1767. Erneut kam es zu mannigfachen Auseinandersetzungen um die Rechtslage der Schmoeler.

1. Historischer Hintergrund

Die außerordentlich guten materiellen Verhältnisse der Leibeigenen hatten sich unter der Herrschaft Hessensteins noch weiter verbessert. Das lag vor allem daran, dass im Gegensatz zu den meisten übrigen holsteinischen Gütern, die zur Hälfte Kornbau und zur Hälfte Holländerei betrieben, auf Schmoel der Kornbau stark überwog. Deshalb überstand man die Viehseuchen mit dem damit verbundenen Einbruch der Holländerei wesentlich besser. Die Schmoeler waren nicht auf ihren Gutsbezirk beschränkt, sondern genossen eine weitgehende Freizügigkeit im Rahmen ihrer Dienstpflichten. Nachdem die infolge des ersten Prozesses entstandenen Unruhen abgeebbt waren, waren von ihnen für mehr als 20 Jahre keine Klagen zu vernehmen.[1371] Wie gut es den Leibeigenen ging, lässt sich nachträglich auch daran ersehen, dass sie von 1767 bis 1777, einschließlich der Kosten des Reichskammergerichtsurteils, an die 1000 Reichstaler für den Kampf um ihre Freiheit aufbrachten.[1372]

Der Anlass für die Leibeigenen, sich wiederum mit ihrer rechtlichen Stellung zu befassen, war das Gerücht vom Verkauf der Güter und die damit verbundene Furcht vor Verschlechterung ihrer Lage. Zwei weitere Punkte trugen dazu bei, dass die Schmoeler erneut zu kämpfen begannen: Zum einen hatten sie enge Beziehungen zu den Bauern der Probstei, in der es keine Leibeigenschaft gab und es dem Großteil der Untertanen gut ging. Zum anderen erhielten sie Nachrichten von den Veränderungen, die im Hinblick auf den Status der Untertanen in vielen holsteinischen Gebieten in der Folgezeit einer großen Viehseuche stattfanden und in deren Rahmen Leibeigenen die Freiheit gegeben wurde. Zudem war die allgemeine Situation der Leibeigenschaft im Land um die Mitte der zweiten Hälfte des 18. Jahrhunderts nicht mehr so gefestigt wie zu früheren Zeiten. Die Niederlegung der großen Domänen mit der Befreiung ihrer Bevölkerung von der Leibeigenschaft im anzen Land und auch in der unmittelbaren Umgebung Schmoels hatte bereits begonnen. Infolge dessen traten die Untertanen im Sommer 1767 in Plön mit einer Bittschrift an den König heran, der zu dieser Zeit unweit ihrer Heimat auf Traventhal residierte.[1373]

1371 Vgl. *Prange*, Leibeigenschaftsprozesse, S. 123 ff.

1372 *Prange*, Leibeigenschaftsprozesse, S. 144 bzw. 144 (Fn. 90).

1373 Vgl. *Prange*, Leibeigenschaftsprozesse, S. 126 f.

Die Schmoeler versuchten sogar die Oevelgönner, die sich an den Auseinandersetzungen der vorigen Jahrzehnte nicht beteiligt hatten, für ihr Unterfangen zu gewinnen. Diese lehnten jedoch kategorisch ab, wovon die Nachwelt lediglich durch ihre Gutsherrschaft informiert ist: „*Ao 1767. also ein Jahr, nach dem ich dieses Guth erkauft hatte, kamen Schmoler Deputierte nach meinen Dörfern, um die Leute zu animiren, gemeine Sache mit ihnen zu machen. Diese aber antworteten ihnen, ohne mein Vorwissen: das thäten sie nicht; sie wären zufrieden mit ihrer Lage und mit ihren Umständen und riethen die Andren, als Brüder und Freunde, diese Possen nachzulassen.*“[1374]

2. Rechtliche Behandlung der Leibeigenen

Im Hinblick auf die rechtliche Behandlung der Leibeigenen hatten die Deutsche Kanzlei und die Gemeinschaftliche Regierungskanzlei eine herausragende Stellung inne. Des Weiteren traten das Landgericht sowie eine große Anzahl an Interessenvertretern und Advokaten, die sich der Untergehörigen und ihrer Sache annahmen oder zumindest mit ihr in Kontakt kamen, in Erscheinung.

a. Interessenvertreter und Advokaten der Leibeigenen

Trotz der recht kurzen Dauer des Zeitraums von nur etwa fünf Jahren waren auf Seiten der Schmoeler etliche Interessenvertreter und Advokaten mit der Sache befasst. Die erste Bittschrift vom Sommer 1767 verfasste der Preetzer Advokat Rutsch. Unter Hinweis auf den beigefügten Freibrief wurde vorgebracht, dass „*die nachherigen Besitzer der (...) Güter (...) die, in denen Güthern gebliebenen Unterthanen, nach und nach der Leibeigenschaft wieder unterwürfig gemacht*“ hätten. Dieses sei „*theils (...) mit Gewalt geschehen, und theils hat man sich ihre Unwißenheit und Irthum zu nutze gemacht*“. Sie wüssten, „*daß darüber Processus geführet worden*“ sei und auch, dass „*sämtliche Unterthanen der (...) Güther (...) an Allerhöchst dieselben desfals allerunterthänigst suppliciret*“ hätten, „*allein weiter wissen wir (...) nichts davon*“. Es sei jedoch „*desto evidenter (...) in facto, daß die (...) Unterthanen, auf die nachherigen Besitzern der Güther nicht anders als freye Leute transferiret werden können, und daß die Unwißenheit unserer Vorfahren ihren Nachkömmlingen nicht praejudiciren könne*“. Demzufolge sähen sie sich „*bey unserer Knechtschaft genöthiget*“, den König darum zu bitten, „*nicht nur diesen unsern Frey-Brief zu bestätigen, und uns bey unsern Gerechtsahmen der Freyheit zu schützen, sondern auch denen jetzigen Besitze-*

[1374] Dernath an Generalkriegskommissar Wodroff (LA Abt. 65.2 Nr. 1424); vgl. *Prange*, Leibeigenschaftsprozesse, S. 127.

ren (...) anzubefehlen, daß sie uns bey unserm Recht der Freyheit ungekränckt laßen sollen".[1375]

Als die Leibeigenen nach mehreren Wochen noch keine Antwort erhalten hatten, schickten sie zwei Bevollmächtigte aus ihren Reihen entgegen des ausdrücklichen Verbots der Gutsherrschaft nach Kopenhagen, um weiter für ihre Interessen einzutreten. Diese gerieten an einen Schreiber namens Schlichting, der eine Bittschrift für sie verfasste, die nicht direkt an den König, sondern an den Obersekretär der Deutschen Kanzlei, Bernstorff, gerichtet war.[1376] Unter Hinweis auf das Memorial Rutschs brachten die Untertanen darin zum Ausdruck, „*daß wir insgesamt einer baldigen, Gott geben erfreulichen Resolution, über die einmahl uns so vollenkommen ertheilte Freyheit vom Leibeigenthum, mit äusserster Sehnsucht entgegen sehen. Da wir nun bis lang noch nicht so glücklich gewesen, damit versehn zu werden; So haben wir (...) auf dringendes Begehren unserer, zugleich mit uns, der Leibeigenschaft gemäß, noch gedrückt werdenden Schmolschen Gutsuntergehörigen, uns gemüßiget gesehen, die Reise anhero nach Copenhagen, und zwar unbeurlaubet, anzutreten*". Darüber hinaus hätten sie von den Bernstorffschen Maßnahmen zur Befreiung „*dero mit Leibeigenthums-Pflichten verhafteten Unterthanen*" der in seinem bei Kopenhagen liegenden eigenen Gutsbezirk gehört, „*und wir verehren in dem erlauchten Stifter dieses ruhmwürdigsten Beyspiels, unsere Beschützer /: denn welcher Elende ist jemahls von Euer Hoch Freyherrlichen Excèllence ohne Hülfe gelaßen worden? :/ der, daß die allerhöchste Bestätigung der, uns (...) geschenkten Freyheit von der Leibeigenschaft, uns allermildest angedeihen möge, gnädigste Fürsorge tragen werde*".[1377]

Bernstorff jedoch verwies die Sache nach Glückstadt an die Regierung, von wo die Schmoeler im Jahr darauf den Bescheid erhielten, dass für ihr Anliegen die Gemeinschaftliche Regierung zuständig sei. Diesen Bescheid ignorierend wurden im Frühjahr 1768 erneut zwei von ihnen mit einem neuen, von Schlichting aufgesetzten Memorial in Kopenhagen, diesmal beim König selbst, vorstellig.[1378] Sie erklärten, dass sie die Verfügung, sich an die Gemeinschaftliche Regierung zu wenden, verehrten, „*erkühnen uns aber dabey zugleich anzuzeigen, daß wir nicht im Stande sind, mit unsere Guhts-Herren die Sache gerichtlich auszuführen, weil der größte Theil unter uns blutarm, und in den allermiserabelsten Umständen leben (...). Die Leibeigenschaft ist uns, da wir darunter liegen und seufzen müßen, ein hart drückendes Joch, und wir und unsere armen kleinen Kinder sehnen uns nach der, einmahl uns so vollkommen geschenkten*

1375 Rutsch an den König vom 16. Juli 1767 (LA Abt. 11 Adl. Güter überhaupt Nr. 12a, Q. 1); vgl. *Prange*, Leibeigenschaftsprozesse, S. 127.

1376 Vgl. *Prange*, Leibeigenschaftsprozesse, S. 127 f.

1377 Schlichting an Bernstorff vom 20. Oktober 1767 (LA Abt. 11 Adl. Güter überhaupt Nr. 12a, Q. 1); vgl. *Prange*, Leibeigenschaftsprozesse, S. 128.

1378 Vgl. *Prange*, Leibeigenschaftsprozesse, S. 128 f.

Freyheit". Wiederum erschienen sie unbeurlaubt, *„um Ew. Königl. Maytt. Allerhuldreichsten Schutz, Hülfe und Gnade (...) zu erflehen*". Im Hinblick auf ihr Begehren seien sie *„um so mehr der allerdemüthigsten Hofnung, unsere allerunterthänigste Bitte erhöret zu werden, als es Ew. Königl. Maytt. nicht nur Allermildest gefallen, vielfältigen Leibeigenen Unterthanen, wie es im Hollsteinischen sich verlautet, ihre so sehnlich gewünschte völlige Freyheit zu schenken, welch ein rühmliches Exempel auch Allerhöchst deroselben hohen Ministres, und viele andere adeliche Herrschaften nachgefolget haben sollen (...), und wir zweifeln dahero nicht, daß uns auch Ew. Königl. Maytt. allermildeste Hülfe und Gnade (...) angedeyen laßen werden; denn, welcher Elende ist je von Allerhöchst deroselben Throne ohne Hülfe gelaßen worden*". Sollten sie abermals an die Gemeinschaftliche Regierung verwiesen werden, bäten sie darum, wenigstens *„uns dazu das beneficium paupertatis Allermildest zuzustehen*", da ihr Rechtsschutz anderenfalls wirkungslos sei. *„Flehen und Bitten ist also unsere äuserste Beschäftigung, und wir erwarten dadurch von Ew. Königl. Maytt. die so schuldig gewünschte Assistence in dieser (...) so wichtigen Sache*".[1379]

Während die Untertanen die Resolution auf das Memorial erwarteten, erschien Hessenstein im Sommer 1768 persönlich auf seinen Gütern. Nicht bereit, die Zustände länger zu dulden, ermahnte er seine Untergehörigen zur Ruhe und ließ sie in Anwesenheit eines Notars erneut einen Eid schwören.[1380] Die Situation schien geklärt zu sein, doch als im November aus Glückstadt die Resolution auf die Supplik kam, welche die Untertanen erneut an die Gemeinschaftliche Regierung verwies, nahmen diese den Kampf um ihre Freiheit wieder auf. Nur mit Hilfe eines militärischen Kommandos gelang es Hessenstein, seine Untergebenen in den ersten Januartagen 1769 zum wiederholten Mal die Treue schwören zu lassen und ihnen unter Androhung harter Strafen jedes Tätigwerden in der Sache zu verbieten. Doch nicht einmal das hielt sie davon ab, weitere Schritte zur Erlangung ihrer Freiheit zu unternehmen. So kamen die Eingesessenen mit Hans Jürgen Weidemann in Kontakt. Bei ihm handelte es sich um einen in Dänemark gebürtigen und in Bendfeld in der Probstei ansässigen und damit für Hessenstein unerreichbaren 31jährigen Schuster, der sich ihres Begehrens annahm.[1381]

Weidemann blieb für über zwei Jahre in der Angelegenheit aktiv und konnte verschiedene Erfolge für sich verbuchen. Seine erste an den König gerichtete Supplik war allerdings nur eine knappe pathetische Bittschrift. In ihr machte er darauf aufmerksam, dass den Schmoelern die von Rantzau geschenkte *„Freyheit von Zeit zu Zeit unverschuldeter Weise dergestalt benommen, daß wir nunmehro*

[1379] Schlichting an den König vom 24. April 1768 (LA Abt. 11 Adl. Güter überhaupt Nr. 12a, Q. 4); vgl. *Prange*, Leibeigenschaftsprozesse, S. 129.

[1380] Notariatsinstrument vom 6./7. September 1768 (AHH (HH) Nr. 176).

[1381] Vgl. *Prange*, Leibeigenschaftsprozesse, S. 129 ff.

(...) völlig unserer Freyheit beraubet und unter dem Joch der Dienstbarkeit als Leibeigene von den Verwaltern, zu welchen unsere Herrschaft die schärfsten und unbarmhertzigsten Leute erwählet, uns als Hunde tractiren laßen; man prügelt uns auf das allerunbarmhertzigste und dräuet uns dazu, wenn wir uns im geringsten darüber beklagen würden, uns in das härteste Gefängnis zu werfen (...). Diese unbarmhertzige Mißhandlung wie nicht weniger die starcke Hof-Arbeit die uns beständig auferleget wird, hat uns (...) gemüßiget gesehen, (...) um Allergnädigsten Beystand zur WiederErlangung unserer Freyheit (...) anzuflehen". Zwar sei ihnen aufgetragen worden, ihre Beschwerden beim Landgericht anzubringen, doch sei dasselbe noch zu fern und sie müssten „*in der Zeit von Unserer Herrschaft die gröste Strenge befürchten*". Aufgrund dieses unzumutbaren Drucks bäten sie darum, dass ihnen „*immediate Allerhuldreichste Hülffe wiederfahren möge*", denn der ordentliche Rechtsweg dauere bei weitem zu lang. Falls sie während seiner Dauer „*unter dem uns auferlegten allzuschweren Joch der Leibeigenschaft verharren solten, möchten wir uns weit lieber den Tod als das Leben wünschen*".[1382]

Mit diesem Memorial, das er dem König im Sommer 1769 in Kopenhagen vortrug, sicherlich aber auch durch die Erinnerung an die Unruhen während der letzten zwei Jahre, die erneut aufzuflammen drohten, erreichte Weidemann, dass von der Obrigkeit beschlossen wurde, den Untertanen einen Advokaten ex officio zuzuordnen, der ihre Angelegenheit vor Gericht vertreten sollte. Die Wahl fiel auf den Land- und Hofgerichtsadvokaten Johann Friederich Diederichsen, der die Sache am 14. Dezember 1769 übertragen bekam und sich bis in den April 1770 mit ihr auseinandersetzte. Hinsichtlich des Begehrens der Leibeigenen gelangte er zu der Einschätzung, „*daß (...) ihre vorhabende Klage nicht wohl gegründet sey, und nach denen principiis justitiae für unstatthaft würde erkannt werden*". Daher befinde er sich nicht „*in dem Stand, durch Führung dieser Sache einen Beweis (...) darzubringen*". Auch habe er die Untergehörigen „*in einer sehr sinnlichen und begreiflichen Sprach-Art von allen wider Sie militirenden Gründen*" unterrichtet „*und Sie darauf ernstlich vermahnet, von dieser Klage gäntzlich abzustehen, und sich in Zukunft ruhig zu verhalten*". Doch Diederichsen bekundete, dass „*alle (...) deutlichen Vorstellungen (...) bey diesen Leuten nicht das Geringste verfangen*" hätten, sondern sie „*mit einem unbilligen Mistrauen (...) angefüllet*" seien. Darüber hinaus fragte er sie nach der Härte ihres Loses als Leibeigene, woraufhin er „*es von ihnen eben nicht herausbringen mögen, daß ihre gnädige Guths-Herrschaft diese Leute unter dem Joch der Leibeigenschafft seufzend ihre Tage hinbringen laße*". Des Weiteren verweigerten die Untertanen strikt die Annahme aller Hilfsangebote wie etwa die Einleitung rechtlicher Schritte an beiden Höfen und bestanden auf der Anhängigmachung einer Klage beim Landgericht. Dies lehnte Diederichsen aufgrund der

1382 Weidemann an den König vom 29. April 1769 (LA Abt. 65.2 Nr. 1424).

offenbaren Aussichtslosigkeit der Führung eines solchen Prozesses ab, „*weil es wider die Pflichten eines rechtschaffenen Advokaten*" sei. Aus den genannten Gründen bat er schließlich das Landgericht darum, ihn „*von dem (...) Advocatorio (...) zu befreyen*".[1383]

Dem Antrag Diederichsens wurde seitens des Landgerichts am 3. Mai 1770 entsprochen und Weidemann als Mandatarius der Schmoeler davon unterrichtet sowie eine Erklärung von ihm eingefordert. Weidemann erläuterte dem Gericht, „*sämtliche Eingeseßene können nicht begreifen, wie der angenommene Advocat auf einmahl auf die wunderbare Gedanken verfallen, ihre Gerechtsame im Stiche zu laßen, und da die Noth am größesten, sie sämtlich Wind und Wetter blos zu stellen*". Trotz allem seien „*die Unterthanen nicht gewilliget (...), ihre Gerechtsame allgäntzlich auffliegen zu laßen, vielmehr der zuversichtlichen Hofnung leben, daß ihre (...) Landes-Herrschaft (...) ihrem gerechten Petito erhören werden*". Aufgrund der Kürze der Zeit habe man noch keinen neuen Advokaten für sich gewinnen können, so „*daß die Klage in gegenwärtigen gemeinsamen Land-Gerichte nicht ordentlich kann vorgenommen werden*". Daran trügen aber nicht die Untergehörigen die Schuld, „*aldieweilen (...) Diederichsen die Unterthanen beständig mit guten Worten aufgehalten, wie er ihre Sache glücklich ausführen wollte*". Demzufolge sei ihnen zu gewähren, „*daß sie bis völligen Austrag der Sache in ihrem Besitze geruhig verbleiben, und von ihrer Guths-Herrschaft nicht turbiret werden; hierneben zugleich ihnen ein anderer Advocatus zur Beobachtung ihrer Gerechtsame verordnet werde*".[1384]

Nicht einmal eine Woche später, am 25. Mai 1770, wurde die Sache wiederum ex officio im Rahmen des Landgerichts dem Land- und Hofgerichtsadvokaten Carl Friederich Schmidt übertragen.[1385] Doch nach knapp drei Monaten bat auch Schmidt darum, „*mich einer Sache zu entledigen, welche ich nicht nur ohne Eid und Gewißen zu verletzen keinesweges vertheidigen, sondern welche auch, eines besondern Umstandes wegen, niemanden so zuwider wie mir seyn kann*". Schließlich habe diese Sache „*sein Vater schon vor 30 Jahren zwar mit dem besten Gewißen vertreten aber doch verlohren*". Aus diesem Grund könne „*keiner meiner Hh: Collegen einen so starcken Widerwillen gegen diese Sache hegen, und daher eine iustam excusationis causam nehmen*". Zudem sei er „*weder der eintzige noch der lezte Land- und Hofgerichts Advocat (...), so daß es den (...) Guths-Untergehörigen, nie an einen Sachwalter fehlen wird*". In seinen Ausführungen machte er deutlich, sich intensiv darum bemüht zu haben, die Schmoeler „*von der offenbahren frivolitaet der intendirten Klage*" zu überzeugen und sie „*zur gäntzlichen Einstellung, ihrer unbefugten Action zu disponi-*

1383 Diederichsen an den König vom 1. Mai 1770 (LA Abt. 65.2 Nr. 1424).

1384 Weidemann an den König vom 19. Mai 1770 (LA Abt. 65.2 Nr. 1424).

1385 Vgl. Kieler Regierung an die Glückstädter Kanzlei vom 20. August 1770 (LA Abt. 11 Adl. Güter überhaupt Nr. 12a, Q. 10).

ren". Darüber hinaus habe er „*gemelten Mandatario sofort bekannt gemacht, daß ich mich mit der Sache seiner Mandanten, deren Ungerechtigkeit mir nur gar zu wohl bekannt sey, in keine wege befaßen könne*" und dass er „*die (...) Befreyung von dem (...) Advocatorio (...) suchen würde*". Müsste er sie doch rechtlich vertreten, würde er sich „*desto unglücklicher (...) schätzen, wenn ich wider meine Grundsätze, wider meine Neigung, und aller meiner bisher angewandten Sorgfalt ohnerachtet, gezwungen seyn solte, meinen Character bey dieser odieusen Sache zu verläugnen*".[1386]

Hinsichtlich der Bitte Schmidts wurde in Glückstadt der einstimmige Beschluss gefasst, „*daß dem Supplicanten die erbetene Befreyung, aus denen in precibus angeführten Beweg-Ursachen, per decretum communi nomine zu ertheilen sey*".[1387] Noch bevor Schmidt an die Landesherrschaft herangetreten war, machte Weidemann unter dem Eindruck der ihm gegenüber getanen Äußerungen Schmidts eine erneute Eingabe beim König. Er wies auf die schwierige Situation der Untertanen hin und gab seine Befürchtung kund, sie könnten beim Landgericht um ihr Recht gebracht werden. Daher ersuchte er den König, „*an die Behörde, Allergnädigst erkennen zugeben daß man unser Gerechtsame fördere, daß uns durch so fruchtlose Termine kein Schade zuwachse, und übrigens auch, nur solcher Advocatus (...) angewiesen werde, der nicht interessirt, noch uns in tiefster Ungemach stürtze, sondern, ohne Ansehen der Person, nach seinem besten Wissen und Verstande, uns bediene, Standhalte, und unser gerechte Sache ausführe, und solche sogleich, bey Aufgehung des ersten Gerichts sorgfältigst weiter betreibe*".[1388]

Aufgrund der Entbindung auch des zweiten ex officio für die Schmoeler bestellten Anwalts sah sich Weidemann Ende August 1770 zum Handeln gezwungen. Da nach Diederichsen, der „*sich unter allerhand leeren Ausfluchten von dem Patrocinio los gemacht hatte*", auch Schmidt „*unsere Sache liegen lassen*" habe, würde man „*von einer Zeit zur andern, zu unsern grösten Schaden aufgehalten*". Daher erlaube er sich, „*unser nothdringliches Anliegen in (...) Erinnerung zu bringen, und nochmalen (...) zu bitten, (...) einen (...) Bescheid zu ertheilen und sich unserer armen und bedruckten Leuten in Gnaden anzunehmen*".[1389]

Sein Ziel erreichte Weidemann auch mit diesem Memorial nicht, weshalb er seine Bemühungen intensivierte. Noch vor Ende 1770 gelang es ihm, den Advokaten Sievers aus Rendsburg für die Sache zu gewinnen, was er unverzüglich

---

1386 Schmidt an den König vom 15. August 1770 (LA Abt. 11 Adl. Güter überhaupt Nr. 12a, Q. ad Num: 10).

1387 Beschluss der Glückstädtischen Kanzlei für die Kieler Regierung vom 5. September 1770 (LA Abt. 11 Adl. Güter überhaupt Nr. 12a, Q. 11).

1388 Weidemann an den König vom 27. Juli 1770 (LA Abt. 65.2 Nr. 1424).

1389 Weidemann an den König vom 23. August 1770 (LA Abt. 65.2 Nr. 1424).

dem König meldete.[1390] Im Februar des nächsten Jahres zeigte er dies erneut dem König an. Man habe „*einen Sachwalter, nemlich der Regierungs-Advocatus Sivers, zu Ausführung (...) bestellet*". Zudem sei „*Citation, aufs nechstkommende (...) Land-Gericht ertheilet worden*". Doch sei es Sievers „*wegen Weitläuftigkeit unserer Acten, und sonst noch zu gebrauchenden Documenten*" unmöglich, zu diesem baldigen Zeitpunkt verhandlungsbereit zu sein. Man bitte „*zu Vorbeugung alles Schadens und unnöhtiger Kosten, pro clementissima dilatione, bis aufs darnechst folgendes Höchstes-Gericht ao: 1772*".[1391]

Doch bereits vier Monate später, lange bevor das Landgericht stattfinden sollte, wandte sich Weidemann wiederholt mit einer Bittschrift an die Landesherrschaft. Darin kam zum Ausdruck, weshalb dieses zusätzliche, vor der Zeit abgegebene Memorial notwendig war: „*Leider! auch unser jetziger Advokat Sievers in Rendsburg scheinet, uns auch vollends in der Sache müde zu machen, indem derselbe uns zu verstehen gegeben, daß die Sache wohl noch 2 Jahre dauren, und er nicht sagen könne, wie solche ausfallen mögte*". Diese Situation sei untragbar, schließlich habe man den Schmoelern „*das edle geschenckte, mit so vielen herrlichen Beweise Versehene Kleinod der Freyheit*" genommen. Weidemann ging auf die Missstände auf den Gütern seit der Herrschaft Reventlows ein und hob insbesondere das seiner Ansicht nach unrechtmäßige Verhalten Hessensteins in den letzten Jahren hervor. Dieser habe „*unsern damaligen Gevollmächtigten (...) als ein Dieb und Übelthäter (...) ins Gefängnis setzen, auch alle Briefschaften abnehmen laßen*" und grundlos weitere „*4 Personen (...) festgesetzet*". Es seien „*etliche hefftig geprügelt, und etliche mit dem Esel, wider alles Verschulden bestrafet (...) worden*". Zudem hätten sie „*den gezwungenen Eid thun müßen*". Wer erneut eine Reise unternähme, „*den sollte Zuchthauß und die Karre gewiß seyn*". Angesichts dieser Zustände müsse man sich fragen, „*warum wir unsere uhralte billige Gerechtigkeit nicht nachsuchen sollten?*". Auch gegen ihn selbst sei Hessenstein aktiv geworden. Damit in Zusammenhang stehend sei seine kranke Frau zu Tode gekommen. Sich mit dem Freibrief, dem Kaufbrief und dem Landgerichtsurteil befassend legte er seine Rechtsauffassung dar. Diese lief darauf hinaus, dass man den „*Unterthanen weder die exceptio praeclusi, noch praescriptionis*" entgegenhalten könne. Daher gelte der Freibrief, und alles, was geschehe, sei „*eine offenbahre Unterdrückung*", aus der die „*nachherige Besitzer auch durch Verlauf mehr als 30 Jahren nicht das geringste Recht und Befugniß erlangen können*". Daher bat Weidemann darum, den damaligen „*Ausspruch dahin abzu ändern: daß wir (...) nicht mehr als Leibeigene, sondern vermöge des erlangten Frey-Briefes, als freye Leute anzusehen wären*". Zusätzlich genährt würde diese Hoffnung auf die Landesherrschaft durch die

---

1390 Vgl. Weidemann an den König vom 8./9. Dezember 1770 (AHH (HH) Nr. 176).

1391 Weidemann an den König vom 21. Februar 1771 (LA Abt. 11 Adl. Güter überhaupt Nr. 12a, Q. 17).

Kunde von deren Freilassung vieler Leibeigener in den Herzogtümern und dadurch, dass *„wir (...) als einfältige arme Leute, durch die bisher gehabte und erhaltene Advocaten, unglücklich gewesen, daß wir mit unserer Billigkeitsmäßigen Sache, zu keinem gerechtesten Endzweck (...) gelangen können"*.[1392]

Am 10. August 1771 wurde Weidemann erneut abschlägig beschieden, worüber er seine Mandanten jedoch nicht informierte. Vielmehr gab er ihnen zu verstehen, dass die Sache gut für sie stehe. Aus diesem Grund hatte Hessenstein alle Mühe, die Lage unter Kontrolle zu behalten, als er ihnen das Gegenteil versicherte. Dazu bedurfte es sogar einer gedruckten, von Amts wegen zugestellten Version des entsprechenden Dekrets. Im April 1772 stand die offizielle Verhandlung vor dem Landgericht an.[1393] Nachdem die Räte die Schmoeler mittels der Bescheide vom 28. April und 1. Mai 1772 erneut abgewiesen hatten, waren diese trotz eindringlicher Bekanntmachung des Spruchs nicht dazu zu bewegen, das Schriftstück entgegenzunehmen und sich diesem gemäß zu verhalten. Es herrschte große Unruhe auf den Gütern, so dass der Forderung Hessensteins nach einem militärischen Kommando entsprochen wurde, unter dessen Schutz fünf der renitentesten Untertanen verurteilt wurden. Doch nicht einmal dieses Vorgehen hinterließ einen derart prägenden Eindruck bei den Eingesessenen, dass sie sich mit ihrer Situation abfanden. Vielmehr wurde ihr Widerstandswille durch diese von ihnen als ungerechtfertigte obrigkeitliche Zwangsmaßnahmen empfundenen Handlungen noch verstärkt. Jedenfalls hatten sie noch im Mai 1772 wiederum Kontakt zu einem Vertreter hergestellt und ihm ihre Lage geschildert. Dieser gab den Schmoelern noch in demselben Monat zu wissen, dass er *„dieses heute an das höchste Reichs Gericht gemeldet, und die Kosten solange vorgeschoßen"* habe. Auch solle in naher Zukunft *„eine Vollständige Schrift wieder abgeschicket, und um die schleunigste Hülfe gebethen werden"*.[1394] Dies geschah jedoch nicht unverzüglich, sondern wurde erst im Laufe des Sommers auf den Weg gebracht. Gehandelt wurde also erneut zu einem Zeitpunkt, zu dem die Möglichkeit, sich wirksam gegen die Landgerichtsbescheide zu wehren, längst verstrichen war.

Betrachtet man die rechtliche Behandlung der Schmoeler durch ihre Interessenvertreter und Advokaten, sind die signifikanten Unterschiede zwischen den Land- und Hofgerichtsadvokaten zum einen sowie den sonstigen Advokaten und Interessenvertretern zum anderen auffällig. Die Angehörigen beider Gruppen gingen bereits vom Grundsatz her unterschiedlich an die Sache heran. Vor dem Hintergrund ihres Standes und der Qualität ihrer Ausbildung beschäftigten sich die Land- und Hofgerichtsadvokaten stets auf der Grundlage juristischer Erwägungen mit der Sache. Dass Diederichsen und Schmidt infolge der Vorge-

---

1392 Weidemann an den König vom 22. Juni 1771 (LA Abt. 65.2 Nr. 1424).

1393 Vgl. *Prange*, Leibeigenschaftsprozesse, S. 133 f.

1394 Interessenvertreter/Advokat an die Schmoeler vom 27. Mai 1772 (AHH (HH) Nr. 176).

schichte des Falls zu der Überzeugung gelangten, dass dessen Vertretung vor Gericht nicht nur aussichtslos, sondern sogar wider den anwaltlichen Ehren- und Pflichtenkodex sei, ist ihnen nicht zum Vorwurf zu machen. Vielmehr muss beiden hoch angerechnet werden, dass sie sich neben der juristischen Auseinandersetzung auch gewissenhaft mit der allgemeinen Problematik der Situation befassten. Deshalb wirkten sie darauf hin, den Streit außergerichtlich beizulegen. Sie versuchten, den Leibeigenen die Dinge auf eine einfache, klare Weise verständlich zu machen, um sie davor zu bewahren, sich und anderen mit aussichtslosen Anstrengungen noch weiteren Schaden zuzufügen. Ihre Gesuche um Entbindung von der Pflichtvertretung waren also nicht gegen die Untertanen oder ihre Interessen gerichtet. Sie resultierten aus der Einsicht, dass es sich um eine für ihre Mandanten ausweglose Sache handelte. Diese Einsicht ergab sich aus einer sachlich-nüchternen, rechtlichen Analyse sowie einer sich ständig steigernden Frustration, welche die Advokaten durch die Kontakte zu den Schmoelern, die aufgrund ihres verengten Blickwinkels jeder Argumentation unzugänglich waren, erlebten. Insbesondere Schmidts Vorbringen ist aus dem von ihm vorgetragenen persönlichen Motiv heraus verständlich.

Vielfältig und ganz anders stellte sich das Wirken der sonstigen Advokaten und Interessenvertreter dar, obwohl ihrer unterschiedlichen Handlungsweise und Argumentation ein gemeinsames Muster zugrunde lag. In erster Linie stellten sie auf die strukturelle Unterlegenheit der Leibeigenen und ihre auf dieser beruhende Armut, Unwissenheit, Unterdrückung und allgemeine Benachteiligung ab. Während sich die Bemühungen Rutschs, der nur um Bestätigung des Freibriefs und seine Beachtung durch die Gutsherrschaft nachsuchte, noch sehr schlicht gestalteten, war das Vorgehen Schlichtings erheblich feiner. Mit dem Hinweis auf die Bernstorffschen und anderweitigen in Holstein stattfindenden Entlassungen aus der Leibeigenschaft brachte er ein zusätzliches Argument ins Spiel. Dieses wusste er aufgrund seiner Ansässigkeit in Kopenhagen und der Kenntnis der Verhältnisse in geschickter Manier einzusetzen. Dabei handelte es sich zwar nicht um ein juristisches, sondern eher ein allgemeines, aber doch erfolgversprechendes Argument. Denn gerade die Tatsache, dass sich die Supplik an Bernstorff selbst als einen Betreiber dieser Maßnahmen und Mann in seiner Position richtete, zeigte, dass Schlichting seinen Weg mit Bedacht gewählt hatte. Wie schon einige Jahrzehnte zuvor erreichten die Untertanen aber nur eine Verweisung an die Gemeinschaftliche Regierung.

Weidemann hingegen konnte etliche Erfolge für die Leibeigenen erzielen: die mehrfache Zuordnung ex officio bestellter Advokaten, den Gewinn eines weiteren Advokaten als Vertreter sowie die Beratung der Angelegenheit durch das Quartalgericht und die Verhandlung vor dem Landgericht. Diese Erfolge gründeten sich jedoch in erheblichem Maß auf die bereits zu Beginn seiner Aktionen vorhandene Unruhe unter den Leibeigenen, die beständig zunahm, die Penetranz, mit der er seine Bemühungen trotz aller Rückschläge immer wieder vorantrieb, sowie die Ignoranz abschlägiger herrschaftlicher Bescheide. Nicht im Geringsten waren die Erfolge auf eine überzeugende juristische Argumentation zurückzuführen. Denn Weidemann brachte kaum rechtlich Relevantes vor, sondern stellte fast ausschließlich auf die Ungerechtigkeit der Situation für die Untertanen und ihre unmenschliche Behandlung durch ihre Herrschaft ab.

Auch die Herangehensweise des von Weidemann für die Vertretung der Schmoeler im Landgerichtsprozess gewonnenen Regierungsadvokaten Sievers an die Sache war sinnvoll und angemessen. Dass er zunächst um Verschiebung des kurzfristig anstehenden Landgerichtstermins um eine Tagungsperiode nachsuchte, ist angesichts der Dokumentenmenge, die sich gerade aufgrund der umfangreichen Korrespondenzen der Jahre zuvor im Vergleich zum Aktenmaterial aus dem ersten Landgerichtsprozess stark vermehrt hatte, und der Notwendigkeit einer Einarbeitungszeit in den Fall nachvollziehbar und zu diesem Zeitpunkt nicht auf eine vordergründig finanzielle Motivation zurückzuführen. Insofern sind die im Interesse der Schmoeler diesbezüglich vorgebrachten Argumente der Vermeidung unnötiger Kosten sowie der Vorbeugung von Schaden durchaus überzeugend. Ob der später folgende Hinweis Sievers' an Weidemann, dass die rechtliche Auseinandersetzung bis zu zwei Jahren dauern könne und ihr Ausgang zudem ungewiss sei, seine ehrliche juristische Einschätzung der Angelegenheit darstellte, ist nicht abschätzbar. Denkbar ist sowohl, dass der Anwalt sich ein langfristiges und gut bezahltes Mandat sichern wollte, als auch, dass er sich desselben möglichst zügig zu entledigen beabsichtigte. Vielleicht hat er aber auch nur eine banale Einschätzung der Situation ohne weitere Hintergedanken abgegeben. Jedenfalls ist im Hinblick auf ein bewusstes Ausnutzen der Leibeigenen durch Sievers nichts ersichtlich, insbesondere nicht in der Form, dass er ihnen wider besseres Wissen ein Obsiegen im Prozess in Aussicht stellte, um möglichst lange von ihrem Vermögen profitieren zu können.

Allen diesen sonstigen Advokaten und Interessenvertretern muss zugute gehalten werden, dass sie sich nach bestem persönlichen Wissen und Gewissen für die Belange der Leibeigenen einsetzten und nicht nur aus egoistischen, d.h. finanziellen Motiven handelten. Die Schmoeler hatten für Leute ihres Standes überdurchschnittlich viel Geld zur Verfügung und waren auch bereit, es bedingungslos für den Erfolg ihres Anliegens zu opfern. Daher ist davon auszugehen, dass sich alle ihre Vertreter einen ordentlichen Preis für ihre Mühen zahlen ließen. Doch ist nicht weniger wahrscheinlich, dass sie alle ihre Suppliken ebenso aus altruistischen Motiven aufsetzten bzw. einreichten. Denn sie standen nicht nur unter dem Eindruck ihrer Zeit, insbesondere der verbreiteten gesellschaftlichen Kritik an der Leibeigenschaft sowie ihrer immer häufigeren Abschaffung, sondern auch unter dem spezifischen Eindruck, den der Freibrief und die Geschichte der Schmoeler bei ihnen hinterließ. Infolge dessen muss allen Vertretern ein hohes Maß an lauterer Motivation zugestanden werden. Lediglich Weidemann dürfte gegen Ende seiner Aktionen das finanzielle Motiv in den Vordergrund gestellt haben, indem er die Untertanen wider besseres Wissen davon unterrichtete, dass es gut um ihre Sache bestellt sei. Das war jedoch bereits zu einem Zeitpunkt, zu dem er vollkommen frustriert gewesen sein muss, da all seine Mühen nichts gefruchtet hatten und er, zumindest nach eigener Aussage, sogar seine Frau verloren hatte. Daher fühlte er sich vielleicht gerechtfertigt, weiterhin finanziell von den verblendeten Schmoelern zu profitieren. Purer Egoismus ist Weidemann in der Gesamtschau seines Handelns jedenfalls nicht vorzuwerfen.

Unterm Strich war das Wirken sämtlicher Vertreter ergebnislos. Wie sie im Einzelnen ihre Erfolgschancen beurteilten, ist nicht nachvollziehbar. Die einzigen, die eine strikt objektive und juristische Bewertung vornahmen, waren die Land- und Hofgerichtsadvokaten, und deren Urteil fiel eindeutig abschlägig aus. Obwohl sie deshalb auf die Einstellung des Aktionismus der Untertanen hinzuwirken versuchten, erreichten die Handlungen aller Vertreter dasselbe Ziel: Sie stärkten den Widerstandswillen der Untertanen. Paradoxerweise erscheint es sogar so, dass gerade die Bemühungen Schmidts und Diederichsens den größten Anteil daran hatten. Dies ist wohl darauf zurückzuführen, dass die Untertanen von großem Misstrauen erfüllt waren. Das galt selbst denen gegenüber, die ihnen nach bestem Wissen und Gewissen zu helfen versuchten. Die Schmoeler blieben verschlossen und identifizierten diese mit der Obrigkeit, von der sie sich ungerecht behandelt und unterdrückt fühlten. Wie festgefahren und irrational ihre Sichtweise war und trotz allem aber nicht einmal der von ihnen selbst erlebten Realität glich, zeigt die Tatsache, dass Diederichsen es auch auf Nachfrage nicht aus ihnen herauszuholen vermochte, dass die Hessensteinsche Herrschaft sie *„unter dem Joch der Leibeigenschafft seufzend ihre Tage hinbringen laße*“.

Daran wird deutlich, wie stark verschoben die Wahrnehmung der Schmoeler von ihrer eigenen Situation war. Denn obgleich es ihnen überdurchschnittlich gut ging – sie konnten als Leibeigene mehrjährige Unternehmungen verschiedener Vertreter finanzieren –, was sie nicht zu bestreiten vermochten, hatte sich die ihnen inzwischen vor fast hundert Jahren geschenkte Freiheit so stark in ihrem Bewusstsein verankert, dass ihre Glückseligkeit allein von deren Wiedererlangung abzuhängen schien. Nur vor diesem Hintergrund lässt es sich erklären, dass sie unmittelbar nach der negativen Bescheidung durch das Landgericht im Mai 1772 erneut Kontakt zu einem Vertreter von außen geknüpft hatten. Mit dessen Hilfe wurde die Angelegenheit schließlich sogar bis vor das Reichskammergericht getragen.

b. Regierungskanzleien

Die rechtliche Behandlung der Schmoeler durch die Gemeinschaftliche Regierungskanzlei und die Deutsche Kanzlei, die beide oberste holsteinische Regierungsbehörden waren, lässt sich in diesem Abschnitt nicht sinnvoll getrennt voneinander betrachten. Zwar handelten beide Einrichtungen seit Beginn ihrer gleichzeitigen Existenz 1648 grundsätzlich unabhängig und großteils sogar ohne Abstimmung. Diese Zustände dauerten auch bis in die erste Hälfte des 18. Jahrhunderts hinein an. Doch besaßen sie um die Mitte der zweiten Hälfte des 18. Jahrhunderts in einem solchen Maß keine Gültigkeit mehr. Vielmehr war die innerorganisatorische und inhaltliche Koordination zwischen den Institutionen recht weit fortgeschritten, und auch in der Schmoeler Angelegenheit standen sie in regelmäßigem Kontakt zueinander. Trotz dieses engen Verhältnisses wurden die unterschiedlichen Zuständigkeiten beider Kanzleien stets beachtet. Die Deutsche Kanzlei und die Gemeinschaftliche Regierungskanzlei waren somit verschiedene Anlaufpunkte.

Die über ihre Mittelsmänner gemachten Eingaben der Schmoeler, die auf Bestätigung des Freibriefs gerichtet und fast sämtlich an den König adressiert waren, wurden von der Deutschen Kanzlei beschieden. Von 1768 bis 1771 geschah dies insgesamt fünfmal. Bereits am 2. Januar 1768 wurde den Untergehörigen durch Bernstorff „*Namens Sr Königl: Majest: zur Resolution*" bekannt gegeben, „*daß diese Sache sich zu keiner unmittelbaren landesherrschaftlichen Entscheidung qualificire, sondern Supplicantes sich, wenn sie in Ruhe zu stehen nicht gesonnen, an die gemeinschaftliche Regierung wenden müssen*".[1395] Da auch die nächste Supplik wieder an den König ging, wurde am 10. September 1768 „*nochmals Namens Sr. Königl. Maytt. zur Resolution ertheilet, daß ihr wiederholtes Ansuchen um Bestätigung eines ihren Vorwesern ehedem ertheilten Freybriefes p. zur Entscheidung der gemeinschaftl. Regierung gehöre*".[1396]

Die Untergehörigen ignorierten diese sich inhaltlich wiederholende Resolution erneut. Um den Jahreswechsel 1768/69 eskalierte die Situation auf den Gütern dermaßen, dass die Gutsherrschaft wegen „*maximum periculum in mora*" ihre „*Leute ohne allen Aufschub, in die Gräntzen ihres schuldigen Gehorsams zurück gebracht*" wissen wollte. An die Gemeinschaftliche Regierung richtete diese das dringende Gesuch, „*so geschwinde als immer möglich ist, ein gemeinschaftli-*

[1395] Bescheid der Deutschen Kanzlei vom 2. Januar 1768 (LA Abt. 11 Adl. Güter überhaupt Nr. 12a, Q. 3).

[1396] Bescheid der Deutschen Kanzlei vom 10. September 1768 (LA Abt. 11 Adl. Güter überhaupt Nr. 12a, Q. 6).

ches Commando (...) nach (...) Pancker Hofe gehen zu laßen".[1397] Das wurde unverzüglich gebilligt: „*so ist wegen des dießeits erforderlichen Commando (...) die behufige Verfügung ohne Anstand ergangen*".[1398] Die Glückstädter Regierungskanzlei unterließ jedoch nicht den Hinweis darauf, „*daß in Fällen, da ein der gleichen commando von einem oder anderm Guts-Besitzer erbeten wird, derjenige, der ein solches commando bewürcket, die damit verknüpfte Kosten zu tragen verbunden sey*".[1399]

Ein halbes Jahr nach dem Kopenhagener Bescheid vom 10. September 1768 und damit mehr als zwei Monate nach den Unruhen wandte sich Bernstorff an die Kanzlei zu Glückstadt. Zu diesem Zeitpunkt war ihm nicht bekannt, ob die Schmoeler, „*um allen Beschwerden vorzubeugen*", seiner durch zweimalige Resolution erteilten Verweisung an die Gemeinschaftliche Regierung gefolgt waren. Doch hatte er „*so viel (...) indeßen aus den wiederhohlten Klagen der Herren Grafen von Hessenstein erfahren, daß sich diese Leute sehr aufrührisch und ungehorsam betragen. Da nun aber nichts rechtlicher und billiger, als daß mehrgedachte Untergehörige, so lange sie ihre vermeintliche Freyheit in dem ihnen offenstehenden Wege noch nicht rechtsbehörig dargethan, sich, so wie es Leibeigenen gebühret, gegen ihre Guts-Herrschaft und den ihnen vorgesetzten Inspectorem betragen*". Um dies zu erreichen, unterließ es der Obersekretär nicht, die Kanzleimitglieder „*zu ersuchen, es durch gemeßene Verfügungen dahin in die Wege zu richten, daß die Schmoler-Guts-Untergehörige zu dieser ihrer Schuldigkeit gebracht und der Guts-Herrschaft oder deren Subordinirten von ihnen der gebührende Gehorsam geleistet werde*".[1400]

Im Hinblick darauf erkannten die Kanzleiräte wie folgt: „*Wir finden es allerdings recht und billig, daß den Herren Grafen von Hessenstein alle obrigkeitliche Hülffe wider seine widerspenstige Unterthanen geleistet werde*". Zudem hätten sie „*ihnen auch ohnlängst, so bald von einigen aufrührerischen Bewegungen der Guts Untergehörigen Anzeige geschahe, ein commando gemeinschafftlicher milice zur execution zugestanden*". Aus der Sicht der Glückstädter Kanzlei waren die Fronten zwischen der Gutsherrschaft und den Leibeigenen derart verhärtet, dass sie der Überzeugung war, man werde „*den Herren Grafen doch itzo nicht anders helffen können, als wenn sie desfalls bey der gemeinschafftlichen Regierung einkommen*". Dass sich die Leibeigenen selbst in der

---

[1397] Königlicher Obersachwalter Wibel für Hessensteinsche Herrschaft an die Gemeinschaftliche Regierung vom 29. Dezember 1768 (LA Abt. 11 Adl. Güter überhaupt ad 12a, Q. 1); vgl. *Prange*, Leibeigenschaftsprozesse, S. 130 f.

[1398] Kieler Regierung an die Glückstädter Kanzlei vom 31. Dezember 1768 (LA Abt. 11 Adl. Güter überhaupt ad 12a, Q. 6).

[1399] Glückstädter Kanzlei diesbezüglich vom 1. Januar 1769 (LA Abt. 11 Adl. Güter überhaupt ad 12a, Q. 7).

[1400] Bernstorff an die Glückstädter Kanzlei vom 14. März 1769 (LA Abt. 11 Adl. Güter überhaupt Nr. 12a, Q. 7).

Zwischenzeit an die Gemeinschaftliche Regierung gewandt und ein Verfahren in die Wege geleitet hätten, wird aus dem Schreiben nicht ersichtlich. Grundsätzlich erscheint es so, als sähe die Regierungskanzlei wesentlich eher in der Gutsherrschaft als in den Untertanen ihren Ansprechpartner.[1401]

Mittels ihres Vertreters Weidemann blieben die Leibeigenen dabei, sich nach Kopenhagen zu wenden. Von dort ergingen in der Folge mehrere Bescheide. Zunächst wurde ihnen am 17. Juni 1769 *„auf das (...) eingegebene wiederholte Gesuch, um Befreyung von der Leibeigenschaft p. (...) Nahmens Sr Königl: Mayt: nochmals zur Resolution ertheilet: daß es bey denen bereits von hieraus unterm 2ten Jan: und 10ten Sept: a: p: abgegebenen Bescheiden, lediglich verbleiben müße*".[1402] Als sich Weidemann nach dem Scheitern der Übernahme der Rechtsvertretung durch Diederichsen und Schmidt im Herbst 1770 mit einer *„allerunterthänigsten Bitte, einen allerhuldreichsten Bescheid zu ertheilen und sich unserer armen und bedrückten Leuten in Gnaden anzunehmen*"[1403] an den König wandte, erging am 17. November 1770 ein Bescheid, in dem die Deutsche Kanzlei wiederum ihre Unzuständigkeit bemerkte und den Bittsteller an die im Land befindlichen holsteinischen Einrichtungen verwies. Demnach wurde den Untergehörigen *„auf ihre Gesuche (...) um Abgebung eines Rescripts: daß ihre Sache, wegen Befreyung von der Leibeigenschaft, bey dem gemeinschaftl. Holsteinischen Landgerichte befürdert, und ihnen ein anderer Advocatus zugeordnet werden möge, (...) Nahmens Sr Königl: Mayt: zum Bescheide ertheilet: daß ein solches Rescript nicht erlaßen werden könne, sondern, im Fall Supplicantes darauf bestehen, solche Sache weiter fortzusetzen, ihnen obliege, ein anderweitiges Advocatorium bey der gemeinschaftl. Regierung, oder dem nächsten Quartal-Gerichte zu extrahiren, und allenfalls selbst einen Advocatum zu Uebernehmung der Sache zu disponiren und in Vorschlag zu bringen*".[1404]

Zur Erteilung eines solchen Bescheids hatte sich die Deutsche Kanzlei durchgerungen, nachdem sie von der Glückstädter Kanzlei von deren Auffassung in Kenntnis gesetzt worden war. Demnach bleibe Weidemann nichts weiter übrig, *„als daß, falls er diese Sache weiter fortzusetzen gewilliget seyn sollte, er sich entweder bey der gemeinschaftlichen Regierung oder bey dem nächsten Quartal-Gericht melden, u. sich eine anderweitige Bestellung eines Advocaten erbitten müße*". Das war notwendig geworden, da die beiden 1770 den Leibeigenen vom Landgericht ex officio zur Unterstützung abgeordneten Advokaten

---

1401 Glückstädter Kanzlei an den König vom 5. April 1769 (LA Abt. 11 Adl. Güter überhaupt Nr. 12a, Q. 8).

1402 Bescheid der Deutschen Kanzlei vom 17. Juni 1769 (LA Abt. 11 Adl. Güter überhaupt Nr. 12a, Q. 9).

1403 Weidemann an den König vom 10. September 1770 (LA Abt. 11 Adl. Güter überhaupt Nr. 12a, Q. 12).

1404 Bescheid der Deutschen Kanzlei vom 17. November 1770 (LA Abt. 11 Adl. Güter überhaupt Nr. 12a, Q. 16).

Diederichsen und Schmidt ihrem Wunsch gemäß wieder entlassen worden waren. Seitens der Regierung war das mit der Erklärung geschehen, dass *„die Ursachen, welche beyde (...) für sich angeführet, (...) von der Beschaffenheit befunden worden, daß ihnen die gesuchte Befreyung nicht füglich abgeschlagen werden mögen, indem (...) beyde versichert, wie sie diese Sache, wegen ihrer offenbaren Frivolität, mit gutem Gewißen nicht vertheidigen könnten“.*[1405]

Diesem Bescheid konnte Weidemann dadurch Genüge tun, dass er den Advokaten Sievers für die Sache gewann. Daraufhin erklärte er der Obrigkeit gegenüber, dass er sich genötigt sehe, *„zu Vorbeugung alles Schadens und unnöhtiger Kosten, pro clementissima dilatione, bis aufs darnechst folgendes Höchstes Gericht ao: 1772 in Zeiten einzukommen“.*[1406] Sowohl die Glückstädter als auch die Kieler Regierung stimmten darin überein, *„daß nach dem (...) übergebenen Dilations-Gesuche an das nechste Land-Gericht zu verweisen sey“.*[1407] Noch bevor ab April 1772 das Landgericht zu Rendsburg stattfand und die Schmoeler Angelegenheit dort verhandelt wurde, erließ die Deutsche Kanzlei in Reaktion auf die letzte Supplik Weidemanns am 10. August 1771 einen Bescheid, in dem den Untergehörigen mitgeteilt wurde, dass *„ein neues Gesuch, um Befreyung von der Leibeigenschaft, und um unmittelbare Abänderung der in dieser Sache unterm 21ten Martii, 1740 erfolgten Land-Gerichts-Urtel (...) in alle Wege unstatthaft sey“.*[1408] Darüber hinaus ersuchte die Kopenhagener Kanzlei diejenige zu Glückstadt, der Hessensteinschen Herrschaft diesen *„abschlägigen Bescheid (...) nachrichtlich zustellen zu laßen“.*[1409] Unter diesen Vorzeichen kam es 1772 zur Verhandlung vor dem Landgericht und der Einleitung des Verfahrens vor dem Reichskammergericht.

Betrachtet man die rechtliche Behandlung der Leibeigenen durch die obersten holsteinischen Regierungsbehörden, fällt auf, dass die Vorgehensweise der Deutschen Kanzlei ihrem Verhalten während der Zeit von 1739 bis 1743 stark ähnelte. Ebenso wie 1739 beschied die Kopenhagener Behörde auch 1768 die Schmoeler zunächst in der Form, dass sie keine unmittelbare Entscheidung der

---

1405 Glückstädter Kanzlei an den König vom 22. Oktober 1770 (LA Abt. 11 Adl. Güter überhaupt Nr. 12a, Q. 13).

1406 Weidemann an den König vom 21. Febr. 1771 vom 5. März 1771 (LA Abt. 11 Adl. Güter überhaupt Nr. 12a, Q. 17).

1407 Kieler Regierung an die Glückstädter Kanzlei vom 18. März 1771 (LA Abt. 11 Adl. Güter überhaupt Nr. 12a, Q. 19); vgl. Glückstädter Kanzlei an die Kieler Regierung vom 15. März 1771, das interne Votum der Glückstädter Kanzlei vom 20. März 1771 und das decretum dilationis vom 28. März 1771 (LA Abt. 11 Adl. Güter überhaupt Nr. 12a, Q. 18, 20, 21).

1408 Bescheid der Deutschen Kanzlei vom 10. August 1771 (LA Abt. 11 Adl. Güter überhaupt Nr. 12a, Q. 23).

1409 Pro Memoria der Deutschen Kanzlei vom 10. August 1771 (LA Abt. 11 Adl. Güter überhaupt Nr. 12a, Q. 22).

Landesherrschaft erreichen könnten, da sie sich zuvorderst an die Gemeinschaftliche Regierung zu wenden hätten. Dabei blieben sie auch in den nächsten zwei Bescheiden, obwohl die bewusste Ignoranz allerhöchster Resolutionen seitens der Leibeigenen und ihrer Vertreter offenkundig war. Zwar verhielt sich die Kanzlei formal korrekt, so dass ihr im Grunde genommen kein Vorwurf gemacht werden kann, doch war in dieser formalen Korrektheit dieselbe unselige Unflexibilität im Hinblick auf ihren Handlungsspielraum begründet wie schon Jahrzehnte zuvor. Denn als oberste Regierungsbehörde und Kanzlei des Königs hätte sie die Sache zum Schutz von Land und Herrschaft an sich ziehen können.

Dafür, dass die Deutsche Kanzlei dies nicht tat, kommen unterschiedliche Gründe in Betracht. Es ist aber davon auszugehen, dass sie es jedenfalls dann getan hätte, wenn sie geahnt hätte, dass die Angelegenheit bis vor das Reichskammergericht getragen werden würde und welche Sorgen und Umstände für die Landesherrschaft sich damit verknüpften. Immerhin wandte sich Bernstorff, nachdem die Untertanen trotz seines Zuständigkeitsverweises erneut die von ihm geleitete Behörde mit ihrem Anliegen behelligt hatten, initiativ an die Gemeinschaftliche Regierungskanzlei, um in Erfahrung zu bringen, ob die Schmoeler bereits an sie herangetreten waren. Doch anstatt in erster Linie an die Räte die Bitte heranzutragen, mehr über die Situation zu erfahren und aufgrund der penetranten Vorgehensweise der Untergehörigen eine gemeinsame, schnelle Lösung der Sache zu erarbeiten, war es ihm wichtiger, deren Verhalten zu kritisieren. Demnach sollte die Gemeinschaftliche Regierungskanzlei in angemessener, aber entschlossener Weise darauf hinwirken, dass sich die Schmoeler gemäß ihres Leibeigenschaftsstatus' verhielten. Auch diese Taktik ist Bernstorff unter regelmäßigen Gesichtspunkten nicht vorzuwerfen. Doch geht aus seinen Äußerungen hervor, dass er das Geschehen rund um den ersten Landgerichtsprozess entweder nicht vollständig kannte, in seiner Bedeutung unterschätzte oder aber die Erfahrungen der Vergangenheit ignorierte und auf einem korrekten Ablauf der Dinge beharrte. Der Grund dafür könnte sowohl reiner Formalismus als auch der Wille sein, die sich ungehörig betragenden Untertanen durch den Zwang auf den als ausreichend erachteten Rechtsweg zu disziplinieren. Der den Eingesessenen drei Monate später von der Deutschen Kanzlei erteilte Bescheid, der sich in dem Hinweis auf die fortbestehende Geltung der vorigen Resolutionen erschöpfte, lässt jedenfalls darauf schließen.

Wie unglücklich die Handlungsweise der Kopenhagener Behörde gerade im Hinblick auf ihre Bescheide war, machen die letzten beiden Resolutionen anschaulich. Nach dem Erhalt der Information über das Scheitern der zwei Rechtsvertretungen der Untertanen gab sie den Schmoelern Ende 1770 auf, erneut die Zuteilung eines Anwalts bei der Regierung oder dem Quartalgericht zu beantragen oder sich selbst einen Advokaten zu beschaffen, falls sie gewillt seien, die Sache weiter zu betreiben. Nachdem die Untergehörigen diese Bedingung erfüllt hatten und ihre Sache zur Verhandlung vor dem Landgericht angenommen worden war, erhielten sie noch lange vor dem Gerichtstermin im August 1771 aus Kopenhagen den Bescheid, dass ihr Vorgehen gegen das Urteil von 1740 und für die Erlangung ihrer Freiheit vollkommen unstatthaft sei.

An die Gemeinschaftliche Regierung, an die sie mehrfach verwiesen worden waren, wandten sich die Leibeigenen hingegen nicht. Dies tat jedoch Hessenstein, der unter Hinweis auf die für seine Güter bestehende „höchste Gefahr im Verzug" ein militärisches Kommando zwar mit der Verpflichtung zur Übernahme der Kosten, dafür aber unverzüglich bewilligt bekam. Um die Lage auf Schmoel steuern zu können, war es aus Sicht der Glückstädter Räte sogar unverzichtbar, dass Hessenstein die Kanzlei persönlich aufsuche. So lag die groteske Situation vor, dass je eine der Regierungsbehörden mit je einer der streitenden Parteien in Kontakt stand. Da sich die Deutsche Kanzlei im Rang über der Gemeinschaftlichen Regierungskanzlei befand, war ihre Zuständigkeitsargumentation zwar verständlich, einer zügigen Lösung – unterstellt, dass eine solche möglich war – aber abträglich. In der Gesamtschau verfolgte sie wohl die Taktik, sich stur zu stellen und die Supplikanten durch das Pochen auf die Einhaltung formaler Bestimmungen mürbe zu machen, falls es ihr nicht gelingen sollte, die Untertanen erfolgreich an die Gemeinschaftliche Regierung zu verweisen. Die Kanzlei spielte auf Zeit und hoffte darauf, dass die Untergehörigen eines Tages die Aussichtslosigkeit ihrer Bemühungen einsähen und sie deshalb einstellten. Diese Hoffnung ist durch das doppelte Scheitern einer rechtlichen Vertretung der Schmoeler und dessen Eindruck auf die Untergebenen noch zusätzlich genährt worden.

Andererseits zeigt gerade die Tatsache, dass die Untertanen auch danach nicht an Aufgabe dachten, wie hartnäckig sie ihr Ziel verfolgten. Diese Hartnäckigkeit hat die Gemeinschaftliche Regierung wesentlich realistischer eingeschätzt. Deshalb zögerte sie nicht, die Rechte des Gutsherrn auch durch den Einsatz militärischer Mittel zu unterstützen. Der letzte Kopenhagener Bescheid lässt keine Zweifel daran, dass beide Kanzleien dem Begehren der Untertanen von vornherein keine Chance gaben, sondern ihnen später nur die Landgerichtsverhandlung, deren Ergebnis so gut wie feststand, zugestehen wollten, um wieder Ruhe und Ordnung auf Schmoel einkehren zu lassen. Im Endeffekt war die Obrigkeit nicht daran interessiert, sich erneut ernsthaft mit der Angelegenheit zu beschäftigen. Dafür war auch die Kommunikation zwischen den Kanzleien nicht intensiv und abgestimmt genug. An dem Vorgehen beider wird deutlich, dass sie das Verhalten der Bauern als unerhört einstuften, die Sache ihnen dadurch lästig wurde und sie sich nur gerichtlich mit ihr befassten, da dies aus ihrer Perspektive die beste Chance war, um sie in ihrem Sinn zügig zu beenden. Mangelnde Flexibilität und Einfühlsamkeit, der fehlende Wille, die Leibeigenen als eine ernstzunehmende Partei anzusehen und ihr entgegenzukommen, aber auch eine gehörige Fehleinschätzung der Situation und ihrer Protagonisten, die ihrerseits durch Unbelehrbarkeit zur Verkomplizierung der Lage beitrugen, führten letztlich dazu, dass mit der Annahme der Sache am Reichskammergericht die Landesherrschaft vor eine ganz neue Herausforderung gestellt wurde.

c. Landgericht

1770 hatte das Landgericht den Schmoelern nacheinander die Land- und Hofgerichtsadvokaten Diederichsen und Schmidt zugeordnet, die sich ihrer Sache annehmen sollten, auf eigenen dringenden Wunsch von der Regierung aber wieder von ihrer Aufgabe entbunden wurden. Doch hatte man den Untertanen herrschaftlicherseits rechtliches Gehör zugesichert, falls sie sich von einem Advokaten vertreten zu lassen vermochten. So konnten die Richter dies nicht verweigern, als Weidemann Ende 1770 Sievers als Anwalt beim Quartalgericht in Rendsburg präsentierte. Die Untertanen ersuchten darum, Hessenstein vor das Landgericht zu laden und ihn zur Edition aller mit der Sache verbundenen Dokumente zu verpflichten. Daraufhin wurde vom Quartalgericht „*die gebetene Ladung zu Recht erkannt*". Hessenstein solle vor dem nächsten Landgericht erscheinen, „*die rechtliche Gegen-Nothdurfft*" beobachten und „*nach der Sache genugsamer Verhandlung gerichtlichen Ausspruchs*" gewärtigen. Ihm wurde auferlegt, „*daß du die etwa Vorhandene und in Händen habende Documenta communia, entweder den Supplicanten originaliter, und allenfalls eidlich, innerhalb Sechs Wochen ab insinuato edirest, oder auch, binnen eben dieser Zeit, bey Unserm gemeinschafftlichen Land-Gerichts Notario Cirsovius ad inspiciendum einbringest*".[1410]

Nachdem die Sache zur Verhandlung angenommen worden war, wandte sich der Landrat Thienen auf privatem Weg an Hessenstein.[1411] Er zeigte ihm an, dass man den Untertanen von Beginn an habe verständlich machen wollen, dass ihre rechtliche Situation aussichtlos sei. Doch erstrebten sie bereits seit zwei Jahren rechtliches Gehör. Bis zur Annahme der Sache durch Sievers hätten etliche Advokaten – auch die, die vom Landgericht ex officio als Anwälte der Bauern bestimmt worden waren – diese abgelehnt, da sie schon vor Jahrzehnten durch ein Landgerichtsurteil entschieden worden sei. Auch mit dem anschließenden Rechtsmittel des remedium supplicationis hätten die Schmoeler damals keinen Erfolg gehabt. Doch aufgrund ihres neuen Rechtsvertreters könne und dürfe man sie nicht mehr abweisen. Er sei gespannt, was Sievers vorzubringen habe. Derweil empfehle er, Thienen, ihm, Hessenstein, mit dem Justizrat und Ritterschaftssyndikus Jensen einen hervorragenden Anwalt. Es sei notwendig, Jensen so viel wie möglich über die Sache zu schreiben und diesem alle maßgeblichen

1410 Bescheid vom 10. Dezember 1770 (AHH (HH), Nr. 176).

1411 Hinsichtlich der folgenden Ausführungen vgl. das – in französisch verfasste – Schreiben Thienens an Hessenstein vom 2. Februar 1771 (AHH (HH), Nr. 8).

Papiere zukommen zu lassen. Er glaube, Dernath habe auch noch wichtige Unterlagen. Dass Jensen auch diese erhalte, darum werde er sich kümmern. Abschließend bat Thienen Hessenstein ernsthaft darum, keinen Gebrauch von diesem Brief zu machen, da ein Richter sich nicht in Angelegenheiten der Parteien mischen dürfe, doch sei diese Sache so klar, dass er geglaubt habe, die normalen Regeln überschreiten zu können.[1412]

Zur Verhandlung kam es erst am 28. April 1772. In dieser wurden nur die Parteibegehren vorgebracht. Denn die Rechtslage schien dem Landgericht derart klar zu sein, dass es bereits am selben Tag gegenüber Jensen den Bescheid erließ, dass seinem Antrag stattgegeben sei. Die an Hessenstein ergangene Ladung wurde *„hiedurch wiederum aufgehoben, und zugleich bemeldten Untergehörigen hiedurch anbefohlen (...), bey Strafe des Zuchthauses oder der Karre, sich nicht zu unterfangen, diese bereits rechtskräftig entschiedene und völlig abgemachte Sache unter irgend einigen Vorwand wiederum rege zu machen, oder des falls einige weitere Querellen anzubringen; Vielmehr dieselben schuldig und gehalten der in hac causa unterm 21sten Mart: 1740. abgesprochenen Land-Gerichts-Urtel, und dem den 19ten Dec: d: a: erfolgten Decreto praeclusivo, auch dem sich ferner darauf gründenden und von der derozeit verordnet gewesenen Commission am 30sten Decbr: c. a. abgegebenen Dienst-Reglement und darnach am 24sten Januar 1741. gerichtlich geschehenen Verkauf der Güther Schmol, Hohenfelde und Todendorff, hinkünftig in allen Stücken genauestens zu geleben, und solchen aller- und höchsten Verfügungen gehorsamlich nachzukommen. Wie sie dann hiezu ein vor allemahl angewiesen werden*“.[1413] Wenige Tage darauf wurde auch Weidemann beschieden. Ihm wurde mitgeteilt, es sei *„bey dem unterm 28sten des vorigen Monaths (...) abgegebenen Decreto schlechterdings zu laßen und des Supplicantis Mandantes selbigem alles Inhalts die unweigerliche Folge zu leisten schuldig; Immaßen dann bey dem vorerwehnten Decreto es lediglich sein Bewenden behält und Supplicant mit seinem gegenwärtig angebrachten unstatthaften Gesuche hiemit gäntzlich abgewiesen wird*“.[1414]

Die Annahme der Schmoeler Angelegenheit zur erneuten Verhandlung vor dem Landgericht war kein ehrliches Zugeständnis an die Untertanen. Vielmehr konnte das Quartalgericht nicht umhin, diese Entscheidung zu treffen, da Weidemann die obrigkeitlichen Auflagen für die Führung eines Prozesses erfüllt hatte. Demzufolge erhielt Hessenstein eine gerichtliche Ladung, wie sie von den Untertanen erbeten worden war. Somit war das Verfahren formell eingeleitet

---

1412 *„Je prie tres humblement Votre Excellence de ne faire aucun usage de cette lettre que pour sa propre instruction un juge ne doit point se meler des affaires des parties, mais celle ci est se claire, que j'ai cru pouvoir passer sur la regle ordinaire.*“

1413 Landgerichtsbescheid vom 28. April 1772 (LA Abt. 390 Nr. 478, Q. 5).

1414 Landgerichtsbescheid vom 1. Mai 1772 (LA Abt. 390 Nr. 478, Q. 8).

und den Eingesessenen grundsätzlich eine neue Möglichkeit gegeben worden, dass man ihr Begehren anerkannte. Doch wie es schon vor Verkündung des abschlägigen Urteils inoffiziell um ihre Chancen stand, wird vor allem an dem privaten Schreiben Thienens an Hessenstein deutlich. Obwohl die Rechtslage eindeutig zugunsten Hessensteins sprach, meinte der Richter auf diese Weise in der Sache wirken zu müssen. Unabhängig vom Inhalt des Briefs ist festzuhalten, dass diese Form der Einflussnahme nicht nur unnötig, sondern als Verständigung zwischen einem Landrat und einer Prozesspartei schlichtweg unzulässig war.

Nachdem der Richter Hessenstein mit knappen Worten die bisherigen Ereignisse und den Umgang des Gerichts mit der Situation auseinandergesetzt hatte, gab er ihm offen zu verstehen, dass er keine Bedenken im Hinblick auf einen für ihn positiven Ausgang der Angelegenheit habe. Dennoch wollte Thienen sicher gehen und empfahl ihm Jensen als Anwalt, den er gründlich in der Sache unterrichten solle. Der Rat sprach ausdrücklich an, dass er aufgrund seiner Sachverhaltskenntnis und Position an weitere wichtige Materialien eher und besser als Hessenstein herankomme, so dass er diese direkt an Jensen leite. Dass Thienen genau wusste, was er tat und dass dieses Verhalten strengstens untersagt war, brachte seine Bitte zum Ausdruck, hinsichtlich dieser Korrespondenz unter allen Umständen Diskretion zu bewahren. Während diese Bemerkung vor dem Hintergrund der Illegalität des außerprozessualen Vorgehens eines Richters nachvollziehbar ist, erscheint dieses Verhalten in der Gesamtbetrachtung unverständlich. Denn der Landrat hatte noch auf die seiner Ansicht nach klare Sach- und Rechtslage, die sein Schreiben an sich überflüssig und bei seiner Entdeckung sogar zu einem Risiko für den Fortgang der Sache machte, hingewiesen. Dennoch diente ihm gerade diese Eindeutigkeit der Umstände als Argument für die Abfassung des Briefs. Allem Anschein nach sah sich der Rat aufgrund der enormen Gegensätzlichkeit von Rechtslage und trotz allem nicht abreißenden, ihm unverständlichen und als unnötige Belastung empfundenen Bemühungen der Untertanen gerechtfertigt, auf diese Wiese zu handeln. Dadurch wollte er der Sache zu einem aus seiner Sicht gerechten Ende verhelfen.

Dieses Vorgehen Thienens brachte zum einen zum Ausdruck, wie stark die Angelegenheit auch die Landräte beschäftigte und belastete. Im Interesse aller Beteiligten verfolgte Thienen das Ziel, schleunigst Klarheit in der Sache und Ruhe auf den Gütern zu haben. Um das zu erreichen, griff er sogar zu einem verbotenen, seiner Auffassung nach jedoch dem Zweck förderlichen Mittel. Zum anderen bedeutete sein Handeln aber auch, dass zu der aufgrund der allgemeinen strukturellen Unterlegenheit ohnehin schlechten Ausgangsposition der Untertanen auf der besonderen rechtlich-gerichtlichen Ebene noch eine weitere Einbuße hinzukam. Unabhängig davon, dass die Lage der Schmoeler aussichtslos war, war das Verhalten Thienens unter rechtlichen Gesichtspunkten inakzeptabel, da keine Rechtfertigung, erst recht nicht die von ihm angeführte, dafür ersichtlich ist. Vielmehr war dieses Tun einmal mehr der Beweis für die enge Verbindung zwischen Landräten und Gutsherrschaften, für das starke Verbundenheitsgefühl unter den Standesgenossen der privilegierten Gesellschaftsschicht. Diese Mischung aus persönlichen und politisch-gesellschaftlichen Aspekten vermochte Thienen sogar dazu zu bewegen, eine der Grundregeln eines fairen Verfahrens, die nach der Bestallungsformel der Landräte auch vor dem Landgericht als Standesgericht Beachtung fand,[1415] zu missachten. Auch wenn der Ausgang der Sache bereits vor ihrer Verhandlung klar war, wurde daran die erhebliche Geringschätzung der Leibeigenen als Prozesspartei augenscheinlich.

Dementsprechend fielen auch das Verfahren an sich sowie die gerichtlichen Bescheide aus. Ohne dass die Landräte auch nur gewillt waren, sich nochmals inhaltlich mit der Angelegenheit zu befassen, stellten sie Hessenstein noch an demselben Tag, an dem die „Verhandlungen" begonnen hatten, einen positiven Bescheid aus. Den Freibrief bezogen die Richter nicht in ihre Erwägungen mit ein. Grundlegend für ihre Entscheidung waren nur die im Tenor angegebenen formell-rechtlichen und seit über 30 Jahren rechtskräftigen Geschehnisse von 1740/41. Mit ihrem materiell-rechtlichen Begehren standen die Schmoeler von Anfang an auf verlorenem Posten. Somit ist dieser zweite Landgerichtsprozess gar nicht als ein richtiger Prozess anzuerkennen, der den Untertanen wie rund 30 Jahre zuvor zumindest die Chance gab, ihre Rechtsauffassung darzulegen. Wie auch sein Verlauf nahe legt, stand das Ergebnis schon fest. Die Schmoeler erreichten nur die obergerichtliche Bestätigung der ihnen angedrohten Strafen und des Befehls, alle ihre Unternehmungen einzustellen.

d. Gutsherrschaft

Als seine Untertanen 1767/68 die Sache erneut rege gemacht hatten, wollte Hessenstein sie sogleich obergerichtlich klären lassen. Obwohl sie beim letzten Quartalgericht *„nicht angegeben, mithin also auch nicht angenommen"* worden sei, sähe er es am liebsten, wenn man die Angelegenheit trotzdem bereits beim nächsten Landgericht klären könne. Er hoffe, dass *„die Sache gleich im Anfang vorgenommen und die Supplicanten auch hieselbst, durch Verweisung an die erste Urtel p. gleichfals bald abgefertiget würden"*.[1416] Zum Handeln gezwungen sah sich Hessenstein dann aufgrund des andauernden widerspenstigen Verhaltens seiner Untergehörigen. Er erblickte darin *„eine formelle Kriegs-declaration"*. Daher lag es ihm *„nicht stille zusitzen"*. Vielmehr glaubte er, *„daß es nöthig sey, dem Landgerichte diese Sache zuberichten (...) und (...) um militarische Hülfe zugleich anzuhalten"*. Falls das Gericht Bedenken habe, könne man

[1415] Vgl. oben auf S. 268.
[1416] Hessenstein an Jensen vom 26. November 1768 (AHH (HH) Nr. 176).

alternativ „*eine Deputation ausbitten, die auf der Stelle erforschen könnte, ob die Bauern sonst was zuklagen hätten*". Doch sei Eile geboten, „*dieweil die Bauern gewiß in solche Advocaten Hände fallen würden, welche durch Verzögerung der Zeit, mit Fleiß das Quartal-Gerichte versäumen, um desto länger Ihnen das Geld abzuzwacken, wodurch wir ein ganzes Jahr in dieser Unsicherheit, zubringen würden*".[1417]

Gegen Ende 1768 war Hessenstein schließlich der Auffassung, „*daß man alle activitaet bey dieser Sache anzuwenden*" habe, „*weil alles Stillesitzen bey einer solchen Hartnäckigkeit*" sehr schädlich sei.[1418] Vom Giekauer Pastor erfuhr er kurz darauf, dass seine Bauern geäußert hätten, „*daß sie, so lange ein Blutstropfen in ihren Adern wäre, die Freyheit suchen müßten, (...) daß außerdem die appellation nach Wetzlar noch übrig wäre*".[1419] Er gelangte zu der Ansicht, „*daß ein bloßes Wohrt (...) Anlaß zu alle die jetzigen Troublen gegeben hat. Nehmlich die Schmoler wären keine Leibeigenen aber Unterthanen.*" Es sei jedoch gerechtfertigt, sie wie Leibeigene zu behandeln, „*weil nirgends im gantzen Urtel von 1740 in propris Verbis die Leib-Eigendschafft aufgehoben worden*" sei.[1420] Da die Eingesessenen „*wegen Erhaltung ihrer Freiheit wieder Bewegung gemacht, desfals abgeordnete nach Kiell und anderswo hingesandt*" hätten, seien sie „*vorgefordert*" und verhört worden.[1421] Einen Tag später folgten die gutsherrlichen Konsequenzen. Es wurde allen „*Unterthanen, oder wie sie sich lächerlicher Weise nennen: Gemeine*", befohlen, dass in Zukunft „*keine Versamlung oder Zusammenkunfft, unter welchem Vorwand auch immer wolle, erfolgen*" solle. Sollten die Untertanen „*ohngeachtet dieses Befehls so frech und verwegen seyn und sich versammlen oder zusammen kommen, auch Geld zusammen schießen*", drohten ihnen heftige Strafen. Hufner würden unverzüglich von ihrer Hufe abgesetzt, Knechte, Kätner und Insten hätten je zwei Reichstaler an die Kirche und die Armen zu zahlen, „*denn es ist beßer, daß das Geld an die Armen kömt, und zu guten Wercken gebraucht wird, als daß es unwißenden und würcklich einfältigen Leuten, die sich Advocaten nennen, und sie nur um ihr Geld bringen wollen, zugeschanzet werde*". Extrem war die Strafandrohung für denjenigen, der „*sich zum Syndicus, Deputirten oder abgeordneten gebrauchen läßt, und von seinen Cammeraden oder den übrigen Unterthanen unter irgend einerley Vorwand Geld annimt*". Ein solcher „*soll auf Lebenszeit in die Karre, oder Zuchthauß oder Sclaverey geschicket werden*".[1422]

Einen weiteren Tag später unterrichtete Hessenstein seinen Gutsjustitiar Jensen von diesem Befehl. Er habe bereits gehört, dass „*die vernünfftigen sehr wohl*

[1417] Hessenstein an Jensen vom 30. November 1768 (AHH (HH) Nr. 176).
[1418] Hessenstein an Jensen vom 14. Dezember 1768 (AHH (HH) Nr. 176).
[1419] Hessenstein an Jensen vom 17. Dezember 1768 (AHH (HH) Nr. 176).
[1420] Hessenstein an Jensen (ohne Datum) (AHH (HH) Nr. 176).
[1421] Verhörprotokoll vom 2. März 1769 (AHH (HH) Nr. 176).
[1422] Befehl der Gutsherrschaft vom 3. März 1769 (AHH (HH), Nr. 176).

damit zu frieden und wünschten, daß solches schon längst geschehen" wäre. Einen Untertanen solle Jensen jedoch wegen seiner Reise nach Kopenhagen und seiner Lügen „*vorfordern und (...) andern zum Exempel bestraffen*".[1423] Kurz darauf erhielt der Gutsherr aus der Deutschen Kanzlei die Nachricht, „*daß ich sowohl dorten als bey der Regierung alle protection gegen die Smoler Unterthanen zu gewarten habe*".[1424] Um seine Untergebenen im Griff zu behalten, ließ Hessenstein seit dieser Zeit regelmäßig einige von ihnen vorfordern und sie zu ihren Aktivitäten vernehmen.[1425] Nachdem das Quartalgericht Ende 1770 die Sache zum nächsten Landgericht angenommen hatte, versicherte Hessenstein, dass er in dem Verfahren „*alles beobachten werde, was eine unpartheiische Justiz erfordert, wie ich denn auch nicht zweifele, daß dieselben fürs künftige mit dergleichen unangenehmen Angelegenheiten werden verschont bleiben*".[1426]

Zur Verhandlung vor dem Landgericht kam es aber erst mehr als ein Jahr später. Die Hessensteinsche Prozessschrift verfasste Jensen zwei Tage vor Prozessbeginn. Sie lag dem Gericht jedoch erst am 28. April 1772 vor, also an demselben Tag, an dem es auch den für die Untertanen abschlägigen Bescheid erließ. Jensen ersuchte das Landgericht um „*Wiederaufhebung der (...) ertheilten Ladung und Abgebung des gebetenen (...) Befehls an die Untergehörigen*", nämlich „*daß sie bey Strafe des Zucht-Hauses oder der Karre, sich nicht unternehmen sollen, diese bereits rechtskräftig entschiedene und völlig abgethane Sache künftig unter irgend einigem Vorwand wiederum rege zu machen, oder desfals einige weitere Querelen anzubringen zu suchen*". Zur Unterrichtung der Räte skizzierte er dazu die Entwicklung seit 1688 und verwies auf die maßgeblichen Ereignisse: den Kaufbrief von 1695 sowie das Landgerichtsurteil, die Dekrete und das Dienstreglement von 1740. Hätte das Quartalgericht alle diese Umstände erinnert, wäre seiner Auffassung nach erst gar keine Ladung an Hessenstein ergangen. Zumindest sei sie unverzüglich aufzuheben, „*so lange noch rechtskräftige Urteln und gerichtliche adjudicationes etwas gelten und fides publica bestehen soll*". Würde jemand, der so eine eindeutige Rechtsstellung innehätte, um sein Recht gebracht, wäre dies „*der allgemeinen Wohlfahrt des Landes sowol, als dem öffentlichen Credit gar sehr nachtheilich*". Weitere Unternehmungen schadeten aber nicht nur der Gutsherrschaft, sondern auch den Untergehörigen selbst, da sie ihr Geld für eine sinnlose Sache verwandten. „*Die Gerechtigkeit erfordert es mithin, daß solchem Unwesen nunmehro endlich einmal Wandel geschaft, und nicht diese einfältigen und verblendeten Unterthanen der Verfüh-*

1423 Hessenstein an Jensen vom 4. März 1769 (AHH (HH) Nr. 176).

1424 Hessenstein vom 21. März 1769 (AHH (HH) Nr. 176).

1425 Vgl. Verhörprotokolle vom 6. Oktober 1769 und 1. Dezember 1770 (AHH (HH) Nr. 176).

1426 Hessenstein vom 12. Februar 1771 (AHH (HH) Nr. 176).

rung und Gewinnsucht solcher Boshaften noch ferner Preiß gegeben werden."[1427]

Nachdem die Bescheide vom 28. April und 1. Mai 1772 ergangen waren, ließ Hessenstein Weidemann und einen seiner umtriebigsten Untergehörigen, der angesichts der Lage geflohen war, steckbrieflich suchen.[1428] Jensen war als Gutsjustitiar mit dem harten Vorgehen seines Herrn großteils nicht einverstanden. Er gelangte mehr und mehr zu der Überzeugung, „*daß mit denen Leuten gar zu hart verfahren werde, und es selbst nach dem Inhalt des Land Gerichts-Decreti (...) nicht verantwortlich seyn würde*", die Untertanen mit Zuchthaus und Karre zu bestrafen. Dies teilte er Hessenstein mit und erklärte, dass „*nichts in der Welt*" ihn dazu bewegen könne, „*wieder mein Gewißen zu handeln, oder jemand vorsetzlich Unrecht zu thun*".[1429]

Bei der Bewertung der rechtlichen Behandlung der Leibeigenen durch Hessenstein muss differenziert werden. Aufgrund der schon anfänglich vorhandenen starken Renitenz seiner Untertanen legte Hessenstein sogleich ein hartes und entschlossenes Verhalten an den Tag. Da er im Hinblick auf die Rechtslage keine Zweifel an der Korrektheit seiner Anschauung besaß, war er nicht gewillt, durch das Vorgehen seiner Bauern größere Nachteile für die Güter in Kauf zu nehmen. Trotzdem muss ihm als Gutsherrn und militärisch geprägtem Menschen zugute gehalten werden, dass er die Beruhigung der Untertanen zuvorderst dadurch erstrebte, dass sie im Rahmen eines landgerichtlichen Verfahrens auf die Einhaltung des Urteils von 1740 verpflichtet werden sollten. Zudem bot er an, dass eine Deputation Klagen der Bauern hinsichtlich anderer Aspekte als ihrer Freiheit überprüfen könne. All diese Maßnahmen sollten jedoch schleunigst erledigt werden. Denn es bestehe die große Gefahr, dass sich die Untertanen mit Anwälten zusammentäten, welche die Situation ausnutzten, indem sie das nächste Quartalgericht verstreichen ließen und dadurch die Angelegenheit in die Länge zögen, um möglichst viel Profit aus ihr herauszuschlagen.

Erst als sich Hessensteins Hoffnungen auf eine zügige Abwicklung der Sache vor Gericht zerschlagen hatten und die Situation auf seinen Gütern auf einem für ihn inakzeptablem Niveau stagnierte, begann er hart durchzugreifen. Durch Verhöre seiner Untergebenen und die Androhung von teilweise drakonischen Strafen gedachte er die Zeit bis zum Prozess vor dem Landgericht einigermaßen ruhig und ordentlich überbrücken zu können. Dieses harte Vorgehen konnte er in dem Bewusstsein durchhalten, von den Kanzleien in Glückstadt und Kopenhagen jede Unterstützung zu genießen. Doch bestärkte ihn nicht nur die Zustimmung der Landesherrschaft in seinem Tun, sondern es war insbesondere das Urteil von 1740, durch das er sich gerechtfertigt sah. Demnach seien seine Un-

---

1427 Jensen an den König und die Landräte vom 26. April 1772 (AHH (HH) Nr. 176).
1428 Vgl. die Steckbriefentwürfe vom 4. Juni 1772 (AHH (HH) Nr. 176).
1429 Jensen vom 21. Oktober 1772 (AHH (HH) Nr. 176).

tertanen Leibeigene, da ihre Leibeigenschaft in dem Dokument nirgendwo ausdrücklich abgeschafft worden sei. Diese Interpretation macht einmal mehr deutlich, wie problematisch der Wortlaut des Urteils war. Hatten die Richter den Begriff der Leibeigenschaft bewusst vermieden, um Provokationen und Konfrontationen vorzubeugen, wurde sein Fehlen im Tenor in der Folge von jeder Partei in ihrem Sinn interpretiert. Für Hessenstein bedeutete die Nichterwähnung der Leibeigenschaft, dass sie nicht aufgehoben war, seine Untertanen hingegen lasen das genaue Gegenteil hinein, nämlich dass sie auf den Gütern keinen Bestand hatte.

Im Endeffekt behandelte Hessenstein seine Leibeigenen auf eine Weise, wie man es von einem durchschnittlichen ostholsteinischen Gutsherrn in solch einer Situation erwartet hätte. Gegenüber seinen Untertanen war er so wohlwollend, wie die Lage es zuließ. Er strebte eine zügige Klärung der Sache an, um Ruhe und Ordnung sowie die volle Leistungsfähigkeit der Gutswirtschaft wiederherzustellen. Dies tat er aber auch im Sinn seiner Untertanen, damit sie sich nicht in eine aussichtslose Sache verrannten und ihr hart erarbeitetes Geld an Leute hergaben, die ihnen nicht helfen konnten, sie dafür aber auszunutzen verstanden. Dass Hessenstein nicht selbst von dem ihm so verhassten Verhalten seiner Untertanen profitieren wollte, zeigt die Anordnung in dem gutsherrlichen Befehl von 1769, dass die den Untertanen auferlegten Strafgelder zugunsten der Armen und der Kirche zu verwenden wären. Doch macht gerade die von Jensen verfasste Prozessschrift von April 1772 deutlich, dass Hessenstein trotz aller Sorgen um das Wohl seiner Untergehörigen nicht bereit war, zu ihren Gunsten von seiner Position abzurücken. Vielmehr glaubte er Recht und Gerechtigkeit auf seiner Seite zu haben und hatte daher auch keine Bedenken, sich sowohl militärische Unterstützung zu verschaffen als auch umtriebige Personen in der angedrohten Weise zu bestrafen. Dabei war er derart konsequent, dass selbst sein Gutsjustitiar Jensen, der als Syndikus der schleswig-holsteinischen Ritterschaft regelmäßig auf Seiten der Gutsherrschaft stand, nicht länger willens war, alle Maßnahmen seines Herrn, seien sie auch formal gerechtfertigt, mitzutragen. Denn er empfand sie als vorsätzliches Unrecht und vermochte sie mit seinem Gewissen nicht zu vereinbaren.

VII. Der Prozess vor dem Reichskammergericht (1772 bis 1777)

Im September 1772 kam das Reichskammergericht erstmals mit der Schmoeler Angelegenheit in Berührung. Diese war die einzige Sache, die jemals von holsteinischen Leibeigenen nach Wetzlar getragen wurde. Dass und wie sie dort verhandelt und beurteilt wurde sowie die im Rahmen des Prozesses stattfindenden Ereignisse, machen den Prozess für den behandelten Ausschnitt der holsteinischen Geschichte so interessant und bedeutsam.

1. Einleitung

Durch den nach dem Landgerichtsurteil tätig werdenden, namentlich nicht bekannten Vertreter der Schmoeler gelangte die Sache an den Lübecker Lizentiaten Förtsch. Dieser setzte sich daraufhin mit dem Advokaten Sievers in Rendsburg in Verbindung, um Erkundigungen einzuziehen. Anschließend bezog er den Lübecker Advokaten Buchholtz, der bereits Erfahrungen als Anwalt von Untertanen, die gegen ihre Herrschaft prozessierten, gesammelt hatte, mit in den Fall ein. Sie wandten sich an das Reichskammergericht, wo der Prokurator Friedrich Bostell ihre Supplik am 12. September 1772 einreichte. Die Klage der Bauern wurde vom Gericht am 22. Oktober 1772 angenommen und die entsprechende Ladung beschlossen. Da weder Hessenstein noch eine von ihm bevollmächtigte Person auf den Gütern anwesend war, als der Reichskammergerichtsbote im nächsten Frühjahr dort erschien, wurde dem Beklagten die Ladung nach Wetzlar durch den Boten über Jensen am 9. März 1773 zu Kiel insinuiert.[1430]

2. Rechtliche Behandlung der Leibeigenen

Die Verhandlungen vor dem Reichskammergericht begannen am 7. Mai 1773. Dem Prokurator der Schmoeler, Bostell, stand Zwierlein als Anwalt Hessensteins gegenüber. Als Agent der Gemeinschaftlichen Regierung auf gottorpischer Seite war dieser zugleich deren Vertreter vor Ort. Aufgrund der Intensität ihrer Einmischung war es eines seiner vordringlichsten Ziele zu vermeiden, dass die Landesregierung selbst als prozessführende Partei erschien. Ihm stand der Lizentiat Greineisen als Agent der Regierung königlicherseits zur Seite.[1431] Als wesentliche Beteiligte traten während dieser Phase also nicht nur die Prozessparteien und ihre Vertreter sowie die Reichskammergerichtsräte, sondern auch die holsteinische Landesherrschaft auf.

a. Advokaten der Leibeigenen

Die Argumentation der Schmoeler war im Wesentlichen auf die von Bostell am 12. Februar 1774 eingebrachte Replik gegründet, die ihrem Inhalt nach auf Buchholtz zurückging und als Antwort auf den Bericht der holsteinischen Lan-

---

[1430] Vgl. *Prange*, Leibeigenschaftsprozesse, S. 134 ff.; Ladung vom 9. März 1773 und Bericht des Reichskammergerichtsboten von ihrer Insinuation (LA Abt. 390 Nr. 478, Q. 1).

[1431] Vgl. *Prange*, Leibeigenschaftsprozesse, S. 139 f.

desregierung[1432] zu verstehen war. Sie orientierte sich stark an der anfänglichen Supplik von Buchholtz und Förtsch vom 12. September 1772, die den Prozess einleitete. Der größte Teil der Replik beschäftigte sich mit der Frage, ob die Untertanen rechtmäßig als Leibeigene behandelt wurden oder ob man ihnen die Freiheit zu unrecht verweigerte. Bostell brachte jedoch, abgesehen von den Geschehnissen der letzten Jahre, keine maßgeblichen neuen Argumente zu den bereits bekannten Erkenntnissen hervor. Dennoch enthielten seine Ausführungen wichtige Erwiderungen auf Passagen des Regierungsberichts, insbesondere auf die übergeordneten Bedenken der Regierung und die Form der Einleitung der Klage vor dem Reichskammergericht. Zunächst einmal seien die *„Principales keinesweges von (...) Weidemann zu Führung gegenwärtigen Proceßes aufgewiegelt, sondern von ihrer Gerechtsame völlig überzeugt, selbst bewogen worden (...), die ihnen geschenckte Freyheit rechts behörig auszufechten*“. Es sei *„allerdings nicht abzusehen, wie aus dergleichen Vorgang die allergefährlichsten Folgen, ja die grösten Unruhen und Empörungen bey allen übrigen Unterthanen der adelichen Güter der Herzogl: Hollsteinischen Landen zu besorgen wären. Anwaldts Principalen ist es, wie billig und ihnen niemahls zu verdencken seyn wird, einzig und allein um ihre Freyheit zu thun, wegen welcher sie sich auf einen Frey-Brief, und sonstige darauf Bezughabende Beweißstücke gründen. Hiermit aber können die gedachte übrige Unterthanen der anliegenden Güther sich nicht schützen, wann solche nicht ebenmäßig eine ihnen zuständige Freyheit von der Leibeigenschafft für sich anzuführen vermögend sind, sondern vielmehr notorischermaßen in statu et conditione servili, folglich in einen gantz andern Stand, als Anwaldts Principales sich befinden*“. Die Grundlosigkeit von Unruhen, wie sie deshalb anderswo gegeben sein möge, könne *„Principalen im vorliegenden Fall nicht aufgebürdet werden, da selbige nichts anders thun, als daß sie dasjenige, was ihnen von Rechtswegen und nach klaren Brief und Siegel gebühret, schon geraume Jahre aber ihnen unbefugter Weise entzogen worden, zu recuperiren trachten, und (...) den Weg Rechtens zu ergreiffen*“.

Die Bemerkung des Regierungsberichts, dass in Appellationssachen, in denen die Beschwerden zweifelhaft seien, nach den Reichsgesetzen – gemeint war vor allem der Recessus Visitationis von 1713 – zuvor ein Schreiben um Bericht erfolgen müsse, damit eine Anhängigmachung von Appellationen nicht leichtfertig geschehe,[1433] wurde negativ erwidert. Auch der jenseitige Hinweis darauf,

---

1432 Regierungsbericht vom 22. April 1773 (LA Abt. 390 Nr. 478, Q. 18); vgl. unten auf S. 371 ff.

1433 „Visitations-Abschied Des Kayserl. und Heil. Roem. Reichs Cammer-Gerichts zu Wetzlar (...) de An. 1713“, § 10: *„Deßgleichen soll das Cammer-Gericht wider Churfuersten, Fuersten und Staenden des Reichs, auf Dero Landsassen und Unterthanen, oder auch der armen Partheyen eingebrachte Klagden nicht leichtlich Proceß erkennen, oder Mandata sine Clausula ertheilen, sondern vielmehr den Reichs-Constitutionen, Kayserlich- und Koeniglichen Wahl-Capitulationen gemaeß, vorhero um Bericht*

dass dies erst recht zu gelten habe, wenn es sich um Verfahren zur Wiedereinsetzung in den vorigen Stand handele, insbesondere in Fällen, in denen Untergebene gegen ihre Herrschaft vorgingen, vermochte Buchholtz nicht zu überzeugen. Die Gravamina der Appellanten seien nicht zweifelhaft, sondern vielmehr *„in alle Wege so begründet, daß (...) der ebengedachte recessus visitationis dennoch nicht obstiren würde. (...) Dieses vorausgesetzt, so thut zur Sache nichts, ob hier (...) restitutio in integrum gegen eine schon vor 33 Jahren ergangene Urthel, und zwar (...) in causa subditorum contra dominum (...) gesucht wird*". Es sei offensichtlich, dass die in den Reichsgesetzen gemachten Einschränkungen *„eigentlich nur von Mandats- und Appellations- nicht aber eben so wohl von Citations-Proceßen, wodurch das vorige judicatum auf keinerley Weise suspendiret, sondern denen Supplicanten nur ein weiteres rechtliches Gehör (...) verstattet wird, zu verstehen seyn*".

Es sei den Untertanen nicht vorzuwerfen, dass sie ihre Freiheit, die sie auf anderem Weg nicht zu erlangen vermochten, auf dem Rechtsweg, *„der ihnen bisher wegen Saumseeligkeit ihrer Advocaten gleichsam verschloßen war*", zu erkämpfen suchten. Er betonte, dass die Befürchtung der Regierung, *„daß von Aufruhr und gewaltsamer Wiedersetzung die unglücklichsten Auftritte in den Hollsteinischen Landen deswegen entstehen würden, (...) in einem bloßen asserto, das gleich beym ersten Anblick keine Rücksicht verdienet, bestehet*". So brächte man die Bitte vor, *„in dieser Sache per sententiam gerechtest zu erkennen und in Rechten auszusprechen, wie in der unterthänigsten Supplication de exhibl. 12. Sept: 1772. allschon des mehrere gebeten worden*".[1434]

In dieser eingangs bei Gericht eingereichten Supplik war neben dem Hauptantrag ein Hilfsantrag enthalten. Das vorrangige Begehren der Advokaten im Hinblick auf ihre Mandanten bestand darin, *„dieselbe zuforderst in den Stand, worinn sie tempore interponendae appellationis gewesen, brevi manu wieder zu setzen, und zu restituiren, (...) sofort nachhero weiters in Rechten zu erkennen und auszusprechen: (...) daß Anwaldts Principales für sich, ihre Kinder und Kindes Kinder nach Inhalt des (...) Erlaßungs Briefes, für freye und der Leibeigenschaft gäntzlich erlaßene Leute (...) zu halten, (...) dieselbigen auch nicht weiter, als sonst in der Nachbarschaft gewöhnlich, insbesondere mit denen fast unerträglichen Dienstleistungen, womit sie bishero so sehr und wiederrechtlich*

---

schreiben: Wann dann derselbe einkommen, und daraus erscheinen wird, daß des Supplicanten Suchen und Begehren keine statt haben koenne, soll derselbe vom Cammer-Gericht gaentzlich abgewiesen, im Gegenfall aber, da die Sach recht und billig befunden wuerde, oder die Bericht-Schreiben in angesetzter Frist nicht eingelangt, noch derentwillen Prorogation von der Obrigkeit, so den Bericht erstatten sollen, gesucht worden, alsdann dem Befinden nach, der Proceß und Mandaten halber, auf des Supplicanten ferneres Anhalten erkennt werden, was rechtens (...).", in: Sammlung (Reichs-Abschiede) (*Senckenberg*), 4. Theil, S. 261 (263).

1434 Replik Bostells vom 12. Februar 1774 (LA Abt. 390 Nr. 478, Q. 22).

geplaget worden, niemahls wieder beschwehret (...) werden". Sollte diesem Antrag, in dem ein unverzügliches Einschreiten des Gerichts ohne weitere prozessuale Handlungen gefordert wurde, wider Erwarten nicht stattgegeben werden, baten die Anwälte hilfsweise um eine „*Citationem ad vid: se restit: advers: omissam interpositionem appellationis*", also zumindest um eine Ladung der Gegenpartei vor Gericht, um die Angelegenheit in einem Verfahren zu klären. Im Fall einer beipflichtenden Entscheidung wurden die Richter ersucht, „*sodann in Rechten auszusprechen, wie so eben bereits des mehrere unterthänigst gebetten worden*". Um „*einen unwiederbringlichen und den grösten Nachtheil*" zu Lasten der Untertanen, von denen bereits einige von der Herrschaft ins Zuchthaus verbracht worden seien, zu vermeiden, wurde abschließend die Bitte vorgetragen, „*das hierinn anzuhoffende (...) Decretum um somehr gnädigst zu beschleunigen, als hier periculum in mora offenbahr vorhanden*".

Die zwei hauptsächlichen Gravamina der Kläger waren erstens, „*daß das judicium a quo in sententia de 21 april 1740. mehr auf den obenbenannten Kaufbrief (...) als auf den Freyheits Brief (...) Rücksicht nehmen mögen*", und zweitens, „*daß ebendaßelbe die gegen ermeldte Sentenz von Anwaldts Principalen mehrmalen gebetene restitution aller dieserhalb obwaltenden wichtigen und dringenden Gründen unerachtet, durch den Bescheid vom 1 Maii a. c. pure abgeschlagen hat*". Es folgte eine ausführliche Rechtfertigung dieser Beschwerde, in der nicht nur Rechtsquellen wie die Pandekten, sondern auch Textstellen aus Werken verschiedener gelehrter juristischer Autoren wie Stammius, Mevius, Möller, Stryck, Faber, Pottgiesser, Gail und Leyser verwandt wurden. Hiermit traten sie gegen die üblichen gegnerischen Einwände an und kamen zu dem Ergebnis, dass „*nun per deducta zulänglich dargethan, daß denen Klagenden und Supplicirenden Unterthanen weder die exceptio praeclusi noch praescriptionis noch sonsten etwas mit Bestand Rechtens opponiret, anbey der denenselben ertheilte Erlaßungs Brief auf keinerley Weise entkräftet werden kann, so ist und bleibet alles dasjenige, was Anwaldts Principalen ihrer Freyheit zuwieder aufgebürdet worden, und welches sie als arme und unwißende Leute über sich ergehen laßen müßen, nichts anders, als eine offenbahre Unterdrückung*".

Im Hinblick auf die zweite Beschwerde wurde bemerkt, dass „*aus dem was bey dem ersten gravamine deduciret worden ist bereits des mehrern ersichtlich, wie sehr das dießeitige restitutions Gesuch begründet sey*". Zusätzlich wurde angeführt, dass die Untertanen „*arme und unwißende Bauers-Leute sind, die zumahlen zu der zeit (...) von Advocaten und Rechtsgelehrten Verlaßen und überhaupt übel berathen waren*". Aufgrund der Einfachheit des bäuerlichen Gemüts und seiner Unkenntnis in rechtlichen Angelegenheiten sei es „*sowohl der natürlichen Billigkeit, als denen geschriebenen Rechten gemäs*", den Untergehörigen die Wiedereinsetzung in den vorigen Stand zu gewähren. Zwar gestanden die Anwälte ein, dass „*die interpositio appellationis (...) von ihnen nicht behörig beschehen ist, (...) daß aber denenselben als armen, und gäntzlich unwißenden*

Bauers Leuten die Restitutio auch contra omissam interpositionem appellationis im Vorliegenden fall zu statten kommen könne". Auch dass „*die zu interponirung der appellation Vorgeschriebene 10 Tage (...) Verfloßen sind*", ohne dass die Untertanen ihren Schriftsatz fristgerecht eingereicht hätten, dürfe nicht gegen sie verwandt werden. Dies sei geschehen „*ohne Anwaldts Principalium Verschulden, welche als gemeine Bauers Leute der formalien und fatalien nicht kundig waren*". Da aber „*die materialia gegenwärtiger Sache Völlig gegründet sind*", sollten „*dieselbe (...) diese Versäumniß mit Verlustigung ihrer rechtmäßigen Sache, und der edlen in Frage stehenden Freyheit nicht zu entgelten haben, (...) zumalen da außerdem an denen formalibus hier weiter nichts ermangelt, und der devolution dieser Sache halber sonst kein Zweifel obwaltet, sondern sowohl summa appellabilis, (indem das objectum litis das unschätzbahre Kleinod der Freyheit betrift) Vorhanden, als auch dieses Höchsten Gerichts Iurisdiction (...) zur Gnüge fundiret ist*".[1435]

Die sonstige prozessuale Taktik der Vertreter der Leibeigenen bestand hauptsächlich darin, um immer neue Fristen zur Ausarbeitung weiterer Vorstellungen zu ersuchen, ohne dass es jedoch nach der Einreichung der Schrift vom Februar 1774 zur Präsentation zusätzlicher wesentlicher Materialien und Argumente gekommen wäre. Infolge dessen wurde die Vertretung der Bauern im März 1776 offiziell von ihnen beendet.[1436]

Von vornherein hatten die anwaltlichen Vertreter der Schmoeler mit ihrer Vorstellung beim Reichskammergericht eine schwierige Aufgabe zu bewältigen. Sie hatten sich nicht nur direkt mit Hessenstein als Prozessgegner, sondern indirekt auch mit der holsteinischen Landesherrschaft auseinanderzusetzen. Um die Interessen ihrer Mandanten überzeugend und wirksam zu vertreten, mussten sie ihr argumentatives Geschick also an mehreren Brennpunkten gleichzeitig unter Beweis stellen. Zunächst einmal machten sie darauf aufmerksam, dass die in dem Bericht der holsteinischen Regierung angekündigte, die Landesverfassung der adligen Güter betreffende allgemeine Gefahr nicht gegeben sei. Die Anwälte verwiesen auf die Einmaligkeit der Situation der Schmoeler infolge des Freibriefs und der auf ihm gegründeten Berechtigung ihrer gerichtlichen und außergerichtlichen Unternehmungen. Aufgrund des Freibriefs und der Vorenthaltung der in ihm verbrieften Rechte geschähen die Bemühungen der Untertanen aus Überzeugung und mit Rechtfertigung und seien unabhängig von der Lage auf anderen holsteinischen Gütern oder im Land insgesamt zu betrachten.

Die Vertreter gingen auf das Anliegen der Kläger in zwei Hauptpunkten ein. Die Verletzung ihrer Rechte beruhe zum einen darauf, dass das erste Landgerichtsurteil den Freibrief zu unrecht zugunsten des Kaufbriefs vernachlässigt habe, und zum anderen darauf, dass das zweite Landgerichtsurteil eine Wiedereinset-

---

1435 Supplik vom 12. September 1772 (LA Abt. 390 Nr. 478, Q. 2).
1436 Vgl. Prozessprotokoll zu Q. 25 (LA Abt. 390 Nr. 478).

zung der Untertanen in den vorigen Stand ohne weiteres abgelehnt habe. Mit ihrer Argumentation mussten die Anwälte aber nicht nur die materiell-rechtliche Begründetheit des klägerischen Begehrens, sondern darüber hinaus die Zuständigkeit des Reichskammergerichts darlegen. Dies versuchten sie auf zwei Arten. Einerseits stellten sie ihr Vorgehen in der inhaltlichen Frage auf ein aus römischem Recht und juristischer Literatur bestehendes Fundament, andererseits hoben sie immer wieder die besondere Beschaffenheit ihrer Mandanten als Prozesspartei, nämlich ihre bäuerische Einfachheit und Unkenntnis, hervor. Es wurde auch mehrfach die schlechte rechtliche Vertretung der Untertanen in der Vergangenheit erwähnt, die eine angemessene Beschreitung des Rechtswegs verhindert habe. Mit diesen beiden Argumentationssträngen vermochten die Anwälte aus ihrer Sicht alle formellen und materiellen Bedenken im Hinblick auf das Klagbegehren und die Zulässigkeit des Reichskammergerichtsverfahrens auszuschalten.

Hält man sich die Sachverhaltskonstellation vor Augen, ist es für die Anwälte der Untertanen schon als großer Erfolg zu werten, dass das Reichskammergericht, ungeachtet seiner Gründe, die Sache aufgrund der Supplik vom September 1772 überhaupt zur Verhandlung angenommen hat, auch wenn es nur eine „citatio ad videndum“ erließ und nicht auf eine „restitutio in integrum brevi manu“ erkannte. Insofern haben die Rechtsvertreter für ihre Mandanten gute Arbeit geleistet, wobei nicht abzuschätzen ist, inwieweit sie selbst mit der Anhängigmachung der Sache in Wetzlar gerechnet haben. Doch offenbarten sowohl die Supplik als auch die Replik schonungslos die Schwächen der Position der Leibeigenen. Konnte die unbestrittenermaßen unter formalen Gesichtspunkten nicht ordnungsgemäß erfolgte Appellation der Schmoeler mit dem Hinweis auf ihre Rechtsunwissenheit noch geheilt werden, gelang den Anwälten keine Heilung hinsichtlich des grundsätzlichen Ausschlusses der Appellation holsteinischer Untertanen des Adels an die Reichsgerichte.

Diese Problematik war den Lübecker Anwälten bewusst. Sie gingen ausdrücklich darauf ein, dass sie das Reichskammergericht als zuständig ansahen. Das begründeten sie vor allem mit dem Prozessgegenstand der Freiheit, der den Anforderungen an die Mindestappellationssumme genüge. Mit ihrer Aussage, dass die Jurisdiktion des Reichsgerichts auch ansonsten ausreichend begründet sei, offenbarten sie jedoch den wunden Punkt. Da die holsteinische Regierung dies in ausführlicher Weise verneinte, hätte es einer überzeugenden Gegendarstellung bedurft, um die Chancen der Untertanen auf höchstinstanzliche Hilfe zu wahren. Doch eine solche Gegendarstellung war aufgrund der privileggleichen Wirkung der Landgerichtsordnungsvorschriften praktisch ausgeschlossen. Daher wählten die Anwälte die Taktik, die Ordnung und ihre 1641 erfolgte Anerkennung durch den Kaiser gar nicht erst zu erwähnen. So blieb ihnen als letztes Argument für die Begründung der Zuständigkeit der Reichsgerichte nur die Möglichkeit darzulegen, dass man ihren Mandanten den Rechtsweg verweigert habe.

Denn im Fall von Justizverweigerung stand jedermann immer und ungeachtet aller Privilegien der Weg an das Reichskammergericht offen.

Aber gerade diese unangreifbare Begründung der reichskammergerichtlichen Zuständigkeit vermochten die Anwälte der Schmoeler nicht überzeugend darzulegen. Zwar konnte das zweite Gravamen, dass das Landgericht den Untertanen 1772 das Restitutionsgesuch trotz wichtiger Argumente ohne weiteres abgeschlagen hatte, als Hinweis auf eine Justizverweigerung gewertet werden, doch hätte es in diesem Zusammenhang genauerer Ausführungen bedurft. Dass diese nicht gemacht wurden, lag wohl vor allem daran, dass eine derartige rechtliche Argumentation infolge des ersten Landgerichtsprozesses kaum in sinnvoller Weise denkbar war. Statt dessen sprach die Supplik davon, dass der erst jetzt erfolgte Zug vor das Reichsgericht auf Versäumnisse der bisherigen Anwälte der Untergehörigen zurückzuführen sei. Seine grundsätzliche Unzulässigkeit in solchen Konstellationen und die Bestrafung Schmidts wegen der von ihm angedrohten Appellation blieben wiederum unerwähnt. Wie stark es den Advokaten an sachlichen Argumenten mangelte, zeigt die Tatsache, dass sie zur Begründung des zweiten Gravamens hauptsächlich auf die Rechtsgegründetheit des ersten Gravamens sowie die Rechtsunkenntnis und strukturelle Unterlegenheit ihrer Mandanten verwiesen. Dieser Gang der Argumentation entlarvte die Unbegründetheit einer Appellation wegen Justizverweigerung praktisch aus sich selbst heraus.

Dass die Klage der Untertanen aufgrund der Rechtslage, sowohl im Hinblick auf den Sachverhalt als auch die äußeren Umstände, aus objektiver Perspektive kaum Aussicht auf Erfolg hatte, muss den Anwälten klar gewesen sein. Doch ist es wohl nicht gerechtfertigt zu behaupten, dass sie die Streitigkeit trotz dieser Verhältnisse nur aus dem Grund vor das Reichskammergericht getragen haben, um finanziellen Profit aus der Situation zu ziehen. Vielmehr unterlagen die Advokaten einer in gewissem Maß berechtigten Hoffnung, in dem Verfahren nicht vollständig auf verlorenem Posten zu stehen. Zum einen waren auch sie, ungeachtet ihres Realitätssinns, vom Freibrief stark vereinnahmt worden. Zum anderen brachte die Verlagerung der gerichtlichen Entscheidung nach außerhalb Holsteins auf die Reichsebene durch erheblich veränderte Rahmenbedingungen eine neue Grundlage mit sich. Den Anwälten erschien wohl infolge des bekanntermaßen schwierigen Verhältnisses zwischen der Reichsgerichtsbarkeit und den territorialen Obergerichten sowie insbesondere des Strebens des Reichskammergerichts nach Festigung seiner Position als oberster Autorität im deutschen Justizwesen eine erneute Beurteilung der Sache, die den Freibrief würdigte und frei von landesspezifischen Erwägungen war, möglich. Insofern war eine solche Einschätzung der Lage weniger irrational als die zuvor auf der territorialen Ebene erfolgten permanenten Versuche der Untertanen.

Doch wird diese geringe Hoffnung mit der Kenntnisnahme des Berichts der holsteinischen Regierung einen entscheidenden Dämpfer bekommen haben. Darauf deutet die mehrmals verschobene Einreichung der Replik hin. Im Verlauf des weiteren Prozesses wich der letzte Rest an Hoffnung auf einen günstigen Verfahrensausgang endgültig dem nüchternen Bewusstsein, dass die Schmoeler mit ihrem Begehren auch in Wetzlar keinen Erfolg haben würden. Ob die Advokaten mit dem nach der Einreichung der Replik geschehenen mehrmaligen Ersuchen um Fristverlängerungen, die ihnen sogar gewährt wurden, hofften, maßgebliche neue Fakten zugunsten ihrer Mandanten vortragen zu können, ist fraglich. Vielmehr muss davon ausgegangen werden, dass sie die Sache, lange bevor sie diese im März 1776 offiziell fallen ließen, innerlich bereits aufgegeben hatten und die prozessualen Handlungen vorrangig aus dem Grund aufrecht erhielten, um noch finanziell vom weiteren Vorgehen profitieren zu können.

b. Advokat der Gutsherrschaft

Die Tätigkeit Zwierleins als Anwalt Hessensteins beschränkte sich inhaltlich mehr oder weniger auf eine verhältnismäßig knappe Verteidigungsschrift.[1437] Aufgrund der an seinen Mandanten ergangenen Ladung wolle er dem Gericht kurz anzeigen, „*was (...) bey dem in a. 1737. und denen folgenden Jahren gehaltenen (...) Land-Gerichte von den Untergehörigen (...) wegen ihrer praetendirten Befreyung von der Leibeigenschaft (...) durch die den 21sten Merz 1740. publicirte Urtel (...) definitive entschieden*“ worden sei. Das Urteil sei „*in Kraft Rechtens getreten*“ und durch „*das (...) schriftlich abgefaßte Dienst-Reglement für die (...) Untergehörigen (...) reguliret*“ worden. Diese Dokumente seien den Leibeigenen persönlich bekanntgemacht worden, und sie hätten die Anweisung erhalten, sie strikt zu beachten. Infolge dessen sei von ihnen „*der schuldige Gehorsam bereits wirklich geleistet worden*“. Das Dienstreglement sei auch dem Versteigerungsprotokoll „*zum Grunde geleget, und (...) öffentlich verlesen worden*“. In der Folge sei „*auf diese Bedingungen (...) öffentlich licitiret, und der Frau Gräfin Taube (...) gerichtlich adjudiciret worden*“.

Mithin habe der Beklagte als Erbe der Käuferin „*ein unstreitiges Recht (...) zu erlangen, daß diese (...) festgesetzte und versprochene Bedingungen (...) ihm gehalten und erfüllet werden, daß die Untergehörigen (...) wirklich ejusdem status et conditionis sind, als solcher (...) bestimmet worden*“. Sein Mandant sei „*auf keine Weise verbunden (...), auf den gegenwärtigen (...) Prozeß (...) sich im mindesten einzulassen*“. Bei diesem Verfahren handele es sich um einen „*von boshaften Aufwieglern und gewinnsüchtigen Leuten von neuem angezettelten*

1437 Hinsichtlich der folgenden Ausführungen und Zitate vgl. Zwierlein an das Reichskammergericht vom 24. Mai 1773 (LA Abt. 390 Nr. 478, Q. 12).

Prozeß", um einen „*an sich höchstabentheuerlichen Einfall*" und „*ein so offenbar Vernunft- und Gesetzwidriges Begehren*". Ein gerichtliches Vorgehen der Kläger „*gegen die mehr als 30.jährige Rechtskraft dieser schon in ao 1740. völlig zur Execution gebrachten, auch von ihnen toties quoties, und noch im November a. p. (...) agnoscirten Urtel*" hätte keine Aussicht auf Erfolg. Nicht zuletzt handele es sich um eine Sache, „*gegen welche ohnehin nie eine Appellation hätte statt finden können*".

Zwierlein brachte zum Ausdruck, weshalb die Verteidigung derart knapp, wenn auch unter rechtlichen Gesichtspunkten hinreichend ausfiel. So sei es im Prozess nicht in erster Linie seine Aufgabe, ein positives Urteil für Hessenstein zu erreichen. Es sei „*vielmehr der beiden höchsten Landes Herrschaften des Herzogthums Holstein, Sache (...), Anwaldts Herrn Principalen gegen diesen Unfug derer Untergehörigen, oder derjenigen, welche ihren Nahmen misbrauchen, zu schützen und zu vertreten*". An den Kaiser gerichtet sprach er seine Überzeugung aus, dass „*Aller- und Höchstdieselben gewis nicht unterlassen, dero höchste Gerechtsame dagegen gebührend beobachten zu lassen*".

Um seine Rechtsauffassung zu untermauern, fügte er die vier aus seiner Sicht maßgeblichen Dokumente als Anlagen bei. Dabei handelte es sich um das Landgerichtsurteil vom 21. März 1740, das Dienstreglement vom 30. Dezember 1740, das Versteigerungsprotokoll vom 24. Januar 1741 sowie die Urkunde mit den Eidesleistungen aller Untertanen vom 18. November 1772.[1438] Nachdem auch die letzte, Bostell durch das Reichskammergericht gesetzte Frist verstrichen war, ohne dass dieser die angekündigten Schritte unternommen hatte, stand für Zwierlein am 11. Dezember 1775 fest, „*daß Gegen Anwald den per Sententiam praefigirten Terminum contumaciter habe Verstreichen laßen*". Im Namen der holsteinischen Landesregierung und seines Mandanten bat er das Gericht darum, „*die Urthel gnädigst zu beschleünigen*". Diese eindringliche Bitte erneuerte Zwierlein am 22. März 1776, da zudem „*Gegen Anwald auch Von seinem ohnedem unstatthafften Gesuch abgestanden ist*".[1439]

Am Vorgehen Zwierleins wird deutlich, wie wenig Verständnis er für die Anhängigkeit des Verfahrens beim Reichskammergericht hatte und wie überzeugt er davon war, dass die Leibeigenen mit ihrem Begehren chancenlos waren. Allein dadurch, dass er sich in seiner Verteidigungsschrift in inhaltlicher Hinsicht auf wenige wesentliche Ereignisse beschränkte, zeigte Zwierlein, dass er sich seiner Sache sicher war und die Leibeigenen und ihr Anliegen zwar ernst nahm, ihr Vorgehen aber nicht für angemessen hielt. Insbesondere die vier dokumentarisch belegten Geschehnisse waren von ihm bewusst ausgewählt und in Zusammenhang gebracht worden. Das Fundament seiner Darstellung bildete das Landgerichtsurteil. Dieses habe nicht nur bald nach seiner Verkündung volle Rechts-

1438 Vgl. LA Abt. 390 Nr. 478, Q. 13 bis 16.

1439 Prozessprotokoll zu Q. 25 (LA Abt. 390 Nr. 478).

kraft entfaltet, sondern sei durch die Erstellung des Dienstreglements, das von den Untertanen pflichtgemäß befolgt worden sei, auch rechtswirksam umgesetzt worden. Das Dienstreglement – und damit das Urteil – seien die Grundlage für die Versteigerung der Güter gewesen, die von der Gräfin Taube erworben worden und im Weg der Erbfolge an Hessenstein übergegangen seien. Dem Beklagten hätten die Untertanen noch Ende 1772 nach mehr als 30jähriger Beachtung der Rechtslage die Treue und Anerkennung des Urteils geschworen.

Mit dieser Zusammenstellung der Ereignisse und der durch sie gebildeten lückenlosen Linie der Rechtsbegründetheit der Stellung seines Mandanten verstand Zwierlein die Position der Leibeigenen knapp und eindrucksvoll als aussichtlos darzustellen. Durch sie sprach er konkludent die verschiedenen wichtigen Einreden hinsichtlich des klägerischen Begehrens an: Verjährung, Eidesleistung und Abgeschlossenheit des Rechtswegs. Erst nachdem er diese Ausführungen zur Sache gemacht hatte und ihm seine Rechtsauffassung zur inhaltlichen Problematik des Falls hinreichend fundiert erschien, ging er auf das schlagkräftigste Argument ein, das gegen die Untertanen sprach, nämlich dass in der Sache niemals wirksam hätte appelliert werden können. Zugleich machte Zwierlein deutlich, dass dieser Punkt das ausschlaggebende Kriterium für die Beurteilung des Verfahrensausgangs sei. Demzufolge sah er den Schwerpunkt der Argumentation vor dem Reichskammergericht offenbar im Regierungsbericht vom 22. April 1773. Auf die Anerkennung dieses Berichts wirkte er jedoch in seiner Stellung als Agent der holsteinischen Regierung hin und trennte sein diesbezügliches Vorgehen im Verfahren strikt von demjenigen ab, das ihm in seiner Position als Anwalt Hessensteins oblag.

Für Zwierlein war das von den Leibeigenen eingeleitete Verfahren derart wider alle Vernunft und Gesetze, dass er seinen Mandanten nicht einmal wirklich als Prozesspartei empfand. Vielmehr sah er es als Aufgabe der Landesherrschaft an, sich zwischen diesen und die Kläger zu stellen, um das unverzügliche Ende dieses unzulässigen Verfahrens zu erreichen, damit jegliche weitergehende Einlassung Hessensteins vor dem Reichsgericht verhindert würde. So vermochte der Advokat frühzeitig zu vermeiden, dass eine tiefergehende Beschäftigung des Reichskammergerichts mit der Materie des Falls stattfand, insbesondere was die Ausgangsfrage nach der Gültigkeit von Frei- oder Kaufbrief betraf. Das Ziel Zwierleins war somit, infolge der schnellstmöglichen kammergerichtlichen Abweisung der Leibeigenen sowohl Hessenstein als Gutsherrschaft und Nutznießer ihrer Dienstleistungen als auch die Landesherrschaft als Inhaber des in der Landgerichtsordnung niedergelegten und vom Kaiser bestätigten Appellationsprivilegs vollumfänglich in ihren Gerechtsamen zu erhalten.

c. Regierungskanzleien

Der Beginn des Prozesses 1772/73 fiel in eine Phase des Umbruchs hinsichtlich der Regierung des Landes, da die Gemeinschaftliche Regierung für Holstein 1773 endete. Die obrigkeitlichen Institutionen, die mit der Schmoeler Sache befasst waren, waren jedoch weiterhin die Kanzleien zu Glückstadt, Kiel und Kopenhagen. Diese verfolgten grundsätzlich eine einheitliche Linie. So verständigten sich die Kanzleien zu Kiel und Glückstadt rasch auf ein gemeinsames Vorgehen, nachdem sie von Hessenstein die Mitteilung von der reichsgerichtlichen Ladung erhalten hatten. Der Gutsherrschaft wurde aufgegeben, dass sie *„die von den Untergehörigen (...) bey dem Reichs-Cammer-Gericht in Wetzlar angeblich bewürkte citation und deren (...) insinuation (...) abzuwarten, sodann aber davon bey der gemeinschaftlichen Regierung ohngesäumte Anzeige zu thun und darauf fernere Verfügung zu gewärtigen habe*“.[1440]

Als Hessenstein, dem die Ladung nach Wetzlar am 9. März 1773 insinuiert worden war, die Regierung am 12. März 1773 davon unterrichtete, war die Sache offiziell.[1441] Die Regierungskanzleien besprachen sich umgehend und einigten sich darauf, „*wegen dieser offenbahrsten Kränckung der Hollsteinischen Privilegii*“[1442] dem Landkanzler Rachel aufzugeben, unverzüglich eine Vorstellung an das Reichskammergericht zu entwerfen.[1443] Diesen Entwurf stellte Rachel am 5. April 1773 fertig und legte ihn einen Tag später vor.[1444] Von den Regierungen zu Kiel und Glückstadt wurde er unverändert genehmigt und am 22. April 1773 als Vorstellung der Landesherrschaft an das Reichskammergericht abgesandt. Darin kam der holsteinisch-landesherrliche Standpunkt zum Ausdruck. Die Regierung habe „*mit äußerstem Befremden in Erfahrung bringen müßen, daß der Kammer-Gerichts-Procurator Dr. Bostel, alsdort, sich beigehen lassen, im Nahmen der Leibeigenen Untergehörigen (...) wider (...) Herrn Grafen, als ihren Guts- und Gerichts-Herrn einzukommen, sich über zweene (...) ergangene Decreta, zu beschweren, fürnemlich aber (...) wegen der (...) in anno 1740. rechtskräftig abgesprochene (...) Landgerichts-Urtel (...) zu gravaminiren*“. Unter dem Einfluss „*von einem gewissen gottlosen Landstreicher und herrenlo-*

[1440] Bescheid der Glückstädter Kanzlei an Hessenstein vom 20. November 1772 (LA Abt. 11 Adl. Güter überhaupt Nr. 12a, Q. 28).

[1441] Vgl. Hessenstein an die Regierung vom 12. März 1773 (LA Abt. 11 Adl. Güter überhaupt Nr. 12a, Q. 29).

[1442] Kieler Regierung an Glückstädter Regierung vom 18. März 1773 (LA Abt. 11 Adl. Güter überhaupt Nr. 12a, Q. 31); vgl. Glückstädter Regierung an die Kieler Regierung vom 15. März 1773 (LA Abt. 11 Adl. Güter überhaupt Nr. 12a, Q. 30).

[1443] Glückstädter Kanzlei an den Landkanzler Rachel vom 26. März 1773 (LA Abt. 11 Adl. Güter überhaupt Nr. 12a, Q. 32).

[1444] Vgl. Rachel an die Regierung vom 5. April 1773 (LA Abt. 11 Adl. Güter überhaupt Nr. 12a, Q. 35).

sen Knecht Johann Jürgen Weidemann“ sei Bostell „*zum üblen Rathgeber und Consulenten*“ der Untertanen geworden. Besagter Weidemann beute die „*Schmoler Eingesessenen unter der falschen Hofnung, Ihnen die völlige Freyheit zu verschaffen, (...) boshafter und strafbarer Weise*“ aus.

Die „*ganze Aufwiegelung dieser Leute*“ und der angestrebte Prozess zeitigten „*die allergefährlichsten Folgen*“. Allein die Anerkennung der Führung eines Prozesses leibeigener Untertanen gegen ihren Herrn vor dem höchsten Reichsgericht sei schädlich, „*da hieraus die grössten Unruhen und Empörungen bey allen übrigen Unterthanen der adelichen Güther dieser Herzogthümer und Lande, die sich mit ihnen in aequali statu et eadem conditione servili befinden, jeden Augenblick, ehe man es sich versiehet, entstehen könnten*“. Es stehe zu befürchten, dass, „*woferne nicht noch dagegen in Zeiten die kräftigsten Masregeln genommen, allenfalls hieraus die unglücklichsten Auftritte, im Lande von Aufruhr und gewaltsamer Wiedersetzung entstehen, andere ihres gleichen, deren Menge in Holstein vorhanden, aus bloßer Einfallt, zu ähnlichen Exempeln verleitet, mithin zu Destruirung der Landesverfaßung, Hufe und Friede ganz unvermeidlich Thor und Thüre geöfnet werden könnten*“. So sei bereits „*die öffentliche Wohlfahrth gestöhret und der Landesherrlichen Hoheit Unserer aller- und höchsten Regenten sichtbarlich zu nahe getreten*“ worden. Aufgrund der eindeutigen Rechtslage, der schädlichen Folgen und wegen der „*so sehr verfänglichen Citation*“ hätte man sich ein anderes Vorgehen des Gerichts gewünscht, nämlich die sofortige Abweisung der Sache oder die Einholung eines Regierungsberichts. Nun erwarte man „*so viel gewisser und schleuniger eine balde Remedur mit Wiederaufhebung der erlaßenen Citation, zu erhalten*“.

Neben der Kundgabe des Missfallens sowie der Sorgen und Erwartungen der holsteinischen Regierung enthielt das Schreiben eine ausführliche Darstellung des Sachverhalts und der Rechtslage. Zunächst wurde auf die Zulässigkeit von Appellationen an das Reichskammergericht eingegangen. Die Regierung führte mehrere Stellen aus dem Reichsrecht und der gelehrten juristischen Literatur dafür an, dass die Appellation der Schmoeler unstatthaft sei. So solle „*in Causis appellationum, wo die Gravamina einigermaßen zweifelhaft erscheinen*“, zuerst die Einholung eines Berichts erfolgen, damit ein Appellant „*von denen (...) Unterthanen (...) nicht leichtlich gehöret, sondern (...) an seinen Landesfürsten und Herrn gewiesen werde*“. Dies gelte umso mehr „*in Causis Subditorum contra Dominos (...), da so gar leibeigene Bauern, wider einen Vasallen des Landes und ihre Guts-Obrigkeit dessen Eigenthum sie sind, und per indirectum gegen die aller- und höchste Landesherrschaft, welche ihnen die Gebühr Rechtens in Ordnung suo tempore administriren und verfügen lassen, Klage zu führen sich unterfangen*“. Denn „*was würde nicht allenthalben für eine gewaltige Unordnung und Ungewißheit der menschlichen Handlungen daraus entspringen, wenn einjeder, so bald es ihm einfällt und er es sich gelüsten ließe, längst abgethane*

Sachen wieder aufzuwärmen, gegen die Erkenntnisse anzugehen und sie nach Belieben umzustoßen, sogleich Gehör finden mögte!".

Die holsteinische Regierung wies ferner darauf hin, dass der Prozess vor dem Landgericht ordnungsgemäß abgelaufen sowie seitdem über drei Jahrzehnte vergangen seien. Das Urteil von 1740 sei 1772 bestätigt worden. Gegen diese Urteile würden den Untertanen „*die klaren Gesetze weiter anzugehen nicht erlauben, vielmehr sie sich darunter bey Urtel und Recht begnügen zu laßen schuldig*" seien. Zudem sei eine Appellation an das Reichskammergericht schon damals nicht statthaft gewesen, da „*diese Sache eine Streitigkeit zwischen adelichen Leibeigenen Unterthanen betraf, die ihrer Natur und Eigenschaft nach sich überal nicht zu einem Absprung noch fernere Rechtsgang qualificirte, und eben deswegen selbige auch inter Partes, wie es sich von selbst versteht, vormals bey dem Landgericht mündlich und mit nichten in scriptis cum consueta reservatione, verhandelt*" worden sei. Infolge dessen sei es offensichtlich und gemäß der Landgerichtsordnung, „*daß diejenigen Partheyen, welche sich mündlichen Recessirens und Vorbringens fürm Gerichte gebrauchen würden ipso hoc facto der Appellation sich begeben, derselben unfähig machen und und darauf gänzlich renunciiren.*

dict: Ordinat: provinc: Part: II. Tit: III. §. 1. et 2. et Part: IV. Tit: XVI. §. 3.".

Die Landgerichtsordnung sei von der höchsten gerichtlichen Instanz des Reichs, „*vom Kaiser Ferdinando dem Dritten glor: mem: auf öffentlichen Reichstag zu Regensburg im Jahr 1641., den 4ten Jul: confirmiret worden (...) und dadurch vim Privilegii erhalten hat (...) auch Camera Imperiali den 11ten Febr: 1651. insinuiret und zur Richtschnur mitgetheilet ist*".

Die Regierung ging im Speziellen auf das Verhältnis der holsteinischen Untertanen des Adels zum Reichskammergericht ein, indem sie den für sie offenstehenden Rechtsweg näher charakterisierte.

„*Nun aber ist es eine ganz bekannte und ausgemachte Wahrheit, wie im Herzogthum Holstein nach dem Statuto et Lege provinciali und der darnach beständig beobachteten Praxi eines theils in Causis derer Prälaten und von Adel Unterthanen, überall keine Appellationes vom Landgericht an die höchsten Reichs-Gerichte statt haben.*

Hierunter setzet die Hollsteinische Landgerichts-Ordnung auf eine incontestable Weise reine Ziel und Maaß, da solche in Part: I. Tit: III. §. 6. 9. et 13. ausdrücklich disponiret:

daß dieser Leute ihre Sachen auf dem nächsten Land-Rechts-Tage für Uns und Unsere verordnete Regierung verhöret, und was Recht ist, gesprochen und erkennet werden soll, darbey es auch ohne fernere Appellation, soll bleiben und gelassen werden.

Solchergestallt auch, so lange Holstein ist, noch nie ein Casus vorhanden, worauf man sich tuto berufet, daß jemals die Klag-Sachen der adelichen Bauern dieses Herzogthums, diese mögen Leibeigene, oder Freygebohren seyn, und jene bestanden haben, worinn sie wollen, per appellationem weiter gegangen wären, vielmehr das Landgericht für sie stets und immerdar das alleinige und ausgehende Recht gewesen sey.

Die innere Hollsteinische Landesverfaßung wegen der adelichen Güther leydet auch platterdings nicht vieljährige Processe der Subditorum Nobilium, insonderheit mit ihren Guthsherrn, daß sie mittelst dergleichen Anmaaßung sich in tausend Weitläuftigkeiten verwickeln, ihrer praestandorum servitiorum und andern Schuldigkeiten entziehen, und damit das Land zugleich ins Verderben stürzen".

Aufgrund dieser Verhältnisse war die Regierung davon überzeugt, dass von Seiten des Reichs „*keine der landesherrlichen Territorial-Hoheit Unserer allerund gnädigsten Regenten, Ihro Landes-Statuten und dem in Absicht der Hollsteinischen Lande zustehenden Privilegio de non appellando, so sehr nachtheilige und äußerst kränkende Violationes und Schmälerungen, durch irgend weiteres Verfahren hierinn zu admittiren*", zugelassen würden. Zweifellos sei „*die an den (...) Grafen von Hessenstein (...) ausgebrachte Citation, hiewiederum zu cassiren und die muthwilligen Supplicanten ab- und nach ihrer rechtmäßigen Landes-Obrigkeit zurück zu verweisen*". Als Anhang fügte die holsteinische Regierung elf wichtige Dokumente in Kopie hinzu. Eine Kopie des Freibriefs befand sich nicht darunter.[1445]

Bald darauf bezog Hessenstein die Deutsche Kanzlei in das Geschehen ein, indem er sie ersuchte, „*daß er wieder die ferneren Klagen seiner Guts-Untergehörigen (...) auf eine oder andere Art in Ruhe gesetzet, und bey seinem erworbenen Rechte geschützet werden mögte*".[1446] Nachdem die Kopenhagener Kanzlei von der Glückstädter Kanzlei über den Stand der Dinge in Kenntnis gesetzt worden war,[1447] äußerte auch diese die Auffassung, dass „*durch das besondere Verfahren des Reichs-Cammergerichts zu Wetzlar (...) nicht allein res judicata, sondern auch das privilegium holsaticum de non appellando (...) angegriffen worden*" sei, „*und jenes ist den Landesherrlichen Gerechtsamen eben so nachtheilig, wie dieses*". Die Deutsche Kanzlei billigte die von der Regierung verfasste Vorstellung und ging sogar noch einen Schritt weiter, um das Verhältnis Holsteins zum Reichskammergericht in einer solchen Konstellation zu betonen. So

---

1445 Regierungsbericht an das Reichskammergericht vom 22. April 1773 (LA Abt. 390 Nr. 478, Q. 18).

1446 Deutsche Kanzlei an Glückstädtische Regierung vom 8. Mai 1773 (LA Abt. 11 Adl. Güter überhaupt Nr. 12a, Q. 41).

1447 Vgl. Glückstädter Kanzlei an die Deutsche Kanzlei vom 14. Mai 1773 (LA Abt. 11 Adl. Güter überhaupt Nr. 12a, Q. 42).

wollte sie „*der Königl: Regierung zu Glückstadt (...) geziemend anheim gegeben haben, ob nicht noch, bewandten Unständen nach, und da es auch ungewiß ist, wie das Reichs-Cammer-Gericht sich bey dem Empfang nurerwehnter Deduction nehmen werde, dem Grafen von Hessenstein ex officio zu inhibiren sey, sich in der vorliegenden Sache weiter zu Wetzlar einzulaßen*".[1448] Hessenstein forcierte die Verhängung dieses an ihn gerichteten Verbots, indem er sich der Unterstützung des schwedischen Königs versicherte. Daraufhin ersuchte die Deutsche Kanzlei die Glückstädtische Kanzlei erneut um Berichterstattung.[1449] Nach positiver Rücksprache mit der Kieler Regierung[1450] erließ die Regierung zu Glückstadt am 28. September 1773 ein Reskript an Hessenstein, dass sie nicht gewillt sei, „*dergleichen Eingriffe in die nach den Reichs Gesetzen und denen Holsteinischen privilegiis Uns beykommende Landesherrliche Rechte in einige Weise zu dulden*". Hessenstein „*untersagen Wir hiedurch Allen und Gnädigsten Ernstes; sich in dieser von mehrgedachtem Reichs-Cammer Gericht incompetenter ihrem Gerichts Zwang unterzogenen Sache auf keine Weise einzulaßen*".[1451]

Darüber hinaus hielt die Glückstädtische Regierung für fraglich, „*ob auch in conformitaet der lezteren Land-Gerichts Urtel die den Proceß annoch fortsetzende unruhige Unterthanen, welche zu fortsezung des unbefugten processes zusammenkünffte anstellen, geld zusammenbringen, und solches an ihre mandatorios schicken, zu bestrafen seyn dürfften*", und bat die Deutsche Kanzlei um ihre Meinung. Hessenstein halte „*solches bey der gegenwärtigen Lage der Sache für sich zu thun nicht rathsam*".[1452] Die Kanzlei zu Kopenhagen äußerte die Ansicht, „*daß man es ebenfals bedencklich finde, die Bestrafung der Unterthanen geradezu zu verfügen, oder diesen Punct der Willkühr ihres Gutsherrn zu übergeben*", jedoch „*nunmehr auch an die Untergehörige ein Mandatum abzugeben seyn werde, den (...) beym Reichscammergerichte erhobenen Proceß bey nahmhafter Strafe nicht nur nicht weiter fortzusetzen, sondern auch die zu deßen Führung ausgestellte Vollmacht gehörig zu revociren und ihren Mandatoriis abzufordern, auch, daß solches geschehen, binnen einer ihnen vorzuschreibenden Frist bey gemeinschaftlicher Regierung zu documentiren. Sollte nun die Königliche Regierung (...) hiebey ihrerseits keine Bedencklichkeit fin-*

[1448] Deutsche Kanzlei an Glückstädtische Regierung vom 29. Juni 1773 (LA Abt. 11 Adl. Güter überhaupt Nr. 12a, Q. 46).

[1449] Deutsche Kanzlei an Glückstädtische Regierung vom 27. Juli 1773 (LA Abt. 11 Adl. Güter überhaupt Nr. 12a, Q. 50).

[1450] Kieler Regierung an Glückstädter Regierung vom 16. September 1773 (LA Abt. 11 Adl. Güter überhaupt Nr. 12a, Q. 51).

[1451] Reskript der Glückstädter Kanzlei an Hessenstein vom 28. September 1773 (LA Abt. 11 Adl. Güter überhaupt Nr. 12a, Q. 52).

[1452] Glückstädter Kanzlei an Deutsche Kanzlei vom 5. Oktober 1773 (LA Abt. 11 Adl. Güter überhaupt Nr. 12a, Q. 53).

den, so ersuchet man dieselbe, die Abgebung eines solchen Mandats fordersamst zu veranlaßen, und der Kantzeley (...) des ehesten davon Nachricht zu geben".[1453]

Die Glückstädter Kanzlei ersuchte die Kieler Kanzlei jedoch erst dreieinhalb Wochen später darum, „*daß, im Fall dieselben mit uns hierunter gleiche Meynung hegen, sothanes Mandatum dort abgegeben (...) werden möge*".[1454] Noch bevor dies geschah, bat die Deutsche Kanzlei vier Tage darauf um Nachricht, „*ob und wann das inhibitorium qu: abgegeben worden*" sei. Zudem möge man „*Greineisen von der Lage der Sache (...) hinlänglich (...) instruiren, und ihm den Auftrag geben, sich auf diensame und den Umständen gemäße Weise dahin zu verwenden, daß die Bauren beym Reichskammergerichte des ehesten gänzlich abgeweisen werden*". Zu der erneuten Mitteilung sah sich die Kopenhagener Behörde durch ein Schreiben Hessensteins vom 12. November 1773 veranlasst, worin er seine Frustration zum Ausdruck gebracht hatte. Als Gutsherrn ging es ihm in erster Linie um Ruhe auf seinen Gütern. Doch weder die Landgerichtsurteile noch die angedrohten Strafen oder deren Vollstreckung hätten die Untertanen von der Anhängigmachung und Fortsetzung des Prozesses abhalten können, und die reichskammergerichtliche Erkenntnis vom 1. September 1773, dass sie anzuhören seien, hätte sie noch weiter ermuntert. Daher sei „*schwehrlich ein anderer Ausweg abzusehen, als dieselben zu überzeugen, daß sie die Sache unmöglich jemahlen gewinnen können. Eine solche Überzeugung aber möchte ihnen am füglichsten beigebracht werden, wenn Höchsten Orts bey dem CammerGerichte dahin aufs Kräftigste gewürcket würde, daß alda die Bauren mit ihrer Klage ohne längeren Aufschub gäntzlich abgewiesen werden.*" Zusätzlich sei „*um so mehr periculum in mora*" gegeben, da die vom Gericht gesetzte Frist von zwei Monaten am 1. November 1773 abgelaufen sei und die endgültige höchstrichterliche Klärung der Sache, „*wenn diese Gelegenheit versäumet würde, viel schwehrer oder unmöglich werden mögte*".[1455]

Während Hessenstein also um der Wiederherstellung von Ruhe und Ordnung willen dazu bereit war, sämtliche Gründe, die gegen den Prozess sprachen, zu ignorieren, unternahmen die Regierungen einen neuen Versuch, den Prozess abzubrechen. Nachdem die Glückstädter Regierung am 30. November 1773 Greineisen den Vorgaben gemäß instruiert[1456] und die Kieler Regierung wiederholt darum ersucht hatte, im Zustimmungsfall „*gedachtes Mandatum (...)*

[1453] Deutsche Kanzlei an Glückstädter Regierung vom 2. November 1773 (LA Abt. 11 Adl. Güter überhaupt Nr. 12a, Q. 54).

[1454] Glückstädter Kanzlei an Kieler Kanzlei vom 26. November 1773 (LA Abt. 11 Adl. Güter überhaupt Nr. 12a, Q. 55).

[1455] Deutsche Kanzlei an die Glückstädtische Regierung vom 27. November 1773 (LA Abt. 11 Adl. Güter überhaupt Nr. 12a, Q. 56).

[1456] Glückstädter Kanzlei an Greineisen vom 30. November 1773 (LA Abt. 11 Adl. Güter überhaupt Nr. 12a, Q. 58).

baldthunlichst expediren zu lassen",[1457] gab die Kieler Kanzlei diesen Befehl am 6. Dezember 1773 schließlich ab. Darin wurde den Untertanen auferlegt, „*alles Ernstes und zwar bey unausbleiblicher Vollstreckung der in dem Land-Gerichtsbescheide vom 28 April 1772. (...) angedrohten (...) Strafe, daß ihr nicht allein gedachten (...) Process nicht weiter fortsetzet, sondern auch die zu dessen Führung ausgestellte Vollmacht gehörig revociret und euren Mandatariis abfordert, und daß solches geschehen, binnen 6 Wochen ab insinuato hujus bey Unserer Königl: Justitz-Canzley hieselbst documentiret*". Hessenstein sei eine Kopie zugegangen, und man werde es „*hiernechst auch nicht verabsäumen (...), so ferne die Untergehörigen solchem Mandato (...) nicht geleben solten, (...) den Herrn Grafen zu auctorisiren, die obige Bestrafung zu vollziehen*".[1458]

Noch vor Ablauf der Frist händigten die Untertanen am 20. Januar 1774 ein Dilationsgesuch in Kiel ein und erbaten eine Verlängerung der Frist um zwei Monate, da sie von ihrem Bevollmächtigten in Wetzlar im Hinblick auf das Mandat noch keine Nachricht erhalten hätten.[1459] Dadurch gelangte die Kieler Regierung zu der Auffassung, aus dem Gesuch „*erhellet dennoch die Absicht der Supplicanten, daß nemlich sie dem obgedachten Mandato (...) zu gehorsamen nicht gesonnen*" seien. Sie schlug vor, „*daß nach Ablauf der (...) sechswöchigen Frist (...) denen bemeldten Untergehörigen ein fernerweiter Befehl dahin beizulegen, daß sie nunmehro binnen dreyen Tagen ab insinuato dem Mandato vom 6 Dec: a. p. zu geleben (...) oder zu gewärtigen hätten, daß mit der (...) Zuchthauß und Karren-Strafe würcklich werde verfahren werden*".[1460] Dem Verfahren inklusive des Erlasses des mandatum arctiorum[1461] stimmten die Glückstädter Regierung[1462] und die Deutsche Kanzlei[1463] zu. Nach Ansicht der Kopenhagener Behörde müsste den holsteinischen Regierungsvertretern zu Wetzlar aufgetragen werden, „*dem Reichskammergerichte (...) auf gewöhnliche Weise zu erkennen zu geben, wie die Königl: Regierung nicht gemeinet sey, sich mit anmaaslichen*

1457 Glückstädter Kanzlei an Kieler Kanzlei vom 30. November 1773 (LA Abt. 11 Adl. Güter überhaupt Nr. 12a, Q. 57).

1458 Kieler Kanzlei an Glückstädter Kanzlei vom 6. Dezember 1773 (LA Abt. 11 Adl. Güter überhaupt Nr. 12a, Q. 60).

1459 Vgl. Kieler Kanzlei an die Glückstädter Kanzlei vom 27. Januar 1774 (LA Abt. 11 Adl. Güter überhaupt Nr. 12a, Q. 66).

1460 Kieler Kanzlei an Glückstädter Kanzlei vom 27. Januar 1774 (LA Abt. 11 Adl. Güter überhaupt Nr. 12a, Q. 66).

1461 Ein mandatum arctioris ist ein Strafbefehl, der erlassen wird, wenn die vorhergehenden, keinen Sanktionscharakter aufweisenden Befehle, das mandatum simplicium sowie das mandatum ulteriorum, nicht angemessen befolgt worden sind (*Oberländer*, Lexicon, S. 463).

1462 Vgl. Glückstädter Kanzlei an die Deutsche Kanzlei vom 10. Februar 1774 (LA Abt. 11 Adl. Güter überhaupt Nr. 12a, Q. 67).

1463 Vgl. Deutsche Kanzlei an die Glückstädter Regierung vom 12. Februar 1774 (LA Abt. 11 Adl. Güter überhaupt Nr. 12a, Q. 68).

Appellanten auf einige Weise einzulaßen, vielmehr sich auf den lediglich in honorem summi judicis vorhin erstatteten Bericht bezogen haben wolte, und nicht zweifelte, daß Supplicantes semel pro semper abgewiesen werden würden".[1464]

Nachdem die königliche Agentie zu Wetzlar die entsprechenden Instruktionen von der Kieler Regierung erhalten hatte,[1465] äußerte sich die Deutsche Kanzlei hinsichtlich des Erlasses eines mandatum arctiorum:

„*Wenn der Guthsherr sich in dem Besitze der Dienste befände, wovon die Unterthanen frey seyn wollen: so würde man es wohl gerathener halten, den Lauf der Sache beim Reichs Cammer-Gerichte noch zuförderst abzuwarten. Einer andern Meinung würde man seyn, wenn die Unterthanen die streitigen Dienste nicht prästirten.*"[1466]

Die Kieler Kanzlei stellte klar, „*daß der Herr Graf von Hessenstein (...) sich in den Besitz der Dienste (...) würcklich befindet*". Falls man den Verlauf der Sache beim Reichskammergericht abzuwarten wünsche, „*so dürfte sonder Maßgebung dennoch in Rücksicht auf die Justitz-Pflege, und der Ordnung halber, wie auch zur Aufrechthaltung des vom LandGericht abgegebenen Bescheides, indem so viele Judicata in der Sache schon ergangen, höchst nöthig seyn, auf eine baldige gewierige Endschaft derselben bey dem Reichs Cammer Gericht zu dringen*". Darüber hinaus glaubte sie, dass es hilfreich wäre, „*wenn zugleich dem Königl: Ministre zu Wien aufgetragen würde, dahin zu cooperiren, daß von dortaus Promotoriales an das Reichs-Cammer Gericht zur schleunigen Beendigung der Sache, ergingen*". Diesen Schritt stellte sie der Kopenhagener Behörde jedoch anheim.[1467] Die Deutsche Kanzlei verfügte daraufhin, dass es angesichts der Gesamtsituation „*am gerathensten gehalten werde, vor der Hand keine weitere Mandata in der Sache abzugeben, sondern den Lauf derselben beym Reichs-Cammergerichte zu Wetzlar und insonderheit den Effect der von den Königl. Agenten daselbst anzuwendenden Bemühungen noch erst abzuwarten*".[1468]

Erst über einen Monat später erfuhr die Glückstädter Regierung von der Kieler Kanzlei, dass Bostell bereits am 12. Februar 1774 eine Replik auf den Regierungsbericht vom 22. April 1773 eingereicht hatte. Diese hatte sich jedoch nicht bei den Kieler Akten befunden. Das war aller Wahrscheinlichkeit nach auf organisatorische Unzulänglichkeiten während der staatsrechtlichen Veränderungen

---

1464 Deutsche Kanzlei an Kieler Regierung vom 12. Februar 1774 (LA Abt. 11 Adl. Güter überhaupt Nr. 12a, Q. ad 68).

1465 Vgl. Kieler Kanzlei an die Glückstädter Kanzlei vom 24. Februar 1774 (LA Abt. 11 Adl. Güter überhaupt Nr. 12a, Q. 69).

1466 Deutsche Kanzlei an Kieler Regierung vom 5. März 1774 (LA Abt. 11 Adl. Güter überhaupt Nr. 12a, Q. ad 70).

1467 Kieler Kanzlei an Deutsche Kanzlei vom 10. März 1774 (LA Abt. 11 Adl. Güter überhaupt Nr. 12a, Q. ad 70).

1468 Deutsche Kanzlei an Glückstädter Regierung vom 9. April 1774 (LA Abt. 11 Adl. Güter überhaupt Nr. 12a, Q. 71).

des Vorjahres zurückzuführen.[1469] Dieser Mangel war erst kurz zuvor von Jensen behoben worden, als er in Erfahrung gebracht hatte, dass es der Landesherrschaft an diesen wichtigen Unterlagen fehlte, um auf dem neuesten Stand zu sein.[1470] Doch sowohl Hessenstein als auch die Landesherrschaft waren sich sicher, dass die Untertanen mit ihrer Klage in jedem Fall abgewiesen würden. Daher ging es ihnen in erster Linie immer noch um eine schleunige Entscheidung, die sie vor allem dadurch zu fördern gewillt waren, dass sie den Umfang des Aktenmaterials so gering und die Dauer der Verhandlungen so kurz wie möglich hielten. Insofern kam es maßgeblich auf die Replik Bostells an und wie auf sie zu reagieren wäre. Aufgrund der vielen gegen die Kläger sprechenden Argumente hielt Zwierlein es „*weder vor nöthig noch nüzl: die replic besonders zu beantworten. Nicht vor nöthig, weil die (...) Umstände von denen Appellanten nicht bestritten werden können, nicht vor nüzlich weil durch eine weitere Handlung die Acten einestheils weitläufiger werden, anderntheils Euerer Königl: Majest: dadurch als Beklagter Theil erscheinen, da doch allerhöchst Dieselbe (...) lediglich als Richter Sich allerhöchst dargestellet haben*“.[1471]

Obwohl zwischen den beiden Regierungsagenten zu Wetzlar, Zwierlein und Greineisen, außerordentliche Differenzen im Persönlichen bestanden, die auch das Geschäftliche nicht unberührt ließen und dessen zügigen Fortgang belasteten,[1472] stellte Greineisen noch Ende 1774 beim Reichskammergericht im Namen der holsteinischen Regierung den ihm aufgegebenen Antrag,[1473] dass „*unbefugte Recurrenten gäntzlich zur Ruhe verwiesen werden*“.[1474] Daraufhin „*ist denen Klägere durch die Urtel vom 7ten April und 9ten Oct: 1775. aufgegeben worden zu handlen welches sie aber unterlaßen haben, und bei diesen Umständen ist nunmehr die Sache so beschaffen, daß man darinnen erkennen kann*“. Man werde sich „*alle Mühe geben, gedachte Sache zu beendigen*“. Infolge eines neuen Reichsschlusses jedoch, durch den „*die Verordnung dahin getroffen worden ist, daß die Sache nicht anders als nach ihrem Alter und Privilegio sollen vorgetragen werden, so dürfte es viele Schwierigkeiten haben ehe man die*

1469 Vgl. Kieler Kanzlei an die Glückstädter Kanzlei vom 13. Mai 1774 (LA Abt. 11 Adl. Güter überhaupt Nr. 12a, Q. 74).

1470 Vgl. Jensen an den König vom 11. Mai 1774 (LA Abt. 11 Adl. Güter überhaupt Nr. 12a, Q. ad 74).

1471 Zwierlein an den König vom 3. September 1774 (LA Abt. 11 Adl. Güter überhaupt Nr. 12a, Q. ad 81).

1472 Vgl. Glückstädter Kanzlei an die Deutsche Kanzlei vom 17. Oktober 1774 und Deutsche Kanzlei an die Glückstädter Regierung vom 19. November 1774 (LA Abt. 11 Adl. Güter überhaupt Nr. 12a, Q. 82, 83).

1473 Vgl. Greineisen an den Fürsten vom 13. Dezember 1774 (LA Abt. 11 Adl. Güter überhaupt Nr. 12a, Q. 86).

1474 Glückstädter Kanzlei an Greineisen vom 24. November 1774 (LA Abt. 11 Adl. Güter überhaupt Nr. 12a, Q. 85).

Urthel heraustreibt".[1475] Tatsächlich wurde die Entscheidung erst am 20. Januar 1777 verkündet.[1476]

Auf der Grundlage dieses Urteils wurden einige der Schmoeler Rädelsführer vom Gutsgericht zu längeren Karrenstrafen verurteilt. Doch als Hessenstein in einem besonderen Fall nur einen Monat nach der Urteilsverkündung um die Begnadigung eines seiner Knechte ersuchte, damit dieser seinen alten kranken Vater pflegen könne,[1477] war die Deutsche Kanzlei sofort der Ansicht, dass diesem Wunsch „*einige Bedencklichkeit wohl nicht entgegen stehen kann*".[1478] Die hinzugezogene Glückstädter Kanzlei verkündete, dass „*man der (...) geäußerten Meynung völlig dahin beypflichte, daß Seine Konigl. May. ohne Bedenken dürfte angerathen werden können, dem gedachten Knecht (...) die von seinem Guths Herrn für ihn gesuchte Begnadigung allermildest angedeihen zu lassen*".[1479] Noch im Januar 1778 wurden die diesbezüglich auf Regierungsebene notwendigen Maßnahmen ergriffen.[1480]

Im Hinblick auf die rechtliche Behandlung der Leibeigenen durch die Regierungskanzleien ist auffällig, mit welcher Zügigkeit die Verständigung der beiden landesinternen Einrichtungen nach Kenntniserlangung vom Sachverhalt vonstatten ging. Darüber hinaus wird an der Instruktion an die Gutsherrschaft, umgehend Bericht über Neuigkeiten zu erstatten sowie vor dem Ergreifen weiterer Maßnahmen die Anordnungen der Regierung abzuwarten, die Außerordentlichkeit des Reichskammergerichtsverfahrens für die Landesherrschaft augenscheinlich. Wie ungewöhnlich die Anhängigmachung eines Prozesses bei einem obersten Reichsgericht durch holsteinische Untertanen des Adels war, beweist vor allem die Tatsache, dass die Regierung trotz der Anzeige der Ladung durch Hessenstein von einer angeblich bewirkten Citation sprach. Da solch ein Fall bis zu diesem Zeitpunkt niemals vorgekommen war, hatte die Regierung offensichtlich keine Bedenken, die Glaubwürdigkeit dieser Information selbst gegenüber einer Person wie Hessenstein bis zu einem gewissen Grad anzuzweifeln und erst einmal abzuwarten, was darauf folgte. Als die Insinuation der Ladung geschehen und alle Zweifel ausgeräumt waren, stimmten die Kanzleien unver-

---

1475 Zwierlein an den König vom 7. Mai 1776 (LA Abt. 11 Adl. Güter überhaupt Nr. 12a, Q. 99).

1476 Vgl. Zwierlein an den König vom 21. Januar und 17. Juni 1777 (LA Abt. 11 Adl. Güter überhaupt Nr. 12a, Q. 101, 105).

1477 Vgl. unten auf S. 403 ff.

1478 Deutsche Kanzlei an Glückstädter Regierung vom 9. Dezember 1777 (LA Abt. 11 Adl. Güter überhaupt Nr. 12a, Q. 106).

1479 Glückstädter Regierung an Deutsche Kanzlei vom 15. Dezember 1777 (LA Abt. 11 Adl. Güter überhaupt Nr. 12a, Q. 107).

1480 Vgl. König an Glückstädter Regierung vom 7. Januar 1778 sowie Glückstädter Regierung an Hessenstein vom 16. Januar 1778 (LA Abt. 11 Adl. Güter überhaupt Nr. 12a, Q. 108, 109).

züglich darin überein, schleunigst eine deutliche Gegenvorstellung beim Reichskammergericht abzugeben.

Schon allein die Tatsache, dass die Vorstellung der Landesherrschaft noch vor derjenigen Hessensteins, also des Beklagten, bei Gericht eingereicht wurde, zeigt, dass die Leibeigenen sich nicht in erster Linie mit ihrer Gutsherrschaft, sondern mit ihrer Landesherrschaft angelegt hatten. Daher wurde der Regierungsbericht auch ausdrücklich aufgrund der Verletzung der holsteinischen Appellationsprivilegien und nicht wegen der Sache an sich verfasst. Die Landesherrschaft verfolgte das vorrangige Ziel, dass das von den Untertanen initiierte Unterfangen unverzüglich gerichtlicherseits abgebrochen wurde. Dabei brachte sie aber zum Ausdruck, dass die hauptsächliche Schuld daran, dass die Sache rechtswidrigerweise an das Reichskammergericht gelangt sei, nicht bei den Leibeigenen selbst, sondern bei ihren Beratern und Vertretern zu suchen sei. Allein dadurch seien die Landeshoheit und die öffentliche Wohlfahrt empfindlich verletzt worden. Was noch schwerer wiege, seien die fast zwangsläufig in naher Zukunft zu erwartenden Folgen, falls ihnen von Seiten der Obrigkeit nicht schnell und entschlossen entgegen gesteuert würde. Eine Erhebung aller holsteinischen Untertanen des Adels sei jederzeit möglich, und das führte zu einer Zerstörung der Landesverfassung der adligen Güter und damit des Friedens im gesamten Land.

Diese landesherrliche Perspektive ist mit derjenigen, welche die Landräte bereits 1739 zum Ausdruck brachten, praktisch identisch. Damals erschien den Räten die Gefahr für das Land aufgrund der rezessiven Phase in der Landwirtschaft und der durch die Untertanen des Adels betriebenen Prozesse besonders groß. Knapp 34 Jahre später musste die Regierung solch eine Gefahr aus dem Grund als gegeben betrachten, dass zu dieser Zeit die Umstrukturierung der Landwirtschaft bereits in einigen Gegenden des Landes, gerade auch in den landesherrlichen Landstrichen, in Gange war und in deren Zusammenhang auch die Leibeigenschaft aufgehoben wurde. Um diese von der Obrigkeit trotz allem noch als nützlich empfundene Einrichtung nicht in ihrem Gesamtbestand, insbesondere im Bereich der Landesverfassung der adligen Güter, angetastet zu sehen, war dem Betreiben eines Prozesses leibeigener Untertanen gegen ihre Herrschaft vor einem Reichsgericht dringend Einhalt zu gebieten.

Um ihr Ziel der sofortigen Prozessbeendigung zu erreichen, brachte die Landesherrschaft nicht nur ihre Empörung in drastischer Weise gegenüber einer kaiserlichen Einrichtung zum Ausdruck. Vielmehr lieferte sie auch eine ausführliche Darstellung der Rechtslage, mit der sie den Untertanen jede Möglichkeit zu nehmen suchte, vor dem Reichskammergericht überhaupt erst gehört zu werden. Ohne dabei im geringsten auf die inhaltliche Streitfrage einzugehen, legte der Bericht zum einen die Ordnungsgemäßheit und Rechtskraft des Urteils von 1740 sowie dessen Bestätigung 1772 dar. Zum anderen aber, was der Regierung wesentlich wichtiger war, nannte er die unterschiedlichen Gründe dafür, dass eine Appellation an ein Reichsgericht im vorliegenden Fall nicht nur aufgrund der generellen Konstellation, sondern auch aufgrund der besonderen Umstände und damit auf mehrfache Weise ausgeschlossen war. Dies besagten sowohl Gesetze und Literatur des Reichs als auch die holsteinischen Landesgesetze, die infolge der kaiserlichen und kammergerichtlichen Bestätigung 1641/51 dieselbe Wirkung wie ein Appellationsprivileg entfalteten. Demnach könnten die Leibeigenen niemals wirksam nach außerhalb Holsteins appellieren, geschweige denn dass sie die für eine Appellation unerlässlichen Grundbedingungen wie insbesondere die Schriftlichkeit des landgerichtlichen Verfahrens eingehalten hätten.

Zu dieser formell-verfahrensrechtlichen Argumentation gesellte sich eine gewohnheitsrechtlich-faktische Argumentation hinzu. Unter dem Stichpunkt „innere holsteinische Landesverfassung wegen der adligen Güter“ wies die Regierung darauf hin, dass Rechtsstreitigkeiten, in die Untertanen des Adels verwickelt seien, sich im Allgemeinen nicht durch Langjährigkeit auszeichneten. Dies gelte insbesondere, wenn der Prozessgegner ihre Gutsherrschaft sei. Es sei bislang nicht ein einziges Mal vorgekommen, dass Untertanen des Adels, gleichgültig ob sie frei oder leibeigen seien und unabhängig davon, welchen Inhalts der Prozessgegenstand sei, weiter als bis an das holsteinische Landgericht appelliert hätten. Dabei verhehlte der landesherrliche Bericht nicht, weshalb die Bestimmungen, die den für Untergehörige offenstehenden Rechtsweg betrafen, in dieser Form getroffen worden waren. Denn ihnen sei die Appellation an die Reichsgerichte untersagt sowie die Langwierigkeit der inländischen Prozesse vermieden worden, damit sie imstande seien, ihrer Hauptaufgabe, der Erfüllung der Hofdienste und übrigen Schuldigkeiten, jederzeit nachzukommen. Aus Sicht der Regierung verhinderte der Prozess vor dem Reichskammergericht, den sich die Untertanen einzuleiten angemaßt hätten, infolge seines zeitlichen und inhaltlichen Aufwands genau diesen dem Wesen des Untertanen des Adels eigenen Zweck. Damit sei zwangsläufig eine erhebliche Schädigung des öffentlichen Wohls verbunden.

Folglich war zwar das vorrangige Ziel, das die Landesherrschaft mit ihrem Schreiben verfolgte, die unverzügliche Beendigung des Reichskammergerichtsprozesses und die Verhinderung der weiteren Verletzung landeshoheitlicher Rechtspositionen. Doch die wesentlichen Motive für ihr Vorgehen waren diejenigen, die im zweiten Glied standen. Der Regierung ging es darum, das öffentliche Landeswohl stabil zu halten, das zu einem Großteil auf der Wirtschaftskraft der adligen Güter beruhte. Deren Produktivität war überwiegend, im Fall der Leibeigenschaft praktisch ausschließlich, auf die Hofdienste der Untergehörigen gegründet. Vor diesem Hintergrund musste es ihr Bestreben sein, die Verbindung der Untertanen des Adels zum Reichsgericht, die zwar offiziell nicht zulässig, faktisch aber bereits geschaffen war, möglichst ohne nachhaltige Schäden für die holsteinische Landesverfassung zu kappen und die Bauern wieder unter die Kontrolle ihres Machtbereichs zu zwingen.

Nach Einbeziehung der Deutschen Kanzlei verhärtete sich die Haltung der Landesregierung gegenüber dem Reichskammergericht weiter. Das war darauf zurückzuführen, dass die Kopenhagener Behörde den Regierungsbericht nicht nur billigte, sondern ein noch schärferes Vorgehen forderte. Trotz der eindeutig zugunsten Holsteins sprechenden Rechtslage traute sie der Rechtsprechung des Reichskammergerichts nicht einmal soweit, dass sie sich eines positiven Ausgangs für die Landesherrschaft sicher war. Aufgrund der speziellen Konstellation, insbesondere des Angriffs auf die holsteinischen Privilegien, sah sich die Kanzlei sogar gerechtfertigt, gegenüber einer kaiserlichen Einrichtung derart groben Ungehorsam an den Tag zu legen, dass sie Hessenstein, der diese Entscheidung nach Kräften mitbetrieb, die Einlassung zur Sache in Wetzlar untersagen wollte. Da die holsteinischen Regierungskanzleien den Vorschlag begrüßten, wurde Hessenstein dieses Verhalten von der Landesobrigkeit auferlegt. Für die Leibeigenen bedeutete das jedoch nicht, dass ihre Landesherrschaft damit eine positive Bescheidung ihres Begehrens durch eine Blockade des Verfahrens von vornherein unmöglich gemacht hatte. Vielmehr war es so, dass in dem Vorgehen nur ein nochmals gesteigerter Protest gegen die Annahme des Prozesses zu erblicken war. Dieser kam aber einer Gratwanderung gleich, da trotz des Fehlens Hessensteins als Beklagtem ein Spruch gegen ihn, nämlich in der Form eines Kontumazurteils,[1481] möglich war. Insofern war das Verhalten der Gegner der Schmoeler, das ihre Rechtsauffassung untermauern sollte, eine risikoreiche Variante und konnte den Untertanen im Hinblick auf die Anerkennung ihres Klagebegehrens sogar hilfreich sein.

Erst nachdem die Kanzleien ihre Position gegenüber dem Reichskammergericht sorgfältig koordiniert hatten, widmeten sie sich mehr als ein halbes Jahr später der Behandlung der Leibeigenen als Verursacher dieser staatsrechtlichen Turbulenzen. Diese Reihenfolge des Vorgehens und gerade auch der dazwischen liegende Zeitraum machen deutlich, wie einzigartig das Geschehen war und welch intensiven Aktionismus die mit ihm einhergehende Unberechenbarkeit möglicher Konsequenzen für Holstein als Ganzes auslöste. Daher beschäftigte sich die Landesobrigkeit lange ausschließlich mit der Kontrolle der Lage und konzentrierte sich erst danach auf die Leibeigenen selbst. Doch trotz der heiklen Situation, in welche die Untertanen ihre Landesherrschaft gebracht hatten, ka-

---

[1481] Das Kontumazurteil (contumacia=Ungehorsam) schließt einen Prozess ab, der gegen eine Partei, die ungeachtet der an sie ergangenen Ladung nicht vor Gericht erscheint oder eine notwendig obliegende Prozesshandlung schuldhaft nicht bzw. mangelhaft vornimmt, „in contumaciam" geführt werden kann und für die betroffene Partei Rechtsnachteile, Rechtsverlust, Strafen sowie negative Kostenentscheidungen mit sich bringt (*Oberländer*, Lexicon, S. 187; LMA/*Holenstein*, 5. Band, Sp. 1422; vgl. *Köbler*, Wörterbuch, S. 304, 610).

men die Kanzleien untereinander und mit Hessenstein darin überein, sie für ihr bisheriges Vorgehen nicht zu bestrafen. Vielmehr sollte ihnen nur, dafür aber mit deutlichen Worten und unter Androhung harter Strafen auferlegt werden, alles Notwendige in die Wege zu leiten, um die weitere Betreibung des Prozesses zu unterbinden. Das geschah gegen die mittlerweile erlangte Überzeugung Hessensteins, dass es im Hinblick auf Ruhe und Ordnung auf den Gütern besser sei, die Bauern würden höchstrichterlich abgewiesen. Zugleich wurden aber die landesherrlichen Bemühungen zu Wetzlar hinsichtlich einer sofortigen Verfahrensbeendigung mit unverminderter Intensität fortgesetzt.

Die Untertanen waren jedoch trotz des gegen sie erlassenen Mandats mit dessen massiver Strafandrohung gewillt, die Sache in Wetzlar weiterzubetreiben. Dies gaben sie der Regierung auch ausdrücklich zu verstehen. Daher hätte die Obrigkeit mit der Einleitung von Strafverfahren unverzüglich beginnen können bzw. müssen. Doch davor schreckte sie zurück, da sie von der Hartnäckigkeit der Schmoeler so beeindruckt war, dass sie augenscheinlich nicht davon ausging, ihr Ziel mittels eines solchen Vorgehens zu erreichen. Während die Landesherrschaft bei ihren Aktionen gegen die Untergehörigen eine gewisse Resignation erkennen ließ, drängte sie auf obrigkeitlicher Ebene darauf, dass sich die Regierungsvertreter beim Reichskammergericht nachhaltig für den Abschluss des Prozesses einsetzten. Sogar die Einschaltung weiterer hoher Staatsbedienter wurde erwogen. Die zweigleisigen Bemühungen, das Verfahrensende zu beschleunigen, wurden somit überwiegend eingestellt. Denn infolge dieser Einsicht trat gerade auch im Hinblick auf das mandatum arctioris, das zuvor noch als notwendig erachtet wurde, eine veränderte landesherrliche Anschauung zutage. Für die Zukunft wurde es davon abhängig gemacht, ob die Schmoeler ihren Dienstverpflichtungen ordnungsgemäß nachkamen oder nicht.

Diese neue Taktik offenbart unterschiedliche Aspekte der Haltung der Obrigkeit. Zum einen wird an ihr deutlich, dass es im Vordergrund stand, die potentiellen Gefahren, die von dem Reichskammergerichtsverfahren für die Ordnung in Holstein ausgingen, zu bannen. Erst in zweiter Linie ging es um die prozessuale Auseinandersetzung mit den Untertanen. Im Hinblick darauf hatten die Untergehörigen während des Verfahrens nichts zu befürchten, solange sie ihre Dienste erledigten. Das war nachweislich der Fall. Hätten sie dies nicht getan, hätte sie die holsteinische Obrigkeit zwangsweise und mit allen Mitteln dazu anhalten lassen. Auf der Grundlage ihrer aus dem Regierungsbericht hervorgehenden Einstellung hätte sich die Landesherrschaft aber auf keinen Streit in der Sache vor dem Reichsgericht eingelassen. Die Verteidigung ihrer hoheitlichen Privilegien, hinsichtlich derer aus Regierungssicht keine objektiven Bedenken anzumelden waren, konnte die Landesherrschaft nur beim Reichskammergericht erreichen. Die Lösung der Schmoeler Problematik hingegen betrachtete sie als eine rein inländische Angelegenheit. An ihr wurde die Verbindung von holsteinischer Leibeigenschaft und holsteinischem Gerichtswesen offensichtlich: Der maßgebliche Grund für das Bestehen der Leibeigenschaft war die Verpflichtung der Leibeigenen zur Erbringung von Diensten. Die Aufgabe der Justiz war es, diese wichtige Säule der Landesverfassung der adligen Güter unter inländischer Kontrolle zu behalten.

Allerdings hinderte dieses vorrangige Interesse der Regierungskanzleien sie nicht daran, im Einzelfall Gerechtigkeit bzw. Gnade walten zu lassen, auch wenn dies wie im Fall des aus der Karrenstrafe entlassenen Schmoeler Knechts positivem Recht – in Form eines Gutsgerichtsurteils – objektiv zuwiderlief. Damit wurde eine hinter ihrer wirtschaftlich-politisch motivierten Grundeinstellung stehende Menschlichkeit sichtbar. Diese veranschaulicht, dass es der Landesherrschaft selbst in der für sie so außerordentlichen und belastenden Schmoeler Angelegenheit nicht bedingungslos auf die konsequente Vollstreckung von Strafen gegen die Leibeigenen ankam, um dadurch die Machtverhältnisse zu verdeutlichen und die Untertanen teils direkt, teils indirekt gewaltsam zu brechen. Vielmehr war ihr auch im Interesse der Gutswirtschaft und des Friedens im Land in erster Linie an Ruhe und Ordnung auf den Gütern gelegen. Dafür opferte sie bereitwillig kleinere Rechtspositionen und zeigte sich im Rahmen des Möglichen flexibel, wenn dies dem großen Ganzen diente.

d. Reichskammergericht

Die Handlungen des Reichskammergerichts in der Schmoeler Sache lassen sich zeitlich und inhaltlich in drei unterschiedliche Abschnitte einteilen. Neben dem Annahmebeschluss samt der Ladung an Hessenstein sowie dem Urteil samt der Voten der Mitglieder des erkennenden dritten Senats gaben die Kammerräte noch drei schriftliche Zwischensentenzen in der Angelegenheit ab.

aa. Annahme und Ladung

Nachdem die klägerische Supplik am 12. September 1772 beim Reichskammergericht eingereicht worden war, wurde am 22. Oktober 1772 der Beschluss gefasst, die Sache zur Verhandlung anzunehmen.[1482] Doch der referierende Kammerrat und Senatsvorsitzende Bürgel iun. gab nicht dem Hauptantrag der Leibeigenen statt. Er vermochte „*bey dem durch die unterlassene interpositionem appellationis erlangtem iure quaesito derer Grafen von Hessenstein (...) nicht auf restitutionem brevi manu anzutragen*". Vielmehr erkannte er nur auf die Zulassung des Hilfsantrags: „*Nachdem aber Supplicantibus als Gemeinheiten*

[1482] Vgl. Supplik vom 12. September 1772 und Beschluss vom 22. Oktober 1772 (LA Abt. 390 Nr. 478, Q. 2).

iura minorum zustünden, ihnen die rusticitaet zu statten kommen, dann in concedenda restitutione nicht difficilis seyn solle, (...) zudem in causa principali Supplicantes den Freyheits Brief von 1688 mit dem Ranzauischen Verkauff vor sich hätten, finde D Referens keinen Anstand, die mitgebettene citationem ad videndum se restitui adversus omissam interpositionem appellationis zu erkennen."[1483]

Die entsprechende Ladung wurde Hessenstein über seinen Bevollmächtigten Jensen am 9. März 1773 zu Kiel insinuiert. Ihm wurde aufgegeben, „*an diesem Unserem Kayserlichen Cammergericht selbst oder durch deinen Gevollmächtigten Anwald zu erscheinen zu sehen und hören daß Klägere um erzehlter Ursachen willen gegen die unterlaßene interponirung der Appellation in integrum zu restituiren seyen, oder aber erhebliche Ursachen und Einreden, ob du einige hättest, warum solches nicht geschehen solle in Rechten gebührlich Vor zu bringen (...). Wann du citirter Graf kommest und erscheinest, alsdann also oder nicht, so wird doch nichts destoweniger auf gegentheiliges Anrufen und erforderen hierin im Rechten, gehandlet und procediret wie sich das seiner Ordnung nach gebühret*".[1484]

Die rechtliche Behandlung der Leibeigenen durch das Reichskammergericht orientierte sich in dieser anfänglichen Phase des Verfahrens maßgeblich an den Anträgen der Kläger und der Rechtslage zwischen den Parteien. Daher vermochte das Gericht nach der Prüfung der Supplik Bostells nicht kurzerhand auf eine Wiedereinsetzung der Untertanen in den vorigen Stand zu erkennen. Als wesentlichen Grund dafür nannte der referierende Kammerrat die Versäumnis der Kläger, fristgerecht und ordnungsgemäß appelliert zu haben. Das subjektive Recht, das Hessenstein durch diesen rechtlich relevanten Vorgang erworben habe, lasse es nicht zu, dem Hauptantrag der Schmoeler stattzugeben. Allerdings sah das Gericht keinen Grund dafür, auch dem Hilfsantrag der Kläger nicht stattzugeben. Insofern beschloss es, eine Ladung an Hessenstein ausgeben zu lassen, infolge derer er vor dem Senat zu erscheinen habe, damit man herausfinden könne, ob den Untertanen trotz versäumter Appellation die Wiedereinsetzung in den vorigen Stand zu gewähren sei.

Als argumentative Grundlage dieses Beschlusses führte der Richter drei Aspekte an. Den Supplikanten ständen als Bauern und damit als einer beachtenswerten Personengemeinschaft iura minorum[1485] zu. Des Weiteren komme ihnen ihre

1483 Extrajudizialsenatsprotokoll des 3. Senats vom 22. Oktober 1772 (BA AR 1/II 251, 118).

1484 Ladung des Reichskammergerichts vom 9. März 1773 (LA Abt. 390 Nr. 478, Q. 1).

1485 Unter den „iura minorum", eigentlich die „Rechte der Minderjährigen bzw. Unmündigen", sind wohl die Rechte der Schmoeler als bäuerliche Untertanen zu verstehen, die sich aus Sicht der Reichskammerräte in einer mit ersteren vergleichbaren Position befanden und daher auch Anspruch auf einen vergleichbaren Schutz hatten.

bäuerische Einfachheit zustatten, so dass ihnen infolge dieses strukturellen und vor allem rechtlich relevanten Defizits wenigstens ein Vorgehen nach dem Hilfsantrag zuzugestehen sei. Abschließend wies das Gericht auf die Problematik der Auswirkungen des Freibriefs und des Verkaufs der Güter hin. Eine Zusammenschau dieser Aspekte hielt das Reichskammergericht offenbar für ausreichend, um zumindest ein Verfahren zu eröffnen, in dem die Parteien ihre Auffassungen von der Rechtslage vortragen konnten. Dabei wurde gerade Hessenstein deutlich darauf aufmerksam gemacht, dass aufgrund des Antrags seiner Untertanen in jedem Fall ein Prozess stattfände, unabhängig davon ob er selbst oder ein von ihm bestellter Vertreter vor Gericht erscheine oder nicht. Ihm wurde klar zu verstehen gegeben, dass der Versuch einer Verhinderung des Verfahrens und eines Spruchs mittels seines Nichterscheinens nutzlos und seinen Gerechtsamen eher abträglich sei.

Allein anhand der Begründung der Annahme der Angelegenheit beim Reichskammergericht sowie des Texts der an Hessenstein ausgegangenen Ladung lässt sich jedoch die wichtigste Frage, die mit der besonderen Appellationskonstellation verknüpft war, nicht beantworten, nämlich ob die Kammerrichter das holsteinische Appellationsprivileg in ihre Erwägungen zum Annahmebeschluss miteinbezogen haben oder nicht. Zwar gab es im Sitzungssaal des Gerichts eine Übersichtstafel aller vom Reich an die verschiedenen Reichsstände erteilten Privilegien. Diese sollte die Überlegungen der Räte im Hinblick auf die Annahme von Rechtsstreitigkeiten zur Verhandlung, was den Ausschluss oder die Einschränkung ihrer Zuständigkeit betraf, leiten.[1486] Darunter müsste sich auch das holsteinische Appellationsprivileg befunden haben. Die Appellation der Schmoeler war jedoch nicht aufgrund dieses Privilegs, sondern durch gewisse Normen in der mit privileggleicher Wirkung versehenen Landgerichtsordnung ausgeschlossen. Solche vom Kaiser bestätigten Gesetzgebungswerke gab es in allen Teilen des Reichs. Deshalb waren sie wohl nicht in ihrer Gesamtheit, geschweige denn in ihrem Wortlaut, im Sitzungssaal vorhanden, so wie es bei den wirklichen Privilegien zumindest in Form einer Liste der Fall war.

Unabhängig davon, ob die Kammerräte bei ihrer Annahmeentscheidung das für holsteinische Untertanen des Adels geltende Appellationsverbot vor Augen hatten oder nicht, ist anzunehmen, dass sie jedenfalls zumindest auf die „citationem ad videndum se restitui“ erkannt hätten und zwar selbst dann, wenn ihnen die entsprechenden Vorschriften der schleswig-holsteinischen Landgerichtsordnung bekannt waren. Darauf, dass dies der Fall war, deutet allerdings nichts hin. Dass der die Annahme beurteilende Richter in jedem Fall dem Hilfsantrag der Leibeigenen stattgegeben hätte, lässt sich an seiner knappen, aber deutlichen Argumentation ersehen. So hielten ihn nicht einmal die Rechte Hessensteins, die dieser aufgrund der von den Schmoelern versäumten Rechtsmitteleinlegung erlangt

1486 *Eisenhardt*, privilegia, S. 21; *Thudichum*, Reichskammergericht, S. 148 (208).

hatte, davon ab. Zwar war die Tatsache, dass die Appellation ans Reichskammergericht formal nicht ordnungsgemäß abgelaufen war, ein erheblicher und regelmäßig strikt gehandhabter Aspekt, der nicht nur die „restitutio in integrum brevi manu“ von vornherein verhinderte, sondern gegen die Annahme eines Prozesses überhaupt sprach. Doch vermochten die von dem Kammerrat genannten, im Sinne der Leibeigenen anzuführenden Gründe – iura minorum, Rustizität und Freibrief – die entgegenstehenden Argumente zumindest teilweise wieder zurückzudrängen und einen Prozess auf Reichsebene zuzulassen.

Angesichts der formalen Rechtslage, inwieweit auch immer sie dem erkennenden Rat bekannt gewesen sein mochte, war die rechtliche Behandlung der Schmoeler großzügig. Nicht nur infolge der Landgerichtsordnungsvorschriften, sondern bereits aufgrund der verpassten formal-korrekten Rechtsmitteleinlegung wäre eine Versagung jeglicher Appellation, also auch die des Hilfsantrags, nachvollziehbar und juristisch einwandfrei gewesen. Mit der dennoch erfolgten Anerkennung ihres hilfsweisen Begehrens erhielten die Leibeigenen zwar die Möglichkeit, am Reichskammergericht rechtliches Gehör zu finden. Doch dieses Geschehen darf nicht überbewertet werden. Denn schließlich war dieses Verfahren nicht annähernd so weitgehend wie der Hauptantrag, sondern diente gerade dazu herauszufinden, ob das Begehren der Kläger begründet war. Im Hinblick darauf wurde Hessenstein ausdrücklich aufgefordert, dem Gericht *„erhebliche Ursachen und Einreden“*, die dagegen vorgebracht werden konnten, darzulegen. Insofern hatte er es grundsätzlich in der Hand, die „restitutio in integrum“ seiner Bauern zu unterbinden. Diese in der Gesamtschau unparteiisch anmutende Einführung in den Prozess vermochte den Eindruck von der persönlichen Einstellung des Rats zu den Parteien, die bei der Verfahrensannahme eher zugunsten der Untertanen zu sprechen schien, wieder zu relativieren.

bb. Zwischensentenzen

Bevor das Reichskammergericht sein Urteil verkündete, gab es drei Zwischensentenzen ab. Diese stammen von 1773/75. Die erste Zwischensentenz datiert vom 1. September 1773. Nachdem die Parteien ihre Positionen und Begehren vorgetragen hatten, brachte Greineisen den Bericht der holsteinischen Landesregierung ein, in dem nachdrücklich auf die fehlende Zuständigkeit des Reichskammergerichts hingewiesen wurde. Um angemessen auf den Regierungsbericht reagieren zu können, erbat sich Bostell am 9. Juli 1773 eine Frist von zwei bis drei Monaten für eine Replik.[1487] Auf diesen Antrag erkannte das Gericht: *„Ist Lt Bostell, was Er auf die durch DrvZwierlein übergebene (Quadrangel) 12 bis 16 incl zu handlen vermeynt, Zeit 2. (Monathe) zugelassen, und sub praejudicio*

[1487] Zum Begriff der Replik vgl. unten auf S. 390 (Fn. 1490).

angesetzet. Dann ist Communicatio des durch Lt Greineisen producirten Berichts erkannt.“ Noch deutlich vor Ablauf der Frist zeichnete sich ab, dass die Replik nicht fristgerecht fertiggestellt werden würde, weshalb der Prokurator der Untertanen die Kammerräte bereits am 15. Oktober 1773 um eine zweimonatige Fristverlängerung ersuchte. Ohne dass eine Reaktion des Gerichts dokumentiert ist, scheint sie gewährt worden zu sein, ebenso wie zwei weitere Fristverlängerungen, die Bostell am 3. Dezember 1773 sowie am 10. Januar 1774 beantragt hatte. Denn als die Replik am 12. Februar 1774 endlich von ihm eingereicht wurde, nahm das Gericht sie jedenfalls an. Die Verhandlungen wurden in gewöhnlicher Weise fortgesetzt.

Eine neuerliche Zwischensentenz, in der beide Prokuratoren angesprochen wurden, gab das Reichskammergericht am 7. April 1775 ab: „*Ist Lt Bostell sowohl, um sich auf den (Quadrangel) 24, als auch DrvonZwierlein, um sich duplicando Vernehmen zu laßen, Zeit 2. (Monathe) zugelaßen, und sub praejudicio angesetzet.*“ Abermalige Fristverlängerungen erbaten beide Prokuratoren im Mai und im Juli 1775. Zwierlein verstand in dieser Zeit alle erforderlichen und erwünschten Prozesshandlungen abschließend vorzunehmen. Bostell hingegen ersuchte das Gericht am 11. September 1775 um eine erneute Frist von zwei bis drei Monaten, um die Durchführung weiterer Handlungen vorbereiten zu können. Auf diese Bitte erkannte das Reichskammergericht am 9. Oktober 1775: „*Ist die durch Lt: Bostell gebettene Frist à dato auff 2. Monath Zugelassen und sub iterato praejudicio angesetzet.*“[1488] Bostell ließ jedoch auch diese Frist ungenutzt verstreichen.

Die rechtliche Behandlung der Leibeigenen durch das Reichskammergericht, die in diesen Zwischensentenzen – isoliert betrachtet – zum Ausdruck kommt, baut auf derjenigen auf, die bereits bei der Annahme der Sache grundlegend war. Hatte man eingangs schon die iura minorum der Leibeigenen und ihr einfach strukturiertes Wesen mildernd berücksichtigt sowie den Freibrief für grundsätzlich prüfenswert erachtet, drückte sich das Wohlwollen der Kammerräte während des Prozesses darin aus, dass sie Bostell gleich mehrfach Fristverlängerungen zum Vorbringen weiterer tatsächlicher oder rechtlicher Umstände einräumten. Dies geschah insgesamt über einen Zeitraum von ungefähr zwei Jahren. Das ist umso erstaunlicher, da die Richter praktisch unverzüglich nach der Insinuation ihrer Ladung den Bericht der holsteinischen Regierung erhielten, in dem die Sach- und Rechtslage ausführlich dargestellt wurde und der zur abschließenden rechtlichen Beurteilung der Angelegenheit ausgereicht hätte, insbesondere unter

[1488] Prozessprotokoll zu Q. 19, 24 (LA Abt. 390 Nr. 478; die Sprüche sind identisch mit den Sprüchen in den Sentenzenbüchern des Gerichts (BA AR 1/III 83, Bl. 194 f. (1. September 1773); BA AR 1/III 85, Bl. 71 (7. April 1775); BA AR 1/III 83, Bl. 175 (9. Oktober 1775))).

dem Aspekt, dass das spätere Urteil maßgeblich und ausdrücklich auf ihn Bezug nahm.

Zwar ist im Hinblick auf die erste Zwischensentenz verständlich, dass Bostell vom Reichsgericht einige Zeit gewährt wurde, um in Lübeck eine Replik auf den inhaltsreichen Regierungsbericht, also die klägerische Entgegnung auf den Vortrag der Landesherrschaft, die nicht einmal Partei im Verfahren war, fertigen zu lassen. Doch waren die weiteren Fristverlängerungen, die bis zur Abgabe der Replik im Februar 1774 durch Bostell den Untertanen vom Gericht informell genehmigt wurden, sehr großzügig. Nicht abzuschätzen ist dabei allerdings, inwieweit schon diese ersten Fristverlängerungen hauptsächlich politisch motiviert waren und von den Räten gar nicht als erforderlich angesehen wurden, da sie in der Sache inoffiziell bereits eine Entscheidung gefunden hatten.[1489] Es ist aber davon auszugehen, dass die Kammerräte eine Replik zumindest auch deshalb als notwendig erachteten, um den Klägern die Möglichkeit zu geben, substantiiert erhebliche Einwände gegen das gewichtige Vorbringen der Landesherrschaft einzugeben. Mit Blick auf ihre in der offiziellen Frist bestimmte ursprüngliche Zeitvorgabe erwiesen sich die Richter gegenüber den Belangen der Schmoeler als geduldig und verständnisvoll. Sollte die Fristgewährung vorrangig politisch motiviert gewesen sein und demzufolge als Mittel im Machtkampf zwischen einer zentralen Reichsinstitution und einem Reichsterritorium gedient haben, erhofften sich die Kammerräte neben dem Effekt der Prozessverlängerung wohl auch die Beibringung erheblicher Einwände gegen den Regierungsbericht seitens der klagenden Untertanen, um im Rahmen ihrer Zuständigkeit die Macht des Reichs gegenüber der Landesherrschaft voll ausspielen zu können.

Auch die im April 1775 gewährte Frist ist nachvollziehbar, da sie sich an beide Seiten und nicht nur an Bostell richtete. Vielmehr wurde auch Zwierlein in seiner doppelten Funktion damit die Möglichkeit der Absprache mit der holsteinischen Landesregierung und seinem Mandanten sowie – falls erwünscht – der Abfassung einer Duplik[1490] eingeräumt. Eine solche sah er jedoch aufgrund der aus seiner Sicht gegebenen Unerheblichkeit des auf den Regierungsbericht erfolgten gegnerischen Vorbringens sowie aus Gründen der Prozessökonomie im Interesse eines zügigen Urteils als nicht erforderlich an. Daher bedurfte er ihrer im Endeffekt auch nicht. Im Zusammenhang mit der Begründung ihres Annahmebeschlusses werden die Richter bei dieser Fristgewährung und -verlängerung – die schwer abschätzbare politische Motivation außenvor gelassen – aber auch eher an die Untertanen gedacht haben. Vor diesem Hintergrund scheint das Ge-

---

1489 Vgl. unten auf S. 391 ff. (dort S. 396 ff.).

1490 In dem stark formalisierten Reichskammergerichtsverfahren war die Duplik die Antwort der einen Partei auf die vorangegangene Replik der anderen Partei, wobei die Replik ihrerseits wiederum die Antwort auf die vorangegangene Exzeptionsschrift der ersteren war (vgl. *Oberländer*, Lexicon, S. 235, 611).

richt sein Vorgehen gerade auf einen Ausgleich der diesen zum Nachteil gereichenden strukturellen Defizite wie ihre gesellschaftliche Position, die iura minorum sowie die Schwierigkeiten der Führung eines Rechtsstreits vor dem Reichskammergericht ausgerichtet zu haben. In diesem Fall bedeutete das Handeln der Räte die erstmalige Anerkennung der Schmoeler als gleichwertige Prozesspartei.

Doch selbst unter dieser Prämisse wäre die erneute, im Oktober 1775 erfolgte Fristgewährung als äußerst großzügig und kaum mehr objektiv nachvollziehbar anzusehen. Spätestens zu diesem Zeitpunkt und gerade auch im Hinblick auf das die Klageabweisung der Untertanen begründende Hauptvotum kann der hinter dem Prozess stehende allgemeine politische Konflikt nicht mehr außer Betracht bleiben. So könnte man diese letzte den Schmoelern gewährte Frist als eine einseitige, ohne triftigen Grund versehene gerichtliche Bevorzugung der Untertanen beurteilen. Aus dieser wäre dann fast schon zu ersehen, dass die Kammerräte geradezu ein erhebliches Vorbringen der Kläger gegen ihre Landesherrschaft „erzwingen" wollten. Allerdings werden die Richter selbst nicht mehr daran und somit an eine von ihnen favorisierte, den Interessen der Landesherrschaft zuwider laufende Entscheidung geglaubt haben. Inwieweit sie im Rahmen des Prozesses jemals ernsthaft an den Belangen der Schmoeler selbst interessiert waren oder letztlich doch nur aus politischem Kalkül handelten, ist zumindest hinsichtlich der von ihnen abgegebenen Zwischensentenzen schwierig zu bewerten. Während der Erlass der „citatio ad videndum" auf den Willen der Richter zu einer objektiven inhaltlichen Rechtsfindung schließen lässt, waren sie vermutlich schon durch den Regierungsbericht einigermaßen und später aufgrund des fehlenden substantiierten Vorbringens Bostells immer stärker desillusioniert. Gegen Ende des Verfahrens waren sie wohl nur noch darauf aus, die holsteinische Landesregierung hinzuhalten, den Prozess in die Länge zu ziehen und ihre Macht gegenüber der Herrschaft eines weitgehend selbständigen Reichsterritoriums auszuspielen.

cc. Urteil und Voten

Eigentliche Spruchreife erlangte die Sache, nachdem auf den Antrag Greineisens vom 12. Dezember 1774, dass *„unbefugte Recurrenten gäntzlich zur Ruhe verwiesen werden"*,[1491] *„denen Klägere durch die Urtel vom 7ten April und 9ten Oct: 1775. aufgegeben worden zu handlen welches sie aber unterlaßen haben, und bei diesen Umständen ist nunmehr die Sache so beschaffen, daß man darinnen erkennen kann"*.[1492] Endgültig spruchreif war sie ab dem 22. März 1776 mit

[1491] Glückstädter Kanzlei an Greineisen vom 24. November 1774 (LA Abt. 11 Adl. Güter überhaupt Nr. 12a, Q. 85).

[1492] Zwierlein an den König vom 7. Mai 1776 (LA Abt. 11 Adl. Güter überhaupt Nr. 12a, Q. 99).

dem prozessualen Rückzug des Anwalts der Kläger.[1493] Doch kamen die Mitglieder des dritten Senats erst am 10./11. Januar 1777 zusammen, um die Angelegenheit zu beschließen. Nachdem der Vorsitzende Harpprecht den Stand der Dinge berichtet hatte, stellte er den übrigen Räten sein Votum vor.[1494]

Seine Ausführungen leitete Harpprecht mit einer „Facti Species" ein.[1495] Gleich zu Beginn wies er darauf hin, dass „*die Hauptsach selbsten (...) eine (...) Befreyung von der Leibeigenschaft*" betreffe, die auf den Freibrief Rantzaus von 1688 zurückgehe. Er stellte jedoch klar, dass im vorliegenden Prozess „*von der Hauptsach dermahlen nicht die Frage*" sei, „*sondern davon, daß die Klägere eine Citation ad videndum se restitui gegen eine allschon 1740. in die Rechts Kraft getretene, und völlig exequirte Urtheil, und nach abermahliger 1770. erfolgter resulcitation gegen die fernerweit ertheilte inhaesivas sententias bey diesem höchsten Gericht bewürcket haben*". Auch die grundlegende Problematik des Verfahrens erwähnte Harpprecht bereits eingangs, indem er anmerkte, dass die Anstrengungen der Kläger „*gegen die Kaiserliche denen Herrn Herzogen von Hollstein ertheilte Privilegia de non appellando vielfach anstoßen sollen*".

Großen Wert legte der Kammerrichter darauf, mehr über Christoph Rantzau als „*Stifter dieser Unruhen*" zu erfahren. Daher schätzte er sich „*glücklich, in des Herrn v. Westphalen Monumentis Rerum Germanicorum, praecipue Cimbricarum Vol: III. in praefat: p. 40. einen Aufschluß zu finden*". Für Harpprecht stand danach fest, dass es sich bei diesem um einen Mann gehandelt habe, „*der sich überworffen habe*" und dessen maßgeblicher Beweggrund zur Abfassung des Freibriefs in der gegen ihn angestellten Untersuchung wegen seiner Hexenverbrennungen zu sehen sei. Zudem seien die ausgeteilten Freibriefe bis auf ein Exemplar, an dem sich der Rechtsstreit mit entzündet habe, wieder eingesammelt und sein Inhalt durch den 1695 rechtsgültig geschlossenen Kaufvertrag abgeändert worden. Demnach habe „*diese Freyheit wenigstens keine lange Dauer gehabt*". Dabei hielt es der Rat für bemerkenswert, dass „*die Unterthanen selbsten gebetten, daß es bey denen gewöhnlichen täglichen Hoftagen verbleiben möchte, und sie lieber dieselbe verrichten, als 4. Tage in der Woche fleißiger zu arbeiten*". In der sich bis 1737 erstreckenden Folgezeit unter den Reventlows „*können die Klägere mit keinem Acte gebrauchter Freyheit aufkommen, sondern sie seynd selbst geständig, daß ihr status servitis vor wie nach verblieben seye*". Das Landgericht habe schließlich „*nach (...) gethaner Prüfung vielgedachten Freybriefs*" das klägerische Begehren abgewiesen, woraufhin sich die Untertanen an die Landesherrschaft gewandt hätten. Von dieser seien „*die*

1493 Vgl. Prozessprotokoll zu Q. 25 (LA Abt. 390 Nr. 478).

1494 Vgl. BA AR 1/I 270 fol: 6. versum, fol: 7.

1495 Hinsichtlich der folgenden Zitate und Ausführungen vgl. die am 10./11. Januar 1777 im Senat vorgetragene Relation und das Votum Harpprechts (BA AR 1/I 270 Ad fol: 6. versum).

Acta (...) zu eigener allerhöchster Einsicht abgefordert“ worden, und sie sei zu dem Ergebnis gekommen, „*daß es bey der abgesprochenen Urthel zu lassen seye*“.

Nach der Ausarbeitung des Dienstreglements durch die Kommission und der Versteigerung der Güter hätten „*die Untergebene nach der von Grafen Christoph selbsten 1695. bestimmten Einschrenckung am 1. Dec: 1741. den Eyd der Treue derselben neuen Gutsherrschaft (...) würcklich geleistet, und sich in allem ruhig und gehorsam ganzer 30. Jahr hindurch gehalten*“. Nach dieser Zeit sei die Sache wieder rege gemacht und 1770 beim Quartalgericht ihre Verhandlung vor dem Landgericht beantragt worden, was 1772 geschehen sei. Da die Vorstellung Hessensteins die „*Exceptionem rei judicatae*“ beinhaltet habe, seien „*die Acta priora (...) aufgesucht, geprüfet, und identitas causae wahrgenommen*“ worden. Die Schmoeler seien abgewiesen und ihnen unter Androhung schwerer Strafe aufgegeben worden, „*diese bereits rechts kräftige, entschiedene, und völlig abgemachte Sache*“ nicht weiter zu betreiben. Nach Erhalt dieser Bescheide hätten sich die Untertanen an das Reichskammergericht gewandt, „*sie versäumten aber alle und jede fatalia (...), sondern suchten allhier vermög Supplicae allerhand petita, und in omnem eventum eine Citation ad videndum se restitui in integrum zu erschleichen*“. Gegen die Ladung habe die holsteinische Regierung „*einen weitläufigen wohldocumentirten Bericht*“ vorgelegt, „*worinnen 1.) Exceptio non Devolutionis ex Capite Privilegii Caesarei de non appellando., 2.) Exceptio desertae Appellationis pp Und endlich 3.) Exceptio rei jam dudum judicatae opponirt worden*“ sei. Als von der Regierung genannte Einreden führte Harpprecht also das kaiserliche privilegium de non appellando, den Verzicht der Partei auf dieses Rechtsmittel sowie die seit langem bestehende rechtliche Abgeschlossenheit der Sache an. Er beendete seine „Facti Species“ mit dem Hinweis, dass Bostell mit seinem Gesuch von Anfang 1774 „*ad judicium verwiesen worden*“ sei.

Im Anschluss verkündete der Kammerrichter sein Votum, wobei er zunächst auf den Stand des Verfahrens einging. So „*möchte es zwar das Ansehen haben, als wenn Lt Bostell noch eine Handlung auferlegtermaßen beyzubringen hätte: da aber schon in Replicis die nöthige Abfertigung von deme geschehen ist, (...) und der terminus (...) verstrichen ist: Dr v. Zwierlein aber duplicando Sich weiteres vernehmen zu lassen, sogar per Rescriptum untersaget, (...) als finde nicht das mindeste Bedencken mit würcklicher Entscheidung der Sache vorzugehen*“. Daraufhin stellte Harpprecht die wesentliche Grundlage seines Votums vor, denn für ihn betraf „*die Hauptfrage, die wir gegenwärtig zu entscheiden haben, (...) die exception non fundatae jurisdictionis Cameralis*“, also die Frage, ob das Reichskammergericht überhaupt die Zuständigkeit für die Beurteilung des Falls besaß oder ob die holsteinischen privilegia de non appellando eine wirksame Appellation der Untertanen von vornherein ausschlossen. Dabei bezog sich der Rat in erster Linie auf den Regierungsbericht und die in ihm angeführten Stellen der Landgerichtsordnung, die den Untertanen des Adels das Appellieren an außerholsteinische Gerichte verboten. Gegen diese gesetzlichen Vorschriften sei von den Untergehörigen eingewandt worden, „*Klägere seyen seit 1688. vor freye Leute anzusehen, folglichen existire allhier nicht der Fall eines Streits zwischen einem Gutsherrn und Leibeigenen, wovon die Landgerichtsordnung spreche*". Dieses Argument vermochte Harpprecht nicht zu überzeugen. Vielmehr spreche „*diese Ordnung (...) generaliter von Sachen derer Hollsteinischen Unterthanen, nirgends wo wird ein Unterscheid unter freyen, und Leibeigenen gemacht: Sachen zwischen dem Gutsherrn und seinen Untergebenen werden gemeiniglich inter causas summarias gerechnet*". Im Hinblick auf die Auslegung der Stellen durch den Vertreter der Untergehörigen fragte sich Harpprecht: „*Allein wer hat dem Schriftsteller die Macht gegeben, eine von Kaiserl. Majst Ferdinando III. 1641. bestättigte, und daher Caesarei privilegii instar zu betrachten stehende Landgerichts Ordnung zu interpretiren?*" Die von der Regierung genannten Vorschriften seien sogar „*noch mehr (...) applicable*", da die Schmoeler infolge des Kaufbriefs von 1695 gar nicht als Freie anzusehen seien. Darüber hinaus besage das Privileg ausdrücklich, „*daß von denen 4. Theilen dieser Landgerichts Ordnung alle und jede Titul eines jeden Theils specifice dem Privilegio inserirt worden*" seien. Für die Kammerräte bedeute dies, dass „*unsere pflichtmäßige Obliegenheit erfordern wil, auf deren Vesthaltung in allen und jeden Puncten die genaueste Obsicht zu tragen*".

Zudem habe die Landesherrschaft als zusätzliche Einrede behauptet, „*daß diese Sache nicht in Schriften, sondern nur mündlich absque ulla reservatione Appellationis geführet worden seyn*", wogegen „*der gegentheilige Schriftsteller im geringsten nichts eingewandt*" habe. Es sei „*aber in dieser privilegirten Lands Ordnung (...) ausdrücklich verordnet, wann einer sich des beneficii appellationis gebrauchen wolle, so solle Er solches beym Anfang des Proceßes (...) vorbehalten, widrigenfalls es als renuncijrt zu halten*" sei.

Des Weiteren bestehe eine Einrede „*in der except: desertae Appellationis maßen nichteinmahl das fatale* interponendae *Appellationis beobachtet worden seye*". Dieses sei „*von solcher beträchtlichen Würckung (...), daß nicht einmal Pauperibus propter neglectum fatalis decendij eine Restitution verstattet zu werden pflege. Klägere bekennen diese Versäumnis, sie schüzen aber vor, eines theils, daß sie von ihren Advocaten verlassen gewesen, anderntheils aber ihre Rusticitaet, und ignorantiam Legum, wie auch der ganzen Gemeind, das jus Minorum zu statten kommen müßte.*" Für Harpprecht waren diese Argumente schlichtweg „*Scheingründe*". So habe „*es ihnen an Advocaten nicht ermangelt*", da ihnen mehrfach ex officio solche zugeordnet worden seien. „*Daß aber diese gegen die Landesgesezte zur Appellation nicht anrathen können, noch wollen, darinnen haben sie vorliegenden Umständen nach pflichtmäßig gehandelt: die Rusticitas und jus Minorum (...) mag diese Leute um so weniger entschuldigen, da ex Actis constiret, wie sie alle Thüren biß vor den Königl. Thron aufzusprengen gewußt haben, um ihre vermeintliche Freyheit durchzusezen*". Die „*Versaumnis des fatalis interponendae appellationis*" führe daher zu folgender unbestrittener Rechtsfolge: Es „*erlanget der Unterrichter zu Behauptung seiner Gerichtsbarkeit ein erworbenes Recht, und eben daher wird bey diesem fatali auch der Gewalt eines höhern Richters so sehr beschräncket, ut neque a partibus, neque a Iudice illud prorogari possit*", d.h. es liege weder in der Macht der Parteien noch in der Macht des Richters, das Bestehen dieser Einrede zu ignorieren oder irgendwie zu beeinflussen.

Diesen Umstand habe bei der Prüfung der Annahme der Sache „*der Herr Referens extrajudicialis allerdings wohl erwogen*" und eben deshalb „*keine restitutionem brevi manu, sondern eine bloße Citation ad videndum se restitui erkannt. Hierüber aber zu doliren, hat die Königl. Regierung eben nicht so große Ursache gehabt, maßen durch diese erkannte Ladung (...) just dahin abgezielet hat, den andern theil, ja vornehmlich den Richter a quo selbsten das völlige Gehör zu verstatten, und als dann erst nach Erfund der Sache die nachsuchende Appellation entweder zu erkennen, oder abzuschlagen, wie Selbige nunmehr die Erfahrung eines bessern belehren wird.*"

Angesichts seiner bisherigen Ausführungen hielt Harpprecht es „*fast vor überflüssig die übrige Exceptiones besonders rei judicatae zu prüfen*", zumal von den Klägern zugestanden worden sei, „*daß die HauptUrthel vom 21. Maij 1740. in die Rechtskraft geschloßen seye*". Nach gescheiterter Appellation an die Landesherrschaft und der Ableistung des Treueeids gegenüber der Gutsherrschaft hätten sie sich 30 Jahre lang ruhig verhalten. Obwohl sie nach erneuter Regemachung der Sache 1770 sogar eine Citatio ad videndum se restitui vor dem holsteinischen Landgericht bewirkt hätten, „*so belehren jedoch ihre eigene Eingeständniße, und die Urkunden bey dem Bericht, daß den 28. April 1772. diese Ladung wiederum aufgehoben und eine starcke inhaesiva sententia (...) angefüget worden seye, daß sich die Klägere (...) nicht unterfangen sollte, die (...) völlig abgemachte Sache unter einigem Vorwand wiederum rege zu machen, wobey es dann auch durch die Urthel a quo vom 1. Maij 1772. nochmahls belassen worden*" sei. Harpprechts Schluss im Hinblick auf die „*erkannte und ausgegangene Citation*" ging dahin, diese „*zu cassiren und aufzuheben, auch das nachgesuchte Mandat (...) abzuschlagen fortan Klägere von hier ab- und zurückzuweisen seyen*".

Die übrigen drei Räte des dritten Senats, Schmitz, Albini sen. sowie Bürgel iun., schlossen sich dem Votum ihres Vorsitzenden ohne Einschränkungen an. Während Albini und Bürgel ihre Übereinstimmung ohne weitere Ausführungen mit den Worten „*similiter*" bzw. „*quoque*" bekundeten, versah Schmitz seine Zustimmung mit einem kurzen Kommentar. Für ihn sei bei der Entscheidung „*bey denen so vielfach erheblich vorliegenden Exceptionen (...) jene erwiesene non fundatae Jurisdictionis, wogegen die Impetrantische Untergehörige in ihren*

Replicis nicht einmahl eine Erwehnung, vielweniger Widerlegung fürgebracht, hinreichend".[1496]

Das einstimmige Urteil wurde am 13. Januar 1777 in den Judizialsenatsprotokollen des Gerichts festgehalten und eine Woche darauf offiziell verkündet. In ihm wurde „*erkannt: daß die ausgegangene Ladung zu cassiren und aufzuheben, nicht weniger das (...) nachgesuchte Mandatum abzuschlagen, fortan Klägere von hier ab- und zurück zu weisen seyen; Als Wir hiermit cassiren und aufheben, abschlagen und zurückweisen, Klägere in die Gerichts-Kosten bey diesem R. C. G. derentwegen aufgelassen dem Herrn Beklagten nach rechtlicher Ermäsigung zu entrichten und zu bezahlen ertheilend*".[1497] Das Urteil hatte inhaltlich weitgehend Bestand, wurde vom Gericht jedoch auf Antrag und infolge intensiver Bemühungen des Beklagten im Hinblick auf die von den Untertanen zu erstattenden Kosten dahingehend abgeändert, dass „*die (...) Procuratur Gebühren (...) ferner die (...) Advocatur Gebührennüße (...) gemäßiget*" wurden und die Leibeigenen eine Frist von sechs Wochen und drei Tagen zur Zahlung ihrer Schuld erhielten.[1498]

Im Hinblick auf die rechtliche Behandlung der Untertanen durch die Kammerräte ist festzuhalten, dass Harpprecht bereits eingangs seiner „Facti Species" eine Art Rangfolge der unterschiedlichen Komplexe an strittigen Rechtsfragen herausstellte, die deren Maßgeblichkeit als Beurteilungsgrundlage für den Ausgang der Sache offenlegte. So erklärte er die Frage nach der Freiheit der Schmoeler von der Leibeigenschaft und ihr Beruhen auf dem Freibrief zwar grundsätzlich zur inhaltlichen Hauptsache. Doch diese Frage trete hinter der Frage zurück, wie es zu bewerten sei, dass es sich bei dem Rechtsstreit um eine Angelegenheit handele, in der bereits seit 1740 ein rechtskräftiges und zur Ausführung gelangtes Urteil vorliege, das zudem rund 30 Jahre später bestätigt worden sei. Über diesen beiden unmittelbar mit der Sache verknüpften Fragenkomplexen stehe jedoch die Frage, ob die Appellation der Untertanen an das Reichskammergericht überhaupt zulässig sei oder ob sie gegen wirksame Appellationsprivilegien verstoße und welche Auswirkungen dies gegebenenfalls habe. An diesem Schema orientierte sich Harpprecht in seinem Votum. Er ging zwar auf alle Fragenkomplexe und Einreden ein, doch hob er nochmals die herausragende Bedeutung der Beantwortung der Frage nach der Jurisdiktion des Reichskammergerichts hervor. Auf diese gründete er schließlich auch ausdrücklich seine Entscheidung.

1496 BA AR 1/I 270 fol: 6. versum, fol: 7.

1497 BA AR 1/I 270 fol: 7; vgl. BA AR 1/III 87, Bl. 1; LA Abt. 390 Nr. 478, Prozessprotokoll.

1498 Sentenz des Reichskammergerichts vom 23. Dezember 1777 (AHH (HH) Nr. 176); vgl. BA AR 1/III 87, Bl. 226.

Noch bevor der Kammerrat mit seinem eigentlichen Votum begann, zeigten seine Ausführungen in der „Facti Species" konkludent, aber deutlich, dass er die Position der Untergehörigen als aussichtslos beurteilte. Er erwähnte in seinem Bericht nicht einen einzigen Aspekt, der das prozessuale Anliegen der Schmoeler unterstützte. Vielmehr kam in seinen Äußerungen zum Ausdruck, wie negativ er diesen gegenüber eingestellt war. Für Harpprecht stand fest, dass die Freiheit der Untertanen jedenfalls nicht von Dauer war. Der Freibrief selbst sei zudem von einem Adligen, der sich überworfen habe, ausgefertigt worden und habe keinen idealistischen Zweck verfolgt, sondern sei von Rantzau aus Selbstschutzgründen erlassen worden. Dadurch könne er nur als Reaktion auf vorangegangene Geschehnisse verstanden werden. Hinsichtlich seiner Geltung sei zu vermerken, dass er spätestens 1695 durch den Kaufvertrag wirksam abgeändert, jedoch bereits zuvor die herrschaftliche Abkehr von dem einst niedergelegten Willen mittels des Einsammelns der ausgeteilten Exemplare durch die Gutsbedienten bekundet worden sei. Auch hätten sich die Eingesessenen selbst frühzeitig – schon vor Kaufvertragsschluss – grundlegende Änderungen des Freibriefs gewünscht, und in den folgenden mehr als 40 Jahren, in denen kein Untergehöriger nachweislich die Freiheit erhalten habe, seien sie im Stand der Leibeigenschaft verblieben.

Der Richter machte also schon durch seine Einseitigkeit bei der Darstellung der Abfolge der Ereignisse seinen ablehnenden Standpunkt gegenüber dem klägerischen Begehren klar. Obwohl es sich bei dem rechtlichen Verhältnis von Freibrief und Kaufbrief zueinander auch nach Auffassung des Kammerrats um die entscheidende inhaltliche Frage handelte, ging er über sie hinweg, ohne sie einer genaueren rechtlichen Prüfung zu unterziehen. Vielmehr verwies er nur auf die Prüfungen der Akten durch die Landräte und die Landesherrschaft. Allein dieses Vorgehen im Zusammenhang mit der rechtlichen Gesamtbewertung lässt keinen anderen Schluss zu, als dass es aus der Sicht Harpprechts auf die Beurteilung dieser materiell-rechtlichen Frage nicht ankam. Er signalisierte damit, dass gerade die Frage, auf deren Beantwortung die Leibeigenen all ihre Hoffnung gesetzt hatten, da sie bislang ausgeklammert geblieben oder doch zumindest zu kurz gekommen war, für die Entscheidung nicht erheblich war. Statt dessen zeigte sein weiterer Gang in der „Facti Species", dass er die anderen beiden Fragenkomplexe als maßgeblich betrachtete. Der Richter benannte sorgfältig alle Einreden und Einwendungen, die im ersten und zweiten Landgerichts- sowie im Reichskammergerichtsverfahren, vornehmlich im Bericht der holsteinischen Regierung, gegen das Begehren der Untertanen vorgebracht worden waren.

Somit war es allein aufgrund von Harpprechts „Facti Species" klar, wie sein Votum ausfiel. Hatte seine Darstellung schon zuvor die Perspektive und Belange der Schmoeler fast vollständig vernachlässigt und seine Ausdrucksweise die Aussichtlosigkeit des klägerischen Unterfangens erkennen lassen, fand sich in seinem Votum erst recht kein Aspekt, der die Position der Untergehörigen im

Verfahren stützte. Dafür begründete der Kammerrat seine Zustimmung zu den vom Landgericht und der Landesherrschaft angeführten Gegenargumenten mehr oder weniger ausführlich. Aufgrund der Fülle und Offensichtlichkeit der gegen die Leibeigenen sprechenden Einreden konnte Harpprecht eine gewisse Verärgerung darüber, dass die Untertanen die Sache überhaupt bis vor das Reichskammergericht getragen und in welcher Form sie diese dort betrieben hatten, nicht verbergen. So schritt er unter Hinweis darauf, dass eine weitere Bostell auferlegte und von ihm eigentlich noch zu erbringende Prozesshandlung verfristet sei und ohnehin keine Auswirkung auf die rechtliche Beurteilung der Angelegenheit hätte haben können, zum Votieren.

Gleich zu Beginn seines Votums ging der Kammerrat auf die von ihm als Hauptfrage bezeichnete Einrede der Unzuständigkeit des Reichskammergerichts ein, deren Bewertung ausschlaggebend für die abschlägige Bescheidung der Schmoeler war. Denn er befand eine wirksame Appellation holsteinischer Untertanen des Adels an die Reichsgerichte angesichts der Landgerichtsordnungsnormen und ihrer kaiserlichen Bestätigung für grundsätzlich ausgeschlossen, gleichgültig ob sie frei oder leibeigen waren. Diese Argumentation beseitigt letzte Unklarheiten in bezug auf die Frage, warum Harpprecht sich nicht einmal annähernd mit dem Frei- und dem Kaufbrief auseinandersetzte. Denn auf den persönlich-rechtlichen Status der Bauern kam es nicht an, solange es sich jedenfalls um holsteinische Untertanen des Adels handelte. Einer von den Untergehörigen zugunsten ihrer Rechtsvertretung vorgebrachten Auslegung der Landesvorschriften begegnete der Richter nicht nur mit sachlich-rechtlicher Gegenargumentation, sondern er tat sie auch unter Hinweis auf die Frevelhaftigkeit der Interpretation eines kaiserlichen Privilegs in herrschaftlicher Manier ab.

Obwohl bereits allein der Bestand der „exceptio non fundatae jurisdictionis Cameralis“ im Hinblick auf die von ihm aufgeworfene Hauptfrage hinreichend für den Kammerrat war, um die Untertanen abzuweisen, zog er die übrigen Einreden unterstützend heran. Dabei war ihm besonders wichtig, auf die Einstellung der Leibeigenen zu den verschiedenen Einreden einzugehen. So hätten die Untergehörigen das Bestehen der einen Einrede selbst zugegeben, während sie das Bestehen einer anderen Einrede nicht einmal zu widerlegen versucht, sondern sich in Ausreden und Entschuldigungen verloren hätten. War diese Vorgehensweise gegen die rechtliche Argumentation der Gegenpartei schlicht untauglich, um beim Reichskammergericht Gehör zu finden, stieß das Vorbringen der Untertanen gegen die „exceptio desertae Appellationis“ bei Harpprecht auf völliges Unverständnis und provozierte harsche Kritik. Er machte auf die überragende Wichtigkeit der formal korrekten Einlegung des Rechtsmittels aufmerksam. Diese sei so umfassend, dass nicht einmal – auch nicht ausnahmsweise – den in gerichtlichen Angelegenheiten mit Sondervergünstigungen versehenen Armen bei Missachtung der Voraussetzungen die Zulässigkeit der Verhandlung ihres Begehrens gewährt werde. Hatte somit keinerlei Argumentation gegen diese

Einrede Aussicht auf Erfolg, empfand der Richter gerade die diesbezüglichen Bemühungen der Eingesessenen als sehr dreist und sparte nicht an deutlichen Formulierungen. Dass sie sich hinsichtlich ihrer justiziellen Versäumnisse auf einen Mangel an Advokaten beriefen und sich auf ihre bäuerische Einfachheit sowie fehlende Rechtskenntnisse zurückzogen, sah Harpprecht angesichts der prozessualen Vorgeschichte, die alle holsteinischen obergerichtlichen Instanzen langwierig und teilweise mehrfach beschäftigt hatte, nicht nur als unglaubwürdigen Vorwand, sondern sogar als versuchte vorsätzliche Täuschung an.

Der Kammerrat konnte keinen Mangel an Advokaten entdecken und sah auch deren überwiegende Ablehnung einer Appellation an das Reichskammergericht aus rechtlicher Sicht als angemessen an. Vor diesem Hintergrund stieß ihm die auf den Aspekten der Rustizität und den iura minorum basierende Argumentation der Leibeigenen, mittels der diese den Erlass der „citatio ad videndum“ erst zu erreichen vermochten, besonders übel auf. Denn aus seiner Perspektive entbehrte ein Bestand beider Aspekte in solchem Umfang, wie er von den Untertanen dargestellt wurde, jeglicher Grundlage. Doch obwohl Harpprecht somit die an Hessenstein ausgegangene Ladung in der Retrospektive als von den Bauern erschlichen bewertete, verteidigte er zugleich vehement die Annahme der Sache beim Reichskammergericht. Diese sei nach einer durch den erkennenden Kammerrat erfolgten Gesamtschau der Gesichtspunkte der Rustizität und der iura minorum der bäuerlichen Supplikanten sowie der Inaugenscheinnahme des Freibriefs gerechtfertigt gewesen.

Der Richter machte trotz aller Parteinahme für die Rechtsauffassung der holsteinischen Regierung nicht nur die kaiserlich begründete und damit den Reichsterritorien und ihren Obergerichten regelmäßig übergeordnete Position des Reichskammergerichts deutlich, sondern er kritisierte die Landesherrschaft wegen ihres Verhaltens sogar ausdrücklich. Der damals erkennende Rat habe gerade aufgrund der fehlenden formalen Appellationsvoraussetzungen keine sofortige Restitution verfügt, sondern nur dem Hilfsantrag der Supplikanten stattgegeben. Dieser habe lediglich ein solches Verfahren in Gang gesetzt, in dem die Einleitung eines auf das Restitutionsgesuch gerichteten Hauptverfahrens geprüft werde und das einem tatsächlichen Appellationsverfahren daher vorgeschaltet sei. Klang Harpprecht bei seiner Abfertigung der Kläger und ihres Begehrens angesichts der Diskrepanz zwischen den von den Untertanen am Reichskammergericht unternommenen Bemühungen und der diesen gegenüber vorhandenen Vielzahl sowie Offensichtlichkeit der Einreden in erster Linie genervt und ruppig, änderte sich sein Ton, als er sich an die holsteinische Landesregierung wandte. Zwar rechtfertigte er nur kurz das Vorgehen seines Senats bei der Annahme der Sache. Doch wurden bereits in diesen wenigen Worten die regelmäßigen Streitigkeiten und Machtkämpfe zwischen der Reichsgerichtsbarkeit und den Obergerichten der Reichsterritorien deutlich sichtbar. Seine Ausführungen zu den Prozessarten am Reichskammergericht waren bewusst in einem Stil gehalten, der die in dem Regierungsbericht festgehaltenen Einwände der holsteinischen Landesherrschaft teils überheblich-belehrend ob deren Unkenntnis, teils herrisch-tadelnd ob ihrer überzogenen Protestreaktion zurückwies.

e. Gutsherrschaft

Noch bevor seine Untergehörigen ihre Vorstellung beim Reichskammergericht eingereicht hatten, sprach Hessenstein von ihnen als seinen „*mehr von Thorheit als von Boßheit angetriebenen Bauren*". Weder „*angedrohete Straffe*" noch „*wirckliche Bestraffung*" hätten sie zur Aufgabe ihres Unterfangens bewegen können. Deshalb war er der Auffassung, es sei „*schwehrlich ein anderer Ausweg ab zu sehen, als dieselben zu überzeugen, daß sie die Sache unmöglich jemahlen gewinnen können. Eine solche Überzeugung aber möchte ihnen am füglichsten beigebracht werden (...) bey dem CammerGerichte*".[1499]

Nachdem die Bauern Anfang 1774 selbst „*in Ansehung des Ihnen insinuirten Königl: Befehls (...) ihr betragen noch nicht geändert haben*"[1500] und Bostell dem Reichskammergericht die Prozessschrift präsentiert hatte, wandte sich Hessenstein an Greineisen. Dabei brachte er zum Ausdruck, dass er „*wegen der Antworth, welche diese meine Pauren, binnen einer nun schon längstens verstrichenen Frist, auf den mit ihnen von dem R: KammerGerichte communicirten Pericht der ehedem gemeinschafftl: Regierung in Hollsten, haben abgeben sollen, gar nicht bekümmert*" sei. Da er zudem die Regierung an seiner Seite wisse, würde er an „*einem für mich gerechten, und ebenfalls denen hohen Landesherrl: Pefugnißen angemeßenen Schluß in keinen Stücken zweifeln, noch folgl: den geringsten Nachtheil davon befürchten (...), daß bei dem KammerGericht um ein Mandatum Poenale an letztbenannte Regierung, den Rechtsgang der Pauren nicht zu hindern, angehalten worden*" sei.[1501]

Noch Ende 1774 war Hessenstein wegen der Sache „*völlig gesichert und ohne alle Unruhe*" und begrüßte es, dass „*sich die Königl: (...) Agenten zu Wezlar nicht im geringsten in obbenannter Angelegenheit gerüret haben*".[1502] Doch trotz dieses von der Regierung und ihm selbst geforderten und gegen ihn verhängten Verbots, sich vor dem Reichskammergericht zur Sache einzulassen, entschloss er sich vor dem Hintergrund seines dringlichsten Anliegens, der schnellstmöglichen Prozessbeendigung, dieses in einem Mindestmaß doch zu tun, „*weil sonst bey einem gäntzlichen Stillschweigen die Sache verzögert*" werde und es „*zur*

1499 Pro Memoria Hessensteins vom 12. November 1773 (LA Abt. 11 Adl. Güter überhaupt Nr. 12a, Q. 56).

1500 Jensen an Hessenstein vom 28. Januar 1774 (LA Abt. 65.2 Nr. 1424).

1501 Hessenstein an Greineisen vom 22. Februar 1774 (AHH (HH) Nr. 8).

1502 Pro Memoria Hessensteins vom 6. Dezember 1774 (LA Abt. 65.2 Nr. 1424).

Vermeidung eines Verfahrens in contumaciam (...) und desfals von dem Cammer-Gerichte abzugebenden unangenehmen Verfügungen (...) unumgänglich nothwendig" sei.[1503] Hessenstein fühlte sich „*folglich gezwungen, in Wetzlar zu compariren*". Zudem äußerte er, er „*laße es indeßen dahin gestellet (...), was für unangenehme Folgen mit der Zeit daraus entstehen können, wenn Leibeigene und Guths Untergehörige erfahren, daß es ihnen zugelaßen sey, auf dergleichen muthwilligen Weise so ernsthaffte Landgerichtliche Verordnungen zu verspotten.*"[1504]

Während des Reichskammergerichtsverfahrens, so glaubte Hessenstein, „*bleibet alles in status quo, und meine Untergehörigen werden je länger je mehr aufgewiegelt und ins Verderben gestürtzet, welches vielleicht vielen anderen ein sehr schlechtes Beispiel geben wird. Es mögte demnach höchstnötig seyn, daß Höhern Orths erwehnten Bauern die Ruhe nachdrücklichst anbefohlen würde.*"[1505] Es war sein vorrangiges Ansinnen, „*daß die Endschaft eines für mich nicht weniger, als für meine Pauren, so schädlichen Rechtsganges möglichst beschleuniget werden mögte*",[1506] da ihm ein solches Geschehen „*nicht gleichgültig seyn kann*".[1507] Um die Beschleunigung einer „*ohnfehlbar zu meinem Vortheil, zuerwartenden Decisi*" zu erreichen, „*mögte folglich nichts weiter fehlen, als nur, daß (...) von Zwierleins getreue (...) Petreibung der Sache, an Orth und Stelle, wenigstens unter der Hand, durch einen geschickten und kräftigen Peitritt unterstüzzet werde*".[1508]

Angesichts der den Bauern vom Reichskammergericht im Oktober 1775 erneut gewährten Frist wurde es Hessenstein jedoch trotz allem unbehaglich zumute, so dass er unverzüglich an Greineisen schrieb. Da sie diese seiner Ansicht nach rechtlich ungegründete „*Dilation (...) wieder Vermuthen erhalten*" hätten, sei es umso wichtiger, „*daß die (...) Rechtssache (...) je eher desto lieber abgeschloßen würde*". Er bat den Agenten darum, in Wetzlar intensiv darauf hinzuwirken, „*daß dem Gegentheile, außer der (...) zu ihrem Ende eilenden Frist, keine neue eingeräumet, sondern die Sache fordersamst und wo möglich, noch vor dem Ausgange dieses Jahres, mittelst einer glücklichen Entscheidung, schließlich abgethan werde*".[1509] Hessenstein erschien „*deutlichst, wie der boshafte Verfürer meiner Pauren nur bemühet sey, (...) die Sache, frevelhafter Weise, (...) in die*

1503 Jensen an den König vom 4. März 1775 (LA Abt. 11 Adl. Güter überhaupt Nr. 12a, Q. 88); vgl. Jensen an den König vom 10. Mai 1775 (LA Abt. 11 Adl. Güter überhaupt Nr. 12a, Q. 90).

1504 Pro Memoria Hessensteins (ohne Datum) (AHH (HH) Nr. 176).

1505 Pro Memoria Hessensteins (ohne Datum) (AHH (HH) Nr. 176).

1506 Pro Memoria Hessensteins vom 29. November 1774 (AHH (HH) Nr. 176); vgl. Hessenstein an Generalmajor Wrangel vom 26. Mai 1775 (AHH (HH) Nr. 176).

1507 Hessenstein an Wrangel vom 26. Mai 1775 (AHH (HH) Nr. 176).

1508 Hessenstein an Wrangel vom 17. Juli 1775 (AHH (HH) Nr. 176).

1509 Hessenstein an Greineisen vom 7. November 1775 (AHH (HH) Nr. 8).

Länge zu ziehen, und den Pauren eine Verachtung obrigkeitlicher Verordnungen tiefer einzuflößen, damit gedachte Pauren zu ihrem totalen Ruin, ihm desto länger opfern mögen".[1510] Als die neue Verordnung in Betreff der Reichskammergerichtsurteile bekannt wurde, fürchtete Hessenstein eine zusätzliche Verlängerung der Angelegenheit und war des Dafürhaltens, dass „*kein modus referendi die Entwicklung dieser Sache verzögern*" dürfe. Ein solcher „*richtet durch Verzug die Pauren zu Grunde, füret also ein evidens periculum in mora mit sich und gehöret in aller Rücksicht zu den rechtlich privilegierten Sachen*".[1511]

Als sich seine Hoffnungen auf ein baldiges Ende des Verfahrens um die Jahreswende 1775/76 zerschlagen hatten und Greineisen verstarb, kommunizierte Hessenstein auf Empfehlung des Königs seit April 1776 mit dem königlichen Subdelegierten Woelcker. Auch zu dieser Zeit hatte er noch eine positive Grundstimmung, wirkte aber leicht resigniert. So fand er „*zwar nicht die geringste Anleitung, (...) ein wiedriges End-Urtheil zu befürchten; Mit diesem aber hat doch in mancher Rücksicht, die Verzögerung eines sonst guthen Urtheils fast einerlei Wirkung. Durch solche Verzögerung werden ebenfalls bei den Pauren und ihren Kindern Wiederspenstigkeit aus törichte Lust und Trieb zum Prozeßiren unterhalten, ja so tief eingewurzelt, daß solche darnach fast nicht auszurotten stehen, sondern durch den schwächsten falschen Anschein, durch die geringste Verfürung einer verachtungswürdigsten Person, aufs neue wieder ausbrechen*". All dies führe für beide Seiten zu „*unwiederbringlichem Schaden*", so dass ihm sehr daran gelegen sei, dass „*die gewünschte Endschaft (...) directe oder indirecte beschleuniget*" werde.[1512]

Um die Jahresmitte war Hessenstein erneut voller Hoffnung auf einen zügigen Ausgang der Sache. Hinsichtlich seiner Untertanen schmerzte es ihn „*zu sehen, wie unverantwortlich letztere dabei alle ihr Eigenthum, tägl: Schweiß und Mühe ihren bösen Verfürern aufopfern, sich selber hingegen mit ihren Kindern ins tiefste Elend und Verderben stürzen*".[1513] Im Hinblick auf die zu erwartende Entscheidung hatte Hessenstein konkrete inhaltliche Vorstellungen und bat Woelcker daher darum, „*in Ansehung der Imagination, von welcher meine Pauern, zur dauerhaften Peibehaltung der Ruhe, insonderheit geheilet werden müßen*", darauf hinzuwirken, „*daß in der Urtel, soweit möglich, 1.) wenig oder gar kein Latein einfließe, weil alles, was in dieser Sprache abgefaßet ist, nach einiger Zeit den in dieser Sache allezeit leicht verfürten Pauern von gewinnsüchtigen Aufwieglern widersinnig erkläret wird, 2.) die angebrachte Klage unter Androhung scharfer Strafe für ewige Zeiten abgewiesen werde*".[1514]

1510 Pro Memoria Hessensteins vom 7. November 1775 (AHH (HH) Nr. 176).

1511 Pro Memoria Hessensteins vom 5. Februar 1776 (AHH (HH) Nr. 176).

1512 Hessenstein an Woelcker vom 30. April 1776 (AHH (HH) Nr. 8).

1513 Hessenstein an Woelcker vom 4. Juni 1776 (AHH (HH) Nr. 8).

1514 Hessenstein an Woelcker vom 13. August 1776 (AHH (HH) Nr. 8).

Nachdem Hessenstein einige Zeit keine Mitteilung aus Wetzlar erhalten hatte, begann er im November 1776 *„über den unvermutheten längern Verzug der Endschaft einer Sache unruhig zu werden, die bereits vor dem Eintritt der im September zu Ende gegangenen Kammergerichtsferien zur Relation ausgegeben war"*.[1515] Doch Woelcker konnte ihn beruhigen, so dass Hessenstein lediglich erneut darum ersuchte, dass seine *„Rechtssache (...) schleunig, auch in der gewünschten Maaße, zum Schluße befordert werden"* möge.[1516] Noch kurz vor Urteilsverkündung beteuerte er gegenüber Woelcker auf dessen Anraten, dass er *„gerne eine kleine Zeit Gedult"* aufwende, *„wenn nur die Urtel so ausfällt, wie von mir, berichteten Umständen, Rechten und Pilligkeit gemäß, gewünschet und anhand gegeben worden, auch nun in der besten Zuversicht erwartet wird"*.[1517]

Nach Fällung des Urteils war Hessenstein, *„nebst baldiger Übersendung der ausgefallenen Urthel nach Holstein und einer Abschrifft davon an mich"*, in erster Linie daran gelegen, Zwierlein anzuhalten, *„auf eine schleunige Perichtigung der Kosten (...) Bedacht zu nehmen"*.[1518] Dies war ihm so wichtig, dass er ihn nur zwei Wochen später erneut darauf hinwies. So sei *„nichts weiter rückständig (...), als die gerichtliche Ermäßigung der den Unterthanen aufgelegten Kosten"* zu erreichen. Er sei zuversichtlich, dass Zwierlein *„das Abmachen dieses Punkts (...) aufs möglichste beschleunigen"* werde. *„Weitläuftigkeiten können hiebei nicht vonnöten seyn, als mir zwar an genauester Vollstreckung des schließlich erkannten viel; weniger aber daran, daß diese Kosten aufs höchste angesezzet werden, gelegen ist."*[1519] Zudem ersuchte Hessenstein den König darum, dass einer seiner Knechte, der am 3. November 1777 als einer der Rädelsführer vom Schmoeler Gutsgericht zu einer zweijährigen Karrenstrafe verurteilt worden war, begnadigt werden möge, da *„dieser (...) einen alten Vater, der (...) des Beystandes (...) seines Sohnes entzogen und desselben in seinem hohen Alter auf das äusserste benöthiget ist"*, habe.[1520]

Die rechtliche Behandlung der Leibeigenen durch ihre Gutsherrschaft macht deutlich, dass Hessenstein ein schnelles und klares Ende des Prozesses nicht nur im eigenen, sondern auch im Interesse der Leibeigenen und ihrer Vermögenspositionen als zwingend notwendig ansah. Die Befassung des Reichskammergerichts mit der Sache beschäftigte ihn sehr. Für Hessenstein war offensichtlich, dass das Verhalten seiner Untertanen nicht auf Bösartigkeit beruhte und gegen ihn persönlich gerichtet war, sondern auf ihre auf den Freibrief zurückgehende

---

1515 Hessenstein an Woelcker vom 19. November 1776 (AHH (HH) Nr. 8).

1516 Hessenstein an Woelcker vom 26. November 1776 (AHH (HH) Nr. 8).

1517 Hessenstein an Woelcker vom 19. Januar 1777 (AHH (HH) Nr. 8).

1518 Hessenstein an Zwierlein vom 11. Februar 1777 (AHH (HH) Nr. 176).

1519 Hessenstein an Zwierlein vom 25. Februar 1777 (AHH (HH) Nr. 176); vgl. Hessenstein an Zwierlein vom 11. April 1777 (AHH (HH) Nr. 176).

1520 Hessenstein an den König vom 3. Dezember 1777 (LA Abt. 11 Adl. Güter überhaupt Nr. 12a, Q. 106 (ad 106)).

Verblendung und die darauf aufbauende Verführung durch ihre Vertreter zurückzuführen war. Mit großer Betrübnis und keineswegs mit Gleichgültigkeit sah er, wie die Schmoeler ihre Ersparnisse für einen aussichtslosen Kampf opferten. Mit Wut erfüllte es ihn hingegen, dass sie dadurch Personen bereicherten, die seiner Auffassung nach nur auf ihren eigenen Vorteil bedacht waren und dafür ohne Rücksicht auf Verluste mögliche weitreichende negative Folgen für Land und Leute in Kauf nahmen. Daher überwog bei Hessenstein im Hinblick auf seine Leibeigenen das Mitleid für sie den Ärger, den er wegen ihrer Bemühungen empfand. Obwohl er ihnen gegenüber härter hätte vorgehen können, tat er es nicht. Er hatte bereits frühzeitig erkannt, dass Strafandrohungen und sogar ausgeführte Bestrafungen ihr Ziel verfehlten. Infolge dessen hatte er von weiteren diesbezüglichen Versuchen abgesehen und all seine Hoffnungen auf ein Urteil des höchsten Reichsgerichts gelegt. Anfang 1774 fand er sich in seiner Haltung bestätigt, als die neuerlichen Ereignisse offenbarten, dass selbst königliche Befehle die Untertanen nicht von ihrem Weg abzubringen vermochten.

Diese Einstellung Hessensteins war hauptsächlich auf zwei Aspekte gegründet. Einerseits war er als Schmoeler Gutsherr am dichtesten am Geschehen dran. Auch wenn er während der Dauer des Reichskammergerichtsprozesses zumeist im Ausland weilte, kannte er die Denk- und Verhaltensweisen seiner Untergehörigen aus den Jahren zuvor, die er großteils auf den Gütern verbracht hatte, gut und hatte ein untrügerisches Gespür für die Situation entwickelt. Deshalb kam er auch deutlich vor den Regierungskanzleien, die sich durch ihre durch größeren Abstand zu den Dingen geprägte obrigkeitliche Perspektive auszeichneten, zu dem Schluss, dass den Untertanen, die für alle ihnen nicht genehmen Argumente unzugänglich waren, über Zwang nicht beizukommen war. Andererseits hatte Hessenstein aufgrund der Rechtslage, sowohl was den Sachverhalt als auch die Zulässigkeit der Appellation betraf, grundsätzlich keine Bedenken, dass der Spruch des Reichskammergerichts zu seinen Gunsten ausfiele. Allein die häufigen, für ihn nicht nachvollziehbaren Verzögerungen des Urteils machten ihn zwischenzeitlich skeptisch. Doch zweifelte Hessenstein niemals am günstigen Verfahrensausgang. Er konnte lediglich kein Verständnis dafür aufbringen, dass vor dem Hintergrund des Verhältnisses von der Rechtslage zu den auf dem Spiel stehenden Werten für das holsteinische Gesellschafts- und Gerichtssystem sowie den Stand der Güter und seiner Eingesessenen der Fortgang beim Reichskammergericht derart schleppend verlief.

Dass sich Hessenstein beim Reichskammergericht trotz landesherrlichen Verbots so weit wie nötig zur Sache einließ, um ein Kontumazurteil zu vermeiden, geschah neben den eigenen und landesherrlichen Interessen in hohem Maß auch im Interesse der Leibeigenen. Mittels seines stetigen Drängens auf die unverzügliche Beendigung des Prozesses suchte er den Untertanen soviel von ihrem Eigentum wie möglich zu erhalten. Denn anderenfalls gäben sie dieses für das weitere Wirken ihrer Vertreter aus. Dafür war er sogar gewillt, Zwierlein „*unter der Hand*" laufende Maßnahmen nahezulegen, damit das Ende „*indirecte beschleuniget*" würde. Im Hinblick auf den Urteilstenor konnte Hessenstein trotz seiner mit den Schmoelern gemachten Erfahrungen nicht umhin zu fordern, dass seinen Bauern ewiges Stillschweigen unter der Androhung harter Strafen auferlegt würde.

Neben dieser Standardforderung bewies er mit seiner zusätzlichen Forderung, dass ihm die Sache und das Wohlergehen seiner Leibeigenen am Herzen lag. Denn er bat inständig darum, dass man im Tenor möglichst auf Latein verzichten möge, damit zukünftige Missverständnisse und Streitigkeiten, insbesondere durch die Auslegung des Texts durch Vertreter der Untertanen, von vornherein vermieden würden. Ohngeachtet aller Schwierigkeiten der letzten Jahre zog Hessenstein sich nicht nur auf seine Machtposition als Gutsherr zurück, die ihm in Verbindung mit dem Reichskammergerichtsurteil weitgehend freie Hand bei der Behandlung und Bestrafung seiner Untertanen ließ. Vielmehr zeigte er durch seine Äußerungen an, dass er ähnliche Zustände in Zukunft nach bestem Wissen und Gewissen zu verhindern suchte. Seine erfolgreichen, aus menschlich-altruistischer Motivation heraus getätigten Bemühungen um die Begnadigung eines seiner Knechte, der erst kurz zuvor durch sein eigenes Gutsgericht verurteilt worden war, machen darüber hinaus klar, dass Hessenstein seinen Worten auch Taten Folgen ließ. Solange er Ruhe und Ordnung sowie eine produktive Wirtschaft auf seinen Gütern als gesichert ansah, wollte er seine Untertanen so wenig wie möglich durch das Reichskammergerichtsurteil, dessen Folgen oder sonstige unnötige Einschränkungen beschwert wissen.

VIII. Zusammenfassende Betrachtung: Die rechtliche Behandlung der Leibeigenen in den Schmoeler Leibeigenschaftsprozessen

Der Ausgangspunkt für die Schmoeler Leibeigenschaftsstreitigkeiten waren die sich inhaltlich und damit insbesondere hinsichtlich der rechtlichen Behandlung der Leibeigenen widersprechenden Dokumente des Freibriefs und des Kaufvertrags. Sie bildeten die Grundlage für die sich über rund vierzig Jahre erstreckenden und in zwei Hauptphasen, nämlich von 1738 bis 1743 und von 1767 bis 1777, zerfallenden rechtlichen Auseinandersetzungen der Untertanen mit den obrigkeitlichen Gerichten und Institutionen. Während der ersten Hauptphase, die der erste Prozess vor dem Landgericht und seine Vor- und Nachgeschichte darstellen, wurde das Schicksal der Schmoeler von verschiedenen Personen und Institutionen beeinflusst. Der Anwalt der Leibeigenen, Schmidt, sah seine Mandanten nicht in erster Linie als ländliche Arbeitskräfte und grundlegenden Bestandteil eines besonderen Wirtschaftssystems, sondern als Menschen mit eigener Rechtspersönlichkeit an. Er schlug aufopferungsvoll alle zulässigen und – ohne Rücksicht auf immense eigene Verluste – sogar unzulässige prozessuale Wege ein, um ihre Interessen zu vertreten. Denn er betrachtete diese aufgrund unjuristischer Argumente und übergeordneter herrschaftlicher Interessen, die mit der landesweiten Brisanz des Verfahrens verbunden waren, vor dem Hintergrund des Freibriefs einseitig und zu Unrecht zu Lasten der Schmoeler als gefährdet. Somit kommt auch in seiner Honorarnachforderung viel eher der Glaube daran, sich dieses Geld wirklich verdient zu haben, zum Ausdruck als ausnutzende Habgier.

Als unstudierter Interessenvertreter setzte Stockdorff nicht auf ein juristisch-argumentatives, sondern ein emotional-petitionierendes Engagement. Zudem steigerte sich dieses im Hinblick auf seinen persönlichen Einsatz stetig. Wie Schmidt lagen auch ihm die Interessen der Leibeigenen ernsthaft am Herzen, auch wenn er gegen Ende der Vertretung trotz seiner Überzeugung von der Aussichtslosigkeit des Unterfangens die Schmoeler ohne Gegenleistung um weiteres Geld bringen wollte. Als Anwalt der Reichen und Mächtigen im Land war Adamis Verhalten vor Gericht hingegen teils streng juristisch mit überzeugenden Argumenten, teils lobbyistisch mit übergeordneten unjuristischen, politisch-ökonomischen Argumenten. Sein Streben galt dem Erhalt der Strukturen im Land, welche die Grundlage von Macht und Profit der von ihm vertretenen Privilegierten waren. So waren auch die vordergründig als Zugeständnisse an die Leibeigenen erscheinenden Handlungen nichts weiter als taktische Manöver auf der Grundlage politisch-ökonomischer Motive. Für Adami und seine Mandanten waren die Leibeigenen nicht mehr als ein teilweise lästiger, aber dennoch unentbehrlicher Wirtschaftsfaktor.

Bemerkenswert ist jedoch vor allem die Haltung des Landgerichts. Anhand des Prozessverlaufs und insbesondere der Urteilsbegründung wird offensichtlich, dass die Landräte trotz ihrer Richterstellung nicht nur den Schmoeler Leibeigenen, sondern den holsteinischen Leibeigenen allgemein gegenüber nicht objektiv und neutral eingestellt waren. Dementsprechend verhielten sie sich auch ihrem Anwalt und ihrem Interessenvertreter gegenüber. Diese ließen die Räte gewähren, solange es ihnen ungefährlich erschien, und in relativ belanglosen Dingen zeigten sie sich den Leibeigenen gegenüber sogar großzügig und wohlgesonnen. Doch wenn sie maßgebliche Landes- und Standesinteressen berührt sahen, griffen sie rigoros durch. Aufgrund ihrer Herkunft und Weltanschauung sowie ihrer gesellschaftlichen Position außerhalb der Justiz wiesen sie eine große Nähe zur Partei der Kreditoren auf. Diese kam zunächst offensichtlich, wenn auch nur inoffiziell zum Ausdruck, später hingegen blieb sie hinter den offiziellen, scheinbar rein juristischen Erwägungen verborgen. Eine Sonderstellung innerhalb des Spruchkörpers nahm Jasper Rantzau ein. Dieser war gleichzeitig selbst Herrschaft auf ostholsteinischen Gütern, deren Wirtschaft auf der Leibeigenschaft beruhte. Er wartete mit einer rein ergebnisorientierten, durchgehend extrem gutsherrlich-konservativen und gewohnheitsrechtlich-machtpolitischen Auffassung auf, die überwiegend unjuristisch und teilweise sogar absurd war.

Unabhängig von ihren unterschiedlichen Begründungsansätzen beurteilten alle Landräte die holsteinischen Leibeigenen als unselbständige Bestandteile eines effektiven Wirtschaftssystems, das als wichtige Stütze des ganzen Landes unverzichtbar war. Dieses System stand daher losgelöst vom Ausgang des Verfahrens nicht zur Diskussion und war in jedem Fall erhaltenswert, obwohl die Schmoeler nicht einmal im Urteil ausdrücklich als Leibeigene bezeichnet wurden. Diese unantastbare Basis des Denkens und Handelns der Räte nahm jeglichen gerichtlichen Bemühungen, Maßnahmen zur Entspannung der Lage durchzusetzen, von vornherein die Wirkung. Denn disponibel waren nach Anschauung der Richter im Endeffekt nur Randaspekte der Einrichtung, nicht aber ihre Eckpfeiler. Das Landgericht sah sich intern also nicht nur zur ausschließlich objektiven Rechtsfindung berufen, sondern es fungierte auch bewusst als Bewahrer des Überkommenen, als Hüter der Verhältnisse in dem die adligen Güter betreffenden Teil der Landesverfassung und damit auch als Lobby der vom ständischen Gesellschaftssystem privilegierten Schicht.

Die Landgerichtskommission wies eine teilweise identische Besetzung mit dem Spruchkörper auf und verfolgte demnach auch dieselbe Linie wie das Gericht. Zwar kam sie den Schmoelern beim Dienstreglement so weit wie möglich entgegen und war durch den Nichtgebrauch des Begriffs der Leibeigenschaft um Konfliktvermeidung bemüht, doch verlor die Kommission dabei niemals das übergeordnete Ziel der Erhaltung des status quo aus den Augen. Das belegt insbesondere die eindeutige, wenn auch wiederum die Leibeigenschaft nicht ausdrücklich erwähnende Eidesformel. Auch war die Kommission bereit, ihre Vorstellungen mit Zwang und Gewalt – notfalls sogar mit militärischer Unterstützung – durchzusetzen, wenn es ihr mit Gutmütigkeit nicht gelang.

Die Deutsche Kanzlei stimmte ihr Vorgehen regelmäßig mit den Landräten als den sachnahen Beamten ab. Während des Prozesses verneinte sie offiziell nur ihre Zuständigkeit, inoffiziell entschied sie die Sache aber bereits und wirkte entsprechend auf die Landräte ein. Nach dem Prozess verhielt sich die Kopenhagener Behörde zwar zunächst wohlmeinend und formell korrekt, auch erließ sie inhaltlich korrekte Bescheide. Doch waren diese nicht deutlich und eindeutig genug, sondern teilweise sogar derart unglücklich formuliert, dass die Institution, welche die höchste Autorität zur Beendigung des Konflikts besaß, über einen längeren Zeitraum hinweg aufgrund von Ungeschicklichkeiten die Renitenz der Bauern und dadurch den Konflikt insgesamt noch förderte. Wegen der größeren räumlichen und inhaltlichen Entfernung zum Geschehen und des darauf beruhenden zu geringen Maßes an erforderlichem Überblick und Einfühlungsvermögen für die besondere Situation war das Verhalten der Behörde von einer unheilvollen Unflexibilität geprägt, bevor sie schließlich zumindest gegen Stockdorff rigoros vorging. Gerade der wiederholte Verweis der Leibeigenen an die Gemeinschaftliche Regierungskanzlei im Beschwerdefall war zwar formell in Ordnung. Da er für diese aber offensichtlich schon beim ersten Mal im Hinblick auf die Zuständigkeitsverteilung der holsteinischen Oberbehörden untereinander kaum nachvollziehbar war, erwies er sich im Rahmen einer einzelfallbezogenen Betrachtungsweise als unangemessen und zu starr. Die neue Gutsherrschaft auf Schmoel legte im Hinblick auf die Leibeigenen eine stark versächlichende Betrachtungs- und Behandlungsweise an den Tag. Auf der Grundlage rein juristisch-ökonomischer Motive waren die Schmoeler für diese nur unselbständige wesentliche Zubehörteile eines adligen Guts in seiner Gestalt als Handelsobjekt.

Das Schicksal der Schmoeler während des zweiten Hauptgeschehensabschnitts, der durch die mehrjährigen vorprozessualen Korrespondenzen der Leibeigenen und ihrer Vertreter mit den landesobrigkeitlichen Einrichtungen, den zweiten „Landgerichtsprozess" und den Reichskammergerichtsprozess geprägt wurde, unterlag ebenfalls dem Einfluss unterschiedlicher Personen und Institutionen. Mit kleinen Abstrichen und abhängig von ihrer Herangehensweise gingen in der Gesamtschau alle Anwälte und Vertreter der Schmoeler, gleichgültig ob hochqualifizierte Land- und Hofgerichtsadvokaten oder einfache ungebildete Handwerker, ihrer Aufgabe nach bestem Wissen und Gewissen und aus starken altruistischen Motiven nach. Dabei müssen die letztlichen Ablehnungen des Mandats durch Diederichsen und Schmidt vor dem Hintergrund ihrer Argumentation und ihres Zustandekommens genauso hoch bewertet werden wie die langjährigen intensiven Bemühungen Weidemanns. Selbst den Vertretern der Leibeigenen im Rahmen des Reichskammergerichtsprozesses ist kein größerer Vorwurf zu machen, auch wenn sie beizeiten wider besseres Wissen das Urteil verzögert und dadurch die Verfahrenskosten für die Schmoeler erhöht haben. Denn schließlich darf bei der Bewertung all dessen niemals die Sach- und formelle Rechtslage sowie die sture und alle prozessualen Unternehmungen unterstützende Einstellung der Untertanen außer acht gelassen werden.

Im Hinblick auf die Regierungskanzleien kommunizierten die Schmoeler im Vorfeld des Reichskammergerichtsprozesses zwar nur mit der Deutschen Kanzlei. Doch diese stimmte ihr Vorgehen so eng mit der Gemeinschaftlichen Regierungskanzlei ab, dass der Behandlung der Untertanen eine gemeinsame Geisteshaltung zugrunde lag. Wie schon im ersten Hauptgeschehensabschnitt war diese formal korrekt, unter praktischen Gesichtspunkten dadurch aber auch zu ungeschickt und unflexibel, um in der besonderen Konstellation zu einer angemessenen Lösung kommen zu können. Die Ungeschicktheit zeigte sich vor allem in den wechselseitigen Bescheidungen der Schmoeler aus Kopenhagen und Glückstadt, die viel zur Unruhe auf den Gütern und zum Durchhaltevermögen der Bauern beitrugen. Die Unflexibilität war zum einen im institutionellen Verhältnis der holsteinischen Regierungseinrichtungen zueinander begründet. Zum anderen war sie aber auch die unmittelbare Folge eines bewussten und gewollten Verhaltens vor dem Hintergrund des primären landesherrlichen Ziels der Erhaltung des inländischen status quo und eine Zermürbungstaktik hinsichtlich der Untertanen.

Der Zug der Schmoeler vor das Reichskammergericht führte dazu, dass ihre rechtliche Behandlung durch die Kanzleien gegenüber der Auseinandersetzung um die übergeordneten politischen Aspekte während des Prozesses zunächst völlig in den Hintergrund geriet. Auch später, als es um die Sanktionierung ihres Verhaltens ging, blieb sie stets nur im zweiten Glied und der machtpolitischen Auseinandersetzung zwischen Reich und Landesherrschaft untergeordnet. Dass die Kanzleien gegen eine Bestrafung der Untertanen wegen der Anhängigmachung des Prozesses beim Reichskammergericht waren, während das Verfahren lief, ist darauf zurückzuführen, dass sie einerseits die Hauptverantwortlichkeit dafür nicht bei ihnen selbst, sondern bei ihren Vertretern sahen. Andererseits rechneten sie aufgrund ihrer Erfahrungen mit den Schmoelern im Bestrafungsfall nicht mit einer Verbesserung, sondern eher mit einer Verschlechterung der Situation. Somit rechtfertigten die existenziellen Interessen des Landes im Hinblick auf die Bedeutung des Prozessausgangs, die Leibeigenen im fortgeschrittenen Verfahrensstadium solange zu ignorieren, wie sie sich zumindest in bezug auf einen bestimmten Aspekt aus herrschaftlicher Sicht angemessen verhielten. Entscheidend war demnach nur noch, ob die Schmoeler ihre Dienste pflichtgemäß erfüllten, was sie in der Hoffnung auf ein günstiges höchstrichterliches Urteil auch trotz allem taten. Dadurch trat der wichtigste Gesichtspunkt ihrer Leibeigenschaft offensichtlich hervor: Die Hofdienste waren die unentbehrliche Grundlage von Wirtschaft und Wohlstand.

Der vor dem Landgericht geführte zweite „Prozess" war nur ein Pseudoprozess. An ihm wird deutlich, dass die Landräte ihre Entscheidung nur auf die formelle Rechtslage gründeten. Ein Interesse an der Überprüfung der materiellen Rechtslage bestand überhaupt nicht, da das frühere Urteil die Interessen der Obrigkeit und der privilegierten Gesellschaftsschicht beachtete. Das Verhalten des Landrats Thienen in diesem Zusammenhang darf zwar nicht generalisiert werden, macht aber wesentliche und grundsätzliche Aspekte des Verhältnisses von Untertanen des Adels zur höheren Landesgerichtsbarkeit sichtbar. Durch die vielfältigen Verbindungen der oberklassigen Standesgenossen untereinander, ihre Besetzung aller wichtigen Positionen und ihre Möglichkeiten der Einflussnahme wird die zusätzliche Benachteiligung der allgemein struktuell stark unterlegenen Leibeigenen auf gerichtlicher Ebene augenscheinlich. Die standesgenössische Solidarität Thienens, die für den gewünschten Ausgang des Verfahrens nicht einmal erforderlich, aber allemal ungesetzlich war, gestaltete die für die Schmoeler ohnehin schwierigen Prozessbedingungen vollends unfair.

Hessenstein als betroffener Gutsherr suchte zunächst die gerichtliche Lösung der Problematik. Als diese sich jedoch verzögerte und seine Untertanen trotz weiterer Schlichtungsversuche renitent blieben, ging er hart gegen sie vor. Er suchte seine durch das Landgerichtsurteil bestätigte Rechtsstellung gegenüber den Untertanen, die für ihn unzweifelhaft leibeigen waren, und die auf ihr beruhenden Ansprüche gegen diese mittels seiner gutsherrlichen Machtposition durchzusetzen. Seine Beharrlichkeit und die Anwendung von Strafen trotz des offensichtlichen Misserfolgs dieses Vorgehens ließen Hessenstein im Vorfeld des Reichskammergerichtsprozesses sogar in den Augen seines Gutsjustitiars als übertrieben hart und ungerecht dastehen. Während des Prozesses wurde Hessenstein merklich weicher, da er zu der Einsicht gelangt war, dass bei seinen unumkehrbar verblendeten Untertanen selbst Drohungen und Strafen ohne Aussicht auf Erfolg waren. Insofern empfand er mehr Mitleid als Ärger hinsichtlich ihres Verhaltens. So wurde es – in ihrem wie in seinem Interesse – sein vorrangiges Streben, das aus seiner Sicht feststehende Urteil schnellstmöglich zu erreichen. Er setzte all seine Hoffnungen in den höchstrichterlichen Spruch, der einen klaren Inhalt, aber eine milde Kostenentscheidung enthalten sollte, da seine Untertanen schon zuviel Geld verschwendet hätten und er einfach nur Ruhe auf seinen Gütern haben wollte.

Auch wenn vom Reichskammergericht nur dem Hilfs- und nicht dem Hauptantrag der Schmoeler stattgegeben wurde, gaben der Annahmebeschluss und die Zwischensentenzen der Kammerräte den Klägern im Hinblick auf ihr Begehren berechtigten Anlass zur Hoffnung, dass sie endlich gleichberechtigte Prozesspartei waren und die eigentlich maßgebliche, materiell-rechtliche Rechtsfrage der aktuellen Geltung der Dokumente bei der Beurteilung der Rechtslage – zumindest mit- – ausschlaggebend wäre. Diese Hoffnung wurde genährt durch die ausdrückliche Anerkennung ihrer Sonderstellung als Leibeigene und die aufgrund dessen erfolgte Zubilligung von Sonderrechten. Diese Einstellung des Reichskammergerichts gegenüber den Untertanen und die häufigen Fristenzugeständnisse an ihren Vertreter legen ein gewisses Wohlwollen der Räte bezüglich des Begehrens der Schmoeler nahe. Dennoch wurden die Leibeigenen in den das abschlägige Urteil begründenden Voten ob der immensen Menge an gegen sie sprechenden formellen Einreden scharf kritisiert und barsch zurückgewiesen, ohne dass eine Prüfung der wichtigen, auch vom Reichskammergericht als grundsätzlich entscheidungsrelevant bezeichneten materiell-rechtlichen Streitfrage überhaupt vorgenommen wurde.

Am Votum Harpprechts wird deutlich, dass die Schmoeler aufgrund der aus Sicht der Richter rechtlich relevanten Fakten im Prozess von vornherein chancenlos waren. Ob das Reichskammergericht seine fehlende Zuständigkeit bereits zum Zeitpunkt des Annahmebeschlusses kannte, ist nicht nachvollziehbar. Doch stand spätestens seit der Kenntnisnahme des holsteinischen Regierungsberichts durch die Kammerräte der politische Aspekt der Auseinandersetzung zwischen

Reich und Territorium inoffiziell im Vordergrund. Die Bauern und ihre Klage waren fortan nebensächlich und nur noch Spielball in einem im Bereich des Gerichtswesens ausgetragenen Machtkampf zwischen der Landesherrschaft Holsteins und der Zentralgewalt des Reichs. Trotz der auch aus ihrer Sicht offensichtlichen Rechtslage und der dadurch gegebenen Möglichkeit eines zügigen Prozessendes nutzten die Kammerräte die Anhängigkeit des Verfahrens aus, um die holsteinische Regierung hinzuhalten, zu provozieren und ob ihrer Protestreaktionen im Votum ebenfalls scharf angehen zu können.

Unabhängig von der rechtlichen Behandlung der Schmoeler durch das Reichskammergericht lässt sich jedenfalls festhalten, dass die holsteinischen Obergerichte und -behörden im Hinblick auf ihre rechtliche Behandlung der Leibeigenen – nicht zuletzt wegen der engen ständischen, teilweise sogar dynastischen Verbundenheit untereinander sowie der gemeinsamen Unterworfenheit unter die Autorität der Landesherrschaft – eine übereinstimmende Grundtendenz aufwiesen:

Man wollte den Schmoelern, die sich seit dem erneuten Bekanntwerden des Freibriefs gedanklich nicht von diesem zu trennen vermochten, helfen und ihre Lage bezüglich der nach landesherrlich-adliger Auffassung disponiblen Ausgestaltungsmerkmale der Leibeigenschaft verbessern. Dies betraf jedoch von vornherein nur deren marginale Elemente. Die Einrichtung selbst und ihre Hauptcharakteristika standen aufgrund ihrer gesellschaftlich-politischen Bedeutung und ihres wirtschaftlichen Nutzens niemals ernsthaft zur Disposition. Vor dem Hintergrund dieser Motivation wurde sie obrigkeitlicherseits grundsätzlich als überhaupt nicht dispositionsfähig angesehen.

6. Teil: Die anderen großen Leibeigenschaftsstreitigkeiten der 1730er und 1740er Jahre

Um die Schmoeler Leibeigenschaftsprozesse in den historischen Kontext einordnen zu können, wird die rechtliche Behandlung der Leibeigenen durch die Obrigkeit in den anderen großen Rechtsstreitigkeiten der Zeit vergleichend herangezogen. Diese betrafen die Güter Ahrensburg, Großenbrode, Nütschau/Sühlen und Kronshagen.

I. Ahrensburg

Das Gut Ahrensburg, das nahe Hamburg im Kreis Stormarn lag, war dem vormaligen Itzehoer Güterdistrikt zugehörig. 1326 gelangte es in den Besitz des Klosters Reinfeld, durch die Säkularisation wurde es königlich. Um 1550 kam es an die Familie Rantzau, 1759 gelangte es an die Familie Schimmelmann. Unter ihrer Herrschaft wurde 1788 die Leibeigenschaft aufgehoben.[1521]

1. Historischer Hintergrund

Noch bis in die Anfangsphase der zweiten Hälfte des 16. Jahrhunderts hinein waren die Ahrensburger persönlich freie und mit geringen Diensten versehene Klosterbauern. Dies änderte sich schlagartig mit der Inbesitznahme des Bezirks durch die Rantzaus. Gleich zu Beginn vermehrte Peter Rantzau insbesondere durch Neuvermessungen seine Hoffelder auf Kosten des bäuerlichen Hufenlands beträchtlich und etablierte mit seinen übrigen, auf die vollendete Hörigkeit ausgerichteten Maßnahmen die Leibeigenschaft zügig. Schon vor 1600 übernahm er die Kontributionen seiner Untertanen vollständig und strebte zeitlebens nach Expansion seiner Gutsherrschaft und -wirtschaft. Zwar führten auch die folgenden Gutsherrschaften ein hartes Regiment, doch war die Höhe der Hofdienste der Untertanen im 16. und 17. Jahrhundert noch erträglich, da die Hoffeldfläche insgesamt nur mäßig und ansonsten viel Wald vorhanden war. Als 1715 Detlev Rantzau die Herrschaft auf dem Gut antrat, intensivierte er Gutswirtschaft und Leibeigenschaft in enormem Tempo. Er ließ weite Waldgebiete roden und schlug sie dem Hofland zu, so dass sich die Hofdienste seiner Untergebenen ständig erhöhten.

So bildete sich verhältnismäßig weit im Westen Holsteins ein strenges Leibeigenschaftssystem aus, das in krassem Gegensatz zu den um Ahrensburg herum

1521 *Oldekop*, Topographie, 2. Band, IV. Abschnitt, XIII. Kapitel, S. 8 f.; *Schröder/Biernatzki*, Topographie, 2. Band, S. 156 f.

liegenden Bezirken mit ihrer freien Bevölkerung stand. Schon 1719 kam es zu einem ersten Aufstand von Bauern, deren Widerstand fortan nicht mehr verschwand. Ihm begegnete Rantzau mit einem harten Regiment und verschärften Leibeigenschaftsbedingungen, in deren Folge die Zahl der Flüchtlinge rasant anstieg. Im Anschluss an die Agrardepression der 1730er Jahre und die damit verbundene nochmalige Erhöhung der Dienste kam es ab 1738 zur grundsätzlichen Austragung der Gegensätze. Während sich die Untertanen über die Grenze ihrer Leistungsfähigkeit hinaus beansprucht sahen, stand für Rantzau aufgrund der hohen Fluchtzahlen der Betrieb der Gutswirtschaft auf dem Spiel. Die Verhandlungen vor dem Gutsgericht, dessen Vorsitzender Richter Adami – der Advokat der Kreditoren im Schmoeler Landgerichtsprozess – war, endeten am 2. Juni 1738 mit einem für die Gutsherrschaft weitgehend günstigen Urteil, so dass die Untertanen ans Landgericht appellierten. Das Urteil des Landgerichts wurde gut sechs Monate nach der Entscheidung in der Schmoeler Sache und drei Monate vor der Entscheidung in der Großenbroder Angelegenheit gesprochen.[1522]

2. Rechtliche Behandlung der Untertanen

In der Ahrensburger Sache sprachen die Landräte ihr Urteil, in dem sie starken Bezug auf das Urteil des Ahrensburger Gutsgerichts vom 2. Juni 1738 nahmen, am 28. September 1740.[1523] Im Hinblick auf die Beschwerden des klagenden Gutsherrn Rantzau erkannten sie, dass seine Gutsuntertanen „*nicht bemächtiget, ohne der Herrschafft Bewilligung den Ihrigen zu verstatten, ausser dem Guhte zu dienen, sie auch wann ein oder der andere zu entlauffen gewilliget, solches der Guhts-Herrschafft in Zeiten anzuzeigen schuldig, widrigenfalls der oder diejenige (...) dafür ein zu stehen gehalten*“. Des Weiteren bestätigten die Richter den Passus des Gutsgerichtsurteils, in dem erkannt worden war, „*daß Beklagten nicht gebühre, ohne noht und erhebliche Uhrsachen, ihre Hufen der Herrschafft eigenes Gefallens aufzukündigen und wieder derselben Willen zu quitiren: die Herrschafft aber berechtiget, auf Befinden, daß einer durch seine übel geführte Haußhaltung dahin gerahten, daß er der Hufe nicht länger vorstehen könne, denselben dergestalt, wie die Rechte es erlauben, zur Straffe zu ziehen*“. Darüber hinaus wurde dadurch bestätigt, „*daß Beklagte über die Hoffkoppeln und Wiesen sich keine Fußsteige oder Fahrwege eigenwillig erwehlen, sondern die ienige Wege, so ihnen von der Guhts Herrschafft angewiesen, gehen und fahren, diese auch keines weges über die Gebühr erweitern müßen*“, anderenfalls sie „*allen schaden ersetzen*“ müssen.[1524]

1522 Vgl. *Wulf*, Leibeigenschaft, S. 11 (14 ff.); *Johannsen*, Bildung, S. 305 (312 ff.).

1523 Hinsichtlich der folgenden Zitate und Ausführungen vgl. – wenn nicht anders gekennzeichnet – das Landgerichtsurteil vom 28. September 1740 (LA Abt. 127.3 Nr. 14I).

1524 Ahrensburger Gutsgerichtsurteil vom 2. Juni 1738 (LA Abt. 127.3 Prot. Nr. 1).

Zusätzlich „*verbleibet (...) der Guhts-Herrschafft die Freyheit an welchen Tagen der Woche Sie die Hofe-Dienste von denen Halb-Hufenern fodern wolle; doch sind solche Hof-Tage von einer Woche in die andere nicht zu verschieben, noch die Halb-Hufener solche verschobene Tage nachzuhohlen verbunden; Im Gegentheil kommen die einfallende Feyer-Tage denen Halb-Hufenern in den Arbeits-Tagen nicht zu gute, sondern es sind selbige ihre Dienste in den übrigen Tagen der Woche zu leisten schuldig*". Auch im Hinblick auf die Hofdienste im Allgemeinen, die das Gutsgerichtsurteil detailliert normiert hatte, beließ es das Landgericht im Großen und Ganzen bei diesen Regelungen. Es wiederholte jedoch ausdrücklich, „*daß die Hof-Gänger zu der (...) bestimmten Zeit auf dem Hofe oder an dem Gut (...) sich würcklich einfinden müssen; (...) überhaupt aber die Guhts Herrschafft in der Erndte an die (...) wegen des Kommens, Mittag-Haltens und Weggehens bestimmte Stunden sich so genau nicht zu binden, sondern alsdann die Dienste, wie es die Erndte nach Beschaffenheit des Wetters erfordert, Landüblich zu leisten*". Diesbezüglich hatten schon die Ahrensburger Richter festgelegt, dass „*ieder bey seiner Arbeit, sich alles fleißes fodern und (...) überhaubt sich in leistung der Herrendienste bey vermeidung schwerer straffe, gehorsahm, treü und fleißig alle wege bezeigen und alles unartigen Gegenredens und Aufsätzigkeit sich enthalten solle*". Ansonsten aber sei „*den Leüten so viel möglich in Güte zu sagen, (...) auch ohne noht und erhebliche Uhrsachen keine schärffe wieder dieselbe zu gebrauchen*".[1525]

Auch seien „*Beklagte nicht befugt, ihre Diensten ohne der Herrschafft Willen von der Arbeit ab- und zu Hause zu behalten, sie selbsten ihr Gesinde, und zwar solches das zum Dienst tüchtig anzuschaffen schuldig; die Guhts-Herrschafft aber auf gehörige Anzeige die ausser Dienst seyende zum Dienste dessen der ihrer benöhtiget, anzuhalten*". Doch sei „*ihnen, umb den Gottes-Dienst bey zu wohnen, ein halber Tag frey vom Hof-Dienste zu verstatten*". Ferner seien „*Beklagte gehalten, wenn sie zur extra-Arbeit angesaget werden, dazu den vierten Mann (...) unweigerlich zu schicken*".

Hinsichtlich der Hauptbeschwerde der Beklagten, sie „*hätten nicht so viel Land und Weide, als zu Abhaltung der Dienste und zu ihrer und ihres Viehes Unterhaltung erforderlich*" erkannte das Landgericht auf ihre Unbegründetheit, „*vielmehr sind sie von denen innhabenden Ländereyen die bishero geleistete (...) Dienste zu thun und ihre Huefen Landüblich im Stande zu halten schuldig*". Doch „*sind die zur Beichte gehende einen halben Tag von denen Hof-Diensten zu befreyen (...); die Wirthe aber sind statt der Beichtgehenden so wenig als würcklich Krancken selbst zu Hofe zu gehen oder andere zu senden schuldig*", was von den Ahrensburger Richtern noch anders entschieden worden war. Des Weiteren seien zwar „*eine verwohnte Huefe auf ihre Kosten wider im Stande zu setzen, die übrige Unterthanen keines Weges verbunden; es kan aber kein Un-*

[1525] Ahrensburger Gutsgerichtsurteil vom 2. Juni 1738 (LA Abt. 127.3 Prot. Nr. 1).

tergehöriger sich entlegen, eine von dem Guhts-Herrn im Stande gesetzte Huefe anzunehmen und davon die beykommende Dienste und praestanda zu leisten". Im Hinblick auf die Dienste der Insten „*kan der Guhts-Herr die Hof-Tage nach Beschaffenheit der Zeit und Arbeit fodern und selbige von einer Woche zur andern rechnen*". Von den alten und bedürftigen Untertanen und denen, die entsprechende Freibriefe besäßen, seien keine Dienste und Gelder einzutreiben. „*Übrigens werden Beklagte wegen der bisher bezeigten Widerspenstigkeit und Ungehorsahm, in Ansehung der von ihnen zu hoffenden künfftigen Besserung mit der würcklichen Belegung der wohlverdienten Strafe, vor diesesmahl zwar verschonet*". Doch werde ihnen auferlegt, „*bey unvermeidlicher harten Leibes-Straffe, (...) sich in alle Wege dergestalt, wie es rechtschaffenen Leibeigenen Unterthanen eignet und gebühret, künfftighin zu betragen*". Das Urteil enthielt sowohl mittelbar als auch unmittelbar detaillierte Anweisungen für alle Klassen der leibeigenen Gutsbevölkerung. Alles war auf die Hofdienste ausgerichtet und hatte so zu geschehen, wie „*es von der Herrschafft verlanget wird*" bzw. „*von der Herrschafft (...) anbefohlen wird.*"

Im Hinblick auf die rechtliche Behandlung der Untertanen stand in der Verhandlung vor dem Landgericht die Leibeigenschaft auf dem Gut zwar nicht grundsätzlich zur Disposition, doch ging es mit dem Streit vornehmlich um die Hofdienste zumindest um ihren wesentlichen Bestandteil. Da Rantzau die Dienstpflichten seiner Untertanen zu Hofe stetig und drastisch erhöht hatte, war eine enorme Anzahl an Leibeigenen aus dem Gutsbezirk entwichen. Das drohte den Ahrensburger Wirtschaftsbetrieb, der das scharf ausgeprägte gutswirtschaftliche System aufwies und daher auf umfangreiche Dienstleistungen der Untertanen angewiesen war, lahmzulegen. Aus diesem Grund bestätigte das Landgerichtsurteil zunächst deklaratorisch den Bestand der Leibeigenschaft in Ahrensburg, bevor es die Dienstpflichten der Angehörigen der unterschiedlichen Leibeigenenkategorien ausführlich darlegte. So hob es ausdrücklich die Geltung der einzelnen Verpflichtungen, die sich für die Eingesessenen aus der Schollenbindung ergaben, hervor. Dazu zählten vor allem die Verbote des auswärtigen Dienens und des eigenwilligen Kündigens und Verlassens der Hufe. Doch stellte sich die Situation der Gutsherrschaft hinsichtlich einer ausreichenden Anzahl an Arbeitskräften als derart kritisch dar, dass in das Urteil zusätzlich die Pflicht der Untertanen aufgenommen wurde, schon dementsprechende Absichten oder Vorbereitungen anderer Gutsbewohner unverzüglich der Herrschaft zu melden. Denn ansonsten hätten sie für die Folgen einer solchen unterlassenen Information einzustehen.

Aber nicht einmal die explizite Festlegung dieser an sich selbstverständlichen groben Rahmenbedingungen von Gutswirtschaft und Leibeigenschaft war ausreichend. Vielmehr wurden auch die übrigen, die bäuerliche Hufe betreffenden Regelungen ins Visier genommen. An diesen Vorschriften wird deutlich, wie schlecht einerseits das Besitzrecht der Leibeigenen und wie unumschränkt andererseits die Machtposition der Gutsherrschaft in ihrem Territorium war. So durfte ein Hufner von seinem Land nicht nur abgesetzt, sondern sogar bestraft werden, wenn er seine Hufe nach herrschaftlichem Ermessen nicht in adäquater Weise bewirtschaftet hatte. Zwar mussten die anderen Eingesessenen nicht für die Kosten der Instandsetzung einer solchen verwohnten Hufe aufkommen. Doch derjenige Leibeigene, dem die Herrschaft eine Hufe, die sie als wiederhergestellt betrachtete, zur Bewirtschaftung anwies, hatte kein Recht, ihre Annahme und insbesondere die Leistung der mit ihr verbundenen Abgaben und Dienste zu verweigern. All diese Normierungen, die mit den Hofdiensten als Hauptstreitgegenstand inhaltlich nichts zu tun hatten, sondern nur ihre Grundvoraussetzungen darstellten, wurden von den Richtern im Urteilstenor ausdrücklich und überwiegend sogar vorweg genannt.

Auf die Hofdienste sowie die Rechte und Pflichten der Angehörigen der unterschiedlichen Leibeigenenkategorien ging das Landgericht ausführlich ein. Beispielsweise stand es der Gutsherrschaft frei zu entscheiden, an welchen Wochentagen sie die Hofdienste der Halbhufner in Anspruch nehmen wollte. Auch lag es – zumindest in der Erntezeit – ganz allgemein in ihrem Ermessen, wie sie sich die täglichen Arbeitsstunden der Untertanen einteilte. Dabei war erforderlichenfalls keine strenge Bindung der Herrschaft an die regelmäßig vorgeschriebenen Anfangs-, End-, Pausen- und Gesamtarbeitszeiten gegeben. Zusätzlich waren die Hufner im Fall herrschaftlich anberaumter Extraarbeit verpflichtet, anstandslos den „vierten Mann“, also eine weitere Arbeitskraft, an den Hof abzustellen. Dieser fehlte ihnen folglich zur Bewirtschaftung der eigenen Hufe. Zudem durften die Halbhufner Feiertage nicht zu ihren Gunsten auf Arbeitszeiten anrechnen, sondern waren gehalten, die durch solche Tage entfallenden Dienste nach Weisung der Herrschaft an den anderen Wochentagen abzuleisten. Doch war es der Gutsherrschaft nicht erlaubt, nicht in Anspruch genommene Dienstleistungen der vergangenen Woche in die nächste hinüberzurechnen. Sollte eine solche regelwidrige Verschiebung der Dienste stattfinden, bestand für die Halbhufner keine Pflicht zu ihrer Nachholung. Außerdem mussten die Hufner weder persönlich für kranke oder beichtende Standesgenossen einspringen noch für anderweitigen Ersatz in diesen beiden Fällen sorgen.

Diese Regelungen verdeutlichen zum einen, wie weitgehend die Dienstpflichten der Leibeigenen im Einzelfall sein konnten, zum anderen aber auch, wo regelmäßig ihre Grenzen waren. Doch handelte es sich nur um die Grundsätze der Beziehung zwischen Herrschaft und Untertanen. Vor allem die an die Gutsbevölkerung gemachten „Zugeständnisse“ sind als relativ zu betrachten. Denn diese konnten stark beeinträchtigt sein, da das gesamte System der Dienste entscheidend vom Willen der Gutsherrschaft abhing, der seinerseits überwiegend an den Interessen und Bedürfnissen der Gutswirtschaft ausgerichtet war. Insbesondere im Hinblick auf die nicht vorhersehbaren Witterungsbedingungen und spontane Ernteerfordernisse musste das Wirtschaftssystem größtmögliche Flexibilität aufweisen. Das wird gerade anhand der der Herrschaft zustehenden Wahl und Einteilung der Arbeitstage pro Woche sowie der Arbeitsstunden pro Tag anschaulich. Die für die Insten bestehenden Vorschriften bestätigen diese oberste Zielsetzung der Ordnung der Hofdienste. So konnte die Herrschaft deren Dienste je nach Arbeitsinhalt und Zeit einfordern sowie bei nicht erfolgter Inanspruchnahme sogar in die nächste Woche hinüberrechnen. Dieser Unterschied zu den Hufnern dürfte darauf zurückzuführen sein, dass die Insten durchschnittlich nur ein bis zwei Tage wöchentlich und damit wesentlich weniger als der Rest der Gutsbevölkerung zum Gutshof verpflichtet waren, weshalb man sie umso intensiver einzuspannen gedachte. Die Grenze ihrer Belastung mit Diensten und Abgaben stellten jedoch hohes Alter, Bedürftigkeit und herrschaftliche Freibriefe dar.

Die übrigen allgemeinen Freiheiten der Leibeigenen von der Hofarbeit waren jeweils ein halber Tag „Urlaub" für den Gottesdienst oder die Beichte. Auch diese nicht mit Arbeit verplanten Stunden standen also nicht zur freien Verfügung und waren somit keine wirklichen Erholungsphasen, sondern mit konkreten, rein religiösen Zwecken verbundene Tätigkeiten. Regelmäßiger Gottesdienst und gelegentliche Beichte sollten die Frömmigkeit der bäuerlichen Bevölkerung fördern, ihren christlichen Glauben festigen und sie nicht zuletzt dahin bringen, ihre Lebenssituation als gottgewollt anzunehmen. Insofern waren diese besonderen Erlassungen von Arbeitszeit letztlich sogar im Interesse der Gutsherrschaft. Die Behandlung der Leibeigenen sollte ausdrücklich so mild und gütig wie möglich sein, wenn nicht erhebliche Gründe eine schärfere Vorgehensweise oder sogar Bestrafung rechtfertigten. Dies war regelmäßig dann der Fall, wenn es zu Widerworten oder Zuwiderhandlungen der Untertanen kam, sie ihre Dienstpflichten also nicht wie gefordert treu, gehorsam und fleißig erfüllten. Diese gängigen Bestimmungen öffneten einer rechtlich abgesicherten herrschaftlichen Willkür zwar nicht Tür und Tor. Doch handelte es sich bei der Tatbestandsvoraussetzung „Not und erhebliche Ursachen", die Bedingung für ein verschärftes Vorgehen gegen die Leibeigenen war, um eine generalklauselartige Formel, die zumindest einen großen, der Herrschaft zugute kommenden Auslegungsspielraum bot.

Konkrete Rechtsgrundlagen für diese Bestimmungen wurden von den Richtern nicht genannt. Vielmehr finden sich nur Hinweise auf „die Rechte" im Allgemeinen sowie das im Bereich der Leibeigenschaft fast ausschließlich geltende Gewohnheitsrecht, das als „Landüblichkeit" bezeichnet wurde. Diese Landüblichkeit war auch die Grundlage der Justiziabilität von rechtlich relevanten Geschehnissen im Bereich der Leibeigenschaft. Für die Untertanen bedeutete das die nahezu vollständige Chancenlosigkeit, ihre Interessen gegen die Gutsobrigkeit auf dem Rechtsweg durchsetzen zu können, wie es das Urteil anschaulich beweist. Denn die Landüblichkeit war ein flexibles Instrument, das der Gutswirtschaft diente und dem Willen und der Macht der Herrschaft unterlag, so dass ihr von den Leibeigenen nicht beizukommen war. Die Grenzen des Gewohnheitsrechts in einer Gutsherrschaft mit etablierter Leibeigenschaft waren daher äußerst strapazierfähig und wurden von der Obrigkeit, die sich dessen bewusst war, nur selten – z.B. in der Bürauer Blutsache[1526] – auffallend grob überschritten. Mit Hilfe der Landüblichkeit wurde auch die hauptsächliche Beschwerde der Leibeigenen, dass der Umfang ihrer Lebensgrundlage im Vergleich zu den von ihnen zu leistenden Diensten unangemessen gering und daher unverhältnismäßig sei, ohne nähere Ausführungen als unbegründet abgewiesen.

Dass die Landräte letztlich trotz aller Widerspenstigkeit und allen Ungehorsams der Untertanen keine Strafe gegen sie verhängten, ist jedoch nicht in erster Linie auf das im Tenor angegebene Argument zurückzuführen, dass der Strafverzicht im Hinblick auf das erhoffte und in Aussicht stehende einwandfreie Verhalten der Leibeigenen gegenüber ihrer Herrschaft unterbleibe. Vielmehr lässt sich der Strafverzicht damit begründen, dass die Richter zwar einerseits um die Brisanz der Lage auf dem besonderen Gut wussten, diese aber andererseits vor allem in direkter Verbindung mit der im Land allgemein schwierigen Situation sahen. So hatten die Agrardepression und die folgenden Diensterhöhungen zu einer derart aufgeheizten Stimmung unter den dienstpflichtigen Untertanen, insbesondere den Leibeigenen, geführt, dass die Landräte gegen Ende der 1730er Jahre eine Eskalation der Ereignisse befürchteten. Von daher hielten sie die Bestrafung der Ahrensburger Untergebenen zwar grundsätzlich für „wohlverdient". Doch sahen sie von entsprechenden Aktionen ab, um unkontrollierbaren landesweiten Unruhen, die sich unter sich solidarisierenden Standesgenossen infolge einer solchen als ungerecht empfundenen herrschaftlichen Behandlungsweise entwickeln konnten, keinen Vorschub zu leisten. So blieb eine Bestrafung der Untertanen halb aus Furcht, halb aus Kalkül aus, und die Richter beließen es bei der Androhung unvermeidlicher harter Strafen für den Fall zukünftiger Renitenz.

Bemerkenswert ist in der Gesamtschau, dass im Landgerichtsurteil zunächst die Schollenbindung zur Sprache kam, obwohl im Mittelpunkt der Auseinandersetzungen zwischen der Gutsherrschaft und den Untertanen die Hofdienste standen. Bevor die Richter ausführlich auf die Dienste der Leibeigenen eingingen, ermahnten sie diese strengstens zur Beachtung ihrer aus der Schollenbindung entspringenden Pflichten, denen sich etliche Gutsbewohner durch Flucht entzogen hatten. Dieses Vorgehen verdeutlicht vor allem zwei Tatsachen: Zum einen werden die Funktionsweise der Gutswirtschaft und ihr systemimmanenter Schwachpunkt augenscheinlich. Der wirtschaftliche Gutsbetrieb beruhte vollständig auf den Hofdiensten der leibeigenen Gutsbevölkerung. Die Grundvoraussetzung für die Eintreibung dieser Dienste war die Schollenbindung, die eingeführt worden war, da mit stetiger Zunahme der Hofdienste immer mehr Untertanen vor ihrer Belastung flüchteten. Diesen gutsinternen Aderlass an Ar-

1526 Vgl. oben auf S. 190.

beitskräften sollte die Schollenpflichtigkeit in erster Linie verhindern. Da ihr das jedoch offensichtlich nicht in ausreichendem Maß gelang, sollte sie ihn zumindest kriminalisieren und damit sanktionierbar machen. Überschritt die Verletzung der Pflichten aus der Schollenbindung durch die Untertanen einen gewissen Grad, wurde die Macht der Eingesessenen, die sie als maßgeblicher „Teil" des Guts innehatten, sowie die Anfälligkeit und Abhängigkeit der Herrschaft, die ihnen gegenüber bestand, deutlich.

Zum anderen werden Funktion und Aufgabe des Landgerichts im Hinblick auf die adlige Gutswirtschaft und die sie stützende Leibeigenschaft beispielhaft offensichtlich. Als Standesgericht des Adels und Rechtsmittelinstanz für die Untergehörigen des Adels war das Landgericht dazu ausersehen, Hüter und Bewahrer der adligen Vorrechte und des auf ihnen basierenden status quo im Land zu sein. Insbesondere sollte es die schwierigen Verhältnisse in den Sachen, mit denen die Gutsgerichte aufgrund bestimmter Umstände nicht allein fertig wurden und die dadurch an es erwuchsen, mit seiner großen Autorität zwar auf dem Weg des Rechts, doch möglichst im Interesse der adligen Herrschaften lösen. Die Ahrensburger Rechtsstreitigkeit zeigt dies nicht nur insgesamt in eindrucksvoller Weise, sondern insbesondere durch Form und Inhalt des abschließenden Landgerichtsurteils. Viele und weite Passagen desselben, vor allem die maßgeblichen, sind identisch mit dem Urteil der Vorinstanz, also mit dem überwiegend zugunsten der Gutsherrschaft ausgefallenen Ahrensburger Gutsgerichtsurteil. Dabei machten sich die Landräte häufig nicht einmal die Mühe, die entsprechenden Passagen des untergerichtlichen Urteils wörtlich oder angepasst zu übernehmen. Vielmehr verwiesen sie im Übereinstimmunsfall nur knapp auf die in der Vorinstanz bereits durch Urteil ergangenen Regelungen.

II. Großenbrode

Das Dorf Großenbrode, das am Fehmarnschen Sund im Kreis Oldenburg lag, gehörte dem Amt Segeberg an, bevor es 1640 von Christian IV. in ein adliges Gut umgewandelt und an Christian Pentz abgetreten wurde. Als solches im Oldenburger Güterdistrikt gelegen wurde es von diesem umgehend der Familie Rantzau überlassen.[1527] 1712 gelangte es in den Besitz der Familie Bülow, die es bis 1764 behielt.[1528]

1527 *Oldekop*, Topographie, 1. Band, IV. Abschnitt, VII. Kapitel, S. 59 f.; *Schröder/Biernatzki*, Topographie, 1. Band, S. 438 f.

1528 *Bogs*, Grossenbrode, S. 84 f., 112.

1. Historischer Hintergrund

Waren die Großenbroder bis 1640 freie Amtsbauern gewesen, änderte sich ihre persönliche Rechtsstellung mit der Umwandlung ihres Dorfs in ein adliges Gut. Der Kaufvertrag besagte ausdrücklich, dass sie nicht mehr Rechte als andere Untertanen des Adels haben sollten. Obwohl sie Eigentümer ihrer Stellen waren, die Kontributionen selbst zahlten sowie nur geringe gemessene Hofdienste leisteten, wurden sie fortan großteils wie Leibeigene behandelt.[1529] Das geschah unter den Rantzaus noch unmerklich, da die Rechtseinbußen in kleinen Schritten erfolgten und viele ihrer Rechte beachtet wurden. Mit dem Wechsel der Herrschaft setzte eine sofortige, spürbare Entrechtung und Erniedrigung der Untertanen ein. Um 1730 war die Situation unter den Bülows für die Dorfgemeinschaft derart unerträglich geworden, dass sie sich ihrer einstigen Rechtsstellung zu erinnern begannen und nach Rechtssicherheit strebten. Über den Fehmarner Landvogt wurden sie ab 1732 in der Sache aktiv und ersuchten um 1734/35 schließlich die Deutsche Kanzlei um Hilfe. Diese erklärte sich jedoch für unzuständig und verwies die Eingesessenen an das nächste Landgericht. Dieses nahm die Sache 1737 an, 1739 kam es zur Hauptverhandlung. Ende 1740, neun Monate nach der Entscheidung in der Schmoeler Sache und drei Monate nach dem Spruch in der Ahrensburger Angelegenheit, wurde das Urteil gesprochen, obwohl Bülow, nachdem er frühzeitig von den Anstrengungen seiner Untertanen erfahren hatte, verschiedene Zwangsmaßnahmen ergriffen und so den Prozess bzw. eine Entscheidung zu verhindern gesucht hatte.[1530]

2. Rechtliche Behandlung der Untertanen

In ihrem Urteil vom 22. Dezember 1740 erkannten die Landräte hauptsächlich,[1531] dass „*die Grossenbroder Eingesessene zwar fuer keine rechte und wuerckliche Leibeigene zu achten, jedennoch ihre eingeklagte Freyheit dahin zu determiniren, daß sie sich der Bohtmaeßigkeit des Beklagten weder heimlich noch oeffentlich entziehen, noch sie oder ihre Kinder aus Grossenbrode weichhafft werden, sondern ihm getreu und gehorsahm verbleiben, und sich als andern getreuen und gehorsahmen Adelichen Unterthanen eignet und gebuehret, verhalten sollen, immassen sie dann auch ohne des Beklagten Einwilligung sich zu verheyrahten, oder ausserhalb Grossenbrode Dienste zu nehmen nicht befugt,*

1529 *Prange*, Leibeigenschaftsprozesse, S. 112; *Ratjen*, Bemerkungen, S. 348 (372).

1530 Vgl. *Bogs*, Grossenbrode, S. 91 ff.; *Göttsch*, Leibeigene, S. 189 ff.

1531 Hinsichtlich der folgenden Ausführungen und Zitate vgl. das gedruckte Landgerichtsurteil vom 22. Dezember 1740 (LA Abt. 65.2 Nr. 1360); ebenfalls abgedruckt bei *Schroedter*, disputatio, S. 550 (574 ff.).

dieser aber ihnen den Consens zum heyrahten, woferne sie in Grossenbrode verbleiben, ohne wichtige Uhrsache nicht zu verweigern, und ohne Entgeld ertheilen zu lassen, noch auch ihnen, wann sie in Grossenbrode nicht noehtig, die Einwilligung auswaertig Dienste zu nehmen, nach bestellter genugsahmen Sicherheit, zu versagen, weniger sie zu zwingen berechtiget, in seinen andern Guehtern zu dienen".

Ansonsten seien „*die Grossenbroder Eingesessene allerley Contractus personales, in so weit selbige ihren in dieser Urthel erkannten Verbindlichkeiten nicht entgegen, zu schliessen, (...) wohl befugt*". Doch seien sie „*ihre (...) Haeuser und Laendereyen (...) an Frembde (...) zu veraeussern oder zu verhypotheciren, ohne Einwilligung des Beklagten, gar nicht befugt*". Auch seien sie „*die bis hiezu gewoehnliche Dienst-Gelder (...) abzutragen gehalten*", niemals in Zukunft jedoch mehr. Ferner sei der Beklagte „*nicht befugt, die Grossenbroder Hufen, ohne sich deßfalls mit einem jeden unter ihnen abzufinden, nieder zu legen (...). Gleich dann auch die Grossenbroder Eingesessene mit der Strafe ihrer bisherigen Wiedersetzlichkeit anitzo verschonet, im Gegentheil aber dem Beklagten, als ihrem Herrn, wie auch seinen nachgesetzten Bedienten, die schuldige Folge und Gehorsahm, bey Vermeidung unausbleiblicher Leibes-Strafe kuenfftighin unweigerlich zu leisten angewiesen werden.*"

Dieses Urteil wurde einige Monate darauf vom König bestätigt.[1532] In ihren Voten legten die Landräte die Hintergründe ihrer Entscheidung offen. So erklärte Horn, „*daß Citantes für Leibeygene des Citati nicht zu halten*". Denn es werde „*aus denen actis und documentis ersichtlich, daß Citantes von vielen iahren her, solche actus vorgenommen, welche von eygentl so genannten Leibeygenen in Holstein nicht gesaget werden mögen*". Die den Klägern trotz allem auferlegten Freiheitsbeschränkungen rührten daher, dass es „*auch bekannt und ohnstreitig*" sei, „*daß in hiesigen Landen es nicht nur zweyerley arten von Bauren, nemlich freye und Leibeygene, sondern auch eine dritte art gebe, welche weder ganz frey noch auch ganz leibeygen sind, sondern von beyden etwas haben*".[1533] Auch für Jessen stand fest, dass die von Seiten des Beklagten gegen das Begehren der Großenbroder vorgebrachten Einwendungen „*von keiner Erheblichkeit seyn*" würden. Die Bauern seien nicht als Leibeigene zu betrachten, da aus den Akten nicht nur hervorgehe, „*daß sie als vormahlige Segebergsche Ambts Unterthanen zur Zeit der ao 1639 geschehenen Vertauschung des Dorffes Grossenbrode gegen Lütjenburg die Freyheit gleich andern des Ambts Segeberg Untergehörigen, beseßen, sondern auch nachhero als Adeliche Unterthanen in dem Genuß und Besitz solcher Freyheit geblieben*" seien.[1534]

1532 Deutsche Kanzlei an die Landräte vom 8. Mai 1741 (LA Abt. 65.2 Nr. 1360).

1533 Votum Horns (LA Abt. 65.2 Nr. 1360).

1534 Votum Jessens (LA Abt. 65.2 Nr. 1360).

Auch Ehrenschild machte darauf aufmerksam, dass „*in hiesigen Ländern an keinem Orte (...) LeibEigene Unterthanen gefunden worden, als auf Adelichen Gühtern*". Bis zum Tausch sei Großenbrode über Jahrhunderte ein Dorf in einem königlichen Amt gewesen. Darüber könne auch der Eintrag als adliges Gut in der Landesmatrikel nicht hinwegtäuschen. Denn dies sei nur aus dem Grund erfolgt, dass es sich bei seinem Besitzer um einen Adligen handle. Zudem „*bezahlen die Grossenbroder die Gemeinschaftliche Contribution aus ihren Mitteln, welches gewiss einem LeibEigenen Unterthanen und Bauren nicht abgefodert wird, und als ein Zeichen ihrer libertat kann genommen werden*". Auch „*der Von den Grossenbrodern praestirte Eid (...) thut nicht die geringste meldung Von dem Worte LeibEigen, sondern nur das selbige (...) ihrer Obrigkeit, Bohtmäßigkeit, weder heimlich noch öffentlich entziehen noch weichhaft werden, und also in so weit als andere Adeliche Unterthanen, unterthänig und treu, seyn wollen, welche Wörter aber keine LeibEigenschaft desfalls involviren*". Der Landrat schloss damit, dass es im Hinblick auf die Eingesessenen zu keiner „*frey Willigen Unterwerffung zur LeibEigenschafft*" gekommen sei, „*sondern selbige sich stets Von Anfang des Verkauffes des Dorfs Großenbrode an (...) solcher (...) wieder setzet*" hätten. Demzufolge „*ich gegen mein Gewissen achte, Cum favor libertatis qvam maximus in jure als auch Secundum ductum natura sit, beynahe 400 Leuten die LeibEigenschafft aufzubürden, sondern selbige Vielmehr sie von gäntzlich entbinde*".[1535]

Ebenso war für Detlef Rantzau „*aus den vorhandenen Urkunden nicht anders zu ersehen, als daß die Grossenbroder, vormahls Segebergische Amts-Unterthanen gewesen (...) und nirgends erhellet, daß sie vor diesem leibeigene Leute gewesen; dahero sie auch in solcher qualitaet nicht verkauffet werden, welches, wenn es gleich geschehen wäre, ihnen qua tertiis nicht praejudiciren können; Wie denn auch das Wort Leibeigen, nirgends weder in den Kauff-Briefen noch mandaten und Urteln zu finden; sondern nur, daß sie (...) gleich andere (...) Adliche Unterthanen, die Pflichte, Dienste, und Adliche Unterthanen obligende Schuldigkeit leisten sollen (...); Welche Wörter, da ein Adlicher Bauer, nicht universaliter für einen Leibeigenen zu halten, (...) nur ratione sevitiorum & obedientiae, als in welchen Fällen sie andere Adlichen Unterthanen gleich seyn sollten, nicht aber in Ansehung der Leibeigenschaft, als deßen kein Wort gedacht, zu verstehen*". Des Weiteren sei es dergestalt, „*daß die Grossenbroder ihre Hufen und Ländereyen, nicht wie, andere leibeigene Bauren nur conductitie besitzen, sondern (...) ihren Kindern gantz oder zum theil überlaßen*". Ihren besonderen persönlichen Status zwischen Freiheit und Leibeigenschaft verdankten die Eingesessenen der Tatsache, „*daß die Einwohner der gantzen Gegend, wo Grossenbrode liegt, als die Ämter Cismar, Oldenburg, wie auch etwas vom Plöenschen, obzwar nicht gantz leibeigen, doch ihre Freyheit viel restringirter, als der*

[1535] Votum Ehrenschilds vom 6. März 1741 (LA Abt. 65.2 Nr. 1360).

übrigen Amts-Eingeseßenen dieser Hertzogthümer ist, als welches vermuthlich von den in dieser Gegend wohnend gebliebenen, vormahls überwundenen Sclaven und Wenden, seinen Ursprung genommen hat".[1536]

Zwar führten die Landräte unterschiedliche Schwerpunkte in ihrer Argumentation an, doch kamen alle im Urteilstenor überein. Lediglich Jasper Rantzau verfasste ein abweichendes Votum in der Sache, wie er es auch bereits in der Schmoeler Angelegenheit getan hatte.[1537] Dabei war auch die Art seines argumentativen Vorgehens ähnlich. Wiederum vermochte er die gesamte Sache auf zwei wesentliche Aspekte zu reduzieren, anhand derer eine Entscheidung leicht getroffen werden könne. Dies waren aus seiner Sicht „*als 1mo die Qualitatem personarum der Eingeseßenen des Dorffs Großenbrode, und 2do die Qualitatem des fundi, welches sie besitzen und inne haben*". Im Hinblick auf die persönlich-rechtliche Stellung der Großenbroder wies er darauf hin, dass sie dem jetzigen Besitzer der Dorfschaft, dem Freiherrn Bülow, von Cai Rantzau ohne Unterschied zu den leibeigenen Eingesessenen der anderen Dorfschaften, „*ja sogar mit dürren Worten als Leibeigene Unterthanen, verkaufft und übertragen worden sind*". Zwar führte auch Jasper Rantzau die von den übrigen Räten hinsichtlich ihrer nicht vorhandenen Leibeigenschaft vorgestellten Argumente an, „*allein alles dieses kan gegen die Klahre Documenta und die vielfältig von der Guhts-Herrschafft schon exercirte actus possessorios, auch die (...) Decreta Judicialia kein Gewicht halten*". Insbesondere ging er auf die verschiedenen, von den Großenbrodern auf ihre Herrschaft geleisteten Eide ein. „*So können auch die zweiffelhafft scheinende Worte: Als andere Adliche Unterthanen, nicht recht wol anders interpretiret werden, als nach der generalen Verfaßung und Einrichtung, die sich bey allen Adlichen Gütern in dortiger gantzen Gegend findet, also woselbst bekanntlich nicht nur alle Adle. Unterthanen in nexu Servitutis personalis stehen, sondern die fürstle. Amts-Unterthanen noch bis auf diese Stunde als Leibeigene angesehen werden*". Ablehnend stand er auch den Ausführungen seiner Kollegen zu den Bauern, die eine persönlich-rechtliche Mittelstellung innehätten, gegenüber, von denen dadurch seiner Auffassung nach „*per majora ein novum genus subditorum, die nehmlich halb frey und halb eigen seyn sollten, formiret würde, wovon man bishero hier im Lande nichts weiß*".

Die Beantwortung des zweiten Aspekts folgte wie auch in der Schmoeler Sache fragwürdigen juristischen Methoden. Rantzau zog als Grundlage nicht den Sachverhalt zu Rate, nach dem „*es zwar aus einigen Umständen das Ansehen gewinnen*" will, „*als wann der Großen Broder intention in diesem Stück nicht ohne Grund sey*", sondern das von ihm bezüglich seiner ersten Frage gefundene Ergebnis. Danach sei es, „*wann die Leibeigenschafft fest gesetzet wird, wie sie*

1536 Votum Detlef Rantzaus vom 7. März 1741 (LA Abt. 65.2 Nr. 1360).

1537 Hinsichtlich der folgenden Zitate und Ausführungen vgl. das Votum Jasper Rantzaus vom 19. Dezember 1740 (LA Abt. 65.2 Nr. 1360).

meo judicio hier fest gesetzet werden muß, eine undisputirliche Wahrheit, daß hier im gantzen Lande die Adle. Leibeigene Bauren kein eigenthüml. Land zu ihrer disposition haben". Zusätzlich sah er sich in dieser Auffassung durch seine Interpretation des schon 1639 durch Christian IV. ausgestellten Kaufbriefs bestätigt, obwohl er ihn anders als alle übrigen Räte auslegte.

Betrachtet man die rechtliche Behandlung der Untertanen durch die Landräte in der Gesamtschau, mögen einem die Voten der Räte und insbesondere das Urteil auf den ersten Blick den Anschein vermitteln, als hätte das Landgericht einem Großteil der Interessen der Untergehörigen entsprochen und viele der Beschwerden der Gutsherrschaft verworfen. Insofern wird auch die Auffassung vertreten, dass die „*Untertanen (...) ein weitgehend zu ihren Gunsten ausgerichtetes Urteil erhielten*".[1538] Diese Ansicht ist einerseits anhand des Wortlauts des Urteils und seiner Begründung nachvollziehbar, andererseits bedürfen gerade die konkreten Formulierungen und Rechtsfolgen genauerer Betrachtung, um eine solche Bewertung zu unterstützen oder zu relativieren. Zwar verneinten die Richter explizit, dass die Großenbroder im Hinblick auf ihre persönlichrechtliche Stellung als Leibeigene zu achten seien. Doch wiesen sie gleichzeitig darauf hin, dass sie sich wie alle übrigen Untertanen des Adels ihrer Herrschaft gegenüber treu und gehorsam zu verhalten hätten. Was das für die Betroffenen bedeutete, zeigten die Ausführungen der überwiegenden Mehrheit der Räte, denen ein teils ausdrücklich benannter, teils konkludent zugrunde gelegter gemeinsamer Aspekt als Ausgangspunkt für die Festsetzung der rechtlichen Rahmenbedingungen für die Gutsbewohner diente: die Mittelstellung der Großenbroder zwischen freien und leibeigenen Bauern.

Obwohl sie also „keine rechten und wirklichen" Leibeigenen waren, hingen ihre Geschicke doch weitgehend vom Willen der Herrschaft ab. Die Eingesessenen durften den Gutsbezirk weder verlassen noch sich anderweitig der Autorität ihres Gutsherrn entziehen. Heiraten mit auswärtigen Personen unterlagen der Zustimmung der Herrschaft, und selbst Heiraten innerhalb des Guts konnte diese aufgrund einer „wichtigen Ursache", die regelmäßig der alleinigen Interpretation der Gutsherrschaft unterfiel, untersagen. Zwar konnten die Untertanen nicht gezwungen werden, auf anderen Gütern ihrer Herrschaft Dienste zu leisten, doch durften auswärtige Dienste im eigenen Interesse nur diejenigen Großenbroder annehmen, derer die Herrschaft zur ordnungsgemäßen Durchführung der Gutswirtschaft in Großenbrode nicht benötigte. Diese gutsintern überschüssigen Arbeitskräfte hatten der Herrschaft jedoch im Fall auswärtigen Dienens angemessene Sicherheiten zu hinterlegen. Ferner war es den Einwohnern nicht erlaubt, ihre Ländereien und Gebäude nach eigenem Belieben an auswärtige Personen zu veräußern oder sie zu belasten. Vielmehr war auch die Wirksamkeit dieser Geschäfte an die herrschaftliche Zustimmung gebunden. Hinsichtlich aller sonsti-

---

[1538] *Göttsch*, Leibeigene, S. 236.

gen Arten von persönlichen Verträgen besaßen die Großenbroder eine allgemeine Eingehungsbefugnis, wobei die Grenzen jedes solchen Vertrags durch die Unverletzlichkeit der Bestimmungen des landgerichtlichen Urteils markiert wurden. Des Weiteren durfte die Herrschaft nicht nach eigenem Belieben bäuerliches Hufenland niederlegen, sondern bedurfte dazu der Einwilligung der Hufeninhaber, die regelmäßig mit einer gewissen Abfindung verknüpft war. Schließlich blieb die Pflicht der Großenbroder bestehen, ihrer Herrschaft das Dienstgeld in der bislang gezahlten Höhe auch weiterhin zu entrichten. Doch war es dem Gutsherrn nicht erlaubt, es zukünftig zu erhöhen.

Bei der Abfassung des Urteils, insbesondere der Feststellung, dass die Untertanen keine Leibeigenen seien, berücksichtigten die Richter die Besonderheiten im Hinblick auf Ursprung, Entwicklung und Verhältnisse des Guts und stellten somit in erster Linie eine Einzelfallbetrachtung an. Ihnen war bei der Festsetzung der Rechtsfolgen für die Prozessparteien bewusst, dass die Geschichte Großenbrodes als Gut nicht der Geschichte des durchschnittlichen ostholsteinischen adligen Guts glich. Denn als die Dorfschaft 1640 in ein adliges Gut umgewandelt wurde, hatten sich die adligen Güter in Wagrien bereits weitgehend vollständig ausgebildet, und Gutswirtschaft und Leibeigenschaft waren als ihre prägenden Faktoren etabliert. Da die Rechtsstellung der Eingesessenen, die bislang freie Amtsbauern waren, per schriftlichem Vertrag ausdrücklich in die von Untertanen des Adels überführt wurde, waren für die Herrschaft auch die dementsprechenden Möglichkeiten der Einwirkung auf diese vorhanden. Aus diesem Grund und auch deshalb, weil alle Einwohner dieser Gegend eingeschränktere Rechte als in anderen holsteinischen Gebieten hatten, erlitten die Eingesessenen immer mehr die mit der neuen Situation verknüpften typischen Rechtseinbußen. Unter den Bülows wurden sie schließlich auf einen Status herabgedrückt, der dem von Leibeigenen stark ähnelte. Für die Bülows selbst waren sie auch Leibeigene. Dieser Annahme schoben die Landräte mit ihrem Urteil jedoch einen Riegel vor.

Mit unterschiedlichen Argumenten wurden die Großenbroder von ihnen zwar als Untertanen des Adels, nicht aber als Leibeigene ausgewiesen. Denn die Eingesessenen legten seit langem gewohnheitsmäßig gewisse Verhaltensweisen an den Tag, die bei Leibeigenen nicht zu finden seien. Die Beschränkungen ihrer Rechtsposition machten sie nicht leibeigen, sondern zeigten nur, dass diese zwischen denen von Freien und Leibeigenen liege. Anhand dieser von Horn als eine „dritte Art“ von Bauern bezeichneten Kategorie, die „von beiden etwas“ habe und in Holstein anerkannt sei, wird deutlich, dass das richterliche Denken im Hinblick auf die holsteinischen Untertanen des Adels nicht von vornherein nur auf diese zwei gegensätzlichen Rechtspositionen beschränkt, sondern offen für flexible Lösungen war. Für Jessen bestand der Hauptgrund für seine Entscheidung in der Tatsache, dass die Großenbroder auch in ihrer Eigenschaft als Untertanen des Adels grundsätzlich noch dieselben Freiheiten besäßen, die sie bereits zuvor in ihrer Eigenschaft als freie Amtsuntertanen besessen hätten. Für Ehrenschild war Großenbrode kein wirkliches adliges Gut, da es eine jahrhundertelange Tradition als Dorf in einem königlichen Amtsbezirk hinter sich habe. Gegen die Leibeigenschaft sprächen vor allem zwei Dinge, nämlich die durch die Bewohner eigenständig vorgenommene Entrichtung der Kontributionen an die Landesherrschaft sowie das Fehlen von Hinweisen auf die Leibeigenschaft in dem von ihnen gegenüber der Herrschaft abgeleisteten Eid der Untertänigkeit. Aus Ehrenschilds Sicht sei es zudem niemals zu einer freiwilligen Begebung in die Leibeigenschaft, sondern vielmehr sogar zu einer Auflehnung gegen diese gekommen. Deshalb sprach er die Großenbroder zumindest auf der Grundlage des Zweifelsgrundsatzes der „praesumptio pro libertate" von der Leibeigenschaft frei.

Auch wurde hervorgehoben, dass der Begriff der Leibeigenschaft in offiziellen Dokumenten, die aus der Zeit vor dem Beginn des Rechtsstreits datierten, nicht auftauche. Die Eingesessenen seien also weder mit dieser Eigenschaft verkauft worden noch könnten Dritte in irgendeiner Weise Einfluss darauf nehmen. Diese theoretische Argumentation fand in der Praxis ihre Bestätigung, denn Detlef Rantzau wies darauf hin, dass das Besitzrecht der Großenbroder am Land nicht so schlecht wie bei Leibeigenen sei, die es nur zur Bewirtschaftung innehätten. Vielmehr gehe das Land regelmäßig von den Eltern auf die Kinder über. Ihre dennoch stark beschränkte Freiheit begründete er mit der insgesamt beschränkten Freiheit aller in diesem Bereich Holsteins lebenden Einwohner. Denn davon seien auch die Einwohner des Amts Segeberg betroffen. Diesen gewichtigen Unterschied zu den Einwohnern der anderen holsteinischen Ämter führte er darauf zurück, dass dieser Teil Wagriens nach seiner Eroberung von einigen der überwundenen und dadurch in gedrückten Verhältnissen lebenden Wenden weiterhin besiedelt wurde.

Die verschiedenen Begründungsansätze der Räte, die letztlich alle zu demselben Ergebnis führten, veranschaulichen, dass die richterliche Beurteilung des Status der Untertanen auf der Grundlage guts- und landesspezifischer historisch-juristischer Argumente sachlich und objektiv vorgenommen wurde, ohne dass eine grundsätzliche Bevorteilung der Bülowschen Gutsherrschaft erkennbar wäre. Das lässt darauf schließen, dass im Hinblick auf diese Fragestellung im Allgemeinen keine vorgefertigten Denk- und Entscheidungsschemata bei den Landräten existierten. Somit kommt zum Ausdruck, dass eine generelle Benachteiligung von Untertanen des Adels vor dem Landgericht, wenn es um die Frage ihrer Rechtsstellung ging, nicht stattgefunden hat. Wenn es also darum ging, ob sie Leibeigene waren oder nicht, wurde von den Räten nicht stets die für die Untertanen ungünstigere Rechtsstellung angenommen. Vielmehr begutachteten die Richter den Einzelfall und hatten offensichtlich keine Bedenken, die Leibeigenschaft der Untertanen eines Guts zu verneinen, falls – wie hier maßgebliche Argumente gegen ihren Bestand sprachen. Da die Herrschaft die

Leibeigenschaft ihrer Untergebenen zu begründen suchte, fiel das Urteil insofern zumindest theoretisch zugunsten der Eingesessenen aus.

Allerdings darf die Entscheidung, dass die Großenbroder keine Leibeigenen seien, hinsichtlich der Gesamtbewertung des Rechtsspruchs nicht losgelöst von den ihnen im Tenor zugestandenen Rechten und auferlegten Pflichten betrachtet werden. So wird gleich zu Beginn einschränkend herausgestellt, dass die Großenbroder „zwar keine rechten und wirklichen" Leibeigenen seien, ihre Freiheit jedoch fest umrissene Grenzen habe. Die eine Grenze war das Erfordernis der Zustimmung der Herrschaft zu Heiraten mit auswärtigen Personen und zur Durchführung auswärtiger Dienstleistungen. Dabei handelte es sich um einen Aspekt, der ausschließlich den Erhalt und die Kontrolle von Arbeitskräften hinsichtlich ihres Einsatzes in der Gutswirtschaft zum Gegenstand hatte. Die andere Grenze war das Verbot, sich der Einwirkung der Herrschaft zu entziehen und den Gutsbezirk zu verlassen. Das bedeutete eine derart weitgehende Beschränkung der Freizügigkeit, dass es einer Bindung an die Scholle gleichkam. Somit waren die für die Großenbroder geltenden Vorschriften bezüglich der beiden wesentlichen Faktoren, welche die holsteinische Leibeigenschaft ausmachten, nämlich Schollenpflichtigkeit und Dienstleistungsverpflichtung, demjenigen Maßstab, der für „rechte und wirkliche" Leibeigene Geltung besaß, inhaltlich stark angenähert.

Ihr vergleichsweise besseres Besitzrecht am Grund und Boden war ebenfalls nicht so gehaltvoll, wie es auf den ersten Blick zu sein scheint. Denn die Großenbroder waren zwar zum einen befugt, ihr Land ihren Kindern zu vermachen, und zum anderen war auch ihre Herrschaft nicht befugt, Bauernland ohne weiteres, vor allem nicht ohne angemessene Ausgleichszahlungen, niederzulegen und einzuziehen. Doch hing demgegenüber die Wirksamkeit aller Geschäfte der Einwohner mit auswärtigen Personen, welche die Belastung und Veräußerung der bäuerlichen Ländereien und Häuser betraf, von der Einwilligung des Gutsherrn ab. Folglich konnte er nicht beliebig mit dem bäuerlichen Hufenland seines Gutsbezirks verfahren. Allerdings versah ihn die letztgenannte Vorschrift mit einer so umfassenden Kontrolle über dieses Land, dass es ihm möglich war, dasselbe unabhängig von den daran bestehenden bäuerlichen Rechten nach seinen Vorstellungen im Interesse der Gutswirtschaft einzusetzen. Darum wussten auch die Landräte, nichts anderes bezweckten sie mit den Zusammenhängen dieses Regelungskomplexes.

In krassem Gegensatz zu diesen Ausführungen stand erneut das von Jasper Rantzau verfasste Sondervotum. Sowohl inhaltlich als auch argumentativ vertrat er eine eigene Position und kam infolge dessen auch zu einem abweichenden Ergebnis. Für ihn waren die Großenbroder Leibeigene, was sich seiner Ansicht nach sogar ausdrücklich, wenn auch nur „dürr" aus den offiziellen Dokumenten ergab. Zu dieser Rechtsüberzeugung gelangte der Rat also nicht etwa, indem er die Akten in der Sache sowie die Geschichte der Dorfschaft bei der Betrachtung und Bewertung außenvor ließ. Vielmehr bezog er sich in seiner Argumentation weitgehend auf dieselben Umstände, die auch die anderen Richter ihrer Bewertung zugrunde legten. Er interpretierte sie nur vollkommen anders. Die Denk- und Vorgehensweise des Rats ähnelte dabei stark derjenigen, die er in der Schmoeler Sache verwandte. Zu seinen Rechtsschlüssen kam Jasper Rantzau wiederum insbesondere dadurch, dass er die Strukturen des Sachverhalts grob vereinfachte, die Perspektive der Gutsherrschaft einnahm und seine übergeordneten Rechtsanschauungen undifferenziert und ergebnisorientiert in offensichtlicher Form auf den Fall und seine Lösung übertrug. Juristische Arbeitstechniken wurden von ihm erneut ignoriert. Er stellte gutsherrliche Besitzausübungsakte über gerichtliche Dekrete und hielt es im Hinblick auf die Bestimmung des persönlich-rechtlichen Status der Großenbroder für ausreichend, dass die allgemeine Einrichtung der adligen Güter in der betreffenden Gegend Holsteins nur die Leibeigenschaft kannte.

Als einziger Landrat leugnete er die Existenz einer dritten, ihrer Ausgestaltung nach zwischen Freien und Leibeigenen befindlichen Art von Bauern. Eine solche sei im Land nicht bekannt und würde durch die Mehrheitsentscheidung neu geschaffen. Seine Argumentationsweise führte er schließlich durch die Beantwortung der zweiten von ihm gestellten Frage nach dem Besitzrecht der Großenbroder an ihren Hufen ad absurdum. Ohne Material oder andere Fakten heranzuziehen, versagte er den Eingesessenen das ohnehin eingeschränkte Eigentum an dem Land allein aufgrund der Tatsache, dass er sie als Leibeigene, die bereits ihrer Art nach in Holstein kein Eigentum an Land besitzen könnten, betrachtete. Das mag aus Rantzaus Perspektive folgerichtig sein, entbehrt jedoch jeglicher allgemeiner und juristischer Schlüssigkeit. Da die Mehrheit der Richter jedoch nicht mit seinen Anschauungen konform ging, fanden sie auch keinen Niederschlag im Urteil.

Dass das Landgericht die Untertanen trotz der von ihnen gegenüber der Herrschaft an den Tag gelegten Renitenz von Strafe verschonte, begründete es mit der Aussicht darauf, dass es in Zukunft ein tadelloses Verhalten der Großenbroder erwartete. Denn anderenfalls sei die Verhängung und Vollstreckung von „Leibesstrafen" unausweichlich. Dieser Verzicht auf Strafe ist jedoch nicht als ein Zugeständnis an die Eingesessenen und Zeichen des Verständnisses für ihre Belange zu verstehen. Vielmehr war er das Endprodukt einer rein rationalen „Kosten-Nutzen-Rechnung" und diente nur dazu, die Situation nicht weiter zu verschärfen. In der Gesamtschau ist die Entscheidung somit nicht als ein „weitgehend zugunsten der Untertanen sprechendes Urteil" zu bewerten. Die rechtliche Behandlung der Großenbroder zeigt, dass man ihnen zwar das Nichtbestehen der Leibeigenschaft objektiv, fair und explizit bestätigte. Doch genauso zielstrebig limitierte man ihre Freiheit so stark, dass ihr persönlich rechtlicher Status bis auf einige nebensächliche Aspekte mit dem Leibeigenschaftsstatus vergleichbar war. All die diesbezüglich getroffenen Regelungen lassen darauf schließen, dass die Richter die Großenbroder trotz ihrer Eigenschaft als ehemalige freie Amtsbauern den leibeigenen Bauern der adligen ostholsteinischen Güter in fast allen Belangen stark angenähert sahen. Die Landräte betrachteten auch sie als für die Gutswirtschaft wesentliche Arbeitskräfte und daher als „Zubehör" des Guts. Um den Fortbestand dieser Verhältnisse zu gewährleisten, erließen sie ihre Vorschriften, die im Ergebnis nichts anderes als leibeigenschaftsähnliche Zustände bedeuteten.

III. Nütschau/Sühlen

Das Dorf Sühlen, das nahe Oldesloe im Kreis Stormarn lag, war im Mittelalter zunächst in privatem Besitz. In der zweiten Hälfte des 16. Jahrhunderts war es zunächst dem Amt Segeberg zugehörig, stand also unter königlicher Herrschaft. 1565 wurde es vom König an den Statthalter Heinrich Rantzau verkauft[1539] und kam bald darauf an das Gut Nütschau.[1540] Mit diesem Gut, das zum Preetzer Güterdistrikt gehörte und das er zuvor käuflich von Balthasar Pentz erworben hatte, wurde Heinrich Rantzau 1573 belehnt.[1541] 1646 besaß es Claus Ahlefeld, ab 1711 gehörte es der Familie Korf. Diese überließ es 1722 der Familie Brömbsen,[1542] die es erst 1777 an J. M. Schalburg abgab, der 1781/85 die Leibeigenschaft aufhob.[1543]

1. Historischer Hintergrund

Als Untertanen des Amts Segeberg, das zum königlichen Holstein gehörte, waren die Sühlener ihrer persönlich-rechtlichen Stellung nach freie Leute. 1565 gelangte das Dorf mit dem Verkauf an Heinrich Rantzau jedoch in adlige Hand, obwohl sich der König ausdrücklich „*als Unserer Person die Wiederlösung, wenn die uns gefällig*", vorbehielt. Dies solle zu der vertraglich festgelegten Kaufsumme, die mit sechs Prozent jährlich zu verzinsen sei, jederzeit geschehen können.[1544] Somit unterstanden die Sühlener in der Folge der Hoheit Rantzaus.

1539 Vgl. den Kaufbrief vom 29. Dezember 1565 (LA Abt. 11 Adl. Güter überhaupt Nr. 2, ad Q. 1).

1540 *Oldekop*, Topographie, 2. Band, IV. Abschnitt, XIII. Kapitel, S. 114 f.; *Schröder/Biernatzki*, Topographie, 2. Band, S. 508.

1541 Vgl. den Lehnsbrief vom September 1573 (LA Abt. 11 Adl. Güter überhaupt Nr. 2, ad Q. 3).

1542 Vgl. den Kaufbrief vom Oktober 1722 (LA Abt. 15 Nr. 429).

1543 *Oldekop*, Topographie, 2. Band, IV. Abschnitt, XIII. Kapitel, S. 70 f.; *Schröder/Biernatzki*, Topographie, 2. Band, S. 228 f.

1544 Kaufbrief vom 29. Dezember 1565 (LA Abt. 11 Adl. Güter überhaupt Nr. 2, ad Q. 1).

Als dieser kurz darauf das direkt an die Dorffelder grenzende und nur durch die Trave von Sühlen getrennte Gut Nütschau erwarb und wenig später sogar seitens der Landesherrschaft offiziell mit diesem Gut belehnt wurde, lag für ihn nichts näher, als Sühlen in sein neu erworbenes Gut zu inkorporieren. Unter Heinrich Rantzau kam es auf Nütschau zur Errichtung eines regelmäßigen adlig-gutswirtschaftlichen Großbetriebs, in dessen Bezirk die Untertanen eine diesen Vorgaben entsprechende gedrückte Stellung innehatten. Zwar war später nicht ganz klar, ob in der Landesmatrikel aus der Mitte des 17. Jahrhunderts – auch noch in der renovierten Landesmatrikel aus der Mitte des 18. Jahrhunderts – Sühlen mit seinen Pflügen unter dem Gut Nütschau miterfasst war, ob es also offiziell zum Gut gezählt wurde. Doch spielte dies keine große Rolle, da die Sühlener faktisch nach Nütschau dienstpflichtig waren und das Dorf einen maßgeblichen Teil des Nütschauer Gutsbetriebs darstellte.

Nachdem die Gutsherrschaft einige Veränderungen erlebt hatte, gelangte das Gut 1722 an die Familie Brömbsen, die es somit während der Agrardepression der 1730er Jahre in Besitz hatte. Unter ihrem Regiment hatten die Sühlener tägliche Hofdienste zu leisten, auch sprachen sie von sich selbst als Leibeigenen. Christian Brömbsen, der das Gut 1739 übernommen hatte, hatte ihre Freizügigkeit unter Androhung schwerer Strafen stark eingeschränkt, ihnen wichtige traditionelle anderweitige Verdienstmöglichkeiten untersagt und die Hofdienste erheblich erhöht. Als deren Maß aus Sicht der Eingesessenen unerträglich geworden war, erinnerten sie sich Ende 1741 ihres einstigen Status' als freie Amtsuntertanen und der möglichen Reluition ihres Dorfs,[1545] also des Freikaufs aus adliger Hand und der Rückeingliederung in königliches Gebiet, wie es der Kaufvertrag von 1565 beinhaltete. Ab 1742 ergriffen sie entsprechende Maßnahmen gegen ihre Herrschaft und suchten ihre Freiheit wiederzuerlangen.[1546] In ihrer ersten, direkt an den König gerichteten Supplik vom 16. Mai 1742 beantragten sie daher, *„daß Sie als ehemahlige Amts-Unterthanen des Königl: Amts Segeberg, da sie durch verschiedene mit ihnen vorgegangene Veranderungen, von gedachtem Amte getrennet worden, demselben wieder incorporiret werden mögen“*.[1547] Bereits zuvor hatte der Justizrat und Amtsverwalter Stemann von den acht Sühlener Hufnern *„die feste Versicherung und Zusage erhalten, daß wenn Sie von allen Hof-Diensten und Fuhren frey, und der Leibeigenschafft*

1545 Vgl. Kieler Kanzlei an Kayser und Buchwald vom 14. November 1741 (LA Abt. 8.1 Nr. 1196).

1546 Vgl. LA Abt. 11 Adl. Güter überhaupt Nr. 2, Q. 1 und ad Q. 1; Stemann an die Landesherrschaft vom 30. November 1744 (LA Abt. 11 Adl. Güter überhaupt Nr. 2, ad Q. 3); Mitglieder der Deutschen Kanzlei an Schulin vom 9. März 1743 und die Glückstädter Kanzlei an die Schleswig-Holsteinische Kammer bzw. die königliche Kammer zu Schleswig vom 23. August 1743 und 18. Dezember 1744 (LA Abt. 65.2 Nr. 1401).

1547 Sühlener an den König vom 16. Mai 1742 (LA Abt. 11 Adl. Güter überhaupt Nr. 2, ad Q. 1).

wieder entlediget werden könten", jeder von ihnen bereit sei, jährlich eine ordentliche Summe Geldes an die Herrschaft zu zahlen.[1548] Es folgte eine zwar nicht ununterbrochene, insgesamt aber etwa zwanzigjährige Auseinandersetzung der Untertanen mit der Obrigkeit um die territoriale Zugehörigkeit ihres Dorfs und ihre persönlich-rechtliche Stellung.[1549]

2. Rechtliche Behandlung der Untertanen

Obrigkeitlich beschieden wurden die Sühlener nachweislich erstmals am 31. Juli 1745 von der Deutschen Kanzlei, also mehr als drei Jahre nach der Eingabe ihrer ersten Bittschrift. Ihnen wurde auf ihr „*Memorial, daß besagtes Dorf, ab königlicher Seiten, wieder eingelöset werden mögte pp hiedurch pro ultimato zum Bescheide gegeben: Daß (...) ihrem Gesuch nicht deferiret werden könne*".[1550] Diesen Bescheid ließ die Deutsche Kanzlei ergehen, nachdem die Glückstädter Kanzlei in zwei Schreiben zuvor deutlich dementsprechend Stellung bezogen hatte.

Bereits in ihrer ersten Stellungnahme hielten die Glückstädter Räte die „*Nachrichten, zur Begründung der intendirten reluition des Dorfs Sühlen nicht hinlänglich, auch überhaupt sothane reluition bey vorangeführten Umständen nicht gerathen zu seyn*". So ständen der Wiedereinlösung „*verschiedene, von nicht geringen Belang seyende Bedencklichkeiten entgegen*". Einerseits habe sich Friedrich II. die Reluition nur für seine Person, nicht aber für seine Erben reserviert, andererseits habe Sühlen allem Anschein nach schon vor 1643, als es zur Einrichtung der Kommission zur Erstellung der Landesmatrikel kam, zum Gut Nütschau gehört. Auch sei die Reluition bei den vor sich gegangenen Veränderungen des Dorfs und seiner Herrschaft niemals wieder reserviert worden, was sie nach rechtsgelehrter Auffassung unstatthaft mache. Ferner käme eine Reluition Sühlens die königliche Kasse teuer zu stehen, da zum einen laut Kaufvertrag von 1565 „*zur Zeit der Wiederlösung, das Kauf-Geld jedes Hundert, jährlich mit Sechsen, à dato des Kaufs, zu verzinßen, (...) andern theils sind nach der Zeit, die pretia rerum, bekanntermaßen ungemein gestiegen, worauf in casum reluitionis, bey determinirung des Kauf-pretii ebenmäßig zu reflectiren seyn würde*". Schließlich bedeute eine Reluition die Separierung des Dorfs vom Gut nach einer langen Zeit ihrer Einheit, so dass „*das wahre pretium besagten Guths*

1548 Stemanns Beschreibung Sühlens vom 18. Dezember 1742 (LA Abt. 11 Adl. Güter überhaupt Nr. 2, ad Q. 1).

1549 Vgl. *Göttsch*, Leibeigene, S. 193 ff.

1550 Bescheid der Deutschen Kanzlei vom 31. Juli 1745 (LA Abt. 65.2 Nr. 1401); in diesem Bescheid wird auch auf einen vorigen „*ihnen bereits, unterm 3ten hujus, solcherhalben von hieraus ertheilten Bescheide*" hingewiesen, der sich jedoch nicht bei den Akten befindet.

dadurch gar sehr verringert, und die oeconomie des Guths, in totum alteriret werden würde, woraus aber nothwendig unsägliche Proceße (...) entstehen müsten".[1551]

In ihrem zweiten Bericht wies die Glückstädter Kanzlei erneut eindringlich auf den finanziellen Aspekt hin: „*Es müßen nothwendig die, wegen einer zuzulegenden vieljährigen liquidation und des beym Land-Gericht zu führenden processus aufzuwendenden Kosten in consideration gezogen werden, sodann erfordert die Unterhaltung und reparation der Mühlen (...) jährlich ein großes, und werden öffters die revenüen damit absorbiret.*" Verliere das Gut Nütschau das Dorf Sühlen, müsste zudem die Anzahl seiner Pflüge in der Landesmatrikel reduziert werden, wodurch „*Ihro Königle: Maytt: an der Contribution verlieren würden*". Dadurch würden schließlich die gesamte Landesmatrikel, „*welche bey 100 Jahren pro norma gedienet, über Haufen gehen, und viele confusiones in Bezahlung der contribution sich finden*". Man hätte sich königlicherseits gerichtlich mit der fürstlichen Regierung, „*sowol wegen der jurisdiction als contribution*", und mit dem Gutseigentümer, hinsichtlich der „*liquidation (...) und (...) meliorations-Kosten*", auseinanderzusetzen. Diesen Kosten ständen keine garantierten Einkünfte angemessener Höhe gegenüber. Daher sei die Reluition Sühlens „*aus angeführten Ursachen schwerlich vortheilhafftig, und (...) nicht anzurathen*".[1552]

Zehn Jahre später reichten die Sühlener erneut eine Supplik beim König ein, die neben der wiederholten Bitte um Reluition ihres Dorfs diesmal auch darauf gerichtet war, dass ihre Gutsherrschaft angehalten werden möge, „*denen Supplicanten wegen (...) gewaltsamer Thathandlungen bey Straffe ein unpartheyisches Ding und Recht zu legen*".[1553] Daraufhin erhielten sie von der Deutschen Kanzlei am 7. Juni 1755, „*die gebetene Einlösung anlangend*", den Bescheid, da sie desfalls „*schon mehrmalen einen abschlägigen Bescheid erhalten haben; so muß es auch dabey schlechterdings verbleiben*". Ihre übrigen Begehren hätten sie, „*fals sie einige rechtliche Beschwerden wieder Supplicatum, als Besitzern des Gutes Nutschau und des Dorfes Sühlen zu haben vermeinen, (...) bey der Gemeinschaftlichen Regierung anzubringen, und die rechtliche Verfügung desfals daselbst zu gewärtigen*".[1554] Damit entsprach die Kopenhagener Kanzlei dem zuvor eingeholten Bedenken der Glückstädter Kanzlei.[1555] Noch im laufenden Jahr wandten sich die Untertanen mit einem identischen Begehren an die Gemeinschaftliche Regierungskanzlei zu Kiel, von wo sie erstmals Ende des Jahres beschieden wurden. Mit Bescheid vom 22. Dezember 1755 wurde Brömbsen als

---

1551 Glückstädter Kanzlei an die Schleswig-Holsteinische Kammer vom 23. August 1743 (LA Abt. 65.2 Nr. 1401).

1552 Glückstädter Kanzlei an die königliche Kammer zu Schleswig vom 18. Dezember 1744 (LA Abt. 65.2 Nr. 1401).

1553 Sühlener an den König vom 19. Februar 1755 (LA Abt. 65.2 Nr. 1401).

1554 Bescheid der Deutschen Kanzlei vom 7. Juni 1755 (LA Abt. 65.2 Nr. 1401).

1555 Vgl. Glückstädter Kanzlei an den König vom 26. April 1755 (LA Abt. 65.2 Nr. 1401).

Gutsherrn aufgegeben, „*zu Beobachtung seiner dawider habenden Nothdurfft, (...) inwendig drey Wochen a die insinuationis bey Gemeinschafftl: Regierungs-Canzelley (...) einzukommen*“ und „*bey unausbleiblicher harter Ahndung (...) sich inzwischen aller Thätlichkeiten gegen die Supplicanten zu enthalten*“.[1556]

In der Folge wurde Brömbsen auf seinen Antrag hin von der Kanzlei zweimal eine sechswöchige Fristverlängerung eingeräumt.[1557] Unterdessen kam er der Forderung der Kanzlei, sich Gewalttätigkeiten gegenüber seinen Untertanen zu enthalten, nicht nach. Vielmehr scheinen sie eher zugenommen zu haben. So wandten sich die Sühlener zwischenzeitlich erneut an die Regierung, da die Herrschaft eine komplette Familie in Arrest genommen hatte. Diese sei von Brömbsen jedoch „*bey (...) Strafe (...) des arrestes so gleich zu entlaßen*“, und er habe sich „*aller weiteren Thätlichkeiten (...) überhaupt wieder die Supplicantes zu enthalten*“.[1558] Am 12. Juli 1756 erging schließlich der Kanzleibescheid, dass die „*Supplicanten (...) ihre vermeintliche Gravamina bey dem nechstkünftigen gemeinsamen LandGericht anhängig zu machen*“ hätten. „*Unterdessen aber Supplicatus bey der possessione vel quasi der Dienste und praestandorum, so ihm biß an hero von ihnen geleistet worden, zu schützen sey, sonst aber derselbe sich aller Thätlichkeiten und eigenmächtigen Verfahrens gegen die Supplicanten bey Vermeidung nachdrücklicher ernstlichen Ahndung zu enthalten habe. Wobey übrigens Supplicantes nunmehro so wohl des beneficii paupertatis praestitis praestandis, als auch der Bestellung eines von ihnen in Vorschlag zu bringenden Advocati sich zu versehen.*“[1559] Knapp ein Jahr später reichte der Nütschauer Gutsherr seinerseits die Bitte „*wieder seine leibeigene Unterthanen in (...) Sühlen*“ ein, dass die „*Sache bey den noch daurenden Land gericht angenommen werde*“.[1560]

Ob und inwieweit es zu einem Landgerichtsprozess kam, ist nicht ersichtlich. Da sich bei den Landgerichtsakten eine das Gut Nütschau betreffende Akte aus dieser Zeit befindet,[1561] ist der Prozess wohl anhängig gemacht worden. Da sich in der Akte aber nur die vorherigen Bescheide der Gemeinschaftlichen Regierung finden, hatte vielleicht noch nicht einmal eine Verhandlung begonnen, zumindest aber ist wohl kein Urteil gesprochen worden. Dies könnte auch darauf zurückzuführen sein, dass Christian Brömbsen zwischen Mitte 1757 und Mitte 1761 gestorben[1562] und somit als Prozesspartei fortgefallen ist. Vor dem Landgericht scheint der Prozess jedenfalls von keiner Seite aus fortgeführt und bis zu

1556 Bescheid der Kieler Kanzlei vom 22. Dezember 1755 (LA Abt. 15 Nr. 3004).
1557 Vgl. die Bescheide der Kieler Kanzlei vom 24. Februar und 12. April 1756 (LA Abt. 15 Nr. 3004).
1558 Bescheid der Kieler Kanzlei vom 30. März 1756 (LA Abt. 15 Nr. 3004).
1559 Bescheid der Kieler Kanzlei vom 12. Juli 1756 (LA Abt. 8.1 Nr. 1196).
1560 Brömbsen an die Landesherrschaft vom 12. Juni 1757 (LA Abt. 8.1 Nr. 1196).
1561 Vgl. LA Abt. 15 Nr. 3004.
1562 Vgl. Glückstädter Kanzlei an den König vom 25. Mai 1761 (LA Abt. 65.2 Nr. 1401).

einem inhaltlichen Abschluss gebracht worden zu sein. Dafür spricht auch, dass sich die Sühlener im Sommer 1760 wiederum nach Kopenhagen wandten, um die Reluition ihres Dorfs zu erreichen.[1563] Sie beschwerten sich erneut darüber, *„daß sie, als ursprünglich freye Leute; dennoch von den nachherigen Besitzern des Guts Nützkau auf die härteste Weise als leibeigen tractiret“* würden, und baten darum, *„daß ihnen verstattet werden mögte, durch Herbeyschaffung der Kauf-Summa die Wiedereinlösung unter Ihro Königl: Majt: Namen und auctoritaet zu beschaffen, und sich wieder unter Ihre einseitigen Schutz und Bothmässigkeit zu begeben“*.[1564] Die Glückstädter Regierung, die von der Deutschen Kanzlei um ihre Auffassung gebeten wurde, hob die bereits bekannten Gegenargumente noch einmal ausdrücklich hervor und verwies auf ihre Stellungnahmen aus den vorangegangenen Jahrzehnten.[1565] Daraufhin ließ die Deutsche Kanzlei die Sühlener zum wiederholten Mal wissen, dass Friedrich II. *„sich die Wiedereinlösung bloß für Allerhöchstdero Person vorbehalten haben“*. Insofern werde *„Nahmens I. Kön Maj: der supplicirenden Dorfschaft zu erkennen gegeben“*, dass *„die (...) Bitte der (...) Eingesessenen, um vermittelst der Reluition unter einseitigen Königl Schutz und Bothmäßigkeit zu gelangen, jetzo nicht mehr statt haben kan“*.[1566]

Nachdem die Sachverhaltskonstellation im Hinblick auf die Vor- und Nachteile einer Reluition Sühlens durch die Obrigkeit einmal geprüft sowie auf der Grundlage dieser Prüfung nach Abwägung der für und gegen eine Reluition des Dorfs durch den König sprechenden Argumente eine Entscheidung getroffen worden war, war die obrigkeitliche rechtliche Behandlung der Untertanen während der fast zwanzig Jahre dauernden Auseinandersetzung gleichartig. Die Sühlener, die sich mit ihren Suppliken hauptsächlich an die Deutsche Kanzlei wandten, erhielten von dort zumindest hinsichtlich ihres Reluitionsbegehrens stets abschlägige Bescheide. Diese gingen regelmäßig auf deren Rücksprache mit der Oberbehörde in Glückstadt zurück und verwiesen sie an die Gemeinschaftliche Regierungskanzlei.

Gegen das vorrangige Streben der Eingesessenen, ihr Dorf in das königliche Amt Segeberg rückeinzugliedern, wurden von der Obrigkeit unterschiedliche Argumente vorgebracht. Diese lassen sich in zwei Arten unterteilen: rechtliche und tatsächliche Argumente. Als rechtliche Bedenken wurden im Wesentlichen drei Hauptaspekte angeführt, nämlich zunächst dass laut dem über das Dorf geschlossenen Kaufvertrag eine Reluition Sühlens grundsätzlich nur durch Friedrich II. selbst als Vertragspartner möglich gewesen sei, daran anknüpfend, dass

[1563] Vgl. Sühlener an den König vom 26. Juni 1760 (LA Abt. 11 Adl. Güter überhaupt Nr. 2, ad Q. 9).

[1564] Bernstorff an die Glückstädter Regierung vom 11. Oktober 1760 (LA Abt. 65.2 Nr. 1401).

[1565] Glückstädter Regierung an Bernstorff vom 25. Mai 1761 (LA Abt. 65.2 Nr. 1401).

[1566] Anzeige der Deutschen Kanzlei vom 27. Juni 1761 (LA Abt. 65.2 Nr. 1401).

eine Reservierung dieser Reluition durch die begünstigte Vertragspartei oder ihre Erben ungeachtet aller Änderungen, die das Dorf und seine Herrschaft erlebt hätten, niemals stattgefunden habe, und schließlich, dass Sühlen laut der als unveränderlich geltenden Landesmatrikel von 1652 bereits vor dem Beginn von deren Erstellung zum Gut Nütschau gezählt haben müsse.

Die tatsächlichen Bedenken betrafen insbesondere die finanziellen und gerichtlichen Konsequenzen eines solchen Geschäfts. So erforderte der Rückkauf Sühlens aufgrund der vertraglich zugesicherten erheblichen Verzinsung des damaligen Kaufpreises und des allgemeinen seitherigen Preisanstiegs eine enorme monetäre Kraftanstrengung. Hinzu kämen die Kosten für die infolge der königlichen Bemühungen erwartungsgemäß zu führenden verschiedenen Prozesse vor dem Landgericht, so zum einen gegen die fürstliche Regierung und zum anderen gegen die Gutsherrschaft. Denn eine Abtrennung Sühlens vom Gut Nütschau hätte zur Folge, dass seine Pflugzahl und damit die nach ihr bemessene Kontribution, die für den Anteil des bäuerlichen Hufenlands an die Landesherrschaft abzuführen war, von der also neben der königlichen auch die fürstliche Regierung profitierte, verringert würde. Hinsichtlich dieser kontributions-, aber auch der jurisdiktionsspezifischen Belange würde man sich mit der fürstlichen Seite gerichtlich auseinandersetzen müssen.

Gleiches erwartete die königliche Regierung aus anderen Gründen mit der Gutsherrschaft, da der Wert des Guts nach einer Herauslösung Sühlens erheblich niedriger als vorher wäre. Diese möglicherweise enormen Kosten würden nicht durch garantierte hohe Einnahmen ausgeglichen. Vielmehr müsste man diese großteils oder sogar ganz für die Instandhaltung der Mühlen des Dorfs verwenden. Ferner bestände die große Gefahr, dass durch solch eine außergewöhnliche Änderung der Landesmatrikel, die seit fast einem Jahrhundert als wichtiger Steuerschlüssel fungiere, ihr Charakter als unveränderlicher Berechnungsmaßstab für die Abgaben in diesem Bereich der Landesverfassung verloren gehen und dadurch die wichtigen garantierten landesherrlichen Kontributionseinkünfte wegbrechen könnten. Zudem verringerte man mit einer Abtrennung Sühlens nicht nur beträchtlich den Wert des Guts Nütschau, sondern änderte auch seine Wirtschaft grundlegend. Aus all diesen Gründen könnte eine Reluition Sühlens für die königliche Regierung kaum jemals von Vorteil sein. Für wie immens die königlichen Räte die unabhängig von dem aufzubringenden Kaufpreis entstehenden Kosten und Nachteile erachteten, veranschaulicht die Tatsache, dass sie eine Reluition des Dorfs selbst dann noch ablehnten, als dessen Untertanen Jahre später um die Erlaubnis für die Beschaffung des notwendigen Geldes aus eigenen Mitteln baten.

Auch handelte es sich bei den rechtlichen Bedenken um Gesichtspunkte, die bei ernsthaftem obrigkeitlichen Interesse an einer Wiedereingliederung des Dorfs in das Amt Segeberg auf vertraglicher oder gerichtlicher Ebene hätten geklärt werden können. Anhand der vorgebrachten tatsächlichen Bedenken wurde jedoch deutlich, welche Überzeugung den eigentlichen Ausschlag bei der Entscheidung der Räte gab. Erstrebten die Sühlener die Reluition ihres Dorfs in erster Linie, um von den Hofdiensten und insgesamt aus der Leibeigenschaft befreit zu werden, so ignorierten die Überlegungen der Obrigkeit diesen Aspekt als Ausgangspunkt der Angelegenheit völlig und richteten ihre Orientierung allein nach allgemeinen ökonomischen sowie speziellen prozessökonomischen Motiven aus. Die Entscheidung, Sühlen nicht wieder unter königliche Herrschaft zu holen, war somit das Ergebnis eines sterilen Abwägungsprozesses der überwiegend wirtschaftlichen Vor- und Nachteile einer solchen Aktion. Die Untertanen und ihre Belange spielten dabei keine Rolle.

Doch war diese Ignoranz seitens der Obrigkeit nur hinsichtlich der Frage der Reluition vorhanden. Bei allen sonstigen Beschwerden, welche die Eingesessenen im Laufe der Jahre vorbrachten, ist ein solches Verhalten nicht zu beobachten. Hatten die Regierungskanzleien schon im Zusammenhang mit dem Hauptbegehren der Untertanen nebenbei darauf hingewiesen, dass im Fall seiner Entsprechung die Wirtschaft des Guts einer kompletten Veränderung anheim fiele, wurde ihre Einstellung zur Gutswirtschaft Nütschaus und damit auch zum Verhältnis zwischen Herrschaft und Untergehörigen in den folgenden Geschehensabschnitten wesentlich deutlicher. Als sich die Sühlener nämlich wegen Gewalttätigkeiten und parteiischer Gutsgerichtsbarkeit an die Deutsche Kanzlei wandten, wurden sie von dieser zwar zunächst an die Gemeinschaftliche Regierungskanzlei verwiesen. Doch nachdem sich diese erst einmal mit der Sache befasst hatte, waren die anfänglichen Reaktionen aus der Kanzlei zu Kiel grundsätzlich auch im Interesse der Untertanen. Denn ihre Gutsherrschaft hatte innerhalb einer Frist von drei Wochen in der Gemeinschaftlichen Regierungskanzlei vorzusprechen und währenddessen ein angemessenes, gewaltfreies Verhalten an den Tag zu legen, widrigenfalls sie eine harte Strafe erwartete.

Doch wurde dieses Vorgehen, das die Untertanen gegenüber ihrer Herrschaft zu begünstigen schien, durch das weitere Vorgehen der Kanzlei stark relativiert. So gewährte man Brömbsen zweimal eine sechswöchige Verlängerung der an sich viel kürzeren Frist und griff auch nach der Kenntniserlangung von neuen, noch weitergehenden Gewalttätigkeiten des Gutsherrn gegen seine Untergebenen nicht rigoros gegen die Herrschaft durch. Vielmehr erschöpften sich die obrigkeitlichen Maßnahmen in erneuten Aufforderungen zur Beseitigung vorhandenen Unrechts und zur zukünftigen Mäßigung im Umgang mit der Einwohnerschaft sowie härteren Strafandrohungen für den Fall wiederholter Missachtung der oberbehördlichen Weisung. In ihrem abschließenden Bescheid verwies die Kieler Kanzlei die Untertanen mit ihren Beschwerden an das nächste Landgericht. Bis dahin hatte sich die Gutsherrschaft zwar einerseits aller Tätlichkeiten und Eigenmächtigkeiten gegenüber den Sühlenern zu enthalten, doch wurden diese ausdrücklich an ihre gegenüber der Herrschaft bestehende Verpflichtung der Leistung von Diensten und Abgaben erinnert. Allerdings wurde ihnen als Leibeigenen im Hinblick auf den anstehenden Landgerichtsprozess immerhin das „beneficium paupertatis“[1567] sowie die eigene Auswahl eines ihnen genehmen Advokaten gewährt.

Dadurch bezog die Obrigkeit ungeachtet des Streits um die Wiedereingliederung Sühlens in das Amt Segeberg und all seiner einzelnen Komponenten in bezug auf die Rechtsposition der Untertanen und die Wirtschaft des Guts eindeutig Stellung. Die Beschwerden, die sie vor dem Landgericht als justitiabel betrachtete, betrafen nur den täglichen Umgang der Herrschaft mit ihren Untergehörigen, aus der Sicht der Dorfbewohner also zwar wichtige Punkte, im Verhältnis zu ihrem Hauptbegehren jedoch Nebensächlichkeiten. Die Reluition Sühlens, das gutswirtschaftliche System und die persönlich-rechtliche Stellung der Eingesessenen als Leibeigene standen dort nicht zur Disposition. Vielmehr kam es der Kieler Kanzlei bei ihrem Handeln gerade darauf an, den reibungslosen Betrieb der Nütschauer Gutswirtschaft wiederherzustellen bzw. aufrechtzuerhalten. Deshalb wies man die Gutsherrschaft zwar an, keine Gewalt gegen ihre Untertanen anzuwenden, doch wurden die Sanktionen wie allgemein üblich nur angedroht und verhältnismäßig lasch umgesetzt. Da man um die generellen Schwierigkeiten des Systems und die zusätzlichen besonderen Nütschauer Probleme wusste, beließ man es seitens der Landesherrschaft bei eindringlichen Ermahnungen und ließ der Herrschaft ansonsten einen großen Anwendungsspielraum bei der Kontrolle der Situation.

Kam man den Sühlenern im Hinblick auf die gerichtliche Auseinandersetzung und ihren Stand ohne Umstände durch die Zugeständnisse des „beneficium paupertatis“ und die freie Anwaltswahl entgegen, sollte die Leibeigenschaft, um deren Aufhebung es ihnen in allererster Linie ging, in ihrem Bestand jedenfalls vollkommen unangetastet bleiben. Die einzig realistische Möglichkeit für die Untertanen, den Zwängen und Verpflichtungen der Einrichtung zu entkommen, bot jedoch nur die Reluition ihres Dorfs. Dass sich die Landesherrschaft königlicherseits überhaupt mit dieser Option beschäftigte, ist zwar auf die Eingabe der Untertanen in Kopenhagen zurückzuführen, steht hinsichtlich Argumentationsgang und Entscheidung allerdings in keiner Verbindung zu den Untertanen und ihren Belangen. Eine „direkte“ rechtliche Behandlung der Dorfbewohner ist

---

1567 Ein beneficium war eine von den regelmäßigen Rechtsnormen abgesonderte rechtliche Vergünstigung, die einem bestimmten Gut oder einer bestimmten Person zugeordnet war (vgl. *Oberländer*, Lexicon, S. 77; HRG/*Wesener*, 4. Band, Sp. 423), das beneficium paupertatis also die entsprechende Bevorzugung wegen Armut, wobei dieses Armenrecht die Befreiung der unbemittelten Partei von den Auslagen eines Rechtsstreits bedeutete, was die Übernahme der Kosten sowohl für das Gerichtsverfahren als auch für die anwaltliche Unterstützung umfasste (vgl. *Köbler*, Wörterbuch, S. 30; HRG/*Erler*, 1. Band, Sp. 228).

demnach bezüglich dieses Aspekts gar nicht gegeben. Vielmehr liegt eine solche erst im Zusammenhang mit ihren sonstigen Beschwerden vor.

Das Verhalten des königlichen Teils der Landesherrschaft von 1745 bis 1760 verdeutlicht folglich, dass scharf ausgeprägte Gutswirtschaft und Leibeigenschaft noch vollständig akzeptiert waren. Mittels der Reluition Sühlens ein Zeichen zu setzen und die Endphase dieses Systems trotz der damit eventuell verbundenen Schwierigkeiten und finanziellen Nachteile einzuläuten – wie sie wenige Jahre später von eben diesem königlichen Teil der Landesherrschaft auf ihren Domänen in Gang gesetzt wurde –, war offensichtlich noch nicht denkbar. Vielmehr bestimmten nüchterne wirtschaftliche und prozessökonomische Gesichtspunkte das Handeln der Obrigkeit. Bei ihren alltäglichen Problemen mit der Gutsherrschaft wurden die Leibeigenen zwar im üblichen Rahmen „unterstützt", doch eine Änderung ihres personenrechtlichen Status stand nie annähernd zur Diskussion. Vielmehr war diese eher noch eine Art „Überdies-Argument" im Hinblick auf die Ablehnung der Reluition.

IV. Kronshagen

Kronshagen war zunächst ein im Eigentum der Stadt Kiel stehendes Dorf, das seit 1572 gezwungenermaßen an die Gottorfer Herzöge verpachtet war, die es niederlegten und einen Meierhof aus ihm machten. 1667 wurde es von der Stadt endgültig an Herzog Christian Albrecht abgetreten. Dieser vergrößerte Kronshagen durch die Zulegung mehrerer Dörfer, stattete es mit adligen Rechten aus und verkaufte es als adliges Kanzleigut an seinen Kanzler Kielmannsegg. 1680 kam es an Christian Rantzau, der es 1699 erneut an die herzogliche Famile abtrat. 1719 gelangte Kronshagen an einen Roepstorf, der es schon 1720 an Hinrich Reventlow weitergab. 1732 ging es auf dessen Bruder Detlev Reventlow, der auch Gutsherr auf Schmoel war, über. Als er 1738 in Konkurs geriet, gehörte Kronshagen zur Konkursmasse. 1760 wurde es per Urteil dem Großfürstlichen Haus zugesprochen. Dieses parzellierte das Gut 1767/68, hob die Leibeigenschaft auf, gab die Stellen zu einem niedrigen Preis als Eigentum ab und wandelte es in ein Amt um.[1568]

1. Historischer Hintergrund

Die Kronshagener Hufner waren schon vor 1572 keine freien Eigentumsbauern. Sie hatten nicht nur einige Dienste zu leisten, sondern zahlten auch Heuergelder

---

[1568] Vgl. *Gloy*, Amt, S. 27 ff.; *Prange*, Anfänge, S. 332; *Oldekop*, Topographie, 1. Band, IV. Abschnitt, II. Kapitel, S. 59 f.; *Schröder/Biernatzki*, Topographie, 1. Band, S. 309 f.

für ihre Stellen. Ihre Lage verschlechterte sich drastisch, als die Herzöge die Ländereien in Pacht nahmen, da sie mit ihnen wie mit ihrem Eigentum schalteten. Unter ihnen wurde auf dem Meierhof Kronshagen die Gutswirtschaft etabliert, die auf den Diensten der ansässigen ehemaligen Kieler Amtsuntertanen beruhte. 1632 wurde der Hof erstmals verpachtet, seit 1636 war er in den Händen adliger Pächter. In dieser Zeit kam es zu ersten Konflikten zwischen Herrschaft bzw. Pächtern und Untertanen. Nachdem es von Herzog Christian Albrecht wesentlich vergrößert und in ein adliges Gut umgewandelt worden war, behielt es den Status als adliges Kanzleigut für rund 100 Jahre. Nur zu Zeiten der erneuten vorübergehenden Zugehörigkeit zum herzoglichen Haus war es ein hochfürstliches Kammer- und Domanialgut, was für die Untertanen aber keinen erheblichen Unterschied bedeutete. Durch die Ausstattung mit adligen Rechten und die Besitznahme durch adlige Herrschaften wurde die Gutswirtschaft in Kronshagen in ihr letztes Stadium überführt. Waren die Eingesessenen schon vor 1667 zur Leistung von Diensten und Abgaben verpflichtet gewesen, kam es nun zur Ausbildung der Leibeigenschaft, d.h. zu den bereits vorhandenen Verpflichtungen gesellte sich die Schollenbindung hinzu. Fortan wurden die Kronshagener als Leibeigene angesehen und entsprechend behandelt, insbesondere unter Detlev Reventlow. 1738 wurde das Gut, ebenso wie es mit Schmoel geschah, in dessen Konkurs hineingezogen. Im Rahmen der Auseinandersetzung mit Reventlows Gläubigern kam es auch hier zur Diskussion um den personenrechtlichen Status der Untertanen. Sie gaben zwar zu, wie Leibeigene behandelt worden zu sein, verwahrten sich aber gegen die Rechtmäßigkeit dieser Behandlung und beriefen sich auf ihre ehemalige Freiheit. Zugleich sicherten sie jedoch die Leistung des der Gutsobrigkeit schuldigen Gehorsams hinsichtlich der herkömmlichen Abgaben und Dienste zu. Das Urteil in dem anschließenden Konkursprozess wurde erst am 4. Juli 1760 gesprochen. Danach gelangte das Gut wiederum an die großfürstliche Regierung zu Kiel, die es administrierte. 1762 wurde für Kronshagen eine staatliche Oberaufsichtskommission eingesetzt, die über die Zukunft des Guts entscheiden sollte.[1569]

2. Rechtliche Behandlung der Untertanen

Das Urteil vom 4. Juli 1760 enthielt keine Angaben zu den Untertanen selbst oder ihrem Status. Vielmehr sind dort ausschließlich die Erlösquoten für die Gläubiger der Gebrüder Reventlow angegeben.[1570] Mit dem Gut, seiner Landfläche und insbesondere dem Status der Untertanen beschäftigte sich die Oberaufsichtskommission dafür umso intensiver. Das Ergebnis ihrer Untersuchungen, wie die Interessen der Herrschaft und der Gläubiger bestmöglich zu vereinbaren

1569 Vgl. *Prange*, Anfänge, S. 271, 332; *Gloy*, Amt, S. 19 ff.
1570 Vgl. das gedruckte Urteil vom 4. Juli 1760 (LA Abt. 8.1 Nr. 550III).

seien, und ihre Vorstellungen im Hinblick auf die Zukunft Kronshagens hielten sie in einem Bericht vom 17. Februar 1763 fest, der sich auf die Voten der Kommissionsmitglieder stützte. Diese waren sich in der Sache weitgehend einig. Kronshagen sollte grundsätzlich weder niedergelegt noch die ehemals ihm zugelegten Dörfer in das Amt Kiel rückeingegliedert werden. Vielmehr sollte es als Gut fortbestehen und, insbesondere angesichts der schlechten Erfahrungen mit dem vormaligen Administrator Brockdorff, zur Pacht ausgegeben werden.[1571] Die Gründe dafür und die Folgen für die Untertanen und ihren Status werden in den Voten offensichtlich.

Das erste Votum in der Sache, auf das die anderen Kommissionsmitglieder stark Bezug nahmen, erstellte Muhlius. Seiner Auffassung nach sei „*eine Verpachtung des Gutes Cronshagen der Administration allerdings zu praeferiren*“ und tue auch den Gläubigerinteressen keinen Abbruch, zumal „*der Landes-Herrschafft durch Urtheil und Recht das wahre Eigenthum des Guths Cronshagen (...) zuerkandt worden ist*“. Zudem fielen der Herrschaft dann weder „*die Conservation der Unterthanen*“ noch alle „*andere unentbehrliche Außgaben*“ zur Last, auch wenn „*die Pacht-Gelder, nicht so hoch wie die Revenüen des Gutes bey einer Adminstration sich belauffen könten*“. Der „*Deterioration der Gebäude und des Landes*“ könne mittels einer aus dem Kammerkolleg abgeordneten Aufsichtsperson entgegengewirkt werden. Im Hinblick auf die Kronshagener Wirtschaft selbst war er der Überzeugung, dass „*die (...) dienstleistenden Dörffer (...) nicht wohl ohne mercklichen Nachtheil des allerhöchsten Herrschafftl: Interesse, besagtem Amte wieder incorporiret werden mögen*“. So würden sie in solchem Fall „*der Herrschafftl: Casse kaum über die Helffte so viel einbringen (...), als wann selbige bey dem Guthe bleiben*“ würden. Ohne die Einwohner dieser Dörfer sei ein Fortbestand Kronshagens als Gut unmöglich, da sie „*alsdann wie Ambts-Unterthanen, mithin als eigentliche freye Leuthe (...) zu consideriren*“. Sie könnten „*auch außer dem Amte, ja gar in Hamburg und Lübeck, und außer dem Lande (...) dienen*“, obwohl „*ihr Status doch anjetzo (...) gantz anders ratione der zu leistenden Dienste und sonsten in Betracht ihrer Freyheit beschaffen ist*“. Änderte man dies, würde „*die jetzige so einträgliche Verfaßung des Guths Cronshagen dadurch gantz zerrüttet, ja gar übern Hauffen geworffen, und auß diesem Capital-Guthe ein kleiner Meyer-Hoff*“.[1572]

Bockelmann wies hinsichtlich der Verpachtung vor allem darauf hin, „*daß die Reventlau-Cronshagensche unbefriedigte Gläubiger dieserhalben nicht die mindeste Hinderniß in den Weg legen mögen*“. Die Beibehaltung Kronshagens als Gut sah er im Hinblick auf die herrschaftlichen Interessen als unumgänglich an, „*weil sodenn in Betracht der voritzo von denen gantzen und halb Hufnern abzuhaltenden undeterminirten Dienste sich viele von ihnen anderweitig und außer-*

1571 *Prange*, Anfänge, S. 332.
1572 Votum Muhlius' vom 3. Februar 1763 (LA Abt. 8.1 Nr. 571I des. 8).

halb Guhts häuslich niederlaßen, mithin dadurch sonder zweifel den Weg bahnen würden, daß auf diese Weise, und in Ermangelung der itzo hinreichenden Frohn-Dienste, die Revenüen von offtgenannter ansehnl. Domaine kaum bis an die Helffte, zur Herrschafftlichen Casse in künfftigen Zeiten einfließen könnten". Auch falls dies nicht geschähe, „*so würde gleichwohl nicht leicht verhütet werden können, daß selbige auf gleichen Fuß wie alle übrige Kieler freye Amts-Unterthanen gehalten zu werden verlangten; wodurch jedoch vorberührter maaßen dem Guhte ein beträchtlicher Schade zuwachsen würde*", da „*die itzige gute Einrichtung (...) gäntzlich zernichtet, und aus diesem importanten Guhte wiederum ein kleiner Meyerhof (...) werden würde*". Entscheide man sich dafür, die Dörfer wieder an Kiel zurückzugeben, „*bleibe nichts weiter übrig, (...) als vorläuffig eine genaue Untersuchung anzustellen: ob (...) durch Zergliederung der Hof-Ländereyen (...) und Abhandlung der Hof-Dienste (...) für die Landes-Herrschafft ein größerer Vortheil als bey der Verpachtung zuverläßig anzuhoffen wäre*".[1573]

Auch Brauer sprach sich „*in Ansehung derer Cronshagener Creditoren*" und im Hinblick auf die herrschaftlichen Interessen für die Verpachtung aus, da dadurch zudem „*eine gewiße und reine Einnahme erlanget werden*" und „*die Conservation der Unterthanen, Vieh-Seuche und dergleichen Unglücks-Fälle von dem Künfftigen Pächter übernommen werden wird*". Dies sei darüber hinaus im Interesse der Untertanen, da „*das Wohl derselben mehr bey einer Verpachtung als einer Administration versiret*". Ferner war er bezüglich der Niederlegung des Guts der Ansicht, dass „*der Status derer Cronshagener Unterthanen, worinnen sie einmahl gesetzt sind, und sich anjetzo befinden, bey gegenwärtiger Einrichtung des Gutes, ohne besonderem Nachtheil nicht Verändert werden könne*". Eine Wiedereingliederung Kronshagens bewirke, dass diese „*mit denen übrigen Unterthanen des Amtes Kiel paria Jura genießen möchten*", was jedoch „*die Beschaffenheit des Guts in Betracht der undeterminirten Hof-dienste (...) nicht leiden kann*". Sie komme auch in Anbetracht „*aller übrigen inconvenentien, welche aus dieser Veränderung entstehen würde*", nicht in Frage. Dennoch scheine ihm „*so gerecht als billig zu seyn, daß mehrbesagte Unterthanen, in Betracht derer Vorigen Umstände nicht mit andern leibeigenen Unterthanen in Vergleich gestellet, und hierinn Maaß und Ziel gesetzet würde*".[1574]

Seelhorst bemerkte, dass die Einkünfte einer Administration zwar regelmäßig höher als die einer Verpachtung seien, doch sei es von gravierendem Nachteil, dass man aufgrund der ungewissen Höhe der jährlichen Ausgaben „*niemahls auf ein bestimmtes Quantum von Guths Revenüen Rechnung machen kan*". Verpachte man Kronshagen, habe „*der Pächter alle (...) Kosten (...) zu übernehmen (...), mithin die Herrschafft auf die richtige Einnahme (...) sichere Rechnung*

[1573] Votum Bockelmanns vom 7. Februar 1763 (LA Abt. 8.1 Nr. 571I des. 23).
[1574] Votum Brauers vom 10. Februar 1763 (LA Abt. 8.1 Nr. 571I des. 23).

machen kan". Auch verletze eine Verpachtung nicht die Rechte der Reventlowschen Kreditoren. Insgesamt sei „*die öffentliche Verpachtung und zwar zum wesentlichen Nutzen der Herrschafft einer fernerweitigen administration ohne bedencken vorzuziehen, anbey aber auch sowohl ex Cancellaria als auch ex Camera ein Membrum (...) zu ernennen (...), von welchen (...) die Oberaufsicht genommen (...) und auch das Recht der ersten Instantz gehandhabt und administriret werden müßte*". Im Hinblick auf die Niederlegung des Guts sei „*der (...) Status der Cronshagenschen Unterthanen besonders in betracht zu ziehen, und wenn ich gleich solche ursprünglich für Leibeigene (...) bewandten Umständen nach nicht erklähren mag, so verrichten selbige doch servitia indeterminata, als wodurch sich würckliche Leibeigene von den freyen Unterthanen unterscheiden, durch welche undeterminirte dienstleistungen sie denn auch das Ansehen und die Natur der hominum propriorum würcklich gewinnen*". Da „*das Guth (...) von dem gegenwärtigen Statu der Cronshagenschen Unterthanen, und den damit verknüpften unbestimmten dienstleistungen (...) den wesentlichsten Nutzen empfindet*", seien „*die Cronshagensche Unterthanen dem Amte Kiel nicht zu incorporiren*", da solchenfalls „*das Guth an seinen Werth und der darin so einträglich gemachten Verfassung unendlich verliehren müßte*". Die Untertanen seien „*bey dem Guthe Cronshagen in ihren gegenwärtigen Statu und dienstleistungen noch ferne zu erhalten, von denen übrigen sich in Hollstein befindenden Leibeigenen aber durch die beste und gelindeste Begegnung gar mercklich und vorzüglich zu unterscheiden*".[1575]

Saldern verzichtete darauf, „*ein separates Votum zu protocoll zu geben*", da er mit seinen Kollegen und ihren „*abgestatteten gründlichen Votis vollig harmonire*".[1576] Er verfasste statt dessen den Abschlussbericht der Kommission.[1577] Nach umfangreichen Ausführungen zu Administration und Verpachtung wurde in ihm rücksichtlich der herrschaftlichen Interessen letztlich angeraten, „*daß in Zukunft eine, auf billige Conditiones zu veranstaltende Verpachtung der Administration des Guthes Cronshagen allerdings zu praeferiren sei, und daß, bei einer solchen Verpachtung, die Umstände, welche sich mit den Cronshagenschen Creditoren erfinden, einiges Hinderniß oder Bedenken nicht verursachen können*". Im Hinblick auf die Größe des Guts stellte der Bericht klar, dass im Sinne der Herrschaft „*gahr keines weges auf eine Zergliederung oder Zerschlagung des ganzen Guths*" hinzuwirken sei. Vielmehr stehe nur in Frage, ob die ehemals dem Gut zugelegten Dörfer und ihre Untertanen wieder abzugeben seien. Hinsichtlich ihrer Wiedereingliederung ins Amt Kiel konnte die Kommission „*überhaupt hiebei keinen Nutzen absehen (...), immaßen von solchen Unterthanen, welche würcklich selbst nicht anders wißen, als daß sie Leibeigene*

1575 Votum Seelhorsts vom 11. Februar 1763 (LA Abt. 8.1 Nr. 571I des. 23).

1576 Pro Memoria Salderns vom 14. Februar 1763 (LA Abt. 8.1 Nr. 571I des. 23).

1577 Hinsichtlich der folgenden Ausführungen und Zitate vgl. den Kommissionsbericht vom 17. Februar 1763 (LA Abt. 8.1 Nr. 571I des. 24).

sind, auch in dieser Meinung füglich gelaßen werden können, gar keine fructus jurisditionis einkommen, welche bei der Exemtion von der Amts-Jurisdiction etwan cessiren, in diesem Falle auch die Jurisdiction der Landesherrschaft mehr zur Last, als zum Nutzen gereichet".

So würden die Kronshagener als „*Unterthanen, welche indeterminirte dienste zu leisten schuldig sind, insoweit von sich selbst nicht dependiren, daß sie, nach ihren eigenen Gefallen, einen oder den andern Tag zu gewißen Gehöften anwenden, und die obliegende Hofarbeit aussezen können*". Als Gutsuntertanen dürfe man sie nicht „*unter diesem oder ienem Vorwande, zu einer iedweden ihm gefälligen Zeit an ihren diensten (...) verhindern*". Wären sie hingegen als Amtsuntertanen nach Kronshagen dienstpflichtig, litten die Hofdienste erheblich. Denn sie müssten in allen Angelegenheiten nach Kiel reisen, was ihnen rechtlich zustehe und wozu sie sogar verpflichtet wären. Es stehe ferner zu befürchten, „*daß (...) die Cronshagener Unterthanen durch eine solche Einverleibung mit dem Amte, nach und nach zu mehrern und größern Privilegien und Freiheiten adspiriren mögten*".

„*Denn der Bauer ist und bleibet iederzeit, ohne eine gnugsame Beurteilung seines Zustandes, zu dem Hirn-Gespinste seiner vermeinten Verbeßerung sinnreich. Die Folgen seiner Bestimmung in solchen Fällen sind mehrenteils hartnäkig und übertrieben, ia wir getrauen uns zu sagen, daß keine Creatur in der Welt dem Triebe zu klagen und zu processiren mehr nachhänget als der Bauer, wenn er einmahl einen Geschmak daran gefunden, oder deßen gewohnet worden.*"

Daher sei eine Angliederung der Kronshagener an das Amt Kiel „*dem Herrschaftl. Interesse nicht ersprießlich, sondern vielmehr nachtheilig*" und werde „*nach aller Wahrscheinlichkeit, mit der Zeit immer nachtheiliger*". Auch „*scheinet solches (...) die Natur und die innere Beschaffenheit des Guths (...) schlechterdings nicht zuzulaßen. Denn, die dabei befindliche Unterthanen sind von differenter Natur und Beschaffenheit nach ihren originaeren Zustand genommen, und, wenn wir aufrichtig davon reden sollen, unserer Meinung nach, eben nicht durch die Banck also anzusehen, daß sie würcklich, als wahre Leibeigene, einen Gegensaz von den übrigen freien Amts-Untertanen ausmachten; demnach ist der modus mit ihnen umzugehen und sie zu behandeln, von der Art und Weise, wie die übrigen ratione fori & jurisdictionis tractiret werden, himmelweit unterschieden. Sie sind einmahl, als dienstpflichtig, zum Hofe geschlagen; sie können, ohne den größten Nachtheil des Gutes, davon nicht wieder separiret werden; sie sind dieses Zustandes gewohnet, und mit demselben zufrieden, auch dabei ruhig und gehorsam. Wenn sie nun in dieser geruhigen Unterwürffigkeit erhalten werden sollen, wie es der wahre Nutzen des Guthes erfordert, (...) so muß ihnen alle anderweitige Connexion abgeschnitten, und alle*

Gelegenheit zu raisonniren, und den Schatten einer vermeintlichen Freiheit zu suchen, benommen werden, mit einem Worte:

Sie müßen nicht anders wißen und glauben, als, daß sie von dem Hofe Cronshagen allein dependiren, und daß sie, wo nicht leibeigen, doch solche glebae adscripti sind, welche, ohne specielle Concession und Erlaubniß ihren Zustand nicht verändern können."

Dass das Gut Kronshagen 1768 letztlich doch niedergelegt, die Leibeigenschaft aufgehoben, das Land den Leuten zu eigen gegeben und das Gebiet in ein Amt umgewandelt wurde, ging auf die alleinige Initiative und die intensiven Bemühungen Salderns seit 1765 zurück. Hatte er diese Möglichkeit trotz seiner im Kommissionsbericht zum Ausdruck kommenden gegenteiligen Auffassung bereits seit Mitte 1763 im Auge gehabt, reichte er erst Mitte 1765 einen ersten Plan zur Niederlegung des Guts ein. Ein Jahr später weitete Saldern sein Vorhaben inhaltlich noch einmal stark aus, was auf neue Anregungen durch das Beispiel der Reformen Hans Rantzaus auf Ascheberg zurückzuführen sein dürfte. Denn dieser hatte seinen diesbezüglichen Bericht, der eigentlich eine an einen Freund gerichtete vertrauliche Denkschrift bleiben sollte,[1578] Anfang 1766 drucken lassen. Wahrscheinlich haben sich Saldern und er auch persönlich kennengelernt.[1579]

Im Hinblick auf die rechtliche Behandlung der Untergehörigen durch die Obrigkeit waren sich die fünf Mitglieder der Oberaufsichtskommission des großfürstlichen Kieler Staats nahezu einig, insbesondere was die Einwohner der fünf zum Gut gelegten ehemaligen Kieler Stadtdörfer betraf. Diese Übereinstimmung bezüglich der zwei vordergründigen übergeordneten Fragen, also die der Zukunft Kronshagens sowie die der Vereinbarung herrschaftlicher und kreditorischer Interessen, hatte Bezug zu beiden von den Kommissionsmitgliedern zu beantwortenden inhaltlichen Fragen. Bei diesen handelte es sich um die der Form der Verwaltung, also die Entscheidung für Verpachtung oder Administration, sowie die der territorialen Struktur Kronshagens und damit zugleich auch die der Form des Wirtschaftssystems, also die Entscheidung für eine weitläufige Domäne mit scharf ausgeprägter Gutswirtschaft oder einen kleinflächigen Meierhof mit beschränkter Wirtschaft. Bei der Beantwortung der letzten Frage standen die Untertanen zwangsläufig im Mittelpunkt der Überlegungen, was die Wechselwirkung zwischen dem territorial-strukturellen Status eines Gebiets und dem persönlich-rechtlichen Status seiner Eingesessenen veranschaulicht. An der Argumentation der Kommissionsmitglieder, die offensichtlich und stark in den politischen, wirtschaftlichen und gesellschaftlichen Zusammenhang ihrer Zeit eingebunden war, wird die rechtliche Behandlung von in Leibeigenschaft bzw. leibeigenschaftsvergleichbaren Verhältnissen befindlichen Untertanen noch zu

1578 *Seelig*, Colonisation, S. 10.
1579 Vgl. *Prange*, Anfänge, S. 336 ff.

Anfang der 1760er Jahre, also kurz vor Beginn der Niederlegung der großen königlichen Domänen im Land, deutlich.

Maßgeblich für die Entscheidung der Kommission hinsichtlich des persönlich-rechtlichen Status der Untertanen war die Tatsache, dass dieser Status zu keinem Zeitpunkt und von keinem Mitglied der Kommission losgelöst vom Status Kronshagens als adligem Gut und seinem typischen Wirtschaftssystem betrachtet wurde. Aus der Sicht der Votierenden waren allgemein nur zwei mögliche sinnvolle Zustände der Eingesessenen denkbar: Entweder könnten die Kronshagener freie Amtsuntertanen sein, wofür man die ehemaligen Kieler Stadtdörfer wieder vom Gut separieren – dieses also zerschlagen – und es zu einem kleinen Meierhof machen müsste. Oder aber die Kronshagener wären und blieben Gutsuntertanen und damit zugleich leibeigen, wenn man die Dörfer beim Gut behielte und dessen Struktur und Wirtschaft bestehen ließe. Sonstige Möglichkeiten, mit dem Territorium und seiner Einwohnerschaft zu verfahren, insbesondere andere, lockerere Formen bäuerlicher Abhängigkeit von der Gutsherrschaft, scheinen zwar angedacht, jedoch nicht ernsthaft ins Gespräch gebracht worden zu sein. Und da die Entscheidung über die Zukunft Kronshagens allein vor dem Hintergrund der bestmöglichen Verknüpfung von größtmöglichem Profit und kleinstmöglicher Belastung jeglicher Art für das großfürstliche Haus getroffen werden sollte, wurden alle Erwägungen der Kommissionsmitglieder und daher auch das letztlich gefundene Ergebnis praktisch ausschließlich von dieser Prämisse dominiert.

Die Voten bezüglich des in diesem Zusammenhang mit zur Diskussion stehenden persönlich-rechtlichen Status der Kronshagener, der zu diesem Zeitpunkt grundsätzlich in nahezu jede beliebige Form hätte transferiert werden können, fielen dabei unspektakulär und einstimmig aus. Sie waren jedoch mit bemerkenswerten Kommentaren der Kommissionsmitglieder versehen. So wurde der Landesherrschaft im Abschlussbericht zwar angeraten, Kronshagen in seiner ursprünglichen Größe als adliges Gut und vor allem sein gutswirtschaftliches System mit der Leibeigenschaft bestehen zu lassen. Doch wurden gleichzeitig die Besonderheiten der dortigen Leibeigenschaft in einer Weise hervorgehoben, die sie nicht nur in ein spezielles Licht rückt, sondern sogar ihr Erscheinungsbild als Rechtsinstitut im Allgemeinen in Frage stellt sowie eine ohnehin schwierig zu fassende Definition der holsteinischen Leibeigenschaft spürbar an ihre Grenzen führt.

Das wird insbesondere an dem maßgeblichen Aspekt der kommissionalen Prüfung, nämlich dem Umgang mit den Dörfern und ihren Bewohnern, deutlich. Der Kommissionsbericht stellte klar, dass deren Wiedereingliederung in das Amt Kiel für das großfürstliche Haus nicht nur von keinem Nutzen, sondern sogar von – noch dazu einem aller Voraussicht nach stetig wachsenden – Nachteil sei. Die aus diesem Grund angeratene Vorgehensweise, die Dörfer bei Kronshagen zu lassen und dadurch den Fortbestand des Gebiets als adliges Gut zu sichern, erfolgte somit zwar aus rein praktisch-ökonomischen Motiven. Jedoch wies sie eine merkwürdige Begründung auf. So wurde vor allem darauf abgestellt, dass eine Abtrennung der dienstpflichtigen Dörfer bereits aufgrund der „Natur und der inneren Beschaffenheit des Guts“ nicht zulässig sei. Denn sie seien ja einst gerade unter dem Aspekt der Hofdienste zu Kronshagen gelegt worden. Eine Veränderung dieses Zustands hätte auch für die großfürstliche Landesherrschaft nur negative Folgen. Zudem seien die Untertanen ihren Status gewohnt, mit ihrer Situation zufrieden und verhielten sich nach dem Geschmack der Obrigkeit.

Der Status der Kronshagener kann objektiv nur als Leibeigenschaft bezeichnet werden. Zumindest enthielt ihr Abhängigkeitsverhältnis deren wesentliche Aspekte – ungemessene Hofdienste und Schollenbindung auf der einen, die Konservation der Untertanen auf der anderen Seite – und war somit unabhängig von seiner Bezeichnung mit Leibeigenschaft vergleichbar. Subjektiv vermochte sich die Kommission allerdings nicht dazu durchzuringen, die Eingesessenen ohne Einschränkungen leibeigen zu nennen. Diese spezielle Problematik war auf zwei Gesichtspunkte zurückzuführen, die von den Kommissionsmitgliedern nicht miteinander in Einklang zu bringen waren. Zum einen mussten sie die Untergehörigen notwendigerweise so strikt wie möglich als Leibeigene behandeln, um Kronshagen als Gut mit scharf ausgeprägter Gutswirtschaft zu erhalten. Denn diesen Zustand betrachteten sie als den vorteilhaftesten für den großfürstlichen Kieler Staat. Zum anderen waren die Untergehörigen ihrer Ansicht nach keine wirklichen Leibeigenen, was sie ihnen vor dem Hintergrund der angestrebten Lösung aber nicht näherbringen konnten, sondern ausdrücklich das Gegenteil ins Auge fassten.

Im Abschlussbericht wurde daher sogar zugegeben, dass gerade im Hinblick auf die Anforderungen an Untertanen, die sich in einem scharf ausgeprägten gutswirtschaftlichen System befänden, und ihre Verhältnisse die Kronshagener „ihrem Ursprung nach von einer anderen Natur und Beschaffenheit“, also keine Leibeigenen, seien, nicht einmal wirklich „im Gegensatz zu den übrigen freien Amtsuntertanen ständen“. Dies mache sich vor allem darin bemerkbar, dass sie von der Herrschaft vollkommen anders als Leibeigene zu behandeln seien. Obwohl die Kommissionsmitglieder die Einwohner der fünf Dörfer zwar als nach Kronshagen dienstpflichtig, grundsätzlich aber als frei ansahen, wollten sie den Untertanen diesen Status nicht offiziell zugestehen. Vielmehr wollten sie diese im Gegenteil bewusst und „zum Nutzen des Guts“, also ausschließlich zugunsten der landesherrlichen Kasse, in ihrer „ruhigen Unterwürfigkeit“ sowie dem Glauben an ihre Leibeigenschaft oder doch zumindest vergleichbare Beschränkungen verharren lassen. Um diese Illusion aufrechtzuerhalten, gelte es, den Untertanen jegliche sonstige Verbindungen abzuschneiden. Dadurch sollte ihnen der Kontakt zur Welt außerhalb ihres Gutsbezirks und infolge dessen die Möglichkeit genommen werden, alternative persönlich-rechtliche Verhältnisse und Lebensweisen näher kennenzulernen, auf ihren eigenen Zustand zu reflektieren, Vergleiche anzustellen und letztlich nach Freiheit zu streben. Es müsse der Obrigkeit gelingen, dass die Kronshagener – selbst wenn sie glaubten, keine echten Leibeigenen zu sein – zumindest davon überzeugt blieben, „glebae adscripti" von solcher Qualität zu sein, dass ihr einziger Bezugspunkt der Gutshof sei und jede Veränderung ihres Status vom Willen der Herrschaft abhänge.

Diese rechtliche Behandlung der Kronshagener, die in den Voten auf unterschiedliche Weise angedeutet und im Abschlussbericht ausdrücklich formuliert wurde, spiegelt die allgemeine Einstellung der Obrigkeit zu den bäuerlichen Untergebenen wider. An einer auch nur ansatzweise eigenständigen Bauernschaft war man, sowohl was ihr Denken und Handeln als auch ihre gesellschaftliche Position betraf, noch nicht interessiert. Vielmehr ging es ihr darum, das Gesichtsfeld der Hofdienstpflichtigen so eng wie möglich zu halten, um Ablenkungen, die deren Potential als unentbehrliche Arbeitskräfte gefährden könnten, zu vermeiden. Am Beispiel Kronshagens wird deutlich, dass ein ländlicher Untertan desto eher der obrigkeitlichen Idealvorstellung von einem – (ost)holsteinischen Guts- – Bauern entsprach, je stärker er von seiner Herrschaft abhängig und damit in seiner individuellen Lebensführung eingeschränkt war. Der Nutzen eines Bauern für die Gutsherrschaft und dadurch mittelbar auch für die Landesherrschaft wurde von der Obrigkeit als proportional steigend zu seiner Annäherung an ihr bäuerliches Idealbild empfunden. Für die bestmögliche Verwirklichung dieses Ideals war die Herrschaft bezüglich der Entscheidung über die Zukunft Kronshagens auch bereit, geflissentlich über Umstände, die diesem Ideal nicht nur objektiv, sondern auch nach ihrer eigenen Auffassung entgegenstanden, hinwegzusehen, solange dies ohne größere Auseinandersetzungen mit den Untertanen möglich war.

Als Ausgleich dafür, dass sie die Kronshagener wider besseres Wissen im Hinblick auf die Erfordernisse der Wirtschaft des Guts auch zukünftig wie Leibeigene behandelt wissen wollten, sollte man ihnen jedoch, da sie ja keine wirklichen Leibeigenen seien, zumindest im Bereich der Gutsgerichtsbarkeit eine wesentlich günstigere Behandlung angedeihen lassen. Allerdings war diese besondere Forderung, neben die auch allgemein eine im Vergleich zu den übrigen Leibeigenen Holsteins spürbar bevorzugte Behandlung, nämlich „die beste und gelindeste Begegnung", treten sollte, kein Zeichen für ein schlechtes Gewissen der Obrigkeit gegenüber den Betroffenen. Vielmehr war es aus ihrer Perspektive die erfolgversprechendste Variante dafür, dass die Eingesessenen ihre leibeigenschaftsvergleichbaren Lebensumstände ohne zu großen Widerwillen hinnahmen und der scharf ausgeprägten Gutswirtschaft in Form ihrer Arbeitskraft als existenzielle Grundlage zur Verfügung standen.

Dass alle Kommissionsmitglieder bei diesen Erwägungen nur auf die wirtschaftlichen Vorteile ihrer Landesherrschaft bedacht waren, zeigt ihre Überzeugung, dass jegliche Mischformen zwischen Leibeigenschaft und Freiheit wie etwa die Zugehörigkeit der Dörfler zum Amt Kiel bei gleichzeitiger Dienstpflichtigkeit zum Gut Kronshagen unter dem Aspekt einer effektiven und einträglichen Wirtschaft von vornherein zum Scheitern verurteilt seien. Bereits diese geringe, hauptsächlich nur formelle Änderung ihres Status wurde als zu großes Zugeständnis an die Untertanen gewertet. So liege eine große Gefahr, dass die Erbringung ihrer ungemessenen Dienste zeitlich und inhaltlich nicht mehr ordnungsgemäß stattfände, darin, dass sie in obrigkeitlichen Angelegenheiten nach Kiel reisen und schon aufgrund der rein formellen, ausdrücklich nicht rechtlichen Gleichstellung mit den Kieler Amtsuntertanen ein falsches Bild von ihrem persönlichen Status, der ihnen immer noch dieselben Dienste wie zuvor auferlegte, bekommen müssten. Infolge dessen würden sie nahezu zwangsläufig zu anderweitigen Anstrengungen hinsichtlich ihrer Freiheit bewegt und unter Vernachlässigung ihrer Dienstpflichten anderenorts ihre Arbeitskraft verwenden. Dadurch ginge die Gutswirtschaft Kronshagens zugrunde und die landesherrliche Kasse hätte nur Nachteile. Die Oberaufsichtskommission wollte die Leibeigenschaft auf Kronshagen somit allein aufgrund der wirtschaftlichen Vorteile für die Landesherrschaft aufrechterhalten. Augenscheinlich wird dies zusätzlich daran, dass ihre Mitglieder eine Verpachtung des Guts vorschlugen, auch wenn die Einnahmen einer staatlichen Administration höher ausfallen könnten. Denn im Fall der Verpachtung wären zumindest bestimmte Einnahmen garantiert, und zudem fielen der Landesherrschaft die Kosten der Konservation der Untertanen nicht zur Last.

Dabei verwehrte sie den Eingesessenen das natürliche Streben nach Freiheit und Eigentum, das auf herrschaftlicher Ebene eine allgegenwärtige und viele Handlungen bestimmende Maxime darstellte, mit dem Hinweis darauf, dass dasjenige bäuerliche Verhalten, das diesem Streben entspreche, „ein Hirngespinst seiner vermeintlichen Verbesserung" sei. Diesem folgten die ländlichen Untertanen in zumeist sogar übertriebener Weise, was sich insbesondere in der Anstrengung von Gerichtsverfahren gegen die Herrschaften niederschlage, wenn diese Möglichkeit des Vorgehens erst einmal entdeckt worden sei. Diese Formulierung Salderns veranschaulicht teils ausdrücklich, teils konkludent die stereotype Auffassung der Obrigkeit von den Bauern. Diesen ginge es zwar gut, doch beurteilten sie ihre Verhältnisse nicht angemessen und seien undankbar. Fehlgeleitet von der falschen Vorstellung, ihre Verhältnisse verbessern zu können und zu müssen, unternähmen sie allerlei schädliche Aktionen, an deren Spitze das Führen von Prozessen stehe. Dabei gleite das Verhalten der Untertanen schnell ins Querulatorische ab, ohne ihnen wirklich weiterhelfen zu können.

Diese Perspektive mochte teils sogar aus Überzeugung bestanden haben. Hauptsächlich gab sie jedoch die herrschaftliche Furcht wieder, dass sich „der Bauer" eines Tages tatsächlich verbessern könnte, was auf Kosten der Obrigkeit geschähe. Diesen auf der gerichtlichen Ebene angestrengten bäuerlichen Versuchen der Verbesserung stand die Obrigkeit am skeptischsten gegenüber. Zwar hatten die damaligen Gerichte keinen solch hohen Grad an Unabhängigkeit vom Staat wie es heute der Fall ist. Doch war der Ausgang eines Prozesses im Sinne der Obrigkeit trotzdem unsicherer, als wenn die Herrschaft Konflikte mit den Untertanen nur mit den ihr zur Vefügung stehenden Mitteln in Angriff nehmen konnte. Die umfangreichsten Einwirkungsmöglichkeiten hatte die Herrschaft, wenn ihre Untertanen leibeigen waren. So dienten die Beibehaltung der Leibeigenschaft auf Kronshagen und die den Bauern damit versagt bleibende Freiheit und Eigentumsmehrung gerade dem Zweck, dieselben Werte auf obrigkeitlicher Ebene zu erhalten bzw. auszubauen.

Schließlich erscheint es nicht unwahrscheinlich, dass das Vorgehen der Obrigkeit im Fall Kronshagens auch deshalb eine solch große Diskrepanz zu der Auffassung der Mitglieder vom wahren Status der Eingesessenen aufwies, da der anstehende Umbruch jahrhundertealter Traditionen vor allem im ländlich-gesellschaftlichen Bereich in Ansätzen bereits erkennbar war und zu diesem Zeitpunkt aus Sicht der Herrschaft noch um jeden Preis vermeidenswert schien.

V. Zusammenfassende Betrachtung: Die rechtliche Behandlung der bäuerlichen Untertanen in den anderen großen Leibeigenschaftsstreitigkeiten der 1730er und 1740er Jahre

Wenn man die rechtlichen Behandlungsweisen der Untertanen durch die Obrigkeit in den vier dargelegten Fällen vergleicht, dann lassen sie sich ohne einen erneuten Blick auf die individuellen Ursprünge, Entwicklungen und Rahmenbedingungen dieser adligen Güter nicht angemessen beurteilen. So besaß Ahrensburg zwar ein scharf ausgeprägtes gutswirtschaftliches System mit strenger Leibeigenschaft, in die seine Eingesessenen als ehemals freie Klosterbauern auch schon in der zweiten Hälfte des 16. Jahrhunderts verfielen. Doch lag der Gutsbezirk weit im Westen Holsteins und war rundherum von Territorien umgeben, in denen die Bevölkerung persönlich frei war. Großenbrode hingegen lag zwar in Wagrien direkt an der Ostseeküste, doch waren die Dorfbewohner jahrhundertelang freie Amtsbauern unter königlicher Herrschaft und wurden erst durch die 1640 stattfindende Umwandlung ihres Dorfs in ein adliges Gut zu Untertanen des Adels, nicht aber zu Leibeigenen herabgedrückt. Sie behielten sogar das Eigentum an ihrem Land. Sühlen war ebenfalls ein unter königlicher Herrschaft stehendes ostholsteinisches Amtsdorf mit freien Bauern, das 1565 in adligen Besitz überging und 1573 zum adligen Gut Nütschau gelegt wurde. Seine dadurch in Untertanen des Adels transferierten Eingesessenen waren nach

Auffassung ihrer Gutsherrschaft und des Amtsverwalters, aber sogar auch nach ihrer eigenen Auffassung Leibeigene. Kronshagen schließlich beherbergte schon als Kieler Stadtdorf keine Eigentumsbauern. Diese hatten Dienste und Abgaben zu leisten und wurden unter der seit 1572 bestehenden Führung des großfürstlichen Hauses wie Untertanen des Adels behandelt. 1667 wurde der Kronshagener Meierhof in ein adliges Kanzleigut umgewandelt, die scharf ausgeprägte Gutswirtschaft etabliert und die Schollenbindung der Untertanen begründet. Diese beschränkten Rechtspositionen der Untertanen dieser vier Güter hatten auch in den Rechtsstreitigkeiten erhebliche Auswirkungen.

In der Ahrensburger Sache, in der die Untertanen nicht einmal gegen ihre Leibeigenschaft an sich, sondern nur gegen die aus ihrer Sicht unangemessen hohen Hofdienste vorgingen, milderte das Landgericht das vorinstanzliche Gutsgerichtsurteil nur leicht ab und entschied somit ganz überwiegend im Sinne der Gutsherrschaft. Die für die festgelegten Rechtsfolgen angegebene Rechtsgrundlage war zumeist die Landüblichkeit, die der Gutsherrschaft auf gewohnheitrechtlicher Basis größte Handlungsfreiheit bescherte. Die den Leibeigenen im Gegenzug gemachten Zugeständnisse bedeuteten kein wirkliches Entgegenkommen, sondern sollten die für sie harten Auswirkungen des Urteils nur abfedern. Die Untergehörigen wurden von den Landräten zusätzlich und ausdrücklich hinsichtlich der sich aus der Schollenbindung ergebenden Rechtsfolgen in die Pflicht genommen. Insgesamt nahmen sie ihre Funktion als Standesrichter in offenbarer Weise wahr. Die wesentlichen Ziele der Räte waren dabei die Beseitigung des Widerstands der Untertanen und die Erhaltung des Guts und seiner Wirtschaft in der überkommenen Form.

In der Großenbroder Sache erkannte das Landgericht den Untertanen de iure einen günstigeren personenrechtlichen Status als die Leibeigenschaft zu, die übrigen vom Gericht im Urteil festgesetzten Bestimmungen machten sie de facto aber bewusst und gewollt zu Leibeigenen. Denn alle Rechte, die sie scheinbar von Leibeigenen unterschieden, wurden von den Landräten so sehr begrenzt, dass sie den Positionen von Leibeigenen stark angenähert und in ihren Auswirkungen großteil kaum verschieden waren. Auch hier waren die wesentlichen Ziele der Richter die Beseitigung des Widerstands der Untertanen und die Erhaltung des Guts und seiner Wirtschaft in der überkommenen Form.

In der Sühlener Sache prüfte die königliche Landesherrschaft den von den Eingesessenen an sie herangetragenen Wunsch der Reluition des Dorfs nur in ihrem eigenen Interesse, obwohl die Initiative von den Untertanen ausgegangen war. Deren Belange und Begehren als das diese Prüfung überhaupt erst auslösende Moment waren für sie völlig unerheblich. Ausschlaggebend waren allein wirtschaftliche Aspekte. Zur Debatte stand für die Landesherrschaft niemals, ob die Möglichkeit bestände, dem Wunsch der Untertanen nachzukommen, sondern ob das Geschäft für die landesherrliche Kasse insgesamt ökonomisch vorteilhaft wäre. Ausdrücklich wurde auch der Aspekt benannt, dass das Gut Nütschau durch die Abtrennung Sühlens und den damit verbundenen Verlust an leibeigenen Arbeitskräften in seinem Bestand als adliges Gut an sich gefährdet bzw. zumindest eine erhebliche Wertminderung desselben zu besorgen sei. Eine Reluition des Dorfs wurde deshalb als äußerst problematisch betrachtet und der größte finanzielle Nutzen Sühlens in einer Beibehaltung des status quo gesehen. Hinsichtlich der alltäglichen Beschwerden der Untertanen gegen ihre Herrschaft setzte sich die Gemeinschaftliche Regierungskanzlei zwar formell nachhaltig für die Belange der Untertanen ein, ließ es jedoch offenbar vorsätzlich an einer wirksamen Umsetzung von angekündigten Maßnahmen gegen die Gutsherrschaft fehlen.

Auch im Hinblick auf Kronshagen war nicht der persönliche Status der Untertanen, sondern die territoriale Zukunft des Gutsbezirks im Fokus der Oberaufsichtskommission. Durch die direkte Entscheidung über den Status des Gebiets fiel jedoch zugleich eine indirekte Entscheidung über den Status der Untertanen. Denn da die Kommission in der Sache für den Fortbestand des adligen Guts in bewährter Form plädierte, war es nahezu zwangsläufig, dass sie den Untertanen offiziell und sogar entgegen ihrer eigenen Überzeugung de iure den Leibeigenschaftsstatus und die entsprechenden Pflichten zuerkannte. Zum „Ausgleich“ verpflichtete sie die Herrschaft inoffiziell zu deren im Verhältnis zu den übrigen Leibeigenen im Land de facto vorzugswürdigsten Behandlung. Ganz allgemein war für die Kommission die Bauernschaft desto angenehmer und nützlicher, je „leibeigener“ ihr Denken und Gebaren waren. Auch in diesem Fall waren zum größtmöglichen Nutzen der landesherrlichen Kasse die wesentlichen Ziele der rechtlichen Behandlung der Untertanen also einerseits die Beseitigung ihres Widerstands und andererseits die Erhaltung des Guts und seiner Wirtschaft in der überkommenen Form.

Folglich haben sämtliche vier Güter nicht nur eine unterschiedliche, nicht gleichsetzbare zeitliche und inhaltliche Entwicklung genommen, sondern hoben sich außerdem allesamt vom typischen ostholsteinischen adligen Geestgut mit seiner auf der Leibeigenschaft beruhenden, scharf ausgeprägten Gutswirtschaft in der einen oder anderen Weise ab. Doch trotz ihrer Verschiedenheit untereinander und all ihrer Unterschiede zum durchschnittlichen ostholsteinischen adligen Geestgut im Hinblick auf Lage, Entwicklung bzw. Ausgestaltung hatten alle vier Güter eine entscheidende Gemeinsamkeit: Zum einen waren sie adlige holsteinische Güter, bei denen das gutswirtschaftliche System entweder eine scharfe Ausprägung aufwies und daher zu seinem ordnungsgemäßen Betrieb Leibeigenschaftsbedingungen notwendig waren. Oder aber die Gutswirtschaft wies zumindest eine solch scharfe Ausprägung auf, dass dazu wenigstens leibeigenschaftsvergleichbare Bedingungen notwendig waren. Zum anderen blieben die Auswirkungen der jeweiligen Problematik nicht nur auf den betreffenden

Gutsbezirk beschränkt, sondern beschäftigten auch die verschiedenen oberen behördlichen bzw. gerichtlichen Institutionen auf Landesebene.

So unterschiedlich einerseits alle vier Rechtsstreitigkeiten im Hinblick auf ihren Inhalt und Ablauf und andererseits die entscheidenden Personen und Gremien im Hinblick auf ihre institutionelle und territoriale Zugehörigkeit auch gewesen sein mögen, kommt bei der rechtlichen Behandlung der Untertanen durch die Obrigkeit eine Tatsache in jedem Fall deutlich zum Ausdruck: Im Ergebnis fiel der Rechtsstreit für die Untertanen immer nachteilig aus. Das ist darauf zurückzuführen, dass die Obrigkeit unabhängig von der konkreten Sache die übergeordnete Absicht verfolgte, die typische Wirtschaft der adligen holsteinischen Güter in ihrer überkommenen Form und damit insbesondere die Leibeigenschaft – oder aber zumindest leibeigenschaftsähnliche Verhältnisse – überall dort aufrechtzuerhalten, wo sie sich einmal etabliert hatte. Dies galt eben auch für die Güter, die in irgendeiner Form mehr oder weniger deutlich vom regelmäßigen ostholsteinischen adligen Gut abwichen wie etwa Ahrensburg, das weit westlich in einer Gegend mit freien Untertanen lag, oder wie Großenbrode und Sühlen, die ehemaliges königliches Amtsgebiet mit freien Untertanen waren, oder eben wie Kronshagen, das als landesherrliches Domanialgut freie Untertanen beherbergte.

Die Leibeigenschaft wurde somit auch auf Landesebene übereinstimmend von allen höheren Entscheidungsträgern als Idealform bäuerlicher Abhängigkeit im Bereich der Landesverfassung der adligen Güter und als wichtige Voraussetzung für den den Herrschaften zugute kommenden größtmöglichen ökonomischen Nutzen betrachtet. Dabei ging es in der Ahrensburger und der Großenbroder Sache, die vom adligen Landgericht und daher nur mittelbar von der Landesherrschaft entschieden wurden, vorrangig um den direkten wirtschaftlichen Nutzen für die Gutsherrschaft. In der Sühlener und der Kronshagener Sache, die unmittelbar von landesherrlichen Einrichtungen entschieden wurden, ging es in erster Linie um den indirekten finanziellen Nutzen für die königliche bzw. herzogliche Landesherrschaft, nämlich in Form der an sie von den Gutsherrschaften für das Bauernland abzuführenden Kontributionszahlungen. Wo es die Leibeigenschaft gab – wie in Ahrensburg –, wurde sie vehement bestätigt. Wo es sie eigentlich nicht gab – wie auf den anderen drei Gütern –, wurde sie zwar auch nicht ausdrücklich eingeführt. Doch entweder blieben die für die bäuerliche Bevölkerung bereits bestehenden maßgeblichen Regelungen unangetastet, wenn sie der Leibeigenschaft gleichkamen. So geschah es in Sühlen und Kronshagen. Oder aber sie wurden in der Weise bestimmt, dass sie mit den Bedingungen der Leibeigenschaft im Wesentlichen vergleichbar waren, wie es in Großenbrode der Fall war.

Die Quintessenz der rechtlichen Behandlung der Untertanen durch die Landesobrigkeit in diesen vier Rechtsstreitigkeiten war folglich, dass die Herrschaft auf Landesebene in Form der teils bestätigenden, teils bestärkenden Entscheidungen der oberen Gerichte und Behörden den durch die Patrimonialgewalt geschaffenen und – wenn auch unterschiedlich lang – gewohnheitsrechtlich gewachsenen status quo im Bereich der Landesverfassung der adligen Güter unter gleichzeitiger, nahezu vollkommener Ignoranz der Interessen und Belange der Untergehörigen des Adels zum Nutzen der vom ständischen Gesellschaftssystem Privilegierten möglichst lange und umfassend beibehalten wollte.

7. Teil: Fazit

Betrachtet man die fünf Rechtsstreitigkeiten bezüglich der Güter Schmoel, Ahrensburg, Großenbrode, Nütschau/Sühlen und Kronshagen hinsichtlich der rechtlichen Behandlung der Untertanen im Zusammenhang und insbesondere im Hinblick auf den Sonderstatus der Schmoeler Leibeigenschaftsprozesse, so kann und darf auch deren allgemeiner räumlicher, zeitlicher und inhaltlicher Hintergrund nicht unberücksichtigt bleiben. Dass holsteinische Leibeigene nur ein einziges Mal in insgesamt ca. 250 Jahren bis vor das Reichskammergericht gezogen sind, hat mehrere Ursachen. Diese lassen sich in rechtliche und tatsächliche Gründe unterscheiden. Die maßgebliche rechtliche Ursache war, dass eine Appellation von Untertanen des Adels an die Reichsgerichte seit der kaiserlichen Bestätigung der Landgerichtsordnung und deren Anerkennung durch das Reichskammergericht 1641 bzw. 1651 grundsätzlich unzulässig war. Reichte dieser rechtliche Umstand allein schon dafür aus, dass eine entsprechende Klage keine Aussicht auf Erfolg hatte, so waren auch die tatsächlichen Umstände – zusammen genommen in jedem Fall, teilweise sogar bereits für sich genommen – von entscheidender Erheblichkeit. Diese Umstände waren entweder in der Ausgestaltung der Leibeigenschaft selbst oder aber in ihren rechtlichen und gerichtlichen Rahmenbedingungen begründet. Denn beide Bereiche waren sehr eng miteinander verwoben.

Die Abhängigkeit der Untertanen von ihren adligen Herrschaften hatte sich über Jahrhunderte hinweg bis zur Leibeigenschaft vertieft. Die Leibeigenen befanden sich auf der untersten Stufe der Bevölkerungsabschichtung. Das galt auch für die Untertanen des Adels, die ihnen effektiv gleichstanden, obwohl sie nominell keine Leibeigenen waren. In den adligen Gutsherrschaften lebten sie weitgehend abgeschirmt von den Entwicklungen in den übrigen Landesteilen. Die Leibeigenen waren ganz den Zwängen der gutsherrlichen Wirtschafts- und Gerichtsverfassung unterworfen. Ihre persönlichen Lebens- und Arbeitsbedingungen waren in jeglicher Hinsicht an die gutswirtschaftlichen Erfordernisse angepasst und wiesen daher erhebliche rechtliche Beschränkungen auf. Nicht einmal des Lesens und Schreibens waren sie mächtig, ihre Disziplinierung und Bestrafung übernahm das flexible Instrument der Gutsgerichtsbarkeit. Ebenso flexibel wie dieses war – vor dem Hintergrund ihres wirtschaftlichen Sinns und Zwecks – die Leibeigenschaft selbst. Niemals gesetzlich eingeführt oder auf eine gesetzliche Grundlage gestellt, besaß sie zu keiner Zeit feste, juristisch fassbare Konturen. Dass sie holsteinisches Gewohnheitsrecht war, bedeutete im Ergebnis nur, dass ihre konkrete Ausgestaltung allein vom Willen der adligen Gutsherrschaften abhing, die an einer landesherrlichen gesetzlichen Regelung der Leibeigenschaft gar kein Interesse hatten. Die Ungleichheit zwischen zwei Parteien vor Gericht konnte kaum größer sein als die zwischen Leibeigenen und adligen Gutsherrschaften.

Insofern waren das adlige Land- und die verschiedenen Kanzleigerichte wichtige und für den Rechtsschutz der Leibeigenen wesentliche Einrichtungen, die instanziell über den Gutsherrschaften mit ihrer in grundlegenden Fragen zumeist einseitig herrschaftlich ausgeprägten Gutsgerichtsbarkeit angesiedelt waren und somit grundsätzlich als deren Korrektiv wirken konnten. Doch schränkten die Missstände und Unzulänglichkeiten, die teils im System des für die Leibeigenen bereitstehenden innerholsteinischen Instanzenzugs, teils aber auch in den einzelnen gerichtlichen Institutionen enthalten waren, den auf dem Rechtsweg zu erlangenden Schutz im Ergebnis erheblich ein. Zu den diesbezüglichen Faktoren gehörten vor allem die (Teil-)Identität der Spruchkörper, die fehlende Unabhängigkeit der einzelnen Gerichte voneinander und von der Landesherrschaft sowie allgemeine organisatorische Mängel. Die Regel war es jedoch bereits, dass die Gutsgerichtsbarkeit so übermächtig war, dass gar nicht erst eine Appellation der Untertanen des Adels ans Landgericht stattfand. Denn für durchschnittliche Leibeigene standen subjektiv ganz andere, existenziellere Dinge als die Ausfechtung eines Rechtsstreits durch die Instanzen im Vordergrund, und objektiv mangelte es überwiegend am gemeinsamen Vorliegen aller dafür erforderlichen Voraussetzungen.

Deshalb kam es weder bei der Entstehung der Leibeigenschaft noch bei ihren zwischenzeitlichen Verschärfungen zu einer Anrufung der Landesgerichte durch die betroffenen Bauern, obwohl ihr rechtzeitiges gemeinsames entschlossenes Vorgehen vielleicht nicht einmal ohne Aussicht auf Erfolg gewesen wäre.[1580] Erst in den 1730er und 1740er Jahren, als die Gutswirtschaft und damit die Leibeigenschaft aufgrund der vorangegangenen Agrardepression ihren Höhepunkt erreicht hatten und es zu allgemeinen Unruhen auf dem Land gekommen war, zogen die leibeigenen Untertanenverbände mehrerer Güter unter dem Eindruck ihrer nochmals erhöhten Arbeitsbelastung vor die Landesgerichte, um gegen ihren persönlich-rechtlichen Status oder die krasse Form der Ausgestaltung ihrer Verhältnisse vorzugehen. Dabei ging es also nicht nur direkt um die rechtliche Problematik des speziellen Falls, sondern gerade auch indirekt um die übergeordnete Rechtsfrage der grundsätzlichen Zulässigkeit von Leibeigenschaft. Die für ein solches Vorgehen der Leibeigenen notwendigen und auf unterschiedlichen Ebenen befindlichen Rahmenbedingungen waren zu dieser Zeit erstmals in Kombination vorhanden.

So war auf der wirtschaftlichen Ebene die ohnehin bereits enorme Arbeitsbelastung der Leibeigenen nochmals gesteigert worden. Auf der politischen Ebene gab es jetzt eine gegenüber der Adelsmacht deutlich wiedererstarkte Landesherrschaft. Auf der gesellschaftlichen Ebene hatte ein dynamischer und wir-

---

[1580] Vgl. *Hedemann*, Geschichte, 1. Teil, S. 124, 128.

kungsvoller kritischer Diskurs der Leibeigenschaft eingesetzt. Und auch in der Sphäre der Leibeigenen selbst war nun eine Kombination von Grundbedingungen vorhanden wie etwa starke grundsätzliche Zweifel an der Rechtmäßigkeit ihres Zustands, erhöhte Eigeninitiative zur Erlangung von Interessenvertretern sowie ausreichende finanzielle Mittel für ein Austragen rechtlicher Streitigkeiten vor den Obergerichten des Landes. Doch war neben den äußeren tatsächlichen Umständen der absolute Wille der Bauern, den Rechtsweg zu bestreiten, maßgeblich. Denn solange es ihnen ökonomisch einigermaßen gut ging und der arbeitstechnische Leidensdruck die Grenze zur Unerträglichkeit noch nicht überschritten zu haben schien, war dieser Wille nicht ausreichend stark ausgeprägt. Aber nachdem sich der Umfang ihrer Verpflichtung zur Leistung von Diensten, der sich ohnehin stetig gesteigert hatte, um 1730 einen letzten und zugleich seinen intensivsten Höhepunkt erreicht hatte, war der Auslöser für die in den folgenden Jahren geschehene Anhängigmachung der beschriebenen Prozesse gefunden.

Diese fünf Rechtsstreitigkeiten – in der zeitlichen Abfolge ihrer Beendigung: Schmoel, Ahrensburg, Großenbrode, Nütschau/Sühlen, Kronshagen – waren einer der auffälligsten Aspekte der Wende hin zum letzten großen Teilabschnitt der Geschichte der holsteinischen Leibeigenschaft. Diese Wende markierte den Übergang von ihrer intensivsten Phase zur Phase ihres Niedergangs. Der Niedergang der Leibeigenschaft vollzog sich zunächst nur allmählich, bald jedoch immer rascher und weitläufiger. Die Gesamtumstände der Situation und insbesondere die rechtliche Behandlung der Leibeigenen durch die Obrigkeit verdeutlichen das Hauptwesensmerkmal dieser Wendeperiode: die Diskrepanz zwischen obrigkeitlicher Betrachtungs- und Handlungsweise sowie der Lebenswirklichkeit. Einerseits wurde die Leibeigenschaft in allen fünf Entscheidungen, die um 1740 bzw. Anfang der 1760er Jahre getroffen wurden, entweder ausdrücklich oder aber zumindest in Form der für sie charakteristischen Kennzeichen als die aus herrschaftlicher Sicht sinnvollste und erstrebenswerteste Variante bäuerlicher Abhängigkeit beibehalten. Andererseits – man bedenke dabei vor allem die von adliger Seite eingeleiteten Ascheberger Reformen Hans Rantzaus – stand dieses Verhalten in augenscheinlichem Gegensatz zum allgemeinen Zeitgeist. Die Gutswirtschaft, für welche die Leibeigenschaft unentbehrlich war, hatte einen Punkt erreicht, an dem die endgültige Grenze ihrer Entwicklungsmöglichkeiten offensichtlich geworden war. Die Leibeigenschaft war also schon um die Mitte des 18. Jahrhunderts nicht mehr wirklich zeitgemäß. Allerdings hatte sie weite Teile des Landes über einen derart langen Zeitraum so wesentlich geprägt, dass sie für die maßgeblichen Mächte im Land noch nicht überholt und ihre Abschaffung nicht ernsthaft überlegenswert schien.

Aus diesem Grund fiel in allen fünf Angelegenheiten, die durchaus unterschiedliche Strukturen aufwiesen, die Entscheidung für die Leibeigenschaft aus. Denn sowohl der Adel als auch die Landesherrschaft hielten diese aus ökonomischen

Motiven für unverzichtbar. Dabei war es keineswegs so, dass – insbesondere – das adlige Landgericht nur zugunsten der Herrschaften und gegen die Untertanen des Adels entschied. So fällte es schon um 1625 in Besitzstreitigkeiten auf adligem Grund in Gegenden mit Leibeigenschaft einige sachliche Urteile, die den klagenden Bauern Recht und der Gutsherrschaft Unrecht gaben.[1581] Auch wurde das Eigentum der Krummendieker Untertanen des Adels an ihrem Land 1725 ausdrücklich vom Adligen Landgericht anerkannt.[1582] Doch wenn es um die Aufrechterhaltung bereits bestehender nomineller oder effektiver Leibeigenschaft wie auf Schmoel, Großenbrode, Nütschau/Sühlen und Kronshagen[1583] oder aber um die Sicherung ihrer Grundlagen wie auf Ahrensburg ging, dann standen die guts- und landesherrlichen ökonomischen Interessen in solch überragender Weise im Vordergrund, dass allen hohen Landeseinrichtungen fast jedes Mittel recht erschien, um sie durchzusetzen.

Diese rechtliche Behandlung der Leibeigenen kam auch und gerade in den Schmoeler Leibeigenschaftsprozessen zum Ausdruck. Und doch waren die Schmoeler Leibeigenschaftsprozesse anders als die übrigen vier Verfahren und das bereits von Anfang an, lange bevor sich das Reichskammergericht mit der Angelegenheit beschäftigte und diese damit ihre landeshistorisch einzigartige Stellung erlangte. Die Schmoeler hatten deshalb eine Sonderrolle inne, da sie sich im Gegensatz zu den Großenbroder, Sühlener und Kronshagener Eingesessenen nicht auf ihren einstigen Status als freie Amtsuntertanen beriefen, sondern auf ihren Freibrief, der eine ganz andere rechtliche Grundlage darstellte. Zudem handelte es sich bei ihnen um vergleichsweise wohlhabende und gehobene Lebens- und Arbeitsbedingungen genießende Leibeigene. Allein die Kombination dieser besonderen Elemente machte es möglich, dass sich die Dinge im Schmoeler Fall in der geschehenen Weise entwickelten. Wie wichtig es war, dass die Leibeigenen ein Dokument hatten, auf das sie und ihre Interessenvertreter sich stützen konnten, zeigte auch die Nütschauer/Sühlener Angelegenheit. Diese war hinsichtlich der Aktivität der Untertanen nach der Schmoeler am intensivsten und langwierigsten. Doch im Gegensatz zum Schmoeler Freibrief, der ein konkretes Recht der Leibeigenen enthielt, war im Sühlener Reluitionsbrief nur eine einseitige, der königlichen Landesherrschaft zustehende Option vorhanden. Während die Schmoeler also die Anerkennung eines ihrer Auffassung nach unbestreitbaren Rechts verfolgten, konnten die Sühlener nur auf dem Petitionsweg auf die Wahrnehmung einer Option hinzuwirken versuchen.

Schon diese der Schmoeler Angelegenheit „ähnlichste" andere Sache macht ihre ganz spezielle Ausgangsposition für einen Rechtsstreit deutlich. Einmal zu Ohren der Leibeigenen gekommen und in ihre Hände gelangt, musste der Freibrief

1581 Vgl. *Hedemann-Heespen*, Buchbesprechung, S. 301 (309).
1582 Vgl. *Lorenzen-Schmidt*, Gutsherrschaft, S. 261 (269).
1583 Vgl. *Göttsch*, Leibeigene, S. 189.

fast zwangsläufig die gezeigte Wirkung entfalten. Hatte er noch zur Zeit seiner Abfassung um 1690 kaum Beachtung gefunden, war diese um 1740 umso größer. In den sieben Jahren, in denen er Geltung besaß, war er für die Leibeigenen offensichtlich uninteressant. In den Jahren, als er größte Aufmerksamkeit auf sich zog, war er bereits ungültig bzw. wurde zumindest rechtlich kaum angreifbar für ungültig erklärt. Allein sein Wortlaut war derart eindrucksvoll und betonte die Befreiung der Schmoeler von der Leibeigenschaft derart häufig und intensiv, dass keines der holsteinischen Obergerichte die Schmoeler vom Gegenteil zu überzeugen vermochte. Jedoch stellten sich diese Einrichtungen auch nicht ausreichend auf die besondere Sachverhaltskonstellation ein, sondern sie legten ihre regelmäßige, schon zu Beginn zum Scheitern verurteilte rechtliche Behandlung von Untertanen an den Tag. Der Geist der Zeit und die verhältnismäßig enorme finanzielle Kraft der Schmoeler ließen diese immer neue Fürsprecher finden. Aufgrund dessen kam die Sache in ihren beiden Hauptphasen über lange Jahre nie zur Ruhe, und die Untertanen wurden gegen jegliche ihre Freiheit verleugnende Argumente und Ereignisse resistent.

So war es im Ergebnis nicht verwunderlich, dass die Schmoeler Angelegenheit sogar bis ans Reichskammergericht gelangte, obwohl diese höchste gerichtliche Institution des Reichs räumlich und gedanklich weit von den Untertanen entfernt lag und ihre Anhängigmachung rechtlich nicht einmal zulässig war. War Schmidt 1740/41 in der Anfangsphase des Niedergangs der Leibeigenschaft im Land trotz gegenteiliger Drohung vor einem Gang vor das Reichskammergericht noch zurückgeschreckt, so war etwa 20 Jahre später, als die königlichen Domänen niedergelegt wurden und auch viele adlige Gutsherren diesem Beispiel folgten, die Zeit für diesen Schritt reif geworden. Denn die Schmoeler fühlten sich gerade nach dem zweiten „Prozess“ vor dem adligen Landgericht von den übermächtigen Herrschaften und deren Gerichten erneut ungerechtfertigterweise um ihr Recht gebracht. Dieses Gefühl hatten sie – vor dem Hintergrund der allgemeinen obrigkeitlichen rechtlichen Behandlung leibeigener Untertanen – auch nicht ganz zu unrecht, auch wenn die Entscheidung der Obrigkeit, lässt man einmal deren übergeordnete Motive außen vor, gerade in ihrem Fall trotz des Wortlauts des Freibriefs mit überzeugenden juristischen Argumenten begründet und nachvollziehbar war.

Der Reichskammergerichtsprozess selbst war fast ausschließlich ein politischer Machtkampf, bei dem die rechtliche Behandlung der Leibeigenen völlig nachrangig war. Das Urteil hat diesbezüglich keinen inhaltlichen Wert, da sich das Gericht für unzuständig erklärte. Nichtsdestotrotz versäumte es das Reichskammergericht, das hinsichtlich seiner Rechtsauffassungen im Allgemeinen eher untertanenunfreundlich eingestellt war,[1584] nicht, die Schmoeler ob der krassen Unzulässigkeit ihres Klagverhaltens heftig zu tadeln. Die holsteinische Landes-

---

1584 Vgl. *Sailer*, Untertanenprozesse, S. 472 f. sowie oben auf S. 181 f.

herrschaft wollte das Urteil letztlich aus rein pragmatischen Gründen. Es sollte aufgrund seines höchstrichterlichen Ausspruchs die landesherrliche Sichtweise untermauern und Symbolcharakter für ganz Holstein haben.

Im Hinblick auf die rechtliche Behandlung leibeigener Untertanen durch die holsteinische Landesobrigkeit lässt sich jedenfalls festhalten, dass sie in allen fünf Rechtsstreitigkeiten einschließlich des Schmoeler Sonderfalls im Endeffekt gleich und an rein ökonomischen Motiven ausgerichtet war. Denn in allen Fällen, so verschieden sie z.T. auch waren, stand die Entscheidung praktisch von Beginn an fest. In den drei Landgerichtsprozessen – Schmoel, Ahrensburg und Großenbrode – wurde das jeweilige Ergebnis nicht nach rechtlicher Prüfung gefunden, sondern es wurde ausgehend vom gewünschten Ergebnis die entsprechende Argumentation aufgezogen. In den Fällen Nütschaus/Sühlens und Kronshagens, wo sich die rechtliche Problematik nicht in der Form eines Gerichtsverfahrens, sondern einer herrschaftlichen Option zur Bestimmung des weiteren Erscheinungsbilds der Güter präsentierte, obsiegte auch die Gestalt des „Adligen Guts mit Leibeigenschaft". Denn an sie knüpften sich die höchsten finanziellen Erwartungen in Form der an die Landesherrschaft abzuführenden Kontributionszahlungen bzw. Pachteinnahmen.

Stellt man sich in diesem Zusammenhang die Frage nach *„der Problematik um Recht und Gerechtigkeit"*[1585] eines solchen Vorgehens der Obrigkeit gegenüber strukturell ohnehin massiv unterlegenen leibeigenen Untertanen des Adels, so muss man bei der Abgabe einer Bewertung eine Gratwanderung vollführen.[1586] Zum einen hat man sich wohl bewusst zu sein, *„welch unheimlicher Platz ein Richterstuhl ist"*,[1587] zum anderen kommt man nicht gänzlich umhin zu meinen, dass – selbstverständlich *„mit geziemender Bescheidenheit"*[1588] – auch der *„Historiker (...) Anwalt der Vergewaltigten"*[1589] sein sollte. Zwar dürfen bei der Betrachtung der damaligen Verhaltensweisen und Verhältnisse und der sich anschließenden Frage, ob den obergerichtlichen holsteinischen Einrichtungen im Hinblick auf ihr Handeln der Vorwurf von Unrecht bzw. Ungerechtigkeit gemacht werden kann, keine sich an heutigen Umständen orientierenden Maßstäbe angesetzt werden. Vielmehr sind eben die damaligen Anschauungen und Rechtsgrundsätze zugrundezulegen, und es ist nach ihrer Maßgabe ein Urteil zu fällen, was allein schon schwierig genug ist.

1585 *Degn*, Buchbesprechung, S. 358 (361).

1586 Vgl. hierzu die im Anschluss an *Prange*, Leibeigenschaftsprozesse, S. 140 ff. aufeinander Bezug nehmenden Aufsätze von *Degn* (Buchbesprechung, S. 358 ff.; Historiker, S. 229 ff.) und *Prange*, Bemerkungen, S. 237 ff.

1587 *Prange*, Bemerkungen, S. 237 (240).

1588 *Prange*, Bemerkungen, S. 237 (240).

1589 *Degn*, Buchbesprechung, S. 358 (361); *Degn*, Historiker, S. 229 (229).

Doch kann nach Kenntnisnahme aller fünf Rechtsstreitigkeiten im Rahmen einer Gesamtbetrachtung der rechtlichen Behandlung holsteinischer Leibeigener durch die Obrigkeit durchaus eine Bewertung bezüglich der Frage abgegeben werden, ob ihnen von obrigkeitlicher Seite aus Recht und Gerechtigkeit widerfahren ist. *Prange* tat sich im Schmoeler Fall bei der Abgabe einer solchen Beurteilung, insbesondere hinsichtlich der übergeordneten Frage nach der Gerechtigkeit, noch schwer und knüpfte sie an verschiedene Bedingungen.[1590] Doch infolge der vergleichenden Heranziehung von vier anderen ähnlichen Rechtsstreitigkeiten hat sich die Beurteilungsgrundlage nunmehr erweitert und stellt sich somit ganz anders dar. Zwar sind bereits bei einer alleinigen Betrachtung der Schmoeler Sache starke Anhaltspunkte dafür vorhanden, dass dem den Untertanen zustehenden Recht von der Obrigkeit nicht Genüge getan wurde. Darauf deuten z.B. die intensive, die eigentlichen Rechtsfragen außer acht lassende Landeswohlargumentation der Landräte sowie der heimliche, bewusst auch gegen damals geltendes Recht verstoßende Brief des Landrats Thienen an den Prozessgegner hin. Dass zudem auch der Gerechtigkeit nicht Genüge getan wurde, mag man daran festmachen, dass auch die Deutsche Kanzlei von vornherein eine ablehnende Haltung gegenüber dem Begehren der Leibeigenen einnahm. Sie hielt sich trotz der offensichtlichen Besonderheit der Sache weitgehend aus ihr heraus und beharrte auf der Einhaltung der formellen Bedingungen, insbesondere der Zuständigkeiten des Rechtswegs. Zu keinem Zeitpunkt war erkennbar, dass die Kanzlei mittels eines flexiblen Vorgehens zu einer dauerhaften Lösung des Konflikts bereit war, obwohl sie als oberste Landesbehörde ohne weiteres die Möglichkeit dazu gehabt hätte.

Schließlich hatte die Obrigkeit im Schmoeler Fall aber auch gewichtige formellrechtliche Argumente auf ihrer Seite, die ihre Rechtsauffassung stützten, ohne dass sie vollends die Beugung von Recht hätte betreiben müssen, um ihre übergeordneten Ziele zu erreichen. Diese Rechtslage verhindert also weitergehende, isoliert die Schmoeler Angelegenheit betreffende rechtshistorische Erkenntnisse. Doch zeigte das adlige Landgericht mit seinen Entscheidungen zu Ahrensburg und Großenbrode, dass die den Leibeigenen zugestandenen Rechte im Prinzip eine leere Hülse waren. Nicht viel besser war das Verhalten der Landesherrschaft selbst und zwar sowohl das der herzoglichen Linie in der Kronshagener Sache – man beachte vor allem die bewusste Ignoranz der eigentlichen Rechtslage hinsichtlich des Status der Untertanen – als auch das der königlichen Linie in der Nütschauer/Sühlener Sache. Maßgeblich waren nur ökonomische Aspekte. Die Ungleichheit der Parteien war so groß, dass ein „gerechter Rechtsstreit" in Fragen, welche die Grundlagen der Leibeigenschaft betrafen, aufgrund der Interessenlage von vornherein ausgeschlossen war. Das Recht war das Recht

---

1590 Vgl. *Prange*, Bemerkungen, S. 237 ff.

des Stärkeren, der es – mehr oder weniger offensichtlich – erforderlichenfalls auch zielgerichtet einzusetzen wusste.

Quellen- und Literaturverzeichnis

A. Quellenverzeichnis

I. Unveröffentlichte Quellen

Archiv Hessische Hausstiftung (Bestand Herrschaft Hessenstein (ehemals Gutsarchiv Panker)), (zit.: AHH (HH))

Nr. 1, 8, 176

Bundesarchiv, Dienstort Koblenz, (zit.: BA)

AR 1/I 270

AR 1/II 251

AR 1/III 83, 85, 87

Landesarchiv Schleswig, (zit.: LA)

Abt. 8.1: Nr. 550III, 571I, 1196

Abt. 11 Adl. Güter überhaupt: Nr. 2, 12a, ad 12a

Abt. 15: Nr. 429, 454, 582I, 2956, 3004

Abt. 65.1: Nr. 78

Abt. 65.2: Nr. 1360, 1401, 1424

Abt. 127.3: Nr. 14I

Abt. 127.3 Prot.: Nr. 1

Abt. 390 und andere: Nr. 478

II. Veröffentlichte Quellen, Enzyklopädien und Hilfsmittel

Actenstücke, betreffend das erste Beyspiel von Aufhebung der Leibeigenschaft in den Herzogthümern Schleswig und Holstein, in: Landrechtliche Erörterungen. Eine Sammlung älterer Disputationen und anderer kleinen Schriften, die zur Erläuterung der Schleswig-Holsteinischen Landesrechte dienen, 1. Band, hrsg. von ***Falck***, *Niels Nikolaus*, Schleswig 1836, Nr. XIV, S. 579 – 590, (zit.: Actenstücke (*Falck*))

Glueckstaedtische Canzeleyordnung von 1651 und ***Gottorfische Canzeleyordnung*** von 1662, in: Sammlungen zur naehern Kunde des Vaterlandes in historischer, statistischer und staatswirthschaftlicher Hinsicht, hrsg. von ***Falck***, *Nikolaus*, 3. Band, Altona 1825, S. 411 – 462, (zit.: Canzeleyordnung (*Falck*))

Corpus Constitutionum Regio-Holsaticarum oder Allerhöchst-autorisirte Sammlung der in dem Hertzogthum Holstein, Königl. Antheils, samt incorporirten Landen, wie auch der Herrschaft Pinneberg, Stadt Altona und Graffschaft Rantzau, in Kraft eines beständigen Gesetzes ergangenen Constitutionen, Edicten, Mandaten, Decreten, Resolutionen, Privilegien, Concessionen, und andern Verfügungen. Aus Dreyen Bändern bestehend, nebst Zweyen Neben-Bändern; deren ersterer Eine neue Ausgabe der in besagten Hertzogthum und Landen promulgirten Gesetzbücher, samt einer Historischen Nachricht von denselben, letzterer aber ein vollständiges Register über das gantze Werck enthält, hrsg. von ***Cronhelm***, *Friderich Detleff Carl*

1. Band, Enthaltend die generale auf das ganze Herzogthum Holstein, Koeniglichen Antheils, und uebrige Lande, oder dennoch auf ein betraechtliches Theil davon, sich erstreckende Verordnungen und Verfuegungen, Altona 1749, (zit.: CCRH (*Cronhelm*), 1. Band)

2. Band, Enthaltend die für die Koenigl. Holsteinische Aemter Steinburg, Segeberg und Rendsburg, sodann die Landschaft Sueder-Dithmarschen, die Herrschaft Pinneberg und Graffschaft Ranzau in specie ergangene Verordnungen und Verfuegungen, Altona 1751, (zit.: CCRH (*Cronhelm*), 2. Band)

Corpus Iuris Civilis, Volumen Secundum, Codex Iustinianus, recognovit Paulus Krueger, hrsg. von ***Krueger***, *Paul*, ***Mommsen***, *Theodor*, 6. Aufl., Berlin 1895, (zit.: CIC (*Krueger/Mommsen*), Vol. Sec.)

Das Corpus Juris Civilis, ins Deutsche übersetzt von einem Vereine Rechtsgelehrter, hrsg. von ***Otto***, *Carl Eduard*, ***Schilling***, *Bruno*, ***Sintenis***, *Carl Friedrich Ferdinand* als Redactoren, In sieben Bänden

6. Band, Codex Buch 7 – 12, Register zu Band 1 – 6, Leipzig 1832 (Neudruck: Aalen 1985), (zit.: CIC (*Otto/Schilling/Sintenis*), 6. Band)

Corpus Statutorum Provincialium Holsatiae, oder Neue Ausgabe der Schleswig-Holsteinischen Kirchen- und Land-Gerichts-Ordnung, der Schauenburgischen Hof-Gerichts-Ordnung, des Dithmarsischen Land- und Lübischen Stadt-Rechts; nebst einem Historischen Bericht von den alten und neuern Rechten und Gerichten in Holstein, besonders von den daselbst eingeführten Gesetzbüchern, hrsg. von ***Cronhelm***, *Friderich Detlef Carl*, Altona 1750, (zit.: CSPH (*Cronhelm*))

Findbuch der Reichskammergerichtsakten (Abt. 390 und andere), bearb. von ***Stein-Stegemann***, *Hans-Konrad*, 1. Band, Schleswig 1986, in: Veröffentlichungen des schleswig-holsteinischen Landesarchivs, 16. Band, in: Inventar der Akten des Reichskammergerichts, 10. Band, (zit.: *Stein-Stegemann*, Findbuch)

Graf, *Eduard*, ***Dietherr***, *Mathias*, Deutsche Rechtssprichwörter. Unter Mitwirkung von ***Bluntschli***, *Johann Caspar* und ***Maurer***, *Konrad*, Auf Veranlassung und mit Unterstützung Sr. Majestät des Königs von Bayern Maximilian II., hrsg. durch die historische Commission bei der königl. Academie der Wissenschaften, 2. Ausgabe, Nördlingen 1869 (Neudruck: Aalen 1975), (zit.: *Graf/Dietherr*, Rechtssprichwörter)

Haberkern, *Eugen*, ***Wallach***, *Joseph Friedrich*, Hilfswörterbuch für Historiker. Mittelalter und Neuzeit, mit einem Geleitwort von ***Oncken***, *Hermann*, 2. Aufl., Bern und München 1964, (zit.: *Haberkern/Wallach*, Hilfswörterbuch)

Haltaus, *Christian Gottlob*, Glossarivm Germanicvm medii aevi. Maximam partem e diplomatibvs mvltis praeterea aliis monimentis tam editis qvam ineditis adornatvm indicibvs necessariis instrvctvm, Tomvs prior, praefatvs est Ioh. Gottlob Boehmivs p.p., Leipzig 1758 (Neudruck: Hildesheim/New York 1973), (zit.: *Haltaus*, Glossarivm)

Handwörterbuch zur deutschen Rechtsgeschichte (HRG)

HRG, hrsg. von ***Erler***, *Adalbert*, ***Kaufmann***, *Ekkehard*, mitbegr. von ***Stammler***, *Wolfgang*, 1. Band, Berlin 1971, (zit.: HRG/*Bearbeiter*, 1. Band)

HRG, hrsg. von ***Erler***, *Adalbert*, ***Kaufmann***, *Ekkehard* unter philologischer Mitarbeit von ***Schmidt-Wiegand***, *Ruth*, mitbegr. von ***Stammler***, *Wolfgang*, Redaktion: ***Werkmüller***, *Dieter*, 2. Band, Berlin 1978, (zit.: HRG/*Bearbeiter*, 2. Band)

HRG, hrsg. von ***Erler***, *Adalbert*, ***Kaufmann***, *Ekkehard* unter philologischer Mitarbeit von ***Schmidt-Wiegand***, *Ruth*, mitbegr. von ***Stammler***, *Wolfgang*, Redaktion: ***Werkmüller***, *Dieter*, 3. Band, Berlin 1984, (zit.: HRG/*Bearbeiter*, 3. Band)

HRG, hrsg. von ***Erler***, *Adalbert*, ***Kaufmann***, *Ekkehard* unter philologischer Mitarbeit von ***Schmidt-Wiegand***, *Ruth*, mitbegr. von ***Stammler***, *Wolfgang*, Redaktion: ***Werkmüller***, *Dieter*, 4. Band, Berlin 1990, (zit.: HRG/*Bearbeiter*, 4. Band)

HRG, hrsg. von ***Erler***, *Adalbert*, ***Kaufmann***, *Ekkehard*, ***Werkmüller***, *Dieter* unter philologischer Mitarbeit von ***Schmidt-Wiegand***, *Ruth*, mitbegr. von ***Stammler***, *Wolfgang*, 5. Band, Berlin 1998, (zit.: HRG/*Bearbeiter*, 5. Band)

Köbler, *Gerhard*, Etymologisches Rechtswörterbuch, Tübingen 1995, (zit.: *Köbler*, Rechtswörterbuch)

Köbler, *Gerhard*, Juristisches Wörterbuch. Für Studium und Ausbildung, 10. Aufl., München 2001, (zit.: *Köbler*, Wörterbuch)

Köbler, *Gerhard*, Zielwörterbuch europäischer Rechtsgeschichte, in: Arbeiten zur Rechts- und Sprachwissenschaft, 52. Band, 2. Aufl., Gießen-Lahn 2004, (zit.: *Köbler*, Zielwörterbuch)

Landgerichtsordnung *Schleswig-Holstein* (1573 verkündet, 1636 revidiert)

Unser von Gottes Gnaden, Friederichen, des andern, zu Dennemarcken, Norwegen, der Wenden vnd Gotten Koenig; Vnd von denselben Gnaden, Johannsen des Eltern vnd Adolffen Erben zu Norwegen, aller Herzogen zu Schleswig Holstein, Stormarn vnd der Ditmarschen, Grauen zu Oldenburg vnd Delmenhorst, Geuettern und Gebruedern, ***Landtgerichts-Ordnung***, zu Befuerderunge der ordentlichen Justitien vnd Rechtens in Vnsern Fuerstenthumben Schlesweig Holstein und Stormarn verfasset vnd publiciret, Montags nach Quasimodogeniti, im Jare nach Christi vnsers Herren vnd Seligmachers Geburdt, Funfftzehen hundert vnd im drei vnd siebentzigsten, in: Sammlung der hauptsächlichsten Schleswig-Holsteinischen gemeinschaftlichen Verordnungen (s. u.), Num. XVI., S. 146 – 230, (zit.: LGO-SH (1573))

Unser von Gottes Gnaden/ Christian des Vierdten/ zu Dennemarcken/ Norwegen/ der Wenden und Gothen Koenig/ etc. und von desselben Gnaden/ Friederichen/ Erben zu Norwegen/ beyder Hertzogen zu Schleßwig

Hollstein/ Stormarn und der Ditmarschen/ Graffen zu Oldenburg und Delmenhorst/ usw. Gevettern/ ***Revidirte Landgerichts-Ordnung/*** zu befoerderung der ordentlichen Justitien und Rechtens in Unsern Fuerstenthuemben Schleßwig Hollstein/ und dero incorporirten Laender/ Verfasset und publiciret Anno 1636. Itzo aufs Neue aufgelegt/ und vermehret mit unterschiedlichen Constitutionen und Edicten, so in den Gerichten taeglich gebrauchet werden. Wie auch die Renovirte Landes-Matricul hiebey gedruckt/ Benebenst einem außfuehrlichen Indice, worin alle Sachen deutlich angefuehret sind, (2. Aufl.), Glueckstadt 1665, (zit.: LGO-SH (1636), 2. Aufl.)

LGO-SH, So im Nahmen Ihr. Koenigl. Majest.(...), 5. Aufl., Gluecksstadt 1741, (zit.: LGO-SH (1636), 5. Aufl.)

Leibeigeneneid aus dem Gute Stendorf, mitgeteilt von ***Michaelsen***, *Hermann*, in: Jahrbuch für Heimatkunde im Kreis Oldenburg/Holstein, 3. Jahrgang (1959), hrsg. von der Arbeitsgemeinschaft für Heimatkunde im Kreise Oldenburg, Oldenburg 1959, S. 117, (zit.: Leibeigeneneid (*Michaelsen*))

Lenz, *Rudolf* (Hrsg.), Abkürzungen aus Personalhandschriften des XVI. bis XVIII. Jahrhunderts, bearb. von ***Ausbüttel***, *Frank* unter Mitarbeit von ***Bredehorn***, *Uwe*, ***Lenz***, *Rudolf*, in: Akademie der Wissenschaften und der Literatur Mainz, Marburger Personalschriften-Forschungen, 18. Band, Im Auftrag der Kommission für Personalschriften, 2. Aufl., bearb. von ***Lenz***, *Rudolf*, ***Bredehorn***, *Uwe*, ***Winiarczyk***, *Marek*, Sigmaringen 1993

Lexer, *Matthias*, Mittelhochdeutsches Handwörterbuch. Zugleich als Supplement und alphabetischer Index zum Mittelhochdeutschen Wörterbuche von Bennecke-Müller-Zarncke

1. Band, A – M (1869 – 1872), Leipzig 1872 (Neudruck: Stuttgart 1979), (zit.: *Lexer*, Handwörterbuch)

Lexikon des Mittelalters (LMA)

LMA, hrsg. von ***div***., Redaktion: ***Avella-Widhalm***, *Gloria*, ***Lutz***, *Liselotte*, ***Mattejiet***, *Roswitha*, ***Mattejiet***, *Ulrich*, 1. Band, München/Zürich 1980, (zit.: LMA/*Bearbeiter*, 1. Band)

LMA, hrsg. von ***div***., Redaktion: ***Avella-Widhalm***, *Gloria*, ***Lutz***, *Liselotte*, ***Mattejiet***, *Roswitha*, ***Mattejiet***, *Ulrich*, 3. Band, München/Zürich 1986, (zit.: LMA/*Bearbeiter*, 3. Band)

LMA, hrsg. von ***div***., Editorische Leitung: ***Mariacher***, *Bruno*, Redaktion: ***Avella-Widhalm***, *Gloria*, ***Lutz***, *Liselotte*, ***Mattejiet***, *Roswitha*, ***Mattejiet***, *Ulrich*, 4. Band, München/Zürich 1989, (zit.: LMA/*Bearbeiter*, 4. Band)

LMA, hrsg. von ***div***., Projektleitung: ***Giertz***, *Gernot*, Redaktion: ***Avella-Widhalm***, *Gloria*, ***Lutz***, *Liselotte*, ***Mattejiet***, *Roswitha*, ***Mattejiet***, *Ulrich*, 5. Band, München/Zürich 1991, (zit.: LMA/*Bearbeiter*, 5. Band)

LMA, hrsg. von ***div***., Redaktion: ***Avella-Widhalm***, *Gloria*, ***Lutz***, *Liselotte*, ***Mattejiet***, *Roswitha*, ***Mattejiet***, *Ulrich*, 6. Band, München 1993, (zit.: LMA/*Bearbeiter*, 6. Band)

LMA, hrsg. von ***div***., Redaktion: ***Avella-Widhalm***, *Gloria*, ***Lutz***, *Liselotte*, ***Mattejiet***, *Roswitha*, ***Mattejiet***, *Ulrich*, 7. Band, München 1995, (zit.: LMA/*Bearbeiter*, 7. Band)

LMA, hrsg. von ***div***., Redaktion: ***Avella-Widhalm***, *Gloria*, ***Lutz***, *Liselotte*, ***Mattejiet***, *Roswitha*, ***Mattejiet***, *Ulrich*, 8. Band, München 1997, (zit.: LMA/*Bearbeiter*, 8. Band)

Lipenius, *Martin*, Bibliotheca realis ivridica

Post Friderici Gottliebii Strvvii V.C. Cvras Recensvit Opvs Innvmeros Errores Svstvlit Vltra Dimidiam Partem Optvmis Libris et Dissertationibvs Fere Omnibvs Avxit et Accvratvm Scriptorvm Indicem Adiecit Gottlob Avgvstvs Ienichen, Pars I – V, (Tom. I), Leipzig 1736, (zit.: *Lipenius*, Bibliotheca, Tom. I)

Gottlob Avgvsti Ienichen Svpplementa Emendationes et Illvstrationes ad Bibliothecam Ivridicam Lipenio-Ienichianam. Accedit Io. Gottlieb Olearii Icti Regiomontani Dissertatio de Biographis Antiqvorvm Ictorvm Notis et Animadversionibvs Adavcta Locvpletataqve, (Tom. II), Pars I/II, Leipzig 1742, Pars III, Leipzig 1743, (zit.: *Lipenius*, Bibliotheca, Tom. II)

Martini Lipenii Bibliothecae Realis Ivridicae Svpplementa ac Emendationes. Collegit et Digessit D. Avgvstvs Fridericvs Schott, Antiqvitatvm Ivris in Academia Lipsiensi Prof. Pvbl. et Collegii Min. Princip. Sodalis, (Tom. III), Leipzig 1775, (zit.: *Lipenius*, Bibliotheca, Tom. III)

Martini Lipenii Bibliothecae Realis Ivridicae Svpplementorvm ac Emendationvm Volvmen Secvndvm. Collegit et Digessit Renatvs Carolvs S. R. I. L. B. de Senkenberg Addita Praefatione et Dvplici Indice Titvlorvm Altero Altero Avctorvm, (Tom. IV), Leipzig 1789, (zit.: *Lipenius*, Bibliotheca, Tom. IV)

***Lipenius**, Martin*, Bibliotheca realis iuridica (Neudruck)

Post Virorvm Clarissimorvm Friderici Gottlieb Strvvii et Gottlob Avgvsti Ienichenii Cvras Emendata, Mvltis Accessionibvs Avcta et Locvpletata Adiecto Etiam Accvrato Scriptorvm Indice Instrvcta, Tomvs Primvs, Leipzig 1757 (Neudruck: Hildesheim/New York 1970, als: ***Lipenius**, Martin*, Bibliotheca realis iuridica I), (zit.: *Lipenius*, Bibliotheca (Neudruck), I)

Post Virorvm Clarissimorvm Friderici Gottlieb Strvvii et Gottlob Avgvsti Ienichenii Cvras Emendata, Mvltis Accessionibvs Avcta et Locvpletata Adiecto Etiam Accvrato Scriptorvm Indice Instrvcta, Tomvs Secvndvs, Leipzig 1757 (Neudruck: Hildesheim/New York 1970, als: ***Lipenius**, Martin*, Bibliotheca realis iuridica II), (zit.: *Lipenius*, Bibliotheca (Neudruck), II)

Martini Lipenii Bibliothecae Realis Iuridicae Svpplementorvm ac Emendationvm, Volvmen Tertium, Auctore D. Lvd. God. Madihn, Breslau 1817 (Neudruck: Hildesheim/New York 1970, als: ***Lipenius**, Martin*, Bibliotheca realis iuridica V)

Martini Lipenii Bibliothecae Realis Iuridicae Svpplementorvm ac Emendationvm, Volvmen Quartum, Auctore D. Lvd. God. Madihn, Breslau 1823 (Neudruck: Hildesheim/New York 1971, als: ***Lipenius**, Martin*, Bibliotheca realis iuridica VI)

***Oberländer**, Samuel* (Hg.), Lexicon Juridicum Romano-Teutonicum, 4. Aufl., Nürnberg 1753 (unveränderter Nachdruck), hrsg. und eingel. von ***Polley**, Rainer*, Köln/Weimar/Wien 2000, (zit.: *Oberländer*, Lexicon)

***Paul**, Hermann*, Deutsches Wörterbuch. Bedeutungsgeschichte und Aufbau unseres Wortschatzes, bearb. und hrsg. von ***Henne**, Helmut*, ***Kämper**, Heidrun*, ***Objartel**, Georg*, 10. Aufl., Tübingen 2002, (zit.: *Paul*, Wörterbuch)

Privilegien der Schleswig-Holsteinischen Ritterschaft von den in der Privilegienlade befindlichen Originalien genau abgeschrieben und mit denselben verglichen, hrsg. von ***Jensen**, Friedrich Christoph*, ***Hegewisch**, Dietrich Hermann*, Kiel 1797, (zit.: Privilegien (*Jensen/Hegewisch*))

Deutsches Rechtslexikon. In drei Bänden

2. Band. G – P, hrsg. von ***Tilch**, Horst*, ***Arloth**, Frank*, 3. Aufl., München 2001, (zit.: Rechtslexikon/*Bearbeiter*, 2. Band)

Deutsche Rechtsregeln und Rechtssprichwörter. Ein Lexikon, hrsg. von ***Schmidt-Wiegand***, *Ruth* unter Mitarbeit von ***Schowe***, *Ulrike*, München 1996, (zit.: Deutsche Rechtsregeln (*Schmidt-Wiegand*))

Deutsches Rechtswörterbuch (DRW)

Wörterbuch der älteren deutschen Rechtssprache. In Verbindung mit der vormaligen Akademie der Wissenschaften der DDR, hrsg. von der Heidelberger Akademie der Wissenschaften, hrsg. und wiss. geleitet von ***Dickel***, *Günther*, bearb. von ***Dickel***, *Günther*, ***Speer***, *Heino* unter Mitarbeit von ***Ahlheim***, *Renate*, ***Kronauer***, *Ulrich*, ***Lill***, *Eva-Maria*, ***Lindig***, *Annemarie*, ***Preis***, *Karin*, ***Rühl***, *Ulrike*, 8. Band. Krönungsakt – Mahlgenosse, Weimar 1984 – 1991, (zit.: DRW, 8. Band)

Schleswig-Holstein-Lauenburgische Regesten und Urkunden

1. Band, Im Auftrage der Gesellschaft für Schleswig-Holstein-Lauenburgische Geschichte. Bearb. und hrsg. von ***Hasse***, *Paul*, Hamburg und Leipzig 1886, (zit.: Regesten (*Hasse*), 1. Band)

3. Band, Im Auftrage der Gesellschaft für Schleswig-Holstein-Lauenburgische Geschichte. Bearb. und hrsg. von ***Hasse***, *Paul*, Hamburg und Leipzig 1896, (zit.: Regesten (*Hasse*), 3. Band)

Sachsenspiegel (***Repgow***, *Eike*), hrsg. von ***Schott***, *Clausdieter*, Übertragung des Landrechts von ***Schmidt-Wiegand***, *Ruth*, Übertragung des Lehenrechts und Nachwort von ***Schott***, *Clausdieter*, 2. Aufl., Zürich 1991, (zit.: Sachsenspiegel (*Schott*))

Sachsenspiegel (Landrecht) (***Repgow***, *Eike*), nach der ältesten Leipziger Handschrift, hrsg. von ***Weiske***, *Julius*, neubearb. von ***Hildebrand***, *Rudolf*, 11. Aufl., Leipzig 1929, (zit.: Sachsenspiegel (*Weiske*))

Neue und vollstaendigere Sammlung der Reichs-Abschiede, Welche von den Zeiten Kayser Conrads des II. bis jetzo auf den Teutschen Reichs-Taegen abgefasset worden, sammt den wichtigsten Reichs-Schluessen, so auf dem noch fuerwaehrenden Reichs-Tage zur Richtigkeit gekommen sind. In Vier Theilen. Nach den Haupt-Urkunden aus den fuernehmsten Archiven, alten Abdruecken, und bewaehrtesten geschriebenen Buechern, theils von neuem uebersehen, theils zum erstenmahl ans Licht gestellt, und auf Churfuerstlich-Mayntzische gnaedigste Genehmigung mit den in dem Reichs-Archiv befindlichen Originalien collationiret. Nebst einer Einleitung, Zugabe, und vollstaendigen Registern. Mit allerhoechsten Kayserlichen Freyheiten, hrsg. von ***Senckenberg***, *Heinrich Christian*, Frankfurt am Main 1747 (Neudruck: Osnabrück 1967)

Vierter Theil derer Allgemeinen Reichs-Gesetze, bestehend in denen merckwuerdigsten Reichs-Schluessen Des Noch waehrenden Reichs-Tags, (zit.: Sammlung (Reichs-Abschiede) (*Senckenberg*), 4. Theil)

Sammlung der hauptsächlichsten Schleswig-Holsteinischen gemeinschaftlichen Verordnungen, hrsg. von ***Michelsen***, *Nicolaus Christian*, ***Johannsen***, *Carl Hinrich*, Glückstadt 1773, (zit.: Sammlung (SHV) (*Michelsen/Johannsen*))

Sammlung der sämmtlichen Holstein-Plönischen Verordnungen und Befehle, welche seit der höchstrühmlichen Regierung des Durchl. Fürsten und Herrn, Friedrich Carls, Erben zu Norwegen, Herzogen zu Schleswig, Holstein, Stormarn und der Dithmarschen, Grafens zu Oldenburg und Dellmenhorst herausgegeben, hrsg. von ***Brünner***, *Christian Friedrich*, Plön 1757, (zit.: Sammlung (HPV) (*Brünner*))

Chronologische Sammlung der im Jahre 1775 ergangenen Verordnungen und Verfuegungen fuer die Herzogthuemer Schleswig und Holstein, die Herrschaft Pinneberg, Graffschaft Ranzau und Stadt Altona, Kiel 1799, (zit.: Chronologische Sammlung (1775))

Der Stadt Hamburg Gerichts-Ordnung und Statuta, Hamburg 1603, (zit.: Hamburger Stadtrecht)

Urkunden, betreffend die ehemalige Gerichtsbarkeit des schlesw. holsteinischen Landtags, in: Staatsbuergerliches Magazin, mit besonderer Ruecksicht auf die Herzogthuemer Schleswig, Holstein und Lauenburg, hrsg. von ***Falck***, *Nikolaus*, 9. Band, 3. und 4. Heft, Schleswig 1826, S. 815 – 818, (zit.: Urkunden (*Falck*), (Einleitung))

Urkundensammlung der Schleswig-Holstein-Lauenburgischen Gesellschaft für vaterländische Geschichte

3. Band, 1. Abtheilung: Diplomatarium des Klosters Arensbök, hrsg. von ***Jessien***, *Adam*, Kiel 1852; Register zum Diplomatarium des Klosters Arensbök, Im Auftrage der Gesellschaft für Schleswig-Holstein-Lauen-

burgische Geschichte, bearb. von ***Buchwald***, *Gustav*; (zit.: Urkundensammlung (*Jessien*), 3. Band, 1. Abth., Dipl. bzw. Reg.)

Einige der merkwuerdigsten Urtheile und Bescheide der vormaligen Schleswig-Holsteinischen, nachher alleinigen Holsteinischen gemeinschaftlichen Landgerichte, groeßtentheils nach Anleitung der revidirten Landgerichtsordnung, mit beygefuegten Anmerkungen, Glueckstadt 1774, (zit.: Urtheile)

Verordnung, wegen Aufhebung der Leibeigenschaft fuer die Herzogthuemer Schleswig und Holstein, Kopenhagen, den 19ten December 1804, (zit.: Verordnung, wegen Aufhebung der Leibeigenschaft)

Deutsches Wörterbuch von *Jacob **Grimm*** und *Wilhelm **Grimm*** (DW)

DW, bearb. von ***Heyne***, *Moriz*, 6. Band, L – M, Leipzig 1885, (zit.: DW, 6. Band)

B. Literaturverzeichnis

Albert, *Rudolf Axel*, Der Gerichtsgebrauch, Hamburg 1890, (zit.: *Albert*, Gerichtsgebrauch)

Amthor, *Christoph Heinrich*, Historischer Bericht von dem vormahligen und gegenwärtigen Zustande der Schleswig-Hollsteinischen Ritterschaft/ Und Ihrer Privilegien. Aus beglaubten/ und theils geheimen Uhrkunden zusammen getragen/ auch mit verschiedenen zur Staats-Erkänntnis dieser Herzogthümer einiger massen dienenden Anmerckungen/ Und andern daraus fliessenden unvorgreifflichen Gedancken erläutert, o. O. 1714, (zit.: *Amthor*, Bericht)

Amthor, *Christoph Heinrich*, De obstagio tractatus juridicus: ad mores Schlesvicensium et Holsatorum potissimum adornatus: quo ejus origo, progressus, natura, objectum, subjectum, forma, effectus, processus, contraria et affinia expenduntur. Cum indice materiarum, Kiel 1712, (zit.: *Amthor*, De obstagio)

Amthor, *Christoph Heinrich*, Gemischter Discurs von Denen Rechten/ so wohl ueberhaupt/ als denen Schleswig- und Hollsteinischen insonderheit, Kiel 1711, (zit.: *Amthor*, Discurs)

Anonymus (*Knoblauch* (nach ***Falck***, Handbuch, 4. Band, S. 204 (Fn. 71)))), Abhandlung von dem Zustand der adelichen Hintersassen in den Herzogthümern Schleswig und Holstein, in: Sammlung vermischter Abhandlungen zur Erläuterung der teutschen Rechte und Alterthümer, wie auch der Critic und Historie, hrsg. von ***Dreyer***, *Johann Carl Heinrich*, 1. Band, Rostock/Wismar 1754, S. 361 – 442, (zit.: *Anonymus*, Abhandlung)

Anonymus, Anmerkungen eines Holsteinischen Gelehrten ueber die revidirte Land-Gerichts-Ordnung, gebraeuchliche Constitutionen und Edicten, der Herzogthuemer Schleswig-Holstein, als ein Anhang zu Theodori Reinkingks (…) Promptuario, Hamburg 1749, im Anhang zu Reinkingks Promptuarium (s. u.), (zit.: *Anonymus*, Anmerkungen (Gelehrten))

Anonymus, Anmerckungen über einige Stellen der Land-Gerichts-Ordnung, in: Anhang zur LGO-SH (1636), 5. Aufl., S. 305 – 327, (zit.: *Anonymus*, Anmerckungen (Stellen)); ebenfalls abgedruckt als „Anmerkungen ueber einige Stellen der Schleswig-Holsteinischen Land-Gerichts-Ordnung“ als I., in: Zu der Holsteinischen Praxi dienl. Stuecke, Glueckstadt 1753, im Anhang zu Reinkingks Promptuarium (s. u.)

Anonymus (***Doerfer***, *Theodor* (?)), Einiges ueber die Befugniß der Gerichtshalter der adlichen Gueter, insbesondere der adlichen Marschgueter in den Herzogthuemern Schleswig und Holstein, zur Ausuebung der niederen localen Polizeigewalt, in: Staatsbuergerliches Magazin, mit besonderer Ruecksicht auf die Herzogthuemer Schleswig, Holstein und Lauenburg, hrsg. von ***Falck***, *Nikolaus*, 5. Band, 2. Heft, Schleswig 1826, S. 483 – 490, (zit.: *Anonymus*, Befugniß)

Anonymus (***Praetorius***, *Johann Philipp* (nach ***Falck***, Handbuch, 3. Band, 1. Abth., S. VII f. (Vorrede)); ***Grote***, *Zacharias* (nach ***Seestern-Pauly***, *Friedrich*, Beitraege zur Kunde der Geschichte (...), 2. Band, S. 191 (Fn. 19)) und nach ***Cronhelm***, Bericht, S. 1 (127, 245)), Kurze historische Nachricht von den vormals gemeinschaftlichen, und einseitigen Koeniglichen Gerichten im Herzogthum Holstein, der Landschaft Suederdithmarschen, Herrschaft Pinneberg, Grafschaft Ranzau und Stadt Altona (mit Anmerkungen des Herausgebers (***Schrader***, *Ludwig Albrecht Gottfried*)), in: Collectio Dissertationum ac Tractatuum jus Slesvicense et Holsaticum illustrantium. Cura et cum notis, Fasciculus primus, hrsg. von ***Schrader***, *Ludwig Albrecht Gottfried*, Kiel 1799, S. 76 – 100, (zit.: *Anonymus*, Nachricht); ebenfalls – allerdings ohne die Anmerkungen Schraders – abgedruckt in: LGO-SH (Anhang), 5. Aufl., Glücksstadt 1741 (s. o.), S. 329 – 356

Anonymus, Historische Nachrichten wegen der Gerichtsbarkeit ueber die adlichen Marschgueter in Holstein, in: Sammlung der wichtigsten Abhandlungen zur Erlaeuterung der vaterlaendischen Geschichte und des vaterlaendischen Rechts, welche in den Schleswig-Holsteinischen Anzeigen erschienen sind, hrsg. von ***Falck***, *Nikolaus*, 4. Band, Tondern 1826, S. 441 – 451, (zit.: *Anonymus*, Nachrichten (Gerichtsbarkeit))

Arnim, *Volkmar*, Krisen und Konjunkturen der Landwirtschaft in Schleswig-Holstein vom 16. bis zum 18. Jahrhundert, in: Quellen und Forschungen zur Geschichte Schleswig-Holsteins, 35. Band, Nr. 1, hrsg. von der Gesellschaft für Schleswig-Holsteinische Geschichte, Neumünster 1957, (zit.: *Arnim*, Krisen)

Bertheau**, Friedrich*, Wirtschaftsgeschichte des Klosters Preetz im vierzehnten und fünfzehnten Jahrhundert, in: Zeitschrift der Gesellschaft für Schleswig-Holsteinische Geschichte, hrsg. von ***Meyer, Arnold Oskar, 47. Band, Leipzig 1917, S. 91 – 266, (zit.: *Bertheau*, Wirtschaftsgeschichte)

Block, Das Schleswig-Holsteinische Gewohnheitsrecht, in: Schleswig-Holsteinische Anzeigen für das Jahr 1921, red. von ***Tiemann***, ***Lüders***, Neue Folge, 85. Jahrgang, Glückstadt 1921, (zit.: *Block*, Gewohnheitsrecht)

***Blume**, Jacob*, Processus Cameralis ex Ordinationibus Cameralibus, Recessibus Imperii, Recessibus et Memorialibus Visitationum, Consultis Camerae, ejusdemq; (...), Frankfurt am Main 1665, (zit.: *Blume*, Processus)

***Bobé**, Louis*, Die Ritterschaft in Schleswig und Holstein von der ältesten Zeit bis zum Ausgange des Römischen Reiches 1806. Geschichtliche Darstellung in Umrissen, Glückstadt und Hamburg 1918, (zit.: *Bobé*, Ritterschaft)

***Boehmer**, Justus Henning*, De iure et statu hominum propriorum a servis Germaniae non Romanis derivando, et de usu huius doctrinae, in: Iusti Henningii Boehmeri Icti, exercitationes ad Pandectas, in quibus praecipua Digestorum capita explicantur, antea sigillatim editae, nunc coniunctim secundum ordinem Pandectarum Digestae, et in sex tomos divisae cura filii *Georgii Ludovici **Boehmeri** D.*, editio secunda, tomus I, Hannover und Göttingen 1764, S. 736 – 809, (zit.: *Boehmer*, de iure)

***Boehmer**, Justus Henning*, De libertate imperfecta rusticorum in Germania, in: Iusti Henningii Boehmeri Icti, exercitationes ad Pandectas, in quibus praecipua Digestorum capita explicantur, antea sigillatim editae, nunc coniunctim secundum ordinem Pandectarum Digestae, et in sex tomosdivisae cura filii *Georgii Ludovici **Boehmeri** D.*, editio secunda, tomus I, Hannover und Göttingen 1764, S. 810 – 864, (zit.: *Boehmer*, de libertate)

***Boehmer**, Justus Henning*, Untersuchung, was eigentlich diejenigen Bauren sind, so man in Hollstein Lansten nennet, in: Juristisches Wochenblatt, hrsg. von ***Schott**, August Friedrich*, 1. Jahrgang, Leipzig 1772, S. 787 – 799 (Nr. XL), (zit.: *Boehmer*, Untersuchung); ebenfalls und bereits zuvor erschienen in: Häll. Anz. v. J. 1733 (Nr. 43)

Boerm, *Johann Friedrich*, Historisch-statistische Nachrichten von den Herzogl. Schleswig-Holsteinischen Fideicommiß-Guetern, 1821, 3. Theil. Buergerliche Verfassung der Fideicommiß-Gueter, in: Staatsbuergerliches Magazin, mit besonderer Ruecksicht auf die Herzogthuemer Schleswig, Holstein und Lauenburg, hrsg. von ***Falck***, *Nikolaus*, 5. Band, 3. und 4. Heft, Schleswig 1826, S. 576 – 666, (zit.: *Boerm*, Nachrichten)

Bogs, *Holger*, Grossenbrode. Werdegang eines ostholsteinischen Dorfes, hrsg. von der Gemeinde Großenbrode, Berlin 1990, (zit.: *Bogs*, Grossenbrode)

Brinkmann, *Rudolf*, Aus dem Deutschen Rechtsleben. Schilderungen des Rechtsganges und des Kulturzustandes der lezten drei Jahrhunderte auf Grund von Schleswig-Holstein-Lauenburgischen Akten des kaiserlichen Kammergerichtes, Kiel 1862, (zit.: *Brinkmann*, Rechtsleben)

Brunner, *Heinrich*, Grundzüge der deutschen Rechtsgeschichte, bes. von: ***Schwerin***, *Claudius*, 8. Aufl., München und Leipzig 1930, (zit.: *Brunner*, Grundzüge)

Brunner, *Heinrich*, Deutsche Rechtsgeschichte

1. Band, 2. Aufl., Leipzig 1906, in: Systematisches Handbuch der Deutschen Rechtswissenschaft, hrsg. von ***Binding***, *Karl*, 2. Abth., 1. Teil, 1. Band, Leipzig 1906, (zit.: *Brunner*, Rechtsgeschichte, 1. Band)

Carstens, *Werner*, Beiträge zur Entstehung des schleswig-holsteinischen Staates, in: Zeitschrift der Gesellschaft für Schleswig-Holsteinische Geschichte, hrsg. von ***Pauls***, *Volquart*, 74. und 75. Band, Neumünster 1951, S. 1 – 58, (zit.: *Carstens*, Beiträge)

Carstens, *Werner*, Die Landesherrschaft der Schauenburger und die Entstehung der landständischen Verfassung in Schleswig-Holstein. I., in: Zeitschrift der Gesellschaft für Schleswig-Holsteinische Geschichte, hrsg. von ***Pauls***, *Volquart*, 55. Band, Kiel 1926, S. 288 – 401, (zit.: *Carstens*, Landesherrschaft)

Carstens, *Werner*, Untersuchungen zur Geschichte des Adels und des adligen Gutes in Holstein im Mittelalter, in: Zeitschrift der Gesellschaft für

Schleswig-Holsteinische Geschichte, hrsg. von ***Pauls***, *Volquart*, 63. Band, Neumünster 1935, S. 66 – 103, (zit.: *Carstens*, Untersuchungen)

Christiani, *Ernst Wilhelm*, Geschichte der Herzogthümer Schleswig und Hollstein

1. Theil, Flensburg und Leipzig 1775, (zit.: *Christiani*, Geschichte, 1. Theil)

2. Theil, Flensburg und Leipzig 1776, (zit.: *Christiani*, Geschichte, 2. Theil)

3. Theil, Flensburg und Leipzig 1777, (zit.: *Christiani*, Geschichte, 3. Theil)

Christiani, *Ernst Wilhelm*, Ueber die Leibeigenschaft, nach Gründen des Naturrechts. Eine Vorlesung des Hrn. Justizr. Christiani in der Versamlung der schleswig-holsteinischen patriotischen Gesellschaft am 30sten December 1786, bei der Uebergabe des Direktorats an den Herrn Prof. Fabricius, in: Schleswig-Holsteinische Provinzialberichte 1787, 1. Band, Altona 1787, S. 134 – 166, (zit.: *Christiani*, Leibeigenschaft)

Coing, *Helmut*, Europäisches Privatrecht, 1. Band, Älteres Gemeines Recht (1500 – 1800), München 1985, (zit.: *Coing*, Privatrecht, 1. Band)

Conrad, *Hermann*, Deutsche Rechtsgeschichte

1. Band, Frühzeit und Mittelalter, 2. Aufl., Karlsruhe 1962, (zit.: *Conrad*, Rechtsgeschichte, 1. Band)

Cord, *Alix Johanna*, Ostholsteinische Hufner im Spannungsfeld zwischen extremer Gutsherrschaft und Zeitpacht, in: Gutsherrschaftsgesellschaften im europäischen Vergleich, hrsg. von ***Peters***, *Jan*, Redaktion: ***Lubinski***, *Axel*, Berlin 1997, S. 429 – 444, (zit.: *Cord*, Hufner)

Cord, *Alix Johanna*, Der Strukturwandel in der ostholsteinischen Gutswirtschaft um 1800 dargestellt am Beispiel der adligen Güter Rixdorf und Salzau, in: Studien zur Wirtschafts- und Sozialgeschichte Schleswig-Holsteins, hrsg. von dem Arbeitskreis für Wirtschafts- und Sozialgeschichte Schleswig-Holsteins und der Gesellschaft für Schleswig-Holsteinische Geschichte, 28. Band, Neumünster 1997, (zit.: *Cord*, Strukturwandel)

Cramer, *Johann Ulrich*, Vom Unterscheid zwischen Schleswig und Holsteinischen Sachen in Ansehung der Appellation an die hoechste Reichs-Gerichte, in: Wetzlarische Nebenstunden, worinnen auserlesene beym Hoechstpreißlichen Cammergericht entschiedene Rechts-Haendel, zur Erweiter- und Erlaeuterung der teutschen in Gerichten ueblichen Rechts-Gelehrsamkeit angewendet werden, 6. Theil (in: II. Band), Ulm 1757, S. 72 – 84 (Nr. V), (zit.: *Cramer*, Unterscheid)

Cronhelm, *Friderich Detlef Carl*, Historischer Bericht von den alten und neuern Rechten und Gerichten in Holstein, besonders von den daselbst eingeführten Gesetz-Büchern, in: ***Corpus Statutorum Provincialium Holsatiae***, oder Neue Ausgabe der Schleswig-Holsteinischen Kirchen- und Land-Gerichts-Ordnung, der Schauenburgischen Hof- Gerichts-Ordnung, des Dithmarsischen Land- und Lübischen Stadt-Rechts; nebst einem Historischen Bericht von den alten und neuern Rechten und Gerichten in Holstein, besonders von den daselbst eingeführten Gesetzbüchern, hrsg. von ***Cronhelm***, *Friderich Detlef Carl*, Altona 1750, S. 1 – 304, (zit.: *Cronhelm*, Bericht)

Daniel, *Andreas*, Gemeines Recht. Eine systematische Einordnung der Rechtsfigur und ihrer Funktion sowie die Bestimmung der inhaltlichen Probleme aus der Sicht des 18. Jahrhunderts, in: Schriften zur Rechtsgeschichte, Heft 101, Berlin 2003, (zit.: *Daniel*, Gemeines Recht)

Degn, *Christian*, Buchbesprechung: ***Prange***, *Wolfgang*, Christoph Rantzau auf Schmoel und die Schmoeler Leibeigenschaftsprozesse. Quellen und Forschungen z. Gesch. Schl.-Holsteins Bd 49, Neumünster 1965. 168 S., 3 Tafeln, in: Zeitschrift der Gesellschaft für Schleswig-Holsteinische Geschichte, hrsg. von ***Klose***, *Olaf*, 94. Band, Neumünster 1969, S. 358 – 361, (zit.: *Degn*, Buchbesprechung)

Degn, *Christian*, Der Historiker als Anwalt?, in: Zeitschrift der Gesellschaft für Schleswig-Holsteinische Geschichte, hrsg. von ***Klose***, *Olaf*, 95. Band, Neumünster 1970, S. 229 – 236, (zit.: *Degn*, Historiker)

Degn, *Christian*, Panker um 1800. Ein Landschafts- und Sozialbild, in: Nordelbingen. Beiträge zur Heimatforschung in Schleswig-Holstein, Hamburg und Lübeck, hrsg. im Auftrage der Gesellschaft für Schleswig-Holsteinische von ***Fuglsang***, *Fritz*, ***Klose***, *Olaf*, 26. Band, Heide 1958, S. 192 – 201, (zit.: *Degn*, Panker)

Deseniss, *Diedrich*, Herrschaft im Lande Holstein zu Beginn der Neuzeit. Studien zur Struktur einer Verfassung vor Herausbildung des Ständestaates im 16. Jahrhundert, Hamburg 1973, (zit.: *Deseniss*, Herrschaft)

Detlefsen, *Detlef*, Geschichte der holsteinischen Elbmarschen 2. Band, Glückstadt 1892, (zit.: *Detlefsen*, Geschichte, 2. Band)

Dittmer, *Georg Wilhelm*, Das Sassen- und Holsten-Recht, in practischer Anwendung auf einige im 16ten Jahrhunderte vorgekommene Civil- und Criminalfaelle; nach den im Archive des St. Johannis Klosters zu Lübeck aufbewahrten Protokollen des vormaligen klösterlichen Vogteigerichts, nebst einer tabellarischen Uebersicht der im ganzen klösterlichen Gerichtsbezirke, in dem ferneren Zeitraume vom Jahre 1601 bis zum Jahre 1730, vorgekommenen erheblicheren Criminalfälle, und deren Erledigung, Lübeck 1843, (zit.: *Dittmer*, Sassen- und Holsten-Recht)

Doerfer, *Theodor*, Bemerkungen ueber die vormalige und jetzige Verfassung der Patrimonialgerichte in den Herzogthuemern Schleswig und Holstein, in: Staatsbuergerliches Magazin, mit besonderer Ruecksicht auf die Herzogthuemer Schleswig, Holstein und Lauenburg, hrsg. von ***Falck***, *Nikolaus*, 5. Band, 2. Heft, Schleswig 1826, S. 468 – 483, (zit.: *Doerfer*, Bemerkungen)

Dräger, *Heinrich*, Die Instleute oder Insten in Schleswig-Holstein. Ihre Geschichte, ihre Bedeutung für den Großbetrieb und ihre Entlohnung, in: Arbeiten aus dem Institut für Betriebslehre und Arbeitswirtschaft der Landwirtschaftlichen Hochschule zu Berlin, Langensalza 1927, (zit.: *Dräger*, Instleute)

Dreyer, *Johann Carl Heinrich*, Des Domprobsten Dreyers rechtliches Bedenken ueber die Reduction der luebschen Pfennige nach dem heutigen Werthe. Nebst Urkunden-Fragmente, betreffend das Dorf Kaesekestorf bey Heiligenhafen, in: Sammlungen zur naehern Kunde des Vaterlandes in historischer, statistischer und staatswirthschaftlicher Hinsicht, hrsg. von ***Falck***, *Nikolaus*, 2. Band, Altona 1821, (zit.: *Dreyer*, Bedenken)

Dulckeit, *Gerhard*, ***Schwarz***, *Fritz* (Begr.), neu bearb. von ***Waldstein***, *Wolfgang*, Römische Rechtsgeschichte. Ein Studienbuch, 9. Aufl., München 1995, (zit.: *Dulckeit/Schwarz/Waldstein*, Rechtsgeschichte)

Duve, *Adolf Eduard Eberhard Ludwig*, Beitrag zur Erledigung verschiedener Streitfragen hinsichtlich der gutsherrlichen und meierlichen Rechte im Herzogthum Lauenburg, in: Staatsbuergerliches Magazin, mit besonderer Ruecksicht auf die Herzogthuemer Schleswig, Holstein und Lauenburg, hrsg. von ***Falck***, *Nikolaus*, 6. Band, 1. Heft, Schleswig 1826, S. 1 – 42, (zit.: *Duve*, Beitrag)

Eichhorn, *Karl Friedrich*, Einleitung in das deutsche Privatrecht mit Einschluß des Lehenrechts, 5. Aufl., Göttingen 1845, (zit.: *Eichhorn*, Einleitung)

Eichhorn, *Karl Friedrich*, Deutsche Staats- und Rechtsgeschichte, 2. Theil, 5. Aufl., Göttingen 1843, (zit.: *Eichhorn*, Staats- und Rechtsgeschichte, 2. Theil)

Eisenhardt, *Ulrich*, Die kaiserlichen privilegia de non appellando, in: Quellen und Forschungen zur Höchsten Gerichtsbarkeit im Alten Reich, 7. Band, hrsg. von ***Diestelkamp***, *Bernhard*, ***Eisenhardt***, *Ulrich*, ***Gudian***, *Gunter*, ***Laufs***, *Adolf*, ***Sellert***, *Wolfgang*, Köln/Wien 1980, (zit.: *Eisenhardt*, privilegia)

Falck, *Nikolaus*, Einige Bemerkungen ueber die Quellen des vaterlaendischen Rechts

1. Teil, in: Staatsbuergerliches Magazin, mit besonderer Ruecksicht auf die Herzogthuemer Schleswig, Holstein und Lauenburg, hrsg. von ***Carstens***, *Carl Friedrich*, ***Falck***, *Nikolaus*, 1. Band, Schleswig 1821, S. 356 – 379 (Nr. XIX), (zit.: *Falck*, Bemerkungen, 1. Teil)

2. Teil, in: Staatsbuergerliches Magazin, mit besonderer Ruecksicht auf die Herzogthuemer Schleswig, Holstein und Lauenburg, hrsg. von ***Carstens***, *Carl Friedrich*, ***Falck***, *Nikolaus*, 2. Band, Schleswig 1823, S. 738 – 757 (Nr. XXVIIII), (zit.: *Falck*, Bemerkungen, 2. Teil)

Falck, *Nikolaus*, Betrachtungen ueber die Errichtung eines Oberappellationsgerichts im Herzogthum Holstein, nebst allgemeinen Blicken auf die Gerichtsverfassung der Herzogthuemer Schleswig und Holstein, in: Kieler Beytraege, 2. Band, Schleswig 1821, Nr. IV, S. 262 – 342, (zit.: *Falck*, Betrachtungen)

Falck, *Niels Nikolaus*, Handbuch des Schleswig-Holsteinischen Privatrechts

1. Band, Altona 1825, (zit.: *Falck*, Handbuch, 1. Band)

2. Band, Altona 1831, (zit.: *Falck*, Handbuch, 2. Band)

3. Band, 1. Abtheilung, Die Gerichtsverfassung der Herzogthümer Schleswig und Holstein nach ihrer geschichtlichen Bildung und jetzigen Gestalt, Altona 1835, (zit.: *Falck*, Handbuch, 3. Band, 1. Abth.)

3. Band. 2. Abtheilung, Altona 1838, (zit.: *Falck*, Handbuch, 3. Band, 2. Abth.)

4. Band, Altona 1840, (zit.: *Falck*, Handbuch, 4. Band)

Falck, *Niels Nikolaus*, Rede am diesjährigen Geburtstage Sr. Königl. Majestät Friedrich des Sechsten gehalten im großen academischen Hörsaale zu Kiel vom Prof. Falck. (Mit einigen erläuternden Anmerkungen.), in: Schleswig-Holstein-Lauenburgsche Provinzialberichte 1818, Kiel 1818, S. 473 – 518, (zit.: *Falck*, Rede)

Francke, *August Wilhelm Samuel*, Der gemeine Deutsche und Schleswig-Holsteinische Civilprozeß, 1. Theil, 2. Aufl., Hamburg/Kiel 1844, (zit.: *Francke*, Civilprozeß, 1. Theil)

Friccius, *Joachim*, Observationes iuris Holsatici, Specimen secundum, Kiel 1733, in: Landrechtliche Erörterungen. Eine Sammlung aelterer Disputationen und anderer kleinen Schriften, die zur Erlaeuterung der Schleswig-Holsteinischen Landesrechte dienen, 1. Band, hrsg. von ***Falck***, *Niels Nikolaus*, Schleswig 1836, Nr. III, S. 62 – 97, (zit.: *Friccius*, Observationes, specimen secundum)

Fuchs, *Johannes*, Holsteinisches Ding und Recht, Kiel 1698, (zit.: *Fuchs*, Ding)

Fuchs, *Johannes*, Introductio in Processum Holsaticum, Variis Recessum Judicialium, contractuum, testamentorum, pactorum dotalium, & c. dispositionibus & formulis illustrata. Cum indice rerum & verborum locupletissimo. Accessit propter affinitatem materiae Erici Mauritii, Introductio in Praxin forensem, Kiel 1696, (zit.: *Fuchs*, Introductio)

Gadendam, *Johann Wilhelm*, Historia iuris Cimbrici, speciatim Slesvicensis et Holsatici, primis lineis consignata, Hamburg 1770, (zit.: *Gadendam*, Historia)

Geschichte Schleswig-Holsteins (GSH)

Das Hochmittelalter bis zur Schlacht von Bornhöved, hrsg. von ***Lammers***, *Walther*, begr. von ***Pauls***, *Volquart*, im Auftrage der Gesellschaft für Schleswig-Holsteinische Geschichte, unter Mitarbeit von ***Scharff***, *Alexander*, hrsg. von ***Klose***, *Olaf*, 4. Band, Teil 1, Neue Ausgabe, Neumünster 1981, (zit.: GSH (*Klose*), 4. Band, Teil 1)

Spätmittelalter und Reformationszeit, hrsg. von ***Hoffmann***, *Erich*, begr. von ***Pauls***, *Volquart*, im Auftrage der Gesellschaft für Schleswig-Holsteinische Geschichte, unter Mitarbeit von ***Scharff***, *Alexander*, hrsg. von ***Klose***, *Olaf*, 4. Band, Teil 2, Neue Ausgabe, Neumünster 1990, (zit.: GSH (*Klose*), 4. Band, Teil 2)

Die Herzogtümer von der Landesteilung 1544 bis zur Wiedervereinigung Schleswigs 1721, hrsg. von ***Hoffmann***, *Gottfried Ernst*, ***Reumann***, *Klauspeter*, ***Kellenbenz***, *Hermann*, begr. von ***Pauls***, *Volquart*, im Auftrage der Gesellschaft für Schleswig-Holsteinische Geschichte, unter Mitarbeit von ***Scharff***, *Alexander*, hrsg. von ***Klose***, *Olaf*, 5. Band, 1. bzw. 2. Aufl., Neumünster 1986, (zit.: GSH (*Klose*), 5. Band)

Die Herzogtümer im Gesamtstaat 1721 – 1830, hrsg. von ***Klose***, *Olaf*, ***Degn***, *Christian*, begr. von ***Pauls***, *Volquart*, im Auftrage der Gesellschaft für Schleswig-Holsteinische Geschichte, unter Mitarbeit von ***Hähnsen***, *Fritz*, ***Scharff***, *Alexander*, hrsg. von ***Klose***, *Olaf*, 6. Band, Neumünster 1960, (zit.: GSH (*Klose*), 6. Band)

Geschichte Schleswig-Holsteins. Von den Anfängen bis zur Gegenwart, Sonderausgabe der Gesellschaft für Schleswig-Holsteinische Geschichte, hrsg. von ***Lange***, *Ulrich*, Redaktion: ***Lange***, *Ulrich*, ***Lange***, *Angela*, Neumünster 1996, (zit.: Geschichte (*Lange*))

Gloy, *Arthur*, Das alte Amt Kronshagen, Geschichte der Dorfschaften Russee, Hassee, Ottendorf, Kronshagen mit Kopperpahl, Suchsdorf, Wik und des Gutes Schwartenbek, Kiel 1914, (zit.: *Gloy*, Amt)

Gloy, *Arthur*, Beiträge zur Geschichte der Leibeigenschaft in Holstein, Kiel 1901, in: Kleine Schleswig-Holsteinische Schriften, 1. Band, Nr. 2, (zit.: *Gloy*, Beiträge)

Gloy, *Arthur*, Der Gang der Germanisation in Ost-Holstein. (Mit einer Übersichtskarte über die ehemaligen Slavendörfer und einigen Plänen slavisch gebauter Dörfer), Kiel 1894, (zit.: *Gloy*, Gang)

Gloy, *Arthur*, Geschichte und Topographie des Kirchspiels Hademarschen. Mit 3 Karten und 2 Vollbildern, Kiel 1895, (zit.: *Gloy*, Geschichte)

Göttsch, *Silke*, „Alle für einen Mann...“. Leibeigene und Widerständigkeit in Schleswig-Holstein im 18. Jahrhundert, in: Studien zur Volkskunde und Kulturgeschichte Schleswig-Holsteins, hrsg. vom Seminar für Volkskunde der Christian-Albrechts-Universität Kiel, 24. Band, Neumünster 1991, (zit.: *Göttsch*, Leibeigene)

Göttsch, *Silke*, Widerständigkeit leibeigener Untertanen auf schleswig-holsteinischen Gütern im 18. Jahrhundert, in: Gutsherrschaft als soziales Modell. Vergleichende Betrachtungen zur Funktionsweise frühneuzeitlicher Agrargesellschaften, hrsg. von ***Peters***, *Jan*, Redaktion: ***Lubinski***, *Axel*, in: Historische Zeitschrift, Beihefte (Neue Folge), hrsg. von ***Gall***, *Lothar*, 18. Band, München 1995, S. 367 – 383, (zit.: *Göttsch*, Widerständigkeit)

Hänel, *Albert*, ***Seelig***, *Wilhelm*, Zur Frage der „stehenden Gefälle“ in Schleswig-Holstein. Gutachten, abgegeben für die Aemter Bordesholm, Neumünster, Reinbek und Cismar, 1. Band, Kiel 1871, (zit.: *Hänel/Seelig*, Frage)

Hagemann, *Theodor*, Practische Eroerterungen aus allen Theilen der Rechtsgelehrsamkeit hin und wieder mit Urtheilsspruechen des Celleschen Tribunals und der uebrigen Justizhoefe bestaerkt, fortges. von ***Spangenberg***, *Ernst*, 9. Band (1. Band), Hannover 1831, (zit.: *Hagemann/Spangenberg*, Eroerterungen)

Handelmann, *Heinrich*, Oberst Johannes v. Schröder. Anzeige seines letzten Werkes und Nekrolog (Darstellungen von Schlössern und Herrenhäusern der Herzogthümer Schleswig, Holstein und Lauenburg, vorzugsweise aus dem fünfzehnten und sechszehnten Jahrhundert, Hamburg 1862), in: Jahrbücher für die Landeskunde der Herzogthümer Schleswig, Holstein und Lauenburg, hrsg. von der S. H. L. Gesellschaft für vaterländische Geschichte, red. von ***Lehmann***, *Th.*, ***Handelmann***, *Heinrich*, 5. Band, in: Archiv der Schlesw.-Holst.-Lauenb. Gesellschaft für vaterländische Geschichte, 16. Band, Dritte Folge, 5. Band, Kiel 1862, S. 336 – 360, (zit.: *Handelmann*, Anzeige)

***Hansen**, Johannes*, Beiträge zur Geschichte des Getreidehandels und der Getreidehandelspolitik Lübecks, in: Veröffentlichungen zur Geschichte der Freien und Hansestadt Lübeck, hrsg. vom Staatsarchiv zu Lübeck, 1. Band, 1. Heft, Lübeck 1912, (zit.: *Hansen, Joh.*, Beiträge)

***Hansen**, Johann Friderich*, Vollstaendigere Staatsbeschreibung des Herzogthums Schleswig, Flensburg 1770, (zit.: *Hansen, J. F.*, Staatsbeschreibung)

***Hanssen**, Georg*, Die Aufhebung der Leibeigenschaft und die Umgestaltung der gutsherrlich-bäuerlichen Verhältnisse überhaupt in den Herzogthümern Schleswig und Holstein, St. Petersburg 1861, (zit.: *Hanssen*, Aufhebung)

***Hardenberg**, Lambertus*, Zur Frist von Jahr und Tag, in: Zeitschrift der Savigny-Stiftung für Rechtsgeschichte. Germanistische Abteilung, 87. Band, hrsg von ***Kaser**, Max*, ***Kunkel**, Wolfgang*, ***Wieacker**, Franz*, ***Ogris**, Werner*, ***Thieme**, Hans*, ***Bader**, Karl Siegfried*, ***Heckel**, Martin*, ***Nörr**, Knut Wolfgang*, Weimar 1970, S. 287 – 290, (zit.: *Hardenberg*, Frist)

***Hartmann**, Johann Zacharias*, Rechtliches Bedencken in Sachen Claus Kuhlsen und Hans Krusen fuer sich und als Syndicen der Dorffschafft Grossenbrode, Imploranten und Citanten, an einem, wieder den Hochgebohrnen Herren Hrn. Ernst August, des H. R. R. Grafen von Buelow, (...) Imploraten und Citaten, am andern Theil, in puncto diversorum passuum, in specie streitiger Leibeigenschafft und was dem anhängig, Kiel 1743, in: Landrechtliche Erörterungen. Eine Sammlung aelterer Disputationen und anderer kleinen Schriften, die zur Erlaeuterung der Schleswig-Holsteinischen Landesrechte dienen, 1. Band, hrsg. von ***Falck**, Niels Nikolaus*, Schleswig 1836, Nr. XII, S. 489 – 549, (zit.: *Hartmann*, Bedencken)

***Hartmann**, Johann Zacharias*, Dissertatio de praescriptione nunc decennali nunc Saxonica homines proprios nobilium Slesvicensium ac Holsaticorum fugitivos a dominica potestate liberante, ad §. Xv. p. iv. T. v. Constitutionis provincialis Slesvico-Holsaticae, Kiel 1735, in: Landrechtliche Erörterungen. Eine Sammlung aelterer Disputationen und anderer kleinen Schriften, die zur Erlaeuterung der Schleswig-Holsteinischen Landesrechte dienen, 1. Band, hrsg. von ***Falck**, Niels Nikolaus*, Schleswig 1836, Nr. XI, S. 434 – 488, (zit.: *Hartmann*, de praescriptione)

Hattenhauer, *Hans*, Europäische Rechtsgeschichte, 3. Aufl., Heidelberg 1999, (zit.: *Hattenhauer*, Rechtsgeschichte)

Hauschild, *Johann Leonhard*, Juristische Abhandlungen von Bauern und deren Frohndiensten, auch der in Rechten gegruendeten Vermuthung ihrer natuerlichen Freyheit, ingleichen von verschiedenen irrigen oder guten Vorschlaegen zu einer Verbesserung der Justiz, theils anjetzo verbessert, theils ganz neu herausgegeben und mit einem zureichenden Register versehen, Dreßden und Leipzig 1771, (zit.: *Hauschild*, Abhandlungen)

Hausmaninger, *Herbert*, ***Selb***, *Walter*, Römisches Privatrecht, 9. Aufl., unter Mitarbeit von ***Gamauf***, *Richard*, Wien/Köln/Weimar 2001, (zit.: *Hausmaninger/Selb*, Privatrecht)

Hedemann, *Paul* (gen. Heespen), Geschichte der adeligen Güter Deutsch-Nienhof und Pohlsee in Holstein. Drei Teile, 1. Teil, Schleswig 1906, (zit.: *Hedemann*, Geschichte, 1. Teil)

Hedemann-Heespen, *Paul*, Der schleswig-holsteinische Bauer seit der Reformationszeit bis jetzt, Rendsburg 1928, (zit.: *Hedemann-Heespen*, Bauer)

Hedemann-Heespen, *Paul*, Die politischen Grundzüge in der Geschichte der holsteinischen Verwaltung, in: Zeitschrift der Gesellschaft für Schleswig-Holsteinische Geschichte, 49. Band, Leipzig 1919, S. 264 – 278, (zit.: *Hedemann-Heespen*, Grundzüge)

Hedemann-Heespen, *Paul*, Die Herzogtümer Schleswig-Holstein und die Neuzeit, Kiel 1926, (zit.: *Hedemann-Heespen*, Herzogtümer)

Hedemann-Heespen, *Paul*, Kultur und Adel in Schleswig-Holstein während des 18. Jahrhunderts, in: Schleswig-holsteinischer Kunstkalender 1912, hrsg. von ***Sauermann***, *Ernst*, Kiel 1912, S. 27 – 53, (zit.: *Hedemann-Heespen*, Kultur)

Hedemann-Heespen, *Paul*, Schleswig-Holsteins Erbrecht und Agrarverfassung. Eine Buchbesprechung, in: Zeitschrift der Gesellschaft für Schleswig-Holsteinische Geschichte, hrsg. von ***Fischer-Benzon***, *Rudolph*, 39. Band, Leipzig 1909, S. 301 – 319, (zit.: *Hedemann-Heespen*, Buchbesprechung)

Hedemann-Heespen, *Paul*, Die Slaven. Die Leibeigenschaft. Die adeligen Güter, in: Heimatbuch des Kreises Rendsburg, hrsg. von ***Kleen***, *Jürgen*, ***Reimer***, *Georg*, ***Hedemann-Heespen***, *Paul*, Rendsburg 1922, S. 313 – 335, (zit.: *Hedemann-Heespen*, Slaven)

Helmoldus** Presbyter Bozoviensis*, Cronica Slavorum (Helmolds Slavenchronik), Anhang: Die Verse über das Leben Vicelins und der Brief Sidos, in: Scriptores rerum Germanicarum in usum scholarum ex Monumentis Germaniae Historicis separatum editi, hrsg. vom Reichsinstitut für Ältere Deutsche Geschichtskunde, bearb. von ***Schmeidler, *Bernhard*, 32. Band, Hannover 1937, (zit.: *Helmold*, Slavenchronik)

Hennings, *Christian Wilhelm Carl*, Huelfs-Buch der vaterlaendischen Rechte des Herzogthums Holstein, 1. Band, Itzehoe 1821, (zit.: *Hennings*, Huelfs-Buch, 1. Band)

Hillmann, *Helmut*, Das Gericht als Ausdruck deutscher Kulturentwicklung im Mittelalter. Ein geistesgeschichtlicher Versuch als Beitrag zur Geschichte des ostsächsischen Rechtes auf Grund des Sachsenspiegels und des Magdeburger Rechts, in: Deutschrechtliche Forschungen, hrsg. von ***Kisch***, *Guido*, 2. Heft, Stuttgart 1930, (zit.: *Hillmann*, Gericht)

Hincmarus** Remensis*, De ordine palatii, in: Fontes Iuris Germanici antiqui in usum scholarum ex Monumentis Germaniae Historicis separatum editi, Nr. 3, bearb bzw. hrsg. von ***Krause, *Victor*, Hannover und Leipzig 1894, (zit.: *Hincmarus*, de ordine)

Hudtwalcker, *C. M.*, Ueber die Landschulen in den adlichen Guetern Holsteins, ihre Hauptmaengel, und die Mittel ihnen abzuhelfen; nebst einer Nachricht von einer neuen Schuleinrichtung in dem Gute Ranzau, in: Schleswig-Holsteinische Provinzialberichte 1794, 1. Band, Altona und Kiel 1794, S. 39 – 57, (zit.: *Hudtwalcker*, Landschulen)

Ipsen, *Adolf*, Die alten Landtage der Herzogthümer Schleswig-Holstein von 1588 – 1675. Nach den handschriftlichen Landtagsacten bearbeitet, Kiel 1852, (zit.: *Ipsen*, Landtage)

Jarchov, *Otto*, Von der Leibeigenschaft im Amt Ahrensbök, in: Jahrbuch für Heimatkunde. Eutin 1979, hrsg. vom Verband zur Pflege und Förderung der Heimatkunde im Eutinischen e. V., Eutin 1979, S. 42 – 49, (zit.: *Jarchov*, Leibeigenschaft)

Jessen, *Jens*, Die Entstehung und Entwicklung der Gutswirtschaft in Schleswig-Holstein bis zu dem Beginn der Agrarreformen, in: Zeitschrift der Gesellschaft für Schleswig-Holsteinische Geschichte, 51. Band, Leipzig 1922, S. 1 – 206, (zit.: *Jessen*, Entstehung)

Jochims, *(Jacob (?))*, Bemerkungen ueber des Hrn. Prof. Schraders Materialien die Aufhebung der Leibeigenschaft in Schleswig und Holstein betreffend. (Pr. Ber. 1797. Heft III. S. 232 – 303)

1. Teil, in: Schleswig-Holsteinische Provinzialberichte 1798, 1. Band, Altona und Kiel 1798, S. 249 – 265 (zit.: *Jochims*, Bemerkungen, 1. Teil)

2. Teil, in: Schleswig-Holsteinische Provinzialberichte 1798, 2. Band, Altona und Kiel 1798, S. 164 – 202 (zit.: *Jochims*, Bemerkungen, 2. Teil)

Johannsen, *Hans*, Bildung der Gutswirtschaften und die Entwicklung der Leibeigenschaft, in: Stormarn. Der Lebensraum zwischen Hamburg und Lübeck. Eine Landes- und Volkskunde als Gemeinschaftsarbeit Stormarner Heimatfreunde, hrsg. von ***von Wülfingen***, *Constantin Bock*, ***Frahm***, *Walter*, Hamburg 1938, S. 305 – 322, (zit.: *Johannsen*, Bildung)

Jordan-Rozwadowski, *Jan*, Die Bauern des 18. Jahrhunderts und ihre Herren im Lichte der neuesten deutschen Forschungen, in: Jahrbücher für Nationalökonomie und Statistik, gegr. von ***Hildebrand***, *Bruno*, hrsg. von ***Conrad***, *Johannes*, in Verbindung mit ***Loening***, *Edgar*, ***Lexis***, *Wilhelm*, 75. Band (III. Folge, 20. Band), Jena 1900, S. 337 – 368, 478 – 514 (zit.: *Jordan-Rozwadowski*, Bauern)

Kaak, *Heinrich*, Die Gutsherrschaft. Theoriegeschichtliche Untersuchungen zum Agrarwesen im ostelbischen Raum, in: Veröffentlichungen der Historischen Kommission zu Berlin, 79. Band, Berlin/New York 1991, (zit.: *Kaak*, Gutsherrschaft)

Kähler, *Otto*, Das Schleswig-Holsteinische Landesrecht. Eine Darstellung des in Schleswig, Holstein und Lauenburg noch geltenden Sonderrechts, 2. Aufl., Glückstadt 1923, (zit.: *Kähler*, Landesrecht)

Kamphövener, *Hieronimus*, Beschreibung der bereits vollführten Niederlegungen Königlicher Domainen-Güter in den Herzogthümern Schleswig und Holstein. Womit zugleich die Aufhebung der Leibeigenschaft, wo sie Statt gefunden hat, verbunden gewesen ist, Kopenhagen 1787, (zit.: *Kamphövener*, Beschreibung)

Kaser, *Max*, fortgef. von ***Knütel***, *Rolf*, Römisches Privatrecht, 17. Aufl. München 2003, (zit.: *Kaser/Knütel*, Privatrecht)

Kaser, *Max*, Das römische Privatrecht

1. Abschnitt. Das altrömische, das vorklassische und klassische Recht, 2. Aufl., in: Rechtsgeschichte des Altertums, in: Handbuch der Altertumswissenschaft, begr. von ***Müller***, *Iwan*, erw. von ***Otto***, *Walter*, fortgef. von ***Bengtson***, *Hermann*, 10. Abteilung, 3. Teil, 3. Band, 1. Abschnitt, München 1971, (zit.: *Kaser*, Privatrecht, 1. Abschnitt)

2. Abschnitt. Die nachklassischen Entwicklungen, 2. Aufl. (mit Nachträgen zum Ersten Abschnitt), in: Rechtsgeschichte des Altertums, in: Handbuch der Altertumswissenschaft, begr. von ***Müller***, *Iwan*, erw. von ***Otto***, *Walter*, fortgef. von ***Bengtson***, *Hermann*, 10. Abteilung, 3. Teil, 3. Band, 2. Abschnitt, München 1975, (zit.: *Kaser*, Privatrecht, 2. Abschnitt)

Kern, *Eduard*, Geschichte des Gerichtsverfassungsrechts, München und Berlin 1954, (zit.: *Kern*, Geschichte)

Kinder, *Christian*, Die Gründe für die Entstehung und Aufhebung der Leibeigenschaft im ehemaligen Amte Plön. (Eine rechtsgeschichtliche Abhandlung.), Plön 1923, (zit.: *Kinder*, *Chr.*, Gründe)

Kinder, *Johann Christian*, Urkundenbuch zur Chronik der Stadt Plön. Urkunden und Akten, gesammelt und mit Erläuterungen versehen, Plön 1890, (zit.: *Kinder*, *Joh. Chr.*, Urkundenbuch)

Kindlinger, *Niklas*, Geschichte der deutschen Hörigkeit, insbesondere der sogenannten Leibeigenschaft. Mit Urkunden, Berlin 1819 (Neudruck: Aalen 1968), (zit.: *Kindlinger*, Geschichte)

Klein-Bruckschwaiger, *Franz*, Jahr und Tag, in: Zeitschrift der Savigny-Stiftung für Rechtsgeschichte. Germanistische Abteilung, 67. Band, hrsg. von

Mitteis, *Heinrich* in Verbindung mit anderen Gelehrten, Weimar 1950, S. 441 – 446, (zit.: *Klein-Bruckschwaiger*, Jahr)

Klußmann, *Jan*, „Wo sie frey seyn, und einen besseren Dienst haben sollte". Flucht aus der Leibeigenschaft in Schleswig-Holstein in der zweiten Hälfte des 18. Jahrhunderts, in: Konflikt und Kontrolle in Gutsherrschaftsgesellschaften. Über Resistenz- und Herrschaftsverhalten in ländlichen Sozialgebilden der Frühen Neuzeit, hrsg. von ***Peters***, *Jan*, Redaktion: ***Krug-Richter***, *Barbara*, ***Schattkowsky***, *Martina*, in: Veröffentlichungen des Max-Planck-Instituts für Geschichte, 120. Band, Göttingen 1995, S. 118 – 152, (zit.: *Klußmann*, Flucht)

Klußmann, *Jan*, „Sie würden eher nicht schweren, bis sie ihre Herrschaft gesehen". Herrschaftsbeziehungen in ostholsteinischen Gütern im Spiegel der Untertanenhuldigung, in: Historische Anthropologie. Kultur · Gesellschaft · Alltag, hrsg. von ***Dülmen***, *Richard* u. a., 6. Jahrgang (1998), Korrigierte Fassung, Köln/Weimar/Wien 1998, S. 33 – 54, (zit.: ***Klußmann***, Herrschaftsbeziehungen)

Klußmann, *Jan*, Lebenswelten und Identitäten adliger Gutsuntertanen. Das Beispiel des östlichen Schleswig-Holsteins im 18. Jahrhundert, in: Kieler Werkstücke, Reihe G: Beiträge zur Frühen Neuzeit, hrsg. von ***Mörke***, *Olaf*, 2. Band, Frankfurt a. M. 2002, (zit.: *Klußmann*, Lebenswelten)

Klußmann, *Jan*, Leibeigenschaft im frühneuzeitlichen Schleswig-Holstein: Rechtliche Entwicklung, öffentlicher Diskurs und bäuerliche Perspektive, in: Leibeigenschaft. Bäuerliche Unfreiheit in der frühen Neuzeit, hrsg. von ***Klußmann***, *Jan*, in: Potsdamer Studien zur Geschichte der ländlichen Gesellschaft, hrsg. von ***Peters***, *Jan*, 3. Band, Köln/Weimar/Wien 2003, S. 213 – 240, (zit.: *Klußmann*, Leibeigenschaft)

Knapp, *Georg Friedrich*, Die Bauern-Befreiung und der Ursprung der Landarbeiter in den älteren Theilen Preußens, 1. Theil: Ueberblick der Entwicklung, Leipzig 1887 (zit.: *Knapp*, *G. F.*, Bauern-Befreiung, 1. Theil)

Knapp, *Theodor*, Ueber Leibeigenschaft in Deutschland seit dem Ausgang des Mittelalters, in: Zeitschrift der Savigny-Stiftung für Rechtsgeschichte. Germanistische Abtheilung, 19. Band (XXXII. Band der Zeitschrift für Rechtsgeschichte), hrsg. von ***Bekker***, *Ernst Immanuel*, ***Pernice***, *Alfred*,

Schröder, *Richard*, ***Brunner***, *Heinrich*, ***Stutz***, *Ulrich*, Weimar 1898, S. 16 – 51, (zit.: *Knapp, T.*, Leibeigenschaft)

Kochendörffer, *Heinrich*, Das adlige Landgericht in Schleswig-Holstein, in: Nordelbingen. Beiträge zur Heimatforschung in Schleswig-Holstein, Hamburg und Lübeck, 3. Band, hrsg. von ***Dammann***, *Walter Heinrich*, ***Schmidt***, *Harry*, Flensburg 1924, S. 325 – 340, (zit.: *Kochendörffer*, Landgericht)

Koppe, *Wilhelm*, Die wirtschaftliche Lage des holsteinischen Adels im 15. Jahrhundert, in: Dat se bliven ewich tosamende ungedelt. Festschrift der Schleswig-Holsteinischen Ritterschaft zur 500. Wiederkehr des Tages von Ripen am 5. März 1960, hrsg. von ***Rumohr***, *Henning*, Neumünster 1960, S. 153 – 178, (zit.: *Koppe*, Lage)

Kramer, *Karl-Sigismund*, Gutsherrliche Gerichtsbarkeit um 1780, in: Staatsdienst und Menschlichkeit. Studien zur Adelskultur des späten 18. Jahrhunderts in Schleswig-Holstein und Dänemark, hrsg. von ***Degn***, *Christian*, ***Lohmeier***, *Dieter*, in: Kieler Studien zur deutschen Literaturgeschichte, 14. Band, hrsg. von ***Trunz***, *Erich*, ***Lohmeier***, *Dieter*, Neumünster 1980, S. 89 – 101, (zit.: *Kramer*, Gerichtsbarkeit)

Kramer, *Karl-Sigismund*, Volksleben in Holstein (1550 – 1800). Eine Volkskunde aufgrund archivalischer Quellen, 2. Aufl., Kiel 1990, (zit.: *Kramer*, Volksleben)

Kramer, *Karl-Sigismund*, ***Wilkens***, *Ulrich*, Volksleben in einem holsteinischen Gutsbezirk. Eine Untersuchung aufgrund archivalischer Quellen, in: Studien zur Volkskunde und Kulturgeschichte Schleswig-Holsteins, hrsg. vom Seminar für Volkskunde der Christian-Albrechts-Universität Kiel, 4. Band, Neumünster 1979, (zit.: *Kramer/ Wilkens*, Gutsbezirk)

Kreller, *Hans*, Römisches Recht, 2. Band. Grundlehren des gemeinen Rechts. Romanistische Einführung in das geltende Privatrecht, in: Rechts- und Staatswissenschaften, hrsg. von ***Adamovich***, *L*, ***Verdross***, *A*, ***Wolff***, *K*, 9. Band, Wien 1950, (zit.: *Kreller*, Recht, 2. Band)

Kuhn, *Heinrich*, Zur Geschichte der Volksgerichte in Holstein, in: Archiv für Beiträge zum deutschen, schweizerischen und skandinavischen Privatrechte, hrsg. von ***Haff***, *Karl*, 5. Heft, Mannheim/Berlin/Leipzig 1926, (zit.: *Kuhn*, Geschichte)

Lackmann, *Adam Henrich*, Einleitung zur Schleswig-Holsteinischen Historie, und zwar Zeitwaehrender Regierung des herrlich ausgebreiteten und noch bluehenden Oldenburgischen Stammes, aus beglaubten Geschicht-Schreibern, auch zum Theil ungedruckten Urkunden, bis zum Anfang des XVIII. Jahr-Hunderts mitgetheilet, und durch und durch mit Anmerckungen begleitet, 2. Theil, Hamburg 1733, (zit.: *Lackmann*, Einleitung, 2. Theil)

Lange, *Ulrich*, Die politischen Privilegien der schleswig-holsteinischen Stände 1588 – 1675. Veränderung von Normen politischen Handelns, in: Quellen und Forschungen zur Geschichte Schleswig-Holsteins, hrsg. von der Gesellschaft für Schleswig-Holsteinische Geschichte, 75. Band, Neumünster 1980, (zit.: *Lange*, Privilegien)

Laufs, *Adolf* (Hrsg.), Die Reichskammergerichtsordnung von 1555, unter Mitarbeit von ***Belouschek***, *Christa*, ***Dick***, *Bettina*, eingeleitet von ***Laufs***, *Adolf*, in: Quellen und Forschungen zur Höchsten Gerichtsbarkeit im Alten Reich, 3. Band, hrsg. von ***Diestelkamp***, *Bernhard*, ***Eisenhardt***, *Ulrich*, ***Gudian***, *Gunter*, ***Laufs***, *Adolf*, ***Sellert***, *Wolfgang*, Köln/Wien 1976, (zit.: *Laufs*, Reichskammergerichtsordnung)

Lehmann, Heinz, Die deutsche Kanzlei zu Kopenhagen als Vorkämpferin des Absolutismus in Dänemark und als Verwaltungszweig innerhalb des dänischen Verwaltungssystems bis 1676, Hamburg 1936, (zit.: *Lehmann, H.*, Kanzlei)

Lehmann, *Johann Gottfried*, Ausfuerliche Anmerkungen/ ueber das so genannte Holsten Land-Recht/ aus den bewertesten Altertuemern Der Sprache/ Runschrifften/ ehemaligen Gebraeuche und Landes ueblichen Satzungen/ nicht minder den besondern und gemeinen/ Schleßwig-Holsteinischen/ alten Saechßischen/ ehezeitigen Deutschen/ Reichs-Roemisch- und Paebstl. Gesetzen/ Abschieden und Rechts-Samlungen auch anderweitigen Herrschafftlichen Verordnungen mit Fleis zusammen getragen/ und nebst einigen Beylagen und hinlaenglichem Register außgefertiget, Glueckstadt 1735, (zit.: *Lehmann, J. G.*, Anmerkungen)

Leister, *Ingeborg*, Rittersitz und adliges Gut in Holstein und Schleswig, in: Schriften des Geographischen Instituts der Universität Kiel, hrsg. von ***Schmieder***, *Oskar*, ***Wenzel***, *Hermann*, ***Wilhelmy***, *Herbert*, ***Schott***, *Carl*, 14. Band, Heft 2, Kiel 1952, (zit.: *Leister*, Rittersitz)

Lorenzen-Schmidt, *Klaus-Joachim*, Gutsherrschaft über reiche Bauern. Übersicht über bäuerliche Widerständigkeit in den Marschgütern an der Westküste Schleswig-Holsteins und Jütlands, in: Gutsherrschaft als soziales Modell. Vergleichende Betrachtungen zur Funktionsweise frühneuzeitlicher Agrargesellschaften, hrsg. von ***Peters***, *Jan*, Redaktion: ***Lubinski***, *Axel*, in: Historische Zeitschrift, Beihefte (Neue Folge), hrsg. von ***Gall***, *Lothar*, 18. Band, München 1995, S. 261 – 278, (zit.: *Lorenzen-Schmidt*, Gutsherrschaft)

Luenig, *Johann Christian*, Das Teutsche Reichs-Archiv, Leipzig 1710 bis 1722 Pars specialis, Continuatio II, Leipzig 1712, (zit.: *Luenig*, Reichs-Archiv, Pars spec., Cont. II)

Lupprian, *Heinz*, Geschichte und wesentliche Grundsätze der revidierten Landgerichtsordnung von 1636. Ein Beitrag zur Geschichte des Rechtsganges in Schleswig-Holstein, in: Zeitschrift der Gesellschaft für Schleswig-Holsteinische Geschichte, hrsg. von ***Pauls***, *Volquart*, 73. Band, Neumünster 1949, S. 232 – 254, (zit.: *Lupprian*, Geschichte)

Meitzen, *August*, ***Grossmann***, *Friedrich*, Der Boden und die landwirthschaftlichen Verhältnisse des Preussischen Staates, 6. Band, Berlin 1901, (zit.: *Meitzen/Grossmann*, Boden)

Mevius, *David*, Ein kurtzes Bedencken ueber die Fragen So Von dem Zustand Abforderung und verwiederter Abfolge der Baurs-Leute zu welchen jemand Zuspruch zu haben vermeynet bey jetzigen Zeiten entstehen und vorkommen Worinn die gantze Materie von Natur und Eigenschafft der Leibeigenen wozu Sie dero Eigenthums-Herren und diese hinwiederumb Ihnen verbunden wie einer gegen den andern zu seiner Befugnueß gelangen könne und was für ein Process dabey zu observiren sey kurtz und deutlich fürgestellet wird, Wismar 1685, (zit.: *Mevius*, Bedencken)

Mevius, *David*, Commentarii in Jus Lubecense Libri Quinque Ad explicationem ejusdem solidam, pro docenda vera Statutorum ratione, exponendis eorum

Recessibus & informando fori usu, ante aliquot annos conscripti, nunc ex quibusdam notis, observationibus & additionibus multo auctiores, adjectis etiam quibusdam super controversiis istius Juris Responsis, 4. Aufl., Frankfurt und Leipzig 1700, (zit.: *Mevius*, Commentarii)

Michelsen, *Andreas Ludwig Jakob*, Ueber die vormalige Landesvertretung in Schleswig-Holstein, mit besonderer Ruecksicht auf die Aemter und Landschaften. Eine historisch-publicistische Eroerterung. Mit Urkunden, Hamburg 1831, in: Kleine schleswig-holsteinische Schriften, 18. Band, Nr. 2, (zit.: *Michelsen*, Landesvertretung)

Moltke, *Adam Gottfried Detlev*, Einiges ueber die Verfassung Schleswig-Holsteins und die Ritterschaft als eine in fortwaehrender Wirksamkeit bestehende Landstandschaft, Luebeck 1833, (zit.: *Moltke*, Verfassung)

Nitzsch, *Karl Wilhelm*, Zur Geschichte der gutsherrlich-bäuerlichen Verhältnisse. Ein kritischer Nachtrag zu „Hanssen, die Aufhebung der Leibeigenschaft", in: Jahrbücher für die Landeskunde der Herzogthümer Schleswig, Holstein und Lauenburg, hrsg. von der S. H. L. Gesellschaft für vaterländische Geschichte, red. von ***Lehmann***, *Th.*, ***Handelmann***, *Heinrich*, 5. Band, in: Archiv der Schlesw.-Holst.-Lauenb. Gesellschaft für vaterländische Geschichte, 16. Band, Dritte Folge, 5. Band, Kiel 1862, S. 97 – 118, (zit.: *Nitzsch*, Geschichte)

North, *Michael*, Die frühneuzeitliche Gutswirtschaft in Schleswig-Holstein. Forschungsüberblick und Entwicklungsfaktoren, in: Blätter für deutsche Landesgeschichte. Neue Folge des Korrespondenzblattes. Im Auftrage des Gesamtvereins der deutschen Geschichts- und Altertumsvereine, hrsg. von ***Janssen***, *Wilhelm* in Zusammenarbeit mit ***Renger***, *Christian*, ***Romeyk***, *Horst*, 126. Jahrgang, Düsseldorf bzw. Neustadt/Aisch 1990, S. 223 – 242, (zit.: *North*, Gutswirtschaft)

Nowak, *Elisabeth*, Die Verbreitung und Anwendung des Sachsenspiegels nach den überlieferten Handschriften, Hamburg 1965, (zit.: *Nowak*, Verbreitung)

Oldekop, *Henning*, Topographie des Herzogtums Holstein einschließlich Kreis Herzogtum Lauenburg, Fürstentum Lübeck, Enklaven (8) der freien und Hansestadt Lübeck, Enklaven (4) der freien und Hansestadt Hamburg

1. Band, Kiel 1908, (zit.: *Oldekop*, Topographie, 1. Band)

2. Band, Kiel 1908, (zit.: *Oldekop*, Topographie, 2. Band)

Pauls, *Volquart*, Die holsteinische Lokalverwaltung im 15. Jahrhundert

1. Teil, in: Zeitschrift der Gesellschaft für Schleswig-Holsteinische Geschichte, hrsg. von ***Fischer-Benzon***, *Rudolph*, 38. Band, Leipzig 1908, S. 1 – 88, (zit.: *Pauls*, Lokalverwaltung, 1. Teil)

2. Teil, in: Zeitschrift der Gesellschaft für Schleswig-Holsteinische Geschichte, 43. Band, Leipzig 1913, S. 1 – 255, (zit.: *Pauls*, Lokalverwaltung, 2. Teil); ebenfalls erschienen ist der erste Teil der Arbeit unter dem Titel „Die holsteinischen Ämter und der Amtmann im 15. Jahrhundert“, in: Kleine schleswig-holsteinische Schriften, 2. Band, Nr. 2, Kiel 1908

Paulsen, *Paul Detlev Christian*, Lehrbuch des Privat-Rechts der Herzogthümer Schleswig und Holstein, wie auch des Herzogthums Lauenburg, 2. Aufl., Kiel 1842, (zit.: *Paulsen*, Lehrbuch)

Posselt, (*Vorname unbekannt*, Klostervogt in Schönberg), Ueber die rechtlichen und communalen Verhältnisse der klösterlich Preetzer Probstei, in: Archiv für Geschichte, Statistik, Kunde der Verwaltung und Landesrechte der Herzogthümer Schleswig, Holstein und Lauenburg, hrsg. von ***Falck***, *Nikolaus*, in: Staatsbürgerliches Magazin, 3. Folge, 1. Band, Kiel 1842, S. 51 – 78, (zit.: *Posselt*, Verhältnisse)

Prange, *Wolfgang*, Die Anfänge der großen Agrarreformen in Schleswig-Holstein bis um 1771, in: Quellen und Forschungen zur Geschichte Schleswig-Holsteins, hrsg. von der Gesellschaft für Schleswig-Holsteinische Geschichte, 60. Band, Neumünster 1971, (zit.: *Prange*, Anfänge)

Prange, *Wolfgang*, Einige Bemerkungen über Leibeigenschaftsprozesse, in: Zeitschrift der Gesellschaft für Schleswig-Holsteinische Geschichte, hrsg. von ***Klose***, *Olaf*, 95. Band, Neumünster 1970, S. 237 – 240, (zit.: *Prange*, Bemerkungen)

Prange, *Wolfgang*, Die Entwicklung der adligen Eigenwirtschaft in Schleswig-Holstein, in: Die Grundherrschaft im späten Mittelalter I, hrsg. von ***Patze***, *Hans*, in: Vorträge und Forschungen, 27. Band, hrsg. vom Konstanzer Arbeitskreis für mittelalterliche Geschichte, Sigmaringen 1983, S. 519 – 553, (zit.: *Prange*, Entwicklung)

Prange, *Wolfgang*, Flucht aus der Leibeigenschaft, in: Das Recht der kleinen Leute. Beiträge zur rechtlichen Volkskunde. Festschrift für Karl-Sigismund Kramer zum 60. Geburtstag, hrsg. von ***Köstlin***, *Konrad*, ***Sievers***, *Kai Detlev*, Berlin 1976, S. 166 – 178, (zit.: *Prange*, Flucht)

Prange, *Wolfgang*, Der Freikauf des Dorfes Barkau aus der Leibeigenschaft 1735, in: Jahrbuch für Heimatkunde. Eutin 1986, 20. Jahrgang, hrsg. vom Verband zur Pflege und Förderung der Heimatkunde im Eutinischen e. V., Eutin 1986, S. 16 – 30, (zit.: *Prange*, Freikauf)

Prange, *Wolfgang*, Das Adlige Gut in Schleswig-Holstein im 18. Jahrhundert, in: Staatsdienst und Menschlichkeit. Studien zur Adelskultur des späten 18. Jahrhunderts in Schleswig-Holstein und Dänemark, hrsg. von ***Degn***, *Christian*, ***Lohmeier***, *Dieter*, in: Kieler Studien zur deutschen Literaturgeschichte, 14. Band, hrsg. von ***Trunz***, *Erich*, ***Lohmeier***, *Dieter*, Neumünster 1980, S. 57 – 75, (zit.: *Prange*, Gut)

Prange, *Wolfgang*, Christoph Rantzau auf Schmoel und die Schmoeler Leibeigenschaftsprozesse, in: Quellen und Forschungen zur Geschichte Schleswig-Holsteins, 49. Band, hrsg. von der Gesellschaft für Schleswig-Holsteinische Geschichte, Neumünster 1965, (zit.: *Prange*, Leibeigenschaftsprozesse)

Prange, *Wolfgang*, Schleswig-Holstein und das Reichskammergericht in dessen ersten fünfzig Jahren. Erweiterte und veränderte Fassung des Vortrags vom 22. Oktober 1998 im Stadthaus am Dom zu Wetzlar, in: Schriftenreihe der Gesellschaft für Reichskammergerichtsforschung, Heft 22, hrsg. von der Gesellschaft für Reichskammergericht e.V., Redaktion: ***Baumann***, *Anette*, Wetzlar 1998, (zit.: *Prange*, Schleswig- Holstein)

Qualen, *Josias*, Beschreibung eines Adelichen Guths in Holstein nebst einigen Betrachtungen, o. O. 1760, abgedruckt im Anhang von: Staatsdienst und Menschlichkeit. Studien zur Adelskultur des späten 18. Jahrhunderts in Schleswig-Holstein und Dänemark, hrsg. von ***Degn***, *Christian*, ***Lohmeier***, *Dieter*, in: Kieler Studien zur deutschen Literaturgeschichte, 14. Band, hrsg. von ***Trunz***, *Erich*, ***Lohmeier***, *Dieter*, Neumünster 1980, S. 307 – 384, (zit.: *Qualen*, Beschreibung)

Rabe, *Hannah*, Das Problem Leibeigenschaft. Eine Untersuchung über die Anfänge einer Ideologisierung und des verfassungsrechtlichen Wandels von Freiheit und Eigentum im deutschen Bauernkrieg, in: Vierteljahrschrift für Sozial- und Wirtschaftsgeschichte, Beihefte, hrsg. von ***Brunner***, *Otto*, ***Kellenbenz***, *Hermann*, ***Maschke***, *Erich*, ***Pohl***, *Hans*, ***Zorn***, *Wolfgang*, Nr. 64, Wiesbaden 1977, (zit.: *Rabe*, Problem)

Rachfahl, *Felix*, Schleswig-Holstein in der deutschen Agrargeschichte, in: Jahrbücher für Nationalökonomie und Statistik, gegr. von ***Hildebrand***, *Bruno*, hrsg. von ***Conrad***, *Johannes*, in Verbindung mit ***Loening***, *Edgar*, ***Lexis***, *Wilhelm*, ***Waentig***, *Heinrich*, 93. Band (III. Folge, 38. Band), Jena 1909, S. 433 – 470, (zit.: *Rachfahl*, Schleswig-Holstein)

Rantzau, *Hans*, Antwort eines alten Patrioten, auf die Anfrage eines jungen Patrioten, wie der Bauernstand und die Wirthschaft der adlichen Gueter in Holstein zu verbessern sey, in: Sammlung der wichtigsten Abhandlungen zur Erlaeuterung der vaterlaendischen Geschichte und des vaterlaendischen Rechts, welche in den Schleswig-Holsteinischen Anzeigen erschienen sind, 5. Band, hrsg. von ***Falck***, *Nikolaus*, Tondern 1828, S. 332 – 357, (zit.: *Rantzau*, Antwort)

Rantzau, *Heinrich*, Cimbricae chersonesi ejusdem partium, urbium, insularum et fluminum nec non Cimbrorum originis, nominis, fortitudinis, fidelitatis rerumque gestarum quatuor libris comprehensa descriptio nova, o. O. 1597, in: Heinrich Rantzau (1526 – 1598). Königlicher Statthalter in Schleswig und Holstein. Ein Humanist beschreibt sein Land. Eine Ausstellung im Landesarchiv Schleswig-Holstein, in: Veröffentlichungen des Schleswig-Holsteinischen Landesarchivs, 64. Band, Schleswig 1999, S. 95 – 161 (bzw. S. 197 – 301 (deutsche Übersetzung)), (zit.: *Rantzau*, descriptio)

Ratjen, *Henning*, Einige Bemerkungen über G. Hanssen, die Aufhebung der Leibeigenschaft usw. in Schleswig und Holstein. Petersb. 1861, in: Jahrbücher für die Landeskunde der Herzogthümer Schleswig, Holstein und Lauenburg, hrsg. von der S. H. L. Gesellschaft für vaterländische Geschichte, red. von ***Lehmann***, *Th.*, ***Handelmann***, *Heinrich*, 4. Band, in: Archiv der Schlesw.-Holst.-Lauenb. Gesellschaft für vaterländische Geschichte, 15. Band, Dritte Folge, 4. Band, Kiel 1861, S. 348 – 373, (zit.: *Ratjen*, Bemerkungen)

Rawitscher, *Georg*, Erb- und Zeitpächter auf den adligen Gütern der Ostküste Schleswig-Holsteins mit besonderer Berücksichtigung der Landschaften Angeln und Schwansen, in: Zeitschrift der Gesellschaft für Schleswig-Holsteinische Geschichte, 42. Band, Leipzig 1912, S. 1 – 165, (zit.: *Rawitscher*, Erb- und Zeitpächter)

Reinkingk, *Theodor* (bzw. *Dietrich*), Promptuarium ueber die revidirte Land-Gerichts-Ordnung, gebraeuchliche Constitutionen und Edicten, Nach alphabetischer Ordnung mit dienlichen Notis und allgirten Usantz, wie auch Praejudiciis erlaeutert und mit Registern versehen, 2. Aufl., Hamburg 1749, (zit.: *Reinkingk*, Promptuarium)

Reuter, *Christian*, Die nordelbische Politik der Karolinger, in: Zeitschrift der Gesellschaft für Schleswig-Holsteinische Geschichte, hrsg. von ***Fischer-Benzon***, *Rudolph*, 39. Band, Leipzig 1909, S. 233 – 252, (zit.: *Reuter, Chr.*, Politik)

Reuter, *Hermann*, Die ordentliche Bede der Grafschaft Holstein. (Bis zur Mitte des 14. Jahrhunderts.), in: Zeitschrift der Gesellschaft für Schleswig-Holsteinische Geschichte, 35. Band, hrsg. von ***Fischer-Benzon***, *Rudolph*, Kiel 1905, S. 151 – 212, (zit.: *Reuter, H.*, Bede), ebenfalls erschienen in: Kleine schleswig-holsteinische Schriften, 2. Band, Nr. 1, Kiel 1905

Rogge, *Karl August*, Ueber das Gerichtswesen der Germanen. Ein Germanistischer Versuch, Halle 1820, (zit.: *Rogge*, Gerichtswesen)

Rörig, *Fritz*, Agrargeschichte und Agrarverfassung Schleswig-Holsteins, vornehmlich Ostholsteins. Mit einer urkundlichen Beilage, in: Zeitschrift des Vereins für Lübeckische Geschichte und Altertumskunde, 14. Band, 1. Heft, Lübeck 1912, S. 137 – 150, (zit.: *Rörig*, Agrargeschichte)

Rudolf, *Hans Ulrich*, Grundherrschaft und Freiheit im Mittelalter, Düsseldorf 1976, (zit.: *Rudolf*, Grundherrschaft)

Rüder, *Friedrich August*, Blicke in das Ständewesen und in die Entwicklung der Landes- und Gutshoheit in Holstein, Kiel 1817, (zit.: *Rüder*, Blicke)

Runde, *Justus Friedrich*, Grundsätze des allgemeinen deutschen Privatrechts, Göttingen 1791, (zit.: *Runde*, Grundsätze)

Runge, *Georg Alfred*, Gerichtsverfassung und Rechtsordnung in Schleswig und Holstein bis 1867, in: Schleswig-Holsteinische Anzeigen. Justizministerialblatt für Schleswig-Holstein, hrsg. vom Justizminister des Landes Schleswig-Holstein in Kiel, Schriftleitung: Präsident des Schleswig-Holsteinischen Oberlandesgerichts, Teil A, 236. Jahrgang, Kiel 1989, S. 149 – 152, (zit.: *Runge*, Gerichtsverfassung)

Sailer, *Rita*, Untertanenprozesse vor dem Reichskammergericht. Rechtsschutz gegen die Obrigkeit in der zweiten Hälfte des 18. Jahrhunderts, in: Quellen und Forschungen zur Höchsten Gerichtsbarkeit im Alten Reich, 33. Band, hrsg. von ***Battenberg***, *Friedrich*, ***Diestelkamp***, *Bernhard*, ***Eisenhardt***, *Ulrich*, ***Gudian***, *Gunter*, ***Laufs***, *Adolf*, ***Sellert***, *Wolfgang*, Köln/Weimar/Wien 1999, (zit.: *Sailer*, Untertanenprozesse)

Sarauw, *Carl Friedrich Wilhelm*, Geschichtliche Forschung ueber die Gueltigkeit des Roemisch-Justiannischen Rechts im Herzogthum Schleswig, in: Neues Staatsbürgerliches Magazin, mit besonderer Ruecksicht auf die Herzogthümer Schleswig, Holstein und Lauenburg, hrsg. von ***Falck***, *Nikolaus*, 8. Band, 2. Heft, Schleswig 1839, S. 394 – 456, (zit.: *Sarauw*, Forschung)

Schmidt, *Christoph*, Leibeigenschaft im Ostseeraum. Versuch einer Typologie, Köln/Weimar/Wien 1997, (zit.: *Schmidt*, *C.*, Leibeigenschaft)

Schmidt, *Gustav Heinrich*, Zur Agrargeschichte Lübecks und Ostholsteins. Studien nach archivalischen Quellen, Zürich 1887, in: Kleine Schleswig-Holsteinische Schriften, Band 1, Nr. 1, (zit.: *Schmidt*, *G. H.*, Agrargeschichte)

Schmidt, *Hermann*, Die Glückstädter Regierungs- und Justizkanzlei des königlichen Anteils in den Herzogtümern Schleswig und Holstein 1648 – 1774, in: Zeitschrift der Gesellschaft für Schleswig-Holsteinische Geschichte, hrsg. von ***Meyer***, Arnold Oskar, 48. Band, Leipzig 1918, S. 297 – 381, (zit.: *Schmidt, H.*, Regierungs- und Justizkanzlei)

Scholtz, *(Vorname unbekannt*, Pastor zu Cappeln), Notizen, das im Kieler adelichen Güterdistricte belegene Kirchspiel Bovenau betreffend, in: Schleswig-Holstein-Lauenburgsche Provinzialberichte 1824, 3. Quartalheft, Altona 1824, S. 61 – 80, (zit.: *Scholtz*, Notizen)

Schrader, *Ludwig Albrecht Gottfried*, Handbuch der vaterländischen Rechte in den Herzogthümern Schleswig und Holstein, oder concentrirte und geordnete Sammlung der merkwürdigsten Rechts-Sätze aus den Verordnungen, Placaten, Rescripten und Landes-Gewohnheiten in den Herzogthümern Schleswig und Holstein, der Herrschaft Pinneberg, und der Graffschaft Ranzau. Nebst deren nöthigen Erläuterung aus der Geschichte, und den Präjudicaten der höchsten Landes-Gerichte

1. Band, Altona 1784, (zit.: *Schrader*, Handbuch, 1. Band)

4. Band, Der Schleswig-Holsteinische buergerliche Prozeß. Nebst zwei Anhaengen ueber die Gerichtsverfassung der Herzogthuemer und ueber Selbsthuelfe und Compromiß, hrsg. von ***Schrader***, *August Ferdinand*, Schleswig 1819, (zit.: *Schrader*, Handbuch, 4. Band)

Schrader, *Ludwig Albrecht Gottfried*, Lehrbuch der Schleswig-Holsteinischen Landesrechte

Erster Theil oder Geschichte der in den Herzogthümern Schleswig und Holstein geltenden Gesetze und Rechtsverfassung, Kiel 1800, (zit.: *Schrader*, Lehrbuch, 1. Band)

Zweiter Theil oder positives bürgerliches Recht der Herzogthümer Schleswig und Holstein erste Abtheilung, Kiel 1801, (zit.: *Schrader*, Lehrbuch, 2. Band)

Schrader, *Ludwig Albrecht Gottfried*, Materialien zur Uebersicht und Beurtheilung der Umstände, welche bei der vorgeschlagenen Aufhebung der Leibeigenschaft auf den adlichen Gütern in den Herzogthümern Schleswig und Holstein in Anrege kommen, in: Schleswig-Holsteinische Provinzialberichte 1797, 1. Band, Altona und Kiel 1797, S. 232 – 303, (zit.: *Schrader*, Materialien)

Schröder, *G.*, Aus der Zeit der Leibeigenschaft, in: Die Heimat. Monatsschrift des Vereins zur Pflege der Natur- und Landeskunde in Schleswig-Holstein, Hamburg, Lübeck und dem Fürstentum Lübeck, XVII. Jahrgang, Kiel 1907, S. 25 – 28, 51 f., 75 f., 93 – 95, (zit.: *Schröder, G.*, Zeit)

Schröder, *Johannes*, ***Biernatzki***, *Hermann*, Topographie der Herzogthümer Holstein und Lauenburg, des Fürstenthums Lübeck und des Gebiets der freien und Hanse-Städte Hamburg und Lübeck

1. Band, 2. Aufl., Oldenburg (Holstein) 1855, (zit.: *Schröder/Biernatzki*, Topographie, 1. Band)

2. Band, 2. Aufl., Oldenburg (Holstein) 1856, (zit.: *Schröder/Biernatzki*, Topographie, 2. Band)

Schröder, *Richard*, Die Gerichtsverfassung des Sachsenspiegels, in: Zeitschrift der Savigny-Stiftung für Rechtsgeschichte. Germanistische Abtheilung, 5. Band (XVIII. Band der Zeitschrift für Rechtsgeschichte), hrsg. von ***Roth***, *Paul*, ***Bekker***, *Ernst Immanuel*, ***Böhlau***, *Hugo*, ***Pernice***, *Alfred*, ***Schröder***, *Richard*, Weimar 1884, S. 1 – 68, (zit.: *Schröder*, *R.*, Gerichtsverfassung)

Schröder, *Richard*, ***Künssberg***, *Eberhard*, Lehrbuch der deutschen Rechtsgeschichte, 7. Aufl., Berlin und Leipzig 1932, (zit.: *Schröder/Künssberg*, Rechtsgeschichte)

Schroedter, *Wulf Fr.*, Holsati disputatio juridica de notione rusticorum germanorum, Göttingen 1743, in: Landrechtliche Erörterungen. Eine Sammlung aelterer Disputationen und anderer kleinen Schriften, die zur Erlaeuterung der Schleswig-Holsteinischen Landesrechte dienen, 1. Band, hrsg. von ***Falck***, *Niels Nikolaus*, Schleswig 1836, Nr. XIII, S. 550 – 578, (zit.: *Schroedter*, disputatio)

Schulze, *Winfried*, Die Entwicklung des „teutschen Bauernrechts“ in der Frühen Neuzeit, in: Zeitschrift für Neuere Rechtsgeschichte, 12. Jahrgang 1990, hrsg. von ***Brauneder***, *Wilhelm*, ***Caroni***, *Pio*, ***Diestelkamp***, *Bernhard*, ***Schott***, *Clausdieter*, ***Willoweit***, *Dietmar*, Wien 1990, S. 127 – 163, (zit.: *Schulze*, Entwicklung)

Seelig, *Wilhelm*, Die innere Colonisation in Schleswig-Holstein vor hundert Jahren. Rede zum Antritt des Rektorates der Christian-Albrechts-Universität in Kiel am 5. März 1895, Kiel 1895, in: Kleine Schleswig-Holsteinische Schriften, 3. Band, Nr. 7, (zit.: *Seelig*, Colonisation)

Seestern-Pauly, *Friedrich*, Bemerkungen ueber die Rechtsverfassung der ehemals Graeflich-Schauenburgischen Districte in Holstein, insonderheit mit Ruecksicht auf die dort herrschende Guetergemeinschaft, in: Beitraege zur

Kunde der Geschichte so wie des Staats- und Privat-Rechts des Herzogthums Holstein, 2. Band, Schleswig 1825, S. 173 – 240, (zit.: *Seestern-Pauly*, Bemerkungen, 2. Band)

Seestern-Pauly, *Friederich*, Die Neumuensterschen Kirchspiels- und die Bordesholmischen Amts-Gebraeuche, nebst Versuch einer Geschichte dieses Holsteinischen Gewohnheits-Rechts, Schleswig 1824, (zit.: *Seestern-Pauly*, Kirchspiels- und Amtsgebraeuche)

Sering, *Max*, Erbrecht und Agrarverfassung in Schleswig-Holstein auf geschichtlicher Grundlage, mit Beiträgen von ***Lerch***, *Rudolf*, ***Petersen***, *Peter*, ***Büchner***, *Oskar*, in: Die Vererbung des ländlichen Grundbesitzes im Königreich Preussen. Im Auftrage des Kgl. Ministeriums für Landwirtschaft, Domänen und Forsten, hrsg. von ***Sering***, *Max*, 7. Band, Berlin 1908, (zit.: *Sering*, Erbrecht)

Sievers, *Kai Detlev*, Volkskultur und Aufklärung im Spiegel der Schleswig-Holsteinischen Provinzialberichte, in: Quellen und Forschungen zur Geschichte Schleswig-Holsteins, hrsg. von der Gesellschaft für Schleswig-Holsteinische Geschichte, 58. Band, Neumünster 1970, (zit.: *Sievers*, Volkskultur)

Staehly, *Axel*, Untersuchungen über die Entwicklung der landwirtschaftlichen Bodenbesitz- und Betriebsverhältnisse Ostholsteins unter besonderer Berücksichtigung der Zeitpachtdörfer, Quakenbrück 1929, (zit.: *Staehly*, Untersuchungen)

Steinborn, *Hans-Christian*, Abgaben und Dienste holsteinischer Bauern im 18. Jahrhundert, in: Quellen und Forschungen zur Geschichte Schleswig-Holsteins, 79. Band, hrsg. von der Gesellschaft für Schleswig-Holsteinische Geschichte, Neumünster 1982, (zit.: *Steinborn*, Abgaben)

Stemann, *Christian Ludvig Ernst*, Geschichte des öffentlichen und Privat-Rechts des Herzogthums Schleswig

1. Theil, Kopenhagen 1866, (zit.: *Stemann*, Geschichte, 1. Theil)

2. Theil, Kopenhagen 1866, (zit.: *Stemann*, Geschichte, 2. Theil)

***Stölzel**, Adolf*, Die Entwicklung des gelehrten Richterthums in deutschen Territorien. Eine rechtsgeschichtliche Untersuchung mit vorzugsweiser Berücksichtigung der Verhältnisse im Gebiete des ehemaligen Kurfürstenthums Hessen, 1. Band, Stuttgart 1872, (zit.: *Stölzel*, Entwicklung, 1. Band)

***Sugenheim**, Samuel*, Geschichte der Aufhebung der Leibeigenschaft und Hörigkeit in Europa. Bis um die Mitte des 19. Jahrhunderts, Sankt Petersburg 1861 (Neudruck: Aalen 1966), (zit.: *Sugenheim*, Geschichte)

***Theen**, Heinrich*, Die Leibeigenschaft in Schleswig-Holstein, in: Dr. L. Meyns schleswig-holsteinischer Haus-Kalender auf das Schaltjahr 1896, 28. Jahrgang, Garding, S. 80 – 97, (zit.: *Theen*, Leibeigenschaft)

***Thudichum**, Friedrich*, Das vormalige Reichskammergericht und seine Schicksale, in: Zeitschrift für deutsches Recht und deutsche Rechtswissenschaft, hrsg. von ***Beseler**, Georg Karl Christoph*, ***Reyscher**, August Ludwig*, ***Stobbe**, Otto*, 20. Band, Tübingen 1861, S. 148 – 222, (zit.: *Thudichum*, Reichskammergericht)

***Trendelenburg**, Adolph Friedrich*, Ueber einige Vorrechte der Schleswigholsteinischen Ritterschaft, Kiel 1777, (zit.: *Trendelenburg*, Vorrechte)

***Ulbricht**, Otto*, „Angemaßte Leibeigenschaft". Supplikationen von schleswigschen Untertanen gegen ihre Gutsherren zu Beginn des 17. Jahrhunderts, in: Demokratische Geschichte. Jahrbuch zur Arbeiterbewegung und Demokratie in Schleswig-Holstein, Gesellschaft für Politik und Bildung Schleswig-Holstein e. V., Veröffentlichungen des Beirats für Geschichte der Arbeiterbewegung und Demokratie in Schleswig-Holstein, hrsg. von ***Danker**, Uwe*, ***Korte**, Detlef*, ***Lorenzen-Schmidt**, Klaus-Joachim*, ***Schulte**, Rolf*, ***Weber**, Jürgen*, 6. Band, Kiel 1991, S. 11 – 34, (zit.: *Ulbricht*, Supplikationen)

***Vogt**, Franz Ernst*, Unvorgreifliche Vorschlaege Von Verbesserung Des Justitz-Wesens Und sonderlich des Processus Bey dem Land-Gericht im Hertzogthum Hollstein, o. O. 1740, (zit.: *Vogt*, Vorschlaege)

***Wachsmuth**, Carl Heinrich*, Versuch einer systematischen Darstellung der Patrimonial-Gerichtsverfassung der Ritterguether. Nach gemeinen und saechsischen Rechten. Ein Handbuch fuer Gerichtsherren, Gerichtsverwalter und practische Juristen, Leipzig 1808, (zit.: *Wachsmuth*, Versuch)

Waitz, *Georg*, Schleswig-Holsteins Geschichte in drei Büchern

1. Band: 1. Buch, Göttingen 1851, (zit.: *Waitz*, Geschichte, 1. Band)

2. Band: 2. Buch, Göttingen 1852, (zit.: *Waitz*, Geschichte, 2. Band)

Weitzel, *Jürgen*, Dinggenossenschaft und Recht. Untersuchungen zum Rechtsverständnis im fränkisch-deutschen Mittelalter, in: Quellen und Forschungen zur Höchsten Gerichtsbarkeit im Alten Reich, 15. Band (I. und II. Teilband), hrsg. von ***Diestelkamp***, *Bernhard*, ***Eisenhardt***, *Ulrich*, ***Gudian***, *Gunter*, ***Laufs***, *Adolf*, ***Sellert***, *Wolfgang*, Köln/Wien 1985, (zit.: *Weitzel*, Dinggenossenschaft)

Weitzel, *Jürgen*, Der Kampf um die Appellation ans Reichskammergericht. Zur politischen Geschichte der Rechtsmittel in Deutschland, in: Quellen und Forschungen zur Höchsten Gerichtsbarkeit im Alten Reich, 4. Band, hrsg. von ***Diestelkamp***, *Bernhard*, ***Eisenhardt***, *Ulrich*, ***Gudian***, *Gunter*, ***Laufs***, *Adolf*, ***Sellert***, *Wolfgang*, Köln/Wien 1976, (zit.: *Weitzel*, Kampf)

Westphalen, *Ernst Joachim*, Monumenta inedita rerum Germanicarum praecipue Cimbricarum, et Megapolensium, quibus varia antiquitatum, historiarum, legum juriumqueGermaniae, speciatim Holsatiae et Megapoleos vicinarumque regionum argumenta illustrantur, supplentur et stabiliuntur. E codicibus manuscriptis, membranis et chartis avthenticis erui studuit notasque adjecit et cum praefatione instruxit

Tomus IV. (cum tabulis aeri incisis et indice rerum in omnes tomos), Leipzig 1745, (zit.: *Westphalen*, Monumenta, Tomus IV, (praef.))

Wiederhold, *Wilhelm*, Untersuchungen zur Staats- und Verfassungsgeschichte der nordalbingischen Territorien (1234 – 1261), Göttingen 1897, (zit.: *Wiederhold*, Untersuchungen)

Wohlhaupter, *Eugen*, Das Recht Schleswig-Holsteins im Rahmen der gesamtgermanischen Rechtsgeschichte, in: Festgabe zur ersten Jahrestagung des Instituts für Volks- und Landesforschung an der Universität Kiel, Neumünster 1939, S. 30 – 44, (zit.: *Wohlhaupter*, Recht)

Wohlhaupter, *Eugen*, Rechtsquellen Schleswig-Holsteins, 1. Band, Neumünster 1938, in: Veröffentlichungen der Schleswig-Holsteinischen Universitäts-Gesellschaft, Nr. 47, (zit.: *Wohlhaupter*, Rechtsquellen)

Wohlhaupter, *Eugen*, Die Spruchtätigkeit der Kieler juristischen Fakultät von 1665 – 1879, in: Zeitschrift der Savigny-Stiftung für Rechtsgeschichte, Germanistische Abteilung, hrsg. von 1897 – 1937 von ***Stutz***, *Ulrich*, 58. Band (71. Band der Zeitschrift für Rechtsgeschichte), hrsg von ***Koschaker***, *P*, ***Kreller***, *H*, ***Heymann***, *E*, ***Planitz***, *H*, ***Feine***, *H E*, ***Heckel***, *J*, ***Nottarp***, *H*, Weimar 1938, S. 752 – 787, (zit.: *Wohlhaupter*, Spruchtätigkeit)

Wulf, *Martin*, Einkoppelung und Aufhebung der Leibeigenschaft und die Folgen dieser Maßnahmen, in: Stormarn. Der Lebensraum zwischen Hamburg und Lübeck. Eine Landes- und Volkskunde als Gemeinschaftsarbeit Stormarner Heimatfreunde, hrsg. von ***Wülfingen***, *Constantin Bock*, ***Frahm***, *Walter*, Hamburg 1938, S. 415 – 438, (zit.: *Wulf*, Einkoppelung)

Wulf, *Martin*, Die Leibeigenschaft in Stormarn, in: Stormarner Hefte, hrsg. vom Kreis Stormarn, 1. Band, Neumünster 1974, S. 11 – 51, (zit.: *Wulf*, Leibeigenschaft)

RECHTSHISTORISCHE REIHE

Band 23 Meent W. Francksen: Staatsrat und Gesetzgebung im Großherzogtum Berg (1806-1813). 1982.

Band 24 Gerd von Sonnleithner: Bearbeitung des Handelsrechts durch Ignaz von Sonnleithner in seinem "Leitfaden über das österreichische Handels- und Wechselrecht". 1982.

Band 25 Rudolf Palme: Rechts-, Wirtschafts- und Sozialgeschichte der inneralpinen Salzwerke bis zu deren Monopolisierung. 1983.

Band 26 Helen Bosshard: Pestalozzis Staats- und Rechtsverständnis und seine Stellung in der Aufklärung. 1983.

Band 27 Jens Jessen: Die Selbstzeugnisse der deutschen Juristen. Erinnerungen, Tagebücher und Briefe. Eine Bibliographie. 1983.

Band 28 Günter Martin Jensen: Das Domanium Waldeck. Die rechtliche Zuordnung eines Fürstenvermögens. 1984.

Band 29 Johann Heinrich Kumpf: Petitionsrecht und öffentliche Meinung im Entstehungsprozeß der Paulskirchenverfassung 1848/49. 1983.

Band 30 Sabine Frey: Rechtsschutz der Juden gegen Ausweisungen im 16. Jahrhundert. 1983.

Band 31 Dietrich Joswig: Die germanische Grundstücksübertragung. 1984.

Band 32 Andreas Baryli: Konzessionssystem contra Gewerbefreiheit. Zur Diskussion der österreichischen Gewerberechtsreform 1835 bis 1860. 1984.

Band 33 Gerhard Oberkofler: Studien zur Geschichte der österreichischen Rechtswissenschaft. 1984.

Band 34 Rudolf Lauda: Kaufmännische Gewohnheit und Burgrecht bei Notker dem Deutschen. Zum Verhältnis von literarischer Tradition und zeitgenössischer Realität in der frühmittelalterlichen Rhetorik. 1984.

Band 35 Jens Jensen: Die Ehescheidung des Bischofs Hans von Lübeck von Prinzessin Julia Felicitas von Württemberg-Weiltingen AD 1648-1653. Ein Beitrag zum protestantischen Ehescheidungsrecht im Zeitalter des beginnenden Absolutismus. 1984.

Band 36 Horst Schröder: Friedrich Karl von Savigny. Geschichte und Rechtsdenken beim Übergang vom Feudalismus zum Kapitalismus in Deutschland. 1984.

Band 37 Andreas Hatzung: Dogmengeschichtliche Grundlagen und Entstehung des zivilrechtlichen Notstands. 1984.

Band 38 Matthias Klasen: Das Billwerder Landrecht. Landrecht und Landgericht in den Hamburger Elbmarschen. 1985.

Band 39 Rainer Jamin: Aufbau, Tätigkeit und Verfahren der Auseinandersetzungsbehörden bei der Durchführung der preußischen Agrarreformen. 1985.

Band 40 Henry Winter: Teilschuld, Gesamtschuld und unechte Gesamtschuld. Zur Konzeption der §§ 420 ff. BGB - Ein Beitrag zur Entstehungsgeschichte des BGB. 1985.

Band 41 Hermann Eichler: Verfassungsbewegung in Amerika und Europa. 1985.

Band 42 Dagmar Bandemer: Heinrich Albert Zachariae. Rechtsdenken zwischen Restauration und Reformation. 1985.

Band 43 Eva-Christine Frentz: Das Hamburgische Admiralitätsgericht (1623-1811). Prozeß und Rechtsprechung. 1985.

Band 44 Karl Lillig: Rechtsetzung im Herzogtum Pfalz-Zweibrücken während des 18. Jahrhunderts. Ein Beitrag zur Geschichte der territorialen Rechtsbildung. 1985.

Band 45 Walter Weber: Die Entwicklung der Sparkassen zu selbständigen Anstalten des öffentlichen Rechts. Ein Beitrag zur Entwicklung des Anstaltsbegriffs im 19. Jahrhundert. 1985.

Band 46 Bärbel Baum: Der Stabreim im Recht. Vorkommen und Bedeutung des Stabreims in Antike und Mittelalter. 1986.

Band 47 Hans Popp: Die nationalsozialistische Sicht einiger Institute des Zivilprozeß- und Gerichtsverfassungsrechts. 1986.

Band 48 John Karl-Heinz Montag: Die Lehrdarstellung des Handelsrechts von Georg Friedrich von Martens bis Meno Pöhls. Die Wissenschaft des Handelsrechts im ersten Drittel des 19. Jahrhunderts. 1986.

Band 49 Volker D. Anhäusser: Das internationale Obligationenrecht in der höchstrichterlichen Rechtsprechung des 19. Jahrhunderts. 1986.

Band 50 Udo Beer: Die Juden, das Recht und die Republik. Verbandswesen und Rechtsschutz 1919-1933. 1986.

Band 51 Herbert Grziwotz: Der moderne Verfassungsbegriff und die "Römische Verfassung" in der deutschen Forschung des 19. und 20. Jahrhunderts. 1986.

Band 52 Ralf Conradi: Karl Friedrich Eichhorn als Staatsrechtslehrer. Seine Göttinger Vorlesung über "Das Staatsrecht der deutschen Bundesstaaten" nach einer Kollegmitschrift aus dem Wintersemester 1821/22. 1987.

Band 53 Dieter Dannreuther: Der Zivilprozeß als Gegenstand der Rechtspolitik im Deutschen Reich 1871 - 1945. Ein Beitrag zur Geschichte des Zivilprozeßrechts in Deutschland. 1987.

Band 54 Stephan Felix Pauly: Organisation, Geschichte und Praxis der Gesetzesauslegung des (Königlich) Preußischen Oberverwaltungsgerichtes 1875 - 1933. 1987.

Band 55 Rüdiger Schulz: Die Entstehung des Seerechts des Allgemeinen Deutschen Handelsgesetzbuches unter besonderer Berücksichtigung der Bestimmungen über die Reederei, den Schiffer und die Schiffsmannschaft. 1987.

Band 56 Reinhold Reis: Deutsches Privatrecht in den Weistümern der Zenten Schriesheim und Kirchheim. 1987.

Band 57 Jürgen Christoph: Die politischen Reichsamnestien 1918 - 1933. 1987.

Band 58 Gerhard Oberkofler/Eduard Rabofsky: Hans Kelsen im Kriegseinsatz der k.u.k.-Wehrmacht. Eine kritische Würdigung seiner militärtheoretischen Angebote. 1988.

Band 59 Arne Wulff: Staatssekretär Prof. Dr. Dr. h.c. Franz Schlegelberger. 1876-1970. 1991.

Band 60 Gerhard Köbler (Hrsg.): Wege europäischer Rechtsgeschichte. Karl Kroeschell zum 60. Geburtstag. 1987.

Band 61 Rüdiger Hütte: Der Gemeinschaftsgedanke in den Erbrechtsreformen des Dritten Reichs. 1988.

Band 62 Markus Göldner: Politische Symbole der europäischen Integration. Fahne, Hymne, Hauptstadt, Paß, Briefmarke, Auszeichnungen. 1988.

Band 63 Wolfgang Kröner: Freiheitsstrafe und Strafvollzug in den Herzogtümern Schleswig, Holstein und Lauenburg von 1700 bis 1864. 1988.

Band 64 Werner Gaile: Die Norder Theelacht. 1988.

Band 65 Karl v. Kempis: Andreas Gaill (1526 - 1587). Zum Leben und Werk eines Juristen der frühen Neuzeit. 1988.

Band 66 Wolf-Rüdiger Osburg: Die Verwaltung Hamburgs in der Franzosenzeit. 1811-1814. 1988.

Band 67 Christian Schudnagies: Hans Frank. Aufstieg und Fall des NS-Juristen und Generalgouverneurs. 1988.

Band 68 Otmar Jung: Senatspräsident Freymuth. Richter, Sozialdemokrat und Pazifist in der Weimarer Republik. Eine politische Biographie. 1989.

Band 69 Joachim Lohner: Das landeshauptmannschaftliche Gericht in Oberösterreich zu Beginn der Neuzeit. Eine Darstellung des oberösterreichischen Prozeßrechts am obersten Territorialgericht des Landes anhand der oberösterreichischen Landtafel.1989.

Band 70 Bernd Klemann: Rudolf von Jhering und die Historische Rechtsschule. 1989.

Band 71 Adalbert Langer: Männer um die österreichische Zivilprozeßordnung 1895. Zusammenspiel / Soziales Ziel. 1990.

Band 72 Robert-Dieter Klee: Die Landessuperintendentur Lauenburg. Ursprung und Entwicklung sowie Ende der Sonderstellung des Kirchenkreises Herzogtum Lauenburg durch die nordelbische Kirchenvereinigung. 1989.

Band 73 Heinrich Herrmann: Die Gehöferschaften im Bezirk Trier. 1989.

Band 74 Wilhelm Brauneder, Franz Baltzarek (Hrsg.): Modell einer neuen Wirtschaftsordnung. Wirtschaftsverwaltung in Österreich 1914 - 1918. 1991.

Band 75 Thomas Dreyer: Die "Assecuranz- und Haverey-Ordnung" der Freien und Hansestadt Hamburg von 1731. 1990.

Band 76 Bernhard Sendler: Die Rechtssprache in den süddeutschen Stadtrechtsreformationen. 1990.

Band 77 Brigitte Lehmann: Ehevereinbarungen im 19. und 20. Jahrhundert. 1990.

Band 78 Michael Sunnus: Der NS-Rechtswahrerbund (1928-1945). Zur Geschichte der nationalsozialistischen Juristenorganisation. 1990.

Band 79 Stefan Schulz: Die historische Entwicklung des Rechts an Bienen. (§§ 961 - 964 BGB). 1990.

Band 80 Gerhard Lingelbach, Heiner Lück (Hrsg.): Deutsches Recht zwischen Sachsenspiegel und Aufklärung. Rolf Lieberwirth zum 70. Geburtstag dargebracht von Schülern, Freunden und Kollegen, herausgegeben von Gerhard Lingelbach und Heiner Lück. 1991.

Band 81 Manfred Krohn: Die deutsche Justiz im Urteil der Nationalsozialisten 1920 - 1933. 1991.

Band 82 Angelika Kühn: Privilegierung nationaler Minderheiten im Wahlrecht der Bundesrepublik Deutschland und Schleswig-Holsteins. 1991.

Band 83 Georg Brun: Leben und Werk des Rechtshistorikers Heinrich Mitteis unter besonderer Berücksichtigung seines Verhältnisses zum Nationalsozialismus. 1991.

Band 84 Wolfgang Simon: Claudius Freiherr von Schwerin. Rechtshistoriker während dreier Epochen deutscher Geschichte. 1991.

Band 85 Friedrich-Carl Wachs: Das Verordnungswerk des Reichsdemobilmachungsamtes. Stabilisierender Faktor zu Beginn der Weimarer Republik. 1991.

Band 86 Jens-Uwe Petersen: Die Vorgeschichte und die Entstehung des Mieterschutzgesetzes von 1923 nebst der Anordnung für das Verfahren vor dem Mieteinigungsamt und der Beschwerdestelle. 1991.

Band 87 Ulrike Haibach: Familienrecht in der Rechtssprache. Die historische Entwicklung zentraler Ausdrücke des geltenden Familienrechts. 1991.

Band 88 Joern Christian Nissen: Die Beratungen des Seeversicherungsausschusses der Akademie für Deutsches Recht zu einem neuen Seeversicherungsgesetz (1934-1939). Ein Beitrag zur Entwicklung der allgemeinen Lehren des Seeversicherungsrechts unter besonderer Berücksichtigung des Handelsgesetzbuchs und der Allgemeinen Deutschen Seeversicherungs-Bedingungen 1919. 1991.

Band 89 Diethard Bühler: Die Entstehung der allgemeinen Vertragsschluß-Vorschriften im Allgemeinen Deutschen Handelsgesetzbuch (ADHGB) von 1861. Ein Beitrag zur Kodifikationsgeschichte des Privatrechts im 19. Jahrhundert. 1991.

Band 90 Gerhard Oberkofler: Die Vertreter des Römischen Rechts mit deutscher Unterrichtssprache an der Karls-Universität in Prag. Vom Vormärz bis 1945. 1991.

Band 91 Ulrich Andermann: Ritterliche Gewalt und bürgerliche Selbstbehauptung. Untersuchungen zur Kriminalisierung und Bekämpfung des spätmittelalterlichen Raubrittertums am Beispiel norddeutscher Hansestädte. 1991.

Band 92 Heinz Marcus Hanke: Luftkrieg und Zivilbevölkerung. Der kriegsvölkerrechtliche Schutz der Zivilbevölkerung gegen Luftbombardements von den Anfängen bis zum Ausbruch des Zweiten Weltkrieges. 1991.

Band 93 Kirsten Kraglund: Familien- und Erbrecht. Materielles Recht und Methoden der Rechtsanwendung in der Rechtsprechung des Oberappellationsgerichts der vier Freien Städte Deutschlands zu Lübeck. 1991.

Band 94 Reinhard Lorenz: Die politische und rechtliche Stellung des Proletariats in Preußen in der Zeit zwischen den Reformen und der Revolution 1848/49. 1991.

Band 95 Eric Hilgendorf: Die Entwicklungsgeschichte der parlamentarischen Redefreiheit in Deutschland. 1991.

Band 96 Hans J. Reiter: Die Handelsgesellschaft Villeroy & Boch von der Gründung 1836 bis zum Jahr 1878. 1992.

Band 97 Martin Johannes Heller: Reform der deutschen Rechtssprache im 18. Jahrhundert. 1992.

Band 98 Michael Kotulla: Die Tragweite der Grundrechte der revidierten preußischen Verfassung vom 31.01.1850. 1992.

Band 99 Michael Siefener: Hexerei im Spiegel der Rechtstheorie. Das crimen magiae in der Literatur von 1574 bis 1608. 1992.

Band 100 Andreas Ebert-Weidenfeller: Hamburgisches Kaufmannsrecht im 17. und 18. Jahrhundert. Die Rechtsprechung des Rates und des Reichskammergerichtes. 1992.

Band 101 Enno Bommel: Die Entstehung der Verwirkungslehre in der Krise des Positivismus. 1992.

Band 102 Ralph Steppacher: Die Berücksichtigung der bäuerlichen Postulate bei der Entstehung des ZGB und der Revision des OR. Ein Beitrag zur schweizerischen Kodifikationsgeschichte (1893 - 1912). 1992.

Band 103 Martin Fleckenstein: Die Todesstrafe im Werk Carl Joseph Anton Mittermaiers (1787 - 1867). Zur Entwicklungsgeschichte eines Werkbereichs und seiner Bedeutung für Theorie- und Methodenbildung. 1992.

Band 104 Jörn Eckert: Der Kampf um die Familienfideikommisse in Deutschland. Studien zum Absterben eines Rechtsinstitutes. 1992.

Band 105 Jörg Grotkopp: Beamtentum und Staatsformwechsel. Die Auswirkungen der Staatsformwechsel von 1918, 1933 und 1945 auf das Beamtenrecht und die personelle Zusammensetzung der deutschen Beamtenschaft. 1992.

Band 106 Andreas Rohde: Die Garantiehaftung des Vermieters und ihr Verhältnis zum Unmöglichkeitsrecht in dogmengeschichtlicher und modernrechtlicher Sicht. 1992.

Band 107 Tjark Siefke Kunstreich: Gesamtvertretung. Eine historisch-systematische Darstellung. 1992.

Band 108 Jürgen Krüger: Blindheit und Königtum. Die Blindheit des Königs Georg V. von Hannover als verfassungsrechtliches Problem. 1992.

Band 109 Wolfgang Putschek: Ständische Verfassung und autoritäre Verfassungspraxis in Österreich 1933-1938 mit Dokumentenanhang. Verfassung und Verfassungswirklichkeit. Mit einem Anhang: Denkschriften von Rechtsanwalt Dr. Erich Führer 1936/37. 1993.

Band 110 Klaus Hofmann: Die Verdrängung der Juden aus öffentlichem Dienst und selbständigen Berufen in Regensburg 1933-1939. 1993.

Band 111 Franz Kilger: Die Entwicklung des Telegraphenrechts im 19. Jahrhundert mit besonderer Berücksichtigung der technischen Entwicklung. Telegraphenrecht im 19. Jahrhundert. 1993.

Band 112 Wilhelm Brauneder (Hrsg.): Heiliges Römisches Reich und moderne Staatlichkeit. 1993.

Band 113 Thomas Heinrich: Das preußische Nichtehelichenrecht: Von der Aufklärung zur Reaktion. 1993.

Band 114 Gerald Kohl: Jagd und Revolution. Das Jagdrecht in den Jahren 1848 und 1849. 1993.

Band 115 Christian Schudnagies: Der Kriegs- oder Belagerungszustand im Deutschen Reich während des Ersten Weltkrieges. Eine Studie zur Entwicklung und Handhabung des deutschen Ausnahmezustandsrechts bis 1918. 1994.

Band 116 Elisabeth Bellmann: Die Internationale Kriminalistische Vereinigung (1889-1933). 1994.

Band 117 Julia Pfannkuch: Volksrichterausbildung in Sachsen 1945-1950. 1993.

Band 118 Jörg Offen: Von der Verwaltungsgemeinschaft des BGB von 1896 zur Zugewinngemeinschaft des Gleichberechtigungsgesetzes von 1957. 1994.

Band 119 Dorothee Kohlhas-Müller: Untersuchungen zur Rechtsstellung Theoderichs des Großen. 1995.

Band 120 Monika Rose: Das Gerichtswesen des Herzogtums Pfalz-Zweibrücken im 18. Jahrhundert. Ein Beitrag zur territorialen Gerichtsbarkeit im Alten Reich. 1994.

Band 121 Jörn Eckert / Hans Hattenhauer (Hrsg.): Bibel und Recht. Rechtshistorisches Kolloquium 9. - 13. Juni 1992 an der Christian-Albrechts-Universität zu Kiel. 1994.

Band 122 Robert Martin Mizia: Der Rechtsbegriff der Autonomie und die Begründung des Privatfürstenrechts in der deutschen Rechtswissenschaft des 19. Jahrhunderts. 1995.

Band 123 Walther Graf von Plettenberg: Das Fortleben des Liber Iudiciorum in Asturien/León (8. - 13. Jh.). 1994.

Band 124 Wolfgang Schulz: Das deutsche Börsengesetz. Die Entstehungsgeschichte und wirtschaftlichen Auswirkungen des Börsengesetzes von 1896. 1994.

Band 125 Frank Hagemann: Der Untersuchungsausschuß Freiheitlicher Juristen. 1949 – 1969. 1994.

Band 126 Andreas Rethmeier: "Nürnberger Rassegesetze" und Entrechtung der Juden im Zivilrecht. 1995.

Band 127 Edith Grether: Die Poesie der Throne. Die Juristen in der Fruchtbringenden Gesellschaft. 1995.

Band 128 Anna Bartels-Ishikawa: Der Lippische Thronfolgestreit. Eine Studie zu verfassungsrechtlichen Problemen des Deutschen Kaiserreiches im Spiegel der zeitgenössischen Staats. 1995.

Band 129 Jörg Schmidt: Otto Koellreutter 1883-1972. Sein Leben, sein Werk, seine Zeit. 1995.

Band 130 Christian Hattenhauer: Wahl und Krönung Franz II. AD 1792. Das Heilige Reich krönt seinen letzten Kaiser - Das Tagebuch des Reichsquartiermeisters Hieronymus Gottfried von Müller und Anlagen. 1995.

Band 131 Jutta v. der Decken: Das Seearbeitsrecht im Hamburger Stadtrecht von 1301 bis 1603. 1995.

Band 132 Detlev Schmidt: Die Reform des Rechts der Handelsvertreter von 1953. 1995.

Band 133 Gabi Roßdeutscher: Privatautonomie im Scheidungsrecht. Scheidungsbezogene Vereinbarungen in den letzten 200 Jahren. 1995.

Band 134 Harald Kahlenberg: Leben und Werk des Rechtshistorikers Walther Merk. Ein Beispiel für das Verhältnis von Rechtsgeschichte und Nationalsozialismus. 1995.

Band 135 Michael Steitz: Adelbert Düringer am Reichsgericht (1902-1915). Seine aktienrechtlichen Entscheidungen und sein Einfluß auf das Aktienrecht in Deutschland. 1995.

Band 136 Christian Becker: Beata Justorum Translatio. Juristen in schleswig-holsteinischen Leichenpredigten. 1996.

Band 137 Christoph Seiler: Vom Allgemeinen Landrecht zum Bürgerlichen Gesetzbuch. Dargestellt am Beispiel der höchstrichterlichen Judikatur zum kaufrechtlichen Sachmängelgewährleistungsrecht. 1996.

Band 138 Bernd Mayer: Die Vertrauensmännerausschüsse auf den preußischen Steinkohlegruben an der Saar. Entstehung und Wirken. Eine rechtshistorische Untersuchung. 1996.

Band 139 Rochus Scholl: Juden und Judenrecht im Herzogtum Pfalz-Zweibrücken. Ein Beitrag zur Rechtsgeschichte eines deutschen Kleinstaates am Ende des alten Reiches. 1996.

Band 140 Meike Bursch: Judentaufe und frühneuzeitliches Strafrecht. Die Verfahren gegen Christian Treu aus Weener/Ostfriesland 1720-1728. 1996.

Band 141 Markus Hillenbrand: Fürstliche Eheverträge. Gottorfer Hausrecht 1544 - 1773. 1996.

Band 142 Ulf Häder: Das gemeinschaftliche Oberappellationsgericht thüringischer Staaten in Jena. Ein Beitrag zur Geschichte des Gerichtswesens im 19. Jahrhundert. 1996.

Band 143 Andreas Bauer: Das Gnadenbitten in der Strafrechtspflege des 15. und 16. Jahrhunderts. Dargestellt unter besonderer Berücksichtigung von Quellen der Vorarlberger Gerichtsbezirke Feldkirch und des Hinteren Bregenzerwaldes. 1996.

Band 144 Christian Wirth: Der Jurist Johann Andreas Georg Friedrich Rebmann zwischen Revolution und Restauration. 1996.

Band 145 Stefanie Müller: Die Rechtsprechung des Hanseatischen Oberlandesgerichts zum persönlichen Eherecht in Hamburgischen Gerichtsfällen von 1879 -1900. 1996.

Band 146 Jean-Nicolas Morisset: Der Frachtvertrag in der *Ordonnance de la marine* von 1681. 1996.

Band 147 Dirk Lentfer: Die Glogauer Landesprivilegien des Andreas Gryphius von 1653. 1996.

Band 148 Wencke Mull: Die Haftung für Einsturzschäden nach den §§ 836-838 BGB in der Rechtsprechung des Reichsgerichts. 1996.

Band 149 Renate Zelger: Teufelsverträge. Märchen, Sage, Schwank, Legende im Spiegel der Rechtsgeschichte. 1996.

Band 150 Guido Kraß: Das Arrestverfahren in Frankfurt am Main im Spätmittelalter. 1996.

Band 151 F. Benedict Heyn: Die Entwicklung des Eisenbahnfrachtrechts von den Anfängen bis zur Einführung des Allgemeinen Deutschen Handelsgesetzbuches (ADHGB). 1996.

Band 152 Thomas Lang: Die Staats- und Verfassungslehre Carl Salomo Zachariaes. 1996.

Band 153 Michael Hebeis: Karl Anton von Martini (1726-1800). Leben und Werk. 1996.

Band 154 Gerald Hubert: Die Diskussion um die rechtliche Natur der Bizone in den Jahren 1947-1949. 1996.

Band 155 Christof Horn: Die Rechtsprechung des Reichsgerichts in Ehescheidungssachen der Jahre 1900 bis 1905. 1996.

Band 156 Hermann Nehlsen / Georg Brun (Hrsg.): Münchener rechtshistorische Studien zum Nationalsozialismus. 1996.

Band 157 Jan Otto Clemens Kehrberg: Die Entwicklung des Elektrizitätsrechts in Deutschland. Der Weg zum Energiewirtschaftsgesetz von 1935. 1997.

Band 158 Johannes Tradt: Der Religionsprozeß gegen den Zopfschulzen (1791-1799). Ein Beitrag zur protestantischen Lehrpflicht und Lehrzucht in Brandenburg-Preußen gegen Ende des 18. Jahrhunderts. 1997.

Band 159 Dietmar Olsen: Das kaufrechtliche Sachmängelgewährleistungsrecht des Code civil in der Rechtsprechung deutscher Gerichte im 19. Jahrhundert. Ein Beitrag zur Ablösung der Partikularrechte durch das BGB. 1997.

Band 160 Ulrich Bernhardt: Die Deutsche Akademie für Staats- und Rechtswissenschaft »Walter Ulbricht" 1948-1971. 1997.

Band 161 Claudia Susan Hoppe: Die Bürgschaft im Rechtsleben Hamburgs von 1600 bis 1900. 1997.

Band 162 Franz-Rudolf Ecker: Die Entwicklung des Bergrechts im Saarbrücker Steinkohlenrevier bis zum Ende des 18. Jahrhunderts. Ein Vergleich mit dem älteren deutschen Bergrecht. 1997.

Band 163 Anne Katrin Rückert: Politik und Privatrecht in der »konservativen Revolution". 1997.

Band 164 Gisbert Laube: Der Reichskunstwart. Geschichte einer Kulturbehörde 1919-1933. 1997.

Band 165 Nicolas Lührig: Die Diskussion über die Reform der Juristenausbildung von 1945 bis 1995. 1997.

Band 166 Regula Gerber Jenni: Die Emanzipation der mehrjährigen Frauenzimmer. Frauen im bernischen Privatrecht des 19. Jahrhunderts. 1997.

Band 167 Mischa A. Färber: Das gemeinschaftliche Testament in der höchstrichterlichen Rechtsprechung zum Allgemeinen Preußischen Landrecht und zum BGB. Ein Beitrag zur Ablösung der Partikularrechte durch das BGB. 1997.

Band 168 Catherine Antoinette Gasser: Philipp Lotmar 1850-1922. Professor der Universität Bern. Sein Engagement für das Schweizerische Arbeitsrecht. 1997.

Band 169 Lars Immisch: Der sozialistische Richter in der DDR und seine Unabhängigkeit. Der Versuch eines Rechtsvergleiches zum Unabhängigkeitsbegriff in der bundesdeutschen Rechtsordnung. 1997.

Band 170 Jessica Jacobi: Besitzschutz vor dem Reichskammergericht. Die friedenssichernde Funktion der Besitzschutzklagen am Reichskammergericht im 16. Jahrhundert, dargestellt anhand von Kameralisten. 1998.

Band 171 Ewald Hügemann: Die Geschichte des öffentlichen und privaten Mietpreisrechts vom Ersten Weltkrieg bis zum Gesetz zur Regelung der Miethöhe von 1974. 1998.

Band 172 Lutz Rentzow: Die Entstehungs- und Wirkungsgeschichte der Vernewerten Landesordnung für das Königreich Böhmen von 1627. 1998.

Band 173 Sabine Stürmer: Mühlenrecht im Herzogtum Pfalz-Zweibrücken während des 18. Jahrhunderts. Ein Beitrag zum Wirtschaftsrecht eines deutschen Kleinstaates im Alten Reich. 1998.

Band 174 Mario Bogisch: *Nemo testis in re sua*. Das Problem der Zeugnisfähigkeit bei der Anwendung der deutschen Zivilprozeßordnung von 1877. 1998.

Band 175 Rainer Oßwald: Pactane sunt servanda? Freiwilligkeit, Zwang und Unverbindlichkeitserklärungen im islamischen Vertragsrecht malikitischer Schule. 1998.

Band 176 Bettina Kern: Der preußische BGB-Entwurf von 1842. 1998.

Band 177 Inken Fuhrmann: Die Diskussion über die Einführung der fakultativen Zivilehe in Deutschland und Österreich seit Mitte des 19. Jahrhunderts. 1998.

Band 178 Annette Rieck: Der Heilige Ivo von Hélory (1247-1303). Advocatus pauperum und Patron der Juristen. 1998.

Band 179 Frank Bottenberg: Die Hamburgische Strafprozeßordnung von 1869. 1998.

Band 180 Matthias Krauß: Das kursächsische Postrecht von seinen Anfängen bis zum Ende des Alten Reichs. 1998.

Band 181 Torsten Schmidt: Die Entmündigung von den Anfängen des BGB bis zu ihrer Ablösung durch das Institut der Betreuung. 1998.

Band 182 Christian Nunn: Rudolf Müller-Erzbach. 1874-1959. Von der realen Methode über die Interessenjurisprudenz zum kausalen Rechtsdenken (Leben und Werk). 1998.

Band 183 Christian Ortloff: Das staatskirchenrechtliche System Wilhelm Traugott Krugs. Glaubens- und Gewissensfreiheit – eine Forderung der Vernunft. 1998.

Band 184 Christian Hattenhauer: Schuldenregulierung nach dem Westfälischen Frieden. Der sog. § *de indaganda* und seine Umsetzung im Jüngsten Reichsabschied (AD 1648 und 1654). 1998.

Band 185 Werner Schubert: Preußen im Vormärz. Die Verhandlungen der Provinziallandtage von Brandenburg, Pommern, Posen, Sachsen und Schlesien sowie – im Anhang – von Ostpreußen, Westfalen und der Rheinprovinz (1841-1845). 1998.

Band 186 Silvia Schumacher: Das Rechtsverhältnis zwischen Eltern und Kindern in der Privatrechtsgeschichte. 1999.

Band 187 Kai Sommer: Die Strafbarkeit der Homosexualität von der Kaiserzeit bis zum Nationalsozialismus. Eine Analyse der Straftatbestände im Strafgesetzbuch und in den Reformentwürfen (1871-1945). 1998.

Band 188 Jan Erik Backhaus: Volksrichterkarrieren in der DDR. 1999.

Band 189 Ralf Ruhnau: Die Fürstlich Thurn und Taxissche Privatgerichtsbarkeit in Regensburg. Ein Kuriosum der deutschen Rechtsgeschichte. 1999.

Band 190 Antonio Grilli: Die französische Justizorganisation am linken Rheinufer 1797-1803. 1999.

Band 191 Stephanie Kammerloher-Lis: Die Entstehung des Gesetzes über die religiöse Kindererziehung vom 15. Juli 1921. 1999.

Band 192 Jan Telp: Ausmerzung und Verrat. Zur Diskussion um Strafzwecke und Verbrechensbegriffe im Dritten Reich. 1999.

Band 193 Kurt von Pannwitz: Die Entstehung der Allgemeinen Deutschen Wechselordnung. Ein Beitrag zur Geschichte der Vereinheitlichung des deutschen Zivilrechts im 19. Jahrhundert. 1999.

Band 194 Sylvia Busch: Die Entstehung der Allgemeinen Gerichtsordnung für die Preussischen Staaten von 1793/95. Ein Beitrag zur Geschichte der Kodifikationsbewegung und der Reform des Zivilprozesses in Preußen im 18. Jahrhundert. 1999.

Band 195 Dirk Bieresborn: Klage und Klageerwiderung im deutschen und englischen Zivilprozeß. Eine rechtshistorische und rechtsvergleichende Untersuchung unter besonderer Berücksichtigung der Beeinflussung durch das römisch-kanonische Verfahren. 1999.

Band 196 Andreas Thier / Guido Pfeifer / Philipp Grzimek (Hrsg.): Kontinuitäten und Zäsuren in der Europäischen Rechtsgeschichte. Europäisches Forum Junger Rechtshistorikerinnen und Rechtshistoriker München 22.-24. Juli 1998. 1999.

Band 197 Franz Smola: Die Fürstlich Liechtenstein'sche Kunstsammlung. Rechtsfragen zur Verbringung der Sammlung von Wien nach Vaduz in den Jahren 1944/45. 1999.

Band 198 Frank Martin Krauss: Das geteilte Eigentum im 19. und 20. Jahrhundert. Eine Untersuchung zum Fortbestand des Teilungsgedankens. 1999.

Band 199 Matthias Frey: Die spanische Aktiengesellschaft im 18. Jahrhundert und unter dem Código de Comercio von 1829. 1999.

Band 200 Alexandra Gilde: Die Stellung der Frau im Reichsstrafgesetzbuch von 1870/71 und in den Reformentwürfen bis 1919 im Urteil der bürgerlichen Frauenbewegung. Eine Analyse ausgewählter Straftatbestände. 1999.

Band 201 Malte Dießelhorst / Arne Duncker: Hans Kohlhase. Die Geschichte einer Fehde in Sachsen und Brandenburg zur Zeit der Reformation. 1999.

Band 202 Jörg Hillmann: Territorialrechtliche Auseinandersetzungen der Herzöge von Sachsen-Lauenburg vor dem Reichskammergericht im 16. Jahrhundert. 1999.

Band 203 Carsten Engler: Die Kommanditgesellschaft (KG) und die stille Gesellschaft im Allgemeinen Deutschen Handelsgesetzbuch (ADHGB) von 1861. 1999.

Band 204 Vesta Hoffmann-Steudner: Die Rechtsprechung des Reichsgerichts zu dem Scheidungsgrund des § 49 EheG (EheG 1938) in den Jahren 1938-1945. 1999.

Band 205 Michaela Thiele: Die Auflösung von Arbeitsverhältnissen aufgrund Anfechtung und außerordentlicher Kündigung nach der Rechtsprechung des Reichsarbeitsgerichts (1927-1945). 2000.

Band 206 Peter Landau / Hermann Nehlsen / Mathias Schmoeckel (Hrsg.): Karl von Amira zum Gedächtnis. 1999.

Band 207 Marcus Flinder: Die Entstehungsgeschichte des Zivilgesetzbuches der DDR. 1999.

Band 208 Boris Franz Leo Bromm: Die Entstehungsgeschichte des Berufs des Handelsvertreters. Unter besonderer Berücksichtigung der Sozialgesetzgebung in den Jahren von 1871-1933. 2000.

Band 209 Winfried C. J. Eberstein: Das Tierschutzrecht in Deutschland bis zum Erlaß des Reichs-Tierschutzgesetzes vom 24. November 1933. Unter Berücksichtigung der Entwicklung in England. 1999.

Band 210 Patrick Deller: Der „nach dem Vertrage" vorausgesetzte Gebrauch (§ 459 Absatz 1 Satz 1 BGB). Eine kaufrechtliche Untersuchung unter Berücksichtigung rechtshistorischer wie rechtsvergleichender Grundlagen. 2000.

Band 211 Eckard Freiherr von Bodenhausen: Haftung des Geschäftsherrn für Verrichtungsgehilfen im Straßen- und Schienenverkehr. Eine Analyse der Entscheidungen des Reichsgerichts zu § 831 BGB (1900-1945). 2000.

Band 212 Birte Gast: Der Allgemeine Teil und das Schuldrecht des Bürgerlichen Gesetzbuchs im Urteil von Raymond Saleilles (1855-1912). 2000.

Band 213 Hansjörg Michael Huber: Koloniale Selbstverwaltung in Deutsch-Südwestafrika. Entstehung, Kodifizierung und Umsetzung. 2000.

Band 214 Ulf Björner: Die Verfassungsgerichtsbarkeit im Norddeutschen Bund und Deutschen Reich (1867-1918). Eine rechtshistorische Untersuchung über Gerichtsbarkeit im Spannungsfeld von Politik und Recht innerhalb der von Bismarck geschaffenen deutschen Bundesstaaten. 2000.

Band 215 Mathias Freiherr von Rosenberg: Friedrich Carl von Savigny (1779-1861) im Urteil seiner Zeit. 2000.

Band 216 Reinhard Binder-Krieglstein: Österreichisches Adelsrecht 1868-1918/19. Von der Ausgestaltung des Adelsrechts der cisleithanischen Reichshälfte bis zum Adelsaufhebungsgesetz der Republik unter besonderer Berücksichtigung des adeligen Namensrechts. 2000.

Band 217 Claudia-Regine Nerius: Johannes Lehmann-Hohenberg (1851-1925). Eine Studie zur völkischen Rechts- und Justizkritik im Deutschen Kaiserreich. 2000.

Band 218 Ludger Meuten: Die Erbfolgeordnung des Sachsenspiegels und des Magdeburger Rechts. Ein Beitrag zur Geschichte des sächsisch-magdeburgischen Rechts. 2000.

Band 219 Christoph Alexander von Wilcken: Die Reformbestrebungen zum Genossenschaftsgesetz in der Frühzeit der Bundesrepublik. Die Beratungen der Sachverständigenkommission zur Überprüfung des Genossenschaftsrechts 1954 bis 1958 und der Referentenentwurf von 1962. 2000.

Band 220 Verein Junger RechtshistorikerInnen Zürich (Hrsg.): ¿Rechtsgeschichte(n)? ¿Histoire(s) du droit? ¿Storia/storie del diritto? ¿Legal Histori(es)? Europäisches Forum Junger Rechtshistorikerinnen und Rechtshistoriker Zürich 28.-30. Mai 1999. 2000.

Band 221 Hans Christian Schüler: Die Entstehungsgeschichte der Bundesnotarordnung vom 24. Februar 1961. 2000.

Band 222 Nils-Eberhard Schramm: Die Vereinigung demokratischer Juristen (1949-1999). 2000.

Band 223 Silke Anke Torp: Das Rechtsverhältnis zwischen den Eltern und ihren Kindern. Dienstleistungspflicht, Aussteuer und Ausstattung. Eine Analyse der Rechtsprechung des Reichsgerichts und des Reichsarbeitsgerichts zu den Vorschriften der §§ 1616 bis 1625 des Bürgerlichen Gesetzbuches in der Zeit von 1900 bis 1945. 2000.

Band 224 Martin Jürgen Maaß: Die Geschichte des Eigentumsvorbehalts, insbesondere im 18. und 19. Jahrhundert. 2000.

Band 225 Stefanie Langer: Rechtswissenschaftliche Itinerarien. Lebenswege namhafter europäischer Juristen vom 11. bis zum 18. Jahrhundert. 2000.

Band 226 Ulrich Schmitz: Der Unterhaltsanspruch des nichtehelichen Kindes gegen seinen Erzeuger. Die rechtsgeschichtliche und dogmatische Entwicklung im deutschen Recht. 2000.

Band 227 Sebastian Günther: Friedrich Carl von Savigny als Grundherr. 2000.

Band 228 Henning Ibs: Hermann J. Held (1890-1963). Ein Kieler Gelehrtenleben in den Fängen der Zeitläufe. 2000.

Band 229 Matthias Rücker: Wirtschaftswerbung unter dem Nationalsozialismus. Rechtliche Ausgestaltung der Werbung und Tätigkeit des Werberats der deutschen Wirtschaft. 2000.

Band 230 Hendrik Sandmann: Die Entwicklung von Begriff und Inhalt des Wirtschaftchsrechts durch die Rechtswissenschaft in der Weimarer Republik. 2000.

Band 231 Sibylle Müller: Gibt es Menschenrechte bei Samuel Pufendorf? 2000.

Band 232 Karin Olechowski-Hrdlicka: Die gemeinsamen Angelegenheiten der Österreichisch-Ungarischen Monarchie. Vorgeschichte – Ausgleich 1867 – Staatsrechtliche Kontroversen. 2001.

Band 233 Johannes Mierau: Die juristischen Abschluß- und Diplomprüfungen in der SBZ/DDR. Ein Einblick in die Juristenausbildung im Sozialismus. 2001.

Band 234 Jörg Wolff (Hrsg.): Stillstand, Erneuerung und Kontinuität. Einsprüche zur Preußenforschung. 2001.

Band 235 Friedo Schröder: Die anwaltliche Tätigkeit während der nationalsozialistischen Herrschaft. Eine Analyse der anwaltlichen Argumentation in Zivilprozessen anhand der vorhandenen Prozeßakten der Landgerichte Frankenthal, Wiesbaden, Limburg und Frankfurt und der Handakten der *jüdischen Konsulenten* des OLG-Bezirks Frankfurt. 2001.

Band 236 Der Code pénal des Königreichs Westphalen von 1813 mit dem Code pénal von 1810 im Original und in deutscher Übersetzung. Herausgegeben und mit einer Einleitung versehen von Werner Schubert. 2001.

Band 237 Klaus Richter: Deutsches Kolonialrecht in Ostafrika 1885-1891. 2001.

Band 238 Kai von Lewinski: Deutschrechtliche Systembildung im 19. Jahrhundert. 2001.

Band 239 Alexander Herzog: Sittenwidrige Rechtsgeschäfte in der höchstrichterlichen Rechtsprechung aus den Jahren 1948-1965. 2001.

Band 240 Claudia Rönnau: Die Beratungen des Wasserrechtsausschusses der Akademie für Deutsches Recht zu einem Reichswassergesetz (1934-1941). Ein Beitrag zur Dogmatik der Begriffe *Gemeingebrauch* und *Sondergebrauch* in der Zeit des Nationalsozialismus. 2001.

Band 241 Momme Rohlack: Kriegsgesellschaften (1914-1918). Arten, Rechtsformen und Funktionen in der Kriegswirtschaft des Ersten Weltkrieges. 2001.

Band 242 Rolf Geyer: Der Gedanke des Verbraucherschutzes im Reichsrecht des Kaiserreichs und der Weimarer Republik (1871-1933). Eine Studie zur Geschichte des Verbraucherrechts in Deutschland. 2001.

Band 243 Felix Lorenz Benjamin Lehmann: Der Rote Adlerorden. Entstehung und rechtliche Grundlagen (1705-1918). 2002.

Band 244 Marc Ludwig: Der Pfändungsschutz für Lohneinkommen. Die Entstehungs- und Entwicklungsgeschichte der Vorschriften zum Schutz vor Lohnpfändung in Deutschland. 2001.

Band 245 Alexander Wachter: Dorfschule zwischen Pastor und Schulmeister. Zur Säkularisierung des niederhessischen Schulwesens im 19. Jahrhundert. 2001.

Band 246 Richard Scholz: Analyse der Entstehungsbedingungen der reichsgerichtlichen Aufwertungsrechtsprechung. Untersuchung unter besonderer Berücksichtigung der konservativen Geldpolitik der Reichsbank und der Inflationspolitik der Reichsregierung. 2001.

Band 247 Judith Laeverenz: Märchen und Recht. Eine Darstellung verschiedener Ansätze zur Erfassung des rechtlichen Gehalts der Märchen. 2001.

Band 248 Christina Schenk: Bestrebungen zur einheitlichen Regelung des Strafvollzugs in Deutschland von 1870 bis 1923. 2001.

Band 249 Nils Werner: Die Prozesse gegen die Landvolkbewegung in Schleswig-Holstein 1929/32. Ein Beitrag zur Justizkritik in der späten Weimarer Republik. 2001.

Band 250 Wolfgang Walter: Das Duell in Bayern. Ein Beitrag zur bayerischen Strafrechtsgeschichte. 2002.

Band 251 Jörn Eckert / Kjell Å. Modéer (Hrsg.): Geschichte und Perspektiven des Rechts im Ostseeraum. Erster Rechtshistorikertag im Ostseeraum 8.–12. März 2000. 2001.

Band 252 Jan Könighaus: Die Inauguration der Christian-Albrechts-Universität zu Kiel 1665. Symbolgehalt und rechtliche Bedeutung des Universitätszeremoniells. 2002.

Band 253 Andreas Görgen: Rechtssprache in der Frühen Neuzeit. Eine vergleichende Untersuchung der Fremdwortverwendung in Gesetzen des 16. und 17. Jahrhunderts. 2002.

Band 254 Ralf Schäfer: Die Rechtsstellung der Haigerlocher Juden im Fürstentum Hohenzollern-Sigmaringen von 1634-1850. Eine rechtsgeschichtliche Untersuchung. 2002.

Band 255 Regine Schmalhorst: Die Tierhalterhaftung im BGB von 1896. Die Entstehung und Änderung des § 833 BGB sowie eine Analyse der Rechtsprechung des Reichsgerichts bis 1908. 2002.

Band 256 Thomas Hense: Konrad Beyerle. Sein Wirken für Wissenschaft und Politik in Kaiserreich und Weimarer Republik. 2002.

Band 257 Christian Mahlmann: Die Strafrechtswissenschaft der DDR. Klassenkampftheorie und Verbrechenslehre. 2002.

Band 279 Tobias Prang: Der Schutz der Versicherungsnehmer bei der Auslegung von Versicherungsbedingungen durch das Reichsgericht. 2003.

Band 280 Thorsten Lieb: Privileg und Verwaltungsakt. Handlungsformen der öffentlichen Gewalt im 18. und 19. Jahrhundert. 2004.

Band 281 Michael Rühling: Das Ladenschlussgesetz vom 28. November 1956. Vorgeschichte, Entstehung des Gesetzes und weitere Entwicklung. 2004.

Band 282 Kathrin Nawotki: Die schleswigsche Deichstavengerechtigkeit. Vom 17. Jahrundert bis in die Gegenwart. Eine gewohnheitsrechtliche Superfizies an nordfriesischen Deichgrundstücken und ihre Entwicklung. 2004.

Band 283 Erik Nils Voigt: Die Gesetzgebungsgeschichte der militärischen Ehrenstrafen und der Offiziерehrengerichtsbarkeit im preußischen und deutschen Heer von 1806 bis 1918. 2004.

Band 284 Dorothea Riedi Hunold: Die Einführung der allgemeinen Wechselfähigkeit in der Schweiz in der zweiten Hälfte des 19. Jahrhunderts. Unter besonderer Berücksichtigung der politischen, wirtschaftlichen und sozialen Verhältnisse. 2004.

Band 285 Thomas Gergen: Pratique juridique de la paix et trêve de Dieu à partir du concile de Charroux (989–1250). Juristische Praxis der Pax und Treuga Dei ausgehend vom Konzil von Charroux (989–1250). 2004.

Band 286 Kathrin Bethkenhagen: Die Entwicklung des Luftrechts bis zum Luftverkehrsgesetz von 1922. 2004.

Band 287 Heiko Lüpkes: Die Verbrechen der Diener des Staats im Allgemeinen Landrecht für die Preußischen Staaten von 1794 und ihre Entwicklung zu den Vergehen und Verbrechen im Amte im Strafgesetzbuch für die Preußischen Staaten von 1851. 2004.

Band 288 Mirco Peter Hirsch: Von der Erbbescheinigung des Preußischen Rechts zum Erbschein des Bürgerlichen Gesetzbuchs. 2004.

Band 289 Bettina Günther: Die Behandlung der Sittlichkeitsdelikte in den Policeyordnungen und der Spruchpraxis der Reichsstädte Frankfurt am Main und Nürnberg im 15. bis 17. Jahrhundert. 2004.

Band 290 Seunghyeon Seong: Der Begriff der *nicht gehörigen Erfüllung* aus dogmengeschichtlicher und rechtsvergleichender Sicht. 2004.

Band 291 Steffen-Werner Meyer: Bemühungen um ein Reichsgesetz gegen den Büchernachdruck. Anläßlich der Wahlkapitulation Leopolds II. aus dem Jahre 1790. 2004.

Band 292 Ulrich Löffler: Instrumentalisierte Vergangenheit? Die nationalsozialistische Vergangenheit als Argumentationsfigur in der Rechtsprechung des Bundesverfassungsgerichts. 2004.

Band 293 Norbert Koch: Die Entwicklung des deutschen privaten Immissionsschutzrechts seit Beginn der Industrialisierung. Unter besonderer Berücksichtigung des Einflusses der höchstrichterlichen Rechtsprechung. 2004.

Band 294 Julius Ludwig Pfeiffer: Das Tierschutzgesetz vom 24. Juli 1972. Die Geschichte des deutschen Tierschutzrechts von 1950 bis 1972. 2004.

Band 295 Bert-Hagen Strodthoff: Die richterliche Frage- und Erörterungspflicht im deutschen Zivilprozeß in historischer Perspektive. 2004.

Band 296 Tim Kannewurf: Die Höfeordnung vom 24. April 1947. Entstehungsgeschichte und Einordnung in die Entwicklung des Anerbenrechts. 2004.

Band 297 Steffi Heine: Die Methodendiskussion nach Inkrafttreten des Bürgerlichen Gesetzbuches und die Gründung des Vereins *Recht und Wirtschaft*. 2004.

Band 298 Anne Marlene Simon-Holtorf: Geschichte des Familienwahlrechts in Frankreich (1871 bis 1945). 2004.

Band 299 Jürgen Busch: Das Germanenbild der deutschen Rechtsgeschichte. Zwischen Wissenschaft und Ideologie. Mit einem Vorwort von Herwig Wolfram. 2004.

Band 300 Jan Kohlmann: Der Marsch zu den Gräbern von Karl und Rosa. Geschichte eines Gedenktages. 2004.

Band 301 Christian Rainer Schlicht: Die kumulative Schuldübernahme in der Rechtsprechung des Reichsgerichts und in der zeitgenössischen Literatur. 2004.

Band 302 Hans Peter Glöckner: Positive Vertragsverletzung. Die Geburt eines Rechtsinstituts. 2006.

Band 303 João Manuel Azevedo Alexandrino Fernandes: Die Theorie der Interpretation des Gesetzes bei Francisco Suárez. 2005.

Band 304 René Funk: Die Wahlprüfung der volksgewählten Abgeordneten der Volksvertretungen im Frühkonstitutionalismus. Eine Untersuchung der Wahlprüfung in den Kammern der Abgeordneten des Großherzogtums Baden, des Königreichs Württemberg und des Großherzogtums Hessen. 2005.

Band 305 Carolin O'Sullivan. Die Ahndung von Rechtsbrüchen der Seeleute im mittelalterlichen hamburgischen und hansischen Seerecht (1301–1482). 2005.

Band 306 Martin Jürgens: Staat und Reich bei Ernst Rudolf Huber. Sein Leben und Werk bis 1945 aus rechtsgeschichtlicher Sicht. 2005.

Band 307 Florian G. Dürselen: Franz Beyerle (1885–1977). Leben, Ära und Werk eines Rechtshistorikers. 2005.

Band 308 Kai Bandilla: Urheberrecht im Kaiserreich. Der Weg zum Gesetz betreffend das Urheberrecht an Werken der Literatur und Tonkunst vom 19. Juni 1901. 2005.

Band 309 Stefan Mieth: Die Entwicklung des Denkmalrechts in Preußen 1701–1947. 2005.

Band 310 Catharina Lodemann: Die Geschichte des französischen *acte de gouvernement*. 2005.

Band 311 Christina Wicke: Kodifikationsbestrebungen und Wissenschaft in Hessen-Darmstadt im vorkonstitutionellen Zeitalter. Zu der Beteiligung der Gießener Rechtsprofessoren an den Gesetzgebungsarbeiten in Hessen-Darmstadt in der Zeit zwischen 1769 und 1820. 2005.

Band 312 Christiane Chlosta: Nur dem Gesetz unterworfen? Eine rechtsgeschichtliche Untersuchung zu Idee und Wirklichkeit richterlicher Gesetzestreue unter besonderer Berücksichtigung der Aufwertungsrechtsprechung und des richterlichen Prüfungsrechts. 2005.

Band 313 Kathrin Dirr: Hoheitsrechtliche Streitigkeiten zwischen den Kölner Erzbischöfen und der Stadt Köln auf Grundlage reichskammergerichtlicher Verfahren des 16. und 17. Jahrhunderts. 2005.

Band 314 Michael Racky: Die Diskussion über Gewaltenteilung und Gewaltentrennung im Vormärz. 2005.

Band 315 Petra Thiemrodt: Die Entstehung des Staatshaftungsgesetzes der DDR. Eine Untersuchung auf der Grundlage von Materialien der DDR-Gesetzgebungsorgane mit zeitgeschichtlichen Bezügen. 2005.

Band 316 Julius F. Reiter: Entstehung und staatsrechtliche Theorie der italienischen *Carta del Lavoro*. 2005.

Band 317 André Book: Die Justizreform in der Frühzeit der Bundesrepublik. Die Beratungen der Kommission zur Vorbereitung einer Reform der Zivilgerichtsbarkeit in den Jahren 1955 bis 1961. 2005.

Band 318 Frank Zentz: Das amerikanische Strafverfahren als Element der Besatzungspolitik in Deutschland. Erziehung zur Demokratie durch den *Court of Appeals* 1948–1955. 2005.

Band 319 Friederike Quaisser: Mietrecht im 19. Jahrhundert. Ein Vergleich der mietrechtlichen Konzeptionen im Allgemeinen Landrecht für die Preußischen Staaten von 1794 und dem gemeinen Recht. 2005.

Band 320 Stefan Burghard: Professor Dr. Wilhelm Kahl – Leben zwischen Wissenschaft und Politik. 2005.

Band 321 Günter Baranowski: Die *Russkaja Pravda* – ein mittelalterliches Rechtsdenkmal. 2005.

Band 322 Christina Schneider: Die SS und „das Recht". Eine Untersuchung anhand ausgewählter Beispiele. 2005.

Band 323 Werner Schubert (Hrsg.): Zivilprozessreform in der Weimarer Zeit. Quellen zur Emminger-Zivilprozessverordnung vom 13.2.1924 und zu den Arbeiten der Zivilprozesskommission des Reichsjustizministeriums (1922–1930). Eingeleitet und herausgegeben von Werner Schubert. 2005.

Band 324 Felix Gaul: Der Jurist Rudolf Isay (1886–1956). Ein verantwortungsbewusster Vermittler im Spannungsfeld zwischen dynamischer Rechtsschöpfung, ökonomischem Wandel und technischem Fortschritt. 2005.

Band 325 Konstanze Braun: Dr. Otto Georg Thierack (1889–1946). 2005.

Band 326 Eckart Klein / Stefan Chr. Saar / Carola Schulze (Hrsg.): Zwischen Rechtsstaat und Diktatur. Deutsche Juristen im 20. Jahrhundert. 2006.

Band 327 Stefan Botor: Das *Berliner Sühneverfahren* – Die letzte Phase der Entnazifizierung. 2006.

Band 328 Andreas Köhler: Die Sorgerechtsregelungen bei Ehescheidung seit 1945. Scheidungsstrafe und verordnete Gemeinsamkeit. 2006.

Band 329 Lars Düwel: Die Nichtigkeit und Anfechtbarkeit der Ehe in der Rechtsprechung des Reichsgerichts zwischen 1900 und 1945. 2006.

Band 330 Katalin Polgar: Das Oberappellationsgericht der vier freien Städte Deutschlands (1820–1879) und seine Richterpersönlichkeiten. 2007.

Band 331 Julia Schweitzer: Schiffer und Schiffsmann in den Rôles d'Oléron und im Llibre del Consolat de Mar. Ein Vergleich zweier mittelalterlicher Seerechtsquellen. 2007.

Band 332 Diana-Catharina Kurtz: Das Institut der Adoption im preußischen Allgemeinen Landrecht und im französischen Code civil zwischen Rezeption römisch-rechtlicher Prinzipien und verändertem Familienverständnis. 2006.

Band 333 Dino Joakim Duderstadt: Spiel, Wette und Differenzgeschäft (§§ 762–764 BGB) in der Rechtsprechung des Reichsgerichts und in der zeitgenössischen Literatur. 2007.

Band 334 Ronald Hoffmann: Die Domänenfrage in Thüringen. Über die vermögensrechtlichen Auseinandersetzungen mit den ehemaligen Landesherren in Thüringen nach dem Ersten Weltkrieg. 2006.

Band 335 Joachim Windmüller: *Ohne Zwang kann der Humanismus nicht existieren...* – „Asoziale" in der DDR. 2006.

Band 336 Sven Christian Gläser: Die Mediatisierung der Grafschaft Wertheim. Der juristische Kampf eines kleinen Reichsstandes gegen den Verlust der Landesherrschaft und seine Folgen. 2006.

Band 337 Benjamin Schleyer: Friedrich Wilhelm Bornemann (1798–1864). Eine Juristenkarriere im Preußen des 19. Jahrhunderts. 2006.

Band 338 Die Reform des Ehescheidungsrechts von 1976. Quellen zum Ersten Gesetz vom 14.6.1976 zur Reform des Ehe- und Familienrechts (Parlamentarische Ausschussprotokolle – Anglikanische Denkschrift von 1966 zur Scheidungsrechtsreform – Schlussabstimmung 1969 in der Eherechtskommission des Bundesministeriums der Justiz). Eingeleitet und herausgegeben von Werner Schubert. 2006.

Band 339 Andreas Feld: Das Bayerische Gesetz zum Schutz des Eigentums an Erzeugnissen der Literatur und Kunst gegen Nachdruck vom 15.04.1840. Vorgeschichte und Zustandekommen. 2007.

Band 340 Bernd Wörner: Adelbert Düringers Einfluß als Richter am Reichsgericht in Leipzig auf dem Gebiet des Personengesellschaftsrechts. 2007.

Band 341 Jan Jelle Kähler: Französisches Zivilrecht und französische Justizverfassung in den Hansestädten Hamburg, Lübeck und Bremen (1806–1815). 2007.

Band 342 Jörn Eckert / Pia Letto-Vanamo / Kjell Å. Modéer (Hrsg.): Juristen im Ostseeraum. Dritter Rechtshistorikertag im Ostseeraum 20.–22. Mai 2004. 2007.

Band 343 Ferdinand von Weyhe: A.E. Wassermann. Eine rechtshistorische Fallstudie zur „Arisierung" zweier Privatbanken. 2007.

Band 344 Martin Klaus Römermann: Kündigungen und Kündigungsschutz im Franquismus. 2007.

Band 345 Thomas Hoffmann: Der Landrechtsentwurf David Hilchens von 1599. Ein livländisches Rechtszeugnis polnischer Herrschaft. 2007.

Band 346 Ingo Ullmann: Die rechtliche Behandlung holsteinischer Leibeigener um die Mitte des 18. Jahrhunderts. Dargestellt unter besonderer Berücksichtigung der Schmoeler Leibeigenschaftsprozesse von 1738 bis 1743 sowie von 1767 bis 1777. 2007.

Band 347 Petra Fischer-Langosch: Die Entstehungsgeschichte des Familiengesetzbuches der DDR von 1965. 2007.

Band 348 Lasse O. Johannsen: Die rechtliche Behandlung ausreisewilliger Staatsbürger in der DDR. 2007.

www.peterlang.de

Marianne Pagel / Christa Wilkens

Die neuzeitliche Entwicklung einer norddeutschen Fleckensgemeinde – Bardowick vom 16. bis 19. Jahrhundert

Teil I: Zur Entwicklung der Fleckensgemeinde Bardowick von der Neuzeit bis zur Einführung der Landgemeindeordnung im Jahre 1859
Teil II: Zur Entwicklung des ländlichen Gewerbes in Bordowick von der Neuzeit bis zur Einführung der Gewerbefreiheit
Teil III: Leusmeier, Bauleute und andere Hofstellen, ihre Dienste, zehnte, Zinsleistungen und ihre Gerechtsame sowie der Anbau von Gemüse als Erwerbsbasis in der Zeit vom 16. bis. 19. Jahrhundert

Frankfurt am Main, Berlin, Bern, Bruxelles, New York, Oxford, Wien, 2005. 1130 S.
ISBN-10: 3-631-30573-7 / ISBN-13: 978-3-631-30573-7 · br. € 130.–*

Die Studie befaßt sich zunächst mit den verwickelten Besitzverhältnissen im Flecken Bardowick. Neben die sehr alten Hofstellen der Leusmeier, Bauleute und einiger Kötner traten im Laufe der Zeit Brinksitzer, An- und Abbauer. In Umfang und Struktur vielfältige Belastungen durch Dienste und Abgaben waren an die Rechte dieser Reihestellen gekoppelt. Die Ablösung der Abhängigkeiten markierte im 19. Jahrhundert einen bedeutsamen Schritt in Richtung einer modernen Gemeinde. Eingeengt durch den ausgedehnten Landbesitz der Stadt Lüneburg und des Domstiftes strebten die Bardowicker nach wirtschaftlicher Unabhängigkeit. Seit Jahrhunderten bestimmten Anbau und Verkauf von Gemüse und Saatgut das Leben in Bardowick. Schiffer übernahmen den Transport des Gemüses nach Hamburg, das Bardowicker Frauen dort verkauften.

Folgender Fragestellung wurde nachgegangen: Welche Änderungen demographischer, ökonomischer und sozialer Art und welche staatlichen Interventionen haben die Entwicklung des Gewerbes in Bardowick beeinflusst? Im einzelnen wurde gefragt, welche Gewerbe in Bardowick vertreten waren, welche Faktoren deren Entwicklung beeinflussten und welchen Stellenwert sie im Gesamtgefüge einnahmen. Da sich die Ausübung des Gewerbes auch in Bardowick zeitweilig an der Grenze des Legalen oder auch im Illegalen bewegte, haben gesetzliche Vorgaben bezüglich der Existenz des Landgewerbes und die tatsächlichen Verhältnisse während des Berichtszeitraums zu keiner Zeit übereingestimmt.

Frankfurt am Main · Berlin · Bern · Bruxelles · New York · Oxford · Wien
Auslieferung: Verlag Peter Lang AG
Moosstr. 1, CH-2542 Pieterlen
Telefax 00 41 (0) 32 / 376 17 27

*inklusive der in Deutschland gültigen Mehrwertsteuer
Preisänderungen vorbehalten

Homepage http://www.peterlang.de

www.ingramcontent.com/pod-product-compliance
Ingram Content Group UK Ltd.
Pitfield, Milton Keynes, MK11 3LW, UK
UKHW021920290926
8980IPUK00015B/1366

9 783631 557365